个人理财

（原书第6版）

[美] **杰夫·马杜拉**
(Jeff Madura)
佛罗里达亚特兰大大学

夏霁 译
上海外国语大学

U0304777

Personal Finance

（6th Edition）

机械工业出版社
China Machine Press

图书在版编目（CIP）数据

个人理财（原书第 6 版）/（美）杰夫·马杜拉（Jeff Madura）著；夏霁译 . —北京：机械工业出版社，2018.3
（金融教材译丛）
书名原文：Personal Finance

ISBN 978-7-111-59328-7

I. 个… II.① 杰… ② 夏… III. 私人投资 - 教材 IV. F830.59

中国版本图书馆 CIP 数据核字（2018）第 043093 号

本书对个人理财规划的各个方面进行了详细探讨。全书分为七个部分：第一部分是理财规划工具，主要介绍了个人预算及税务筹划；第二部分是管理你的流动性，主要讨论了金融机构的选择、贷款与现金的管理；第三部分是个人融资，主要讨论了个人贷款的申请、住房融资等内容；第四部分是保护你的财富，主要讨论了各种各样的财产保险和人身保险；第五部分是个人投资，主要介绍了股票、债券、基金等各种投资工具及投资策略；第六部分是养老和遗产规划，主要讨论了与养老和遗产有关的计划、策略与税负方面的考虑；最后一部分对各种理财规划进行了总结，形成一份完整的个人理财规划。本书强调理财决策过程中利弊的权衡与取舍，所有章节都使用了虚拟情境的方式来阐述各种理财决策之间的相互关系。书中提供的所有内容旨在让读者学会必要的技能，把这些方法切实应用于现实生活，以便帮助他们做出明智的决定。

本书适合高校金融等专业的学生、金融从业人员、企业财务经理使用。

出版发行：机械工业出版社（北京市西城区百万庄大街 22 号　邮政编码：100037）
责任编辑：孟宪勐　　　　　　　　　　　　　责任校对：张惠兰
印　　刷：北京瑞德印刷有限公司　　　　　　版　　次：2018 年 4 月第 1 版第 1 次印刷
开　　本：185mm×260mm　1/16　　　　　　印　　张：26.75
书　　号：ISBN 978-7-111-59328-7　　　　　定　　价：79.00 元

凡购本书，如有缺页、倒页、脱页，由本社发行部调换
客服热线：（010）88379210　88361066　　　　投稿热线：（010）88379007
购书热线：（010）68326294　88379649　68995259　　读者信箱：hzjg@hzbook.com

版权所有·侵权必究
封底无防伪标均为盗版
本书法律顾问：北京大成律师事务所　韩光 / 邹晓东

致玛丽

前言

REFACE

先问问自己以下几个关于理财的问题：

- 你有钱的话，是先买辆新车还是先把信用卡欠款还清？

- 你能借到多少钱？

- 哪家银行的服务最适合你的需要？

- 如果发生紧急情况，你有没有办法弄到钱？

- 你有充足的保险吗？

- 你会不会提前退休？

本书将帮助你应对上面这些以及其他的理财困境。它将让你获得做出重大决策所需的知识和技巧。它也会指导你为自己制定一个理财规划。总之，本书让你有机会培养必要的技能，逐渐改善你的财务状况。

第 6 版的修订说明

在出版时，所有章节内容都已经更新，以便向读者完整呈现最新的理财世界。我们对《个人理财》第 6 版所做的主要修订如下。

- 第 6 版中保留了"理财心理"这个栏目，但赋予了它新的应用，比如消费行为如何突破预算的限制或创造财富。

- 我们修订了"辛普森一家"的案例，以保证全书内容的连贯性，并且在案例中使用更低的利率来反映真实的环境，因为自上一版发行以来利率已经降低了。

- 我们修订了布莱德·布鲁克斯的案例，以保证全书内容的连贯性，并且在案例中使用更低的利率以反映真实的环境，因为自上一版发行以来利率已经降低了。

- 更新了一些信息，比如不同教育水平和职位的工资前景，以及关于信用卡发行时对学生保护的最新规则。

- 第 1 章包含了更多关于选择高校、专业和职业的信息。它还更新了不同职业的工资情况，说明了怎样根据财务目标制定理财规划。

- 第 5 章"银行服务和利率"引入了关于支票服务、借记卡、手机银行、支票账户费用以及储蓄账户的讨论。

- 第 6 章 "现金管理" 在案例中使用了更低的利率以反映真实情况，因为自上一版发行以来利率已经降低了。

- 第 7 章 "个人信用评估与维护" 引入了关于学生信用卡、征信局、提高信用评分，以及防范身份盗用的讨论。

- 第 8 章 "信用管理" 引入了关于保障信用卡和预付费信用卡，以及持卡人保护的信用卡发行新规则的讨论。

- 第 9 章 "个人贷款" 引入了关于点对点借款、汽车经销商保修规则、学生贷款和住房净值贷款的讨论。

- 第 10 章 "购房融资" 中使用了更低的利率以反映真实情况，因为自上一版发行以来利率已经降低了，并且引入了关于信用评级对个人按揭贷款获取能力的影响、简化按揭贷款合同条款的新规则，以及个人按揭贷款保险的讨论。

- 第 16 章 "债券投资" 中使用了更低的利率以反映真实情况，因为自上一版发行以来利率已经降低了。

- 第 19 章 "养老规划" 更新了所有不同养老计划的有关信息，因为自上一版发行以来，许多规则已经修改，比如每年可投入金额的上限。

本书的特点

第 1 章通过介绍理财规划的内容构建了本书的框架。本书其余内容分为 7 个部分，分别讲述第 1 章中介绍的理财规划内容，并且在第 21 章中将它们整合为一个完整的理财规划。

（1）**"理财规划工具"** 介绍预算和税务规划。

（2）**"管理你的流动性"** 介绍银行服务、信用和现金管理。

（3）**"个人融资"** 介绍大额购买时的融资。

（4）**"保护你的财富"** 介绍保险规划。

（5）**"个人投资"** 介绍各种投资方式和投资策略。

（6）**"养老和遗产规划"** 介绍与养老和遗产相关的规划、策略和税务问题。

（7）**"理财规划的综合"** 介绍怎样把各方面内容整合到完整的个人理财规划中。

1. 决策

本书提供的所有信息都是为了让学生能够在深思熟虑之后做出恰当的财务决策。每个章节都在指导你进行理财决策，最终这些决策将构成完整的理财规划。每当学生学完一个章节，他们都能掌握理财规划的一个相关部分。学生应理解，个人理财的关键在于学以致用。

本书提醒读者注意财务决策中的权衡。购买一辆新车的决定会影响可用于娱乐、租金、保险和投资的资金。本书采用完整的案例情节贯穿所有章节，分别展现各项个人理财的决策内容，包括：

- 案例人物史蒂芬尼·斯普拉特，她是一个刚刚迈入职场的大学毕业生。
- 每章结束时使用辛普森一家的案例，刻画了一个有两个孩子的普通家庭面临的种种财务困境。
- 每单元结束时使用的布莱德·布鲁克斯的案例，让学生为改善布莱德的财务状况出谋划策。
- 最后，第21章是对所有单元的整合，凸显了理财规划各方面内容之间的关联，并展示了一个史蒂芬尼·斯普拉特制定的完整的理财规划。

2. 对数学的简单要求

理财规划中的量化部分让许多学生望而生畏。本书通过清晰的逻辑分析简化了个人理财对数学的要求。书中也分析了一些公式和计算，随后都用案例加以阐释。每章后面的理财规划练习题提供了充分的机会让学生应用这些数学概念。

致　谢

关于个人理财的问题，许多人的真知灼见让我受益匪浅。他们是：约翰·伯纳丁（John Bernardin）、凯文·贝迪（Kevin Brady）、戴夫·布鲁克斯（Dave Brooks）、程平（Ping Cheng）、英加·奇拉（Inga Chira）、西恩·戴维斯（Sean Davis）、埃德·埃弗哈特（Ed Everhart）、玛丽安·哈德森（Marianne Hudson）、维克托·卡拉法（Victor Kalafa）、肯·詹森（Ken Johnson）、帕特·刘易斯（Pat Lewis）、玛丽·马杜拉（Mary Madura）、阿尔杰·普雷提（Arjan Premti）、奥利弗·施努森伯格（Oliver Schnusenberg）、加勒特·史密斯（Garret Smith）、爱丽儿·维亚勒（Ariel Viale）以及尼克·沃尔科夫（Nik Volkov）。我还要感谢许许多多的受访者，通过对他们的调研，我了解到哪些与理财相关的知识是他们最关心的，从而可以在书中采用最有效的方式向普通人诠释理财时面临的各种困境和解决的方法。

我尤其要感谢迈克尔 J. 伍德沃思（Michael J. Woodworth）对第 6 版的税务和养老相关章节的贡献。我还要感谢迈克·凯西（Mike Casey）对各章小结与练习所做的工作。

我还要感谢许多培生成员的帮助和支持，正是他们的努力使本书得以付梓。首先要感谢的，就是本书编辑凯特·费尔南德斯（Kate Fernandes）长期以来的支持。另外，项目经理凯瑟琳·迪诺威（Kathryn Dinovo）和编辑助理凯思琳·布莱尼（Kathryn Brightney）也给了我很大的帮助。

我十分欣赏卡伦·斯莱特（Karen Slaght）的排版。还要感谢项目实施过程中其他兢兢业业的工作者，他们是项目经理希瑟·帕加诺（Heather Pagano）、来自鲁米纳数字公司的封面设计师克里斯蒂娜·摩斯－利邦（Kristina Mose-Libon），以及 SPi 全球的项目经理卡伦·贝里（Karen Berry）。

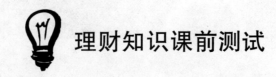 # 理财知识课前测试

　　下面的测试帮助你了解自己已经知道哪些个人理财知识。回答其中的问题，使你了解自己能在多大程度上做出恰当的理财规划决策。这项测试不但诠释了与理财规划决策相关的基本概念，也覆盖了不少有助于你制订有效的财务计划的扩展概念。

　　完成测试后，请根据后面所附的答案给自己打分。

1. 如果你做出决策放弃某样东西，这就产生了（　　　）。

　　A. 流动性问题　　　　B. 净成本　　　　　　C. 机会成本　　　　D. 以上皆错

2. （　　　）向个人出售份额，并将收益投资于股票或债券之类的资产。

　　A. 财务计划　　　　　B. 预算计划　　　　　C. 共同基金　　　　D. 以上皆错

3. 已知一项投资或年金的终值，则利率（　　　），现值（　　　）。

　　A. 越高；越高　　　　B. 越低；越低　　　　C. 越高；越低　　　　D. 以上皆错

4. （　　　）减少应税收入，即使纳税人不做分项减扣。

　　A. 免征额　　　　　　B. 抵税额　　　　　　C. 资本利得　　　　D. 以上皆错

5. 当央行（　　　）利率时，它（　　　）了存在商业银行的资金。

　　A. 降低；减少　　　　　　　　　　　　　　B. 提高；增加

　　C. 降低；增加　　　　　　　　　　　　　　D. 答案 A 和 B 皆正确

6. 一份由存款机构开立的（　　　）记载了明确的金额、存款到期日以及年利率。

　　A. NOW 账户　　　　　　　　　　　　　　B. 货币市场存款账户

　　C. 定期存单　　　　　　　　　　　　　　D. 储蓄账户

7. 发生身份盗用时，你应该立即通知（　　　）。

　　A. 联邦贸易委员会　　　　　　　　　　　　B. 美国邮政局

　　C. 联邦调查局　　　　　　　　　　　　　　D. 联邦经济情报局

8. 债权人在放款时报的利率被称为（　　　）。

　　A. 年化百分率　　　　B. 货币市场利率　　　C. 实际年利率　　　D. 借记卡费率

9. 以下哪项不是汽车租赁的缺点？（　　　）

　　A. 你必须购买额外的汽车保险

　　B. 租赁期满，你必须把车转卖给一个下家

　　C. 这辆车的产权不属于你

　　D. 如果你的行驶里程超过租车合同规定的上限，会被罚款

10. 通过中介购房时，你不需要支付（　　　）。

　　A. 尾款　　　　　　　　　　　　　　　　　B. 佣金

C. 贷款申请服务费　　　　　　　　D. 定金

11. 500 元免赔额的意思是（　　）。
　　A. 损失前的 500 元由你自己承担　　B. 损失的前 500 元由责任人承担
　　C. 损失的前 500 元由保险公司偿付　D. 以上皆错

12. 以下哪个保险项目不包含残疾收入保障？（　　）
　　A. 社会保障保险　　　　　　　　　B. 职工失能保险
　　C. 工伤保险　　　　　　　　　　　D. 以上项目都包含残疾收入保障内容

13. 对于定额人寿保险单来说，保险费与被保险人投保时的年龄（　　）相关。
　　A. 基本不　　　B. 完全不　　　C. 正　　　D. 负

14. 以下哪项不是个人投资时常犯的错误？（　　）
　　A. 基于不切实际的目标做出决策　　B. 借钱投资
　　C. 为挽回前期投资损失冒更大的风险　D. 以上都是个人投资时常犯的错误

15. 股票投资人杠杆交易是指（　　）。
　　A. 通过场外市场购买股票　　　　　B. 使用限价止损委托
　　C. 向开户的证券公司借钱支付一部分股价　D. 把多余保证金借给证券公司使用

16. （　　）债券属于出借信用。
　　A. 持有　　　B. 投资　　　C. 发行　　　D. 以上皆错

17. 以下哪项不是投资共同基金的理由？（　　）
　　A. 由专业的基金管理人开展组合投资
　　B. 共同基金具有独特的投资目标
　　C. 即使投入的本金很少，也能充分实现分散投资
　　D. 以上皆是

18. 认股权证的执行价格被称为（　　）。
　　A. 差价　　　B. 附加价　　　C. 赎回价　　　D. 行权价

19. 面临（　　）边际税率的个人，从退休年金方案中获取的节税利益最大。
　　A. 中等　　　B. 高　　　C. 零　　　D. 低

20. 遗嘱的执行人也被称为（　　）。
　　A. 委托人　　　B. 监护人　　　C. 个人代表　　　D. 托管人

答案：

1	2	3	4	5	6	7	8	9	10
C	C	C	A	C	C	A	A	B	C
11	12	13	14	15	16	17	18	19	20
A	D	C	D	C	B	D	D	B	C

B 简明目录

rief contents

第五部分 　个人投资

第六部分 　养老和遗产规划

第七部分 　理财规划的综合

目　录
CONTENTS

第 1 章　理财规划概述

引导案例

　　假设你打算明年去旅游。那么，你将面对好几项财务选择。比如，旅游预算是多少，怎么分配，等等。而你现在省下来的钱越多，在旅游时能花的钱也越多。

　　现在，假设你在为自己的未来做理财规划。你也要面临好几项选择。每天花多少钱购买食品和日用品？有多少钱能用来买衣服？赚来的钱是应该都花掉呢，还是省下一部分用来投资？要不要换辆新车？要不要买房？如果要买，买什么样的房子呢？这些决策都需要具体的规划。

　　在一个保障不够充分的世界里，全面的理财规划、精明的财务管理，以及谨慎的购买帮助你实现财务目标。

　　个人理财规划的过程帮助你理解理财规划，并指导你制定自己的理财规划。理财规划最简单的目的是充分利用你的资源，实现财务目标。你越早明确自己的目标，并且制定相应的理财规划，就越容易达成目标。

本章学习目标

- 说明个人理财的作用
- 介绍理财规划的要点
- 说明理财规划对现金流的影响
- 说明制定理财规划的步骤

1.1　个人理财的作用

　　个人理财（也被称为个人理财规划）是通过对支出、融资与投资活动进行计划，以优化个人财务状况的过程。个人账务规划列明了你的财务目标，以及你为实现这些目标制订的支出、融资和投资计划。虽然美国是世界上最富裕的国家之一，许多美国人还是不能很好地掌握自己的财务状况，以至于他们过度依赖信用，债台高筑。请看以下数据：

- 2013 年，超过 100 万人申请个人破产；
- 美国的储蓄率不到收入的 5%（一部分投资，如养老金账户，未被计入储蓄）；
- 根据一项针对全职人士的调查，过半受访者承认他们是月光族，没有储蓄计划；

- 大约四成的全职工作者没有为养老而储蓄，而绝大多数有养老储蓄的人，储蓄金额也不多。

2008 ～ 2009 年的金融危机令许多人的财富大幅度缩水，使个人理财形势愈发严峻。危机使许多房产和投资品的价值暴跌一半以上，有些至今仍未恢复。现在的经济景气程度还达不到危机前的水平，限制了就业机会。总之，人们的财富和获取收入的机会都减少了。因此，他们更需要一个有效的理财规划帮助他们实现财务目标。

关于银行存款、信用卡、贷款、保险、投资和养老计划等问题，你都面临许多选择。对个人理财的理解，使你能做出正确的决策，改善自己的财务状况。

你了解个人理财吗？近年来，有多个国家的不同政府机构调查了国民的理财知识普及度。结果显示，人们的个人理财技能非常有限。此外，调查还表明，有许多自认为是理财高手的人，实际上搞不清一些基本的理财概念。如果你还没有做过《理财知识课前测试》，一定要做一遍。这个测试可以显著提高你对理财的理解和制定理财规划的技能。对个人理财的深入理解的作用是多方面的，包括以下内容。

1.1.1　制定个人财务决策

对个人理财的理解能够帮你做出理性的财务决策。你的每一项支出决策都有其机会成本，即你决定放弃购买的东西。你为此目的花钱的同时，就放弃了这笔钱其他可能的用途，也放弃了把它存起来以后再花的可能。比如说，如果你决定每月花 100 美元用于手机服务，就意味着你放弃了用这笔钱买音乐会门票或把它攒起来买辆新车的可能。理性的财务决策让你能攒下更多的钱。日积月累，你在未来购买商品和服务时就更加游刃有余。

1.1.2　评判理财顾问的建议

实施个人理财规划使你在开支、储蓄、融资和投资方面做出理性的决策。尽管如此，你可能觉得应该听取各个领域理财顾问的意见。对个人理财的理解让你能更好地评判理财顾问提出的方案，识别出这种方案到底是对你有利还是对他有利。

☞ **案例 1-1**

你有 10 000 美元可用于投资。一个理财顾问向你保证，他有办法让你的资金当年实现 20% 的增值，但他要收取 4%（400 美元）的提成。如果你对个人理财有所了解，就会知道没有什么投资可以保证实现 20% 的增值。这样，你就会明白这个理财顾问不靠谱。你还不如另外聘请一位更出色的理财顾问，或者直接在互联网上查询理财顾问推荐的投资方案（经常还是免费的）。

1.1.3　成为理财顾问

对个人理财的深入学习可能让你对这个职业领域本身产生兴趣。理财顾问是个很有前途的职业，因为许多人缺乏理财常识，或者不愿意自己进行财务决策。仅仅上一门理财课还远不足以让你成为合格的理财顾问，但它可以领你入门。如果你真的有志于此，你还可以学习其他相关课程以获取必要的资质。

1.2　理财规划的内容

一个完整的理财规划包括六个方面的个人财务决策：

- 预算和税务规划；
- 流动性规划；
- 融资规划；
- 资产和收入（保护规划）；
- 投资规划；
- 养老和遗产规划。

本书将分六个部分分别介绍理财规划的上述内容，并在第七部分对它们加以整合。在详细讲授理财规划的各个部分之前，我们先对其分别做简要介绍。

1.2.1　预算和税务规划

预算规划或者预算，是对未来支出和储蓄的预先安排。它要求你事先决定怎么花钱，花多少钱，以及存多少钱。你的支出决策非常重要，因为它决定了你的收入中有多少可以用于其他目的。

如果你每月收入 750 美元，你当月没有花掉的钱就成为储蓄（比如说 100 美元）。收入、支出和储蓄之间的关系如图 1-1 所示。有的人是"败家子"，对于他们来说预算就是怎么把收入挥霍掉，所以也存不下什么钱来。有的人则是"节俭者"，他们有明确的储蓄目标，存到足够的金额才会把剩下的用于开销。预算可以帮助你搞清楚收入

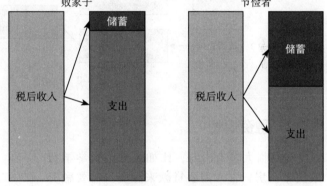

图 1-1　预算规划怎样影响储蓄

中有多少必须用于日常开支，这样就能制定出一个恰当的储蓄目标。

预算规划的第一步就是评估你当前的财务状况。你需要核实自己的收入、支出、**资产**（assets）（你拥有的东西）以及你的**负债**（liabilities）（你欠别人的东西）。你拥有的价值减去你欠别人的价值，差额就是你的**净值**（net worth）。它可以用来衡量你的财富。储蓄让你的资产增加，从而使你的净值增加。通过预算规划，你可以把收入的一部分用于投资以增加资产，或还债以减少负债，最终实现净值的积累。

预算取决于收入，而收入又在很大程度上受到教育决策和职业决策影响。追求更高学历的人，在求学阶段往往囊中羞涩。但是拿到学位以后，就有机会争取高薪职位，从而拥有更多预算。

预算的一个关键是掌握你每月的正常开支。如果你对支出水平估计不足，就会需要比预计更多的现金流入（收到的钱）来满足现金流出（支付的钱）的需要。如果想为未来积累更多的财富，你要确保现在就把支出控制在一个较低的水平。

许多财务决策会受到税法的影响，因为不同类型的收入面临的税率也不同。只要能弄明白税收会对你的财务造成什么样的影响，你就能做出对自己最有利的选择。预算和税务规划将在第一部分讨论，因为它们是理财规划中其他环节的基础。

1.2.2　流动性规划

你需要一个规划来应对日常花销。从每天早上的一杯咖啡，到对爱车进行大修，这些都

要花钱。因此，你需要**流动性**（liquidity），也就是要有办法弄到钱来应付任何短期现金需要。你可以通过现金管理和信用管理来保持良好的流动性。

现金管理（money management）是关于让多少资金以高流动性的形态存在，以及如何将资金投入各种短期投资中去的决策。如果在你需要支出现金的时候却拿不出足够多的钱，就说明你的流动性不足。也就是说，你虽然有足够多的资产来清偿债务，但不能及时把它们转化成现金还债。保持有效的流动性水平还要考虑如何进行投资，才能既获得一定的收益，又能在需要的时候变现。否则，如果发生意料之外的支出，现金荒就难以避免。

信用管理（credit management）是关于你需要多少信用来帮你应付支出，以及从何处获得信用的决策。在现金不足的时候，信用既可以用于大额支出，也可以用于小额消费。所以，信用能增强你的流动性。信用只在必要时方能动用，因为接下来你要连本带利地归还所有欠款（有时利息支出会非常可观）。通过现金管理和信用管理以保持流动性，如图 1-2 所示。

图 1-2   流动性管理

1.2.3   融资规划

在面临大额支出时，比如要缴纳大学学费或买车买房，常常需要贷款来融资。需要融资的金额是支出金额和实有金额之间的缺口，如图 1-3 所示。贷款管理包括确定自己能承受的借款额度，设定贷款期限，以及选择利率最优惠的贷款。

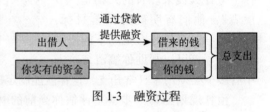

图 1-3   融资过程

1.2.4   资产和收入保护规划

为了保护好自己的财产，你可以实施**保险规划**（insurance planning），确定你需要的保险险别和金额。其中，车险和屋主保险保护你的资产；医疗保险限制了你可能的医疗费用；残疾险和寿险使你的收入得到保障。

1.2.5   投资规划

拥有了足够的流动性以后，多余的资金就应该进行投资。既然这些资金的用途不是满足流动性需要，投资的首要目标就是获取高收益。可以投资的方向包括股票、债券、共同基金，以及不动产。你必须决定自己可以拿出多少钱来投资，以及投资什么。然而，大多数投资都有**风险**（risk）（潜在收益的不确定性），所以你必须对它们加以管理，把风险控制在一个可承受的范围之内。

1.2.6   养老和遗产规划

养老规划（retirement planning）涉及你每年要留出多少钱供退休后使用，以及这些钱应该怎么投资。养老规划的启动时间必须远远早于退休年龄，这样你才能在实际退休前投入足够的投资资金。某些养老计划的资金投入享受税收保护，在从养老金账户提取之前可以暂缓纳税。

遗产规划（estate planning）指在生前或死后将个人财富进行分配。有效的遗产规划可以使个人财富免遭税收劫掠，按照本人期望加以分配。

1.3　理财规划怎样影响你的现金流

理财规划的每一个部分都会影响你的现金流入和流出，从而影响你实际掌握的资金量。本节将对此展开详细说明。

1.3.1　第一部分：理财规划工具

本书第一部分对应实施理财规划的第一个部分，介绍制定预算时需要的工具。预算让你可以对一定时期（比如说一个月）内收入的现金做出使用安排。你的薪水很可能是每月现金流入的主要来源，甚至可能是唯一的收入来源。你靠收入获得的现金支付每月购买的商品和服务。你的预算决定每月的开销，即现金流出。如果你的支出超过收入，就意味着你的现金流入不足以应付当月的现金流出，更不可能有多余的钱用来储蓄。

你的预算决策包括（见图 1-4）：

- 你每月工作多长时间（如果你的工作时间有一定弹性）？这个决策决定了你当月的现金流入。

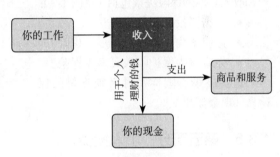

图 1-4　预算决策对现金流的影响

- 这个月你要购买哪些商品或服务？这个决策决定了你当月的现金流出。

1.3.2　第二部分：管理你的流动性

本书第二部分对应实施理财规划的第二个部分，介绍流动性管理。如果你某月的现金流入超过了现金流出，你需要通过流动性管理把多余的现金以不同储蓄形式存入各个金融机构。反过来，如果你的现金流入少于现金流出，就需要通过流动性管理提取储蓄或者从其他来源获取资金，以应付当月的支出。

你的流动性管理决策包括（见图 1-5）：

- 如果你本月现金有盈余，应该把多少钱存入支票账户或储蓄账户？

- 如果你本月现金有亏空，应该从支票账户或储蓄账户提取多少钱？

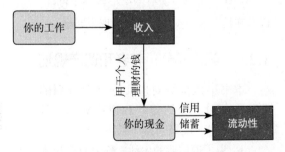

图 1-5　流动性管理决策对现金流的影响

- 如果你本月现金有亏空，应该从信用卡或其他来源调用多少信用额度？

1.3.3　第三部分：个人融资

本书第三部分对应实施理财规划的第三个部分，简单介绍融资。大额购买时需要融资支持，比如买房或买车都需要贷款。你的融资决策包括（见图1-6）：

- 你应该租车吗？
- 你应该借钱买车吗？
- 你应该借钱买房吗？
- 你需要借多少钱？
- 你需要借用这笔钱多长时间？
- 从哪里借钱最划算？

这些决策会影响你贷款产生的每月利息支出（现金流出）。

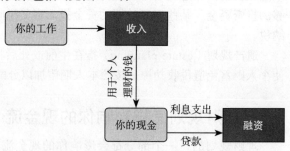

图1-6　融资决策对现金流的影响

1.3.4　第四部分：保护你的财富

本书第四部分对应实施理财规划的第四个部分，解释怎样通过保险保护你的财产和收入。你的保险决策包括（见图1-7）：

- 你需要投保哪些险别？
- 你应该为保护财产买多少保险？
- 你应该为保护收入买多少保险？

这些决策影响你每月必须支付的保险费（现金流出）。

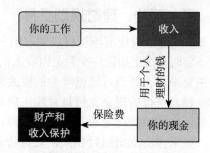

图1-7　为保护你的财产和收入而产生的现金流

1.3.5　第五部分：个人投资

本书第五部分对应实施理财规划的第五个部分，介绍投资。常见投资决策包括（见图1-8）：

- 应该用多少钱进行投资？
- 投资什么？
- 投资时应承受多大风险？

这些决策决定你分配多少资金于投资，以及在长期这些投资产生多少现金回报。

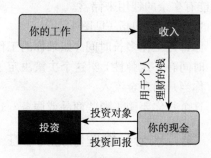

图1-8　投资产生的现金流

1.3.6　第六部分：养老和遗产规划

本书第六部分对应实施理财规划的第六个部分，介绍养老和遗产规划。常见养老和遗产决策包括（见图1-9）：

- 为了退休后的生活，你每月应投入多少钱作为储备？
- 你准备通过哪些投资方式积累养老金？

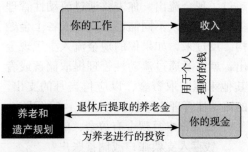

图1-9　养老和遗产规划产生的现金流

这些决策决定你在工作期间每月拿出多少钱为养老做准备。它们同样影响你的养老金储备的增值情况，从而决定你退休后的现金流入量。一般来说，你在工作期间持续投入的资金越多，退休后的现金流入也越多。另外，你为养老金储备选择的投资方式收益越高，退休后的现金流入同样会越多。此外，你的遗产规划决定了你留下的现金和其他资产怎样分配给继承人。

1.3.7 个人理财规划内容的总结

请注意，前面这六幅图分别展示了理财规划的六部分决策怎样对你的现金流入和流出造成影响。图 1-10 将这些图的内容加以汇总，全面总结了理财规划与现金收支之间的关系。

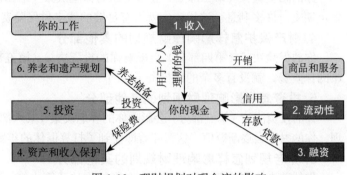

图 1-10　理财规划对现金流的影响

1. 关于现金来源的总结

查看图 1-10 中的六个部分，你会注意到每个部分都能帮你取得现金。当你需要更多的现金时，可以考虑以下方法：

- 工作更长的时间（第一部分）；
- 提取存款（第二部分）；
- 贷款（第三部分）；
- 提取保单现金价值（第四部分）；
- 出售部分投资资产（第五部分）；
- 提前支取养老金（第六部分）。

到底通过哪种方法取得现金对你来说是最有利的呢？这还要考虑一些具体情况，本书后面的章节将详细讨论这一问题。

2. 关于现金使用的总结

查看图 1-4 中的六个部分，你会注意到每个部分都在指导你使用现金。当你手头有钱的时候，可以考虑以下选择：

- 购买商品和服务（第一部分）；
- 把钱存入支票账户或储蓄账户（第二部分）；
- 偿付贷款利息或清偿贷款（第三部分）；
- 支付保险费（第四部分）；
- 开展新的投资（第五部分）；
- 作为养老金储存起来（第六部分）。

钱到底怎么花才是最合理的？这取决于一些具体情况，对这一问题的讨论将贯穿于本书后面的章节。

1.3.8 整合理财规划各部分的内容

在学习理财规划这六方面内容的过程中，要记住每个方面的决策都会对其他部分产生影响。对理财规划各部分的整合将在第 21 章介绍。理解怎样把这几个部分整合到一起非常重要。只有这样，你在对任何一部分做出最终决策前，都会权衡它对其他部分的影响。

1. 预算决策怎样影响理财规划的其他部分

你的预算决策（第一部分）影响你在流动性管理方面的决策（第二部分）。因为如果你打算把所有收入花光，你就无法在银行账户中积累足够的存款。

2. 流动性管理怎样影响理财规划的其他部分

你的流动性管理（第二部分）会影响你的融资决策（第三部分）。因为如果你在银行账户中没有存款积累，你未来想买房的时候就连首付的钱都拿不出来。

3. 融资怎样影响理财规划的其他部分

你的融资决策（第三部分）会影响你的保险决策（第四部分）。因为如果你负债累累，就要定期支付许多利息。这样，你就没有足够的钱支付保险费。

4. 财产保护怎样影响理财规划的其他部分

你的保险决策（第四部分）会影响你的投资决策（第五部分）。因为如果你每月要支付高昂的保险费，就没有多余的钱投资了。

5. 投资怎样影响理财规划的其他部分

你的投资决策（第五部分）会影响你的养老决策（第六部分）。因为如果你的投资决策不合理，你的财富会逐渐贬值。这意味着即使到了打算退休的年龄，你还得为谋生再多干几年。

6. 养老规划怎样影响理财规划的其他部分

你的养老规划决策（第六部分）会影响你的预算决策（第一部分）。因为你每月投入养老金账户的钱越多，你现在可以用来购买商品和服务的钱越少。

1.3.9　理财心理怎样影响你的理财规划

🌐 **理财心理**

心理对人们的行为和决策有着重大影响。所以，理财心理就影响着你的支出行为和有效实施理财规划的能力。正因为如此，本书各章节都穿插了心理对理财规划的影响。请阅读下面描述的两种截然不同的支出行为，并思考你属于其中的哪种情况。

1. 尽兴购买和攀比心理

有些人的理财规划决策常常是出于心血来潮，或者与他人攀比。这导致他们过高的开销中有许多其实是不必要的。他们倾向于把赚到的每分钱都花掉，却从不考虑它们是否还有更好的用途。这样的消费者经常会因为冲动而购买，也就是临时起意的购买他们实际上不需要的东西。对于他们来说，购买行为本身带来的乐趣可能甚至超过了使用他们买来的那些东西本身。这种行为还可能发展为"购物强迫症"，因为只有买东西才让他们身心愉悦。然而，这种效果延续的时间有限，过不了多久又需要再次购物。所以，这些人会成为购物狂。

那些支出行为被攀比心理支配的人可能会在已经有一辆实用性汽车的情况下，再买一辆自己实际承受不起的豪车，仅仅是因为看到朋友或邻居买了新车。虽然他们在拿到新车的时候获得了极大的满足感，但在接下来的四年里每月要背负 500 美元的分期债务。这个仓促的决策消耗了他们未来每个月收入中很大的一部分，从而使他们无法把资金用于理财，比如流动性管理、保险、投资，以及养老规划。值得注意的是，这些理财行为的主要用途是为未来谋利。因此，那些习惯于即兴购买和攀比的人总是在今天花得太多，而没有为明天做好准备。而他们总是为自己辩解，说所有的开支都是必要的，没有剩余的资金可用于长期理财规划。然而，对于他们来说，任何能让他们对当下感到满足的东西，都是必要的。

有这种消费习惯的人可能会自欺欺人地保证以后会缩减开支，认真进行理财。但这种消费习惯让他们总能找到理由把拿到的薪水花得一干二净——可能还不够。

这些人还会为自己的开支无度找到另一种无可奈何的借口。有些人觉得如果他们能省下来用于储蓄或其他理财用途的钱实在太少，比如说只有 50 美元，那再怎么努力也不可能攒下足够多的钱来实现任何长期目标。于是，他们就以此为自己的"月光"生活开脱。根据他们的逻辑，现在就花和将来再花并没有什么区别。

2. 立足未来

有的人则在开支问题上更加自律，他们的决策更多受到其他心理因素的影响。他们总是避免欠债，因为被迫定期还款的压力让他们感觉很不舒服。因此，他们尽量避免购买汽车那样的大件商品，也不让信用卡出现巨额透支。这使他们的收入能被用到其他地方。他们意识到，今天的节俭，能把钱省下来进行恰当的理财，从而使明天过得更加轻松。

3. 评估你自己的支出行为

你又是怎样描述自己的支出行为呢？你是更看重当下的尽兴，还是现在的自律以改善未来的财务状况？如果你属于后者，这本书会对你颇有帮助，因为它会指导你开展理财规划。反之，如果你属于前者，每月没有余钱进行理财，这本书对你来说也只是鸡肋。请做下面这个简易测试，判断你属于哪种人。

- 你是一个人租房而不是与别人合租？
- 你现在要不要偿还高额的汽车贷款月供？
- 你的信用卡账单欠款有没有多到你只能每月偿还最低还款额？
- 你会不会在每月拿到薪水后的一两天内，把收入中除去必要开支（房租、车贷等）以外的部分都用来买衣服、电子游戏或其他东西？
- 你是不是总能找到理由把每月的收入花光？

只要对以上任何一个问题的回答是"是"，你就有可能缩减开支，把更多的钱用于理财。这样，你就能在未来积累更多的财富，承受更多的开支。本书将指导你实现这些目标。

1.4 制定你自己的理财规划

制定你的理财规划可以分六步走。

1.4.1 第一步：制定你的财务目标

你必须决定你的财务目标。

首先，明确你主要的人生目标。这些目标不一定都要和财务挂上钩。比如说，你的目标可能包括建立家庭，接受继续教育，或者每年到国外度假一周。你还可以期待拥有一套五居室的住房，或者每四年换一辆车，或者在 55 岁的时候退休。

1. 财务目标的类型

你的人生目标影响你的财务目标，因为许多目标的实现需要资金支持。如果你想建立一个家庭，你的一个财务目标就是你和你的配偶在较长时间内有足够的收入和储蓄以支持这个家庭。如果你想每年去国外度假，你的一个财务目标就是赚到足够的收入，并积攒足够的现金支付这次旅游。如果你想有套大房子，你的一个财务目标就是在一段时间内赚足够的收入，并积攒足够的钱来买房。如果你想在 55 岁退休，这就要求你到那个年纪时已经存下足够多的钱，供你后半辈子只花不赚。你还可以树立其他财务目标，比如帮助一个家庭成员，或者进行慈善捐款。

2. 树立实际的目标

你应该树立切合实际的目标，这样实现它们的可能性就很大。如果你的目标是把所有收入都存起来，而你又无法或不愿实施这个计划，这个目标就没有意义。当这个过于激进的计划被放弃时，你会大受打击，从此对理财规划再不抱有希望。只要你把对财富积累的期待减少到一个实际的水平，你就可以制订出一个更可行的计划。

3. 目标的时限

财务目标可以分成短期（1 年以内实现）的、中期（一般为 1 ～ 5 年）的，以及长期（5 年以上）的。比如说，一个短期财务目标可以是在半年内积攒足够的钱买辆车；一个中期财务目标可以是在 3 年内还清助学贷款；一个长期目标可以是在维持现有生活水平基础上，存足够多的钱让自己在 20 年内退休。你的目标越宏大，你的财务计划就要越积极。

1.4.2   第二步：了解你当前的财务状况

你的一些决策，比如下个月花多少钱；把多少钱存入储蓄账户；怎样使用信用卡，以及怎么开展投资等，都取决于你的财务状况。一个家财万贯、身无负债的人所做的决策，肯定不同于一个家徒四壁且负债累累的人。一人吃饱全家不饿的光棍和有子女需要养育的夫妻，哪怕他们的收入相当，也会有不同的财务打算。合适的规划也会随着你的年龄和财富变化而变化。在你 20 岁还不名一文的时候，你的财务规划肯定和你 65 岁坐拥大半生财富积累时大相径庭。

你未来的财务状况如何受制于经济环境

经济环境影响你可以选择从事的工作，以及每种工作可以提供的收入。它同样影响你所购买的服务的价格，比如房租；你所拥有的资产（比如房产）的价值，以及你所实施的投资的收益。

2008 ～ 2009 年的金融危机在许多方面对人们的财务状况造成影响。首先，它减少了新的就业机会；其次，它导致一些就业岗位消失；最后，它降低了现有工作岗位的待遇，因为雇主无力给员工涨工资。这三项影响导致人们的收入普遍降低。

金融危机也导致房产贬值。价格下跌的原因在于房产需求与供给的变化。由于人们的收入减少，人们无力购房，对房产的需求下降了。同时，许多有房者无力继续供房——他们当初是贷款买的房，现在却因为收入减少无法继续偿付月供。当许多房主都想卖房而很少有人想买房时，房子也很难卖出去。房主不得不降价以吸引人购买。结果，金融危机期间许多房产贬值幅度达到 50% 甚至更多。金融危机之后，许多人不得不重新审视自己的财务目标，使它们更切合实际，或者延长实现目标的期限。

1.4.3   第三步：制定和评估为实现目标可采用的多种方案

财务目标确定之后，你需要制订一个财务计划，使你可以从当前的财务状况下不断向财务目标挺进。你的财务计划中包含许多不同的决策，它们会影响你未来几年的职业、收入水平和储蓄。

1. 接受继续教育

接受继续教育可以提高你的资质，使你能获得更好的工作，取得更多的收入，以实现你的长期财务目标。你接受的教育越多，你的收入往往越高。如图 1-11 所示，拥有学士学位者的平均年收入远高于没有学士学位者，而取得硕士学位者的年收入则更高。

学位还能增加你求职时的选择余地。图 1-12 显示了不同教育水平者的失业比例。请注意，图 1-12 表明，学历越高的人失业的可能性越小。

2. 选择你的专业

所有关于教育的决策中，最重要的决策之一就是专业选择。当然，你的技能和兴趣会对专业选择有影响。但是，你选择的专业会决定你的职业，而你的职业又决定你大半生的生活方式和收入。所以,你选择的专业会影响你的理财规划。

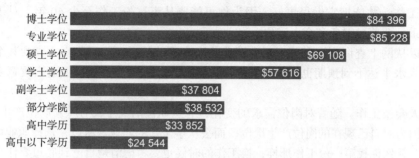

图 1-11　不同教育水平者的收入比较

资料来源:U.S. Bureau of Labor Statistics, 2014; data are for 2013.

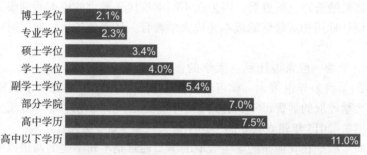

图 1-12　不同教育水平者的失业率比较

资料来源:U.S. Bureau of Labor Statistics, May 2014; data are based on 2013.

表 1-1 展示了增长前景最好的职业。第一列是这些职业的名称;第二列是它们的就业岗位数量增长预期;第三列是报酬的中位数。

表 1-1　快速增长的职业

岗位	2012～2022 年增长率(%)	年薪中位数(美元)	岗位	2012～2022 年增长率(%)	年薪中位数(美元)
工业组织心理学家	53	83 580	理疗协理	40	23 880
个人护理助手	49	19 190	皮肤护理专家	40	28 640
家庭健康助手	48	20 820	内科医师助理	38	90 930
机械绝缘工人	47	39 170	节段铺路工	38	33 720
翻译和口译员	46	45 430	电工助手	38	27 670
医疗诊断超声检验师	46	65 860	信息安全分析师	37	86 170
泥瓦匠	43	28 220	职业医疗助手	36	26 850
职业医疗助理	43	53 240	保健专家	36	81 140
遗传咨询师	41	56 800	医药秘书	36	31 350
理疗师助理	41	52 160	理疗师	36	79 860

资料来源:U.S. Bureau of Labor Statistics, 2014.

如果你打算当一个社会工作者,未来的财务状况肯定会和当一个电子工程师大不相同。作为社会工作者,要想积攒和电子工程师一样多的存款,你得把收入中更大的比例用于储蓄。如果你选择了一个低薪职业,为自己制定的财务目标一定要切合实际,或者,干脆重新选择,换一个高薪职业。但是,一定要脚踏实地。如果你不喜欢和医疗相关的工作,就不要仅仅因为医生的工资高而去当医生。你应当选择一个自己喜欢的，也符合你特长的职业。喜欢自己的工作，才能把它做得更好。因为你可能要从事这份工作至少 40 年，对于职业选择一定要慎重，要兼顾财务和个人需要。

你可以从网上查询到许多关于某个职业收入水平的信息。如果你真心喜欢某个职业，即使它的收入水平达不到预期也没关系。你可以保留原先的财务目标，但适当放宽实现这些目标的期限。

许多人会换工作。随着对岗位需求的变化，有些职位消失了，有些新职位产生了。此外，有些人会因为对自己现在的岗位产生厌倦，而去从事全新的职业。所以，选择职业可不是毕业生的特权。就像你找第一份工作那样，换工作的时候也要考虑清楚自己到底想要什么。

附录 A 提供了更多关于专业选择和其他教育相关决策的信息。

1. 选择你的高校

你对就读高校的选择也很重要，因为在不同学校接受教育的成本差别很大。因此，一个明智的选择可以让你用相对较低的成本完成大学教育，从而使各项长期理财规划的实施变得更加轻松。

公立大学的学费一般来说比私立大学的便宜。但是，即使都是公立，甚至位于同一个州，不同大学的学费差异也很大。你可以在网上搜索大学学费信息，了解所在州的学费水平。不同州立大学收取的学费每年少的只要 6 000 美元，多的超过 16 000 美元。根据《美国新闻与世界报道》，2015 年州立大学的平均学费大约是 9 000 美元。

州立大学向生源地在其他州的学生收取的学费通常是本州学生的两倍以上。根据《美国新闻与世界报道》，2015 年州立大学对非本州学生收取的平均学费大约是 20 000 美元，而有的学校甚至超过 30 000 美元。

许多私立大学对全日制学生的收费超过 40 000 美元 / 年，但也有几所私立大学年学费不到 10 000 美元。根据《美国新闻与世界报道》，2015 年私立大学对收取的平均学费超过 30 000 美元。

上面提到的这些都仅仅是一年的学费，所以说，为了取得学位，你需要寒窗苦读整整四年，而要支付的学费也高达 24 000 ～ 200 000 美元。高校收取的学费差别那么大，所以在填报志愿前非常有必要了解一下它们的收费政策。

在最理想的情况下，你在选择高校之前还应把专业意向确定下来。但是，如果你想报的专业还定不下来，也可以优先考虑高校，然后在可以接受的几个学科类别中选个专业，比如医科、理科、文科、商科等。

不同高校的相同专业带给你的好处也是不一样的。比如说，你可能想在某所高校拿一个护理学的学位，因为那里提供专门的护理课程，或者授课的方式更对你的胃口。另外，在某所名校取得的学位可能会带给你更多的就业机会和更高的收入。因此，在比较学校的时候，不能光计算学费成本，还要考虑它对就业的影响。

2. 制定财富积累策略

除了继续教育，为了实现长期财务目标，你还需要一个储蓄计划。比如说，你的目标是在未来几年把很大一部分收入存起来，那就要有省吃俭用的准备。

或者说，你计划的储蓄只占收入较小的一部分，但打算用它进行 10 年高回报的投资，这个替代方案不要求你特别省吃俭用，但它对你的投资回报率有很高的要求。为了获得实现财务目标所要求的高收益，你可能不得不实施高风险的投资。如果投资并没有预期的那么顺利，你的财务目标也可能无法实现。

1.4.4　第四步：选择并实施最佳目标方案

为了更好地实现目标，你需要分析不同的可行方案，并选择其中的最佳方案。许多方案都能帮助你实现目标，不过它们各有利弊。比如说，你的长期目标可以是到 50 岁的时候积累一大笔钱，然后从容退休。方案一是你找一份高薪的工作，但这又要求你先接受继续教育以符合职业要求。于是，为了实现这个目标，你接下来的几年先要花很多钱接受教育。或者，你不打算再去读书，而是计划继续做现在的工作，但是把很大一部分钱存起来。然而，这个战略要求你未来几年勒紧裤腰带过日子，才能实现提前退休的目标。

许多人无法实现他们的财务目标，因为他们当初制定的理财规划不切实际。比如说，为了 50 岁就能退休，他们计划把收入的一半以上用于储蓄。但是，他们每个月都把钱花光了，所以目标的实现也就遥遥无期。在这种情况下，他们应该考虑修改财务目标和理财规划，使之具有可行性。

利用因特网

因特网上有许多信息对财务决策很有价值。你是想买一台新的照相机，还是把这笔钱存起来，可能取决于这笔钱能带来多少收益。你决定要不要买新车，取决于车价和车贷利率。你决定要不要买房，取决于房价和房贷利率。你决定要不要买股票，得看当时的股票价格；你决定要不要买保险，得看不同保险公司的保费报价。进行所有这些财务决策时都需要当前的价格和利率方面的信息。你只要动动手指，就能从因特网上轻松搞到。

因特网还提供关于理财规划各方面的最新信息，比如：
- 制定税务规划所需的最新税率和税务规则；
- 近期各种投资工具的市场表现；
- 长期规划需要的最新养老计划规则。

许多网站上还有好几种计算器，你可以用于各种财务决策：
- 纳税计算；
- 估算储蓄的长期增值；
- 计算到底是买车好还是租车好。

使用网上信息进行财务决策时，要记住有些信息不一定可靠。选择可信的信息来源，比如政府部门的官网，或者资信较好的金融中介公司发布的信息。还要注意的是，网上有些免费的个人理财建议不一定适合每个人的情况。如果你准备听取网上的理财建议，最好再找人咨询一下。尤其是关于投资或支出方面的推荐，一定要弄清楚情况再行动。

1.4.5　第五步：持续评估你的理财规划

在你制定出理财规划的各部分内容，并照此执行的过程中，一定要对实施进程加以监控，以确保规划如预期推进。把理财规划书放在容易找到的地方，以备以后不时评估所用。

1.4.6　第六步：调整你的理财规划

如果你不能或不想再执行原先制定的理财规划，你需要对它加以修改，使之更符合实际。当然，如果你的财富积累没有预期的那样顺利，财务目标也要修改。

你的财务状况会随着时间而改变，尤其是某些特定的事情发生以后，比如大学毕业、结婚、换工作，或生孩子。财务状况变化以后，财务目标也要随之变化。当然，你也需要重新审视理财规划，做相应的调整。

制定理财规划的步骤在图 1-13 中进行了总结。要了解怎样在实践中应用这些步骤，可以参考后面的案例。

> 1. 制定财务目标
>   - 你有哪些短期财务目标?
>   - 你有哪些中期财务目标?
>   - 你有哪些长期财务目标?
> 2. 分析你当前的财务状况
>   - 你有多少存款?
>   - 你的投资资产价值是多少?
>   - 你的净值是多少?
> 3. 分析和评估可行的目标方案
>   - 为实现目标, 你将怎样归集必要的资金?
>   - 你每月是否需要削减开支, 以增加储蓄?
>   - 你是否需要开展投资以获取更高的收益率?
> 4. 选择并实施最佳目标方案
>   - 为实现目标而制订的每个备选方案各有什么优缺点?
> 5. 评估你的理财规划
>   - 你的理财规划能否顺利实施? 也就是说, 它能否让你最终实现财务目标?
> 6. 修改你的理财规划
>   - 你的财务目标有变化吗?
>   - 为了实现当前的财务目标, 理财规划中的部分内容是否需要调整? 如果需要, 该怎么调整?

图 1-13   制定理财规划的步骤总结

案例 1-2

史蒂芬尼·斯普拉特去年大学毕业, 专业是市场营销。在求职几个月之后, 她被一家广告公司录用了, 在销售部工作, 年薪 38 000 美元。现在她迫不及待地想领取自己的第一笔工资, 也不必再紧巴巴地靠兼职过日子了。

史蒂芬尼把每月工资的一部分省下来投资, 慢慢积累自己的财富。她知道通过制定理财规划限制当前的支出, 可以实现财富的增加, 从而使未来有更多的钱可花。现在, 她打算全面评估一下自己当前的财务状况, 确立财务目标, 制订实现目标的方案。详细内容如 1-14 所示。

> **第一步: 财务目标**
> 我想:
> - 一年内买一辆新车
> - 两年内买房
> - 开展投资使我的财富能逐步增长
> - 储蓄一大笔钱使我能在 20 ~ 40 年内退休
>
> **第二步: 当前财务状况**
> 我现在没多少储蓄, 有一辆旧车。我每年的税后收入大概是 30 000 美元, 以后应该会逐渐增长。
>
> **第三步: 实现目标的方案**
> 由于我当前的财务状况不足以为我实现财务目标提供足额资金, 我需要制订一个有效的理财计划。我想存足够多的钱, 以支付买车和买房的首付, 剩下的部分通过融资解决。这个规划需要我把一部分收入用于投资。
> 我将决定购买什么样的车和房子, 以及需要拿出多少钱来进行投资, 从而逐步实现财富的积累。
>
> **第四步: 选择和落实方案**
> 对于我来说, 通过融资买房买车是比较可行的。我要制订一个预算方案, 每月攒一笔钱, 最终用来支付买车的首付; 然后, 用同样的方法攒钱支付买房的首付。不管用什么方法融资, 我都要确保借的钱能还得上。
>
> **第五步: 评估方案**
> 一旦预算方案确定, 我要经常监控它的执行, 确保每个月的存款是充足的。
>
> **第六步: 调整方案**
> 如果存款不足, 我将不得不推迟买车和买房的时间, 直到存够了付首付的钱。如果我的存款金额超过预期, 就有可能提前买车和买房。

图 1-14   史蒂芬尼·斯普拉特的理财规划一览

　　史蒂芬尼理财规划中的关键性决策将在每章末尾加以总结。你自己的理财规划和史蒂芬尼或其他任何人的都会有所不同。尽管如此，制订计划的过程是一样的。你要设定自己的目标，评估实现目标的方法，最后为实现这些目标制定理财方案。

小结

　　1. 个人理财的利益

　　个人理财规划是对你的支出、融资和投资进行计划的过程，从而优化你的财务状况。理财规划包含一系列关于支出、融资和投资财务决策。

　　2. 理财规划的构成

　　理财规划包括六个部分：①预算；②流动性管理；③为大额购买融资；④保护你的资产和收入；⑤投资；⑥规划养老和遗产。

　　3. 理财规划步骤

　　理财规划包括六个步骤：①确立财务目标；②了解当前的财务状况；③制定和评估为实现目标可采用的多种方案；④选择并实施最佳目标方案；⑤持续评估理财规划，确保目标不断接近；⑥在必要时调整理财规划。

　　4. 理财规划怎样影响你的现金流

　　请注意，理财规划的每个部分都会影响你的现金流。如果你想在某方面做出一个会增加未来现金流的决策，就必须有所妥协，在另外一个方面做出一个对当前有影响的决策，要么减少现金流出，要么增加现金流入。所以，关于你理财规划的任何部分的决策都是互相关联的。

复习题

1. **个人理财决策**　解释什么是个人理财。个人理财中涉及哪些类型的决策？

2. **机会成本**　什么是机会成本？每周花 10 美元买彩票会导致哪些机会成本？

3. **个人理财利益**　理解个人理财对你有什么好处？

4. **理财规划构成**　理财规划由哪个六部分构成？

5. **预算规划**　为什么在制定预算以前，掌握自己的支出情况很重要？

6. **净值**　你的净值是多少？为什么它很重要？

7. **收入和预算**　哪些因素影响收入？在预算规划中，为什么对支出的准确估算很重要？税法怎样影响预算过程？

8. **流动性**　什么是流动性？流动性管理中主要考察哪两个因素？怎样运用它们？

9. **融资**　为什么在大多数人的生命中，有几个时间点会需要融资？

10. **投资**　投资的首要目标是什么？其他还有哪些目标需要考虑？你知道有哪些可用的投资工具？

11. **资产保护**　资产保护的三大要素是什么？请解释。

12. **现金流**　理财规划的各个部分怎样影响你的现金流？

13. **理财步骤**　制定理财规划要经历哪六个步骤？

14. **财务目标**　你怎样使财务目标符合理财规划？为什么财务目标要现实？财务目标分哪几个时间段？试各举一例说明。

15. **财务地位**　举例说明影响你当前财务地位的因素。

16. **财务目标和计划**　吉尔想把 50% 的收入用作她的养老储蓄。而她父亲建议她换一个目标。为什么她父亲会提出这样的建议？

17. **执行规划**　你在执行财务规划后该干什么？为什么这很重要？

18. **调整规划**　你在什么情况下需要调整理财规划？

19. **经济对净值的影响**　假设你制定了一个规划，要在 3 年内使财富达到某个水平。然而，经济环境的突然恶化使你当前的收入减少，资产贬值。你应当继续执行原订计划还是应当有所调整？

20. **经济对职业策略的影响**　经济不景气的时

候，找工作很难。所以，有的人想自己创业。经济不景气对创业有什么坏处？

21. **攀比的影响**　你的支出习惯在多大程度上受到攀比心理的影响？

22. **选择恰当的高校**　请说明为什么选择一所恰当的学院或大学很重要。

23. **选择专业**　你对职业方向的选择怎样影响你的理财规划？

24. **你的职业和人生目标**　里卡多想从事一个帮助别人的工作。他也想到处旅游，看看世界。他想当个个人护理助理。你想给他什么建议？

理财规划练习题

1. **存款测算**　朱丽叶每月税后收入 1 600 美元。她的每月支出包括房租 350 美元，水电费 100 美元，汽车相关支出 250 美元。她现在每月还要花 200 美元用于牙齿矫正。如果她每周伙食费 50 美元，每月其他开支合计约 150 美元。那么，她每月可以存多少钱以实现自己的财务目标？

2. **测算机会成本**　（如题 1）朱丽叶想给自己换辆新车。新车的月供是 325 美元，另外车保险费每月也要增加 60 美元。她觉得其他开支（汽油费等）会维持原来的水平。如果她买新车，机会成本是多少？

3. **测算净值**　米娅的资产值为 3 000 美元，在一家财务公司有贷款 500 美元，还有一笔逾期信用卡欠款 135 美元。她每月的现金流入是 2 000 美元，开销是 1 650 美元。问她的净值是多少？

4. **测算净值**　新年伊始，艾瑞安的净值是 5 000 美元。在这一年里，她每月存下 100 美元，还向亲戚借了 500 美元，约定明年 1 月归还。到年底时，她的净值是多少？

5. **测算净值**　安娜收到 500 美元的毕业礼，这使她的净值增加了 500 美元。如果她用这笔钱给自己买了一台平板电脑，这对她的净值有什么影响？如果她把这笔钱以 4% 的利率进行投资，一年后值多少钱？

6. **测算现金流**　杰森的汽车刚刚失窃，而警察告诉他追回的可能性很小。他的车险不包括全车盗抢。杰森的净值为 3 000 美元，都是容易变现的资产。他的生活和工作都离不开汽车。眼下的收入情况使他不可能承担超过 200 美元的车贷月供。他有哪些选择？这些选择会怎样影响他的净值和现金流？

7. **道德困境**　桑迪和菲尔刚刚结婚，他们都只有 20 多岁。他们共同确定了 3 个长期财务目标，分别是：买房、供孩子上大学以及为养老做好准备。

为了实现目标，他们想寻求专业人士的帮助。他们先找了几家理财顾问，都要求按财产总额收费一定比例的年服务费。最终，他们决定找桑迪的表弟拉里帮忙。拉里是个证券经纪人，他表示自己很愿意帮忙，而且只在交易发生时收取基本的手续费。在第一次会谈后，他们按拉里的建议，买了几家知名企业的股票，据说分红很多。3 个月后，拉里告诉他们行情有变，建议把手头的股票卖掉，改买其他股票。又过了 3 个月，依然如此。到了年底，桑迪和菲尔以高于成本的价格清空了手头的股票，却惊讶地发现自己的资产总值反而缩水了。经过仔细核算，他们发现交易手续费比买卖差价还多。

（1）你认为拉里的行为道德吗？请解释原因。

（2）拉里这样操控桑迪和菲尔的投资组合，有没有个人原因？请说明。

理财心理：你的支出模式

1. 本章解释了消费者怎样为了和朋友攀比，而购买自己实际承担不起的东西。这会导致他们无法把钱用于理财规划的其他方面，比如保持流动性、保险、投资，以及养老规划等。你买东西的时候经常受尽兴心理或攀比心理影响吗？还是在支出决策时更多地考虑避免产生债务？哪些因素对你的支出模式影响最大？

2. 阅读一篇关于心理因素如何影响支出行为的文章。你可以上网搜索关键词"心理"和"支出"来检索相关文章。阅读后总结文章主要观点。

系列案例：辛普森一家

戴夫和莎伦·辛普森都是 30 出头，两个孩子一个 5 岁，一个 6 岁。自他们 7 年前结婚后，就靠戴夫一个人的工资养家，现在每年大约 48 000 美元，刚够支付房贷和其他日常开支，所以眼下没有任何储蓄。

戴夫和莎伦觉得有必要把财务管起来。现在两个孩子都在上学，莎伦可以找一份兼职。不久，她就在一家当地的百货商场找到一份年薪 12 000 美元的兼职工作。他们想到以后就有额外的现金流入，都很激动——接下来可以为自己的财务目标而奋斗了。

辛普森一家的住房价值约 100 000 美元，房贷还欠了 90 000 美元。他们的信用卡欠款余额为 2 000 美元。他们有两辆车，车贷已经还清。但是，莎伦的车已经很旧了，用不了多久就要报废。所以，她很想明年就换辆新车。为此，她想每月省下 500 美元，直到攒够 5 000 美元付新车的首付。

辛普森一家也在考虑孩子以后的大学教育问题。莎伦想每月拿出 300 美元，专用于教育储蓄。

辛普森一家想制定一个理财规划。他们觉得只要目标明确，他们就能够执行和监控自己的规划。在每章结束的时候，你要利用在这章学到的关键知识，帮助这家人制定他们的理财规划。

1. 填写下面的表格，帮助辛普森一家制定他们的理财规划。

目标一：今年为莎伦买辆新车

为实现目标一的计划：	莎伦每月省下 500 美元，直到攒够 5000 美元付新车的首付
莎伦怎样才能定期评估他们的目标计划是否在顺利执行？	

目标二：孩子们的大学学费

为实现目标二的计划：	全家人每月省下 300 美元，作为孩子们的大学教育基金
辛普森一家怎样才能定期评估他们的目标计划是否在顺利执行？	

2. 辛普森一家是否需要给其中一个目标更高的优先级别？

第一部分
PART 1

理财规划工具

本部分各章介绍理财规划决策中的使用的关键工具。第 2 章介绍的个人财务报表帮助你监控自己的支出，指导你进行预算决策。第 3 章分析了你怎样应用货币时间价值的观念安排储蓄。第 4 章解释了如何利用税务规则评估和减少税负。你的预算、储蓄和税务规划都会影响你的现金流和财富。

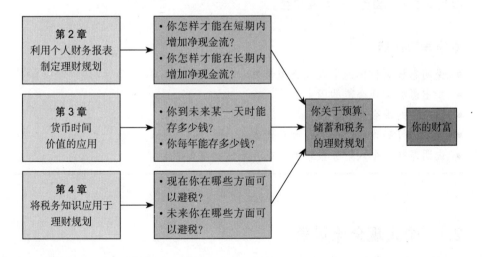

第 2 章　利用个人财务报表制定理财规划

引导案例

　　钱到哪儿去了? 好像每次发的工资都支撑不到下一个发工资的日子。你也没觉得自己过得很奢侈, 但钞票好像会在口袋里打洞。上个月你信誓旦旦要比上上个月省着点过日子。结果, 月底的时候还是老样子, 没钱了。有没有办法把口袋里的洞补上呢?

　　你有哪些支出? 对于许多人来说, 第一个障碍就是搞清楚他们的实际开支。每项开支看上去似乎都合情合理, 但它们加在一起, 就像一群蝗虫把你可怜巴巴的收入啃噬一空。你怎样才能控制自己的个人财务呢?

　　阅读本章, 你就会知道该怎样控制自己的财务。然而, 你的任务并不轻松, 因为这需要严格的自律, 而且回报也并非立竿见影。结果这就像是减肥: 很容易开始, 但难以坚持。

　　你可以使用的工具包括个人资产负债表、个人现金流量表以及预算表。这三份个人财务报表告诉你在通向财务目标的道路上, 现在身处何地, 你三个月或者一年后会前进到哪里, 并且帮助你控制开支。用好财务报表, 你可以缩减开支, 增加储蓄。最重要的是, 你可以安心过日子了, 因为一切尽在掌握。

本章学习目标

- 说明怎样制作你的个人现金流量表
- 指出影响你现金流的因素
- 预测你的现金流
- 说明怎样制作你的个人资产负债表
- 说明怎样以个人财务报表为基础开展你的理财规划

2.1　个人现金流量表

　　你可能经常会问自己是不是有钱买台新电视机, 买辆新车, 支付明年的学费, 或者去度假。只要搞清楚当前的财务状况, 就能回答这些问题。特别是, 你可以根据自己的收入和支出习惯, 测算自己在周末、月底或年底会有多少钱。测算之后, 你就会考虑有没有增收节支的办法, 好让自己有更多的钱。

🌐 理财心理

心理学让许多人对评估自己的财务状况顾虑重重。因为他们担心评估结果会告诉他们眼下的购物打算应该取消。于是，他们就推迟财务状况评估，以便心安理得地购物。当然，人们都希望自己的财务决策（包括购买）具有合理性。购物的感觉总是很让人享受，尤其是有朋友在旁边怂恿。不过，这些朋友自己可能也在寅吃卯粮。

然而，评估自己的财务状况未必是个痛苦的过程。它让你测算每次要存多少钱，以后买某样东西的时候才能付现金，而不必借债。这类分析告诉你存钱的努力最终能获得回报，从而鼓励你制订储蓄计划。

第 1 章中指出，制定预算是预测未来支出和储蓄的过程。为了制定预算，第一步就要制作个人现金流量表，统计你的现金流入和流出。对比现金的流入流出不但帮你监控自己的开支，还能核算出你可以用于投资或其他用途的金额。

2.1.1　现金流入

工薪阶层最主要的现金流入来源是工资，但也可能有其他收入来源。许多种类的存款都会产生利息，这也构成现金流入。还有，一些股票也会按季度带来红利收入。

2.1.2　现金流出

现金流出表示你的各种开支，是你各项支出决定的结果。你的各项开支有多（比如房租）有少（比如干洗费）。虽然没有必要记录每一笔开支，但你要对自己的钱都花到哪儿去了心里有数。在开支票的同时记录下支出原因让你能识别出钱是怎么花的。刷信用卡或借记卡也能提供交易的书面记录。许多人还用记账软件记录自己的现金流出情况。

2.1.3　制作个人现金流量表

你可以通过记录一段时间内自己的现金收入和支出制作个人现金流量表。

👉 案例 2-1

史蒂芬尼·斯普拉特在读大学的时候总想控制自己的支出，但从来没有制作过个人现金流量表。她觉得现在自己已经开始赚工资了，就应该监控自己每月的支出情况。她决定制作自己上个月的现金流量表。

1. 史蒂芬尼的月度现金流入

史蒂芬尼现在的月工资大约是税前 3 170 美元（年薪 38 000 美元）。为了制作预算，她更关注自己从雇主那里得到的税后现金流入。

她每月的纳税额大约是 670 美元，所以她的可支配（税后）收入是：

月工资	$3 170
－ 税额	－ $670
月度现金流入	$2 500

然后，史蒂芬尼回顾自己的其他现金流入来源。她没有任何股利收入，也没有任何支付利息的存款。也就是说，她所有的现金流入都来自工资。她只好在个人现金流量表的最上方填写 2 500 美元现金流入。

2. 史蒂芬尼的月度现金流出

史蒂芬尼查阅了她的支票簿存根，看看上个月的钱都是怎么花掉的。她的日常开支如下：

- 房租 600 美元；
- 网费 50 美元；
- 水电费 60 美元；
- 手机费 60 美元；
- 食品 300 美元；
- 雇主提供的医保费用 130 美元。

接下来，史蒂芬尼检查了自己的几张信用卡，看看自己每月还有哪些常项的支出：

- 衣服大约 100 美元；
- 汽车相关支出大约 200 美元（车险、保养和汽油）；
- 享乐支出大约 600 美元（包括在餐馆吃饭和健身房会员费）。

史蒂芬尼把这些现金流出信息填入个人现金流量表，如表 2-1 所示，上个月她的现金流出总额为 2 100 美元。

3. 史蒂芬尼的净现金流

当月现金流入减去当月现金流出就得到净现金流。史蒂芬尼通过计算净现金流，

表 2-1 史蒂芬尼·斯普拉特的个人现金流量表

现金流入	上个月
可支配（税后）收入	$2 500
存款利息	0
股利	0
现金流入合计	$2 500

现金流出	上个月
房租	$600
网费	50
水电费	60
手机费	60
食品	300
医保支出	130
服装	100
汽车支出（车险、保养和汽油）	200
享乐	600
现金流出合计	$2 100
净现金流	+$400

一是确定自己承担所有支出有没有困难；二是看看她有多少节余的现金可用于储蓄或其他用途。她上个月的净现金流为：

$$净现金流 = 现金流入 - 现金流出$$
$$= \$2500 - 2100$$
$$= \$400$$

史蒂芬尼把这个数字填在个人现金流量表的最下面一行。

2.2 影响现金流的因素

为了增加财富，你希望把你自己（或家庭）的现金流入最大化，现金流出最小化。影响你现金流入和流出的因素很多，下文将逐一说明。

2.2.1 影响现金流入的因素

影响你收入水平的因素也会对你的现金流入产生重大影响。最关键的因素莫过于你在职业道路上所处的阶段以及你的工作技能。

1. 职业道路上所处的阶段

你在职业道路上所处的阶段影响你的收入水平，从而影响你的现金流入。在校学生或刚开始工作的人（就像史蒂芬尼·斯普拉特）现金流入相对较少。随着你工作技能的提高，以及在事业上不断进步，现金流入也会增加。

你在事业上所处的阶段与你在生命周期中的位置密切相关。年轻人一般也处于事业的起步阶段，而老年人的工作经验一般比较丰富，在事业上也有更多成就。所以，年轻人的现金流入往往较少，而 50 多岁的人就要多得多。

当然，这只是一般趋势，也有很多例外。有的老年人换了工作，所以他们又要从头开

始。其他人从低收入行业跳槽到高收入行业，反而能赚得更多。许多女性为了抚养子女，会中断就业好几年，等孩子长大些再重新去工作。

我们生命周期的最后一个阶段就是退休阶段。来自工资的现金流在退休那一刻就大打折扣。退休以后，人们的收入更多地依赖社会保障和此前投资产生的利息和红利。因此，退休人士的现金流入会比他们工作的时候少。你退休后的现金流入主要来自投资和养老规划。年龄对现金流入的影响如图 2-1 所示。请注意，整个生命周期被分为三个阶段。

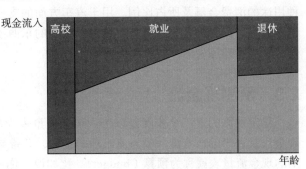

图 2-1　现金流入和年龄的关系

2. 工作类型

工作类型也会影响收入。需要特殊技能的工作，比那些接受短期培训就能干的工作待遇要好得多。与特定技能相关的收入水平还跟对这些技能的需求有关。近年来，对有护理资质的人的需求十分旺盛，医院为了招到足够的人手，不得不给出很高的报酬。同样，对拥有历史或英语文学学位的人就没什么需求，因为这些专业毕业的学生比相关领域的工作岗位数量多。

3. 家庭成员中的创收者人数

如果你家里只有你一个人在赚钱，那你的家庭现金流入一般就会比有两个人在赚钱的家庭要少。现在双职工家庭越来越多，这个趋势导致这些家庭的现金流入明显增加。

2.2.2　影响现金流出的因素

影响现金流出的主要因素包括家庭人口、年龄和个人消费习惯。

1. 家庭人口

一个需要养家的人，通常负担的支出会比单身的人多。家庭人数越多，开支就越多，现金流出也越多。食品、衣服、服务、学费等方面的开支都随家庭人数增加而增加。

2. 年龄

人们成年以后，在住房、汽车和度假方面的支出会上升。这种变化可能与他们事业有成，收入增加有关。

3. 个人消费习惯

🧠 **理财心理**

大多数人的消费习惯取决于他们的收入。比如说，两个全职工作者组建的家庭开销就会大一点。但是，不同的人消费习惯有很大差别。一个极端的人不管工资高低，在拿到手以后没几天就把它花得一干二净。对于低收入者，这种情况还情有可原；但许多高薪人士也有这个毛病。另一个极端的人则十分节俭，把开支压缩到最低限度，多存一点是一点。

许多消费者开销无度是因为追求及时行乐，完全没有为将来打算。他们的消费还有可能是为了和朋友进行攀比。他们想买的车子或房子至少不能比朋友的便宜。如果他们的收入达不到朋友水平，这种消费模式就很成问题，因为他们根本负担不起这样的生活方式。更糟糕的是，他们的朋友自己也可能过着入不敷出的日子。为此，他们（和他们的朋友）不得不时时靠举债维持这种表面光鲜的生活，最终导致信用危机。

你可以通过对近期（比如说上个月）现金流出的用途进行统计来评估你的消费习惯。首先，将所有支出分类，比如汽车、房租、学费、服装、娱乐等。然后，根据这个分类统计每种用途的消费金额及所占比例。用于汽车方面的支出所占比例过大，意味着你的生活可能被汽车操纵，因为你几乎没有多少钱可以买别的东西了。确定你在每个类别上的开销所占的比例，就可以知道大部分的钱都花到哪儿去了。

2.3 预测现金流

制定预算的下一个步骤是以个人现金流量表为基础开展的。你可以预测未来某一时段，现金流量表中的所有流入项与流出项的金额，并推导出净现金流的金额。我们把这种基于预期的现金流量表就称为**预算**（budget）。比如说，你可以通过预算确保收支平衡。如果你觉得现金流入肯定会超过现金流出，也可以通过预算确保差额达到一定的水平，这样就有稳定的资金可用于投资或提前偿还个人债务。

案例 2-2

史蒂芬尼·斯普拉特想知道自己这个月有没有足够的现金流入。她用自己上个月的资金流量表来预测这个月的现金流。然而，她有几项额外的预期支出要加到流量表中。

（1）这个月的医疗费用总额为 430 美元，因为她接受了一项不在医保范围内的治疗。

（2）这个月的汽车保养开支为 500 美元，主要是因为她的车需要换胎了。

史蒂芬尼在自己上个月的现金流量表中增加了这个月将要新增的支出项目，如表 2-2 所示。括号内的数字表示本月发生的非常规事项对流量表的影响。

表 2-2　史蒂芬尼·斯普拉特修正后的个人现金流量表

现金流入	上月实际金额	本月预期金额
可支配（税后）收入	$2 500	$2 500
存款利息	0	0
股利	0	0
现金流入合计	$2 500	$2 500
现金流出	**上月实际金额**	**本月预期金额**
房租	$600	$600
网费	50	50
水电费	60	60
手机费	60	60
食品	300	300
医保支出	130	[430]
服装	100	100
汽车支出（车险、保养和汽油）	200	[500]
享乐	600	600
现金流出合计	$2 100	$2 700
净现金流	+$400	−$200

非常规事项对史蒂芬尼本月现金流量预期的主要影响如表 2-3 所示。请注意，本月预期现金流出为 2 700 美元，比正常月份多了 600 美元。这个月，预期净现金流为：

$$预期净现金流 = 预期现金流入 - 预期现金流出$$
$$= \$2\,500 - \$2\,700$$
$$- \$200$$

表 2-3　史蒂芬尼·斯普拉特修正后的现金流量小结　（单位：美元）

	上月现金流状况	本月预期非常规现金流	本月预期现金流状况
现金流入	2 500	0	2 500
现金流出	2 100	600	2 700
净现金流	400	-600	-200

制定预算使史蒂芬尼提前发现 200 美元的现金短缺。

2.3.1　预期现金短缺

如果某个月出现了意料之外的大额支出，你的现金流可能会入不敷出。如果差额不大，你可以从支票账户取点钱出来把它补上。但是，如果你预计到时候会有大额赤字，手头可能就没那么多钱来填补亏空了。预算可以让你提前预知到这个问题，这样你就有充分的时间做出应对。你应该向存款账户中拨付一笔应急资金，在现金短缺的时候就可以派上用场。

🌐 理财心理

在现实生活中，经常会产生各种意外支出，因为意外事件层出不穷，比如汽车突然需要修理。虽然你不能预言未来会发生什么让你大出血的事，但有备才能无患。你可以每月拿出一点钱，比如 30 美元，应对意外开支，即使你不确定最终这笔钱会怎么用。这能帮助你更准确地估算每月的开支，以及每月实际能储蓄的金额，从而使你的预算更具可行性。这样的预算策略可能不那么理想，因为它减少了预期的储蓄额。但是，它让你能更准确地估算自己的储蓄能力，保障你向预算中的储蓄目标稳步推进。

2.3.2　评估预算的准确性

定期对比你每月产生的实际现金流和预算中规划的现金流，好看看预算是否符合实际情况。许多人往往对自己规划的预算过于乐观。他们高估自己的现金流入，或者低估现金流出，结果实际净现金流总是少于预期。如果发现这样的误差，就能改进预算。你可以想办法限制支出，使之达到预算标准；或者不改变自己的消费习惯，而是增加支出预算使之符合实际情况。准确的预算才能帮助你更好地发现未来任何可能出现的现金流短缺，并提前加以准备。

👉 案例 2-3

还记得前面史蒂芬尼·斯普拉特预测下个月现金流的例子吗？现在已经到了月底，她可以检验自己的预测是否准确。她预测的金额如表 2-4 第二列所示，实际发生的金额在第三列，二者的差额在第四列。第二列和第三列之间的差额被称为**预期误差**。差额为正表示实际现金流低于预期，差额为负表示实际现金流超过预期。

表 2-4　史蒂芬尼·斯普拉特本月预算和实际现金流对比

现金流入	预期金额（月初预算）	实际金额（月末统计）	预期误差
可支配（税后）收入	\$2 500	\$2 500	\$0
存款利息	0	0	0

（续）

现金流入	预期金额（月初预算）	实际金额（月末统计）	预期误差
股利	0	0	0
现金流入合计	$2 500	$2 500	$0
现金流出	**预期金额**	**实际金额**	**预期误差**
房租	$600	$600	$0
网费	50	50	0
水电费	60	60	0
手机费	60	60	0
食品	300	280	+20
医保支出	430	430	0
服装	100	170	−70
汽车支出（车险、保养和汽油）	500	500	0
享乐	600	650	−50
现金流出合计	$2 700	$2 800	−$100
净现金流	**−$200**	**−$300**	**−$100**

检验了表 2-4 的第四列之后，史蒂芬尼发现现金流出总额比预期多了 100 美元。她的净现金流是 −300 美元，比她之前预期的 −200 美元更低。这意味着她低估了自己的现金流出水平。虽然食品方面的开支比预期的略低，但她在服装和享乐方面严重超支了。她认为这个月的支出情况是不正常的，所以预算还是适用于大多数月份的情况。

2.3.3 预期未来几个月的净现金流

提前几个月预期某个月的现金流，在方法上和预期下个月的现金流完全一样。只要常项的现金流被认为处于正常水平，就能根据以往的情况加以预期。如果未来某个月的情况有变，你也可以加以调整。（比如说，寒假期间你在礼物和享乐方面的支出会更多一些。）

医疗、修车，以及房屋修理之类的支出常常在计划之外发生。虽然这些支出无法预测，但你应当把它们纳入预算。你应该考虑到每隔几个月，就可能要为医疗、汽车修理、房屋维修之类的原因花钱。所以，你的月度预算不太可能和实际收支完美地对应，但从长期来看它还是合理的。如果你没有为这些可能的支出留有余地，过一段时间就会发现净现金流低于预期。

2.3.4 制定年度预算

如果你想知道明年全年能够存多少钱，可以把预算的周期延长。你可以先制定一个年度预算，然后根据一些预期的现金流重大变化对它加以调整。

案例 2-4

史蒂芬尼·斯普拉特觉得她上个月的预算（除去医疗和汽车方面的开支）是典型的。她想以此为基础预测明年她大概能存多少钱。她的现金流入是可预测的，因为她早就知道自己今年的工资是多少。另外，她月度预算中的某些现金流出项目也是固定的（如房租和上网费）。要估算这些现金流出项目的年度开销，她只需要把每月的金额乘以 12 就可以了，如表 2-5 所示。

表 2-5 史蒂芬尼·斯普拉特的年度预算

现金流入	典型月度收入	年度现金流入
可支配（税后）收入	$2 500	$30 000

（续）

现金流入	典型月度收入	年度现金流入
存款利息	0	0
股利	0	0
现金流入合计	$2 500	$30 000
现金流出	典型月度支出	年度现金流出
房租	$600	$7 200
网费	50	600
水电费	60	720
手机费	60	720
食品	300	3 600
医保支出	130	1 560
服装	100	1 200
汽车支出（车险、保养和汽油）	200	2 400
享乐	600	7 200
现金流出合计	$2 100	$25 200
净现金流	+$400	$4 800

其他项目则每个月都会发生变化，但上个月的预算金额差不多相当于 12 个月的平均值。史蒂芬尼估计接下来的 12 个月，净现金流总额为 4 800 美元。因此，她设定的目标是存 4 800 美元，然后把它存进银行或者用来投资股票。

2.3.5　完善预算

每过一段时间，你都要审阅一下预算，看看是否向着当初设立的财务目标又前进了一步。为了增加存款或减少债务，以便更轻松地实现财务目标，你有必要重新核准预算中的项目，使预算与时俱进。

案例 2-5

还记得吗，史蒂芬尼·斯普拉特计划每月支出 2 100 美元，把剩下的 400 美元作为资产（存入银行或投资股票）。她想这样积累下一大笔钱，以后用来买车或买房。所以，她想再增加净现金流。

史蒂芬尼评估了她的个人现金流量表，想看看有没有可能增加现金流入或减少现金流出。她很想在 2 500 美元以外再找点来钱的门路，但基于她的技能和经验，这个待遇已经相当不错了。她想在周末再做一份兼职，但又不想再侵占有限的自由支配时间。也就是说，基于当前的条件和她的意愿，她知道自己不可能再增加每月的现金流入了。要想让每月的储蓄超过 400 美元，唯一的办法只能是减少现金流出。

史蒂芬尼分析了她的预算支出，想找到能削减的项目。她每月支出的 2 100 美元中，大约有 1 500 美元她认为属于必要支出（比如房租和公用事业费）。剩下的现金流出（大约 600 美元）用于享乐。史蒂芬尼意识到，如果支出中有什么重大项目是可以削减的，一定是在这个类别。

她的享乐支出的大头是健身房会员费和在餐馆吃饭。她发现在这些方面，她可以既缩减开支，又不放弃活动。特别是，她发现她去的健身房档次高，定价贵。她如果去另一家服务水平相当的健身房，每月可以节省大约 60 美元。她还计划每月在餐馆吃饭上减少大约 40 美元。通过在这些方面改变她的支出习惯，她的现金流出每月可以减少 100 美元，总结如表 2-6 所示。

表 2-6 史蒂芬尼·斯普拉特修正后的月度预算

	原先的现金流情况	计划的现金流情况
月度现金流入	$2 500	$2 500
月度现金流出	$2 100	$2 000
月度净现金流	$400	$500
年度净现金流	$4 800	$6 000

这番削减开支使她的净现金流从当前每月的 400 美元增加到 500 美元。坚持一年，她的净现金流将达到 6 000 美元。虽然这样的增加幅度比原先预期的还是要少一点，但史蒂芬尼相信这是一个良好的开始。最重要的是，这个预算是可行的。

2.4　个人资产负债表

制定预算的下一个步骤是编制个人资产负债表。预算记录你在一段时期内的现金流，而个人资产负债表呈现你在某一特定时点上拥有的财富。个人资产负债表汇总了你的资产（你拥有的东西）、你的负债（你欠的东西），以及你的净值（资产减去负债）。

2.4.1　资产

资产负债表中的资产可以分为流动性资产、家庭资产和投资。

1. 流动性资产

流动性资产（liquid assets）是可以轻易变现而不会有价值损失的金融资产。它们特别适合用来应对各项开支。最常见的流动性资产包括现金、支票账户，以及储蓄账户。现金用来应付小额购买，金额大的时候就走支票账户。储蓄账户受到人们欢迎，因为存在里面的钱会产生利息。比方说，如果你的储蓄账户利率是 4%，你在里面每存 100 美元每年才能获得 4 美元的利息。管理流动性资产，承担日常交易支付会在本书第二部分讨论。

2. 家庭资产

家庭资产（household assets）一般都是家庭成员所共有的，比如住房、汽车和家具。理财规划中关于购买大额家庭资产的内容在本书第二部分讨论。这部分资产的价值一般远高于流动性资产。

在编制个人资产负债表时，你需要评估家庭资产的价值。一件资产的市价是你现在马上把它卖掉时能挣到的钱。比如说，你去年花 20 000 美元买了一辆汽车，而现在它的市价只有 14 000 美元，也就是说你只能以 14 000 美元的价格把它卖给别人。汽车的市价可以通过许多网站查询。虽然确定其他资产（比如一套住房）的价格会麻烦一点，但你仍然可以通过参考近期成交的类似房产的价格为它估价。

3. 投资

常见的投资对象包括债券、股票和出租房。

债券（bonds）是借款人（通常指企业和政府机构）为筹资发行的凭证。你购买新发行的 1 000 美元债券，就相当于向债券的发行人提供了 1 000 美元贷款。你持有债券期间，可以获得利息。（债券将在本书第 16 章详细讨论。）

股票（stocks）是公司发行的表示部分所有权的凭证。公司发行股票以筹资，其目的五花八门，比如用于购买新设备或建造新设施。许多公司都有成千上万的股东。

投资者购买了公司股票就成为股东。如果你手头资金充裕，可以考虑买点股票；在缺钱的时候，可以把一部分股票抛售。

股票的市价每天都在变动。你可以在许多网站上查询股票价格，比如雅虎财经。如果股票价格上涨，投资者就赚钱。另外，如果公司给股东分红，他们也能受益。

类似于股票这样的投资一般不被视为流动性资产，因为它们在紧急抛售时可能会带来损失。股票一般被视为长期投资，也不会被用于支付日常支出。（股票将在本书第 15 章详细讨论。）

共同基金（mutual funds）向个人出售份额，然后把收入用于包括股票或债券的投资组合。基金经理管理这些资产，决定购买哪些证券，这样个人投资者就不需要再为此伤脑筋了。每个基金对最低投资额的规定各不相同，一般介于 500 ～ 3 000 美元。所有共同基金的单位净值都可以在《华尔街日报》之类的报刊或网站查询。我们将在第 17 章详细分析共同基金。

不动产（real estate）包括出租房和土地。出租房是专用于向人们出租的住房或商业地产。有的人购买第二套房屋，然后租给别人以收取租金。有的人出于同样的目的购买公寓房。还有的人购买土地作为投资。

2.4.2　负债

负债表示你欠别人的钱，可以分为流动负债和长期负债。

1. 流动负债

流动负债（current liabilities）是指你必须在一年内还清的债务。最典型的流动负债是信用卡欠款。信用卡公司每月给持卡人寄出对账单，列明过去一个月他的刷卡详情。如果你在还款期内把对账单列出的账单费用还清，就用不着支付利息。这样，你的负债就被消除了，直到你收到下个月的对账单。

理财心理

在讨论个人预算时，信用卡需要引起特别注意。虽然它们是很容易获取的资金来源，但同时也给许多人带来严重的信用问题。有的人刷卡购买那些他们既用不着也买不起的东西。这种行为由两种心理力量促成。第一，有些人刷卡购买这些东西仅仅是因为心血来潮或为了和别人攀比。第二，有些人在刷卡购物时表现得特别大手大脚，是因为刷卡不使用现金。也就是说，他们在购物时更愿意承担一笔流动负债（欠款），而不是运用自己的资产（现金）。他们在使用现金时感受到更多的痛苦，因此在如何使用现金方面表现得更为自律。他们知道，从钱包里拿出去 50 美元，就意味着要少买价值 50 美元的其他东西。但当他们刷卡而不必动用现金时，就觉得好像这些东西或服务是免费的。由于在购物的那一刻他们只想着满足眼前的需要，完全没有顾忌这种消费超出了自己的承受能力，所以忽视了未来必须还清信用卡欠款这个事实。这类行为容易造成流动负债的累积，最终导致信用问题。

2. 长期负债

偿还期限在一年以上的债务是**长期负债**（long-term liabilities）。一种常见的长期负债是助学贷款，就是学生在毕业后一段时间内要向出借人偿还的债务。这种负债要求你定期支付利息。一旦还清贷款，你就消除了负债，也无须再支付任何利息。一般来说，你要控制自己的负债规模，以控制利息支出。

其他常见的长期负债有汽车贷款和（购房）按揭贷款。汽车贷款的还款期一般是 3 ～ 5 年，而按揭贷款则长达 15 ～ 30 年。这两种贷款都可以提前清偿。

2.4.3 净值

你的净值是你自己拥有的和你欠别人的价值之间的差额。

净值 = 资产总价值 − 负债总价值

换言之，如果你卖掉足够的资产来清偿所有负债，剩下来的资产额就是你的净值。你的净值是对你财富多少的衡量，因为它用你的所有抵扣了你欠别人的一切。

🌀 **理财心理**

有些人在评估自己的金融财富时只看资产，不计负债。他们眼中只有自己的车、自己的房子，以及其他资产，却看不到自己的负债。这会进一步鼓励他们通过信贷去购买自己根本买不起的东西。我们可以用一个学生的故事说明这个道理：他上个月刚用借来的 20 000 美元买了一辆车。如果他现在就把这辆车卖出去，市价大概是 16 000 美元，因为二手车的市价一般贬值 20%（本书第 9 章会解释其原因）。这个学生的负债是 20 000 美元，如果他没有其他资产或负债，那他的净值就是：

资产	$16 000
负债	$20 000
净值	−$4 000

由于资产少于负债，净值为负。许多靠透支信用卡过日子，欠款一直没法还清的人净值都是负的。这意味着他们即使把所有资产都卖了，也还不清债务。这种状况会导致破产。

2.4.4 编制个人资产负债表

你应当编制一份个人资产负债表来搞清楚自己的净值。之后，要定期更新，以随时监控自己的财富变化。

👉 **案例 2-6**

史蒂芬尼·斯普拉特想知道自己的净值是多少，所以准备编制一份个人资产负债表，列明自己所有的资产和负债。

史蒂芬尼的资产包括：

- 500 美元现金；
- 支票账户存款 3 500 美元；
- 公寓的家具大概值 1 000 美元；
- 汽车大概值 1 000 美元；
- 她刚刚以 30 美元一股的价格，花 3 000 美元购买的 100 股不付息股票。

史蒂芬尼把这些信息按流动资产、家庭资产和投资资产分类，填入个人资产负债表的上方，如表 2-7 所示。

1. 史蒂芬尼的负债情况

史蒂芬尼还有 2 000 美元的信用卡欠款。除此之外，她目前没有任何其他负债。她把这仅有的一项负债列在个人资产负债表的"流动负债"栏目中，因为她决定尽快把这笔债务还清。由于她当前没有长期负债，她的负债总额为 2 000 美元。

2. 史蒂芬尼的净值

史蒂芬尼的净值相当于她的总资产和总负债之间的差额。从她的资产负债表中可以看出，她的总资产是 9 000 美元，而她的总负债是 2 000 美元。这样，她的净值就是：

$$净值 = 总资产 - 总负债$$
$$= \$9\,000 - \$2\,000$$
$$= \$7\,000$$

表 2-7　史蒂芬尼的个人资产负债表

资产		负债和净值	
流动资产		**流动负债**	
现金	$500	信用卡欠款余额	$2 000
支票账户存款	3 500	流动负债总计	$2 000
储蓄存款	0	**长期负债**	
流动资产总计	$4 000	按揭贷款	$0
家庭资产		汽车贷款	0
住房	$0	长期负债总计	$0
汽车	1 000	**总负债**	$2 000
家具	1 000	**净值**	$7 000
家庭资产总计	$2 000		
投资资产			
股票	$3 000		
投资资产总计	$3 000		
总资产	$9 000		

2.4.5　个人资产负债表的变化

如果你这个月有了新的收入，但把它都用来支付比如房租、食品、音乐会门票之类不会产生个人资产的商品或服务，你的净值不会增加。如果你把收入用来投资，你的个人资产负债表才会变化。在有的情况下，比如说你买房了，在你资产增加的同时，你的负债也因为你申请了按揭贷款而一同增加。无论如何，除非你的资产增值的幅度比负债增值的幅度更大，否则你的净值是不会增加的。

案例 2-7

史蒂芬尼·斯普拉特想买一辆价值 20 000 美元的新车。为了买车，她需要：
- 把手头这辆旧车折价，可抵消大约 1 000 美元；
- 开一张 3 000 美元的支票作为首付；
- 剩余部分向经销商申请一笔 16 000 美元的贷款，分 5 年还清。

她的个人资产负债表变化如表 2-8 所示。

史蒂芬尼资产的变化：
- 她的汽车市价为 20 000 美元（按购买时的价格计，假设晚些才会贬值），而不再是 1 000 美元；
- 她的支票账户余额从 3 500 美元减少到 500 美元。

所以，她的总资产增加 16 000 美元（新车比旧车价值多 19 000 美元，但支票账户存款减少了 3 000 美元）。

史蒂芬尼负债的变化：

- 她现在有了汽车贷款，长期负债增加 16 000 美元。

表 2-8　买车后史蒂芬尼的个人资产负债表

	目前的情况	买新车后的情况		目前的情况	买新车后的情况
资产			负债和净值		
流动资产			**流动负债**		
现金	$500	$500	信用卡欠款余额	$2 000	$2 000
支票账户存款	3 500	500	流动负债总计	$2 000	$2 000
储蓄存款	0	0	**长期负债**		
流动资产总计	$4 000	$1 000	按揭贷款	$0	$0
家庭资产			汽车贷款	0	16 000
住房	$0	$0	长期负债总计	$0	$16 000
汽车	1 000	20 000	**总负债**	$2 000	$18 000
家具	1 000	1 000	**净值**	$7 000	$7 000
家庭资产总计	$2 000	$21 000			
投资资产					
股票	$3 000	$3 000			
投资资产总计	$3 000	$3 000			
总资产	$9 000	$25 000			

所以，如果她买新车，总负债会增加 16 000 美元。

史蒂芬尼净值的变化：

如果史蒂芬尼买新车，她的净值：

$$净值 = 总资产 - 总负债$$
$$= \$25\ 000 - \$18\ 000$$
$$= \$7\ 000$$

史蒂芬尼的净值会保持不变。然而，如果考虑到她新买的车过不了多久就会有所贬值，它的市场价值很快就会低于当初购买时花的 20 000 美元，所以实际上净值会减少。

史蒂芬尼的决定：由于购买一辆新车并不会增加她的净值，她决定暂时不买车。但是，她考虑到自己的旧车未来要花很多钱保养，所以她决定再过几个月，等到财务状况有所好转后再买。

2.4.6　现金流对个人资产负债表的影响

个人现金流量表和个人资产负债表之间的关系如图 2-2 所示。这个关系解释了你的财富（净值）如何逐渐积累。如果你把净现金流投资于资产，你就会在负债不变的情况下获取资产的增长。于是，你的净值就增加了。你也可以用净现金流减少你的负债，这样也能增加你的净值。所以，你用来投资或还债的收入越多，你的财富增长得越快。

即使你的净现金流为零，净值也可能变化。比如说，如果你的汽车

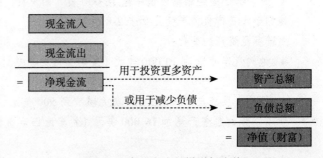

图 2-2　净现金流怎样增加净值

市价下跌了，资产的价值就会减少，你的净值也会下跌。相反，如果你持有的股票价格上涨了，你的资产总值也会提高，你的净值也跟着水涨船高。

2.4.7　经济对个人资产负债表的冲击

经济环境会影响你的现金流，从而影响你的个人资产负债表，如图 2-3 所示。好的经济环境增加就业机会，从而增加你的收入。相反，不好的经济环境减少了就业机会，也减少了许多人的收入。

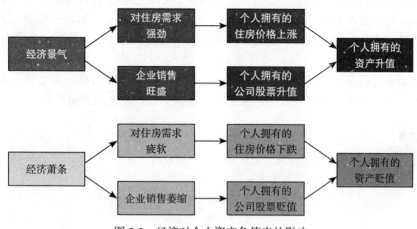

图 2-3　经济对个人资产负债表的影响

经济环境也会影响你资产的价值。在好的经济环境下，人们对住房的需求十分旺盛，导致房价提高。此外，由于公司的销售额增加，它们的股票也会升值。相反，萧条的经济导致资产贬值。房价随需求减少而下降；公司销售下滑导致股价下跌。经济衰退期间，许多人发现他们的资产严重缩水。对于有些人来说，他们的资产价值甚至跌到负债额以下。结果，他们的净值就为负了。

2.4.8　对个人资产负债表的分析

制定预算帮助你监控自己的现金流和测算你的净值。此外，通过分析你的个人资产负债表与现金流量表的一些财务特征，你可以监控自己的流动性水平、债务水平以及储蓄能力。

1. 流动性

回忆一下，流动性代表获取资金以应对任何短期现金需求的能力。你需要时时监控自己的流动性水平，确保在任何时候都有足够的资金可用。衡量流动性水平可以使用流动比率，其公式为：

$$流动比率 = 流动资产 \div 流动负债$$

流动比率高意味着流动性充足。比如说，流动比率为 3.0 相当于针对你近期需要偿还的每 1 元钱债务，你都有价值 3 元钱的流动资产。这样，你就可以轻松应对短期负债。

流动比率低于 1.0 意味着你没有足够的流动资产去偿付即将到期的债务。在这种情况下，你可能需要借钱。

案例 2-8

根据她个人资产负债表（见表 2-7）中的信息，史蒂芬尼·斯普拉特衡量了她的流动性水平。

$$流动比率 = 流动资产 \div 流动负债$$
$$= \$4\ 000 \div \$2\ 000$$
$$= 2.0$$

史蒂芬尼的流动比率为 2.0，说明对于 1 美元的流动负债，她有 2 美元的流动资产。这表明她有足够的资金应对流动负债，所以她的流动性很充足。

2. 负债水平

你还需要监控自己的负债水平，确保它没有高到你无法偿还的程度。对于一个资产规模达到 100 000 美元的人来说，20 000 美元的负债不算什么大麻烦。但对于几乎一无所有的人来说，这就是天文数字了。所以，衡量你的债务水平要以你的资产为基础，公式为：

$$资产负债率 = 总负债 \div 总资产$$

资产负债率过高意味着欠款太多，接下来要减少债务，防止出现债务危机。面临此类问题的人要审视自己的现金流量表，努力让现金流入最大化，现金流出最小化。

案例 2-9

根据她个人资产负债表中的信息，史蒂芬尼·斯普拉特计算了她的资产负债率。

$$资产负债率 = 总负债 \div 总资产$$
$$= \$2\ 000 \div \$9\ 000$$
$$= 22.22\%$$

22.22% 的资产负债率还不值得紧张。即使史蒂芬尼失业了，她还清债务也没问题。

3. 储蓄率

要知道你把可支配收入中的多大一部分存起来了，你可以把一段时间内的储蓄金额与可支配收入（收入扣除所得税）对比，公式为：

$$储蓄率 = 一段时间的储蓄金额 \div 一段时间的可支配收入$$

案例 2-10

根据她的现金流量表，史蒂芬尼一个月可以赚 2 500 美元，预计可以把 400 美元用于储蓄或投资。她计算了一个月份正常的储蓄率为：

$$储蓄率 = 一段时间的储蓄金额 \div 一段时间的可支配收入$$
$$= \$400 \div \$2\ 500$$
$$= 16\%$$

所以，史蒂芬尼把她 16% 的可支配收入存起来了。

2.5 预算怎样影响你的理财规划

制定理财规划时的关键预算决策是：

- 我怎样在近期内增加净现金流？
- 我怎样在长期内增加净现金流？

这些决策影响你理财规划的所有方面，包括你的流动性、个人融资、财富保障、个人投资，以及养老和遗产规划。通过控制开始，你可以增加你的净现金流，提高你的流动性，以及你的净值。图 2-4 展示了史蒂芬尼·斯普拉特怎样在理财规划中应用她的预算决策。

预算规划的目标

1. 决定我怎样在近期内增加净现金流?
2. 决定我怎样在长期内增加净现金流?

分析

当前状况:

现金流入 =$2 500/ 月	
现金流出 =$2 100/ 月	
净现金流 =$400/ 月	
预计年储蓄额 =$4 800 ($400/ 月 ×12)	

增加净现金流的方法:

增加工资? (换工作?)	不。我喜欢这份工作,也没打算马上跳槽,即使新工作待遇更好。
增加投资产生的收入?	不。我的投资现在还很少。我还不能指望它马上产生很多回报。
其他? (如有,需要说明。)	无
减少现金流出的方法:	
减少我的日常支出?	不可以。
减少我的享乐支出?	可以。(每月 100 美元。)
减少我的其他支出?	不可以。

总之,我的预算中只有一项可以调整,这会使我的每月净现金流增加 100 美元。

决策

1. 短期内增加净现金流的决策

　　我最开始编制了一个每年储蓄 4 800 美元的预算。从第二年开始,我可以尝试通过缩减享乐支出,每月增加 100 美元储蓄。如果我能减少现金流出,就可以增加储蓄。只要我把每月现金流出减少 100 美元,我的储蓄额就能从 400 美元增加到 500 美元。目前,我能减少现金流出的唯一途径是减少在享乐方面的花销。

2. 长期内增加净现金流的决策

　　以后,随着我的工资提高,我的现金流入也会增加。如果我能使现金流出保持不变,我的净现金流(以及储蓄)就会增加。当我买新车或买房后,我的每月现金流出会因为贷款月供的出现而增加。所以,如果我真的要买新车或买房,需要确保控制价格(以便控制贷款规模),这样我才能有足够的现金流入应付每月贷款月供和其他正常开销。

　　如果以后我结婚了,我的丈夫也要对现金流入有所贡献,这样会增加我们的净现金流。我们就能存更多的钱,并且可以考虑买套住房。如果我结婚了,我的目标是每月存更多的钱,为未来承担家庭的责任做好准备。

图 2-4　预算在史蒂芬尼·斯普拉特理财规划中的应用

讨论题

1. 如果史蒂芬尼是一个带着两个孩子的单身妈妈,她的预算决策会有什么不同?

2. 如果史蒂芬尼已经 35 岁了,这会对她的预算决策产生什么影响? 50 岁呢?

小结

1. 个人现金流量表

个人现金流量表衡量你在一段时间内的现金流入、现金流出,以及它们之间的差额(净现金流)。现金流入来自你的工资或投资产生的收入。现金流出则是出于你的开支。

2. 影响现金流的因素

你的现金流入主要取决于你在职业道路上所处的阶段以及你的工作类别。你的现金流出则受到家庭状况、年龄和个人消费行为的影响。如果你具备特殊的技能，可能会得到一个能增加现金流入的岗位。如果你限制自己的消费，你就能限制自己的开支，从而来减少现金流出。这两种做法都会增加净现金流，从而增加你的财富。

3. 预测现金流

你可以通过预测未来一段时间的现金流入和流出，编制预算，测算自己的净现金流（也包括预测现金短缺）。

比较你预测的和实际发生的收入和支出，你可以看出是否在按预算行事。通过对预测的和实际的现金流之间差额的分析，你就知道在预算的哪些部分需要进一步控制，或者哪些支出可以缩减。这个分析能帮助你改变未来的支出或调整你以后的预算。

4. 个人资产负债表

个人资产负债表衡量你的资产、负债和净值。你的资产可以分为流动资产、家庭资产和投资；负债可以分为流动负债和长期负债。总资产和总负债之间的差额就是净值，它衡量你财富的多少。

个人现金流量表中的净现金流与个人资产负债表中的净值息息相关。如果你在一段时间内净现金流为正，你可以把余额投资更多的资产，这会使你的净值（或财富）增加。你也可以把净现金流用来偿还负债，这样也会增加你的财富。

5. 怎样在理财规划时利用你的个人财务报表

你的个人财务报表帮助你有关开支的决策，所以它们会影响你的理财规划，包括流动性、个人融资、财富保障、个人投资，以及养老和遗产规划。

复习题

1. **个人财务报表** 对于个人理财规划来说，哪两种个人财务报表是最重要的？

2. **现金流** 解释什么是现金流入和现金流出，说明它们的常规来源。怎样计算净现金流？

3. **改变现金流** 杰里米想增加他的净值，你会给他什么建议？

4. **影响现金流入的因素** 指出若干影响现金流入的因素。

5. **影响现金流出的因素** 罗列你的每月现金流出。每个人的现金流出都一样吗？

6. **预算的目的** 什么是预算？预算的目的是什么？预算怎样帮助你预测现金短缺或盈余。

7. **预算准确性** 你怎样评判预算的准确性？找到预期中的错误怎样帮你完善预算？

8. **意外支出** 意外支出和流动性之间有什么关系？

9. **编制年度预算** 描述编制年度预算的步骤。

10. **修改预算** 假设你想修改预算以增加储蓄，你会怎么做？

11. **现金短缺** 你怎样看待不做预算的人容易出现现金短缺？这对他们之间的关系有什么影响？

12. **个人资产负债表** 什么是个人资产负债表？

13. **资产分类** 指出资产的三种类型，简单解释并举例。

14. **投资类型** 什么是债券？什么是股票？什么是共同基金？说明它们各以什么方式产生投资回报。

15. **不动产投资** 说明不动产产生投资回报的两种方式。

16. **负债类别** 什么是负债？解释流动负债和长期负债。

17. **计算净值** 怎样通过个人资产负债表掌握你的净值情况？

18. **净值变动** 什么情况下你的净值会增长？购买额外的资产一定会增加你的净值吗？为什么？

19. **财务特征** 分析你的个人资产负债表，可以得到哪三项财务特征？

20. **流动比率** 什么是流动比率？它说的是什

么？怎样计算资产负债率？高负债率说明什么？你的储蓄率是怎么求的？它说明什么？

21. **个人财务报表**　贾斯汀的股票投资组合去年升值了，按揭贷款余额减少了。这一年他的净值发生了什么变化？

22. **经济对资产价值的影响**　说明为什么住房和股票这类资产的价值在经济衰退期间会下跌。

23. **经济对净值的影响**　说明为什么个人的净值在经济衰退期间会下跌。

24. **信用卡和支出心理**　说明使用信用卡对你的支出习惯有何影响。

25. **资产的市值和净值**　希瑟 3 年前花 18 000 美元买了一辆新车，然后在她的资产负债的表上按 18 000 美元计入资产。由于这辆车是全额贷款购买的，所以她在负债中也记录了这笔 18 000 美元的汽车贷款。她刚刚付清了车贷，所以资产负债表中不再有负债项目。然而，这辆车的资产价值依然按 18 000 美元计。为了使她的资产负债表更符合实际，她应该怎样调整自己的资产项目？

26. **影响现金流的因素**　影响现金流入的因素是哪两个？

理财规划练习题

1. **计算可支配收入**　安吉拉每月全职工作的税前收入是 2 170 美元，还有一份税前收入 900 美元的兼职。她大概需要缴纳 650 美元的税。安吉拉的可支配收入是多少？为什么计算可支配收入很重要？

2. **计算净现金流**　如题 1，安吉拉检查了她的支票簿和信用卡账单，发现她每月的支出情况如下所示：

租金	$500
网费	30
电费	100
水费	25
移动电话	40
食品	400
汽车开支	350
医疗保险	200
服装和个人用品	175
享乐	300

安吉拉的净现金流是多少？

3. **对净现金流的影响**　安吉拉以自己的现金流量表为基础编制了一个预算。两个月后，她必须为汽车上牌支付 375 美元的税费。这笔开销会对她当月的净现金流产生什么影响？请为安吉拉应对这个情况提出建议。

4. **计算储蓄**　根据题 1～3，计算安吉拉在接下来的 12 个月里能存多少钱？

5. **改变储蓄**　安吉拉分析了自己的预算，认为她每月能把享乐开支削减 50 美元。这对她全年的储蓄有什么影响？现在她全年的储蓄是多少？

6. **储蓄率**　如果安吉拉每月存 350 美元，储蓄率是多少？

7. **计算流动性**　贾洛德是一个大学生。他所有的可支配收入都被用来支付学校的各项收费。虽然他没有负债（他拿奖学金），但他有一张信用卡应对不时之需。他和朋友到纽约度假花了 2 000 美元，是他刷卡付的钱。杰洛德手头还有 20 美元，但账户里已经一无所有。贾洛德的流动比率是多少？这个比率说明他现在处于什么样的财务状况？

8. **计算债务**　如题 7，贾洛德有一台价值 100 美元的旧电视。他的其他资产总共价值 150 美元。

他的资产负债比是多少？这说明他现在处于什么样的财务状况？

9. **资产水平** 瑞安和尼科尔的资产如下：

	公平市场价值
住房	$8 500
汽车	22 000
家具	14 000
股票	10 000
储蓄账户	5 000
支票账户	1 200
债券	15 000
现金	150
共同基金	7 000
土地	19 000

他们的流动资产价值是多少？他们的家庭资产值多少钱？他们的投资有多少？

10. **负债水平** 如题9，瑞安和尼科尔的负债如下所示：

按揭贷款	$43 500
汽车贷款	2 750
信用卡未还余额	165
助学贷款	15 000
家具贷款（6个月期）	1 200

他们的流动负债是多少？他们的长期负债多少？他们的净值有多少？

11. **对净值的影响** 贾丝敏为了去欧洲旅游攒了5年的钱。现在她的旅游专项账户里有5 000美元，随时可以预订行程。如果她动身去旅游，会对她现在的净值有什么影响？她应该去吗？

12. **流动性和负债** 根据第9题和第10题，瑞安和尼科尔的流动比率是多少？他们的资产负债率是多少？试评价之。

13. **道德困境** 杰森和米娅都是20多岁，已经结婚3年。他们急于购买自己的第一套住房，但没有足够的钱支付首付。米娅的叔叔克里斯答应过借他们一笔钱买一套小房子。但是，克里斯要求他们提供个人资产负债表、过去两年的现金流量表和税单，以检验他们的收入，评估他们是否有能力偿还。

杰森和米娅过去两年的现金流量表显示他们按克里斯叔叔的要求还钱没有问题。但是，米娅刚刚失业。没有了她这份收入，他们是没办法偿还房款月供的。因为米娅有信心很快就能再找到一份工作，他们打算把目前失业的事情向克里斯叔叔保密。

（1）就杰森和米娅准备隐瞒失业情况这件事做出评价。他们的决策可能导致什么问题？

（2）说明向亲戚借钱一般有哪些缺点。

理财心理：你的现金流出

1. 回顾过去一年你最大额的现金流出，厘清你最主要的支出（比如房租、汽车贷款，或者学费）。你主要的花销中有没有哪些是受到攀比之类心理因素影响而做出的？如果你能重回过去，你会不会改变自己最主要的开销以改善自己的财务状况？

2. 把你所有的支出进行分类，比如用车、房租、学费、衣饰、娱乐等，明确每个类别占现金流出的比例。整理其结果，说明你是否有计划改变自己的消费模式。

系列案例：辛普森一家

辛普森一家知道实现财务目标的第一步就是制定预算以掌控自己每月的现金流入和流出。戴夫和莎伦两人现在的收入加起来大约是每月税后 4 000 美元。等到莎伦也开始拿工资以后，辛普森一家开始有在孩子们的各种课外培训方面增加投入，比如参加足球队和网球课程。在第 1 章中，他们决定每月节省 800 美元用于买车和孩子的教育。

戴夫和莎伦检查了他们上个月的支票账户对账单，识别出每个月的家庭开支包括：

- 900 美元住房开支（700 美元贷款月供，含住房保险和财产税）（请注意，月供很多，因为辛普森一家是在利率很高的时候贷的款。他们正在办理利率更低的再融资手续，相关内容将在第 10 章介绍）；
- 60 美元上网费；
- 80 美元水电费；
- 70 美元电话费；
- 500 美元食品；
- 戴夫工作单位提供的 160 美元医保（这笔钱直接从戴夫的工资里扣除）。

辛普森一家检查了他们的信用卡账单，以了解其他常规的月度支出。

- 买衣服大约 180 美元；
- 汽车相关开支大约 300 美元（保险、保养和汽油）；
- 学费大约 100 美元；
- 享乐和课外培训大约 1 000 美元；
- 支付最低信用卡还款额大约 20 美元；

为了解他们的净值，辛普森一家还评估了他们的资产和负债，包括：

- 300 美元现金；
- 1 700 美元支票账户存款；
- 房屋价值 100 000 美元；
- 家具价值约 3 000 美元；
- 莎伦的汽车，马上就需要换新的了，现在大约值 1 000 美元，戴夫的汽车大约值 8 000 美元；
- 他们的房贷还欠了 90 000 美元，信用卡欠款 2 000 美元。

1. 使用以上信息，为辛普森一家填制现金流量表。

家庭现金流量表

现金流入	本月	现金流入	本月
现金流入合计		服装	
现金流出 现金流出包括以下类别：		汽车支出（车险、保养和汽油）	
房租 / 月供		学费	
网费		享乐	
水电费		信用卡最低还款	
手机费		其他	
食品		**现金流出合计**	
医保和医疗支出		**净现金流**	

2. 根据他们的家庭现金流量表，辛普森一家有可能实现他们的储蓄目标吗？如果不能，你建议他们

做什么样的调整?（其中一个方案是按揭贷款的再融资，但该方案将在第 10 章介绍，此处忽略。）

3. 为辛普森一家填制家庭资产负债表。

家庭资产负债表

资产		负债和净值	
流动资产		流动负债	
现金		贷款	
支票账户存款		信用卡欠款余额	
储蓄存款		流动负债总计	
流动资产总计		**长期负债**	
家庭资产		按揭贷款	
住房		汽车贷款	
汽车		长期负债总计	
家具		**总负债**	
家庭资产总计		**净值**	
投资资产			
股票			
债券			
共同基金			
投资资产总计			
总资产			

4. 辛普森一家的净值是多少？结合你在第 1 题中填制的家庭现金流量表，你认为未来他们的净值会增加还是减少？为什么？

第 3 章　货币时间价值的应用

引导案例

　　斯科特·皮拉尔每天要抽两包烟。后来，他决定为了健康而戒烟。他还没有意识到，这同样是个重要的财务决策。如果斯科特现在开始把他花在抽烟上的钱用于投资，持续 50 年之后，他就会成为一个百万富翁。

　　我们假设一包烟的价格是 8 美元。斯科特每天少抽两包烟，这就能节省下来 16 美元，这样一年就是 5 840 美元（16 美元 / 天 ×365 天）。如果斯科特把这笔钱存入一家银行的储蓄账户，年利率 5%，50 年后这笔投资将累积达到 1 222 592 美元。通过对本章内容的学习，任何人只要花一分钟时间就验证这个计算结果。

　　因为货币具有时间价值，所以钱被用于投资，并产生利息以后，自己就会生钱。经过一段较长的时间，累计的数量会变得非常可观，因为不光是本金会产生利息，而且利息本身也会再产生利息。这告诉我们，从很早开始每月或每年存入一笔小钱，日积月累就会成为巨大的财富。

　　本章的内容可以帮助你计算，定期存入一笔固定金额，最终会达到多大规模。你同样可以用它来计算，为了在未来实现特定的储蓄目标，现在开始需要持续投入多少钱。这样，你就知道要在未来某个时间支付汽车或住房的首付，或购买其他什么东西的话，现在每期需要存入多少钱。

本章学习目标

- 描述货币时间价值的重要性
- 计算一笔投资未来的终值
- 计算一笔未来收入的现值
- 计算一笔年金的终值
- 计算一笔年金的现值
- 说明怎样用时间价值评估储蓄
- 说明怎样把时间价值融入你的理财规划

3.1　货币时间价值的重要性

　　货币的价值与收到这笔钱的时间相关。你是愿意一年后得到 1 000 美元还是五年后得到这笔钱？当然是一年后就得到比较好，因为它的价值比五年后才得到要高。如果你想把它花掉，你今天用它能买到的东西，比五年后能买的多。一般来说，由于通货膨胀的存在，你想买的商品的价格会上涨。因此，1 000美元一年后能买到的东西比五年后能买到的多。

如果你想把收到的钱存起来，你把它存入某个金融机构开设的账户，就能收到利息。如果你一年后收到这笔钱，你就能在接下来的四年把它存起来生息。利息会得到累积，最终金额会超过四年后你得到的金额。这样，一年后得到的钱，价值会超过五年后得到相同金额的钱。

你想现在就得到1 000美元还是一年后再得到1 000美元？根据前面的例子，当然是现在就得到比较好，因为它的价值超过一年后再得到同样多的钱。如果你要花钱，今天可以用它买到比一年后更多的东西。如果你要存钱，今天得到的钱在接下来的一年内就会产生利息。这样，今天得到的钱，价值会超过一年后得到相同金额的钱。

一般来说，货币金额不变时，收到的越早价值越高。今天拿到的一元钱比一年后拿到的更有价值。一年后拿到的一元钱比五年后拿到的更有价值。五年后拿到的一元钱比10年后拿到的更有价值。

货币的时间价值在你计算未来某个时点有多少钱时尤为重要。你越早开始储蓄，你的钱越早开始利滚利，到了未来某个时点，你累积的资金也越多。

货币的时间价值在两种现金流中应用的最普遍：特定金额和年金。年金指定期收到或支出某一特定金额。比如说，每月底定期在银行账户中存入50美元就是一笔年金。你的电话账户不算年金，因为每个月的支出不尽相同。本章将讨论货币时间价值的计算，包括特定金额和年金的现值和终值。演示的计算过程包括使用计算器和查表。

3.2 一元钱的终值

如果你把钱存入银行的储蓄账户，这笔钱的金额会增长，因为银行给存款支付利息。利息是对你把钱存入这个账户的奖励，通常表达为存款金额的一定百分比，按月、按季或按年支付。

你也许想知道自己的钱是怎么生钱的，以便确定未来有没有足够的资金支付特定的开销。比如说，你可能想搞清楚现有的存款余额在六个月后会变成多少，因为到时候你该缴纳学费了。或者说，你想知道这笔钱一年后会变成多少，因为你想用它支付买车的首付。为了达到这个目的，你可以通过存款预期的利率和存款金额来计算。

为了算出一定金额的终值，你需要知道：

- 现在存入（或投资）的金额；
- 存款的利率；
- 投资年限。

👉 **案例 3-1**

你在银行存入1 000美元，年利率4%，则这笔存款每年的利息为：

利率 × 存款金额 = 4% × $1 000 = $40

所以，你的存款一年后连本带利总共会达到1 040美元。

下一年，4%的利率不但适用于原先的1 000美元存款，也适用于上一年产生的利息。这个利滚利的过程被称为**复利**（compounding）。

假设第二年的利率仍为4%，它适用于你的存款账户余额1 040美元，最终产生利息41.6美元（4%×$1 040）。这样，到第二年年末，你的账户余额就是1 081.60美元。

请注意，虽然利率保持不变，但第二年的利息 41.6 美元比第一年的利息多。这是因为该利率在第二年适用的储蓄余额增加了。

到第三年，4% 的利率会产生 43.26 美元利息（4%×$1 081.60）。存款余额在该年末会达到 1 124.86 美元。

有的时候，你想知道存款在一段较长的时间，比如 20 年或 30 年后，会累积到多少。你可以**终值系数**（future value interest factor，FVIF）计算出任何年限的终值，只要用它乘以现在的存款金额。终值系数的大小取决于利率和投资年限。

3.2.1　使用终值系数表

附录 C 中的表 C-1 显示了不同利率（i）和期限（n）对应的终值系数。每列表示利率，每行对应年限。

☞ **案例 3-2**

假设你在银行存入 5 000 美元，年利率 4%，你想知道这笔存款 5 年后会变成多少钱。你投资的金额叫现值（PV），即 5 000 美元。4% 的利率和 5 年对应的终值系数是 1.217（查表，找到利率为 4% 的列与年限为 5 年的行交叉点上的数值）。所以，这 5 000 美元存款在 5 年后的终值（FV）就是：

$$FV = PV \times FVIF_{i,n}$$
$$FV = PV \times FVIF_{4\%,5}$$
$$= \$5\ 000 \times 1.217$$
$$= \$6\ 085$$

3.2.2　时间长短的影响

回顾附录 C 终值系数表中的任何一列，你会发现随着年限的增加，终值系数也会增加。这意味着如果利率不变，投资期限越长，你的钱"生"出来的钱越多，如案例 3-3 所示。

☞ **案例 3-3**

如果你的存款期限不是 5 年而是 20 年，结果会怎么样？假设年利率仍然是 4%，20 年后的终值（FV）是：

$$FV = PV \times FVIF_{i,n}$$
$$FV = PV \times FVIF_{4\%,20}$$
$$= \$5\ 000 \times 2.191$$
$$= \$10\ 955$$

计算结果显示了 5 000 美元存款在投资年限延长后的变化。

3.2.3　利率高低的影响

回顾附录 C 终值系数表中的任何一行，你会发现随着利率的提高，终值系数也会增加。这意味着如果投资期限不变，利率越高，你的钱"生"出来的钱越多，如案例 3-4 所示。

☞ **案例 3-4**

如果你的 5 000 美元存款利率不是 4% 而是 9%，结果会怎么样？按上例，假设投资年限仍然是 20 年，终值（FV）是：

$$FV = PV \times FVIF_{i,n}$$
$$FV = PV \times FVIF_{9\%,20}$$
$$= \$5\,000 \times 5.604$$
$$= \$28\,020$$

所以，如果你能获得 9% 的利率，5 000 美元存款在投资 20 年后会变成 28 020 美元。相比之下，如果利率只有 4%，20 年后不过 10 955 美元。这个对比显示了利率提高对投资收益的影响。

3.2.4   使用财务计算器计算终值

你可以买一个财务计算器，它简化时间价值的计算。有了财务计算器，计算任何利率在特定年限对应的终值变得轻而易举。终值计算时使用的主要按键包括：

$N=$ 投资年限

$I=$ 每期利率

$PV=$ 现值（初始投资额）

$FV=$ 初始投资额的终值

$CPT=$ 公式选择键，你先按这个键，再选需要的公式

👉 案例 3-5

还记得之前那个年利率 9%，存期 20 年的题目吗？现在不查表，用财务计算器来计算，步骤如下：

- 先按 20，再按 N 键（投资期限）。
- 先按 9，再按 I 键（利率）。
- 先按 −5 000，再按 PV 键（投资金额的现值）；负号表示你是存款。
- 先按 0，再按 PMT 键（表示这个计算不计年金）。
- 先按 CPT（公式选择），再按 FV 键（终值）。

这时，计算器上应该显示终值为 28 022.05 美元。用计算器和查表算出的结果会有细微的误差，这是因为终值系数有四舍五入。

👉 案例 3-6

假设你今天在股市投资 5 687 美元。你想进行长期投资，所以对股票的选择很慎重。你想投资 12 年，期待年化收益 10%。虽然不同的财务计算器设置略有差异，基本的步骤如下：

- 先按 12，再按 N 键（投资期限）。
- 先按 10，再按 I 键（利率）。
- 先按 −5 687，再按 PV 键（现值，表示你现在投资的金额）。
- 先按 0，再按 PMT 键（表示这个计算不计年金）。
- 先按 CPT（公式选择），再按 FV 键（终值），这样计算器就会计算并显示结果。

现值是一个负数，表明投资是一种现金流出。计算器显示终值为 17 848.24 美元，说明如果你投资的 5 687 美元每年获得 10% 的收益，在 12 年后你的股票账户资产总值将达到 17 848.24 美元。

3.2.5   复利的威力

复利使储蓄金额得以明显增长。图 3-1 展示了 1 000 美元怎样在复利的作用下逐年增长。

请注意，利滚利（对已经产生的利息计息）的效果使 1 000 美元在 7 年之后就翻倍。当利率为 10% 时，如果不计复利，该笔储蓄需要 10 年才能翻倍。

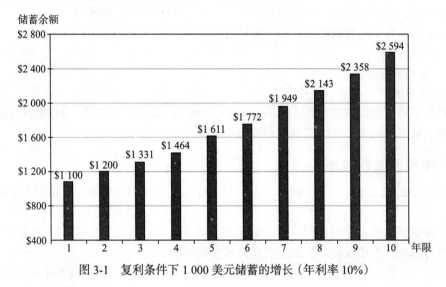

图 3-1　复利条件下 1 000 美元储蓄的增长（年利率 10%）

3.2.6　债务的终值

复利使你的存款增加，同样也会使你的债务增加。比如说，你现在有 1 000 美元的债务，每年的利率是 10%，而你一直没有开始偿还，那么图 3-1 就能用来说明你的债务如何逐年增加。请注意，你的债务一直在增加，因为不仅仅是债务本金在产生利息，利息也在循环生息。

延期助学贷款

有些靠助学贷款完成学业的学生在毕业后发现偿还贷款有困难，尤其是那些可以递延一段时间偿还的助学贷款。有些类型的助学贷款在递延期间免息，但大多数助学贷款在递延期内是计息的，而且会利滚利。比如说，如果你把助学贷款 50 000 美元递延了三年，按利率 5%，到递延期满时你需要偿还的金额就变成了 57 881.25 美元，因为你还要偿还这三年累积的 7 881.25 美元利息。本书第 9 章将详细讨论助学贷款。

3.2.7　对长期债务的曲解

🌐 **理财心理**

不幸的是，有些消费者曲解了他们面临的长期债务。在他们看来，债务的偿还最好能往后拖，这样他们就能把手头的钱用来买东西，而不是还债。这种逻辑让他们眼下得到满足，因为还债的痛苦被推迟了。透支信用花钱给他们带来享受，远甚于用收入偿还债务。所以，他们很随意地做出今天过度消费的决定，丝毫不考虑未来还钱有多困难。他们可能认识不到长期债务是怎样积累的。相反的，他们对长期债务感觉良好，因为这意味着在面对还债压力之前还有挺长一段日子可以逍遥。

3.3　一元钱的现值

在许多情况下，你想知道为了在未来某个时间积累到一个特定金额，现在需要拿多少钱开始储蓄或投资。计算现值的过程被称为**贴现**（discounting）。假设你想三年后拿出 20 000 美元作为购房的首付，就需要知道现在该拿多少钱出来投资，三年后才能累积达到 20 000 美元。也就是说，你想知道基于特定不变利率的三年后 20 000 美元的现值。

想确定未来特定金额的现值，你需要知道：

- 未来的金额；
- 存款利率；
- 投资年限。

计算现值可以使用**现值系数**（present value interest factor，PVIF），用它乘以终值就可以得到现值。该系数的大小取决于利率和投资年限。

3.3.1 使用现值系数表

附录 C 中的表 C-2 显示了不同利率（i）和期限（n）对应的现值系数。每列表示利率，每行对应年限。

你会注意到，在表中的任何一列，你会发现随着年限的增加，现值系数会减少。这意味着投资期限越长，为积累特定终值所需要投入的本金越少。

相似的，检查每行的数据，你会发现回报率越高，为积累特定终值所需要投入的本金越少。

☞ **案例 3-7**

你现在想开展一项投资，以期未来它能积累到 50 000 美元。你相信这项投资每年的收益可以达到 7%，那么为实现目标现在需要投入的资金是多少？

本例中的现值系数是 0.713（利率为 7% 的列和年限为 5 年的行交叉点上的数值）。查表可得，现值（PV）为：

$$PV = FV \times PVIF_{i,n}$$
$$PV = FV \times FVIF_{7\%,5}$$
$$= \$5\,000 \times 0.713$$
$$= \$35\,650$$

这样，你就知道利率为 7% 时，要在 5 年后得到 50 000 美元，现在应投资 35 650 美元。

3.3.2 使用财务计算器计算现值

使用财务计算器，输入所有已知变量，很快就能得到作为未知变量的现值。

☞ **案例 3-8**

洛丽塔·卡拉汉想在她 20 年后退休时积累 500 000 美元。如果她每年的投资收益是 8.61%，现在需要投资多少钱？在本题中，现值为未知项，则：

$$N = 20 \text{ 年}$$
$$I = 8.61\%$$
$$FV = 500\,000$$
$$CPT = PV$$

结果：$95 845.94

所以，洛丽塔现在必须投资 95 845.94 美元，这样她才能以 8.61% 的利率在 20 年后积累 500 000 美元。

请使用财务计算器，计算利率为 7% 时，5 年后积累 50 000 美元所需要投入的现值。这就是前面查表练习的数据，通过财务计算器验算，你的结果应该是 35 650 美元。因为四舍五入，最终结果可能会有小幅误差。

3.4　年金终值

在本章前半部分，你见到了单笔存款怎样累积增长。长期积累资金的另一种方法是普通年金，即每期末产生的等额持续支出（或投资）。比如说，你连续 100 个月，每月月底存入 30 美元；再比如说，你连续 10 年每年年末投资 1 000 美元。这些都是普通年金。计算普通年金的方法非常简单。但是，如果每期投入金额不固定，就不算普通年金了。这种资金积累方式的终值计算就非常复杂。

还有一种年金叫**期初应付年金**（annuity due），它是在每期开始发生的持续固定现金投入。两种年金的差异就在于资金投入是期初还是期末。

阐述普通年金的最佳方法是**时间线**（time lines），它以图形说明现金支出和收入的状况。

👉 **案例 3-9**

你打算在接下来的三年内，每年年末投资 100 美元，预期能享受 10% 的年利率。使用时间线表示，这项年金的现金流情况可表示如下所示：

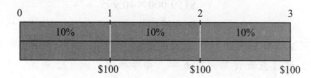

你想知道到第三年年末，投资账户中会有多少钱。这个金额就是年金终值。计算年金终值的第一步是把每笔支付作为独立投资，分别计算其终值。然后，把它们各自的终值加总，就能得到年金终值。

第一笔支付的投资期限是从第一年年末到第三年年末，它的投资期限就是两年；第二笔支付的投资期限是从第二年年末到第三年年末，它的投资期限就是一年；第三笔支付发生的时间就是第三年年末，也就是计算年金终值的那个时点。所以，第三笔支付没有产生任何利息。通过查询附录 C 中的表 C-1，我们可以查得 10% 的利率两年对应的终值系数是 1.21（$FVIF_{10\%,2}=1.21$），一年对应的终值系数是 1.1（$FVIF_{10\%,1}=1.1$）。这样，就可以按如下方法计算年金终值了：

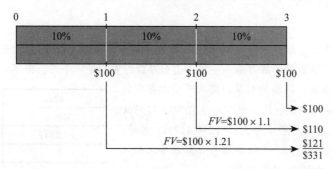

把各项独立的终值相加，我们得到这笔年金的终值是 331 美元。（也就是说，到第三年年末，你的账户中有 331 美元）。请注意，这 331 美元中的 300 美元是你支付的三次 100 美元。所以，剩下的 31 美元是这三笔支付产生的利息之和。

3.4.1 使用年金终值系数表

通过查询每笔支出的终值系数，再把它们相加计算年金终值费时费力。因此，附录 C 的表 C-3 提供了不同利率和年限对应的系数，即**年金终值系数**（future value interest factors for an annuity，$FVIFA_{i,n}$）。其中，i 表示每个计息期的利率，n 表示该项年金支付的次数。每年的支付额（PMT）乘以年金终值系数就得到年金终值（$FVA = PMT \times FVIFA$）。表中每列对应一个特定利率，每行对应一个特定期限。

☞ **案例 3-10**

假设你中了个大奖，在接下来的 20 年内每年年末能得到 150 000 美元。你打算拿到奖金后，立即把它存入银行账户，年利率为 7%。那么到 20 年后，你的银行账户里会有多少钱？（假设在此期间你不会从中取钱。）

要知道答案，你得会计算年金终值。（这项投入的现金流每次发生的金额相同，发生的周期间隔也相同，符合年金特征。）通过年金终值系数表查询它的系数，找到 i=7% 的列和 n=20 的行，可得系数为 40.995。

下一步，就可以计算这笔彩票年金的终值：

$$\begin{aligned}
FVA &= PMT \times FVIFA_{i,n} \\
&= PMT \times FVIFA_{7,20} \\
&= \$150\,000 \times 40.995 \\
&= \$6\,149\,250
\end{aligned}$$

所以，如果你把奖金全部存入年利率为 7% 的银行账户，20 年后你就有 6 149 250 美元了。

自己做一个练习，通过查表计算为期五年，每年年末收入 172 美元，利率 14% 的年金终值。答案应当是 1 137 美元。

3.4.2 使用财务计算器计算年金终值

使用财务计算器计算年金终值的方法和计算普通终值的方法差不多。你也需要输入已知变量，才能求得未知变量。除了之前介绍过的按键，在计算年金的问题中还要使用 PMT 功能。这个功能代表每期支付的金额。你可以像输入其他信息一样直接输入 PMT 的金额，也可以用计算器算出这个金额。

下面的案例展示了如何使用财务计算器计算一项年金的终值。

☞ **案例 3-11**

你每月在一个养老金账户中存入 80 美元，该账户的年利率为 5%，30 年后账户里会有多少钱？

这道题与我们之前做过的练习都不一样，因为存款的周期是一个月，而不是一年。要计算年金终值，你需要知道期数，每期的利率，期初现值和每期投入的金额。因为一年有 12 个月，所以总共有 30×12=360 期；年利率为 5%，所以月利率为 5%÷12=0.417%。另外，要注意到在计算年金终值时，大多数财务计算器要求输入 0 作为初值。最后，本题中 PMT 为 80。

计算步骤如右表所示：

所以，如果每月储蓄 80 美元，在你 30 年后退休时，就有 66 630 美元的养老金。

输入	按键
360	N
0.417	I
0	PV
80	PMT
CPT	FV
结果	
\$66 630.00	

3.5　年金现值

就好像年金终值可以通过把每笔现金流的终值相加获得，也可以通过把它们分别贴现再相加获得年金的现值。

请回顾一下之前那个三笔 100 美元，利率为 10% 的普通年金的案例，我们可以图解如下所示：

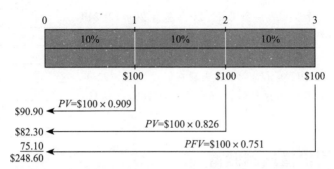

把每个现值相加，我们可以得到这项年金的总现值为 248.60 美元。因此，未来三年年末每年收到 100 美元的价值相当于现在以 10% 的年利率投资 248.60 美元。

3.5.1　使用年金现值系数表

附录 C 的表 C-4 展示了不同利率和期限对应的**年金现值系数**（present value interest factors an annuity，PVIFAi,n）。表中每列对应一个特定利率，每行对应一个特定期限。

案例 3-12

你又中大奖了！运气来了谁也挡不住，接下来的 25 年，你每年将获得 82 000 美元奖金。现在，有家财务公司想用 700 000 美元买断你未来的奖金。如果你的投资回报为每年 9%，你应该和对方交易吗？

这道题要求你计算彩票年金的现值。如果年金的现值超过财务公司提供的买断价格，你就应该拒绝交易。查询年金现值系数表确定对应的系数，找到 i=9% 的列和 n=25 的行，可得系数为 9.823。

下一步，计算年金的现值：

$$PVA = PMT \times PVIFA_{i,n}$$
$$= PMT \times PVIFA_{9,25}$$
$$= \$82\,000 \times 9.823$$
$$= \$805\,498$$

所以，25 年每年获得 82 000 美元相当于 805 498 美元，如果你把这笔钱全部用来投资并获得 9% 的收益率。因此，你应该拒绝财务公司以 700 000 美元买断彩票奖金的提议。

自己做个练习，使用年金现值系数表计算连续 8 年，每年年末收入 54 美元，年利率为 14% 的年金现值。正确答案应该是 250.50 美元，这表明这 8 年的收入现值只有 250.50 美元。

3.5.2　使用财务计算器计算年金现值

使用财务计算器计算年金现值的方法和计算普通现值的方法差不多。你也需要输入已知变量，求得未知变量。

👉 **案例 3-13**

戴夫·巴兹不久前退休，每月有 600 美元的养老金。他可以一直像这样领取 20 年。如果巴兹用这笔钱进行年收益率 10% 的投资，那么现在一次性给他多少钱的效果和它持续获得养老金是一样的呢？

这道题要求我们养老金的年金现值。20 年包含 20×12=240 个月，所以 n=240；月利率为 10÷12=0.833%，所以 i=0.833。按右表方式使用财务计算器：

所以，现值是 62 192 美元。如果戴夫现在能得到 62 192 美元的一次性收入，并且能用这笔钱进行收益率为 10% 的投资，就可以放弃每月领取的养老金。

输入	按键
240	N
0.833	I
0	FV
600	PMT
CPT	PV
结果	
$62 192.00	

3.6　使用时间价值预测储蓄

现在，你已经掌握了各种时间价值的计算，可以把它们应用到理财规划中了。理财规划中应用最多的时间价值计算方法是求定期定额储蓄的终值，以及求为获得未来特定金额所需进行的持续储蓄的金额。

3.6.1　测算储蓄的终值

如果你有定期定额储蓄的习惯，想知道未来某个时点上你能够积攒多少钱，年金终值计算就非常有用。不管是近期的大额开销（比如为买房付首付），还是远期的退休规划，你都可以使用这个方法。

👉 **案例 3-14**

史蒂芬尼·斯普拉特相信自己每年能存大约 5 000 美元。她想知道，如果用这些钱进行的投资能获得 6% 的利率，30 年后她会有多少钱。在本例中，年金是 5 000 美元。如附录 C 的表 C-3 所示，30 年期利率 6% 的年金终值系数为 79.057，所以终值为：

$$5\ 000×79.057=\$395\ 285$$

如果她的储蓄投资收益率达到 7%，年金终值系数为 94.459，终值为：

$$5\ 000×94.459=\$472\ 295$$

3.6.2　测算为积累特定金额的储蓄额

年金终值系数表还能用于计算为了在某个时点上积累一笔特定的金额，从现在开始每年要存入多少钱。也就是说，你要计算为在特定期限得到特定终值所需的年金规模。因为 $FVA=PMT×FVIFA$，将公式变形就可以计算年金：

$$FVA÷FVIFA=PMT$$

图 3-2 展示了史蒂芬尼·斯普拉特怎样使用时间价值工具制定理财规划。史蒂芬尼试着制订了一个每年存 5 000 美元的计划。在运用了时间价值工具计算后，她发现如果每年存下 6 352 美元，30 年后可以积累 600 000 美元。她想努力实现这个更高的目标。但是，考虑到这个目标很有挑战性，她同时给自己设定了每年 5 000 美元的最低目标。

储蓄目标

1. 计算在未来不同时点我能积攒多少钱。
2. 计算为了在退休后过得宽裕，现在每年要存多少钱。

分析

当前:

预期年储蓄额 = 5 000 美元

预期年收益率 = 6% 或 7%

储蓄额累积测算

累计储蓄年限	预期年收益率 =6%	预期年收益率 =7%
5 年	$28 185	$28 753
10 年	65 905	69 080
15 年	116 380	125 645
20 年	183 930	204 975
25 年	274 325	316 245
30 年	395 290	472 305

为实现特定储蓄目标需要的储蓄额

储蓄目标 =10 年 80 000 美元，20 年 200 000 美元，30 年 600 000 美元

预期年收益率 =6% 或 7%

储蓄目标	预期年收益率 =6%	预期年收益率 =7%
10 年 80 000 美元	$6 069	$5 790
20 年 200 000 美元	5437	4 879
30 年 600 000 美元	7589	6 352

为实现 10 年内存款 80 000 美元的目标，我每年要存入 6 069 美元 (假设存年收益率为 6%)。

为实现 20 年内存款 200 000 美元的目标，我每年要存入 5 437 美元 (假设存款年收益率为 6%)。

决策

1. 关于储蓄目标的决策

　　如果我每年能存 5 000 美元，我 5 年后能积攒 28 185 美元，10 年后能积攒 65 905 美元。该测算是基于假设年收益率为 6%。如果有更高的年收益率，我积攒的钱还会变得更多。如果时间更长，存款也会大幅度增加。对表中第三列和第二列的比较说明，如果年收益率从 6% 增加到 7%，存款能增长的幅度。

2. 关于年度存款额的决策

　　虽然我的初衷是制定每年存款 5 000 美元的预算，但我会尽量存更多的钱以实现储蓄目标。我把最低目标定为每年 5 000 美元，争取达到每年 6 000 美元。

图 3-2　史蒂芬尼·斯普拉特如何在理财规划中运用货币的时间价值

案例 3-15

史蒂芬尼·斯普拉特想知道，如果能获得 7% 的利率，她每年要多少钱才能在 30 年后积累 600 000 美元。在本例中，终值是 600 000 美元，年金终值系数为 94.459，未知变量是年金:

$$PMT = FVA \div FVIFA$$
$$= \$600\ 000 \div 94.459$$
$$= \$6\ 352$$

所以，史蒂芬尼每年需要存入 6 352 美元，30 年后可以积累 600 000 美元。

3.6.3　时间价值如何激励储蓄

理财心理

对年金储蓄终值的测算可能会令你大吃一惊。随着时间的推移，你坚持不懈的定期投资

会在利息的作用下实现大幅度增长。计算年金储蓄终值的练习可能会鼓励你制订储蓄计划，因为它让你明白储蓄可以带来的丰厚回报。想想在接下来的五年中你可以省下多少钱，再算算这些钱在当前利率水平下的终值。然后，再把时间延长到10年，延长到20年。你会发现，10年的储蓄比起5年的储蓄远不止翻倍；同样，20年的储蓄比起10年的储蓄也不只是翻倍。这样的测算结果可能会打动你存更多的钱，这样你就能构建自己的长期储蓄和财富，从而在未来有更多的钱可供支配。

3.7 怎样把时间价值纳入你的理财规划

制定财务规划时最关键的时间价值决策是：

- 在未来某个时点，我要尽量积攒到多少钱的储蓄？
- 我每月或每年要存多少钱？

做出这些决策需要对货币时间价值的理解。图3-2展示了这些储蓄决策怎样运用于史蒂芬尼·斯普拉特的理财规划。

讨论题

1. 如果史蒂芬尼是一个带着两个孩子的单身妈妈，她的储蓄决策会有什么不一样？

2. 如果史蒂芬尼现在已经35岁，年龄会对她的储蓄决策产生怎样的影响？50岁呢？

小结

1. 货币时间价值的重要性

今天的一元钱比一年后收到的一元钱更有价值。所以，许多关于储蓄的决策都会受到货币时间价值的影响。基于货币时间价值的恰当决策，让你可以积累更多的财富。

2. 一元钱的终值

你可以测算一元钱的终值，从而推导出一笔银行存款在未来某一时点上的价值，或者为退休养老建立储蓄基金。测算方法是加总初始金额和它在整个计息期内产生的所有利息。测算终值可以通过查询终值系数表或使用财务计算器。

3. 一元钱的现值

你可以测算一元钱的现值，从而了解未来获得一笔特定金额的收入相当于现在得到多少钱。计算现值的方法是对终值进行贴现。未来特定金额的现值可以通过查询现值系数表或使用财务计算器。

4. 年金终值

你可以测算一项年金的终值，从而确定持续发生的固定现金流在未来某一时点累积的价值。它需要对年金中发生的每笔金额的终值进行累加，但也可以轻松地通过查询年金终值系数表或使用财务计算器求得。

5. 年金现值

你可以测算一项年金的现值，从而确定持续发生的固定现金流现在的价值是多少。它需要对年金中发生的每笔金额的现值进行累加，但也可以轻松地通过查询年金现值系数表或使用财务计算器求得。

6. 使用时间价值测算储蓄

时间价值可以用来测算你未来的储蓄，用于判定每期存多少钱才能在未来实现特定的储蓄目标。

7. 怎样把时间价值纳入你的理财规划

你很可能需要为实现某些财务目标而攒钱。因为时间价值可以用来测算储蓄金额，它是你制定理财规划的重要工具。

复习题

1. **货币的时间价值**　什么是货币的时间价值？它和机会成本有什么关系？

2. **货币时间价值的重要性**　列举一个理由，说明为什么货币的时间价值是很重要的概念。

3. **现金流的时间价值**　货币的时间价值最适用于哪种类型的现金流？

4. **年金**　什么是年金？

5. **复利**　解释什么是复利，它怎样应用于理财规划？

6. **终值计算**　可以用哪两种方法计算终值？

7. **终值公式**　使用终值系数表时求终值时的公式是什么？为了确定恰当的终值系数，你需要知道哪些信息？

8. **贴现**　什么是贴现？

9. **现值**　试举例说明在哪些情况下需要计算特定金额的现值。

10. **查表**　在问题 1 ～ 4 中，指出你应当查询的是终值系数、现值系数、终值，还是年金现值。

    （1）你想知道为了在 5 年后得到 5 000 美元，现在需要存多少钱。

    （2）你打算在公司的员工养老计划中每月投入 300 美元，想知道退休时总共会有多少钱。

    （3）你在毕业时收到 500 美元的红包，打算把它存入银行储蓄账户，想知道 3 年后会有多少钱。

    （4）你必须做出决定，到底是一次性结清款项还是以年金方式支付。

11. **年金现值**　计算年金现值用什么公式？年金的现值有什么含义？

12. **年金终值**　怎样对年金终值方程进行变形，才能计算在未来某一时点获得特定金额需要每月存多少钱？

13. **计息期**　以月供方式支付的 5 年期年金，计算终值时应包含多少个计息期？

14. **货币和债务的时间价值**　拉克莎最近发现她的信用卡是按日而不是按月计复利。结息频率的不同会对她信用卡的欠款余额产生什么影响？

15. **货币的时间价值和你的理财规划**　吉瑞打算在 40 岁前每月存一笔固定金额。他应该使用时间价值的哪个概念来计算到期时的储蓄额？

16. **货币时间价值工具**　温斯顿 25 岁生日时可以得到 100 000 美元。他应该使用货币时间价值的哪个概念来计算这笔赠予现在的价值？

理财规划练习题

1. **终值**　凯尔高中毕业时，从亲戚那里收到 1 000 美元的礼金。他想把这笔钱投资于定期存单（CD），这样 5 年后他大学毕业时就用它支付买车的首付了。它的银行对 5 年期定期存单支付 6% 的利率，按年计复利。凯尔买车时能付多少钱的首付？

2. **终值**　桑德拉想给她的儿子每年存 100 美元。如果她把钱存在年利率 5% 的储蓄账户中，20 年后账户金额能达到多少钱？

3. **终值**　露易斯想在 3 年后去伯利兹旅游，她现在存入 3 000 美元作为旅游基金，年利率 9%。她到时候会有多少钱于这次旅游？

4. **终值**　如果你每月存 75 美元，年利率 10%，36 个月后账户中有多少钱？

5. **使用时间价值测算储蓄**　德马库斯想在 60 岁退休时有 100 万美元的养老金。他现在 18 岁，如果他的投资收益率为 12%，每年需要存多少钱？

6. **现值**　谢利尔想在 3 年后去趟迪士尼世界，预算为 2 000 美元。如果利率为 5%，她现在需要存多少钱？

7. **现值**　朱利安想在刚出生的孙子年满 18 岁时给他 10 000 美元的成年礼。朱利安的定期存单年利率为 7%，那么现在需要存多少钱？

8. **现值**　佐治亚彩票的获奖人有两种选择：分 20 年等额领取或现在一次性领取。一次性提现的金额是把 20 年期金额按 7% 贴现。本周的大奖为 600 万美元，只有一个得主。如果他想一次性提现，可以拿多少钱？

9. **年金终值**　米歇尔一边上大学一边打零工，以期在毕业后回到大城市定居。为此，她需要建立一笔储备金。她决定每月积攒 50 美元，银行利率为 3%，按月计复利。5 年后她的账户里会有多少钱？

10. **年金终值**　双胞胎姐弟杰西卡和约书亚都是 25 岁，大学毕业后在家庭的饭店里工作。杰西卡从工作后第一年开始，每年投入 2 000 美元到一个养老金账户，连续 10 年。此后，她不再追加投入，直至 65 岁退休。约书亚直到 35 岁时才开始向养老金账户存款，此后每年投入 2 000 美元，直至 65 岁退休。假设他们的利率都是 10%，问他们各自投入了多少钱？退休时账户余额又各是多少？

11. **年金计算**　艾米和文斯想在 4 年内攒 7 000 美元去欧洲旅游。如果存款年利率为 8%，按月结息，他们每月要存入多少钱才够？

12. **年金终值**　丽娜刚刚取得参加公司养老计划的资格。公司不会给员工提供配套资金，但养老计划的平均年收益达到 12%。丽娜现在 40 岁，打算工作到 65 岁。如果她每月投入 200 美元，退休时能达到多少钱？

13. **年金终值**　史黛丝想在退休时有 100 万美元。她的年投资回报率达到 11%。如果她每月投资 300 美元，30 年后退休时能否达成目标？

14. **年金终值**　杰茜刚刚得知中了 100 万美元的彩票大奖。她可以选择一次性领取 312 950 美元，或者在接下来的 20 年每年领取 50 000 美元。杰茜可以把一次性领取的奖金投资于收益率 8% 的项目，或者把每年领取的奖金投资收益率 6% 的项目。为了获得 20 年后的最大收益，她应当做何选择？

15. **年金终值**　琼每周花 10 美元买彩票。如果她把这笔钱用于投资，年利率 10%，按周结息，五年后会有多少钱？

16. **年金终值**　科尔克收到 1 000 美元的退税，他可以用这笔钱投资期限为 36 个月，年利率 7% 的定期存单，按月结息；或者先用这笔钱购买一套家庭娱乐系统，以后每月在银行存 30 美元，年利率 7%，按月结息。哪种方法让他在 3 年后有更多的钱？

17. **利息终值**　吉姆向他叔叔科特借了 3 000 美元，两年后他大学毕业了才需要偿还。如果科特计 6% 的年利率，每年结息，吉姆到时候需要还多少钱？

18. **利息终值**　伊丽莎白向信用社贷款 1 000 美元。贷款到期后一次性还清，年利率 5%，1 年后她要还多少钱？

19. **道德困境**　辛迪和杰克的财务习惯很好，尤其注重过按预算日子。他们最近打算买一辆车，计划每月还 300 美元。他们访问了当地的一家车行，车商斯科特向他们展示了一辆能满足他们财务要求的车。接下来，在他的坚持下，他们又看了一辆更贵，也更令人心动的车。这辆好车的月供达到 500 美元。

在讨论买哪辆车的过程中，辛迪和杰克告诉斯科特，如果要买那辆更贵的车，唯一的方法就是挪用刚刚启动的每月 200 美元的养老计划。他们计划 30 年后退休。斯科特告诉他们，只需要中断养老计划 5 年，就能把车贷付清；而少付的这 12 000 美元可以在未来的 25 年每月增加 40 美元弥补，并不会对他们的养老目标造成影响。

（1）你认为对销售员劝说顾客购买超出他们预算的商品的行为是否道德。

（2）斯科特认为辛迪和杰克只要以后的 25 年每月增加 40 美元就能弥补前期的亏空，这样的计算正确吗?(假设辛迪和杰克的养老计划年利率为 6%,以每年支付一次的方式参加该计划。)

理财心理:你手头现金的终值

1. 本章解释了你在银行的存款如何随着时间的推移而增长。有些人只愿意在享受高回报的情况下存钱。然而,最近银行存款利率一直保持在低位。这对你的存款意愿有影响吗? 如果利率上升,你会增加存款吗?

2. 本章也说明了在利率不高的情况下,你所欠的债务也不会迅速增长。由于利率一直较低,你是不是更愿意借款呢?

系列案例:辛普森一家

还记得吗,戴夫和莎伦·辛普森制订了为子女教育每月存 300 美元的计划(每年 3 600 美元)。他们最大的孩子现在 6 岁,12 年后就到上大学的年纪了。他们打算接下来的 12 年把每月这 300 美元存入年利率约为 2% 的储蓄账户。他们设想,如果投资收益率不是 2%,而是 5%,到时候能增加多少钱。他们也在考虑,如果每月存款从 300 美元增加到 400 美元(每年 4 800 美元),又能攒下多少钱。

1. 帮辛普森一家计算,如果每年存 3 600 美元,利率分别为 2% 和 5% 的情况下,孩子们的教育基金能达到多少钱? 如果年存款达到 4 800 美元呢?

未来 12 年累积的储蓄(基于每年存款 3 600 美元,利率 2% 和 5%)

每年存款额	$3 600	$3 600
利率	2%	2%
年限	12	12
储蓄终值		

未来 12 年累积的储蓄(基于每年存款 4 800 美元,利率 2% 和 5%)

每年存款额	$4 800	$4 800
利率	2%	2%
年限	12	12
储蓄终值		

2. 与 2% 的低利率相比,5% 的较高利率对辛普森一家有什么影响?

3. 与 3 600 美元的储蓄相比,4 800 美元的较高储蓄对辛普森一家有什么影响?

4. 如果辛普森一家的目标是在 12 年内为孩子的大学教育积攒 70 000 美元,你觉得他们每年需要存多少钱才能实现这个目标? 假设年利率为 5%。

终值	$70 000
利率	5%
年限	12
每年存款额	

第4章 将税务知识应用于理财规划

引导案例

在什么情况下，所谓的"法定减扣项目"才能在税前减免？

如果在公益捐款的时候提这样的问题，对方会提醒你，因为他们属于"非营利组织"，这笔捐款可用于扣税。你这一生中也许会有几次被人劝说要买房，理由就是按揭贷款的利息可用于扣税。把衣服捐给慈善机构可以吗？这当然也是可以抵税的。那么向你最喜欢的大学捐款呢？没问题，扣吧！

你可能没有意识到，前面说的这些可减扣项目确实都是法定减扣项目，但它们的价值要到总额超出标准减扣额时，才能体现出来。通过对本章的学习，你将了解到对于单身的纳税人来说，2015年的减扣门槛是6 300美元；对已婚夫妇则要翻倍。也就是说，如果你买房了，全年支付的贷款利息是4 500美元，你根本享受不到任何个税减扣的好处，除非你还有其他可减扣的项目，总和超过了标准减扣额。这样的话，你能享受的好处是可减扣项目总额和标准减扣额的差额，乘以你的边际税率。

所以，慷慨解囊吧！慈善机构会爱死你的。但是记住，要让这些捐款享受免税待遇，你必须把它们归入法定减扣项目。因为所有可能的减税项目都是有针对性的，所以给人送钱还得找到合适的理由。

你将在本章学习关于所得税的基础知识。对税法的了解可以帮你保住收入，优化投资，还能在死后实现财富交接。所以，掌握关于收入和财富的税务知识对理财规划意义重大。

本章学习目标

- 介绍税务的背景知识
- 介绍怎样确定你的纳税人身份
- 演示怎样计算你的总收入
- 说明怎样运用减扣项目和免除项目
- 说明怎样核定你的应纳税所得额、应纳税额、退税额以及追加税额
- 说明怎样将税务规划纳入理财规划

4.1 税务背景知识

税务是我们经济社会的一个重要组成部分。在我们获取收入、购买商品、转让财产、持

有资产的时候都需要纳税。还有一些特殊的税种针对特定消费品征收，比如烟草、酒类和汽油。公司赚取利润后要支付公司所得税；业主基于自己房产和土地的价值支付物业税。2013年，美国的税收高达 2.775 万亿美元。这些税收是维持政府及其下属机构运作的主要资金来源。它们被用于支付各种政府服务和工程，包括国防、社会保障、消防和公安、政府雇员、道路建设和保养，以及我们的教育系统。

个人要承担联邦、州和地方三个层面的税负。联邦税务系统由美国财政部下属的一个名为国内收入署（IRS）的机构管理。虽然联邦税法是由国会通过的，但真正执行这些税法，发布报税表格和发行纳税手册的还是 IRS。

许多税种，比如销售税，是在交易发生时缴纳的。所得税一般在获取收入的时候以代扣的方式缴纳，其过程贯穿整个税务年度。自由职业者必须计算自己应缴纳的税额，并按此金额缴税。雇员要向雇主提交一份申报表，雇主以此为基础计算应代扣的税额。在一个纳税年度，个人申报的税额可以高于 IRS 核定的金额，但不能低于这个金额。

联邦所得税的纳税年度到日历年度的 12 月 31 日为止。个人所得税的申报和缴纳时间不得迟于次年 4 月 15 日。有时候，如果申报截止日期恰好是周末或节日，实际截止时间也可能顺延 1 ～ 2 天。国内收入署允许纳税人在提交纳税申报单时提出延期纳税的申请，但最迟不超过 4 月 15 日之后的半年。每个税务年度应纳的所有税负，必须在截止日期前缴纳。

4.1.1　税法修改

在填写纳税申报单以前，你首先要搞清楚关于税法和 IRS 指导文件的最新修改。由于通货膨胀，个人和企业税中有三十多个项目每年都会变化，包括纳税等级、标准减扣额、个人免除额等。对税法条款的重大修改很少发生，一般这种修改都是国内理论和政治变化的结果。此外，因为经济环境原因，国会通过立法手段会做出一些微小的或临时性的调整，包括针对自然灾害的税收减免，以及通过税务手段刺激经济的措施等。比如，过去曾经针对飓风的受害者，以及首次购房者出台过特别免税方案；又如，2011 ～ 2012 年，国会通过了社会保障税的一次性减税措施以刺激经济。

关于税法的最近两次重大修改分别发生在 2001 年和 2003 年。2001 年夏季，国会通过了《2001 年经济增长和减税协调法案》（通常被称为《2001 年减税法案》）。新法案的条款于 2001年开始生效，以后分阶段执行，直至该法案于 2011 年到期。该法案减少了税法中的不公平性，简化了税法中的部分章节，并向诸多纳税人提供了教育激励。对家长的税收减免包括增加了一项儿童抵税额，以及扩大了被抚养人抵税的范围。该法案也增加了养老投入的免税额度。2003年，国会通过了《2003 年就业与增长税收减免协调法案》。该法案加速推动了《2001 年减税法案》中的减税方案的落实。其中，个人税率下降了 2% ～ 3%；儿童抵税额增加到每人 1 000美元；已婚纳税人夫妇的标准减扣额增加到个人纳税人的两倍；已婚纳税人夫妇 15% 档税级的门槛提高到个人纳税人的两倍；投资者的长期资本利得和股息税税率也有所降低。

所有 2001 年法案中的措施，在 2003 年的法案中得到修改，按计划将于 2011 年到期。2010 年 10 月，国会通过了《2010 年减税、失业保险再授权和就业促进法案》，又把这些税率延长到 2012 年。最后，2012 年年初，奥巴马总统签署了《2012 年美国纳税人救助法案》，把现行的许多临时性措施永久化。其中，儿童抵税额不但永久化，并且 2017 年以后将不能再返税（当申请人的应纳税所得额低于抵扣额时，给予差额部分税收抵免）。学生贷款利息抵扣、雇主资助教育的税收减免，以及被抚养人照顾抵税额最终得以永久化。还有两项税法的变动源于法庭裁决。2013 年，最高法院宣布《1996 年婚姻保护法》中的一项关键条款无效。因此，美国财政部和国内收入署发布了一项关于同性夫妇税务处理的法案。根据这一法案，同性夫妇在所得税、赠予税、物业税等一切联邦税务问题上都将被视为合法夫妇。该法案适用于联邦税法中所有与婚姻相关的条款，包括纳税人身份、儿童抵税额等。2015 年，法庭做出了一项补充裁定，要求全国所有的州都认可同性夫妇的合法性。现在，同性夫妇在联邦税务方面也能享受完全平等的待遇。

《2010 年平价医疗法案》或"奥巴马医改计划"，出台后以微弱优势得到最高法院支持。该法案要求所有人在《纳税申报单 1040》中报告他们自己和被抚养人的医保状况。如果所有人全年都能得到医疗保障，那自然没有问题；但如果有纳税人或他的抚养人没有医保，又不符合任何一项豁免条件，就要受到处罚。2016 年，处罚是每个成人 695 美元或儿童 347.5 美元（全家最多 2085 美元），或家庭收入的 2.5%，二者取高。处罚金额以后每年将根据生活成本调整。虽然这项法案颇有一些争议，但它现在还是生效的。2015 年 6 月，最高法院裁决该法案的目的是改善医疗市场，并驳回了多项针对它的指控。但是未来，它还将承受更多的法律挑战。

4.1.2　社会保障和医保税

你赚到的收入（工资或薪水）都要按照《联邦社会保险缴纳法》纳税，以承担社会保障和医疗的费用。你的雇主一直在替你缴纳这些税，但钱是从你的工资里扣的。美国社会保障局用这些钱给你退休后养老。社会保障税相当于你工资的 6.2%，但有一个每年会调整的上限（2015 年是 118 500 美元）。除此之外，还有一个附加的医疗税，针对个人工资或自由职业收入超过 200 000 美元（或夫妇工资收入 250 000 美元）的部分，税率为 0.9%。

医疗保险（medicare）是一个政府的健康保险项目，面向 65 岁及以上的老年人，以及不足 65 岁的残疾人。医疗保险为被保险人的疾病支付医疗费用。医疗保险税占收入的 1.45%，没有上下限。不管你缴纳多少社会保障税和医疗保险，你的雇主要以你的名义配套缴纳相同的金额。

前面说的社会保障税和医疗保险（FICA 税）也适用于自由职业者。自由职业者既是雇员，又是雇主。所以，他们的 FICA 税率是企业净收入的 92.35% 的 15.3%，相当于雇主和雇员各缴纳 7.65%。他们的社会保障税也有上限，但医疗保险税适用于所有的收入，没有上限。自由职业者缴纳的一半 FICA 税是可以抵扣所得税的（也就是说，可以在计算总收入的时候把一半的 FICA 税款扣除）。

案例 4-1

史蒂芬尼·斯普拉特 2015 年赚了 38 000 美元。她要缴纳的 FICA 税占收入的 7.65%，包括社会保障税 6.2% 和医疗保险 1.45%。所以，她要缴纳：

	社会保障税	医疗保险
税率	6.2%（上限 118 500 美元）	1.45%
税额	0.062 × $38 000=$2 356.00	0.014 5 × $38 000=$551

她要缴纳的 FICA 税总额为 2 907（2 356+551）美元。

4.1.3　个人所得税

你的收入要缴纳个人所得税，这是一个针对个人工资或劳务费等收入形式征收的税种。只要你还在赚钱，就必须提交一份纳税申报单，里面包括一整套 1040 表格、1040A 或 1040EZ 表格，以及其他证明材料。你的纳税申报单表明你的雇主是否已经足额扣缴了你应纳的税，你有没有欠税，或者政府是否需要向你退税。如果你还有欠税，你除了纳税申报单，还应附上一张补缴税款的支票。

1040EZ 表格是最简化版的纳税申报表格，有些时候可以替代 1040 表格。一般来说，使用这种表格的人要么是单身，要么是夫妻共同申报，但没有被抚养人，而且应纳税收入少于 100 000 美元。纳税申报表格可以从网上下载，也可以使用专用报税软件。图 4-1 是 1040 表格的样张。学习本章后面的内容需要不时回顾这个表格。

Form **1040**	Department of the Treasury—Internal Revenue Service　(99)	**2014**	OMB No. 1545-0074	IRS Use Only—Do not write or staple in this space.

U.S. Individual Income Tax Return

For the year Jan. 1–Dec. 31, 2014, or other tax year beginning , 2014, ending , 20 　　See separate instructions.

Your first name and initial　Last name　Your social security number

If a joint return, spouse's first name and initial　Last name　Spouse's social security number

Home address (number and street). If you have a P.O. box, see instructions.　Apt. no.　▲ Make sure the SSN(s) above and on line 6c are correct.

City, town or post office, state, and ZIP code. If you have a foreign address, also complete spaces below (see instructions).

Presidential Election Campaign
Check here if you, or your spouse if filing jointly, want $3 to go to this fund. Checking a box below will not change your tax or refund. ☐ You ☐ Spouse

Foreign country name　Foreign province/state/county　Foreign postal code

Filing Status
Check only one box.
1 ☐ Single
2 ☐ Married filing jointly (even if only one had income)
3 ☐ Married filing separately. Enter spouse's SSN above and full name here. ▶
4 ☐ Head of household (with qualifying person). (See instructions.) If the qualifying person is a child but not your dependent, enter this child's name here. ▶
5 ☐ Qualifying widow(er) with dependent child

Exemptions
6a ☐ **Yourself.** If someone can claim you as a dependent, **do not** check box 6a
b ☐ **Spouse**
c **Dependents:**
(1) First name　Last name
(2) Dependent's social security number
(3) Dependent's relationship to you
(4) ✓ if child under age 17 qualifying for child tax credit (see instructions)

If more than four dependents, see instructions and check here ▶ ☐

d Total number of exemptions claimed

Boxes checked on 6a and 6b
No. of children on 6c who:
• lived with you
• did not live with you due to divorce or separation (see instructions)
Dependents on 6c not entered above
Add numbers on lines above ▶

Income

Attach Form(s) W-2 here. Also attach Forms W-2G and 1099-R if tax was withheld.

If you did not get a W-2, see instructions.

7 Wages, salaries, tips, etc. Attach Form(s) W-2 | 7
8a **Taxable interest.** Attach Schedule B if required | 8a
b **Tax-exempt interest. Do not** include on line 8a | 8b
9a Ordinary dividends. Attach Schedule B if required | 9a
b Qualified dividends | 9b
10 Taxable refunds, credits, or offsets of state and local income taxes | 10
11 Alimony received | 11
12 Business income or (loss). Attach Schedule C or C-EZ | 12
13 Capital gain or (loss). Attach Schedule D if required. If not required, check here ▶ ☐ | 13
14 Other gains or (losses). Attach Form 4797 | 14
15a IRA distributions | 15a | b Taxable amount | 15b
16a Pensions and annuities | 16a | b Taxable amount | 16b
17 Rental real estate, royalties, partnerships, S corporations, trusts, etc. Attach Schedule E | 17
18 Farm income or (loss). Attach Schedule F | 18
19 Unemployment compensation | 19
20a Social security benefits | 20a | b Taxable amount | 20b
21 Other income. List type and amount | 21
22 Combine the amounts in the far right column for lines 7 through 21. This is your **total income** ▶ | 22

Adjusted Gross Income

23 Educator expenses | 23
24 Certain business expenses of reservists, performing artists, and fee-basis government officials. Attach Form 2106 or 2106-EZ | 24
25 Health savings account deduction. Attach Form 8889 | 25
26 Moving expenses. Attach Form 3903 | 26
27 Deductible part of self-employment tax. Attach Schedule SE | 27
28 Self-employed SEP, SIMPLE, and qualified plans | 28
29 Self-employed health insurance deduction | 29
30 Penalty on early withdrawal of savings | 30
31a Alimony paid b Recipient's SSN ▶ | 31a
32 IRA deduction | 32
33 Student loan interest deduction | 33
34 Tuition and fees. Attach Form 8917 | 34
35 Domestic production activities deduction. Attach Form 8903 | 35
36 Add lines 23 through 35 | 36
37 Subtract line 36 from line 22. This is your **adjusted gross income** ▶ | 37

For Disclosure, Privacy Act, and Paperwork Reduction Act Notice, see separate instructions.　Cat. No. 11320B　Form **1040** (2014)

图 4-1　1040 表格

Form 1040 (2014)   Page **2**

Tax and Credits

| 38 | Amount from line 37 (adjusted gross income) | | 38 | |

39a　Check if: ☐ You were born before January 2, 1950, ☐ Blind. ☐ Spouse was born before January 2, 1950, ☐ Blind. } Total boxes checked ▶ 39a

b　If your spouse itemizes on a separate return or you were a dual-status alien, check here▶ 39b☐

Standard Deduction for—
• People who check any box on line 39a or 39b or who can be claimed as a dependent, see instructions.
• All others:
Single or Married filing separately, $6,200
Married filing jointly or Qualifying widow(er), $12,400
Head of household, $9,100

40	Itemized deductions (from Schedule A) **or** your **standard deduction** (see left margin)	40	
41	Subtract line 40 from line 38	41	
42	**Exemptions.** If line 38 is $152,525 or less, multiply $3,950 by the number on line 6d. Otherwise, see instructions	42	
43	**Taxable income.** Subtract line 42 from line 41. If line 42 is more than line 41, enter -0-	43	
44	Tax (see instructions). Check if any from: a ☐ Form(s) 8814 b ☐ Form 4972 c ☐	44	
45	**Alternative minimum tax** (see instructions). Attach Form 6251	45	
46	Excess advance premium tax credit repayment. Attach Form 8962	46	
47	Add lines 44, 45, and 46 ▶	47	
48	Foreign tax credit. Attach Form 1116 if required	48	
49	Credit for child and dependent care expenses. Attach Form 2441	49	
50	Education credits from Form 8863, line 19	50	
51	Retirement savings contributions credit. Attach Form 8880	51	
52	Child tax credit. Attach Schedule 8812, if required	52	
53	Residential energy credits. Attach Form 5695	53	
54	Other credits from Form: a ☐ 3800 b ☐ 8801 c ☐	54	
55	Add lines 48 through 54. These are your **total credits**	55	
56	Subtract line 55 from line 47. If line 55 is more than line 47, enter -0- ▶	56	

Other Taxes

57	Self-employment tax. Attach Schedule SE	57	
58	Unreported social security and Medicare tax from Form: a ☐ 4137 b ☐ 8919	58	
59	Additional tax on IRAs, other qualified retirement plans, etc. Attach Form 5329 if required	59	
60a	Household employment taxes from Schedule H	60a	
b	First-time homebuyer credit repayment. Attach Form 5405 if required	60b	
61	Health care: individual responsibility (see instructions)　Full-year coverage ☐	61	
62	Taxes from: a ☐ Form 8959 b ☐ Form 8960 c ☐ Instructions; enter code(s)	62	
63	Add lines 56 through 62. This is your **total tax** ▶	63	

Payments

If you have a qualifying child, attach Schedule EIC.

64	Federal income tax withheld from Forms W-2 and 1099	64	
65	2014 estimated tax payments and amount applied from 2013 return	65	
66a	**Earned income credit (EIC)**	66a	
b	Nontaxable combat pay election	66b	
67	Additional child tax credit. Attach Schedule 8812	67	
68	American opportunity credit from Form 8863, line 8	68	
69	Net premium tax credit. Attach Form 8962	69	
70	Amount paid with request for extension to file	70	
71	Excess social security and tier 1 RRTA tax withheld	71	
72	Credit for federal tax on fuels. Attach Form 4136	72	
73	Credits from Form: a ☐ 2439 b ☐ Reserved c ☐ Reserved d ☐	73	
74	Add lines 64, 65, 66a, and 67 through 73. These are your **total payments** ▶	74	

Refund

| 75 | If line 74 is more than line 63, subtract line 63 from line 74. This is the amount you **overpaid** | 75 | |
| 76a | Amount of line 75 you want **refunded to you.** If Form 8888 is attached, check here ▶☐ | 76a | |

Direct deposit? See instructions.
▶ b Routing number ____　▶ c Type: ☐ Checking ☐ Savings
▶ d Account number ____

| 77 | Amount of line 75 you want **applied to your 2015 estimated tax** ▶ | 77 | |

Amount You Owe

| 78 | **Amount you owe.** Subtract line 74 from line 63. For details on how to pay, see instructions ▶ | 78 | |
| 79 | Estimated tax penalty (see instructions) | 79 | |

Third Party Designee

Do you want to allow another person to discuss this return with the IRS (see instructions)? ☐ **Yes.** Complete below. ☐ **No**

Designee's name ▶　Phone no. ▶　Personal identification number (PIN) ▶

Sign Here

Joint return? See instructions.
Keep a copy for your records.

Under penalties of perjury, I declare that I have examined this return and accompanying schedules and statements, and to the best of my knowledge and belief, they are true, correct, and complete. Declaration of preparer (other than taxpayer) is based on all information of which preparer has any knowledge.

Your signature　Date　Your occupation　Daytime phone number

Spouse's signature. If a joint return, **both** must sign.　Date　Spouse's occupation　If the IRS sent you an Identity Protection PIN, enter it here (see inst.)

Paid Preparer Use Only

Print/Type preparer's name　Preparer's signature　Date　Check ☐ if self-employed　PTIN

Firm's name ▶　Firm's EIN ▶
Firm's address ▶　Phone no.

www.irs.gov/form1040   Form **1040** (2014)

图 4-1 （续）

资料来源：U.S. Department of the Treasury and the Internal Revenue Service, Form 1040 (2014).

　　请注意，按照图 4-1，核算税额需要你列明纳税人类别、总收入、调整后总收入、免除项目、法定减扣项目、标准减扣额、应纳税所得额（调整后总收入）、税收抵免，以及资本利得和亏损。这些项目都会在本章中一一介绍，以便你以后正确地报税。

4.2 纳税人类别

每年，纳税人在提交所得税申报单时，首先要表明自己的纳税人类别。可选的类别包括：

- 单身；
- 夫妻共同申报；
- 已婚但独自申报；
- 单亲家长；
- 丧偶有未成年子女。

已婚夫妻通常把收入合并，然后共同申报。然而，有的时候他们也会各自单独申报。在这种情况下，他们的类别应为"已婚但独自申报"，而不是"单身"纳税人。"单亲家长"是指一个人抚养至少一个未成年人，这一类别的适用的税率比单身汉更优惠。如果是"丧偶有未成年子女"，可以在丧偶后两年内享受夫妻共同申报的税率。当然，前提是申报人不再婚，要抚养一个符合税收抵扣条件的子女，并且承担一半以上的住宿费用。

4.3 总收入

要计算联邦所得税，首先要搞清楚你的总收入是多少。**总收入**（gross income）涵盖各种来源的所有应当申报的收入，包括该纳税年度取得的工资劳务费、利息收入、股息红利，以及资本利得。它也包括你从名下企业取得的收入、小费、奖励、租金，还有奖学金超过学费和书本费的部分。也有些类型的收入是不纳税的，包括健康和意外保险的保险金、儿童抚养资助金、因公搬迁费用及其他公务费用的报销、退役军人福利，以及社会保障福利等。

4.3.1 工资和劳务费

如果你有一份全职工作，你的主要收入多半就是工资。工资和劳务费，还有各种奖金，都要缴纳联邦所得税。投入企业养老金账户的资金，不管是你自己支付的还是雇主补贴的，在提取之前都可以暂缓缴税。所以，它们暂时不属于应税项目。许多雇主利用这项政策优势，规避当前应缴纳的所得税，并利用养老资金牟利。

4.3.2 利息收入

个人可以通过把钱存入金融机构开设的多种储蓄账户，或换取定期存单获得**利息收入**（interest income）。他们也可以通过购买国债等债券，或者向他人提供贷款获取利息。值得注意的是，购买州或地方政府发行的市政债券取得的利息收入一般是不缴纳联邦税收的。任何免税的利息收入在计算应纳税额时都可以不予以考虑。

4.3.3 股息红利

个人纳税人可以通过投资股票或共同基金取得**红利（股息）收入**（dividend income）。有的公司按季度向股东发放股息。有的公司决定不向股东分红，而是把所有收入再次投入经营运作。如果这些资金的投入是有效的，未来公司股价会上涨，从而使股东受益。

边际税率为 25%、28%、33% 和 35% 的纳税人，面临的股息税率为 15%；边际税率为 39.6% 的人则要为股息缴纳 20% 的税。而边际税率只有 10% 和 15% 的人，根据 2015 年的税率是可以不缴纳股息税的。

图 4-2 为 1040 表格的清单 B，是计算利息收入和股息收入的工作表。

SCHEDULE B
(Form 1040A or 1040)

Department of the Treasury
Internal Revenue Service (99)

Interest and Ordinary Dividends

▶ Attach to Form 1040A or 1040.
▶ Information about Schedule B and its instructions is at *www.irs.gov/scheduleb*.

OMB No. 1545-0074

20**14**

Attachment
Sequence No. **08**

Name(s) shown on return

Your social security number

Part I Interest (See instructions on back and the instructions for Form 1040A, or Form 1040, line 8a.) Note. If you received a Form 1099-INT, Form 1099-OID, or substitute statement from a brokerage firm, list the firm's name as the payer and enter the total interest shown on that form.	**1** List name of payer. If any interest is from a seller-financed mortgage and the buyer used the property as a personal residence, see instructions on back and list this interest first. Also, show that buyer's social security number and address ▶	Amount
		1
	2 Add the amounts on line 1	**2**
	3 Excludable interest on series EE and I U.S. savings bonds issued after 1989. Attach Form 8815	**3**
	4 Subtract line 3 from line 2. Enter the result here and on Form 1040A, or Form 1040, line 8a . . . . ▶	**4**

Note. If line 4 is over $1,500, you must complete Part III.

Part II Ordinary Dividends (See instructions on back and the instructions for Form 1040A, or Form 1040, line 9a.) Note. If you received a Form 1099-DIV or substitute statement from a brokerage firm, list the firm's name as the payer and enter the ordinary dividends shown on that form.	**5** List name of payer ▶	Amount
		5
	6 Add the amounts on line 5. Enter the total here and on Form 1040A, or Form 1040, line 9a . . . . ▶	**6**

Note. If line 6 is over $1,500, you must complete Part III.

Part III Foreign Accounts and Trusts (See instructions on back.)	You must complete this part if you (a) had over $1,500 of taxable interest or ordinary dividends; (b) had a foreign account; or (c) received a distribution from, or were a grantor of, or a transferor to, a foreign trust.	Yes	No
	7a At any time during 2014, did you have a financial interest in or signature authority over a financial account (such as a bank account, securities account, or brokerage account) located in a foreign country? See instructions		
	If "Yes," are you required to file FinCEN Form 114, Report of Foreign Bank and Financial Accounts (FBAR), to report that financial interest or signature authority? See FinCEN Form 114 and its instructions for filing requirements and exceptions to those requirements		
	b If you are required to file FinCEN Form 114, enter the name of the foreign country where the financial account is located ▶		
	8 During 2014, did you receive a distribution from, or were you the grantor of, or transferor to, a foreign trust? If "Yes," you may have to file Form 3520. See instructions on back		

For Paperwork Reduction Act Notice, see your tax return instructions.   Cat. No. 17146N   Schedule B (Form 1040A or 1040) 2014

图 4-2 1040 表格的清单 B

资料来源：U.S. Department of the Treasury and the Internal Revenue Service, Form 1040 (2014).

4.3.4　资本利得

你可以购买股票或债券之类的证券（亦称金融资产），它们是企业为筹资而发行的。你也可以投资于其他会产生收益的资产，比如供出租的物品。当你以高于买入时的价格把这些资产出售时，你就会获得**资本利得**（capital gain）。如果你的卖出价格低于买入价格，就会承担一笔资本损失。

短期资本利得（short-term-capital gain）是你持有时间不超过 12 个月的资产带来的收益。如果你持有该资产的时间超过 12 个月，就是**长期资本利得**（long-term capital gain）。短期**资本利得税**（capital gain tax）针对短期资本利得征收，把它视为一项额外收入，因此税率也取决于纳税人的边际税率。而针对长期资本利得的税收则是基于应纳税额，设置了 0、15% 以及 20% 几个等级。纳税等级取决于纳税人的边际税率，但针对长期资本利得的税率远低于短期资本利得。所有资本利得收入都应在 1040 表格的总收入一栏申报。

持有一项资产超过一年再以高价出售，在税收上可以赚很大的便宜。根据 2015 年的税率，边际税率为 25% 及以上的纳税人面临的长期资本利得税为 15%，而对边际税率为 10% 和 15% 的人可以免征。虽然出售长期和短期资产取得的收益都可以和已发生的资本损失抵销，但眼下的最佳策略是不要让它们在同一年度内互相抵销。因为你可以用短期资本损失对冲当年的一般收入，然后在第二年获取长期资本利得以享受优惠税率。当然，一定要记住，在考虑购买或卖出股票、债券或共同基金的时候，税收只是要考虑的因素之一。

案例 4-2

假设你的边际税率为 28%，你获得的任何额外收入都要缴纳 28% 的所得税。有一些你不到一年前购买的股票现在增值了 20 000 美元。如果你今天就把它们出售了，这项资本利得就会被归入“短期”，你要支付 28%（5 600 美元）的税；如果你持有这些股票达到 12 个月零 1 天再出售，这项资本利得就会被归入“长期”，税率为 15%。假设这些股票的价格保持不变，你缴纳的长期资本利得税只有 3 000 美元。所以，持有股票达到一年可以让你少付 2 600 美元的税。

图 4-3 为 1040 表格的清单 D，是计算资本利得税的工作表。

图 4-3　1040 表格的清单 D

Part II   **Long-Term Capital Gains and Losses—Assets Held More Than One Year**

See instructions for how to figure the amounts to enter on the lines below. This form may be easier to complete if you round off cents to whole dollars.	(d) Proceeds (sales price)	(e) Cost (or other basis)	(g) Adjustments to gain or loss from Form(s) 8949, Part II, line 2, column (g)	(h) Gain or (loss) Subtract column (e) from column (d) and combine the result with column (g)
8a Totals for all long-term transactions reported on Form 1099-B for which basis was reported to the IRS and for which you have no adjustments (see instructions). However, if you choose to report all these transactions on Form 8949, leave this line blank and go to line 8b .				
8b Totals for all transactions reported on Form(s) 8949 with **Box D** checked				
9 Totals for all transactions reported on Form(s) 8949 with **Box E** checked				
10 Totals for all transactions reported on Form(s) 8949 with **Box F** checked.				
11 Gain from Form 4797, Part I; long-term gain from Forms 2439 and 6252; and long-term gain or (loss) from Forms 4684, 6781, and 8824 . . . . **11**				
12 Net long-term gain or (loss) from partnerships, S corporations, estates, and trusts from Schedule(s) K-1 **12**				
13 Capital gain distributions. See the instructions **13**				
14 Long-term capital loss carryover. Enter the amount, if any, from line 13 of your **Capital Loss Carryover Worksheet** in the instructions . . . . **14** ( )				
15 **Net long-term capital gain or (loss).** Combine lines 8a through 14 in column (h). Then go to Part III on the back **15**				

For Paperwork Reduction Act Notice, see your tax return instructions.   Cat. No. 11338H   Schedule D (Form 1040) 2014

Part III   **Summary**

16 Combine lines 7 and 15 and enter the result **16**

- If line 16 is a **gain,** enter the amount from line 16 on Form 1040, line 13, or Form 1040NR, line 14. Then go to line 17 below.
- If line 16 is a **loss,** skip lines 17 through 20 below. Then go to line 21. Also be sure to complete line 22.
- If line 16 is **zero,** skip lines 17 through 21 below and enter -0- on Form 1040, line 13, or Form 1040NR, line 14. Then go to line 22.

17 Are lines 15 and 16 **both** gains?
- ☐ **Yes.** Go to line 18.
- ☐ **No.** Skip lines 18 through 21, and go to line 22.

18 Enter the amount, if any, from line 7 of the **28% Rate Gain Worksheet** in the instructions . . ▶ **18**

19 Enter the amount, if any, from line 18 of the **Unrecaptured Section 1250 Gain Worksheet** in the instructions . . . . ▶ **19**

20 Are lines 18 and 19 **both** zero or blank?
- ☐ **Yes.** Complete the **Qualified Dividends and Capital Gain Tax Worksheet** in the instructions for Form 1040, line 44 (or in the instructions for Form 1040NR, line 42). **Do not** complete lines 21 and 22 below.

- ☐ **No.** Complete the **Schedule D Tax Worksheet** in the instructions. **Do not** complete lines 21 and 22 below.

21 If line 16 is a loss, enter here and on Form 1040, line 13, or Form 1040NR, line 14, the **smaller** of:
- The loss on line 16 or
- ($3,000), or if married filing separately, ($1,500) } . . . . **21** (   )

Note. When figuring which amount is smaller, treat both amounts as positive numbers.

22 Do you have qualified dividends on Form 1040, line 9b, or Form 1040NR, line 10b?

- ☐ **Yes.** Complete the **Qualified Dividends and Capital Gain Tax Worksheet** in the instructions for Form 1040, line 44 (or in the instructions for Form 1040NR, line 42).

- ☐ **No.** Complete the rest of Form 1040 or Form 1040NR.

Schedule D (Form 1040) 2014

图 4-3 （续）

资料来源：U.S. Department of the Treasury and the Internal Revenue Service, Form 1040 (2014).

4.3.5　计算总收入

总收入的金额相当于加总你的工资、经营收入净值、利息收入、股息收入，以及资本利得。

案例 4-3

史蒂芬尼·斯普拉特 2015 年收入工资 38 000 美元。她没有利息收入、股息收入或资本利得。她的总收入是：

工资	$38 000
＋利息收入	0
＋股息收入	0
＋资本利得	0
＝总收入	$38 000

4.3.6　调整后总收入

你的**调整后总收入**（adjusted gross income，AGI）计算方法是用总收入减去个人养老账户（IRA）储蓄、赡养费、助学贷款利息，以及其他可减扣项。请注意，不超过 2 500 美元的助学贷款利息是可减扣的，但并不属于你的常规可减扣项目。如果你没有任何可调整项目，你的调整后总收入就等于你的总收入。

案例 4-4

史蒂芬尼·斯普拉特 2015 年没有在她的 IRA 账户中存款，也没有可以调整的任何支出项目。所以，她的调整后总收入就是 38 000 美元，和她的总收入相等。

4.4　减扣和免除项目

你也许还可以申报减扣和免除项目，这会使你的应纳税所得额少于总收入。纳税人可以选择按标准金额减扣，或者分类减扣。

4.4.1　标准金额减扣

标准金额减扣法是在调整后总收入中减扣一个固定的金额，以余额作为应纳税所得额。标准减扣金额与当年的总收入无关，取决于你所属的纳税人类别，以及你是否年满 65 岁。每年国内收入署都会根据通货膨胀调整标准减扣金额。图 4-4 展示了 2015 税务年度的标准减扣金额。

纳税人类别	标准减扣额
夫妻共同申报，丧偶有未成年子女	$12 600
单亲家长	9 250
单身	6 300
已婚但独自申报	6 300

图 4-4　2015 税务年度的标准减扣金额

案例 4-5

史蒂芬尼·斯普拉特的纳税人类别是单身，所以她可以享受从调整后总收入中减扣 6 300 美元的待遇。另外，她也可以选择分项减扣（下面将详细介绍）。除非她按分项减扣的金额更多，否则她应该选择按标准金额减扣。

4.4.2 分项减扣

分项减扣（itemized deductions）指可以从应纳税金额中扣除的各项专门支出。国会已经批准这些项目可以在税前减扣以鼓励某些行为，比如购买自住房，或者资助非营利性机构。接下来我们讨论几个最主要的减扣项目。

1. 利息支出

当人们借钱买房时，借来的钱就产生了利息，于是就有了利息支出。此类贷款每年产生的利息属于可减扣项目。而汽车贷款，或个人信用贷款，信用卡循环利息，以及贷款手续费则不属于可扣税的项目。这一项下的可减扣金额随纳税人收入增加而减少。单身纳税人的收入达到258 250 美元时，可减扣金额开始减少；夫妻共同申报的家庭，这一金额为 309 900 美元。

2. 州和地方税

许多州对在该州就业并获得收入的人征收 3% ～ 10% 的**州所得税**（state income tax）。大城市或县级地方政府也可能征收所得税。这些州和地方的税收也是可减扣联邦所得税的项目。可减扣的州和地方税包括当年由雇主扣缴的所有金额以及本年度缴纳的属于前一年度的税。有些纳税人可能选择用已经缴纳的销售税，而不是州和地方税作为减扣项。

3. 物业税

住房和其他物业的业主要向物业所在的县缴纳**物业税**（real estate tax）。物业税也是所得税的减扣项目。

4. 医疗支出

纳税人的医疗支出超过调整后总收入 10% 的，其超过部分可以作为所得税减扣项目。注意，医疗支出在 10% 以内的部分是不能减扣的。这项减扣主要适用在一段时间内面临高额医疗支出的纳税人。到 2017 年以前，65 岁以上的老年人可以享受 7.5% 的特惠税率，但之后他们的税率还是要回到 10%。

符合条件的医疗支出包括门诊、治疗、缓解或预防疾病；医疗费用险和长期护理保险的保险费，以及支付处方药物和用胰岛素的成本。想了解更多的可减扣成本，可参阅 IRS 发布的 502 号出版物《医疗和牙医费用》。只有不可报销的医疗支出才是可减扣的。

5. 慈善捐赠

人们向合格的机构（比如动物保护协会）捐赠之后，可以把所捐款项作为减扣项目。你要保留全年所有慈善捐赠的凭据，不管是用现金、支票，还是信用卡。对于大额捐赠，你需要对方机构开立的收据。许多机构，比如教堂，会规定收到任何捐赠都要寄出一份确认书。你可以把捐给慈善机构的赠品的价值扣除，但不要夸大赠品的价格。如果你认为赠品价格昂贵，最好取得一份正式的价格评估。

6. 其他支出

你可能可以把一些意外事故或盗窃造成的损失，或者把一些与本职工作相关但雇主不给予报销的支出列为减扣项目。但是，这些支出只有达到一定的量（占调整后总收入的一定比例）才能减扣。请注意，符合资质的高等教育支出（不包括住宿和交通费用）也是可抵扣的。

7. 减扣项目总结

纳税人把所有可减扣金额相加，以决定到底采用分项还是标准金额减扣。如果纳税人的各项减扣金额超过了标准减扣金额，他就应当选择分项减扣。

👉 **案例 4-6**

史蒂芬尼·斯普拉特没有自己的住房，所以她也不支付房贷利息或物业税。她在得克萨斯州，也不需要支付州所得税。她有 200 美元的慈善捐款，所以她的可减扣金额就是：

可减扣项目	
利息支出	$0
州所得税	0
物业税	0
未报销医疗费用	0
慈善	200
合计	$200

如果史蒂芬尼决定采用标准金额减扣，她可以从总收入中减扣 6 300 美元，而不是上面计算出来的分项减扣。由于标准金额远远超过 200 美元的分项可减扣金额，她当然会选择按标准金额减扣。

个人汇总分项减扣的工作表是 1040 表格的清单 A。图 4-5 即为清单 A 样张。

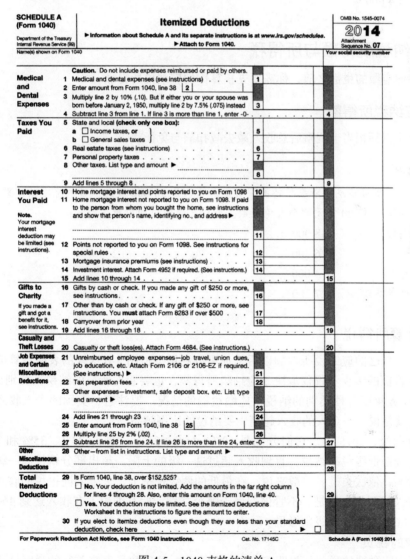

图 4-5　1040 表格的清单 A

资料来源：U.S. Department of the Treasury and the Internal Revenue Service, Form 1040 (2014).

4.4.3　个人免征额

个人免征额是指因为有人需要养，所以在纳税申报时可以获得一定金额的免征。比如说，父母可以把家里的小孩作为免税人口。即使纳税人决定采用标准金额减扣而非分项减扣的方式，免税人口依然可以减少应税收入。纳税人在申报单中应列明所有免税人口，除自己外还包括配偶，以及所有依赖他生活的人。每年每个人的免征额都会因通货膨胀而调整。2015 税务年度，每个人的免征额是 4 000 美元。个人免征额的总和会从总收入中扣除以确定应纳税所得额。高收入者享受的个人免征额会有所减少。2015 年，免征额从单身 258 250 美元，夫妻 309 900 美元开始减少。

☞ **案例 4-7**

史蒂芬尼·斯普拉特没有孩子，她只能把自己作为唯一的免税对象，所以她可以在调整后的总收入中扣除 4 000 美元。

4.5　应纳税所得额与所得税

在计算你应缴的税额之前，你需要先核算你的应纳税所得额。

4.5.1　应纳税所得额

应纳税所得额相当于调整后总收入减去减扣额与免征额。

☞ **案例 4-8**

还记得吗，史蒂芬尼·斯普拉特的调整后总收入是 38 000 美元，她的标准减扣额是 6 300 美元，另外她还享受 4 000 美元的个人免征额。所以，她的应纳税所得额是：

调整后总收入	$38 000
− 减扣额	6 300
− 个人免征额	4 000
= 应纳税所得额	$27 700

4.5.2　计算所得税

你知道了自己的应纳税所得额以后，你可以利用类似图 4-6 这样的表格计算应缴纳的所得税。应缴税额的多少不仅仅取决于应纳税所得额，也要看你所属的纳税人类别。图 4-5 展示了 2015 税务年度各种类别的纳税人应缴税额的情况。要注意，美国的个人收入所得税是累进的。也就是说，一个人的收入越高，要纳税的比例越高。

税率分七级，2015 年，它们分别是 10%、15%、25%、28%、33%、35% 和 39.6%。每个纳税人先按最低级税率纳税，直到收入超过这一级的上限。超出部分就按高一级的税率纳税，直至满额，依次类推。一般来说，在最低的两级税率上，夫妻共同报税的收入范围相当于单身纳税人的两倍。但是，不管他们属于哪个类别，所有纳税人在收入达到 464 850 美元时都要按 39.6% 这个最高级别缴税。

核算你的税负

要核算你应缴纳的税负，先明确你所属的类别，然后按税率表首行的说明计算。这些计算税负的说明可以用下面的公式来表示：

$$税负 = 满额税 +[超限部分税率 \times （应纳税所得额 - 满级金额）]$$

税率表—单身纳税人—2015

应纳税所得额				
超过	但不超过	税额	+%	针对……以上部分
$　0	$9 225	$　0.00	10	$　0
9 225	37 450	922.50	15	9 225
37 450	90 750	5 156.25	25	37 450
90 750	189 300	18 481.25	28	90 750
189 300	411 500	46 075.25	33	189 300
411 500	413 200	119 401.25	35	411 500
413 200	……	119 996.25	39.6	413 200

税率表—夫妻共同申报及丧偶家庭—2015

应纳税所得额				
超过	但不超过	税额	+%	针对……以上部分
$　0	$18 450	$　0.00	10	$　0
18 450	74 900	1 845.00	15	18 450
74 900	151 200	10 312.50	25	74 900
151 200	230 450	29 387.50	28	151 200
230 450	411 500	51 577.50	33	230 450
411 500	464 850	111 324.00	35	411 500
464 850	……	129 996.50	39.6	464 850

税率表—已婚但各自申报—2015

应纳税所得额				
超过	但不超过	税额	+%	针对……以上部分
$　0	$ 9 225	$　0.00	10	$　0
9 225	37 450	922.50	15	9 225
37 450	75 600	5 156.25	25	37 450
75 600	115 225	14 693.75	28	75 600
115 225	205 750	25 788.75	33	115 225
205 750	232 425	55 662.00	35	205 750
232 425	……	64 989.25	39.6	232 425

税率表—单亲家长—2015

应纳税所得额				
超过	但不超过	税额	+%	针对……以上部分
$　0	$13 150	$　0.00	10	$　0
13 150	50 200	1 315.00	15	13 150
50 200	129 600	6 872.50	25	50 200
129 600	209 850	26 722.50	28	129 600
209 850	411 500	49 192.50	33	209 850
411 500	439 000	115 737.00	35	411 500
439 000	……	125 362.00	39.6	439 000

图 4-6　2015 年税率表

案例 4-9

史蒂芬尼·斯普拉特的应纳税所得额是 27 700 美元，她属于单身纳税人。

史蒂芬尼按以下步骤计算自己应缴纳的税额：

- 她 2015 年的应纳税所得额位于 A 区第二级，在 9 225 美元和 37 450 美元之间。
- 这一级的下限金额是 9 225 美元，对应的满额税是 922.5 美元，见税率表 A 区第二行。
- 超出下限金额部分的收入对应的税率是 15%，见税率表 A 区第三行。这表明史蒂芬尼的**边际税率**（marginal tax bracket）是 15%，即她收入中超出下限金额的部分要缴 15% 的税。请注意，如果她还有额外的 9 750 美元收入，她的边际税率就达到 25%，也就是说她之后的收入都要缴纳 25% 的税。
- 史蒂芬尼超限部分金额是 18 475（$27 700–$9 225）美元。所以，超限部分的应纳税额是 27 71.25（$18 475×15%）美元。

总之，她的税负是：

$$税负 = 满额税 + [超限部分税率 × (应纳税所得额 - 下限金额)]$$
$$= \$922.5 + [15\% × (\$27\ 700 - \$9\ 225)]$$
$$= \$922.5 + [15\% × \$18\ 475]$$
$$= \$922.5 + \$2\ 771.25$$
$$= \$3\ 693.75$$

她的税负差不多相当于收入的 10%。但是，别忘了她之前已经缴纳了 2 907 美元的社保和医保（FICA 税）。所以，史蒂芬尼的税负总额是 6 600.75（3 693.75+2 907）美元，相当于收入的 17% 左右。

4.5.3　抵税额

如果你符合抵税的条件，也能减少税负。**抵税额**（tax credits）可以抵销税额，而且是按 1∶1 直接从应纳税款中扣除：1 000 美元的抵税额可以让你少缴 1 000 美元的税。你可以把这个效果和 1 000 美元的减扣进行比较。减扣额让你减少 1 000 美元的应纳税所得额，因此少缴的税只占其中一部分。可见，抵税额的价值要比减扣额的价值高多了。

1. 儿童抵税额

儿童抵税额（child tax credits）适用于家里的每个在该税务年度末未满 17 周岁的儿童。这个儿童要么是美国公民，要么是外籍居留者。目前的儿童抵税额度是每人 1 000 美元。如果家庭收入超过一定水平，就不能再享受儿童抵税优惠。儿童抵税额还有一个重要作用，如果低收入劳动者应纳税额不足儿童抵税额，差额部分还可以作为一项补助发放。但是从 2017 年开始，儿童抵税额将不再是补助，其额度以纳税人实际税负为限。

2. 大学费用抵税额

大学费用抵税额（college expense credits）有两种形式，都可以帮助你或你的家长承担一部分大学教育成本。一种是美国机会抵税额（以前称为希望教育抵税额）允许家长或学生在上大学的头四年里，每年缴纳 2 000 美元学费后可以享受一笔价值 2 000 美元的抵税额；学费超过 2 000 美元的部分，他们还可以享受 25% 的抵税额，最高以 500 美元为限。每个学生每年最多享受 2 500 美元的抵税额。如果这项抵税额由父母申报，学生本人必须是父母纳税申报单上的被抚养人。经济上独立的学生可以用这个抵税额抵销自己的税负。如果你的实际税负低于抵税额，你还可以获取剩余部分的 40%，最多 1 000 美元，作为补助领取。

还有一种终身学习抵税额，允许学生或家长把每年前 10 000 美元学费的 20% 作为抵税额申报。教育机构在每年 1 月 31 日以前会给学生发放一份 1098-T 表格，即学费清单。这个表格可以帮助你核算可以享受的教育抵税额。终身学习抵税额是不能转化成补助的。所以你只能用它抵扣税负，但别指望把它套现。美国机会抵税额和终身学习抵税额都不适用于高收入纳税人，而且每个学生每年只能选择其中之一申报。

3. 卡佛戴尔储蓄账户

作为《2001 年减税法案》的成果之一，**卡佛戴尔储蓄账户**（Coverdell Savings Accounts）（以前被称为教育 IRA）允许每年存入最多 2 000 美元（以前的上限是 500 美元）。以前这个账户的存款只能用于支付大学学费，现在则可以用于更广泛的各阶段教育相关用途，包括学费、杂费、专业辅导、教材、设备、耗材，以及有特别需求的学生的"特需服务"费用。存款的时候用的是税后收入，但如果提取后用于符合规定的教育用途，就能享受免税待遇。2001 年减税法案还把年度存款期限从 12 月 31 日延至 4 月 15 日，使之与其他养老金账户一致。2013 年，2 000 美元的存款上限被永久化，而卡佛戴尔储蓄账户资金继续适用于普及教育支出和高等教育支出。

4. 529 条款大学储蓄计划

州立和私立大学也可以提供带有节税效果的学费预存计划。2001 年的税法修改后，做出了许多有利于家长为子女预存大学学费的规定。如果家长向 529 条款大学储蓄计划投资，相关投资获取的所有收入和利得资金如果最终用于支付大学学费，就不用缴纳联邦税。但有些州仍对用于支付大学学费的提款征税。

所有家长，无论贫富，都适用 529 计划。他们最多在该账户投资 300 000 美元，实际限额取决于所在州的政策。如果家长不打算把这些钱用于指定子女的大学教育，他们也可以把钱提取出来，但要缴纳一笔可观的罚款。

大学教育储蓄计划会产生一定的费用。帮助家长开立账户的顾问，以及管理这些账户的投资公司都是收费的。每个州都有自己的投资经理和投资方案选择。家长可以在本州允许的范围内让代理的投资公司定制投资组合。家长投资的结果取决于投资组合的业绩表现。

5. 自食其力抵税额

自食其力抵税额（earned income credit）主要为低收入纳税人减轻税务负担。按 2015 年的条件，享受这一待遇者要有工作，获取劳动收入，且各项投资收入不能超过 3 400 美元。2015 年调整后的收入，单身无子女纳税人不超过 14 820 美元，有一个子女的不超过 39 131 美元，有两个子女的不超过 44 454 美元，有三个以上子女的不超过 47 747 美元。已婚纳税人的收入限额略高于此。

6. 其他抵税额

还有其他一些有针对性的抵税规定。比如说，有针对儿童护理和收养的抵税额。儿童和抚养人护理抵税额适用的条件是你家里有不足 13 岁的儿童或残疾人，生活不能自理，所以你花钱请人照顾他们。这项抵税额随着收入的增加而减少。

4.6　怎样把税务规划纳入你的理财规划

税务规划要求你全年有计划地采取各种行动，使你能够在法律许可的范围内缴纳尽可能少的税。理财规划中的关键税务决策包括：

- 眼下有哪些可以避税的地方？
- 未来怎样规避更多的税负？
- 你是否需要增加或减少雇主代缴的税额？

- 你需要保留哪些财务记录？

如果等到你整理纳税记录的时候才考虑如何避税，往往为时已晚。除了汇总可以享受的减扣和免除项目以免遗漏，你已经无能为力。也有个别例外，比如工作单位没有养老金计划的人，还来得及在传统 IRA 账户中存一笔钱。

最有效率的税务规划应该在税务年度之前开始，在整个税务年度执行。在你考虑要不要向慈善机构捐款时，你应该认识到大额捐款可以增加你的分项减扣额，但如果你的所有减扣项目总和达不到标准减扣金额，那就亏大了。如果你持有的股票、债券、基金贬值了，你可以在今年就把它们卖掉以落实资本亏损（最多 3 000 美元），冲抵一般收入。同样，盈利的证券要拖到 12 月 31 日以后再出售，由此产生的应纳税收入就被推迟到下一个税务年度再结算了。

由于高收入者可能面临很高的税率，他们要想办法减少税负。最有效的手段包括按揭贷款（因为按揭贷款利息可以作为减扣项目申报），投资有税收优惠的养老账户，投资于不支付股息的股票，以及投资于利息可以免缴联邦税的市政债券。这些策略在以后的章节中还将进一步讨论。

也许你和其他许多纳税人一样，每年可以获得一大笔退税。但事实上，这种资本的应用效率是非常低下的。如果你代扣的税负过多，相当于向政府提供了一笔无息贷款，而这些现金就不能用于支付自己的信用卡欠款或投资。如果多扣些税能够让你不必在 4 月 15 日之前为补齐税款东挪西凑，那也还说得过去。但是，有些纳税人拿到的退税款，竟然多到足以让他们在接下来的夏天去度假，或者购买之前不能狠下心来攒钱买的大件商品。

有些行为可以让你在未来在核算税款的时候更加轻松。比如说，如果你买了股票但准备持有几年再出售，你应该保留购买时的记录，这样在卖出时就能很方便地计算盈亏。你需要保留每一份纳税申报单和相关凭证至少七年。

图 4-7 展示了税务知识怎样应用于史蒂芬尼·斯普拉特的理财规划。

税务规划的目标	
1. 在国内收入署许可的范围内减少应纳税所得额（从而减轻税负）。 2. 通过递延收入减少税负。	
分析	
当前状况	
总收入 =$38 000 联邦所得税 =$3 693.75 税负（不含社保与医保）占收入的比例 =10%	
减税方法	**评价**
增加减扣额	我唯一符合条件的减扣项是一笔 200 美元的慈善捐款，所以今年不必纳入考虑
减少总收入	我还没有开始在个人养老账户或养老计划中存款
省税金额	今年是 0 美元
长期税务规划	
减税方法	**评价**
增加减扣额	如果我买房，按揭贷款的利息支出，还有物业税，都可以增加我的减扣额。这些减扣项目的总额有可能超过我的标准减扣额。此外，我的销售税也可以纳入减扣项目
减少总收入	我也可以投资个人养老账户或雇主的养老计划。如果我从工资中投入 5 000 美元进入个人养老账户或养老计划，我就可以减少总收入，并递延这部分收入的税负
避税（计算过程如下）$877.50	
为计算我规避的税额，我会比较当前情况，以及我买房后支付 6 000 美元利息和相应的物业税，并投入 5 000 美元到个人养老账户或养老计划这两种情况下我应缴纳的税额。我预估的税收减扣是 600 美元，向慈善机构的捐款还是 200 美元。	

图 4-7　税务知识在史蒂芬尼·斯普拉特的理财规划中的应用

项目	当前情况	长期计划
总收入	$38 000	$38 000
− 个人养老账户投入	$0	$5 000
= 调整后总收入	$38 000	$33 000
− 减扣额	$6 300	$6 800
− 免除额	$4 000	$4 000
= 应纳税所得额	$27 700	$22 200
应纳税额（基于应纳税所得额与对应的税率）	$3 693.75	$2 868.75
近似避税总额 =$825.00/ 年[①]		

决策

1. 今年的避税决策

　　目前我只利用了一项减扣策略。

2. 未来的避税决策

　　未来我可以通过更好地利用税负减扣以改善现金流。如果我买房，按揭贷款的利息和物业税都是可以在税前减扣的。买房会增加我每月的现金流出，但我可以通过利息和物业税享受减税待遇，从而减少应纳税所得额。

　　随着收入的增加，我的边际税率可能会提高。我要充分利用潜在的避税手段以减少税负的支出。（在不影响现金预算的基础上，）我要尽量多地把钱投入养老计划，以便充分享受相关的税收优惠。另外，我还打算未来买房。按揭贷款的利息会很高，但它可以帮我在增加住房财产的同时实现避税。

图 4-7 （续）

① 实际避税额每年都会有所变动，因为按揭贷款利息会减少，其他减扣项目会变化，以及标准减扣额会提高。

讨论题

1. 如果史蒂芬尼是一个带着两个孩子的单身妈妈，她的税务规划会有什么不一样？

2. 如果史蒂芬尼现在已经 35 岁，年龄会对她的税务规划产生怎样的影响？ 50 岁呢？

小结

1. 纳税人类别

填写联邦所得税申报表的第一步就是要确定你所属的纳税人类别。选择了正确的类别，你才会搞清楚自己究竟应该缴多少税。有时候，你可以选择自己所属的类别，而你的选择会影响你的纳税义务。

2. 总收入

总收入包括你的工资或劳务收入、利息收入、股票投资的股息，以及资本利得。短期资本利得是出售持有期不超过一年的资产获得的收益，被视为一般收入。长期资本利得要征收资本利得税，其税率低于一般收入所得税率。总收入用缴纳个人养老账户（IRA）的金额及其他特殊情况调整后，就得到调整后总收入（AGI）。调整后总收入是确定个人免除额、分项减扣额及 IRA 缴纳金额的基础。

3. 减扣额和免征额

减扣额和免征额是相关的，因为它们都是在核算应纳税额前从调整后总收入中扣除的。所以，它们减轻了你的税负。减扣额包括按揭贷款利息、物业税、不能报销的医疗费用、慈善捐赠以及其他一些费用。免征额是因为填写纳税申报单的人要养家糊口。如果选择用分项减扣额有更好的节税效果，就应该用它代替标准减扣额。

4. 应纳税所得额

你的应纳税所得额是调整后总收入减去所有减扣和免征额。你的税负取决于应纳税所得额，而税率则取决于你所属的纳税人类别与收入水平。

复习题

1. **税务问题** 为什么理解税务问题对你的财务决策很重要？

2. **FICA 税** 什么是 FICA 税？它是由哪两个部分组成的，分别用于什么？由谁承担？

3. **自由职业税** 自由职业者的 FICA 税是怎么处理的？

4. **报税表格** 谁填报 1040EZ 表格？大多数其他个人纳税人填报的是什么表格？

5. **纳税人类别** 纳税人分哪五种？简述怎样确定你所属的纳税人类别。报税表的哪部分受到你的纳税人类别影响？

6. **总收入** 什么是总收入？列举总收入包含的几种收入类型。哪几种你可能获得的收入是不属于总收入的？

7. **资本利得** 什么是资本利得？什么情况下的资本利得是短期的？什么情况下是长期的？这种差别有什么意义？

8. **调整后总收入** 怎样确定调整后总收入？

9. **标准减扣** 什么是标准减扣？它的金额是怎么确定的？

10. **分项减扣** 有哪些减扣项目？分项减扣和标准减扣之间有什么关系？试举例说明。

11. **免征额** 什么是免征额？纳税人可以申报多少免征额？

12. **应纳税所得额** 应纳税所得额是怎么算出来的？

13. **边际纳税等级** 什么是边际纳税等级？它为什么很重要？

14. **税务减扣额与抵税额** 税务减扣额与抵税额有什么不同？哪种更有价值？

15. **抵税额** 列举几种常见抵税额。

16. **总收入** 下列哪些项目应纳入总收入？（工

资、奖励、经营收入、小费、退伍金、福利费、赡养费、股息收入、儿童补助、利息收入。）

17. **利息与股息收入** 区分利息收入与股息收入。它们在税务方面是否需要区别对待？

18. **医疗费用** 你所有的医疗费用都可以扣税吗？试说明。

19. **资本利得税** 在缴纳长期资本利得税方面，处于较低税级和较高税级的纳税人在待遇上有什么不同？试说明。

20. **报税表格** 如果要申报分项减扣，必须向国内收入署提交哪种表格？

21. **联邦税务系统** 设立所得税的目的是什么？谁负责管理联邦税务系统？

22. **《2010 年平价医疗法案》** 《2010 年平价医疗法案》对纳税申报产生了什么影响？

23. **特别减税方案** 过去，联邦政府因为各种原因推行减税方案。请列举最近的几次减税方案。

24. **《2012 年美国纳税人救助法案》** 列举《2012 年美国纳税人救助法案》的几项主要特点。

25. **婚姻状况** 同性夫妻在税务上被怎么对待？

26. **卡佛戴尔储蓄账户** 什么是卡佛戴尔储蓄账户？列举可以用卡佛戴尔基金支付的几项费用。

27. **自食其力抵税额** 什么是自食其力抵税额？说明为什么这项抵税额有时被称为负所得税。

28. **529 条款大学储蓄计划** 什么是 529 条款大学储蓄计划？加入这个计划对家长的收入有什么限制？

理财规划练习题

1. **纳税计算** 艾丽丝每周赚 450 美元。她每周要扣缴多少社会保障税？FICA 税总和又是多少？

2. **FICA 缴纳** 布莱恩每年赚 27 000 美元。2015 年他要缴纳多少 FICA 税？他的雇主又要缴纳多少？

3. **FICA 税** 马特是一个自由职业的木匠。2015 年他的净收入是 42 000 美元。他要缴纳多少 FICA 税？

4. **资本利得税** 史蒂芬的边际税率是 15%。2015 年，他卖出已经持有 9 个月的股票，赚了 1 900

美元。他要为此支付多少税？如果他已经持有这些股票 13 个月，他应缴纳多少税？

5. **资本利得税** 斯图尔特的边际税率是 25%。最近，他把持有超过一年的股票卖了，赚了 20 000 美元。他要为此支付多少税？

6. **资本利得税** 乔丹把持有 11 个月的股票卖了，赚了 10 000 美元。他的边际税率是 25%。他要为此支付多少税？

7. **减扣** 艾米丽和保罗是一对夫妻，2015 年共同报税。他们的标准减扣额是 12 600 美元。他们有下列可减扣项目：

超过 10% 限制的医疗账单	$400
按揭贷款	3 500
州所得税	1 500
慈善捐款	250

艾米丽和保罗应该选择分项减扣还是标准减扣呢？

8. **分项减扣** 艾玛的调整后总收入是 24 200 美元。她有 1 800 美元不可报销的医疗费用。她能申报多少医疗费用作为分项减扣？

9. **分项减扣** 多恩的调整后总收入是 16 700 美元。他有 1 800 美元不可报销的医疗费用。他能申报多少医疗费用作为分项减扣？

10. **应纳税所得额** 尼克和诺拉是夫妻，有三个上大学的孩子。他们的调整后总收入是 47 400 美元。如果他们的标准减扣额是 12 600 美元，分项减扣额共计 14 200 美元，每个成人和抚养人都有 4 000 美元免征额，他们的应纳税所得额是多少？

11. **应纳税所得额的变化** 如题 10，如果尼克和诺拉的分项减扣额增加 2 000 美元，会对他们的应纳税所得额有什么影响？

12. **对税负的影响** 丹尼尔的边际税率是 25%。他突然意识到自己漏算了 1 000 美元的税收减扣。这个发现会对他应缴纳的税负有什么影响？

13. **对税负的影响** 如题 12，如果丹尼尔漏算的不是 1 000 美元的税收减扣，而是 1 000 美元的抵税额，这会对他应缴纳的税负有什么影响？

14. **分项减扣** 特蕾西是单身，2015 年的调整后总收入是 37 000 美元。她还有以下项目：

不可报销的医疗费用	$3 000
州所得税	1 850
（第一笔按揭贷款）利息	3 040
（第二笔按揭贷款）利息	1 200
物业税	700
车贷利息	550
信用卡利息	125
慈善捐赠	300

特蕾西能申报多少分项减扣额？

15. 如题 14，如果特蕾西的标准减扣额是 6 300 美元，她还有 4 000 美元的免征额，她的应纳税所得额是多少？

16. **股息收入** 玛戈尔的边际税率是 39.6%。如果他得到 6 000 美元的股息，要为此缴纳多少税？

17. **FICA 税和高收入** 2015 年，乔安娜的工资是 178 400 美元。她当年要扣缴多少 FICA 税？

18. **道德困境** 国内收入署的税收规定允许去面试时发生的费用作为纳税减扣项目。过去的八年里，史昂、艾瑞克和他们的两个孩子一直以面试的名义去度假。每年在准备度假之前的几个月，史昂和艾瑞克就在网上查找他们计划去度假的城市发布的招聘信息。他们各申请几个自已符合条件的岗位，收到面试通知后把它们纳入度假计划。他们非常谨慎，只把符合国内收入署规定的费用纳入减扣项目，比如路费、餐费（不含子女的），以及住宿费（不含子女的）。这样的规划让他们每年可以把 300 ～ 500 美元的费用纳入税收减扣。史昂和艾瑞克决定，如果弄假成真，一般情况下他们不会接受录用；但如果条件实在优厚，也不是完全不能考虑。

（1）请讨论，你觉得史昂和艾瑞克钻国内收入署的税收规定的空子，抵销部分家庭旅行度假费用的做法是否道德？

（2）你还知道本章介绍的税收规定在其他方面被滥用的吗？

理财心理：你的税负

1. 本章介绍了根据国内收入署的规定，你收入的一部分被雇主代为扣缴纳税。在扣缴的金额方面，你还是有一定的灵活性的。这种代扣方式的一个心理优势在于，资金在你拿到手之前就从收入中扣缴了，所以感觉这部分收入根本就不是你应得的。如果你拿到全部收入以后再从中拿出一部分来缴税，心理上会感觉会更加痛苦。如果你可以选择，你希望代扣的金额是多一点还是少一点？请说明。

2. 阅读一篇关于心理因素如何影响纳税行为的文章。你可以上网搜索关键词"心理"和"纳税"来检索相关文章。阅读后总结文章主要观点。

系列案例：辛普森一家

戴夫和莎伦·辛普森想计算他们今年的税负。戴夫今年可以赚 48 000 美元，而莎伦的兼职收入会是 12 000 美元。目前，他们两人都没有缴纳养老计划。他们有两个孩子，假设当前的儿童抵税额是 1 000 美元 / 人。辛普森一家今年要支付 6 300 美元的住房按揭贷款利息和 1 200 美元的物业税，还准备慈善捐款 600 美元。辛普森一家共同报税。

案例问题：

1. 填制下面的工作表，帮辛普森一家核算今年要缴纳的联邦所得税。

总收入　　　　　　　　　　　　　　　　　　　　　_____

缴纳养老计划　　　　　　　　　　　　　　　　　　_____

调整后总收入　　　　　　　　　　　　　　　　　　_____

减扣

　　利息支出　　　_____

　　物业税　　　　_____

　　捐赠　　　　　_____

免除额（每人 4 000 美元）　_____

应纳税所得额　　　　　　　　　　　　　　　　　　_____

不计抵税额的税负　　　　　　　　　　　　　　　　_____

儿童抵税额　　　　　　　　　　　　　　　　　　　_____

税负　　　　　　　　　　　　　　　　　　　　　　_____

2. 辛普森一家感到今年要足额纳税会很困难。所以，他们想少报一些实际收入。对于这种想法，你想对他们说什么？

你儿时的玩伴，布莱德·布鲁克斯，请你帮他控制个人财务。布莱德30岁，单身，是一家技术公司的销售员。他的年收入为48 000美元。他没有申报免征额（5月还收到一张大额退税支票）。在扣除了社保、医疗费用，联邦、州、地方所得税之后，他每月的可支配收入是2 734美元。布莱德不久前从月租金600美元的两居室公寓搬到月租金1 000美元的豪华套房公寓。这套公寓加入了一个豪宅业主协会，该协会名下有两个高尔夫球场，一个湖泊和一个活动中心。你审查了他其他的月度支出，发现以下项目：

租户保险费	$20
购车款（车贷余额10 000美元，汽车市值11 000美元）	$500
公用事业费（天然气、电、互联网）	$200
智能手机	$250
其他支出	$50
饮食	$200
衣服	$100
汽车支出（汽油、车险、保养）	$250
娱乐（下馆子、高尔夫、周末出游）	$400

布莱德为自己在衣服和娱乐方面的开销感到惊讶。他在进行这些开支时总是刷卡（欠款余额8 000美元，还在不断攀升）。虽然现在偿还每月账单没有问题，但他还是希望欠款能逐步减少，直至最终还清。

布莱德的另一个目标是每年攒4 000美元，这样他25年后就能如愿退休。他现在支票账户有4 000美元，储蓄账户有200美元（享受支票免费所需的最低额度）。他的家具价值1 500美元，还有价值1 300美元的技术股票，这是他未来发家致富的希望所在。

请帮他填报下面的工作表。

1.（1）帮布莱德填制个人财务报表，包括个人现金流量表和个人资产负债表。

个人现金流量表

现金流入	本月
现金流入总额	

现金流出	
现金流出总额	
净现金流	

个人资产负债表
资产
流动资产

现金	
支票账户	
储蓄账户	
其他流动资产	
流动资产合计	

家庭资产

住房	
汽车	
家具	
其他家庭资产	
家庭资产合计	

投资资产

股票	
债券	
共同基金	
其他投资	
投资资产合计	
总资产	

负债和净值
流动负债

贷款	
信用卡余额	
其他流动负债	
流动负债合计	

长期负债

按揭贷款	
汽车贷款	
其他长期负债	
长期负债合计	
总负债	
净值	

（2）基于以上报表，向布莱德提出具体建议，指导他实现清偿信用卡余额和为退休存款的目标。

（3）你还建议布莱德增设哪些短期和长期目标？

2. 根据布莱德未来 25 年每年存 4 000 美元的目标：

（1）根据你对布莱德现金流的分析和你的建议，你觉得每年存 4 000 美元的目标是否可行？如果不可行，你还有什么其他建议？

（2）如果布莱德要在未来 25 年内每年存 4 000 美元，他还需要做出哪些假设（或掌握哪些信息）？

（3）假设布莱德把这些钱都进行投资，每年的回报是 5%，25 年后能积累到多少钱？（在现实中，布莱德要把信用卡债务还清后才能开始攒钱，但这个练习能帮助他理解持续存款怎样帮助他实现目标。）

年金终值

每期投资	$4 000
存款期限	20
每期利率	5%
终值	

（4）如果投资收益率不是 5% 而是 8%，结果会怎么样？

年金终值

每期投资	$4 000
存款期限	20
每期利率	8%
终值	

3. 向布莱德提出三四个有助于他避税的建议。

避税建议	支持	反对

4. 如果布莱德现在已经 40 岁（而非 30 岁），财务状况不变，为什么他必须重新考虑 55 岁退休的计划？

5. 当你告诉布莱德，他现在每月的净现金流是负的，他说他打算拖延两个月的信用卡还款以减少现金流出。你该怎么回复他？

第二部分
PART 2

管理你的流动性

本部分各章介绍了使你保持充分流动性的各项关键决策。第 5 章介绍了怎样选择一个金融机构以满足你对银行业务的需要。第 6 章详细探讨了怎样管理你的现金以满足未来支出的需要。第 7 章说明了怎样评估自己的信用状况，而第 8 章则说明了怎样管理你的信用。你对金融机构的选择、对资金以及信用的管理都会影响你的流动性，从而影响你的现金流和财富。

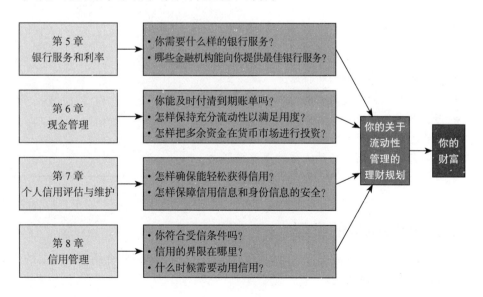

第 5 章　银行服务和利率

引导案例

　　当肖娜刚开始她的大学生活时，一有零碎的开支需要（零食、电影，更多零食）就奔向自动柜员机（ATM）。

　　直至有一个周末回家，看到最新的银行对账单，肖娜才意识到问题。对账单显示她有39 笔 ATM 费用。每次她去非开户行的 ATM "跨行"取款，ATM 所属的银行都会收取 1 美元的手续费，而她的开户行也要收 1.5 美元费用。此外，肖娜还发现她有 5 次"跨行"查询余额，每次开户行都收费 0.5 美元。总之，她使用了 ATM 17 次，一共支付了 42.5 美元的跨行取款手续费和 2.5 美元的跨行查询费，合计 45 美元。肖娜大吃一惊，这才意识到如果她的银行在校园里有网点，又有分布广泛的 ATM，那对她来说就很方便了。

　　本章介绍怎样利用一家金融机构管理你的日常现金流。不管是有钱要存入计息账户还是需要贷款，一家好的银行都是流动性的关键。你可能会选择一家商业银行、信用社，或者是在线银行。不管怎么样，最重要的是确保资金的安全。你应该也会关心银行如何给你的存款和可能的贷款设定利率。在本章后面的内容中，你还会发现利率受到几个因素的影响，时常变动。

本章学习目标

- 介绍金融机构的类型和功能
- 介绍金融机构提供的银行服务
- 说明怎样选择合适的金融机构
- 分析利率的构成
- 说明为什么利率会变动
- 说明怎样把银行服务纳入你的理财规划

5.1　金融机构的类型

　　人们在需要投资或贷款的时候就需要金融机构。本章将介绍两种主要的金融机构：存款类和非存款类金融机构。

5.1.1　存款类金融机构

　　存款类金融机构向个人或企业提供传统的支票账户和储蓄账户服务，并发放贷款。它们向储蓄账户的存款支付利息，同时对贷款收取利息。当然，它们贷款的利率高于存款利率，通过利差承担运营费用，为股东赚取利润。

存款类金融机构擅长识别潜在借款人的还贷能力。这是它们的核心能力，因为其主要收益就来自于贷款利息。

存款类金融机构分三种：商业银行、储蓄机构和信用社。

1. 商业银行

商业银行（commercial banks）是通过支票账户和储蓄账户吸收存款，并用储户资金向企业和个人发放贷款的金融机构。支票账户一般是不计息的，而储蓄账户是计息的。还有一些账户既支付利息又可以开支票，这些账户将在下一章详细介绍。有一家专门为银行存款提供安全保险的国有保险机构，联邦存款保险公司（FDIC），为单个储户不超过 250 000 美元的商业银行存款提供保险。在 2008 ~ 2009 年的金融危机中，有好几家银行因为它们发放的按揭贷款违约而出现问题，但储户的资金因为有 FDIC 的保险而逃过一劫。如果没有这个保险，危机对民众的影响还会更严重。

商业银行在客户购买汽车或其他大件商品时提供个人信用贷款。它们也提供住房按揭贷款。有些商业银行还管辖着其他类型的（比如接下来会介绍的）金融机构，以便向个人提供更多的服务。

2. 储蓄机构

储蓄机构（savings institutions）也吸纳存款，向个人提供按揭贷款和信用贷款。它们和商业银行的区别在于它们一般不太乐意为企业提供商业贷款。它们通常也能提供和银行一样的支票账户和储蓄账户，而且这些存款也享受 250 000 美元以下的 FDIC 存款保险。和银行一样，储蓄机构在金融危机中也因为按揭贷款违约而遭受打击，但只要有存款保险，在储蓄机构的存款就是安全的。

3. 信用社

信用社（credit unions）是专为某些小团体（比如同一个公司的雇员或某个社区的居民）提供服务的非营利性存款机构。信用社成立的初衷是向特定医院、大学，甚至包括某些企业的员工提供服务。它们向会员提供类似银行和储蓄机构的储蓄账户，并且由全国信用社联盟共同保险基金（NCUSIE）提供每人不超过 250 000 美元的存款保险。信用社也能向会员发放按揭贷款和信用贷款，甚至可以发行信用卡，而且有时费率比其他金融机构发行的卡要低。

5.1.2　非存款类金融机构

非存款类金融机构（nondepository institutions）提供各种金融服务，但它们的存款得不到联邦保险。为个人提供服务的主要非存款类金融机构包括金融公司、证券公司、保险公司和投资公司。

1. 金融公司

金融公司（finance companies）专门向个人提供贷款。这些贷款用途不一，包括购买汽车或其他商品，或住房改建等。金融公司的贷款利率更高，因为向它们借款的个人违约风险更高。在经济不景气的时候，它们的借款人还款能力更差，所以金融公司面临的贷款违约可能性更高。比如说，在 2008 ~ 2009 年的金融危机中，许多人丢掉了工作，无力偿还个人贷款。所以，金融公司发放的贷款也遭遇了更多的违约。

2. 证券公司

证券公司（securities firms）通过提供投资银行服务和经纪服务，为企业和个人买卖证券（比如股票和债券）创造便利。投资银行服务包括：①承销公司发行的证券，也就是为这些证券找到愿意购买它们的投资人；②证券销售顾问，包括建议发行价格以及发行量等；③并购顾问与融资，帮助要收购或被收购的企业估价，预测利益前景，并在必要的时候为并购提供融资。

除了投资银行服务，证券公司还提供经纪服务，促进已发行证券的交易。也就是说，它们执行客户的证券交易指令。一个客户可能想出售特定的股票，而另一个客户正好打算买入这只股票，经纪公司就通过匹配买卖双方的意愿创造出一个股票和债券的交易市场。

3. 保险公司

保险公司（insurance companies）是通过提供保险，使个人和企业在遭受可能的不利事件后免于被其财务损失拖累的非存款类金融机构。其中，人寿保险公司为个人的死亡提供保险；财产和意外保险公司的保险主要针对财产损失（包括住房和汽车）；医疗保险公司的保障主要针对特定的医疗费用。保险对个人来说意义重大，它使被保险人（或他们的受益人）在遭受不幸后得到经济补偿，从而避免被由此导致的财务损失拖垮。第 11 ～ 13 章将详细介绍保险事宜。

4. 投资公司

投资公司（investment companies）用个人提供的资金设立共同基金，开展证券投资。个人投资共同基金的最低金额一般为 500 ～ 3 000 美元。由于投资公司向个人筹集资金，购买证券形成投资组合，所以每个共同基金的投资人都是这个投资组合的共同所有人。这样，共同基金就给小投资者购买大规模证券投资组合提供了便利。现在，美国市场上有超过 8 000 只面向个人投资者的共同基金。第 17 章将详细地介绍共同基金。

5.1.3　金融集团

金融集团向个人和企业提供多种金融服务。代表性金融集团有花旗集团和美洲银行。除了吸纳存款和发放个人贷款，金融集团还可能发行信用卡；还可能有一个下属的经纪机构帮客户执行证券交易；还可能有一个下属的保险公司提供各种保险；它甚至还可能有一个下属的投资公司在发行共同基金，从事股票和证券交易。图 5-1 展示了一家典型的金融集团提供的各种服务。通过开展各种金融业务，金融集团试图为个人客户提供一站式服务，满足他们的所有金融需求。

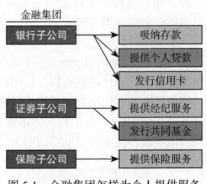

图 5-1　金融集团怎样为个人提供服务

5.2　银行服务

一家存款类金融机构可能向你提供广泛的银行服务。虽然非存款类金融机构不能直接提供银行服务，但它可能拥有一个能提供银行服务的子公司。下面介绍几种对个人来说最重要的银行服务。

5.2.1　支票服务

如果你有一个支票账户，就能用借记卡取款、进行在线支付，或开支票。大多数人会开立一个支票账户，用它支付账单，或者在大额购买时避免携带巨额现金。虽然现在人们在付钱时越来越多的使用借记卡、在线支付系统，或手机软件，但支票的使用仍然非常广泛，尤其是在交易金额较大的时候。为了说明你的支票账户怎样运作，假设你给学校开了张 1 500

美元的支票以支付秋季学期的学费。接下来，学校把这张支票存入它的开户行，而银行在电子系统中把学校账户的余额增加 1 500 美元。与此同时，如果你的开户行恰好也是这家银行，它就直接在你的支票账户余额中扣除 1 500 美元；如果你的支票账户开立在另一家银行，收到支票的银行就会给你的开户行发出电子指令，让它在你的支票账户余额中扣除 1 500 美元。

1. 借记卡

借记卡（debit card）是一种支付卡，以持卡人支票账户余额结清款项。如果你用借记卡向修车店支付 100 美元，你的支票账户余额会减少 100 美元，而修车店的账户余额增加 100 美元。所以，使用借记卡的结果和你开支票是一样的。大多数人倾向于使用借记卡，因为它比支票簿更容易携带。许多商户也接受借记卡。事实上，有些商户乐意接受借记卡支付而拒收支票，因为他们害怕收到空头支票。虽然借记卡和信用卡的模样差不多，借记卡对银行来说更方便，而且不提供信用。也就是说，持卡人用借记卡付款的上限就是支票账户余额。刷借记卡不会产生债务，这对那些希望用支票账户余额控制支出的消费者意义重大。相反的，信用卡允许持卡人的刷卡金额超出支票账户余额，然后形成一笔债务，由信用卡持卡人慢慢偿还。

虽然借记卡用起来很方便，但它们也有缺点。如果你的借记卡失窃了，小偷可以通过在线支付等方式在很短的时间内把你的支票账户清空。虽然如果你在卡片失窃后及时向银行挂失，这些损失就不应由你承担，但银行未必会马上向你补偿被盗刷的金额。如果你在收到银行对账单后 60 天内没有向银行挂失，损失就都应由你来承担了。如果你的借记卡失窃了，不但要马上打电话向银行口头挂失，随后还要给银行寄封信做书面挂失。

使用借记卡的另一个缺点是如果你有许多刷卡交易，可能会忘记记账。这样，你的实际账户余额就会比记忆中的少，导致账户透支和产生相应费用。

近来，一些银行试图按月对使用借记卡的消费者收费。但是，消费者表示反对，并以退卡为威胁。最后，银行不得不放弃它们的收费企图。

2. 年轻人的借记卡

有些借记卡专供年轻人。它们常常与父母的账户相关联，以便家长向孩子的账户中转钱。这样，父母就知道孩子需要用钱的时候不至于没钱可花。一个可能的问题在于，父母和子女对什么情况下该花钱的理解不一样。有些年轻人可能会养成大手大脚花钱的习惯，把超支的问题丢给父母，让他们去头痛。

父母可能会想方设法影响子女的支出习惯。他们可能会规定哪些东西可以买，或者表示只有在紧急情况下才会替子女买单。立这些规矩可不是容易的事，而且，如果子女违规了，父母可能就不得不采取一些让子女感到不爽的行动。

另一个解决方案是让父母为借记卡设置支出限额。这样做的好处是帮助子女在支出方面提高自律。这样做的缺点是在子女真的急需用钱的时候会无钱可用。另外，如果父母看到账户里没钱就给充值的话，子女也就不会养成对开支做预算的习惯。

3. 手机银行

许多金融机构提供手机应用软件，让你可以通过智能手机办理银行业务。比如说，查询余额或近期交易明细。如果你外出购物时需要现金，可以查找最近的 ATM 在哪里。你甚至可以通过智能手机存收到的支票。你只需要在支票反面背书，然后把支票正反面拍照发给银行就行了。银行可能会收一笔手续费，或限制每月操作的次数。其他应用程序可以让你定制提示短信，当账户余额低于一定水平时发出警告。

你也可以直接用手机支付。**Apple Pay** 和谷歌钱包之类的应用软件让你可以通过"扫码"代替"刷卡"。以后，会有更多商户接受这样的支付方式。

4. 及时支付账单

🌀 **理财心理**

你可以通过支票账户快捷便利地支付账单。心理的力量会影响人们支付账单的行为。虽然所有人都不愿意付账，但人们的做法还是会有所不同。有些人直接无视账单的存在，以逃避账单带来的压力。他们任由账单逾期，也许心怀侥幸以为债主会忘记应收的债务。但债主不会那么健忘。如果在规定的时间没有收到钱，他们会再发一则催款通知，还要加上滞纳金。

如果你经常因为账单逾期而支付滞纳金，可以考虑把每个付款期限写在日历上。把这些钱省下来，你可以把它们用在别的地方。你也可以通过银行网站办理自动还款业务，这样在账单到期前系统就会自动从支票账户中扣除相应的金额把账单付清。自动还款系统尤其适合每月金额相同或大致相同的账单，比如上网费或有线电视费。如果账单金额差别很大，比如公寓的供暖费，你也许就不想让它自动还了。

5. 支票账户费用

大部分金融机构对支票账户按月收取服务费，但总有方法可以免缴或少缴一些。因为这些费用加起来可能超过 100 美元一年，所以你总是愿意想办法把它规避掉。大多数银行规定只要你在账户中的余额超过一定金额就免收月费。虽然这个最低限额可能在 1 500 美元以上，有些银行只要 100 美元左右就够了。所以，在你选定开户行以前，有必要先比较一下各家银行的最低余额要求。

如果你授权它作为每月的代发工资行，有些银行也会给予减免月费的待遇。许多单位都采用代发工资的做法，所以你可以问问能否自己提供银行账号。如果你很熟练地使用网银或手机银行应用软件，就会发现如果你所有的银行业务都是通过互联网或 ATM 自助办理的，也能免收月服务费。因为银行提供自助服务的成本比柜台人工服务低多了。最后，有的银行向学生和退伍军人提供免费支票账户，但你每个月能开的支票数量非常有限。

6. 监控账户余额

只要动用了支票账户的余额，不管是通过开支票、借记卡、手机应用还是自动转账系统，你都应该把每一笔交易记录下来。这样，无论何时你都很清楚自己账户里还有多少钱。随时掌握账户余额，想花钱的时候就会心中有数。这很重要，因为开立空头支票，或者自动转账还款时余额不足，都会产生罚款。另外，如果花钱太多导致余额低于免费标准，就要支付月费了。大多数金融机构都允许你通过网银查询余额，但你仍有必要保留所有交易的记录，以便与银行的记录核对。

7. 核对账目

金融机构一般每月都会寄一张对账单。如果你注册了网银，对账单可能会通过电子邮件发给你。收到银行对账单以后，要和自己的记录比对，确保记录无误。首先要确保每次存款都被记录了，不管它是通过转账、智能手机、自动存款机还是银行网点的柜台办理的。然后对照银行对账单和支票簿存根，在已经清算（从账户中扣款）的存根页做上记号。接下来比对电子交易、借记卡消费和 ATM 取款。最后比对你自己记录的余额和对账单的余额，把所有尚未结清的支票和未记账的交易额从对账单余额中扣除。最终结果应该和你自己记录的余额一致。

👉 **案例 5-1**

上个月，你的支票账户余额是 800 美元。这个月你向账户里存了 100 美元，你又开了两张总额 200 美元的支票，都已经清算过了；使用借记卡消费三次，合计 300 美元。你没有从账户中取现，也没有产生其他费用。你这个月的余额应该是：

上个月余额	$800
＋ 存款	＋ 100
－ 已清算支票	－ 200
－ 借记卡消费	－ 300
＝ 新余额	＝ $400

如果某个月没有产生费用或取现，所有开出的支票也全部清算的话，你自己记录的余额应该和银行对账单的完全一致。如果你还有刚开的支票没有清算，你记录的余额就应该比对账单少，差额恰好是未清算支票的总金额。如果你开出一张 100 美元的支票，最好马上把它记录下来。如果出对账单时这张支票还没有清算，对账单的余额就不会扣除这笔钱。如果只看银行对账单，就会让有些人误认为自己可支配的钱比实际的多，从而导致超支。所以，要明确你实有的账户余额，不能完全依赖银行的对账单。

许多银行提供核对账目用的工作表，如图 5-2 所示。你可以把自己记录的余额和对账单进行对照，如果二者不符，要么是你的记录有错漏，要么是银行对账单有问题。发现问题以后，先检查一遍你自己的记录，再核对一下你的记录和工作表。如果还没有找到不符点，就该联系银行了。

初始余额			=$1 500
存款	$100		
	$400		
	$500	→	+$500
取款	$50		
	$150		
	$200	→	−$200
已清算支票	$700		
	$100		
	$800	→	+800
借记卡交易	$25		
	$50		
	$125		
	$200	→	−$200
自动转账还款	$100		
	$100		
	$200	→	−$200
银行费用	$0		−$0
银行对账单余额		→	$600
未清算支票	$100		
	$100		
	$200	→	−$200
调整后银行余额 **（自主记录的银行余额）**			$400

图 5-2 银行账目核对工作表样张

👉 **案例 5-2**

你最近的支票账户对账单显示你的余额是 500 美元。但是，你昨天开了总共 300 美元的支票付账单。等这些支票清算后，你的账户余额就是 200 美元。今天，你又收到 250 美元的信用卡账单。这个金额虽然比你刚收到的对账单余额要少，你的支票账户里实际上已经没有足够的钱付清这张账单了。

如果你想开支票或通过网银付账单，就会透支，因为你的支票账户里实际上只有 200 美元。只有自己保留一份准确及时的交易记录，才会对自己有多少钱做到心里有数。

你也许会觉得核对自己的账目余额完全是浪费时间，因为上网查询余额或近期交易明细都很方便。尽管如此，核对账目还是有必要的。首先，虽然银行很少出错，但也不能完全避免错误，所以你需要审查自己的账目。其次，你要审核所有的借记卡交易，确保它们都是自己实施的，没有被盗刷。最后，审核自己上个月的交易记录让你知道钱都花到哪儿去了。如果你意识到上个月光是每天喝卡布奇诺就花了 100 多美元，就该重新考虑一下对咖啡的偏好了。

5.2.2 在途支票

你开出一张支票以后，你的支票账户余额并不会马上被减扣，而是要等到收票人将支票送到银行清算以后。从你开出支票到支票账户余额被减扣的这段时间被称为"在途"。在途时间有一部分是因为收到支票的银行要把支票信息发送到开户行。有些人在开支票的时候账户里并没有足够的金额，但他们觉得这张支票还要"在途"好几天，这会给他们的充分筹资时间，可以在支票清算前向账户内存入足额款项。

但是，2004 年 10 月，《21 世纪支票交换法案》（简称《支票 21》）实施。该法案允许银行传送支票的电子图像。所以，如果你用支票向某人或某公司付钱，这张支票可能当天就得到清算。这样，在途时间实际上就不存在了，这意味着你在开支票的时候一定要确保账户里有充足的金额。

《支票 21》的另一个影响是你可能不会再收到自己开出的已兑现支票的原件了。因为收到支票的银行可能只是把它们的电子图像发送给你的开户行，所以你也只能收到电子图像的复制件（被称为替代支票）而不是你手写的原始票据。

电子支票的应用有效防止了欺诈行为。比如说你在商场买了东西用支票付款，相关金额立即就从你的账户转到商场的账户。然后收银员在支票背面盖章，再把它还给你，表明支票已经清算好了。这个系统能防止欺诈，因为收款人马上就能知道客户账户里有没有足够的钱付款。如果账户资金不足，电子转账就无法完成，开支票的人也就买不了东西。欺诈行为的减少提高了商场收款的安全性，也让它们更乐意接受支票。

5.2.3 储蓄账户

支票账户，金融机构还提供储蓄账户。你可以把暂时用不到的钱存在里面。与一般支票账户不同的是，储蓄账户向存款支付利息，虽然近年来利率已经低得可怜。一般来说，你不能用储蓄账户里的资金开支票，或者刷借记卡付钱。但是，你可以把储蓄账户里的钱转到支票账户里。绝大多数机构允许你通过 ATM，或访问银行网站，或通过自助电话系统进行转账，但每月免费转账的次数可能受到限制。所以，要利用有限的免费机会，保证你转入支票账户的金额足够当月开销。

5.2.4　信用卡融资

个人刷信用卡购买商品或服务属于信用消费。在每个账单期末，你会收到这段时期内你信用消费的账单。万事达卡和维萨卡允许你享受发卡行提供的融资，从而延迟还款。所以，如果你只能偿还最低还款额，发卡行会对未还部分给予融资，但要收利息。

5.2.5　保管箱

许多金融机构向客户提供**保管箱**（safety deposit box）服务。客户可以把重要的资料、凭证、珠宝或其他小件的东西放在保管箱里。租用保管箱需要按年度缴纳使用费。

5.2.6　自动柜员机

银行客户愿意在**自动柜员机**（automated teller machines，ATM）上使用银行卡和密码办理存取款业务。这些机器到处都有，向客户提供全年无休的 24 小时服务。有些金融机构的ATM 不但遍布全美，甚至在国外都能找到。一般来说，你也可以跨行使用 ATM，但可能要被收取服务费，每次都不少于 1 美元。

5.2.7　保付支票

保付支票（cashier's check）是应开票人要求，向特定收款人开立的由金融机构账户付款的支票。如果收款人对开票人的信誉缺乏信任，就可以使用保付支票。

👉 **案例 5-3**

你打算用 2 000 美元从洛德·辛普金斯处买一辆二手车，但他担心你的账户里可能没有这么多钱。所以你就去了开户的湖畔银行，准备开一张湖畔银行向洛德·辛普金斯开出的保付支票。在检查了你的账户余额后，银行接受了你的请求，开了保付支票并从你的支票账户中扣除 2 000美元。这项服务可能会收一点手续费，大概也就 10 或 15 美元的样子。洛德接受了你给他的这张保付支票，因为他知道这张支票是由湖畔银行背书的，不会有问题。

5.2.8　邮政汇票

邮政汇票（money order）是一种应某人要求，收取相应款项后开立的固定金额的支票。美国邮政局和其他一些金融机构提供这项服务，但要收取一点费用。如果你要汇款，可以用邮政汇票代替现金。

5.2.9　旅行支票

旅行支票（traveler's check）是应某人的要求，由一家大型知名金融机构或信用卡发行机构担保付款的支票。它与保付支票相似，只不过无须指定收款人。旅行支票全球通用。如果它遗失或失窃了，发行机构会免费补发。不同金融机构发行旅行支票收取的费用各不相同。

5.3　选择金融机构

因为金融机构提供了许多重要的服务，你可能想选择一家能满足你所有需要的金融机构。选择一家合适的金融机构可以让你省钱省事。

5.3.1   选择金融机构的参考条件

选择一家金融机构，你要考虑便利性、在线支付账单、存款利率与保险，以及收费。

1. 便利性

最起码，你存取款要方便。这意味着这家金融机构在你住的地方或工作单位的附近有网点，或者是有 ATM。另外，这家金融机构要能提供你需要的全部或大部分服务。大多数金融机构都有网银，这使你可以随时掌握自己的存款账户情况，甚至直接在线申请贷款。你还可以通过网银在同一机构开立的多个账户之间转账。如果还有需要，现在许多机构提供手机应用软件，可以进行支票存款、余额查询，以及转账等业务。还有，前面说过，许多金融机构允许你在线支付账单，而不必非得邮寄支票。

2. 在线支付账单

许多金融机构开发了让你在线支付账单的系统。你注册一个网银账号，和支票账户绑定，然后就能向收款人转账了。转账前，要提供准确的收款人名称、地址、对方账号以及每次要转账的金额。金融机构根据你的指令，将相应的金额从你的账户扣除，并在收款人的账户中增加相同金额。

通过在线支付账单，你就无须再邮寄支票了。你还可以设置自动还款，这样就不必担心会错过还款期限了。所有收款人的信息会保存在网银账户里，这样就不必每次重新输入了。此外，你还可以查询以往的缴费记录。

有些纯粹的网上金融机构根本就没有实体网点。虽然网银让你能保留所有的存取款记录，但对于喜欢在网点直接办理业务的人来说，还会觉得不习惯。如果想两全其美，就选择那些既有大量网点又提供网银服务的金融机构好了。

3. 存款利率和保险

不同金融机构的存款利率是不一样的。你要针对自己想办理的存款类型，货比三家。金融机构另一个不同之处是最低存款限额。存款限额当然是越低越好，因为这样你被套牢的资金就少了。还有一个很重要的条件是，确保这个机构的存款有 FDIC 或 NCUSIE 的存款保险。

纯粹的网上金融机构一般给的存款利率比有实体网点的机构更高，因为它们的运营成本比较低。到底是想获得高利率，还是想要有网点的便利，你可以自己权衡。

对于喜欢用邮寄存款的用户来说，提供高利率的纯网络金融机构是更好的选择。

4. 收费

许多金融机构对提供的多项服务收费。对一般人来说，最重要的两项服务莫过于开支票和使用 ATM 了。尽量不要选择那些你对常用服务收费较高的金融机构，哪怕它们的存款利率比较高。

近年来，许多人抗议银行高昂的收费，甚至关闭了自己在这些银行的账户。这些抗议得到了"占领华尔街运动"的支持。该运动的参加者认为，大银行得到了政府的过度扶持。作为替代，有些人在沃尔玛开立了账户。虽然沃尔玛不是银行，也不能发放贷款，它确实能提供某些银行的服务。许多沃尔玛商场设有现金中心，你可以在那里兑现不超过 1 000 美元的支票，也可以购买一种叫"现金卡"的储值借记卡。你可以用这种卡在网上购物，或者在 ATM 上取现。即使是没有现金中心的沃尔玛商场也能通过客户服务柜台或一体机提供金融服务。因为沃尔玛商场营业到很晚，所以它们每天提供服务的时间比一般银行更长。

5.4   存贷款利率

你在金融机构存款的收益，或者向金融机构借款的成本都取决于利率。所以，你的现金流入和流出都受到交易发生时相关金融机构利率的影响。

大多数存款机构会发放**存单**（certificates of deposit，CD），规定了最低存款额、利率和期限。比如说，一家银行可能会规定所有存单的最低金额是 500 美元，期限可以选择一个月、三个月、六个月、一年、五年。存单里的钱在到期之前是不能提取的，或者提前取出要支付一定的罚款。

不同存期对应的利率不同。存单的利率一般都表达为年化利率，以便不同储蓄品种之间的比较。年化利率为 6% 的存款表示，在存款一年后，你可以得到的利息相当于存款额的 6%。

5.4.1　无风险利率

无风险利率指一定时期内投资的收益是有保证的。比如说，你可以根据自己需要的期限在某家商业银行投资一张定期存单。如果你投资的存单期限为一年，你就能保证获得它承诺的利率。即使这家银行倒闭，这张存单也能得到联邦政府规定的每人不超过 250 000 美元的全额保险。所以存单到期后，你一定能收回自己的存款。

5.4.2　风险溢价

除了有联邦政府背书的固定利率存款，你还可以选择某些金融公司提供的利率更高的储蓄品种。这些储蓄有时也被称为存单，但它们和真正有政府保险的定期存单不是一回事。这些存款有违约风险，意思是如果公司破产，你实际得到的回报会低于原先的预期。事实上，你还有可能损失所有的本金。这些储蓄项目经常在报纸上登广告，你要注意阅读其中的小字说明，以确定它们到底有没有联邦存款保险。

如果你的积蓄不多，你应该把它们都存在一家有政府存款保险的金融机构。这种情况下没有必要去追求更高的收益，因为本金的损失是你无法承受的。

但是，如果你的钱很多，你也许可以考虑拿出一部分投入有风险储蓄项目，但要有风险补偿。你的潜在收入应该包括**风险溢价**（risk premium），即收益要超过有政府担保的固定利率存款。投资潜在的违约风险越高，你应该期待的风险溢价也越高。

如果一项有风险的储蓄在规定期限内预期能提供确定的收益（R），你还知道政府担保的存款固定利率是（R_j），这项有风险储蓄的风险溢价（RP）就是：

$$RP = R - R_j$$

案例 5-4

今天，你当地的商业银行发行的一年定期存单利率为 6%，所以当前的无风险利率就是 6%。而你注意到麦托利卡金融公司提供一种利率为 10% 的存单。这种存单的风险溢价就是：

$$RP = R - R_j$$
$$= 10\% - 6\%$$
$$= 4\%$$

你要决定是否有必要为这额外的 4% 的年收益去承受违约风险。由于你现在的积蓄还很有限，你决定没有必要去冒险。

1. 经济对风险溢价的影响

当经济环境变化时，许多投资的风险溢价也随之变化。在经济不景气的时候，发行债券的企业必须支付更高的风险溢价才能卖得出去。投资者会变得更加谨慎，因为这些企业可能会倒闭，无力偿还它们的债务。所以，除非风险溢价高得足以抵销人们对风险的恐惧，否则经济不景气的时候你或别的投资者都不会考虑购买这类债券。相反的，如果经济形势看好，企业的财务状况良好，短期内倒闭的可能性很小，投资者就更愿意投资于他们发行的债券，而风险溢价也比较低。

2. 关于风险溢价的扭曲观念

🌐 **理财心理**

在经济不景气，风险溢价上升时，有些投资者会出于错误的原因积极投资。他们追求高风险溢价的投资，以弥补正常收入的减少。但是，他们的逻辑是不合理的。经济萧条时期投资的高风险溢价是对投资者承受的高风险的补偿，而投资者不应该在工作收入减少的情况下寻求更高的风险。事实上，如果你的收入因为经济萧条而缩水，理性的投资策略应当是寻求更安全的投资，哪怕它们的收益更低。这样，你才能防止投资的资金遭受任何损失。

5.4.3 比较利率和风险

考虑到投资的风险大小不一，你的选择取决于对风险的承受能力。如果你一年后就要使用所有投资的资金，你应该回避一切风险。在这种情况下，你应该选择一项无风险的投资，因为其他投资可能导致你一年后的资金比现在还少。而安全的代价就是你能获得的投资利率相对较低。

如果投资到期后，你只需要动用投资金额的一部分，则可以承受一定的风险。在这种情况下，你选择的投资利率可以高于无风险利率，但也有损失的风险。你可以承受风险的原因是即使投资导致损失，你仍然有足够的资金可用。但是，承受风险要以风险溢价作为回报。

对于投资者来说，没有什么选择是完全理想的。恰当的选择无非是综合了投资者的现状和承受风险的意愿。有些投资者比其他人愿意承受更多的风险。投资决策总基于你对风险的承受能力，而后者又受到你财务状况的影响。

👉 **案例 5-5**

史蒂芬尼·斯普拉特计划投资 2 000 美元。她打算一年后把这笔钱作为购房首付的一部分。她想到以下几个可行的投资方案：

（1）收益率为 6%（无风险利率）的一年期银行存单，有政府保险；

（2）一家财务公司提供的，今年利率为 9% 的存单，没有政府担保。

史蒂芬尼评估了她可以选择的投资项目。如果选择收益率为 6% 的定期存单，到期后连本带利可以回收：

$$本利合计 = 初始投资 \times （1+收益率）$$
$$= \$2\,000 \times 1.06$$
$$= \$2\,120$$

如果史蒂芬尼选择的是有风险的存款，本利合计为：

$$本利合计 = 初始投资 \times （1+收益率）$$
$$= \$2\,000 \times （1+0.09）$$
$$= \$2\,180$$

对比两个结果，史蒂芬尼发现如果她选择有风险的储蓄，即使那家公司明年运作良好，她也只能得到 60 美元的额外收益。而且，运气不好的话收益还可能会更少。如果有风险的储蓄只能还本，她的利息收入就是零。如果那家公司破产了，她还可能血本无归。虽然公司破产的可能性是很小的，但史蒂芬尼认为可怜巴巴的 60 美元还不足以让她冒血本无归的风险。所以她最终决定投资银行定期存单。

5.4.4 利率的期限结构

在投资银行存款或其他债券时，你首先要确定投资的期限。当投资者向金融市场提供信贷时，投资期限和利率之间的关系被称为**利率的期限结构**（term structure of interest rates）。一般金融产品的期限结构经常取决于相应期限的国债（美国财政部发行的债券）。在一个特定的时点上，相同期限的定期存单和国债的利率非常接近，所以不同金融机构相同期限的存款利率是差不多的。对于投资者来说，利率的期限结构非常重要，它决定了不同期限投资的无风险利率的大小。

👉 **案例 5-6**

你打算在一家金融机构存 500 美元。你估计至少三年内不需要动用这笔钱。你想知道利率的期限结构，好确定每个投资期限对应的利率。这家机构今天报的利率如表 5-1 所示。

表 5-1 中展示的投资期限和年化收益之间的关系如图 5-3 所示。从图上看，在某一特定时间上，投资期限越长年化利率越高。所以，你选择的投资期越长，能得到的利率也越高。

如果你准备投资银行定期存单，不要选择期限长于三年的品种（因为三年后你就要花这笔钱），否则你在申请提前提取资金的时候会被告知要缴纳罚款。

表 5-1 不同期限的年化存款利率

期限	年化存款利率（%）
1 个月	0.20
3 个月	0.24
6 个月	0.45
1 年	0.70
2 年	1.00
3 年	1.25
4 年	1.60
5 年	1.70
10 年	3.80

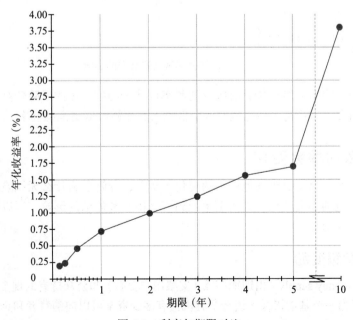

图 5-3 利率与期限对比

收益曲线的变动

根据国债年化收益推导出的收益曲线每天都会在《华尔街日报》刊载。当天的收益曲线会和一周前及四周前的收益曲线对比出现，让你可以很容易判断不同期限的债券收益如何变动。

5.4.5　贷款利率

金融机构的很大一部分资金来自吸纳的个人存款。它们用这些钱向其他人和企业发放贷款。通过存款这种方式，投资者向金融市场提供信贷。金融机构的贷款利率肯定要高于存款利率，这样它们才能有钱支付其他成本，并赚取利润。所以，如果你要借钱，承担的贷款利率肯定比一般的存款利率高。个人贷款的年化利率经常比存款利率高出 3% ～ 7%。比如说，如果主流的存款利率是 2%，贷款利率通常在 5% ～ 9%。

图 5-4 显示了一年期存单利率和一年期个人贷款平均利率之间的关系。请注意，当贷款利率提高时，金融机构发放定期存单的利率也上升了。

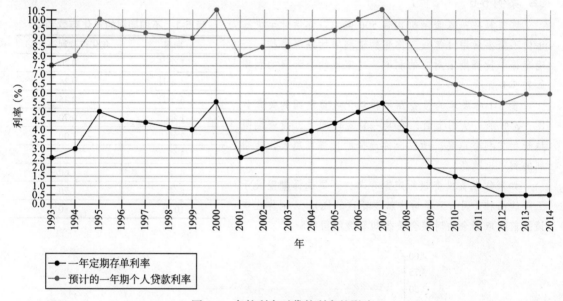

图 5-4　存款利率对贷款利率的影响

金融机构向不同的人发放贷款时收取的利率也是不同的。违约风险较高的贷款收取的利率也比较高。所以，信用记录较差或收入较低的人反而被收取更高的利率。

5.5　为什么利率会变化

无风险利率的变化会引起其他利率的变化。所以，理解了为什么无风险利率会变化，你就知道为什么其他利率会变化。因为利率受到资金供给和需求的影响，所以供给和需求的变动会引起利率的变动。

5.5.1　货币政策变动

货币供给（money supply）由即期存款（支票用户存款）和公众持有的现金构成。货币供给通常被投资者视为一个基本指标，衡量金融机构有多少资金可以向消费者和企业发放贷款。

美国的货币供给由联邦储备系统（美联储）控制，它是美国的中央银行。控制货币供应量的行为被称为货币政策。美联储的货币政策影响货币供给，从而影响利率。

联邦储备银行的资金不存在任何商业银行或其他金融机构。美联储最主要的**货币政策**（monetary policy）手段是公开市场操作，即买入或卖出国债。

美联储想降息的时候，它就用自己的储备资金向投资者购买国债，从而增加商业银行持有的资金。投资者卖出国债后手头的资金突然增加，他们在银行的存款增加了，流入市场的资金也增加了。资金供给的增加使银行可以借出的资金增加，向均衡利率施加了向下的压力。于是，利率因为美联储的货币政策作用下跌了（见图 5-5）。

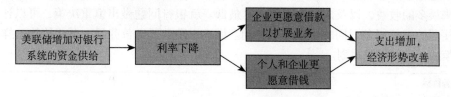

图 5-5　美联储怎样刺激经济

2008 ～ 2009 年金融危机期间，经济不景气，美联储的对策是降低利率。由于经济在 2010 ～ 2014 年之间持续萧条，美联储一直维持着低利率。它的目的是鼓励企业和个人借钱、花钱以促进经济增长。一般来说，企业和个人在利率较低的时候更愿意借钱来花，因为这段时间借钱的成本比较低。

如果美联储想提高利率，它就把此前购买的一部分国债卖给投资者。投资者用来购买国债的资金就从他们的存款中流出，从而减少了商业银行可用于贷款的资金，减少了货币供应量，导致利率上升。

5.5.2　政府资金需求的变化

美国政府经常大量借钱。美国政府借款行为的变化会影响到对资金的总需求，进而影响利率。

👉 案例 5-7

假设美国政府突然需要借比平时更多的钱。这样对资金的需求总额就会增大，导致原有利率上的资金短缺。这就对利率产生了向上的压力。

政府减少了（而不是增加了）借款的金额，就会导致原有利率下的资金过剩，最终使利率下降。

5.5.3　企业资金需求的变化

当经济形势发生变化，企业会修改它们的支出计划，调整对资金的需求。这种需求上的变化会对利率产生影响。

2008 ～ 2009 年金融危机期间，经济形势严重恶化。许多企业缩减了它们的扩张计划，这意味着它们不再需要那么多钱。这造成对资金需求的减少，导致利率下降。

相反，较好的经济环境会造成反方向的影响。

👉 案例 5-8

假设企业对经济的预期更加乐观，并且认为消费者对它们的产品需求会增加。于是，它们更愿意扩大规模，不得不借钱以实现扩张。它们的行为导致对资金的需求总额增大，产生了和政府借款增加相似的效果。这样的变化导致利率提高。

5.6 怎样把银行服务纳入你的理财规划

理财规划中关于银行业务的关键决策是：

- 你更需要什么样的银行服务？
- 哪家金融机构提供的银行服务最适合你？

利率是考虑的重点之一，因为你要对各家金融机构的利率进行比较，以确定谁能给你的存款带来最多的收益，以及向谁借钱的成本最低。就银行问题做出慎重决策，可以让你获得全面、便利的银行服务，同时尽量减少费用。图 5-6 显示了史蒂芬尼·斯普拉特怎样把银行服务决策纳入她的理财规划。

银行服务目标

1. 识别最重要的银行服务。
2. 确定哪家金融机构能够向我提供最佳金融服务。

分析

特点	对我的影响
存款利率	这会影响我存款的利息收入
按揭贷款利率	如果以后我买房，可以直接向它贷款
个人信用贷款利率	如果以后我需要，可以直接向它申请个人信用贷款
支票服务手续费	我会开很多支票，所以我只要保持最低存款余额，就无须另外支付支票账户的费用
位置	最理想的金融机构最好在我的公寓和单位附近都有营业网点
网银和手机银行服务	这样我办理银行业务就更方便了
自动柜员机	了解它们的分布，还要搞清楚使用 ATM 有没有费用

决策

1. 关于金融机构特点的决策

对于我来说，最重要的银行服务就是支票账户，因为我每个月都会开很多支票。我希望只要在这家银行的存款达到一定额度，就能免缴支票手续费。我觉得方便也很重要，所以要考虑这家金融机构网点的位置，还有网银和手机银行服务。我当然希望它的储蓄账户利率有吸引力，但对于我来说便利性比利率更重要。

2. 关于最优金融机构的决策

根据我的标准对金融机构进行了筛选，我找到三个备选对象。我最终选择的是优质储蓄公司。因为它只要求最低存款额就免收支票费用，网点的位置对我来说很方便，也有网银和手机银行。相比之下，它的储蓄利率还算高，贷款利率也还比较低。如果以后我买房了，可以考虑向它申请按揭贷款，因为它的按揭贷款利率与其他金融机构相比并不算高。

图 5-6 史蒂芬尼·斯普拉特为理财规划的银行服务

讨论题

1. 如果史蒂芬尼是一个带着两个孩子的单身妈妈，她的银行服务决策会有什么不同？

2. 如果史蒂芬尼已经 35 岁了，这会对她的银行服务决策产生什么影响？50 岁呢？

小结

1. 金融机构的类型

存款机构（商业银行、储蓄机构、信用社）吸纳存款，发放贷款。非存款机构包括保险公司（提供保险服务）、证券公司（提供经纪和其他服务）以及投资公司（设立共同基金）。金融集团提供各种金融服务，满足客户全方位的业务需求。

2. 银行服务

金融机构提供的最重要的服务包括支票和借记卡服务、储蓄账户、信用卡融资、自动柜员机、保付支票、邮政汇票和旅行支票等。

3. 选择金融机构

不同金融机构提供的服务略有差异，它们的存贷款利率、服务收费等也各不相同。为了选择最方便、最适合你的金融机构，要比较它们的服务项目、利率、收费等因素。

4. 利率的构成

利率包括无风险利率和风险溢价两部分。无风险利率是一项投资（比如政府保险的银行存款）在一定期限内产生的无风险的固定利率。风险溢价是在此基础上，因为投资风险产生的额外收益。投资风险越大，风险溢价越高，这样才能吸引投资者。

5. 为什么利率会变化

利率因货币政策而变化。当政府向银行体系注入更多资金时，它扩大了货币的供给，使利率下降。它也可以从银行体系抽走资金，效果则刚好相反。当联邦政府或企业借更多的钱时，会向利率施加向上的压力。当它们减少贷款时，又会降低利率。

6. 怎样把银行服务纳入你的理财规划

银行服务使你能够方便地开展各种金融交易，比如支付账款、储蓄和贷款等。所以，它们让你的理财规划得以实现。

复习题

1. **储蓄机构的类型**　说明和比较三种不同类型的储蓄机构。

2. **非储蓄机构的类型**　列举和描述四种主要的非金融储蓄机构。

3. **金融集团**　什么是金融集团？列举金融集团提供的部分服务，并举出几个金融集团的例子。

4. **银行服务**　列举和描述若干金融机构提供的银行服务。

5. **借记卡和信用卡**　借记卡和信用卡有什么区别？

6. **特殊服务**　列举几项银行提供的特殊服务。你会怎样利用这些服务？

7. **选择银行**　史蒂夫刚收到他的第一张工资支票，他想开立一个支票账户。在选择银行时，他应考虑哪些因素？

8. **利率的影响**　在做出银行业务决策时，为什么需要关注当前的利率？

9. **无风险利率**　什么是无风险利率？有什么投资的收益是无风险利率，试举例说明。为什么没有风险？

10. **风险溢价**　什么是风险溢价？谁会利用它？

11. **计算风险溢价**　怎样计算风险溢价？

12. **利率**　金融机构发放贷款的钱是从哪里来的？贷款利率是怎么定的？不同借款人承担的利率都一样吗？为什么？

13. **利率变动的影响**　作为投资者或借款人，如果当前利率发生全面变动，会对你产生什么影响？

14. **评估投资**　在考虑投资项目面临的风险时，哪两个因素会影响投资者的决策？如果某人在短期内就要动用全部投资金额，什么样的投资比较适合他？

15. **利率的期限结构**　什么是利率的期限结构？这个概念为什么对投资者很重要？

16. **货币政策**　什么是货币政策？美国的货币政策是由哪个机构制定的？

17. **利率变动**　简要讨论会导致货币需求变化和利率变动的条件。

18. **经济环境对风险溢价的影响**　请解释为什么经济萧条期间风险溢价会提高。

19. **投资者需要的风险溢价**　什么情况下投资者偏好高风险溢价？什么情况下投资者偏好低风险溢价？

20. **核对账户余额**　为什么你需要每月核对账户余额？

21. **支票在途**　什么是支票在途？电子银行的应用对它有什么影响？

22. **保付支票和邮政汇款**　保付支票和邮政汇款之间有什么区别？

23. **在线支付账单**　列举在线支付账单的优势。

24. **风险溢价**　如果当地有存款保险的银行提供的两年期存单利率是 5%，而麦托利卡金融公司的利率为 12%，请问它的风险溢价是多少？为什么它愿意提供这么高的利率？

25. **政府借款和利率**　政府借款增加会对市场利率产生什么影响？

26. **风险和收益**　为什么在经济衰退期间，有的投资者在收入减少的情况下会追逐高风险投资？它们的策略错在哪里？

27. **旅行支票**　什么情况下你会需要使用旅行支票？使用旅行支票有什么优点？

理财规划练习题

请根据下面的表格回答第 1 题~第 4 题：

	希尔斯波洛银行	第一国民银行	南方信托银行	阳光海岸银行
ATM 手续费：				
本行	免费	免费	免费	免费
跨行	前 4 笔免费，之后每笔 1 美元	$1.25	$1.25	$1.25
支票账户：				
最低存款额	$100	$25	$1	$1
免手续费所需最低账户余额①	N/A	N/A	$500	N/A
月基本费	$6	$7	$11	$2.5
支票手续费	前 12 次免费，之后每次 1 美元	前 7 次免费，之后每次 1 美元	不限次数	每次 50 美分

　　① N/A 表示月基本费与账户余额不挂钩。

1. **选择银行**　杰森打算开一个支票账户，开户金额 100 美元。杰森估计自己每月要开 15 张支票，跨行使用 ATM 8 次。他不能确保账户余额。他该选哪家银行呢？

2. **选择银行**　朱丽打算开一个支票账户，开户金额 75 美元。杰森估计自己每月要开 20 张支票，她只会使用本行 ATM。她可以确保账户余额 200 美元。她该选哪家银行呢？

3. **选择银行**　弗洛尼卡打算用她的 1 200 美元退税支票开一个支票账户。她可以确保账户余额不少于 500 美元。她估计自己每月要开 10 张支票，跨行使用 ATM 15 次。她该选哪家银行呢？

4. **选择银行**　兰迪是个学生，他有 500 美元要存入一个新开的支票账户。他知道自己没法保持账户最低余额，他也不会使用 ATM，但是会开许多支票。兰迪准备在免费开支票不限次数的南方信托银行和支票手续费较低的阳光海岸银行之间选一家。如果他选的是南方信托银行，他每月至少要开多少张支票才是合算的？

5. **支票账户余额**　保罗在圣杰洛米银行有一个账户。他没有自己核对账户余额的习惯。昨天晚上，他寄出两张分别为 156.66 美元和 238.94 美元的支票。之后，他从网银登录自己的账户，查询到余额为 568.40 美元。除了昨天寄出的两张支票外，其他的都已经结清了。因为账户余额还够，他又开了一张 241 美元的支票购买一套立体声系统。保罗最近都不会再向账户里存款。他的行为会导致什么后果？

6. **调整后账户余额**　玛丽最近的银行对账单显示她的余额是 168.51 美元。这个月，她又向账户里存了 600 美元，累计提款 239 美元。此外，她一共开了五张支票，其中两张已经结清，合计 143 美元；还有三张未结清的支票，合计 106.09 美元。她不需要支付银行手续费。她这次收到的银行对账单余额应该是多少钱？调整后账户余额又是多少？

7. **选择定期存单** 凯茜有 1 000 美元准备投资定期存单。她的开户行提供有存款保险的一年期存单，利率为 2.5%；而另一家非金融机构提供的一年期存单报的利率是 5.2%。风险溢价是多少？如果凯茜要在这二者之间选择，她还要考虑哪些因素？

8. **道德困境** 麦克刚刚大学毕业，他在一家当地银行开了个支票账户。他在确定这家银行之前已经问了一堆问题，包括询问支票账户手续费和信用卡年费等。当麦克第一次从国外出差回来时，他惊讶地发现自己的信用卡对账单和银行对账单上都产生了许多费用。他给银行打电话询问，对方告诉他最近银行针对支票账户和信用卡账户新增了国际交易服务费。当麦克提出抗议时，对方表示他最近收到的银行对账单中有一个插页对此做出过说明。麦克回头检查时发现，他确实收到了这个说明，但它混在一大堆汽车贷款优惠之类的广告中间，而且它的条款很多，字体太小，当时被忽略了。

（1）请针对银行和其他金融机构就费用变化向客户做出的说明进行道德评价。关于收费变化这样的情况是否应当专门发送一份通知函，以确保客户了解相关信息？

（2）从麦克的经历中，你有没有接受什么教训？

理财心理：支付账单

1. 有些人刻意地忽视账单，把它们置之脑后以逃避它们带来的压力。而另外一些人一收到账单就迫不及待地把它们还清，生怕忘记了。你是怎么对待账单的呢？

2. 阅读一篇关于心理因素如何影响账单支付行为的文章。你可以上网搜索关键词"心理"和"支付账单"来检索相关文章。阅读后总结文章主要观点。

系列案例：辛普森一家

还记得吗，辛普森一家打算每个月攒 800 美元。戴夫和莎伦注意到当地银行提供定期存单，详情如下表所示。现在，他们想确定哪款定期存单最符合他们的储蓄目标。每款存单的最低限额都是 300 美元。别忘了，辛普森一家每月存的 500 美元是打算在一年用来支付新车的首付；另外 300 美元则是孩子们的大学教育基金，12 年后才会动用。

期限	年化利率（%）
1 个月	1.0
3 个月	1.2
6 个月	1.6
1 年	2.0
3 年	2.5
5 年	2.8
7 年	3.0
10 年	3.2

1. 为辛普森一家提出建议，帮他们购车首付的存款计划选择合适的存单期限。期限较长和较短各有什么优点和缺点？

2. 为辛普森一家提出建议，帮他们对教育基金的存款计划选择合适的存单期限。描述期限较长和较短各自的优点和缺点。

3. 如果你认为利率在几个月后会上升，这会对你的建议造成什么影响？

第6章 现金管理

引导案例

    杰瑞德是个月光族,他记得自己现在的账户上还有110美元。所以,他又刷了五次借记卡一共花了30美元,并开了一张20美元的支票用于偿还信用卡欠款,剩下的50美元计划自动转账支付两个水电费账单也绰绰有余。但事实上,不幸的杰瑞德之前漏记了三笔借记卡交易,他的账户上实际余额只有35美元,而非110美元! 结果,他开给信用卡公司的支票资金不足,公用事业费扣款也没有成功。于是,每个收款方要求他支付15美元的滞纳金,银行也对支票和自动转账每次余额不足的扣款收取35美元罚金。这样,杰瑞德总共面临150美元的罚款。

    其实,对于杰瑞德来说,这个昂贵的教训在很大程度上是可以避免的,只要他事先开通了账户的透支功能。虽然账户透支会产生超限费,还要支付透支款项的利息,但这比逾期罚款要少得多。有些人搞不清自己账上还有多少钱,偶尔会入不敷出。结果,就不得不面对银行严厉的惩罚。

    本章介绍管理支票账户的技巧,以及各种货币市场投资方法,说明现金管理如何让你的财务计划具有流动性。

本章学习目标

- 说明现金管理的背景知识
- 介绍最流行的货币市场投资方式
- 展示与货币市场投资相关的风险
- 说明怎样管理你的货币市场投资风险
- 说明怎样把现金管理融入你的理财规划

6.1 现金管理的背景知识

    现金管理指的是你在短期内制定的一系列关于现金流入和流出的决策。和关于(持续多年的)长期投资或长期借贷的决策不同,现金管理只关注如何让短期投资在保持流动性的同时也能获取适当的投资回报。

6.1.1　流动性

如本书第 1 章所述，流动性指你应付各种短期内现金超支的能力。还记得吗，个人现金流量表决定了你在一段时期结束时（比如说一个月后），你拥有的资金盈余或亏损。现金管理依据个人现金流量表而来，它决定了你怎样运用盈余的资金，或在入不敷出时怎样弥补亏空。你应当努力维持一个充足的资金储备，这些储备金以流动性资产的形式存在，比如支票账户或储蓄账户存款。这样，在你的现金支出超过收入时，就可以提取储备金以解燃眉之急。这样，你就保持了充分的流动性。

流动性十分必要，因为你的现金收支总会有入不敷出的时候。但如果你持有的流动资金过多，也会有机会成本。所以，你可以把一部分储备金转化为一些流动性稍弱的资产，这样就能获得比存款略高的收益。总之，投资对象的流动性越高，收益就越低。因此，要想维持高流动性，你就不能指望同时获得高回报。

☞ **案例 6-1**

史蒂芬尼·斯普拉特每月的税后收入是 2 500 美元，每月的日常支出大约是 2 100 美元，平均每月有 400 美元结余。这个月她有一笔 600 美元的额外的开销，所以她的支出就会比收入多 200 美元。她需要一个便捷的现金来源解决这个超支的问题。

用信用卡保持流动性

有的人不是靠自己的流动资产，而是依靠信用卡（具体内容将在第 8 章讨论）提供流动性。许多信用卡提供临时的免费融资，即从刷卡消费到账单止付日之间的一段时间。如果你的钱不够偿付所有的信用卡账单费用，你还可以先偿还一部分，剩下的继续欠着。不过，你得为此承担一笔不低的利息，一般的信用卡利率在 8% ~ 20%。如果你在急需花钱的时候可以很方便地利用储备的流动资产，你就不用担心面对信用卡的高收费。

💭 **理财心理**

许多持卡人办理信用卡的初衷的确只是为了手头方便些，但最终却失去了控制。有的持卡人刷卡购买了太多东西。尽管他们一开始觉得自己肯定能清偿每月的账单费用，但真正面对这个数字时却已经有心无力。每月支付最低还款额看上去也是个不错的选择，因为大部分欠款可以拖延到以后再说。有的持卡人很乐意拖欠，对这些迟早要偿还的债务和由此产生的利息视而不见。虽然信用卡不失为一种临时调剂余缺的有效手段，但它们用多了就会让你觉得赊欠习以为常，直至后来积重难返。

6.1.2　充足的收益

如果你一直在进行短期投资，就应该争取获得最佳回报。短期投资的收益取决于当前的安全利率以及你能承受的风险水平。有些资产形式能保证较高的流动性，但收益性则不尽如人意。比如说，你可以在钱包里放一大笔钱以确保充足的流动性，但这样一分钱的收益也赚不到。另一些投资手段收益不错，但急着用钱的时候无法马上变现。如果要两全其美，你需要进行多种不同的货币市场投资，才能实现收益性与流动性的兼顾。

6.2　货币市场投资工具

短期资金常用于以下投资：

- 支票账户；
- NOW 账户；
- 储蓄存款；
- 定期存单；
- 货币市场存款账户；
- 短期国债；
- 货币市场基金；
- 资产管理账户。

上述投资方式除了国债和货币市场基金外，都由存款机构提供，而且在开户机构破产时还享受不超过 25 万美元的存款保险。本节，我们将依次介绍这些投资方式，重点分析它们的流动性与收益水平。

6.2.1　支票账户

个人可以把钱存入存款机构开立的支票账户，然后就能通过开支票或刷借记卡进行消费。支票账户具有很强的流动性，因为你随时可以（通过提款或开支票）把它兑现。

1. 透支保护

有的存款机构提供**透支保护**（overdraft protection）功能，这样客户刷借记卡或开支票时偶尔超支也不要紧了。这项功能相当于一笔短期贷款。比如说，你的账户里只有 100 美元，而你开了一张 300 美元的支票，存款机构会向你提供 200 美元的超限融资以弥补差额。当然，它也要向你收取一笔超限费。如果没有透支保护，余额不足的支票就属于空头支票，这意味着存款机构会拒绝支付。此外，开出空头支票的客户会被金融机构罚款。透支保护功能的成本是超限费以及高昂的贷款利率。

2. 止付

如果你开出了一张支票，但是可能遗失了，或者收款人一直没有收到，你可以要求金融机构**止付**（stop payment），这意味着有人来兑现这张支票时，金融机构可以拒绝接受。在有的情况下，客户可以利用止付功能防止收款人兑现支票。比如说，你在房屋装修后给包工头开了一张支票，结果发现严重的偷工减料，就可以考虑行使止付的权利。一般来说，提供止付服务也是要收费的。

3. 代发工资

开通代发工资业务，你的薪水就会直接转入你指定的存款机构账户。这样，你就不用再去存工资支票了。代发工资不仅省时，还替你省钱。

💡 理财心理

有些人发现代发工资还能让他们更节俭。因为每次把工资支票兑现后，他们总忍不住把刚到手的现金挥霍一空。代发工资使他们手头没有可供花销的现金。而且，通过支票或借记卡消费，每笔账目都一清二楚，便于监控。

4. 费用

提供支票账户服务的存款机构可能会收取一笔每月 15 美元左右的账户管理费。但如果你的存款余额超出它规定的最低限额，或者你在该机构的所有资产总额达标，这笔费用也可以免除。有的金融机构不是按月收费，而是在处理你开出的支票时收取。总之，每家金融机构的收费方式和费用免除规则各不相同，所以你在开户前要把这个问题搞清楚，然后选一家最适合你的。

5. 无息

支票账户存款的一个重大缺陷是它不计息。因此，你在支票账户的存款余额不必太多，只要比日常开支略多一点，能够应付可能的额外支出即可。你完全没有必要在支票账户存太多钱，用多出来的钱进行其他有收益的货币市场投资不是更好。

6.2.2　NOW 账户

存款机构提供的另一项服务叫**可转让支付命令**（negotiable order of withdrawal，NOW）账户。与传统支票账户相比，NOW 账户最大的优点就是它计存款利息，虽然与其他银行储蓄品种，它的利率还是偏低。储户在 NOW 账户里的存款不能低于一个最低额度，所以它的流动性比传统支票账户要差。

案例 6-2

史蒂芬尼·斯普拉特的支票账户没有最低余额限制。她正在考虑要不要开立一个 NOW 账户，最低余额为 500 美元，利率 3%。她的支票账户里还有 800 美元可以转入 NOW 账户。试问这笔钱在 NOW 账户一年产生的利息是多少？

$$利息 = 存款金额 × 利率$$
$$= \$800 × 0.03$$
$$= \$24$$

史蒂芬尼每年从 NOW 账户可以取得 24 美元利息，这比支票账户的零利息要好。但是，她必须保证 NOW 账户的存款余额不能少于 500 美元。而支票账户里的钱是可以随便用的。她最终还是决定继续使用支票账户。对于她来说，额外的流动性可比 NOW 账户提供的区区 24 美元利息更加重要。

6.2.3　储蓄账户

在存款机构开设的传统储蓄账户存钱，利息比 NOW 账户要高。此外，储蓄账户里的存款是可以全额提取的。但是，储蓄账户不提供支票服务。因为账户里的钱不能直接用于消费，它的流动性就不如支票账户或 NOW 账户。不同存款机构开设的储蓄账户利率不同。许多机构会在公司网站发布自己的利率。

案例 6-3

史蒂芬尼·斯普拉特想知道自己在储蓄账户存款 1 000 美元，利率 4%，一年后可以得到多少利息。

$$利息 = 存款金额 × 利率$$
$$= \$1\,000 × 0.04$$
$$= \$40$$

虽然利息收益很不错，但把钱存在储蓄账户的话，她就不能开支票了。考虑到这些钱在支票账户里可以自动支付即将到期的账单，她决定暂时还是不把它们挪到储蓄账户了。

自动转账

你可能会考虑在银行开通自动转账功能，好把钱从一个账户转到另一个账户。比如说，你可以要求开户行每两周把 50 美元自动从支票账户转到储蓄账户。这样你的储蓄就能实现自动积累，而不必麻烦你亲力亲为。当然，在开通这样的功能之前，你得保证转账之后剩下的钱还够花。

🌐 理财心理

自动转账功能不但省事，而且能确保你把一部分工资存起来。如果没有这样的设置，你可能经常会忘记把钱从支票账户转入储蓄账户。如果支票账户里的钱越积越多，你的消费冲动也就难以遏制。有了自动转账服务，你就没那么多钱可花了。

6.2.4 定期存单

我们在第 5 章介绍过，存款机构发行的定期存单（CD）有最低金额限制、存款到期时间，以及年利率。存单常见的存款期限有一个月、三个月、六个月、一年、三年和五年。个人和企业都可以购买存单。小面额（比如 5 000 美元或 10 000 美元）定期存单也被称为**零售存单**（retail CD），因为它们更受个人欢迎，而不是企业。

1. 收益

存款机构给定期存单设置的利率比储蓄存款高，其差额作为持有存单到期的补偿。存单利率是年化的。你所投资的存单实际产生的利息额取决于年化利率和存款期限。不同机构发行的存单利率各不相同。

👉 案例 6-4

一张三个月（90 天）定期存单年利率 6%，最低面额 5 000 美元。如果你购买了面额为 5 000 美元的这样一份存单，想知道持有到期后可获得多少利息。因为利率是年化的，而你的投资期限不足一年，所以也只能获得年利率 6% 的一部分：

$$利息 = 存款金额 \times 利率 \times 投资期限$$
$$= \$5\,000 \times 0.06 \times 90 \div 365$$

为了更好地理解这个过程，可以把利率转化为 90 天的利率，而不是原来 365 天的利率。90 天的利率差不多相当于年利率的 1/4（90÷365），所以转化后的利率为

$$利率 = 0.06 \times 90 \div 365$$
$$= 0.014\,8 \text{ 或 } 1.48\%$$

1.48% 就是你这笔投资实际能获得的收益。

这样，你也可以把利息计算公式改为：

$$利息 = 存款金额 \times 利率$$
$$= \$5\,000 \times 0.014\,8$$
$$= \$73.97$$

2. 流动性

提前支取定期存单是要罚款的，所以它的流动性比储蓄账户要差。如果你准备投资定期存单，一定要确保在它到期之前都不需要用这笔钱。你可以用一部分资金投资定期存单，一部分资金投资更具流动性的资产。

3. 定期存单期限的选择

一般来说，定期存单的期限越长，它的利率就越高。但是，较长的期限意味着你的资金

被套牢的时间也比较长，即流动性不足。选择定期存单的期限，主要就看你对流动性的需要。比方说，如果你知道四个月后要用钱，你可以先投资三个月期限的定期存单，到期后换成其他更具流动性的资产（如支票账户或储蓄账户存款）。如果你估计一年内都用不到这笔钱，就可以考虑投资一年期的存单。

6.2.5　货币市场存款账户

货币市场存款账户（money market deposit account，MMDA）是一种存款机构提供的存款账户，有最低余额要求，活期、计息，允许每月开立一定次数的支票。每家金融机构的具体要求各不相同。比如说，某个账户的要求可能是最低月均余额 2 500 美元，余额不足的月份收 15 美元罚款。

与 NOW 账户不同的是，MMDA 提供有限的支票服务，利率还比 NOW 账户要高。许多人开立支票账户或 NOW 账户，用来支付日常交易；同时将多余的钱存入 MMDA 以享受更高的利率。他们在 MMDA 里的存款余额比较高，遇到突发事件需要大额支出也可以直接开 MMDA 支票。由于 MMDA 限制了可开支票的数量，它的流动性就不如支票账户。

6.2.6　短期国债

如第 5 章中介绍的，**国债**（treasury securities）是财政部发行的债券。当政府计划的开销超过税收时，它就会通过发行国债借钱。个人可以通过经纪公司购买国债。国债有不同的期限，包括四周、三个月、六个月、一年、十年以及三十年期。出于现金管理的需要，人们往往只购买**短期国债**（treasury bills，T-bills），也就是期限在一年以内的国债。短期国债到期时的最小面额是 100 美元，交易数量只能是 100 美元的倍数。许多短期国债投资者的实际交易额至少是 10 000 美元。

1. 收益

短期国债以面值的一定折扣购买。如果你投资短期国债并持有到期，你的投资收益就是所购国债面额和申购时支付金额之间的差额。你进行短期国债投资的收益率是投资收益与初始投资额的百分比。

在衡量投资收益时，你应该把收益率年化，以便对不同期限的投资进行比较。期限为一个月的投资产生的收益多半低于期限为一年的投资。为了更客观地对这两项投资进行比较，你应该对它们各自的年化收益（或收益率）进行对比。

案例 6-5

一位投资者花 9 400 美元购买了面额为 10 000 美元的一年期国债。当国债到期时，她可以获得 10 000 美元。这项国债投资的收益率为：

$$国债投资收益率 = (\$10\,000 - \$9\,400) \div \$9\,400$$
$$= 6.38\%$$

如果投资期限为 3 个月，计算年化收益时应该乘以 4；投资期限为 6 个月，计算年化收益时应该乘以 2。其实，精确的年化收益计算方法应该是用收益去乘 $365 \div N$，N 是投资持续的实际天数。

案例 6-6

一位投资者花 9 700 美元购买了面额为 10 000 美元，期限为 182 天的国债。这项国债投资的年化收益率为：

$$国债投资收益率 = （\$10\,000 - \$9\,700） \div \$9\,700 \times （365 \div 182）$$
$$= 6.20\%$$

2. 二级市场

尚未到期的短期国债可以通过经纪公司在**二级市场**（secondary market）出售。人们也可以通过二级市场购买别人的国债。短期国债的收益略低于相同期限的定期存单，但因为可以在二级市场买卖，短期国债的流动性比只能持有到期的定期存单高。如果你把未到期的国债在二级市场出售，投资收益就是出售国债的收益和购买国债的成本之间的差额。投资的收益率是投资回报与初始投资额的百分比。

3. 报价

你可以通过财经报刊和上网查询各种期限国债持有到期的收益率。

案例 6-7

一位投资者花 9 700 美元购买国债，60 天后以 9 820 美元的价格在二级市场出售。这项国债投资的年化收益率为：

$$国债投资收益率 = （\$9\,820 - \$9\,700） \div \$9\,700 \times （365 \div 60）$$
$$= 7.53\%$$

6.2.7 货币市场基金

货币市场基金（money market funds，MMF）汇集个人投资者的资金，投资于到期日在一年以内的短期证券。事实上，货币市场基金持有的短期债券大多数距到期日不足 90 天。许多货币市场基金投资短期国债业票据，也就是一些大企业开立的短期债务凭证。一般来说，商业票据的利率略高于国债。货币市场基金是没有资金保障的，但绝大多数货币市场基金投资的对象都是非常安全的品种，亏损的风险很小。它的投资方法也很简单，投资者只需按面值申购想要的份额即可。

货币市场基金也有一定的流动性，因此它允许个人投资者每月开立有限数量的支票，直接从基金账户支付。这种支票金额应不低于某个下限（比如 250 美元）。这样，个人投资者就可以用与货币市场基金关联支票账户应付大额开支，而日常的小额交易仍然从常规支票账户支付。许多人把闲置资金投资于货币市场基金，到需要用的时候再取出来。这样，许多货币市场基金就与其他账户建立关联，使资金在转入其他账户前能产生利息。比如说，许多证券经纪账户允许投资者用闲置资金购买货币市场基金，需要购买股票的话随时可以赎回。

案例 6-8

假设你 5 月 1 日在证券经纪公司开立了一个股票投资账户，初始资金为 9 000 美元。当天，你就以 50 美元一股的价格购买了某股票 100 股。这笔交易占用了你账户资金中的 5 000 美元。你账户里还有 4 000 美元的闲置资金，就把它投入证券经纪公司提供的一个特别货币市场基金账户。这个货币市场基金也允许客户开立数目有限的支票用于对外支付。这笔钱会一直存在货币市场基金账户里，直到你用它买股票或开支票。

假设这个货币市场基金的年利率为 6%（月利率 0.5%），而你在整个 5 月都没有再购买过其他股票。那么，你 5 月就可以从这笔闲钱获得利息收入：

$$货币市场基金投资额 \times 月利率 = 每月利息收益$$

$$4\ 000 \times 0.05 = 20（美元）$$

因此，利息使货币市场基金份额增长了 20 美元，达到 4 020 美元。所有闲置余额会一直创造利息，直到你用它买股票或开支票。

货币市场基金行情

《华尔街日报》之类的金融报刊上会发布许多货币市场基金的收益情况。表 6-1 为某个货币市场基金的典型发布形式。第一列为货币基金的名称；第二列为该基金投资对象的平均期限；第三列为基金的年化收益；第四列为基金规模。表 6-1 中的星基金一般投资于政府债券并持有到期。它的投资对象平均到期日为 43 天。在过去的 7 天里，它的年化收益为 3.28%。基金资产规模为 4.96 亿美元。

表 6-1　货币市场基金的收益

基金	平均期限	7 日年化收益	资产（百万美元）
星基金	43	3.28%	496

6.2.8　资产管理账户

资产管理账户（asset management account）把用户的储蓄账户和证券经纪账户组合在一起。资产管理账户的优势在于它用一份完整的账单囊括了所有关联账户的交易信息与余额。有的储蓄机构和证券经纪公司可以设立资产管理账户，但一般提供这项服务要求客户账户资产达到一定金额，比如说 15 000 美元。有一种特殊的资产管理账户被称为**溢出账户**（sweep account），它会在每个交易日结束时自动把所有保证金余额购买成货币市场投资工具。这样，多余的保证金既可以产生收益，又能用于支票消费。

6.2.9　货币市场投资工具比较

表 6-2 对各种货币市场投资工具进行了比较。值得注意的是，收益水平较高的投资工具流动性往往较差。

表 6-2　货币市场投资工具比较

货币市场投资工具	优势	劣势
支票账户	流动性很强	无利息
NOW 账户	流动性很强	低利率，有最低限额要求
货币市场存款账户	流动性强	低利率
储蓄账户	流动性强	低利率
定期存单	利率相对较高	缺乏流动性
短期国债	利率相对较高	最低购买额高
货币市场基金	流动性强	流动性低于支票账户和 NOW 账户
资产管理账户	便捷	账户资产限额高

图 6-1 展示了货币市场投资工具的流动性和收益之间关系的比较。支票账户的流动性最好，但没有收益。相对的，一年定期存单收益最高，但流动性比其他投资工具都差。

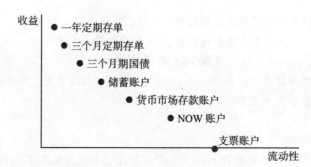

图 6-1　货币市场投资工具的流动性和收益比较

6.3　货币市场投资工具的风险

在你打算用短期资金购买货币市场投资工具之前，你必须权衡相应的风险或收益的不确定性。货币市场投资工具面临着三种风险：①信用风险；②利率风险；③流动性风险。

6.3.1　信用风险

当你投资货币市场类证券时，你可能会面临**信用风险**（credit risk）（也被称为**违约风险**（default risk）），即借款人不能及时还款。借款人可能会拖欠，甚至不还。在这种情况下，你只能回收一部分投资，甚至血本无归。投资于金融机构大额存款的货币市场基金只能得到联邦存款保险公司最多 25 万美元的存款保险。国债由联邦政府担保，但绝大多数货币市场证券都存在违约的可能。虽然有些货币市场证券遭到违约的可能性极低，但在投资这些工具时还是要三思而后行。

6.3.2　利率风险

利率风险（interest rate risk）指投资的价值因利率变动而下跌。如果想要控制利率风险，投资者可以根据自己资金使用计划的时间安排来选择债权的期限。比方说，如果你计划三个月后要用钱，就应该考虑购买三个月内到期的投资工具。这样就不用担心利率变动了。下面的案例说明利率变动如何影响投资的价值。

☞ **案例 6-9**

假设你三个月前购买了收益率为 5% 的一年期国债。最近利率上调了，但你的投资收益率已经被锁为 5% 了。而近期发行的其他投资工具（包括一年期国债）现在的年化收益已经达到 6% 左右。你可以在二级市场把手头的国债卖掉，但有意接手的投资者会要求你降价，因为他们也可以选择年化收益率为 6% 的新发行债券。这解释了为什么债券在利率上升后反而贬值。

如果你不打算打折出售手头的国债，你也可以持有它到期。但是，这一年你的投资收益率也只能达到 5%，而购买近期发行的国债却能得到更高回报。可见，这两个方案都不尽如人意。

6.3.3　流动性风险

还记得吗，流动性意味着你应对短期内现金不足的能力。具有流动性的投资工具应该很容易变现才行。流动性风险指投资工具在变现时可能产生的潜在损失。比如说，一张小额定期存单如果不能顺利地在二级市场出手，就会面临**流动性风险**（liquidity risk）。你向发行这张存单的金融机构要求提前兑付时，会被扣除一定金额的罚款。

　　投资的流动性风险主要来自它的二级市场。如果某种债券有一个活跃的二级市场，它不但容易出手，折扣也比较低。如果它的二级市场相对疲软，情况就不那么乐观。比如说，在二级市场出售短期国债容易得多，所以短期国债的流动性就好于定期存单。

6.3.4　经济预期对流动性需求的影响

　　如图 6-2 所示，经济不景气时，会产生流动性问题。比如说，在 2008 ～ 2009 年的金融危机期间，有的人失业了；有的人虽然保住了饭碗，但工作量和收入都大不如前；许多退休人士的收入主要来自投资收益，但在此期间这些投资的回报率都很低。这些都使得人们的收入少于预期。于是，他们的现金收入不足以支持现金支出。

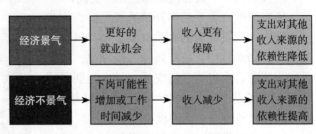

图 6-2　经济状况对流动性需求的影响

　　如果你觉得经济前景不妙，可能会影响到你的工作收入和投资收益，你会觉得有必要保持较高的流动性水平。你会增加对高流动性的货币市场类证券的投资，减少其他类型的投资。这样，如果经济真的衰退了，你的现金流入也减少了，但你可以把货币市场类证券作为一个可靠的流动性来源。

6.4　风险管理

　　关于货币市场投资工具的风险管理包括：①评估投资工具的风险；②结合自身的财务状况，将短期资金投入最佳的货币市场投资工具组合。

6.4.1　评估货币市场投资工具的风险

　　你在投资决策前必须考虑风险—收益权衡。本章中介绍的货币市场证券基本不存在信用风险问题，因为它们要么有保险保障，比如小额银行存款，要么有政府担保，比如国债。唯一的例外是投资商业票据的货币市场基金。如果某只货币市场基金持有的商业票据违约了，它的收益和投资者的回报也会大受影响。

　　如前所述，货币市场投资工具的期限越短，其利率风险越低。此外，货币市场基金进行的投资总体上流动性风险最低，尤其是它们投资的证券下个月就要到期。同样，下个月就要到期的国债也没有什么流动性风险。

　　为了吸引投资者，高风险的证券必然比低风险投资的回报要高，作为对他承担更多风险的补偿。投资对象有一定信用风险的货币市场基金，以及有利率风险的证券，会给投资者较高的回报。还记得吗，债券的期限越短，年化收益率越低。比如，三个月期的债券利率就略低于一年期的债券。但是，债券期限越长，面临的利率变动风险越大。

　　流动性风险大的证券收益也更高。小额存单的收益一定要比相同期限的国债高一点，因为后者的流动性更好。

6.4.2　最佳货币市场投资工具配置

　　一般来说，你的现金管理应遵循以下步骤。

　　（1）测算你近期内要偿还的债务，确保你的支票账户资金充足。

　　（2）估算你近期内要用到的其他资金，找一个能够提供充分流动性的投资项目（比如货币市场基金)。为了应付意料之外的支出,你最好留有余地。

(3)其余资金可以选择一个收益较高,风险也能承受的投资项目。

对不同的人来说,最佳的组合模式各不相同。如果未来你的现金会入不敷出,你就得把较多的资金投入具有高流动性的投资工具(比如支票账户或 NOW 账户)。而收入总能大于支出的人则用不着这么高的流动性。图 6-3 展示了这种区别。虽然两个人的现金流水平旗鼓相当,但其中的一个人必须比对方保持更高的资产流动性。

给支票账户留下足够开销的钱之后,你关于短期资金投资方向的决策取决于你对风险的承受力。如果你想让所有风险都最小化,可以考虑用所有资金申购专门交易一月内到期国债的货币市场基金。如果你对风险没那么敏感,可以考虑收益稍高一点的投资工具。

比如说,你可以确定至少半年内不会动用资金,而且觉得这段时间利率不会大幅度提升,那就可以考虑把资金转入定期存单。或者退一步,你可以把一部分资金转入定期存单,其余申购专门交易国债的货币市场基金。定期存单流动性差但回报较高,而货币市场基金在你万一急需用钱的时候能弥补这方面的不足。

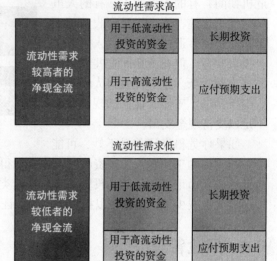

图 6-3 流动性怎样影响预期支出

🌐 理财心理

近年来,所有货币市场投资工具的利率都很低,这意味着你在这些项目上的投资回报都很少。这导致投资市场出现一种趋势,即减少这方面的投资,进军那些更刺激、潜在收益水平更高的投资项目,比如股票。但是要记住,货币市场投资工具有一项独特的功能:它们具有流动性,很容易变现。要想把股票变现可没那么容易。

✍ 案例 6-10

史蒂芬尼·斯普拉特手头有 2 000 美元,可用于货币市场投资。她知道自己下周会有几个账单到期,总金额大约 400 美元;另外可能还要准备 600 美元,用于在下个月初对汽车发动机进行一次大修。除此之外,三个月内应该都没有什么大的开销了。她的金融机构提供的各种货币市场投资工具年化收益水平如下所示。

	年化收益(%)
支票账户	0
储蓄账户	1.2
货币市场存款账户(账户余额不少于 2 500 美元)	2.0
货币市场基金(账户余额不少于 300 美元)	1.5
三个月定期存单	2.5
六个月定期存单	2.7
一年定期存单	3.0

史蒂芬尼的支票账户余额已经几乎为零。她的货币市场基金账户里也只有 300 美元,刚刚达到最低限额要求。她优先考虑的是满足流动性需求,如果还有暂时不花的钱才会考虑投资收益。她决定先在支票账户存入 400 美元,以支付即将到期的账单。她没有考虑用这笔钱投资其他东

西，因为这笔钱马上就要用，而且她也只能通过支票账户进行小额支付。

她知道不久之后汽车维修还要花掉600美元，但也希望在此之前充分利用这笔资金，尽可能多赚取一些回报。她立即排除了货币市场存款账户的可能性，因为它要求账户余额不少于2 500美元。她想把这600美元投资于货币市场基金。汽车修理的支票可以直接从货币市场基金账户扣款，而在此之前还可以收取年化1.5%的利息。

史蒂芬尼还有1 000美元，而且她估计至少三个月内都不会动用这笔钱。她不会用这1 000美元投资半年或一年期的定期存款。虽然它们的利率比三个月期的存单略高，但她觉得三个月之后自己有可能会动用这笔钱。最终，她决定用这1 000美元投资三个月期的存单，这样流动性和收益就能一举两得。

史蒂芬尼知道，其他投资方式，比如说股票，可能回报更高，但也有可能会蚀本。因为这2 000美元不久之后就要用到，她不会拿这笔钱去炒股。虽然她随时可以把持有的股票卖掉，但如果时机不好，她有可能会亏损。为了保证有足够的资金支付未来的账单，她觉得保持流动性才是重中之重，所以选择货币市场投资工具。

如果史蒂芬尼还有几年内都不会使用的余钱，她也会考虑其他潜在收益更高的投资工具（比如股票）。这些投资方式的潜在收益和风险将在本书第五部分讨论。

6.5　怎样把现金管理纳入你的理财规划

以下是现金管理决策的关键，你应当把它们纳入理财规划：
- 你怎样确保有能力及时付清欠账？
- 你怎样确保有足够的流动性应付计划外的支出？
- 你打算怎样用闲钱进行货币市场投资？

通过恰当的决策，你可以尽量减少信用的使用，并实现流动资产的收益最大化。图6-4展示了史蒂芬尼·斯普拉特怎样把她的现金管理纳入理财规划。

现金管理目标

1. 保持足够的流动性，确保所有已知账款能及时付清。
2. 保持足够的流动性，以备计划外支出产生。
3. 把多余的钱进行合理的投资安排，在保证流动性的前提下获取最大回报。

分析

	金额（美元）	支付方式
每月现金流入	2 500	直接存入支票账户
每月常规支出	1 400	收到账单后支付
衣饰、娱乐和其他支出	600	先刷卡支付，每月出账后用支票付清

决策

1. 关于应对已知支出的流动性决策

  我每月收到的总额为2 500美元的两张工资支票会直接存入支票账户。我用这个账户支付总额为1 400美元的每月常规账单。我也可以用它开支票偿还信用卡账单费用。我尽量保持账户内留有400美元左右的余额，因为每月实际支出会有所出入。

2. 关于应对计划外支出的流动性决策

  我会尽量持有2 500美元左右的货币市场基金以防万一。这样我就能在保持流动性的同时赚点利息。

3. 关于流动性资产投资的决策

  我把其余的钱积攒起来，转为短期（比如一个月期）的定期存单。这部分资金的流动性不如货币市场基金，但存单到期时也是可以兑现的。而且，定期存单的利率要比货币市场基金高。

图6-4　史蒂芬尼·斯普拉特怎样把现金管理纳入理财规划

1. 如果史蒂芬尼是一个带着两个孩子的单身妈妈，她的现金管理决策会有什么不同？

2. 如果史蒂芬尼已经35岁了，这会对她的现金管理决策产生什么影响？50岁呢？

1. 现金管理

现金管理涉及短期投资方案的选择，目的是在保持流动性的同时也能获取适当的投资回报。它的困难在于，收益水平较高的短期投资往往流动性不足。

2. 常用货币市场投资工具

现金管理中常用的短期投资方式包括支票账户、NOW存款、储蓄存款、定期存单、货币市场存款账户、短期国债、货币市场基金，以及资产管理账户。支票账户和NOW存款的流动性最高，而定期存单和短期国债的收益最高。

3. 货币市场投资风险

货币市场投资工具面临着三种风险：信用（违约）风险、利率风险，以及流动性风险。储蓄机构提供的货币市场投资工具有存款保险，使其免受机构违约的风险。国债投资由联邦政府担保，也没有信用风险。由于期限较短，货币市场投资工具的利率风险和流动性风险水平也很有限。

4. 风险管理

在开展现金管理之前，你首先要测算下个月的开销，在支票账户保持足够资金以应对这些支出。其次，也要对计划外的支出（比如汽车修理费）有所准备，把足够多的钱投入一个货币市场基金之类的短期投资项目。最后，如果还有多余资金，在风险可承受范围内选择一个回报率最高的投资项目。

5. 怎样把现金管理纳入你的理财规划

现金管理决策应当保证你能及时付清所有已知账单，并在计划外支出发生时有足够的流动性加以应对。

1. **现金管理**　解释什么是现金管理。现金管理和长期投资，以及长期借贷决策有什么不同？

2. **流动性**　什么是流动性？怎样运用你的现金流量表管理你的流动性？现金管理与现金流量表之间有什么关系？

3. **入不敷出**　如果入不敷出了怎么办？你觉得哪种方法最好？为什么？

4. **流动资金的机会成本**　持有过量流动性资金有什么机会成本？

5. **流动性投资**　哪两个因素影响短期投资的收益？为了实现流动性和收益性的平衡，你选择何种投资方式？

6. **支票账户**　人们为什么使用支票账户？把钱存入支票账户的缺点是什么？解释什么是透支保护和止付命令。所有银行的收费一样吗？

7. **NOW账户**　什么是NOW账户？它和普通支票账户有什么区别？和储蓄账户呢？

8. **定期存单**　金融机构发行的定期存单包含哪些条款？为什么定期存单的利率高于储蓄账户？哪些因素会影响你选择定期存单的期限？

9. **货币市场存款账户**　货币市场存款账户与NOW账户有什么区别？存款人什么时候会使用货币市场存款账户？

10. **国债**　什么是国债？什么是短期国债？它的面额是多少？怎样通过短期国债获利？怎样计算？

11. **短期国债与定期存单对比**　对比短期国债与定期存单的利率。哪种投资方式流动性更高？为什么？

12. **货币市场基金**　什么是货币市场基金？它

们投资于哪些证券？什么是商业票据？货币市场基金投资的风险高吗？它们的流动性呢？

13. **资产管理账户** 什么是资产管理账户？这种账户有哪些优点，有什么要求？

14. **货币市场投资工具** 对各种货币市场投资工具的收益和流动性进行比较，试举例说明。

15. **货币市场投资工具的风险** 货币市场投资工具面临哪三种风险？

16. **货币市场投资工具的风险** 试比较本章中介绍的货币市场投资工具面临的信用风险、利率风险以及流动性风险。试以具体证券举例说明。分析这些投资项目的风险—收益权衡。

17. **货币市场投资** 你应当采取哪些步骤，对货币市场投资工具做出最佳组合？配置过程中应考虑哪些因素？

18. **经济不景气时的流动性** 为什么在经济不景气时保持充足的流动性尤其重要？

19. **高流动性的缺点** 维持非常高的流动性有什么缺点？

20. **经济环境对流动性需求的影响** 假设未来三年你的月度支出都不会有变化，但你预期一年后经济就会很不景气。解释为什么即使你的支出不变，在这种情况下仍然需要更高的流动性。

21. **保持流动性的成本** 解释为什么在经济不景气时期维持更高的流动性成本很高。

22. **借记卡** 借记卡转账和开支票有什么不一样？

23. **透支保护** 透支保护对空头支票有什么影响？如果你的开户行提供这项服务，你会充分利用吗？

24. **自动转账** 什么是自动转账？这项功能怎样帮你省钱？

25. **风险承受能力** 你的风险承受能力对现金管理有何影响？

26. **股票和流动性** 请说明为什么短期内要使用的资金不能用于股票市场投资。股票是否具有流动性？

27. **信用卡和流动性** 请说明使用信用卡缓解流动性有什么风险。

理财规划练习题

1. **利息收入** 特丽莎刚刚开设了一个 NOW 账户，利率为 3.5%。如果接下来的 12 个月内，她在账户中保持 500 美元的最低限额，她能获得多少利息？

2. **利息收入** 丽莎将 2 500 美元转入六个月期的存单，利率为 4.25%。如果持有到期，她将获得多少利息？

3. **定期存单的价值** 特拉维斯将 3 000 美元转入三个月期的存单，利率为 4%。到期后他将获得多少钱？

4. **利息收入** 克莱尔将 10 000 美元转入为期一年半的存单，利率为 6.25%。如果持有到期，她将获得多少利息？

5. **短期国债的价值** 特洛伊花 9 600 美元购买了面值为 10 000 美元的短期国债。如果持有到期，他将获得多少钱？

6. **货币市场基金的价值** 巴特是一个大学生，以前从未投资过基金。他积攒了 1 000 美元，打算申购一个预期收益率为 2.0% 的货币市场基金。巴特在一年后要动用这笔钱。货币市场基金在赎回时会收取 20 美元的手续费。巴特一年后赎回全部基金，总共能得到多少钱？

7. **短期国债的收益** 戴夫有 20 000 美元闲钱可供投资。他可以花 19 400 美元购买一张面值为 20 000 美元的国债，或者两张面值为 10 000 美元的国债，单价 9 600 美元。哪个方案的收益率更高？

8. **短期国债的收益** 劳伦用 38 400 美元购买了面值 40 000 美元的短期国债。过了一段时间，他以 39 000 美元把这些国债卖了。他的这次国债投资的收益是多少？

9. **年化国债利率** 布兰达以 29 550 购买了面值为 30 000 美元的 90 天国债。持有到期后，布兰达的收益是多少？她的年化收益率又是多少？

10. **利息收入** 米娅在 6 月 1 日将 4 000 美元存入利率为 5% 的货币市场储蓄账户。10 月 31 日，她又将 2 000 美元转为利率 6% 的三个月定期存单。如果她没有从货币市场储蓄账户支取任何金额，她到年底时总共能获得多少利息？

11. **投资收益** 托马斯可以花 9 725 美元购买面值 10 000 美元的一年期国债，他也可以将 10 000 美元转为利率 8% 的 12 个月定期存单。哪项投资的收益更高？除了收益，托马斯在投资决策时还应考虑什么？

12. **不足一年的投资收益** 吉尔将 10 000 美元转为年利率 4% 的 90 天定期存单。她可以赚多少钱？

13. **道德困境** 杰森已经 50 多岁了。他小时候经历过大萧条，因此对风险非常敏感。他不久前得到一大笔钱，想找个既安全又能有些收益的方式处理这笔钱。他的银行客服告诉他，应该把钱转为五年期的存单。当他询问这样处置这笔钱有没有可能亏损时，客服告诉他存款由联邦政府保险，万无一失，而且收益比存折储蓄账户要高。杰森买了一张定期存单，开开心心地回家了。在他看来，这笔钱已经安全了，而且随时可以取用。

四个月后，杰森的车库天花板掉下来了。他需要把钱取出来修理车库，却发现提前支取要支付一笔可观的罚款。

（1）对银行客服没有充分说明长期存单风险的表现做出道德评价。

（2）杰森认为他可以找到一种完全没有风险的投资方式，这种想法是否正确？

理财心理：强制储蓄

1. 有的消费者有强制储蓄的习惯。他们把工资支票的一部分直接存入储蓄账户；其余的部分存入支票账户，用于平时开销。而有的人为了特定的目标，比如攒钱去度假才储蓄。在他们看来，这是对储蓄行为的奖励。你是为什么而储蓄呢？

2. 阅读一篇关于心理因素如何影响储蓄行为的文章。你可以上网搜索关键词"心理"和"储蓄"来检索相关文章。阅读后总结文章主要观点。

系列案例：辛普森一家

回顾第 2 章，辛普森一家手头有大约 300 美元的现金，支票账户余额还有 1 700 美元。这个金额足够支付近期的账单。辛普森一家刚刚开始他们的每月 800 美元的储蓄计划，这些钱每月会存入他们在第 5 章中选择的定期存单。这笔钱会被用作新车的首付款和孩子们的大学学费，在存单到期前是不能支取的。请审阅辛普森一家最近的现金流量表和家庭资产负债表。每月 800 美元的储蓄还没有被记入现金流量表。

辛普森一家的现金流量表		辛普森一家的资产负债表	
（每月）现金流入	$4 000	资产	
（每月）现金流出		流动资产	
房贷月供	$900	现金	$300
因特网费	60	支票账户	1 700

（续）

辛普森一家的现金流量表		辛普森一家的资产负债表	
水电费	80	储蓄账户	0
移动电话	70	**流动资产总计**	**$ 2 000**
食品	500	**家庭资产**	
医疗保险和支出	160	住房	$100 000
衣服	180	汽车	9 000
养车费用（保险、保养和油费）	300	家具	3 000
学费	100	**家庭资产总计**	**$112 000**
信用卡分期付款	20	**投资资产**	
娱乐	1 000	股票	0
现金流出总计	**$3 370**	**投资资产总计**	**0**
（每月）现金净流入	630	**负债和净值**	**$114 000**
		短期负债	
		信用卡欠款	$2 000
		短期负债总计	**$2 000**
		长期负债	
		房贷	$90 000
		车贷	0
		长期负债总计	**$90 000**
		负债总计	$92 000
		净值	**$22 000**

1. 根据现金流量表和家庭资产负债表，辛普森一家有没有足够的流动性长期支持当前的现金支出和计划中的储蓄方案？如果没有，为了保持流动性，他们的储蓄应该控制在什么水平？

2. 向辛普森一家建议合适的货币市场投资工具，让他们能保持充足的流动性。

第7章　个人信用评估与维护

引导案例

金姆不喜欢借贷。她买什么东西都付现金，包括以前买的两辆车。当她准备第三次买车时，终于考虑要融资了。这次申请贷款的经历，给了她当头一棒。那家财务公司把客户信用分成三档：信用最好的 A 级买家贷款利率为 7%，其次是 B 级买家利率为 9%，而金姆只达到 C 级，不得不支付 11% 的最高利率。她觉得难以置信，无法理解像她这样从来不会迟缴账单费用的人，信用评级竟然会这么低。

可见，对于信用评估机构来说，没有信用记录的人和信用记录糟糕的人都是不可靠的。你可能觉得从来不借钱说明你不会赖账，但征信机构可不这么认为。

本章第一部分告诉你如何取得信贷。你会发现，良好的信用记录来自恰当地运用和掌控信贷活动，而非刻意去回避它。第二部分讲述的是身份盗用怎样影响你的信用评级，以及如何防范。

本章学习目标

- 介绍信用消费的背景知识
- 描述征信机构的职能
- 介绍身份盗用的背景知识
- 说明如何防范身份盗用
- 讨论如何应对身份盗用
- 说明信用评估与维护在理财规划中的作用

7.1　关于信用的背景知识

信用指放贷人向借款人提供的资金，借款人将在未来还本付息。借款金额有时被称为本金，所以信用的偿还可以分成归还本金与支付利息。信用经常会以贷款的形式发放给借款人，附带一系列使用条件，比如信贷金额、还款到期日等。大多数贷款要求定期（比如按季或按年）支付利息，本金在到期时归还，借贷关系终止。

7.1.1　信用形式

信用的授予可以分成不分期信贷、分期信贷和循环开放信贷三种形式。

1. 不分期信贷

不分期信贷（noninstallment credit）通常只有很短的期限，比如不超过 30 天。有的商店允许急着要买东西的顾客赊欠一段时间。顾客可以先把东西拿走，过一阵子有钱了就把欠款还清。对于有稳定收入的顾客来说，不分期信贷可以暂解燃眉之急。

2. 分期信贷

分期信贷（installment credit）又被称为按揭信贷，也是针对特定商品购买的融资，但还款周期比较长（比如好几年）。这种信贷是计利息的，每月要偿还产生的利息和一部分本金。或者，也可以每月先还本金，利息在信贷到期时一次性支付。

3. 循环开放信贷

循环开放信贷（revolving open-end credit），比如信用卡，允许消费者在一定限额内（1 000 美元或 10 000 美元）随意借款。这个限额取决于借款人的收入水平、负债水平，以及信用偿还历史。消费者可以在借款到期后全部清偿，也可以只还一部分，但要对剩下来的欠款支付利息了。一般来说，每月还款额不能少于最低限额。

你想使用信用吗？先考虑清楚它的好处和坏处吧。

7.1.2 信用的好处

恰当地使用信用可以帮助你建立良好的信用记录。只有在平时明智地使用信贷工具，你才有可能在未来买房买车时申请到大额贷款。这样，你或你的家庭才不至于非得攒到足够多的钱，才能一掷千金。使用信用的另一个好处就是无须携带现金或开支票。

7.1.3 信用的坏处

信用的成本可能会很高。过度依赖信用可能导致：

- 过度消费；
- 债务缠身。

1. 过度消费

🌐 **理财心理**

有些人在刷信用卡支付和用现金支付时的表现截然不同。信用卡给人一种错觉，好像买东西的时候不需要花钱。

👉 **案例 7-1**

今天，丽莎在商场看到一双颇令她心动的意大利皮鞋，每双售价 300 美元，而且不打折。丽莎手头没有带钱，所以她用信用卡买下了这双鞋。虽然她并不真的需要新鞋，但她在商场里没有看到其他想买的东西。在购买之前，丽莎也用手机上网货比三家，发现同款鞋在网上商城的价格每双便宜 100 美元，不过等它送货上门需要好几天；丽莎也知道，这家鞋店定期开展六折的促销活动，不过也得等待下一次促销开始。但是，她没有等候的耐心，所以直接购买了。丽莎做出冲动的购买决定，是因为她想让自己的愿望立刻得到满足。她知道只要愿意多等些日子，就能省下不少钱，但她认为今天总得买点什么才算没有白来商场一趟。还有一个让丽莎轻易决定购买的原因，就是她刷卡而不是用现金支付。在她看来，用信用卡购买可以把现金"省"下来，派别的用场。

现在，我们假设丽莎没有带信用卡，而她又恰好刚领了着半个月的工资 300 美元。如果是这样，她会怎么办呢？当然，她仍然有可能潇洒地掏出 300 美元买下这双鞋。但是，这毕竟是她辛苦工作半个月赚来的全部收入,不甘心就换这么一双没必要买的鞋。这笔钱的用途还多得很呢!如果非要花现金买这双鞋,在打折的时候她可能会考虑。即便如此,也会好好掂量一下值不值。

这个案例说明,有的消费者在用信用卡的时候控制不住自己的开销。他们会经不起诱惑,买自己不需要的东西,结果严重超支。因为刷卡会给人一种错觉,好像买东西的时候没有付"钱"。从心理上讲,即使金额相同,支付现金也比刷卡造成的痛苦更多。所以,消费者在花现金买东西的时候表现得更为谨慎。他们会想到赚钱多么不容易,他们会觉得自己囊中羞涩,他们会希望每笔付出物有所值。于是,使用现金本身就能让消费者三思而后行。

信用卡还会影响消费者的选择。如果可以刷卡,他们会购买更好、更贵的东西;而这样的价格在现金支付时是根本不会被考虑的。

案例 7-2

达娜和妮可是一对双胞胎姐妹,眼下正打算申请大学。她们每个人每年可以从父母那里得到8 000 美元的资助,超过这个金额就只能借贷了。此刻,她们必须做出以下决策:

- 上公立还是私立大学?
- 住高档公寓还是学校宿舍?
- 买辆新车还是二手车?

最终,达娜决定上一所公立大学,住在学校宿舍,买辆二手车;妮可则决定上一所私立大学,租一间高档公寓,买辆新车。四年以后,达娜负债 11 000 美元,她计划两年内还清。而妮可的债务高达 100 000 美元,这笔沉重的负担会伴随她 20 年。由于她在过去的四年里滥用了自己的信用,所以接下来就得缩衣节食整整 20 年。

2. 债务积累

使用信用卡的另一个坏处是它会让一些消费者债台高筑。有的人随心所欲的刷卡消费,每月到期时仅按最低还款额还款。于是,他们的债务越积越多。而对未还余额征收的高昂利息更令他们的处境雪上加霜。

若干年以前,大学生们可以很轻松地搞到好几张免费信用卡。他们中的许多人在毕业的时候,已经积累了成千上万的信用卡债务。幸好,《2009 年信用卡业务相关责任和信息披露法案》(简称《信用卡法案》)于 2010 年生效。该法案的出台改变了这种状况。现在,年龄小于 21 岁的学生想要申请信用卡,要么提供足够的收入证明,要么提供一位家长的连带还款责任担保。此外,发卡公司也不能再用 T 恤衫之类的小礼物诱惑学生办卡了。高校也被要求限制信用卡在校园内开展营销活动,许多高校也确实这样做了。

这些改革措施取得了成效。现在,只有 30% 的大学生有信用卡,而平均未偿还余额(包括那些没有欠款的)约为 500 美元。尽管如此,还是有一些学生因为用卡负债累累。那些一直有未偿还余额的信用卡的平均欠款为 925 美元,其中的许多人每月只偿还最低还款额。许多学生在读书期间只偿还最低还款额,并期待毕业后能马上找到全职工作,然后就能还清欠款了。然而,利息的增长让他们大吃一惊,很快就对还款感到力不从心。如果你不能清偿之前的债务,以后再想得到信贷支持就很困难,要么就得面临极高的利率。

你今天的支付决定了你需要的信贷,从而影响到你未来必须偿还的债务。而且,未来你攒钱的能力也会受制于大额信用支付,如图 7-1 所示。如果你每月的开销和信用卡应还款额超过了现金净收入,你就不得不运用储蓄弥补亏空。

沃伦·巴菲特(Warren Buffett),一位成功的亿万富翁投资者,就财务问题向一些学生提出的建议是：用 18% 的利率（标准信用卡利率）借钱不可能改善你的财务状况。近年来，每年都有上百万美国人宣布个人破产。导致这些人破产的主要原因之一就是他们申请的贷款太多，超过了自己的偿还能力。即使高利率的贷款还不至于让人马上破产，它也会限制个人财富的增长。

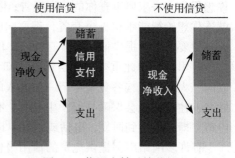

图 7-1　信用支付对储蓄的影响

7.1.4　信用权利

《平等信用机会法案》禁止授信机构因性别、年龄、种族、出生时国籍、宗教信仰或婚姻状况等原因拒绝提供信贷。授信机构必须在申请提交后 30 天内告知申请人是否批准。如果拒绝授信，必须说明拒绝原因。

2010 年的《金融改革法案》（《多德－弗兰克华尔街改革和消费者保护法》）建立了消费者金融保护局（CFPB），对面向普通民众的金融服务加以规范，监控对象包括在线支票账户、信用卡和学生贷款等。CFPB 可以制定规则以确保关于特定金融产品的说明准确无误，防止欺诈行为。它也能约束信用评级机构（将于下节讨论）的行为。

7.1.5　信用记录

你的信用记录记载着你使用自己信用的情况，包括是否一直能够及时还钱的信息。如果你办理过信用卡或银行贷款，又比如分期付款买过车，这些借款的金额和还款情况都会出现在信用记录中。

即使你从来没有办理过信用卡或银行贷款，只要你租住过公寓房，也会有信用记录。你使用的公用事业服务，比如自来水、电和电话，也会产生信用。公用事业单位的经营模式是先向你提供服务，月底再寄账单收费，这正好是一种短期信用消费。为了获得这种信用，你通常得在开户时存入一笔保证金；以后只要保持及时付清账单，你的还款经历也会纳入信用记录。对于潜在的授信机构来说，一个总是及时付清公用事业账单的人，多半也会及时清偿其他债务。相似的，及时支付房租也能让你的信用记录加分。

7.1.6　信用保险

在今天，信用已经如此重要，一些消费者通过购买信用保险来维护它。信用保险的作用是防止自己因故不能及时缴款，以致信用受到损害。购买信用保险之后，保险公司就有义务在一些特殊情况下，比如被保险人生病或失业时，偿付每月的信用消费账单。比如，意外和医疗信用保险保障消费者因病或因伤无法工作期间的账单支付；而失业信用保险则保障他们在失业期间的账单支付。

7.2　征信机构

征信机构提供信用报告，记录你的信用支付情况。信用报告记录了你每次信用申请的信息，比如你是否总能及时还款，欠款是否已经还清，以及有没有支付过逾期罚金等。它上面也会有一些公共记录信息，比如个人破产和法庭审判记录。最后，它还会记录授信机构和用人单位申请获取你信用评分的情况。美国最大的三家征信机构是艾可飞、益百利和环联。

信用报告对每个人都非常重要，因为它不但是你能否成功获得信用的关键，而且影响到你的贷款利率。信用报告越好，融资的利率越低，还款的本息总额也越少。好的信用报告能够降低融资成本，你就可以把更多的钱用在其他地方。除此之外，信用报告还有别的用途：你想租房，房东要审查你的信用报告；你想给爱车买保险，保险公司也要审查你的信用报告；就连你想给智能手机办个套餐，都要向电话公司提交信用报告。最要紧的是，越来越多的用人单位要求职者提供信用报告。所以，信用不好，寸步难行。

信用报告如此重要，你当然应该知道里面到底记了些什么。美国消费者每隔 12 个月可以向三大征信机构各免费申请一份本人的信用报告。申请人只需要提供自己的基本信息，如姓名、住址、社会保障号码、生日等，有时出于安全考虑还要回答一些身份验证问题。在线申请立即可以得到回复，电话或邮件申请一般 15 日内可以收到。

有许多网站声称提供免费的信用报告。但往往在申请的时候才发现，你得先订购其他收费的信用服务，才能附赠免费信用报告。

7.2.1　征信机构提供的信用报告

图 7-2 是一份信用报告样张。不同征信机构提供的信用报告无论内容还是格式都有所区别，但三大机构报告中包含的信息大致相同。阅读图 7-2，请注意以下六个板块。

（1）每份报告的编号和打印日期。

（2）个人身份信息，比如姓名、出生日期、社会保障号码、当前和曾经居住地址、职业、当前和曾经就业单位。

（3）从公共记录中取得的可能的负面信息，如个人破产、欠税扣押等信息。

（4）如果有未清偿债务被移交给收账公司，它们会被记录在这个板块。债务的最终处理结果也会被记录在这里。

（5）所有的银行账户，无论是否仍在使用，都会出现在信用报告中。报告会罗列非常细致的账户信息，包括开户日期、最高贷款金额、当前状况，以及每次偿还的详细情况。

（6）查询板块罗列了所有查询信用报告的公司。

7.2.2　信用评分

信用评分是一种对个人信用水平的评价方式。评分的高低表明对象按时还款的可能性。

借款机构在考虑是否要发放个人贷款时，通常要根据征信机构提供的信用报告审核申请人的信用记录，有时还需要对比多家征信机构提供的报告。比如，金融机构在审核你的信用卡申请、汽车贷款、住房抵押贷款时都要参考信用评分。而且，信用评分也会影响给你的贷款利率。一个较高的评分可以让利率明显降低，这意味着在未来漫长的还款岁月里你能省下好大一笔钱。征信机构的信用评分采用费埃哲公司（FICO）创建的模型。该评分模型的分值取决于若干因素，而每个因素的权重则因人而异，视其信用记录而定。而且，针对同一个人的评分，各项权重也会随着他信用记录的变化而调整。即使 FICO 评分方法复杂多变，一些最重要的因素还是可以总结出来的。

1. 还款及时性

影响 FICO 评分的最重要因素是你的还款及时性，占总分的35%左右。如果在过去的七年里，你总能够及时付清账款，在这个项目上就能得高分。相关衡量指标包括清偿债务的及时性、以往未及时还款的逾期金额和逾期时间，以及当前是否仍有逾期债务等。

2. 信用额度使用率

信用额度使用率指你每月实际发生的债务与信用额度之间的比例，占总分的30%左右。如果你总是把自己的信用额度用到接近极限，这个项目的得分就会很低。比如说，你的信用

征信机构:
报告编号: 716-80　①
08/28/13

来信请寄:
征信机构
XXXX 信箱
城市, 州, 邮编
(888) 000-0000

社会保障号码: 000-00-0000

个人信息　②
辛西娅·祖比奇
绿地大道 120 号
达拉谟, NC 27704

最后报告的职业: 建筑师

曾住址:
康科德路 264 号
吉尔伯特, AZ 85296
布劳内尔路 401 号
钱德勒, AZ85226

公共记录信息　③
个人破产: 2012 年 4 月; 达拉谟区法院; 案件编号: 873JM34; 债务: 56987 美元; 资产: 672 美元

收账公司信息　④
北岸收账公司 (888) 000-0000
报告时间 2012 年 11 月; 2012 年 1 月移交至北岸收账公司; 客户: 吉尔伯特医疗中心; 金额: 1267 美元; 付费收账账户

信用账户信息　⑤

公司名称	账户	延续日期	个人/联合	持续月数	最后交易时间	最高借款额(美元)	月还款额(美元)	账户余额(美元)	逾期(美元)	账户状态	日期
达拉谟储蓄银行	8762096	2015 年 2 月	个人	6	2014 年 11 月	4897		2958		正常	2015 年 4 月
梅西百货	109-82-43176	2015 年 6 月	个人	36	2015 年 1 月	2000		0		正常	2015 年 2 月
切斯特汽车财务公司	873092851	2015 年 3 月	个人	27	2015 年 2 月	2400	50	300	200	逾期 120 日	2015 年 3 月

之前还款历史: 逾期 30 日两次, 逾期 60 日一次

查询　⑥
2004 年 5 月 24 日花旗银行; 2015 年 10 月 15 日布鲁明代尔百货; 2015 年 3 月 21 日家得宝。

图 7-2　信用报告样张

卡额度为 1 000 美元，每个月卡内欠款余额总是维持在 900 美元，而且还款方式为最低额度还款。那么，你的信用额度占用就达到 90%。相反，如果你的额度还是 1 000 美元，而每月只消费 200 美元，而且总能清偿当期账单。那么，你的信用额度占用就很低，而在这个项目上能得高分。这说明你有条件取得信用贷款，但你知道自我克制，不会滥用这种条件。

3. 信用历史长短

信用历史长短占 FICO 评分的 15% 左右。衡量指标包括信用账户开立的时间和保持信贷关系的期限。一般来说，和授信机构维持长期、稳定的关系对评分有利。

4. 近期信用申请情况

近期信用账户的信息占 FICO 评分的 10% 左右。近期信用申请情况的衡量指标包括最近开立的信用账户个数、新开账户额度与原有账户额度的比例、征信机构近期收到的信用卡公司查询申请（因为它受理了你的办卡申请），以及距离上次信用账户开立的时间。一般来说，如果近期突然出现多个信用账户开立或多项信用查询申请会让你扣分，因为这些是你可能遇到财务困难，需要到处借钱的征兆。

5. 信用形式多样性

你使用的信用形式多样性占 FICO 评分的 10% 左右。信用形式包括信用卡、消费贷款、分期付款贷款、抵押贷款，以及财务公司贷款等。

总之，如果你总能及时偿还贷款，债务占信用额度比例很低，而且能持之以恒，你就能得到很高的评分。而这个评分与你的性别、种族、宗教信仰、国籍或婚姻状况无关。

6. 优势评分

2006 年，三大征信机构联手推出了一套名为"优势评分"的新评分体系，并在 2008 年金融海啸之后加以完善。优势评分的分值范围为 501 ～ 900。优势评分体系与 FICO 评分体系的功能差不多，都用来衡量信用申请人及时还款的可能性。两个评分体系考察的项目也一样，比如信用额度使用率、信用历史长短等。因此，FICO 评分很高的申请人优势评分多半也很高；反之，FICO 评分惨不忍睹的申请人优势评分也好不到哪儿去。但是，这两个评分体系给每个项目设置的权重是有差别的，因此申请人选择其中某个体系的评分可能会比选另一个体系的分数高一些。

7.2.3 不同机构的评分

虽然三大机构都采用 FICO 体系给你的信用水平打分，但每个机构给出的分数可能略有差别。这种差异产生的原因是每个机构收集到的信息可能有所不同。比方说，艾可飞从一家公用事业公司收到信息，表明你有一笔账单逾期一个月，而益百利和环联没有从那家公司收集你的信用信息。在这种情况下，艾可飞给你的评分就会比益百利和环联给的低一些。

这样的分差可能导致某人在申请贷款时，授信机构如果向评分最高的征信机构查询信用状况，就能通过；如果向评分最低的征信机构查询信用状况，就会被拒绝。不过，有的金融机构会同时向三家授信机构查询，任何一家给出的低分都会让贷款申请前途黯淡。

7.2.4 解读信用评分

图 7-3 展示了 FICO 体系下全国人口的信用水平分布。FICO 的分值从 300 ～ 850。大于 750 的分数就非常理想了，不但信用申请能轻松获准，利率也是最优惠的；600 以上的分数也算不错，一般的信用申请都能通过。不过，每个金融机构都有自己的标准。有的只要求最低分 580，有的可能要求不低于 620 分。分值为 570 ～ 600 分就有点悬，可能会被一些放贷

人拒绝，别的放贷人即使愿意借钱，利率也要上调。

　　不同的信用形式（如信用卡、汽车贷款、住房贷款等）对最低信用评分的要求也不一样。虽然放贷人一般借助征信机构提供的信用信息和信用评分作为是否放贷的依据，但有时也会参考其他方面的信息。比如，一个信用评分高而收入水平低的人申请一笔大额贷款时，就可能因为每月还款能力有限遭到拒绝。

7.2.5　信用报告纠错

　　如果你发现自己的信用报告中有错误，可以给提供报告的征信机构写信要求修正。邮件可以要求提供回执，这样可以确保对方收到了你的请求。信中应明确告知你认为是正确的信息，并解释报告中为什么是错误的。如果可以提供书面证据，最好一同附上。比如说，信用报告中记载你没有支付某笔账款，你就可以用该笔账款的收据来证明你实际支付了。

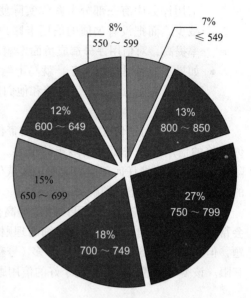

图 7-3　国民 FICO 评分分布

　　征信机构有义务在 30 天内查清你的询问。它会把你提交的证据出示给提供错误信息的公司求证。该公司必须审核你提交的申诉，然后答复征信公司是否认可你申诉的内容。如果确属该公司失误，征信公司会删除信用档案中对你不利的错误信息，然后向你免费寄送一份修改过的信用报告。此外，你还可以要求征信公司把修改过的报告寄给任何六个月内申请并收到过原来错误报告的个人或企业。如果问题无法圆满解决，你可以要求在报告中就此事增列一段异议声明。前文中提到过的消费者金融保护局可以对征信机构的行为加以规范。这些措施可以确保信用报告中的错误能够迅速得到纠正。

案例 7-3

　　上个月，史蒂芬尼·斯普拉特充分享受了一回关于自己信用的知情权。她向所有征信机构申请了一份信用报告。她意外地发现，每份报告上的记录有所不同。其中一家的记录显示九个月前她迟交了某项公用费用。这项逾期付款记录虽然不会对她的信用造成很大的影响，但史蒂芬尼不打算听之任之，因为她觉得自己一向交费及时。她给征信机构写了信，附上自己按期交款的凭证复印件。随后，征信机构从她的档案中删除了这项逾期付款记录，使她的信用评分略有上升。通过这次经历，史蒂芬尼意识到自己应该定期查询自己的信用评分，因为这会影响到她能否顺利申请信用融资以及要承担的利率。

7.2.6　提升信用评分

　　信用评分太低的人要么就是不能按期偿付债务，要么就是负债过重。一般的不良信用记录会在你的信用报告中保留 7 年；个人破产则会保留 10 年。

　　你现在就可以采取行动，努力提升自己的信用评分。你可以清理积欠的账单，从现在开始每月及时还款——至少达到最低还款额，减少债务。你也可以采取进一步的努力：

- 重新审查日常预算，削减所有不必要的开支。

- 剪掉你的信用卡，以后就不会产生新的债务了。但是，继续保留信用卡账户，因为信用评分中有一部分考察你实际使用的信用占信用额度的比例。如果你的债务没有减少，而把没有欠债的信用卡账户注销，反而会导致信用额度减少，信用额度使用率提高，对信用评分造成负面影响。
- 如果不能及时偿付债务，就马上给你的借款人打电话。如果有些过期债务还没有还，现在又有能力偿还了，也请和他们商量，让他们向征信机构报告说你的债务已经"如约清偿"。

当你能够及时偿付欠款，并且能负责任地使用信用时，信用评分也会提高。但是，重建你良好的信用也许需要付出多年的努力。许多公司的广告声称可以提高你的信用评分，实际上它们不可能把任何正确的负面记录从你的信用报告里删除。如果这些负面记录是不正确的，你不花钱也能把它们解决。

确实有些信用咨询公司可以帮你提高信用评分。它们会帮你制订合理的债务偿还计划，会帮你制定合理的预算，或者详细的理财规划。虽然有些杰出的信用顾问真能帮你解决问题，但联邦贸易委员会警告说，许多（号称提供免费服务的）信用顾问实际收费高昂却作用有限。该委员会建议，要想找个好的信用顾问，可以请当地的消费者保护组织帮忙。

7.3　身份盗用：对个人信用的威胁

身份盗用（identity theft）指任何人未经你的许可，使用你的个人身份信息，如社会保障号码、驾照号码、信用卡号码、银行账号，以及姓名、出生日期等，以你的名义为他自己谋取利益。犯罪分子获取了你的银行账号，就把它洗劫一空，或者使用你的信用卡号码购物；他们还会在窃取你的信息后，以你的名义开立账户。如果你不幸成为身份盗用的受害者，就要为所有以你的名义进行的消费买单。如果这些账款得不到支付，坏账信息就会记入你的信用报告。与此同时，你可能对这些账户的存在一无所知。结果，你的信用水平在不知不觉中一落千丈，无法再申请任何信用服务。

有时候，实施身份盗用的犯罪分子并不是想从中搞点钱、东西或服务，受害者的身份本身才是他们的目标。他们想冒充受害者办理各种官方证件，比如驾照、出生证、身份证、护照、签证等。利用这些合法证件，他们编造出不为官方所掌握的虚假身份，以掩护各种犯罪活动。比如说，一个毒贩可以利用这些证件在出入境时逃脱监控。这样的行为虽然不会给受害者造成直接经济损失，但可能带来更大的麻烦。受害者可能被误认为是犯罪嫌疑人，遭到逮捕或拘留。比如，在前面那个毒贩的案例中，受害者本人在境外旅行时，不得不准备额外的官方证明，以表明自己并非那个"同名同姓"的毒贩。

根据联邦贸易委员会发布的消息，美国每年约有 1 500 万人遭受身份盗用威胁，导致经济损失约 500 亿美元。而且，这项犯罪日益严重，无论年龄、社会地位或经济状况，所有人都面临身份被盗的风险。试看以下几个案例：

- 由于数据库遭到黑客入侵，4 000 万塔吉特百货公司的顾客，以及 5 600 万家得宝公司的顾客信用卡信息被盗取，并在网上公开售卖。虽然这些持卡人不需要对被盗号卡片的非法交易负责，但他们不得不更换新卡，以防万一。更不幸的是这两家商户，不但要耗巨资升级安防系统，更要重塑受损的信誉。
- 黑客获取了 400 万名联邦雇员的信息。
- 在凤凰城，专门盗窃身份信息的小偷闯入一家为五角大楼提供定点服务的医疗中心，窃取了若干台笔记本电脑和台式电脑的硬盘。失窃设备中存有 562 000 名军人、家属和退役人员的个人信息，包括他们的姓名、地址、电话号码、生日和社会保障号码等。

- 一个犯罪团伙在纽约州、新泽西州和康涅狄格州连续作案。他们受聘在药店、鞋店和其他零售企业担任收银员或售货员，从而盗取了数以千计顾客的信用卡信息，用以制作克隆卡谋利。
- 据称，一位布洛克税务公司的前雇员盗用了至少 27 位客户的身份信息办理信用卡，用于在 ATM 提款和刷卡消费，案值高达数千美元。

仅仅在这些案件中，就有数以百万计的个人遭受威胁，其中有些人已经因为身份盗用在经济上遭受损失。

7.3.1　身份盗用的成本

对于个人来说，身份盗用的成本难以衡量，却不难想象：受害者首先感到被侵犯，然后才发现问题非常严重。他们中的有些人因为在入职调查时被发现有不实信息被用人单位拒聘；有些人被查出偷税漏税，自己却对所谓的收入情况一无所知；有些人莫名其妙地欠下一笔住房贷款或助学贷款，直到被讨债上门才知道自己成了替罪羊；有些人申请贷款却意外被拒；有些人因为子虚乌有的交通违章被吊销驾照；还有些人被冒名顶替地"享受"了各种社会福利。更有一位受害者，还没怀孕就替别人的孩子当了"妈妈"。

计算身份盗用造成的经济损失很简单。根据联邦贸易委员会发布的数据，平均每起身份盗用案件给受害者造成的损失是 1 500 美元。

但是，对于这些身份被盗用的人来说，损失的远不止金钱，还有时间。最近有估算指出，发现身份被盗用后，平均每位受害者用于处理相关事务，防止损失扩大的时间多达 600 个小时。除了这些个人遭受无妄之灾，许多企业也被整得焦头烂额。对所有的受害者来说，不但身份盗用实际造成的损失无可挽回，接下来亡羊补牢的工作也是费钱费力。可以说，整个经济体系都要为身份盗用买单。

7.3.2　身份盗用的手段

除了入侵数据库，最常见的身份盗用源于遗失或失窃的钱包。然而，还有其他许多方法可以获得你的个人资料。

1. 窥视

窥视（shoulder surfing）一般发生在公共场所，你的言行在无意间被人密切观察。典型的窥视犯罪可能发生在宾馆或其他商业机构，有人站在你的身边，默默记下你放在柜台上的信用卡的号码。

2. 翻垃圾

翻垃圾（dumper diving）可谓名副其实。身份窃贼在你的垃圾中寻找诸如信用卡小票之类的东西，从中取得你的信用卡号码，以及申办信用卡时提供的个人信息。然后，他们以你的名义向发卡公司挂失信用卡，并提供一个新的邮寄地址。其他包含你社会保障号码或银行账号的丢弃物也是他们的目标。

翻垃圾的人还有可能从你的业务对象那取得这些身份信息。比方说，你在一家当地商店办理信用卡，填写了包含大量个人身份信息和金融信息的申请表。等业务办理完了，发卡商店把这张申请表当废物丢弃时，它就成了翻垃圾的身份窃贼的宝贝。此外，你的医疗机构、证券经纪公司、会计师，甚至银行都可能会成为身份窃贼的宝库。

3. 克隆

克隆（skimming）指的是身份窃贼在你刷卡的时候，读取你卡上的磁条信息。实施这种犯罪的通常是商店或餐馆的雇员。他们趁你不注意，在一台读卡器上刷卡以获得其中的数据。他们甚至会把读卡器安装在 ATM 的卡槽上，令人防不胜防。克隆者取得卡上的磁条信息后，用它复制出一张功能相同的卡。

随着卡片技术的升级，简单的克隆卡技术也会被淘汰。到 2015 年 10 月，欧陆卡、万事达和维萨共同开发的 EMV 技术将在美国得到全面应用。EMV 技术在欧洲已经普及，它用内置芯片取代现在卡上的磁条。每次在 POS 或 ATM 上使用 EMV 卡，卡上的内置芯片都会产生一个独一无二的一次性交易码。所以，即使有人在交易时窃取了芯片上的信息，也不能在下次交易时使用，更不能用来制作克隆卡。EMV 技术是对抗信用卡和借记卡犯罪的利器。到 2015 年 10 月的大限之前，所有餐馆和商户都必须换装新式 EMV 终端。当然，原有的磁条卡终端也还能继续使用一段时间。

4. 电信欺诈、网络钓鱼和系统劫持

另一种获取个人信息的方法是**电信欺诈**（pretexting），它用各种借口从人们口中套取个人信息。骗子们经常通过翻垃圾等方式获取你和某公司的交易信息，然后伪装成金融机构、保险公司或其他你开户企业的雇员给你打电话。他们会向你询问社会保障号码、驾照号码、银行或证券公司账号、信用卡号码等信息，理由是身份验证或客户资料更新什么的。得手之后，骗子会用这些信息盗用你的身份，或者转卖给其他人从事非法活动。

网上实施的就叫**网络钓鱼**（phishing）。骗子会发送一封似乎是来自官方机构的邮件，要求收信人打开其中的链接，在指定的网站上更新账户信息，输入密码、信用卡号码、银行账号和社会保障号码等内容。实际上，这只是个钓鱼网站。

系统劫持（pharming）和网络钓鱼相似，但功能更为强大。通过操纵电子邮件病毒和主文件，劫持者在用户不知情的情况下让他们访问与商户官方网站高度相似的钓鱼网站。当用户输入登录名和密码之后，一切就对劫持者完全开放了。

5. 合法信息的滥用

有的数据来源甚至是你工作单位、银行、医院和商店的雇员。这些人因为职务便利，可以轻松地获得你的身份信息。

公共渠道有时也会泄露个人信息。如果有人经历过离婚，他的大部分（如果不是全部）财务信息，包括社会保障号码，都会成为法庭记录。在多数州，这些信息被列为公共记录。

6. 团伙犯罪

有些案件中，身份窃贼来自一个专业的犯罪团伙。他们训练有素，以卧底身份进入企业和金融机构，为的就是盗取信息，实施大规模身份盗用。

7. 侵犯信箱

最后一处值得一提的信息源就是你家门口的信箱。你收发的邮件中就可能包含身份盗用所需的信息。你扔在信箱里等待邮递员收取的信件中可能包含信用卡或银行信息；而收到的来信，尤其是账单中更有可能含有你的信用卡账号、银行信息、驾照号码和社会保障号码。

7.4　身份盗用的防范

有许多方法可以让你更好地保护个人信息，防止自己成为身份窃贼的猎物。这些防范手

段其实简单易行，而且也没多少成本。

7.4.1　居家个人信息防范措施

你可以考虑采用以下方法防止个人信息外泄：

- 检查你的钱包或皮夹，把所有记载着你社会保障号码的东西都取出来，包括你的社保卡。其他除非必须，否则平时不应该随身携带的东西包括护照、出生证，以及不常用的信用卡。同时确保你的钱包里没有记录你账户密码的东西。对于那些平时都放在钱包里的证件，保留一份正反面复印件，放在一个安全的地方，比如保险箱里。
- 汇总账户信息。整理所有名下的信用卡，不管你平时会不会随身携带。你要在安全的地方保留一份信用卡清单，包括发卡公司、卡号、免费服务电话等。你的银行账户、证券交易账户信息及它们的 800 电话也要制作同样的清单。
- 给家里添置一台碎纸机。所有已经作废，但包含个人信息的文件，都要用它销毁，比如信用卡申请确认表、过期的信用卡支付小票等。基本的原则是：有风险，即销毁。一台性能良好的碎纸机售价不到 100 美元，功能强化型的也不过 150 ～ 200 美元。建议购买一台粉碎型的，以确保信息无法还原。如果能买到可以破坏信用卡的型号，那就更理想了。
- 不要在支票上印你的社会保障号码。
- 通知当地的电话公司，把你的姓名和地址从电话号码簿和反向目录中删除。[○]给信箱装把锁，或者租一个邮政信箱，每次去邮局取信。
- 网上购物时认清正确的网址。网址栏开头协议类别带有 "s"（https://），或地址栏有挂锁标志一般为经过认证的安全网址。
- 对任何要求核对或更新个人信息的来电都应持怀疑态度。即使觉得可能是真的，也应该询问对方的电话和姓名，拨打该公司服务电话核实对方身份后再回拨给对方。
- 所有含有账户信息的汇款邮件都应投入邮局设立的邮箱，而不是放在自家的信箱内等待邮递员收取，即使信箱是上锁的。一些激进的专家甚至建议，此类私密信件只能到邮局投递。
- 收到银行账单或信用卡账单后立即认真阅读。越早发现身份被人盗用，需要修补的个人财务记录越少。
- 慎用手机电话购物。这类电话常常要你报出信用卡号码。有的远程窃听设备可以进行区域扫描，然后锁定信号，"偷听"你的对话。
- 注意收货时间。不管是续期的信用卡卡片还是之前用信用卡订购的商品，如果没有在预计的时间内收到，应及时和投递方联系。现在多数快递可以在网上查询物流进度。
- 绝对不要让定制的空白支票簿直接寄到家里。你可以要求寄到邮政信箱，或本人到金融机构领取。有的专家建议用支票偿付账单时一定要通过邮局寄送。不要在任何需要付款的时候都开支票，因为支票上有你的账号、姓名、地址和电话，有些商户还要你提供驾照号码。这些支票在处理过程中会经过许多人的手，创造了太多泄露个人信息的机会。
- 注意你在社交媒体发布的东西。身份窃贼可以从你的社交媒体网站获得许多信息。

○ 电话号码簿根据姓名排列，提供用户电话号码和地址信息；反向目录根据电话号码排列，提供机主姓名和地址信息。——译者注

2014 年，有一个 25 人的身份盗用团伙因伪造支票被破获。他们的信息来源之一是"照片分享"。许多年轻人一度流行在"照片分享"上发布他们手持第一张工资支票的自拍照。这些窃贼放大照片中的支票，并以此为蓝本进行伪造。

- 保护你的私人电脑免遭黑客和蠕虫病毒侵犯，安装防火墙和病毒防护软件，并及时更新。不要随意下载陌生人发给你的应用程序或点击超级链接。另外，要对重要的个人信息加密。处理废旧电脑前，先用强力文件粉碎软件把所有个人信息、财务信息和其他敏感的内容彻底删除。千万记住，"删除"键干这个其实很不靠谱。
- 度假期间，让邮局暂时保留你的邮件。同时，尽最大努力藏好家里的所有包含个人信息的资料。出门在外，不要把信用卡收据、密码或其他敏感信息随意放在宾馆房间里。
- 尽早办理个税退税申报——别拖到 4 月 15 日的最后期限。通过身份盗用骗取退税的案件近年来有野火燎原之势。身份窃贼只要掌握了你的社会保障号码、生日和其他个人信息，就能以你的名义给国税局寄一份个税退税申报，退税款也就归他所有了。等你再提出申报时，国税局只会给你回一封信，告诉你已经按你的要求办理了退税事宜。虽然国税局也会做出赔偿，但那需要等好几个月。如果你还指望这笔退税款马上就能派上用场，那只能失望了。

7.4.2　工作单位个人信息防范措施

在工作单位，你可以考虑采用以下方法防止个人信息外泄。

- 如果单位要求你佩戴带本人照片的工作证，确保上面没有你的社会保障号码。如果有，建议单位改成其他形式的员工编号。
- 检查你的工资支票及其存根。如果上面有你的社会保障号码，要求工资主管删除相关信息。
- 检查你的医保卡。如果它以你的社会保障号码作为基本编号，请与人力资源部商讨换一个编号方法。
- 与单位的人力资源部门就保护员工信息的防范措施进行一次讨论。建议向对方提出以下问题：

（1）网上记录了哪些个人数据？

（2）哪些人可以访问员工记录？

（3）员工记录的纸质版文件保存在什么地方？

（4）那个地方安全吗？

（5）人力资源部有没有临时工？如果有，对他们有何监控措施？他们又有多少权限可以接触保密材料？

（6）接触那些文件的人员有没有记录？

此外，你也要确保你的医疗服务机构采取了恰当的措施保护患者的个人信息。你向人力资源部门提出的那些问题也有必要向医疗机构问一遍。作为医疗机构，有义务像银行或信用卡发行企业那样妥善管理好客户隐私。

7.4.3　身份盗用保险

身份盗用保险可以作为屋主险或租户险的附加险种，也可以独立投保。有的信用卡发行机构也把身份盗用保险作为持卡人福利。

在投保身份盗用保险时，最主要的保障项目包括较低的免赔额、工资损失补偿、法务费用报销，以及信用服务被拒绝造成的损失。虽然有些人批评说身份盗用造成的损失非常有限，因此没有必要投保。但是，每年保费不过区区 2.5 ～ 60 美元，（而保额高达 10 000 ～ 15 000 美元，）而持有这样一份保障可以让你不再为身份盗用造成的损失忧心。

7.5　应对身份盗用

如果你不幸成为身份盗用的受害者，要做的第一件事就是清理信用记录。在处理时，一定要对全过程做详细的记录：你联系的人是谁，他们隶属于哪个机构，谈话或通讯的日期，电话号码或通讯地址，是不是口头交流，有没有记录，等等。如果你的交流是通过邮件、传真或电子邮件进行的，务必保留备份；如果往来函件需要回执，答复时要附上收信回执。另外，所有收到的报告（信用报告、警方报告）都要备份留存。你可能要和许多不同的人打交道，及时提示对方目前的进展，可以加速事情的推进。整个过程会非常紧张，及时记录进度可以帮你省掉不少麻烦。

7.5.1　报警

向当地警方或治安官报警，一定要有书面记录。记住向执法机关索要一份正式报告。

7.5.2　联系联邦贸易委员会

根据 1998 年《防止身份盗窃及假冒法》，联邦贸易委员会是所有身份盗用投诉的受理机构。2003 年 12 月生效的《公平准确信用交易法案》要求联邦贸易委员会提供标准化表格和程序，以便消费者向授信机构和征信机构申报自己是身份盗用的受害者。相关材料可以从该委员会网站下载。

7.5.3　联系信用报告公司

通知主要的信用报告公司，并要求对方在你的文件中增加一条诈骗警示。诈骗警示的初次有效期最长 90 天。如果你向征信机构提交了身份盗用报告，诈骗警示最长可延期至 7 年。身份盗用报告中有你最初向执法部门报警时的笔录，以及其他征信机构要求的身份核实材料。如果报告中有这条警示，任何人想用你的名义获取信用时，相关企业都应和你联系核实。此外，你还应索取一份信用报告以供审核。

7.5.4　联系授信机构

联系你的授信机构，以及所有未经你授权就开立账户的授信机构。许多授信机构会要求你提供一份警方报告。在联系信用卡公司或金融机构时，顺便更改所有的密码。不要使用任何已经被身份窃贼获取的信息作为密码，比如你妈妈的名字、社会保障号码后四位数字、生日、地址、结婚纪念日等。

7.5.5　联系其他人

如果身份窃贼动用了你的银行账户，或以你的名义在银行开户，你应该联系支票查验公司。这些公司有专门的数据库，记录那些开立空头支票的人，以及那些存在恶意透支或异常交易的账号。

如果你觉得身份窃贼通过邮政系统取得了你的个人信息，你应该联系当地邮局，安排一次和邮政监察的会面。如果身份窃贼盗用了你的社会保障号码，请立即联系社保管理机构。如果有必要，他们应当给你提供一个新的社会保障号码。

如果身份窃贼的行为把你卷进了官司里，你应立即寻求律师的帮助。在有些身份盗用案件中，甚至有必要通知联邦调查局和联邦经济情报局。关于这一点，可以征求当地执法机关的意见。

这些还远不是全部。有的身份盗用案件需要让你单位的人力资源部门知道，有的则需要告知你的医疗服务机构和医疗保险公司。对于持有大量股票、债券和共同基金的受害者，有必要让证券经纪公司，基金管理公司，乃至养老金管理机构知道你可能会被冒名顶替。

图 7-4 提供了防范与报告身份盗用的常用联系方式。

Check Verification Companies

CheckRite	(800) 766-2748
ChexSystems	(800) 428-9623
Certigy/Equifax	(800) 437-5120
National Processing Systems	(800) 526-5380
Telecheck	(800) 710-9898

Federal Trade Commission
Web site Address: http://www.ftc.gov
Complaint About a Company or Business Practice: 877-382-4357
Identity theft: 877-438-4338

Equifax
Web site Address: http://www.equifax.com/
Credit Fraud Info: Insert the search term "credit fraud" at the Equifax Web site
Credit Report Information: 800-685-1111
Fraud Alert: 888-766-0088
Credit Reports and Scores: 866-493-9788

Experian
Web site Address: http://www.experian.com/
Credit Fraud Info: Insert the search term "credit fraud" at the Experian Web site
Credit Report Information: 888-397-3742
Credit Monitoring: 877-284-7942

TransUnion
Web site Address: http://www.transunion.com/
Credit Fraud Info: Insert the search term "credit fraud" at the TransUnion Web site
Credit Report Information: 800-888-4213
Credit Monitoring: 800-493-2392
Fraud Alert: 800-680-7289

Internal Revenue Service
Web site Address: http://www.irs.gov

Social Security Administration
Web site Address: http://www.ssa.gov

U.S. State Department
Passport Fraud: Go to http://www.state.gov and insert the search term "passport fraud"

图 7-4 防范与报告身份盗用的常用联系方式

👉 **案例 7-4**

不久前，史蒂芬尼·斯普拉特收到维萨卡公司的一则通知，提醒她额度为 5 000 美元的信用卡已经快被刷爆了，这令她大吃一惊。（通知显示，在短短两天里，就有 18 次非本人授权的交易，总金额 4 903.88 美元。）史蒂芬尼记得自己上个月明明付清了所有欠款，而这个月自己唯一的刷卡消费就是买了一双跑鞋。她以为自己的维萨卡弄丢了，马上检查自己的钱包，却发现这张卡就在它该在的夹层里。

史蒂芬尼有一张清单，记载了所有信用卡的号码和发卡公司的免费电话。她找到清单，给维萨公司客服打电话报告了这些未授权交易，将信用卡注销并申请了一张新卡。客服代表告诉史蒂芬尼，如果她把信用卡搞丢了，那根据法律规定她要承担 50 美元损失。但是，因为窃贼仅仅是盗用了她的信用卡号码，所以她不必对这些未授权的交易承担责任。

得知自己不必为这些盗刷金额负责，史蒂芬尼总算是松了一口气。但是，她奇怪窃贼怎么会知道自己的信用卡号码。另外，她还担心窃贼偷走的还不止这一张卡。她想起来自己不久前收到一家知名网上商店的电邮，告诉她要更新个人注册信息，否则就会被销户。她马上发邮件给那家网店求证，得知并无此事。看来，史蒂芬尼成了网络钓鱼诈骗的受害者。

她回想起来，自己给对方提供的信息包括维萨卡账号、姓名和地址。为了安全起见，她接下来在信用报告上发布了一则诈骗警示。她打算一个月后再检查一遍信用报告，如果还有欺诈事件发生，她就准备要求修改信用报告，并提交身份盗用报告。

7.6 怎样把信用评估与安全纳入你的理财规划

以下是信用评估和安全决策的关键，你应当把它们纳入理财规划：

- 你的信用状况是否良好？能否支持你获取信贷？
- 你的信用和个人身份信息是否安全？

通过恰当的决策，你可以确保自己维持良好的信用状况，以便在需要时获得信贷支持，并且防止他人使用自己的信用与身份信息。图 7-5 展示了史蒂芬尼·斯普拉特如何将信用状况和信用安全纳入理财规划。

目标

1. 确保我能取得信贷支持，比如随时可以申请个人贷款或使用信用卡。
2. 确保我的信用和身份信息安全。

决策

1. 关于本人信用报告的决策

   向征信机构申请调阅自己的信用报告，确保内容正确无误。如果发现不实记载，立即修正。

2. 关于本人信用和身份信息安全的决策

   把大部分身份资料放在家里；出门只带维萨卡、万事达卡和驾照。销毁所有包含个人信息的废弃资料。

图 7-5 史蒂芬尼·斯普拉特如何将信用状况和信用安全纳入理财规划

小结

1. 关于信用的背景知识

信用是向借款人提供的资金，将在未来归还。使用信用有利有弊。一项主要的好处是日常消费时不需要携带大量现金；而坏处是如果不能正确使用，可能会导致破产。

2. 征信机构

征信机构保留着你以往信用交易信息的完整记录，并以此为基础对你的信用水平进行量化评分，以及向利益相关方提供信用报告。

放贷人在考虑是否要向你借款时，会向一家或多家征信机构调取你的信用记录。你自己每年也可以向三家主要征信机构各申请一份信用报告，确保其内容真实准确。信用报告的内容包括个人信息、正常使用的账户情况、还款逾期情况、个人破产之类的公共记录中的负面信息，以及个人信用记录的查询情况等。

3. 身份盗用

身份盗用指未经许可使用你的身份信息，是美国日益严重的犯罪行为之一。身份窃贼可能用你的身份信息获取商品、服务、资金，或者创建一个新的身份。这些行为可能会对你的信用记录产生不良影响。

常见的身份盗用手段包括窥视、翻垃圾、电信欺诈、网络钓鱼和系统劫持。

4. 身份盗用的防范

为了防止自己的身份被人盗用，你可以把所有过期财务资料和银行账单销毁，只通过邮政局寄送支票。工作单位、银行和医疗机构都应采取防范措施保护员工身份，比如不把社会保障号码写在社保卡、工作证、工资支票上。

每年至少调阅一次自己的信用报告。认真审核报告中出现的异常账户交易以及你没有印象的账户。

5. 应对身份盗用

如果发现身份被人盗用，通知警方，并要求一份书面报告。如有必要，与联邦贸易委员会、征信机构、信用卡发行公司、金融机构，甚至是联邦调查局和联邦经济情报局联系。

6. 怎样把信用评估与安全纳入你的理财规划

来自外部的信用支持可以让你有能力购买凭现金和存款暂时买不起的东西，比如住房和汽车。所以，良好的信用使你的理财规划更容易实现。但是，你一定要采取切实行动防范身份盗用，以便一直保持申请信用支持的资格。

复习题

1. **信用形式**　解释三种信用授予形式，分析它们分别适合消费者在什么情况下使用。

2. **使用信用**　使用信用的好处和坏处各有哪些？

3. **信用权利**　《平等信用机会法案》禁止授信机构出于哪些原因拒绝向消费者提供信用支持？如果你申请信用支持被拒绝，你有权利了解原因吗？

4. **公用事业的信用**　公用事业机构怎样提供信用消费？这种信用消费对你的信用记录有什么作用？

5. **信用报告的影响**　说明一份不好的信用报告会对你产生什么影响。

6. **征信机构**　列举三大征信机构的名称。它们怎样给你的信用评分？它们的评分是否总保持一致？

7. **信用报告**　信用报告中主要包括哪六个方面的内容？

8. **信用评分**　哪些因素影响你的信用评分？在

FICO 模型中，这些因素的权重是多少？

9. **优势评分**　优势评分与 FICO 评分有什么不同？

10. **提高信用评分**　怎样才能提高你的信用评分？不良记录需要多久才能被消除？

11. **审核信用评分**　每隔多长时间应该审核一遍由三大征信机构提供的信用报告？这样做有什么好处？

12. **身份盗用**　什么是身份盗用？

13. **身份盗用**　身份盗用的目的仅仅是骗取金钱、商品或服务吗？

14. **身份盗用的影响**　除了经济损失，身份盗用的受害者还会遭遇哪些负面影响？

15. **身份盗用手段**　列举并解释至少三种身份窃贼盗取信息的手段。

16. **身份盗用**　身份窃贼能否通过合法途径获取你的个人信息？试解释之。

17. **信息保护**　讨论你能采取哪些步骤保护个人信息。

18. **应对身份盗用** 如果你的身份被盗用了，接下来该怎么做？

19. **信用卡法案** 《2009 年信用卡业务相关责任和信息披露法案》对不足 21 岁的学生获取信用卡有何影响？为什么这种变化被认为是必要的？

20. **信用记录** 你的信用记录是什么？它对你借钱的能力有什么影响？

21. **信用评分和开户** 请说明为什么注销一个信用卡账户会对你的信用评分产生不利影响。

22. **信用咨询** 请说明使用信用咨询机构的好处和坏处。

23. **EMV 卡** 新的 EMV 技术怎样减少身份盗用？

24. **社交媒体和身份盗用** 使用社交媒体时，应注意哪些可能导致身份被盗用的因素？

理财规划练习题

道德困境 瑞塔是一家只有三个医生的小诊所的办公室经理。她的弟弟朱利安不久前刚刚从大学毕业，在一家主营医疗保险的大型保险公司工作。为了寻找客户，朱利安希望瑞塔给自己一份目前还没有办理医疗保险的病人名单。为了帮助弟弟开展业务，瑞塔整理了一份名单，包括病人的姓名、住址、电话号码、社会保障号码和病史摘要。

1. 瑞塔的做法符合道德规范吗？请说明。
2. 瑞塔的行为可能给诊所的病人带来什么问题？

理财心理：还清信用卡欠款

1. 有的消费者喜欢拖欠信用卡债务，根本不觉得这笔钱迟早要连本带利地归还。而另一些消费者则畏惧负债如虎狼，一定保证每月及时还清欠款。你用信用卡的时候是怎么想的？

2. 阅读一篇关于心理因素如何影响信用卡债务的文章。你可以上网搜索关键词"心理"和"信用卡债务"来检索相关文章。阅读后总结文章主要观点。

系列案例：辛普森一家

辛普森一家现在的信用卡额度是 10 000 美元。他们当前的欠款余额只有 2 000 美元，每月已经只能按最低还款额还款。信用卡公司给他们寄来一封信，说可以把信用额度提升到 20 000 美元。辛普森一家也对日益增长的身份盗用犯罪略有所知，有意采取防范措施。目前，他们的邮件都被送到大门口的信箱里，各种垃圾邮件也像其他废弃物一样被随意扔进垃圾箱。

1. 辛普森一家应该接受信用卡额度提升的邀请吗？虽然他们觉得实际上用不着这么高的额度。
2. 给辛普森一家提出建议，帮助他们降低身份盗用的风险。

第8章 信用管理

引导案例

塔拉刚刚从大学毕业，开始她的第一份全职工作，日子过得紧巴巴的。这是因为她决定节衣缩食，靠有限的工资在满足日常开销之余，攒够买车的钱。塔拉决定申请一张信用卡，以备不时之需。申请信用卡非常容易，她平时就经常收到信用卡公司发来的推销广告。不久，她收到了一张额度为 4 000 美元的信用卡。她下定决心，这张卡只能用在发工资前暂解燃眉之急，而且每月都要把欠款还清。但是，过了六个月，她的朋友邀请她一起去夏威夷旅游。塔拉没有这么多钱支持这次旅游，只好用信用卡刷了 3 800 美元。这下，她可没法把欠款一次性还清了。但塔拉并不担心，因为她收到一张免息信用卡的通知，可以把欠款转到新办的这张卡里。然而，她没有注意到新信用卡的处罚条款，上面说如果半年内没有还清，利率会上涨到 18.5%。两年后，塔拉累计又申请了三张信用卡，欠款余额高达 11 500 美元。现在，她经常刷卡购买一些非必要的东西。她相信只要自己每月偿还最低还款额，把卡刷爆也没什么大不了的，只要再开一张新卡，把欠款转过去就行了。每一次，她都告诉自己，一定要在免息期结束前把欠款还清。但每次该还款的时候，她却总是以最低限额还款。所以不久之后，她就要为所有未偿余额支付不低于 18.5% 的利息。她也没有意识到，预借现金不但要支付手续费，而且利率远高于刷卡消费；接下来当她不能按期还款时，每次还要被扣收 35 美元的滞纳金。不恰当地使用信用卡带来了一堆麻烦。现在，塔拉的信用评分很低，影响到她的购车贷款。而且，她还要打拼好几年才能还清已经欠下的信用卡债务。

本章关注信用的有效使用。你会发现，好的信用记录需要通过恰当地使用和控制信用消费逐步建立。回避信用消费无助于良好信用的积累。

本章学习目标

- 介绍信用卡的背景
- 说明信用支付
- 指导如何解读信用卡对账单
- 说明信用卡规则
- 介绍信用卡使用诀窍
- 说明怎样把信用管理纳入你的理财规划

8.1　信用卡的背景知识

积累信用最简单的方法就是办理一张信用卡，你可以用它在任何接受信用卡的地方购物。你每月会收到一张对账单，其记录了这段时间你的用卡经历。通常，信用卡不能用于金额特别大的支付，比如买车或买房。但它们在小额支付的时候，用起来非常便利，比如下馆子、加油、买衣服、修车，还有买菜。

办理信用卡非常方便，也许方便得过了头。信用卡公司经常主动向消费者寄出办卡通知，只要对方签名确认就给开卡。在美国，超过70%的家庭有至少一张信用卡，有的家庭还不止一张；大约30%的在校大学生有信用卡。全美国大约有4亿个信用卡账户，每年发生交易超过260亿次。

8.1.1　信用卡的优点

信用卡有三个优点：第一，你买东西的时候不需要携带大量现金或支票簿；第二，只要你每月能还清欠款，就能享受到还款日为止的融资；第三，你每月都能收到一张信用卡交易的明细，让你知道钱都花到哪儿去了。有的时候，你还会收到一份全年账单，其对所有支出进行分类，这也有助于你填写所得税申报表。

8.1.2　信用卡的缺点

持有信用卡的最大缺点莫过于让你有可能购买本来根本买不起也不该买的东西。它给你创造了寅吃卯粮的条件。

👉 **案例 8-1**

米娅看到一台价值2 000美元的新款55寸电视。她已经有一台电视了，但比这台小，功能也不那么齐全。她没有那么多钱，但商场给她办了一张新的信用卡。销售员告诉她，第一年她还不需要付钱，而每个月的利率只要1.5%。在米娅看来，1.5%和没有也差不多了。所以，她开开心心地刷卡买下了这台电视。她甚至没有认真阅读信用卡申请表，而上面明明白白写着年利率18%。

图8-1展示了米娅为买电视欠下的钱在最初的12个月是怎么增长的。到第10个月，米娅的负债已经达到2 321美元，比电视的标价高出整整321美元。如果她晚一年购买，她可

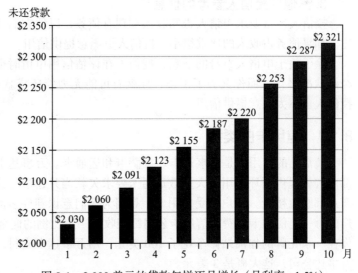

图 8-1　2 000美元的贷款怎样逐月增长（月利率 =1.5%）

能已经攒到足够多的钱可以付现金购买了。而且，像许多高科技产品一样，随着新型号的推出，电视的价格也有下跌的趋势。所以，如果她耐心等待一年，可能只要1 500美元就能把它买下来。等她开始为这台电视付钱时，她可能已经对它厌烦了，说不定都准备买下一台了。

信用卡具有的融资功能，使持卡人超支的可能性大幅度增加。只要你每月按最低限额还款，就能一直延续超支状态。有的消费者因此累积了巨额债务，最终不得不宣布个人破产。

8.1.3　申请信用卡

当你申请信用卡时，潜在的授信人从你和征信机构那里获取信息，以评估你的偿还能力。

1. 个人信息

当你申请信用时，会被要求填写一份申请表，一般包括以下内容。

- 现金流入：你的月收入是多少？
- 现金流出：你每个月花多少钱？
- 信用记录：你以前借过钱吗？以往的贷款都能按时偿还吗？
- 资本：你有多少可以用于偿还未来债务的资金？（可以是现金或股票。）
- 抵押物：你有多少资产可以作为借款的抵押物？（如果你没钱还债，可以把这些资产卖掉来筹资还贷。）

授信人一般希望你的现金流入水平高、现金流出水平低，有大量的资本和抵押物，以及良好的信用记录。尽管如此，它们也会授信给各方面条件不那么突出的人。比如说，信用卡发行机构明知刚刚从大学毕业的职场新人收入并不高，但只要它们觉得申请人会及时还款，还是会给予一定的信用额度。有的授信人也会向违约风险较高的人授信，但要求的利率更高。

2. 信用审核

当你申请信用时，发卡机构通常会开展一次信用审核，作为申请审批的一个环节。它会获取一份信用报告（参见第 7 章），以判断你的信用水平。这份信用报告包含了你以往向银行、零售商、发卡机构和其他出借人借款的偿还情况，还有逾期还款和未偿账单之类的信息。请记住，所有信用问题在征信机构的报告中保留 7 年；如果你申请过个人破产，相关信息会保留 10 年。

3. 其他供授信人参考的信息

授信人经常要求申请人告知收入和现有债务，以便它们评估现有债务水平占收入的百分比。如果债务占收入的比重很小，授信人更愿意提供信用。

除了关于申请人自身的信息，授信人在评估信用申请时也会考虑当时的经济状况。如果经济状况恶化，而你又丢了工作，你就有可能无力偿还贷款。所以，在经济不景气的时候，授信人也不太愿意提供信用。

8.1.4　信用卡的类型

最常见的信用卡是万事达卡、维萨卡和运通卡。万事达卡和维萨卡，还有一部分运通卡都对欠款提供循环信用。大多数运通卡要求欠款当月还清。这三种卡最好用，因为绝大多数商户都愿意接受。商户接受信用卡，是因为他们意识到许多消费者只能刷卡付钱。支付给商户的每一笔信用卡消费，信用卡公司都能收到一定比例的佣金（通常为 2% ～ 4%）。比如说，你在一家壳牌的加油站修车花了 100 美元，用万事达卡支付。壳牌公司要把其中一部分付给万事达公司，这大概是 3 美元。

许多金融机构向个人发行万事达卡和维萨卡。每家金融机构和信用卡公司之间都有协议，规定相应的账务和融资事宜。持卡人收到对账单后，如果不打算全额还款，发卡机构就向他们提供融资。发卡机构的主要盈利模式是提供融资，因为信用卡循环利息的利率比较高。有些大学和慈善机构也发行万事达卡和维萨卡，甚至在需要时提供融资。

1. 零售信用卡

除了万事达卡、维萨卡和运通卡，也可以选择仅限于在某一零售机构店铺使用的零售（或专享）信用卡。比如说，许多零售商（如彭尼百货、梅西百货）和加油站（如壳牌和埃克森美孚）发行它们自己的信用卡。如果你在壳牌的加油站用壳牌石油信用卡加油，壳牌是不需要向万事达或任何信用卡公司支付佣金的。你经常会在商户收银的时候收到专享信用卡的申请表，当场填写提交后立即开通，直接用来支付你买的东西。大多数零售信用卡允许你每月偿还一部分欠款，也就是说商户对你的消费提供融资。零售信用卡的利率一般不低于18%。专享信用卡已经不像以前那么流行了，因为许多零售商场和信用卡公司合作发行联名卡或认同卡。这些卡上面虽然有商户的名称，但是也像标准信用卡那样可以在其他商户使用。

专享信用卡的一个缺点是它只能在这一家商户使用。但是，如果你想节制信用，就会发现这种限制其实是个优点，因为这样你就不能随心所欲地刷卡了。比如说，你可以用壳牌信用卡加油或修车，但不能用它买光盘、衣服或其他东西。另一个缺点是如果你同时使用好几张专享信用卡，就意味着每月都会收到好几张信用卡账单。如果只使用一张信用卡，每月只需要上网银或寄支票还款一次，就能全部搞定。另外，如果只有一张信用卡，追踪消费记录也容易得多。

2. 保障卡和预付费卡

如果你的信用记录很差，或者申请标准信用卡有困难，可以通过申请一张保障卡来改善自己的信用记录。保障卡的额度取决于你存入的资金。你可以向自己的开户行申请保障卡，它可能会要求你把钱存入一个专用账户。你存款的金额就是你的信用额度，所以你存500美元，信用额度也只有500美元。你每月会收到对账单，至少要偿还最低还款额。通过按期还款，表明你会明智地使用信用，你可以逐步修复受损的信用记录，也许最终能符合申请标准信用卡的条件。

与保障卡不同，预付费卡或借记卡不能改善你的信用记录。预付费卡不是真正的信用卡，因为它不产生信用。用这张卡花的都是你自己账户里的钱。

许多零售商店和加油站都出售预付费卡。这种卡不需要申请——你把钱给出纳，让他在卡的账户里充值。等你把卡里的钱都花光了，还可以再充值。虽然你自己应该记录消费情况，但通常可以上网查询卡内余额。有的卡可以让你设置密码，这样就能用它在 ATM 取现。

预付费卡最大的好处是没有银行账户的人用起来很方便。但是它的一个主要缺点是费用。你也许要支付激活费、充值费、ATM 取现费，不常使用的卡要付睡眠卡费，甚至连网上查询余额都要付费。另一个主要的缺点是如果你的卡遗失或失窃，你几乎没有什么保护手段。不同的卡在收费和遗失保护方面的政策差别很大，所以在用卡之前一定要认真阅读合同。

近年来，越来越多的雇主用预付费卡给员工发工资，因为发卡的成本要比寄工资支票低得多。虽然这样做对于没有银行账户的员工来说非常便利，但预付费卡相关的各种费用让它备受争议。在收到了大量关于预付费工资卡的投诉后，消费者金融保护局向全国的雇主发了一个通知，提醒他们不能强迫雇员接受预付费卡——他们至少应该被给予另一种领工资的方式，比如支票或直接存入银行账户。雇员也应该得到一份书面说明，告诉他们使用工资卡的费用和保障措施。

8.1.5　信用额度

信用卡公司设置了一个信用额度，规定了可以使用的最大信用。信用额度因人而异。如果持卡人是个低收入者，它可能很低（比如300美元）。如果持卡人总是按时偿还欠款，证明自己的信用是可靠的，他们的信用额度也是可以提升的。有的信用卡公司给一直按时还款的高收入家庭设置的信用额度很高（比如 10 000 美元以上）。

透支额度上限太高了不一定有必要，而且会刺激你超支。只要确保透支额度上限足够支付一个月的正常开销就够了，过高的额度只会刺激你毫无节制地乱花钱。

虽然信用卡公司不会对一段时间（比如说一年）不使用的信用卡收睡眠卡费，它们可能会直接把卡注销。另外，信用卡的年费也可能与使用的水平挂钩。如果你用得太少，就要多付年费。还有一些奖励计划，鼓励持卡人在一定时间内积极用卡。

8.1.6　超限保护

有的信用卡提供超限保护，允许持卡人的刷卡金额超过规定的信用额度。这和某些金融机构支票账户的透支保护相似，即允许在账户余额不足的情况下清算支票。有了信用卡超限保护，哪怕你的刷卡金额稍稍超出信用额度，也不会被拒付。

但是，超限是要罚款的。不同发卡机构规定的罚款各不相同，其中多的高达每次 39 美元。除非持卡人主动要求超限支付，否则发卡机构是不能收取超限罚款的。即使是持卡人主动要求的超限支付，发卡机构在一个账单周期内也只能收取一次超限罚款。根据 2010 年生效的这些规定，只有一小部分信用卡还在收取超限费。有的发卡机构只允许一贯表现良好的长期用户实施超限交易，而更多发卡机构直接禁止用户刷卡超限。

8.1.7　年费

许多信用卡向持卡人收取年费。年费为 40 ～ 500 美元，往往伴随着各种奖励计划。如果持卡人经常用卡，而且按时还款，有时年费可以免收。

8.1.8　用卡奖励

有的信用卡公司对频繁使用信用卡的持卡人予以奖励。它们可能会向每个月刷卡达到一定限额的信用卡用户发放现金奖励，或者根据刷卡金额发放积分以换取某家航空公司的免费机票。比如说，它规定累积 20 000 积分就可以免费乘机出行一次。于是，如果你在一年内刷这张信用卡消费累计达到 20 000 美元，到年底时你就积累了足够的积分，可以换取指定航空公司到美国任意地方的往返行程一次。有的航空公司自己也发行信用卡，提供类似的福利。

尊享卡专门发放给收入高，而且信用记录良好的用户，它们提供的用卡福利更多。这些卡的年费可能高达数百美元，但持卡人可以享受私人喷气机的优先登机权，或者豪华饭店的礼宾服务。

8.1.9　宽限期

信用卡一般允许持卡人在消费后享受一段宽限期。如果有宽限期，发卡机构必须保证对账单至少在还款止付日之前 21 天出单。所以，实际上发卡机构就等于免费向你提供了刷卡消费日到账单止付日之间的信贷。

☞ 案例 8-2

6 月 1 日，史蒂芬尼·斯普拉特用她的信用卡支付了 200 美元的修车费。信用卡对账单这个月的出单日是 6 月 20 日，史蒂芬尼收到发卡行寄出的对账单是 6 月 30 日，而她的还款止付日是 7 月 21 日。在这个案例中，史蒂芬尼总共获得了 51 天的免息信贷。6 月 19 日，她又刷卡买了几件衣服。这笔交易也被记录在对账单里，她可以获得大概 40 天的免费信用。7 月 10 日，她用信用卡买了音乐会门票。这笔交易发生在对账单的出单日之后，所以会被记入下一次的对账单，对应的付款截止日期是 8 月 21 日。这笔交易享受的信贷大概是 41 天。

滞纳金

在 2010 年生效的《2009 年信用卡法案》实施以前，发卡机构经常对仅仅延迟了一天甚至几个小时的还款征收高额滞纳金。但是，根据新的规则，信用卡账单的止付日必须是每月的同一天，而当天下午 5:00 以前收到的还款应当被视为按期还款。滞纳金必须"合理"，在实际操作中这意味着第一次违约的滞纳金不超过 25 美元；六个月内的第二次违约的滞纳金不超过 35 美元。另外，滞纳金不能超过当期的最低还款额。在这些规则生效后的最初六个月，消费者支付的滞纳金减少了 50% 以上。

8.1.10　利率

当你获得了信贷，而没有在规定的期限前把它还清时，你就必须按照信用卡公司设定的利率支付信用卡利息。大约 34% 的家庭有未清偿的信用卡余额，也就是说他们没有在宽限期内全额归还信用卡欠款。信用卡欠款的年化利率一般为 15% ～ 20%，不会随时间延长而变化。虽然对于缺钱的人来说这种融资很容易获得，但它实在昂贵，最好能够避免。

1. 信用卡利率的种类

信用卡利率可以是固定利率、可变利率，或者复式利率。固定利率不会随着市场利率的变化而变化。为信用卡提供融资的机构可以改变已发行信用卡的固定利率，但在实施前必须告知持卡人。

可变利率会随着特定市场利率（比如一年期国债利率）的变动而调整。比如说，信用卡利率可以等于一年期国债利率加 6%。发卡机构有义务发布利率变动的原因。

融资机构也可以规定复式利率，比如欠款余额低于某一金额时对应的利率也低，一旦超过这个金额就适用另一个较高的利率。如果持卡人没有及时还款，它们也会上调利率以示惩罚。

2. 关于利率的规则

2010 年生效的新法规提出了更明确，而且有利于信用卡使用者的融资规范。尤其是，如果持卡人有一张信用卡还款逾期，信用卡公司不能以此为由提高持卡人其他信用卡的利率。此外，信用卡公司在提高已发行信用卡的利率之前，至少要提前 45 天通知持卡人。还有，除非持卡人拖延还款 60 天以上，否则不能提高已经产生的信用卡欠款的利率。

8.1.11　预借现金

许多信用卡允许通过自动柜员机预借现金。因为预借现金等于是融资机构发放的贷款，所以对这类交易立即就开始产生利息。另外，每次预借现金还会产生 1% 或 2% 的手续费。信用卡公司有时也会提供"便利支票"，用于不能用信用卡支付的交易。预借现金和便利支票的利率要比一般信用卡交易的利率高。预借的现金立即开始计息；刷卡消费的宽限期不适用于预借现金和便利支票。所以，虽然用信用卡提现或开支票很方便，但成本同样惊人。

8.2　偿还信贷

融资费（finance charge）是你使用信贷后必须偿还的利息。由于免息期的存在，账单日之后发生的交易一般不会影响融资费，因为它们会被记入下个月的对账单。融资费只适用于当期账单在止付日前未清偿的那部分余额。

下面是三种常用的计算逾期信用卡欠款余额的方法。

8.2.1　平均每日余额法

最常用的方法是平均每日余额法。对这个账单周期的每一天，信用卡公司取当天开始时你的欠款余额，减去当天的还款额，得到当天结束时的欠款余额。然后，它计算这个账单周期每天欠款余额的平均值。这个方法把你对逾期欠款的偿还纳入考量。所以，如果你在账单周期内偿还了部分欠款，用这种方法计算出的融资费就会比用初始余额法要少。还有这种计算方法的变形，比如在此基础上扣除所有新增交易，或者计算两个账单周期的平均余额，而不是一个账单周期。

8.2.2　初始余额法

初始余额法根据账单周期开始时的欠款余额计息。这是三种方法中对持卡人最不利的一种，因为它没有考虑在这个账单周期持卡人部分还款的情况。

8.2.3　调整余额法

调整余额法根据账单周期结束时的欠款余额计息。这种方法对持卡人最为有利，因为它只征收账单周期结束时未还欠款余额的融资费。

下面这个案例说明了三种方法计算的融资费有什么不同。

案例 8-3

假设 6 月 10 日，你有上个月信用卡交易产生的欠款余额 700 美元。新的账单周期从 6 月 11 日开始。假设这个账单周期的前 15 天（6 月 11 日到 6 月 25 日）的欠款余额是 700 美元。6 月 25 日，融资机构收到了你的还款 200 美元，把欠款余额减少到 500 美元。接下来 15 天欠款再没有发生变化。

- 平均每日余额法：根据这个方法，月利率要乘以每天余额的平均值。因为你前 15 天欠款的余额是 700 美元，后 15 天欠款的余额是 500 美元。所以，这 30 天的账单周期内平均余额是 600 美元。按 1.5% 的月利率，你的融资费为：

$$600 \times 0.015 = 9.00（美元）$$

- 初始余额法：根据这个方法，你的融资费等于月利率乘以账单周期开始时的欠款余额 700 美元。按 1.5% 的月利率，你的融资费为：

$$700 \times 0.015 = 10.50（美元）$$

- 调整余额法：根据这个方法，你的融资费等于月利率乘以账单周期结束时你的欠款余额 500 美元。按 1.5% 的月利率，你的融资费为：

$$500 \times 0.015 = 7.50（美元）$$

在这个案例中，如果信用卡公司采用调整余额法，融资费是最低的。对于经常要支付信用卡融资费的消费者来说，如果信用卡公司采用这种方法，他们就可以省不少钱。但是，无论如何，节约融资费最有效的方法还是在每月止付日前把欠款还清。

8.2.4　计算信贷还款

你必须按照年化利率偿还刷卡金额的一部分，这种利息的计息方式是**单利**（simple interest rate）。

案例 8-4

如果你借了 10 000 美元，计 12% 的单利，每年要偿还的利息是：

$$利息金额 = 借款额 \times 0.12$$
$$= 10\,000 \times 0.12$$
$$= 1\,200（美元）$$

信贷的**年化百分率**（annual percentage rate，APR）是授信者对包含各项费用（比如申请处理费）在内的借款征收的单利。APR 最大的作用就是方便你对不同授信者的融资成本进行比较。

1. 利率对欠款额的影响

利率是信用卡欠款金融最主要的影响因素之一。利率较高的信用卡，会极大增加用卡的利息支出。

案例 8-5

你打算申请一张信用卡 X，因为它不收年费，而信用卡 Y 的年费是 30 美元。一般来说，你每月无法偿还的欠款为 3 000 美元。信用卡 X 对逾期欠款收取 18% 的利息，而信用卡 Y 的利率为 12%。这两种信用卡的收费差别如下。

	信用卡 X	信用卡 Y
月平均欠款余额（美元）	3 000	3 000
年化利率（%）	18	12
每年利息支出（美元）	18% × 3 000=540	12% × 3 000=360
年费（美元）	0	30
年支出合计（美元）	540	390

可以根据一年的每月平均欠款余额求得每年的利息支出。每月欠的余额越多，利息支出也越多。

请注意，信用卡 X 产生了 540 美元的利息支出，比信用卡 Y 的利息支出多 180 美元。所以，虽然信用卡 X 不收年费，但会给你带来更多的利息支出。多付的利息远不止抵消了免年费的优惠。

如果你每个月都能把欠款还清，你就不需要支付任何利息。在这种情况下，信用卡的利率就无关紧要了，选择不收年费的信用卡 X 也才合情合理。这样，你既能享受免年费优惠，又不受高利率的影响。

图 8-2 显示，在不同利率条件下，按单利计息的 10 000 美元借款一年和四年需要支付的利息。请注意在利率较高的时候，你要多付多少利息。在办理信用卡的时候，选择利率最低的很重要。

2. 融资期限对利息支出的影响

为信用卡欠款支付的利息总额还取决于融资期限。假设你借了 10 000 美元，你只需要偿还贷款利息，直到最终一次性还清贷款。参阅图 8-2，对比不同利率条件下，贷款持续一年和持续四年时你要支付的利息。如果你能在一年后把贷款还清，你只需要支付一次年化利息，所以支付的利息总额就是第二列的金额。如果你要四年后才能把贷款还清，你就需要支付四次年化利息，所以支付的利息总额就是第三列的金额。好好看看如果把贷款拖上四年，要多付多少利息！

单利利率（%）	每年利息（美元）	四年利息总和（美元）
6	600	2 400
8	800	3 200
10	1 000	4 000
12	1 200	4 800
14	1 400	5 200
16	1 600	6 400
18	1 800	7 200
20	2 000	8 000

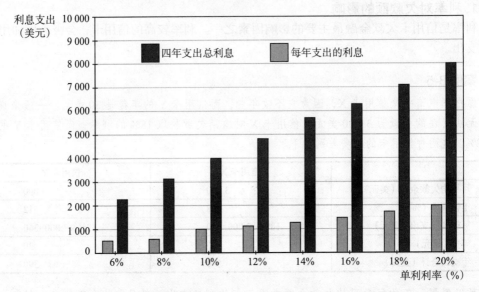

图 8-2 利率怎样影响利息支出（假设贷款额 10 000 美元）

3. 用计算器测算还款

对账单会告诉你，如果每次只支付最低还款额，需要多少个月（或者年）才能还清欠款。对账单同样会告诉你，如果每次只支付最低还款额，一共需要还多少钱，其中本金和利息各是多少。此外，对账单上也会显示，如果你准备在三年内还清欠款，每月要还多少钱，其中利息成本是多少，以及这样做比只支付最低还款额能省多少钱。如果你想了解更多的还款信息，比如每月还 85 美元会怎么样等，可以访问相关网站，比如 http://www.federalreserve.gov 等，利用它们提供的计算器来测算。

8.3 审核你的信用卡对账单

持卡人在账单周期结束后一般都会收到信用卡对账单。对账单会列明在此期间你用这张信用卡实施的所有交易情况，以及此前未偿还的欠款余额。

信用卡对账单包含以下内容：

- **前期余额**（previous balance）。在之前的信用卡对账单中产生并延续到本期的金额。
- **交易**（purchases）。本月使用信用卡交易的金额。
- **预借现金**（cash advances）。本月用信用卡账户开立支票与在 ATM 取现的总金额。
- **还款**（payments）。你在这个账单周期内向融资机构还款的金额。

- **融资费**（finance charge）。超过免息期的欠款及预借现金产生的融资费。
- **新余额**（new balance）。你现在对融资机构的欠款。
- **最低还款额**（minimum payment）。你必须偿还的最低金额。
- **还款计划**（pay off the balance）。如果你每月只偿还最低还款额，还清欠款所需的月数，以及三年内还清欠款，每月应偿还的金额。
- **利息和费用**（interest and fees）。今年到目前为止已经收取的利息和各项费用。

案例 8-6

假设你上个月刷卡交易产生了 700 美元欠款，没有还清。在接下来的还款周期，你还了 200 美元，又刷卡消费了 100 美元。由于你有 500 美元欠款没有还清，就产生了融资费。假设发卡机构的月利率是 1.5%，采用调整余额法计算融资费（由此产生的融资费为 7.5 美元）。你的信用卡对账单如表 A 所示：

如果你在这个账单周期还清了前期余额（700 美元），你的信用卡对账单如表 B 所示。

表 A			表 B		
前期余额（美元）		700.00	前期余额（美元）		700.00
+ 新交易（美元）	100.00		+ 新交易（美元）	100.00	
+ 预借现金（美元）	0		+ 预借现金（美元）	0	
− 还款（美元）	200.00		− 还款（美元）	700.00	
+ 融资费（美元）	7.50		+ 融资费（美元）	0	
= 新余额（美元）		607.50	= 新余额（美元）		100.00

所以，如果你偿还 700 美元而不是 200 美元，你就不需要动用发卡机构的融资，也无须支付融资费。于是，这个账单周期末的余额就只有这段时期新增的交易金额。

每当你收到账户的对账单，一定要对它进行彻查以杜绝一切错误。里面可能会有计算错误、对一笔交易的重复扣费、盗刷产生的费用，或者交易金额错误等。根据《消费者保护法》，你有权对这些错误提出抗辩。

你可以给发卡方打电话，但为了保护自身权益，最好在相关错误信息出账后 60 天内给对方寄一份书面通知。按照对账单上的账务咨询地址，用挂号信给对方寄过去。（注意，不要把信寄到接受还款支票的地址。）说明问题的情况，最好能附上相关的收据复印件。发卡方必须在收到来信后 30 天内给你答复。接下来，它有 90 天时间调查问题。在问题解决之前，你无须支付有争议的款项，但仍须支付对账单上没有争议的其他款项。如果发卡方发现确实是它们的问题，会把相关费用从你的账单中扣除。如果调查显示对账单并无错误，发卡方也要给你寄一份书面说明。

8.4 信用卡相关法规

过去，有的信用卡公司收取额外的费用或没有充分披露收费条件。现在，有了相应的规范保证消费者得到更好的对待，并要求信用卡合同更加透明。

8.4.1 《信用卡法案》

美国国会通过了《2009 年信用卡业务相关责任和信息披露法案》（也被称为《信用卡法案》），以确保使用信用卡服务的消费者得到公正的对待，并能获得关于信用卡合同中关于收费和其他条款的充分信息。该法案于 2010 年生效，包含了大量保护公众的条款。本章在前面已经提到了其中的一些条款，但下面的内容是最重要的。

1. 收费条件

信用卡公司必须向潜在的持卡人清晰地披露收取费用的条件。如果发卡人修改了收费结构，必须至少提前 45 天披露这一信息。费用不能超过初始信用额度的 25%。禁止对睡眠卡收费。

2. 利率变动的提前通知

信用卡公司不能提高以往交易已经产生的欠款的利率。比如说，你去年用信用卡买了很多东西，至今还有钱没有还清，信用卡公司不能提高你欠款的利率。如果信用卡公司决定提高利率，它必须提前 45 天通知你，而且提高后的利率只适用于为新交易提供的信贷，不适用于已经产生的信贷。

3. 促销利率指引

为促使新人办卡而宣传的促销利率必须清晰地披露交易细节。此外，促销利率的期限不能少于六个月。

4. 支付期

从对账单的出单日起算，持卡人应当有不少于 21 天的时间办理还款。

5. 信用额度

除非持卡人明确要求发卡方提供超限保护方案，否则交易金额超出信用额度时不应当被收取超限费。该条款防止了持卡人在不知道自己超限的情况下被收费。

6. 逾期余额偿还披露

信用卡对账单上必须说明，如果持卡人每月只偿还最低还款额，需要多长时间才能还清当前欠款。

7. 对 21 岁以下的年轻持卡人的行为限制

年龄低于 21 岁的年轻人必须提供收入证明，或者有一位成年人提供信用担保，才能申请信用卡。其目的在于把年轻消费者的信用额度限制在他们能够承担的水平上。禁止信用卡公司向申请信用卡的大学生赠送礼物。

8. 小结

《信用卡法案》对持卡人和信用卡公司都有重大影响。总的来说，①确保更完全的信息披露，以便持卡人理解各种条件；②减少持卡人支付的费用；③限制信用卡公司提高利率的频率。

8.4.2　消费者金融保护局

2008 ～ 2009 年金融危机期间，有些消费者借钱（按揭贷款、信用卡债务，以及其他形式的信贷）的时候被金融机构的服务条款所误导。《金融改革法案》（也被称为《多德－弗兰克华尔街改革和消费者保护法》）于 2010 年通过，防止在授信过程中的欺诈。作为《金融改革法案》的一部分，消费者金融保护局（CFPB）于 2010 年成立。它的首要目标是执行消费者金融法规（比如说《信用卡法案》的规定），确保需要金融服务的消费者得到公正的对待。

消费者金融保护局也致力于确保消费者在做出金融决策时获得充分的信息披露。它有权制订细则，保障消费者得到恰当对待的权利，防止金融机构的欺诈行为。

8.5　信用卡使用诀窍

因为你很可能有一张或多张信用卡，掌握这些诀窍可以让你更好地用卡，而且不用担心产生额外的成本。

8.5.1 只在能够清偿账单的情况下用信用卡

把信用卡视为一种便利化工具，而不是融资工具。除非你在收到对账单时有充足的现金付清欠款，否则就不要用信用卡付款。这种给自己设置的信用额度如图 8-3 所示。你预期的现金流入和各种必要的支出之间的差额，就是你用信用卡的上限，这样才能保证收到账单后有能力清偿欠款。

图 8-3　基于每月现金流入为自己设置的信用额度

8.5.2 压低信用额度

你可以考虑设置一个更低的信用额度，把它纳入你的预算，以保证每月能省出一笔钱用于储蓄或投资，如图 8-4 所示。在确定每月信用卡消费金额的上限时，除了扣除所有预期的现金、支票及在线支出外，还要留够储蓄金额。

你还可以让信用卡公司调低你的信用额度来限制支出。你还可以考虑使用那些出售生活必需品的公司提供的信用卡，比如加油站或家居维修商店，然后把那些通用信用卡注销。但是要记住，如果你还有负债，减少信用额度会降低你的信用评分，因为你的债务信用比例提高了。其实，自己把卡剪掉比让信用卡公司注销更好，但你不能申请补寄新卡。

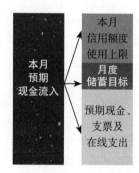

图 8-4　基于每月现金流入储蓄目标为自己设置的信用额度

8.5.3 经济衰退时降低信用额度

经济衰退时，你的现金流入可能会减少。你的雇主可能会减少你的工作时间，使你的收入减少。2008 ～ 2009 年金融危机期间，许多人丢了工作。所以，他们不但开销更加依赖信用卡，而且没有了收入来源，无法还款。更何况，他们的投资（如果他们有的话）在此期间产生的收益更少。

这给我们的教训是经济形势恶化时，减少对信用消费的依赖，你就能少受金融问题的困扰。为了应付收入的缩水，可以主动降低信用额度。这样，即使你的收入减少了，也能按时还清欠款。

一个极端的对策是注销所有的信用卡，所有开销都使用现金、支票或在线支付。有些人在使用现金支付时，对开支更加克制，因为他们意识到每次购买都要把钱付出去。但是在使用信用卡的时候，他们似乎没有这样的切肤之痛，感觉那不过是在小票上签字。你还可以考虑剪卡而不是销卡，因为这样做不会对你的信用评分造成负面影响。

8.5.4 先还清欠款再考虑投资

当你有信用卡利息要支付时，你的融资成本要远高于各种货币市场投资为你创造的收益。所以，在你开展任何投资以前，一定要把信用卡欠款还清。

一般来说，如果你有钱，就不要欠信用卡的债。你的投资收益多半比不上拖欠信用卡债务产生的利息。如果仅仅是为了不必携带现金的便利，借记卡才是更好的选择。

有的人宁愿把他们的钱投入有风险的投资（比如股票），也不想把信用卡欠款还清。他们肯定是以为投资的回报会高于融资成本。虽然有些投资在特定的时期确实产生过巨额回报，但要持续获得高于信用卡利率的回报难度非常大。如果你有这样的冲动，要拿本该偿还信用卡账单费用的钱投资，就想想这个逻辑关系。如果你用这些钱把信用卡账单还清了，你就不必支付大约 20% 的利息。所以，偿还信用卡欠款这就相当于你用这笔钱赚了 20% 的利息。

案例 8-7

史蒂芬尼·斯普拉特收到了 700 美元的信用卡对账单，逾期欠款余额要收取年化 20% 的利息。史蒂芬尼的支票账户的存款足够还清信用卡债务，但她也在考虑要不要使用循环贷款。如果她先还 100 美元，其余的 600 美元一年后再还，她要支付的利息就是：

$$利息 = 借款额 \times 利率$$
$$= \$600 \times 0.20$$
$$= \$120$$

她可以先不还钱，把这 600 美元存入储蓄账户。一年后，按 3% 的年利率计，600 美元的存款会变成 618 美元。计算方法如下：

$$存款利息 = 存款本金 \times 利率$$
$$= \$600 \times 0.03$$
$$= \$18$$

她的信用卡欠款利息（120 美元）超过储蓄账户利息（18 美元）102 美元。史蒂芬尼决定先用她的钱把信用卡账单还了。还款意味着她放弃了这些钱可能获得的 3% 的机会成本，但同时避免了 20% 的信用卡债务利息。这样做，她的财富会比欠着信用卡的钱在储蓄账户存款多出 102 美元。虽然她用这些钱进行高风险投资可能收益更多，但偿还信用卡欠款至少能保证少付 20% 的利息。

如果你的现金流入不足以支付信用卡账单费用，你就算是提取存款（如果没有提前支取的罚款）也要把钱还上。

8.5.5   信用卡债务优先偿还

如果你实在没办法还清当月的信用卡借款，接下来就该停止所有不必要的开支，争取早日还清欠款。如果还有其他逾期欠款，你也应该先把信用卡欠款还掉（假设信用卡利息的利率是最高的）。另外，即使你不能把所有欠债还清，能多还一点是一点，尽量减少融资费。

如果可能，你甚至应该申请住房净值贷款（将在第 9 章讨论）来偿还信用卡账单费用，以规避高昂的信用卡利息支出。当然，实际这个策略的前提是你欠了很多信用卡债务（比如好几千美元），而且住房净值贷款的利率要比信用卡低。

8.5.6   不必理会信用修复服务

提供信用修复服务的公司声称能够解决你的信用问题。比如说，它们可能帮你改正信用报告中的错误。但是，这种事你自己也可以做，根本不需要付钱找它们做。如果你没有按时还款或者贷款违约，信用修复服务是无权把这种信用信息从报告中删除的。

8.5.7   消除过多的信贷余额

如果你发现自己欠的钱太多，可以采取以下步骤。第一，缩衣节食。第二，想办法筹集资金，还清当月账单费用或拖欠款项。如果现在还没有工作，就去找份工作；如果已经有工作了，就多加加班。但如果你是学生，可别为打工耽误学业。

一个可行的解决方案是向家人借钱。这下，你可能需要向家人还月供，但这总好过欠信用卡的钱，因为可以少还点钱。另外一个可行的方法是向金融机构申请一笔债务合并贷款。明确的强制性贷款偿还计划比每月满足最低还款额的约束性更强。如果不打算贷款，你仍然要克制自己，让每月还款金额超过信用卡最低还款额。

你甚至可以考虑出售一些资产套现，比如把比较新的车换成一辆旧车。当然，现在也应该勒紧裤腰带过日子了。比如说，如果你每月智能手机的通信费很高，最好换一个便宜的套餐。如果你住的公寓是自己的，可以考虑找个室友。

如果想尽一切办法都不行，你就只能申请个人破产了。到这时，你要向法庭提交一份计划，偿还至少一部分债务，支付律师和法庭的费用。有两种个人破产方法，一种是破产法第7章规定的资产清算，另一种是第13章规定的债务延期偿付法。第七章允许免除所有债务，但你要交出所有资产用于偿债。根据第13章，你可以保留自己的财产，但必须把财务控制权交给破产法庭。法庭根据你拥有的金融资源，通过一个3～5年的还款方案，在此期间债务不产生利息。个人破产是别无选择条件下的最后手段。

8.6　怎样把信用管理纳入你的理财规划

下面是你在理财规划中要考虑的关键信用管理决策：

- 你给信用卡设置多少额度？
- 什么情况下需要使用信贷？

通过恰当的决策，你可以防止滥用信贷，实现流动资产收益最大化。图8-5展示了信用管理应用于史蒂芬尼·斯普拉特的理财规划。

信用管理的目标

1. 为我的信用卡设置额度，以确保每月都能清偿账单费用。
2. 制定避免支付信用卡利息的政策。

分析

月度现金流入	$2 500
− 常规月度支出（支票支付）	−1 400
= 可支配资金	1 100

流动资金	余额	年化利率（%）
现金	$100	0
支票账户余额	800	0
货币市场基金	400	3.0
一个月期存单	1 200	4.3
信用卡余额	600	20.0

决策

1. 关于信用额度的决策

　　扣除了以支票支付的常规开支后，我每月的工资还能剩下1 100美元，这就是我能用信用卡消费的上限。所以我给信用卡设置的信用额度就是1 100美元。等我以后的工资上涨了，我会考虑提高额度，但仍以我能清偿每月账单费用为限。

2. 关于清偿信贷余额的决策

　　在现行的利率条件下，存款利率远低于信用卡利率。所以，我一定要每月清偿信用卡账单费用，哪怕提取存款也决不拖欠。

图 8-5　信用管理在史蒂芬尼·斯普拉特的理财规划中的应用

讨论题

1. 如果史蒂芬尼是一个带着两个孩子的单身妈妈，她的信用管理决策会有什么不一样？

2. 如果史蒂芬尼现在已经35岁，年龄会对她的信用管理决策产生怎样的影响？50岁呢？

小结

1. 信用卡

使用信用消费的一个优点是你可以购买一般来说买不起的产品或服务。而它的缺点则是买得到东西却还不起债。有的人信用消费过度，无力偿还，导致他们未来再无法获得信贷。个人在申请信贷的时候，要提供关于现金流入（收入）、现金流出（支出习惯），以及担保等方面的信息。授信者也会审查你的信用报告，里面有征信机构收集的个人信用记录信息。

不同的信用卡由维萨、万事达、运通、自营商户（比如彭尼百货）或其他机构发行。它们之间的差别还体现在信用额度、年费、逾期欠款利率、是否允许预借现金，以及奖励计划等方面。

2. 信贷偿还

认真分析信贷偿还问题，你会发现高利率对欠款金额的影响。另外，如果迟迟不能还清欠款，你的用卡成本会大幅度提高。

3. 信用卡对账单

信用卡对账单上记载了你的前期余额、交易和预借现金情况、近期还款情况、融资费（如果有）、新的余额、最低还款额、按最低额度还款的清偿期限，以及三年清偿所需的每月还款额。

4. 信用卡法规

2009年通过的《2009年信用卡业务相关责任和信息披露法案》（也被称为《信用卡法案》），旨在确保使用信用卡服务的消费者得到公正的对待，并能获得关于信用卡合同中关于收费和其他条款的充分信息。

5. 信用卡使用诀窍

使用信用卡要自律。你要给自己设置使用额度，不能完全以发卡机构给你的额度为限。你要尽量避免支付融资成本。只要有可能，哪怕当月收入不足，动用存款也要还清每期的账单费用。

6. 怎样把信用管理纳入你的理财规划

虽然有信贷可用是好事，但该用多少要靠自律。这样，以后你还有机会得到更多信用，帮助你实现财务目标。

复习题

1. **信用卡**　使用信用卡有哪三项优点？你能想到它的一些缺点吗？

2. **申请信用卡**　你在申请信用卡的时候需要提交哪些个人信息？授信者关注申请人的哪些特点？你申请信用卡是否需要具备所有这些特点？

3. **零售信用卡**　说明万事达或维萨卡和零售（专享）信用卡之间的差别。使用零售信用卡有什么好处？它最大的缺点又是什么？

4. **信用额度**　什么是信用额度？怎样提高你的信用额度？

5. **信用卡费**　你怎样才能免缴信用卡收取的年费？

6. **用卡激励计划**　讨论信用卡有哪些激励用卡的手段？对于高端持卡人，还有哪些其他做法？

7. **宽限期**　什么是宽限期？你该怎么利用它？

8. **融资费**　什么情况下信用交易会产生融资费？信用卡利率一般在哪个范围内？

9. **预借现金**　什么是预借现金？具体该怎么做？预借现金的利率和宽限期与交易有什么不同？

10. **单利**　利率对你的信贷还款有什么影响？什么是单利？什么是年化百分率？它用在什么情况下？

11. **信用卡对账单**　列举信用卡对账单上常见的项目。哪些项目导致你的前期余额和新余额的不同？

12. **信用卡比较**　对不同信用卡进行比较时，要考虑哪些因素？

13. **使用信用卡**　列举合理使用信用卡的五个诀窍。

14. **信用卡作为资金来源**　你是否应当把信用卡视为资金来源？为什么？为什么你给自己设置的可用额度要比正常的信用额度低？

15. **信用卡余额**　为什么全额偿还账单费用非常重要？如果信用卡欠款不可避免，你该怎么办？请说明。

16. **信用管理决策**　你在理财规划中应纳入什么样的信用管理决策。

17. **信用卡使用**　讨论哪些对信用卡收费的行为会影响你的财务规划。

18. **信用卡融资费**　金融机构有哪三种方法计算信用卡逾期余额的融资费？简要说明怎样用这三种方法分别计算利息。

19. **信用卡额度**　说明怎样设置自己的信用卡使用额度。

20. **信用卡利息**　比较常规的货币市场投资与信用卡的利率。

21. **处理过高的信用卡余额**　提出几种可行的方法，减少信用卡欠款余额。

22. **《信用卡法案》**　说明《信用卡法案》的几个宗旨。

23. **消费者金融保护局**　说明消费者金融保护局的职能。

24. **保障卡**　保障信用卡和标准信用卡有什么不同？什么情况下你会需要一张保障卡？

25. **预付费信用卡**　什么是预付费信用卡？它和保障信用卡有什么不同？

26. **超限保护**　什么是超限保护？说明为什么消费者应慎用这一功能？

27. **信用卡激励**　列举发卡方常用的鼓励你使用信用卡的激励措施。

28. **滞纳金**　说明《信用卡法案》对发卡方设置滞纳金的规定有哪些限制？

29. **预借现金**　说明为什么信用卡预借现金是一种高成本的融资手段？

30. **审核对账单**　为什么在支付账单费用前要审核信用卡对账单？如果你发现上面有错误，应该采取哪些行动？

31. **持卡人限制**　对不满 21 岁的持卡人有哪些限制条件？

理财规划练习题

1. **应付利息**　你刚借了 7 500 美元，单利 8%。每年要付多少利息？

2. **信用卡费用和融资**　杰洛德想申请信用卡，他把选择范围缩小到两种。A 卡的年化百分率为 21%，B 卡的年化百分率为 14%，但要收 25 美元的年费。杰洛德不能还清每期的账单费用，会保持 400 美元左右的欠款。他应该选择哪种卡？

3. **信用卡还款条件**　保罗的信用卡每月 3 日出账，30 日账单到期。如果保罗 6 月 12 买了一套 300 美元的立体声系统，他能享受多少天的免息期？如果他不想付利息，最迟什么时候要把账款付清？

4. **信用卡融资**　克里斯有一张利率为 15% 的信用卡。她的欠款通常是 500 美元。她每年要支付多少利息？

5. **信用卡利息**　玛姬这个月开销很大。首先，她去看牙医花了 700 美元；接着，她又给汽车换了个变速箱，花了 1 400 美元。这两笔计划外支出她都是用信用卡付的钱。如果她不能按时还清账单费用，欠款利率是 15%。玛姬有一笔存款在货币市场账户，利率是 5%。如果她不能及时还款，要支付多少（年化）利息？如果她从货币市场账户取款偿还账单，会损失多少利息收入？她应该还款吗？

6. **信用卡融资费**　特洛伊的信用卡对逾期欠款和预借现金收取 18% 的利息，账单日是每月第一天。上个月特洛伊有 200 美元的未结清余额。这个月他又提现 150 美元，还买了 325 美元的东西。他还了 220 美元。加上融资费，下一次他的对账单余额会是多少？

7. **信用卡余额**　艾琳是个大学生，她一直把信用卡作为一个资金来源。她已经把 6 000 美元的额度都刷爆了。艾琳不想让信用卡欠款再增加了，但她上次买车时申请的贷款就因为信用卡债务被拒。她的信用卡对逾期欠款收 20% 的利息。如果艾琳的信用卡债务不减少，每年要付给信用卡公司多少钱？

8. **信用卡利息**　（接上题）艾琳想买一辆价值 12 000 美元的汽车。假设她没有信用卡债务，而是把上题中支付的利息作为存款攒起来，获得 8% 的投资收益，需要多长时间才能积攒足够的钱把车全款买下来？（本题需要使用财务计算器。）

9. **道德困境**　陈刚刚从大学毕业，在一个新的城市找到工作。他发现要给自己的公寓购置家具的成本远比计划的要高。为了完成安家大计，他申请了一张额度为 5 000 美元的信用卡。陈计划用六个月时间还清欠款。

　　在接下来的六个月里，陈不得不面对职场新人的各项支出，勉强维持着每月的最低还款。不仅如此，他还把自己的卡刷爆了。今天下班回到家，陈见到信用卡公司寄来的一封信，告诉他由于以往的用卡表现良好而且从未延误还款，信用额度可以提升到 10 000 美元。

（1）请讨论，信用卡公司给只能支付最低还款额，而且欠款已经满额的持卡人提升信用额度的做法是否道德。

（2）陈是否应该接受信用卡公司的好意？

理财心理：使用你的信用卡

　　对许多人来说，购物时使用信用卡付款带来的痛苦比使用现金要小，哪怕支付的金额是完全一样的。使用信用卡时感觉就好像没花钱，而使用现金则表明能花的钱更少了。所以，在使用现金时，做出到底要不要买的决定会更加慎重。

1. 说说你对这个话题的看法。你用信用卡是不是也觉得没那么痛苦？你在需要使用现金支付的时候会不会更加深思熟虑？

2. 阅读一篇关于心理因素如何影响信用卡使用的文章。你可以上网搜索关键词"心理"和"信用卡使用"来检索相关文章。阅读后总结文章主要观点。

系列案例：辛普森一家

　　辛普森一家的信用卡有大约 2 000 美元的逾期欠款。他们总是按最低还款额偿还到期款项，然后把节省下来的钱存起来，准备买车和供孩子们上大学。到目前为止，他们已经攒了 2 000 美元，存款利率为 1%。与此同时，他们的信用卡利率是 18%。戴夫和莎伦想评估一下，他们这样一边存款一边支付信用卡利息到底划不划算。

1. 给辛普森一家提建议，告诉他们应该继续维持信用卡最低还款，还是把存款取出来还清信用卡欠款。

2. 向辛普森一家解释，信用卡决策和他们的预算之间的关系。

第二部分系列案例

布莱德·布鲁克斯很感激你帮他准备个人财务报表，以及关于改善个人财务状况的建议。他还希望得到你更多的指导。首先，他想知道选择银行和证券经纪公司要注意哪些因素。他对金融机构最大的期待是协助他开展投资和现金管理。他觉得储蓄账户很没意思，也不打算开一个，因为它的利率实在太低了。

布莱德也很在意他的流动性。他的信用卡（年费35美元，利率18%）有10 000美元的额度，但已经没剩多少了。他不想把股票卖掉套现，去偿还部分信用卡欠款；他相信自己的股票未来几年每年能产生10%的收益。所以，他不想放弃这个收益去还信用卡。

1. 假设你可以说服布莱德开立支票账户、储蓄账户和养老账户，讨论在各种金融机构开立这几种账户的优缺点。对布莱德认为金融机构最重要的功能是理财顾问的观点进行评价。

2. 即使布莱德的股票每年收益率为10%，信用卡的利率是18%。到底是应该持有股票还是套现了还清信用卡欠款呢？布莱德有没有必要再申请一张信用卡呢？

3. 你的建议会不会有所不同，如果布莱德已经：

（1）45岁；

（2）60岁。

4. 在布莱德的谈话中，你提到日益严重的身份盗用问题。布莱德对此很在意。在向他提了几个问题之后，你发现：

（1）为了方便，布莱德把他的驾照号码印在支票上。他几乎所有的付款都是开支票，包括在当地商户买东西。他有一张借记卡，但几乎从来不用。

（2）因为布莱德上下班路上要经过邮局，他申请了一个邮政信箱，寄信付款都在邮局办理。

（3）布莱德的钱包里有好几张信用卡，但平时只使用其中一张。他随身带自己的社会保障卡，因为他总是记不住自己的社会保障号码。

（4）布莱德在他的旧发票、信用卡对账单、银行对账单过了规定的保存期后，把它们送去回收再利用。

（5）布莱德几乎每次打电话都是用他的智能手机，包括订购商品和用信用卡支付。

就身份盗用问题对以上情况进行点评，如有必要提出改进建议，减少其身份被盗用的风险。

5. 整理你的结论和建议，给布莱德准备一份口头或书面报告。

P 第三部分
PART 3

个 人 融 资

本部分各章介绍了使用信用获取资金支持开销的方法。第9章介绍了在购买汽车这样的大件商品时，获得个人贷款的过程，以及与贷款有关的决策。第10章介绍了购房按揭贷款的过程，以及与按揭贷款有关的决策。相关决策中涉及的要不要借钱、借多少以及怎么借的问题都会影响你的现金流与财富。

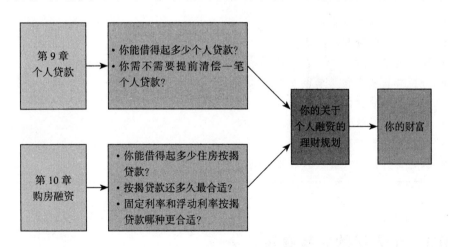

第9章 个人贷款

引导案例

凯伦发现她的汽车有好几处严重故障，不能再开了，她决定租赁一辆新车。最初的 15 000 英里[⊖]，她每月的租金是 499.35 美元；之后每英里收 0.25 美元。但是过了 18 个月，凯伦觉得每月付这么多租金一点也不划算，所以回到汽车销售商那里询问提前终止租约事宜。销售商告诉她，如果想退租，就要付 7 350 美元。现在，凯伦实际上只有两个选择：要么全款把车买下来，要么继续履行为期三年的租约。退租实在不是一个可行的选项。

你在未来也可能面临类似的决策。"是租，还是买"的决定只能在签署租约或实施购买之前做出。一旦你采取了行动，接下来就只能硬着头皮坚持到底。

本章的话题是你如何使用个人贷款为购买大件商品融资。关于要不要申请个人贷款、向谁申请、借多少钱，以及借多久之类的决策会对你的财务状况产生重大影响。

本章学习目标

- 介绍个人贷款的背景知识
- 介绍个人贷款利率的类型
- 讨论汽车贷款
- 分析贷款买车和汽车租赁的优劣
- 介绍助学贷款的主要特点
- 介绍住房净值贷款
- 介绍发薪日贷款
- 探讨怎样把个人贷款纳入理财规划

9.1 个人贷款的背景知识

消费者经常在购买汽车或大修住房之类的重大开支时办理个人贷款。与获取信用卡信贷不同，个人贷款一般是用于为大项购买融资，而且有明确的还款计划。贷款在你实施购买的时候提供，和你的首付款一起完成对全部价款的支付。接下来，你就要分期偿还个人贷款，

⊖ 1 英里 =1.609 344 千米。

比如在未来的 48 个月逐月偿还。

9.1.1　个人贷款的途径

获取个人贷款的第一步是了解可能的融资途径，比较各家的贷款条件。常见的个人贷款途径包括金融机构、亲友，以及点对点借款。在你开始贷款申请之前，你要先审阅自己的信用报告，确保里面没有任何错误信息。

1. 金融机构

个人贷款最常见的来源是金融机构。商业银行、储蓄机构和信用社都提供个人贷款。它们吸纳存款人的资金，向借款人放贷。

金融公司也提供个人贷款。有些金融公司是汽车制造商的子公司，专为买车提供融资。

2. 亲戚或朋友

另一个可选的融资来源是向一位或多位亲戚或朋友借钱。如果他们相信你会按时足额还钱，也许会愿意按存款利率把钱借给你。你也可以按比存款稍微高一点的利率向他们借钱。不管怎么说，向亲友借钱的成本总是比向金融机构借钱要低。为了防止以后发生争议，参与借钱的各方都要在书面借条上签字确认。

3. 点对点借款

信用记录良好的人还有一种选择，就是通过网络平台申请点对点（P2P）借款。目前最大的 P2P 平台是 Lending Club 和 Prosper，它们每年实现的融资额超过 10 亿美元。在 P2P 借款中，资金由个人投资者而非金融机构提供；借款金额 1 000 ～ 35 000 美元不等；利率一般低于向金融机构贷款的利率。即使借款人要支付贷款发放费，总成本还是比向金融机构借款要低。贷款期限在 3 ～ 5 年，要求每月偿还。

想要贷款的人先在 P2P 借款网站注册，提交你的信用报告和 FICO 评分。FICO 评分在很大程度上决定了你能借款的金额和利率。P2P 借款者的平均 FICO 评分在 700 左右。大多数 P2P 借款人用借来钱偿还其他贷款或信用卡欠款。

9.1.2　评估贷款的合理性

在申请贷款之前，你要评估是否有贷款的必要。即使你能贷到款，它未必是个好主意。一旦贷了款，你在接下来很长一段时间内就要持续还钱。这意味着你要把每月收入的一部分用来还贷，而不能用来买别的东西。比如说，如果你只是想要一辆代步的汽车，贷款 2 000 美元就是合理的。但是，如果贷款 30 000 美元买一辆大排量的新车，合理性就值得商榷了。这样一笔大额贷款会让你每月的可支配收入大幅度缩水，不得不勒紧裤腰带过日子。

如果你不能保证每月有稳定的收入用于还款，就不应该贷款。经济不景气的时候，裁员是家常便饭。你能设想欠着一屁股债却找不到工作的情形吗？你拿什么还贷？你还能从其他地方搞到钱还贷吗？

9.1.3　个人贷款过程

向金融机构申请个人贷款的步骤包括填写申请表，商议贷款协议条款，以及就利率讨价还价。图 9-1 是一张贷款申请表的样张。

1. 申请步骤

在申请贷款时，你要提供个人资产负债表和个人现金流量表中的信息，证明自己的还贷能力。

贷款申请表

I. 贷款要求

贷款用途：

_____

贷款金额：_____

贷款期限（还款年数或月数）：_____

II. 申请人基本信息

姓名：_____

住址：_____

电话号码：_____

社会保障号码：_____

III. 申请人财务状况

主要银行：_____

职业：_____

月收入：_____

工作单位：_____

单位地址：_____

资产　　　　　　　　　　　　　价值

_____　　_____

_____　　_____

_____　　_____

_____　　_____

资产总价值　　　　　　　　　　　_____

负债

_____　　_____

_____　　_____

_____　　_____

_____　　_____

欠债总金额

图 9-1　贷款申请表样张

- **个人资产负债表**（personal balance sheet）。第 2 章中介绍过，个人资产负债表描述了你的财务状况。个人资产负债表记录了你在特定时点上的资产、负债与净值。资产与还贷的关系在于它们可以作为贷款的抵押物；负债与还贷的关系在于它们代表了你现在的债务。

- **个人现金流量表**（personal cash flow statement）。第 2 章中也讲过，个人现金流量表也描述了你的财务状况的另外一个方面。这份报表记录了你一段时期内的现金流入与现金流出，从而可以得出你有多少可自由支配的资金。放贷人利用这些现金流信息判断你是否符合贷款条件；如果符合基本条件，最多可以借给你多少钱。还有未还清贷款或拖欠信用卡债务的人可能没有足够的现金流偿还新的贷款。

对于大多数准备借款的人来说，他们的个人现金流量表中最关键的部分就是收入。放贷人会要求提供收入证明，比如报税表或者工资证明。

2. 贷款合同

如果放贷人批准了你的贷款申请，接下来会和你商定一份**贷款合同**（loan contract），明确借贷双方的责任。最重要的项目包括贷款额、利率、还款计划以及担保。

- **贷款额**（amount of the loan）。贷款额取决于放贷人认为你未来有多少还款能力。你只需要借你认为自己需要的金额就够了，借得越多要支付的利息越多。

- **利率**（interest rate）。利率的重要性在于它决定了个人贷款的成本。合同中必须明确利率。本章后文中将进一步探讨有关利率的问题。

- **还款计划**（loan repayment schedule）。个人贷款通常采用分期偿还的方式，也就是说本金（初始贷款额）会拆分成若干部分，在一段时间内每期偿还相等的金额。每期的还款额都包括利息和一部分本金。随着本金逐渐得到偿还，还款额中的利息也逐渐减少，本金的比重则相应增大。

- **期限**（maturity）。贷款协议会列明期限，或者叫贷款周期。贷款期限越长，每期还款额（月供）越少，还款越轻松。比如说，贷款额为 16 000 美元，分五年偿还比分四年偿还的月供少 100 美元左右。但是，多还一年贷款，也意味着要支付更多的利息。一般来说，只要能保持充足的流动性，贷款期限越短越好。如果在还款期你有余钱，应该优先考虑提前还贷，原因有二：第一，提前还款可以减少利息支出；第二，你可以把用来支付月供的钱省下来。但是，在提前还款以前，要先审阅一遍贷款协议，确保提前还款不需要付罚款。放贷人有时会规定提前还款要付罚款，因为提前还款就意味着它们要少收利息。所以，在申请贷款之前，一定要问清楚提前还款有没有罚款。如果有的话，争取在谈判中把它取消，或者干脆另找他人。

- **担保**（collateral）。担保是借款人违约时可以用来充抵债务的资产。有保障或担保的贷款被称为**担保贷款**（secured loan）；而没有保障或担保的贷款被称为**无担保贷款**（unsecured loan）。一般来说，担保贷款的条件更有利（比如说利率更低），因为在你违约的情况下放贷人遭受损失的可能性较小。

如果是担保贷款，合同中会对担保物做出说明。如果贷款用于购买某项特定资产，这项资产往往就是担保物。比如说，如果你用部分融资的方式买一条游艇，这条游艇就是担保物。也就是说，如果你不能按时还款，放贷人就可以处置这条游艇。有的贷款担保物未必是购买的物品本身。比如说，游艇的贷款可以用你的股票来担保。

有的个人贷款以借款人的住房为担保，这些贷款一般被称为住房净值贷款，发放的款项可以用于任何用途。本章后面还将详细介绍住房净值贷款。

3. 担保人

有的借款人单凭自己是无法获得贷款的，除非有其他信用记录更好的人愿意为他们担保。如果借款人不还贷，担保人要承担剩余的还款责任。如果借款人违约而担保人又不肯承担责任，放贷人有权起诉担保人，或者查扣他的资产，就好像他是借款人一样。在这种情况下，担保人的信用记录就会受到负面影响。另外，替别人担保会减少担保人自己可以借款的额度。所以，如果你要给别人提供担保，一定要充分信任那个借款人，而且自己在短期内没有借钱的需要。

在贷款时，你可以采取一系列措施保护自己的利益。如果放贷人对你表现得非常强硬，一定要特别警惕。只能提供短期贷款，或者收取申请费的放贷人都是不可靠的。在签署贷款协议前，一定要搞明白所有的贷款条件。如果实在不能获得满意的贷款条件，你就需要重新考虑此时贷款的必要性。

9.2 个人贷款利率

金融机构对个人贷款计息时，最常用的三种利率模式是年化百分率、单利和追加利息。

9.2.1 年化百分率

1969 年的《贷款条件表示法案》规定，放贷人必须公布一个标准化的利率，可用于计算整个贷款周期的利息支出。这个规定方便你对不同放贷人货比三家，选择最好的条件。年化百分率表示贷款一年的全部融资支出（包括利息和其他支出）。

☞ **案例 9-1**

假设你想借 2 000 美元一年，可以在银行 A，B，C 中选择。银行 A 的利率是 10%；银行 B 的利率是 8%，但是在贷款发放时要收取 100 美元的手续费；银行 C 的利率是 6%，但是在贷款发放时要收取 200 美元的手续费。表 9-1 显示了它们的年化百分率。

在本例中，银行 A 的一年期 APR 是最低的。虽然看上去它的利率最高，但是因为它不收取其他费用，总的融资成本反而比较低。所以，它的贷款 APR 和利率是一样的；而银行 B 和银行 C 因为要收手续费，所以它们的 APR 比报出的利率要高得多。

表 9-1　用年化百分率衡量

	利息支出	其他融资支出	融资支出总额	年限	平均年度融资支出	年化百分率（APR）[1]
银行 A	$200	0	$200	1	$200	$200÷$2 000=10%
银行 B	160	$100	260	1	260	$260÷$2 000=13%
银行 C	120	200	320	1	320	$320÷$2 000=16%

[1]年化百分率的计算方法是用平均年度融资支出除以平均年度贷款余额。

9.2.2 单利

单利指利息的计算是以贷款额（或本金）乘以一个特定的百分比。衡量单利大小需要本金、适用的利率，以及贷款期限（年数）。还款计划可以很方便地用计算机或计算器算出来。或者，你使用网上的贷款计算器，输入贷款额、利率和期限，就能得到还款计划，包括下面的信息：

- 月供；
- 每期月供中包含的利息；
- 每期月供中包含的本金；
- 偿还每期月供后剩余的本金。

月供的多少取决于贷款的金额、利率和还款期限。贷款越多，月供越多；利率越高，月供越多；贷款金额和利率确定时，还款期越长，月供越少。但是，正如前面提到过的，还款期限越长，总的利息支出越多。

☞ **案例 9-2**

你以单利 12% 的年利率（月利率 1%）借了 2 000 美元的贷款，分 12 个月等额还款。根据这些信息，计算机算出了如表 9-2 所示的还款计划。如标题所示，月供为 177.70 美元。每期月供都包括当期产生的利息和一部分本金。在第一个月末，2 000 美元按 1% 的月利率产生的利息是：

$$产生的利息 = 剩余贷款余额 \times 利率$$

$$= \$2\,000 \times 0.01$$
$$= \$20$$

因为月供金额是 177.70 美元，当期的利息是 20 美元，余额（157.70 美元）就从本金中抵扣。一个月后本金的余额是：

$$本金的余额 = 期初本金余额 - 当期偿还本金$$
$$= \$2\,000 - \$157.70$$
$$= \$1\,842.30$$

到第二个月末，剩余本金按 1% 的利率产生的利息是：

$$产生的利息 = \$1\,842.30 \times 0.01$$
$$= \$18.42$$

可以用相同的方法计算接下来每个月产生的利息，然后用月供的余额偿还一部分本金。每过一个月，剩余的本金都会有所减少，所以下个月支付的利息也会减少。因为每个月的月供是不变的，所以其中包含的本金金额一直在增加。

表 9-2　还款计划示例（一年期贷款，利率 12%，月供 177.70 美元）　（单位：美元）

月数	利息	本金	本金余额
			2 000.00
1	20.00	157.70	1 842.30
2	18.42	159.28	1 683.02
3	16.83	160.87	1 522.16
4	15.22	162.48	1 359.68
5	13.60	164.10	1 195.58
6	11.96	165.74	1 029.84
7	10.30	167.40	862.44
8	8.63	169.07	693.37
9	6.94	170.76	522.61
10	5.23	172.47	350.13
11	3.50	174.20	175.94
12	1.76	175.94	0

9.2.3　追加利息

使用**追加利息法**（add-on interest method），计算月供金额时用贷款一年的利息额与本金之和，除以还款次数。

案例 9-3

还是用借 2 000 美元贷款一年的例子，但假设这次 12% 的年利率采用追加利息法计息。你首先要用贷款额乘以年化利率计算要支付的利息：

$$产生的利息 = 贷款本金 \times 利率$$
$$= \$2\,000 \times 0.12$$
$$= \$240$$

其次，把本金和利息相加，计算应还款总额：

$$应还款总额 = 贷款本金 + 利息$$

$$= \$2\ 000 + \$240$$
$$= \$2\ 240$$

最后，用应还款总额除以还款期数，计算月供：

$$月供 = \$2\ 240 \div 12$$
$$= \$186.67$$

请注意，用追加利息法计算出来的每期月供比单利多 9 美元左右。即使两种方法的利率相同，追加利息法的融资成本也更高。原因就在于，虽然你的贷款余额不断减少，但每期支付的利息并没有减少。

9.3　购车贷款

一种常见的个人贷款是购车贷款。在买车时你要做许多决策：花多少钱买车；买什么样的车；怎样压价；付全款还是贷款，以及是买车还是租车。本章会讨论这些决策。我们关注的第一个问题就是花多少钱买车，因为它会影响后面所有的其他决策。

9.3.1　花多少钱买车

🧠 **理财心理**

关于花多少钱买车的决策非常重要，因为它会影响你的预算和生活模式。在做出这个决策前，要想清楚这个选择会对你的其他支出和生活模式产生什么样的影响。

👉 **案例 9-4**

埃文刚上大学。他住在校园里，平时也只在校园里和附近的大学城活动。但他找到一份兼职后，就需要开车上班了。他的工作每个月可以挣 500 美元，他就打算靠这笔钱解决未来大学四年的所有支出。经销商告诉他，每月有 500 美元的收入，可以贷款购买一辆 22 000 美元左右的新车，还款四年，月供正好是 500 美元左右。埃文很想要一辆新车，但买新车会耗尽他打工挣到的钱。这样，他就没钱支付每月的学杂费和生活费了，而他打工的目的就是支付自己的大学费用。埃文意识到买新车的想法并不理智，因为他打工挣来的钱全都要花在这辆车上，还不如他干脆不打工也不买车。他决定，为了保留这份工作，他只能买 4 000 美元以下的车。这样，他接下来的四年每个月只要还 100 美元左右，他还把剩下来的 400 美元收入用在其他地方。

对于像埃文那样的大学生来说，在买车上的花费远远超出必要的主要原因之一就是太容易获得贷款了。许多学生决策的依据是他们有没有能力偿还贷款，而不是有没有这个需要。在刚刚拿到新车的时候，他们获得了巨大的满足感，但还来不及体验偿还巨额车贷的痛苦。他们也可能是受到攀比的压力（因为身边的朋友买了新车），就不去考虑未来车贷的月供会把他们榨干。无论是大学生还是其他消费者，做出购买决策的时候都会参考身边人的做法。如果你的朋友都借钱买了豪车，你也会说服自己，这样做是理所当然的，而忽视了它会限制你在其他方面的支出。

1. 考虑你的决策对预算有什么影响

在购买一辆豪车以前，先想想以后每月的车贷还款会对你的个人现金流量表产生什么样的影响。如果你没有足够的存款付清车价，而每个月要支付 500 美元车贷，去回顾一下自己的常规预算，想想要砍掉哪些开支来填补这个窟窿。你也许不得不取消春假，不再下馆子，不再去电影院。或者，你可以搬到一个更廉价的出租房，用省下来的房租补贴车贷月供。等你搞清楚为购买新车必须做出的这些牺牲，说不定就会改变主意，觉得这些钱还是花在其他地方更能享受生活。

2. 欠了车贷再透支信用卡

有些消费者可能会以为，贷款买车以后，如果不想让生活水平下降，可以通过刷信用卡消费，按最低还款额还款。这样做能让他们享受一时的满足，因为他们又有新车开，又能过自己实际上负担不起的舒服日子。但是，等到未来债台高筑，不得不偿还的时候，他们就有苦头吃了。他们不但要背负四年的大额车贷月供，还要应付到期的信用卡欠款，其中有很大一部分是高昂利率产生的利息。

许多消费者在年轻的时候不知道量入为出，等到他们开始还债就再也调整不过来了。他们已经养成了寅吃卯粮的习惯，现在也不想为当年的放纵做出牺牲。由奢入俭难，缺乏自律让他们养成大手大脚花钱的习惯，最终导致授信机构停止向他们放贷。如果他们在年轻的时候就知道节制，开二手车、按预算过日子，也不至于下半辈子替债主当牛做马。

有些买了豪车的消费者可能以为，如果真还不起车贷的月供了，还可以把车卖了抵债。然而，这种解决方案并不一定靠谱。新车一出手，至少贬值10%，有时甚至高达20%。就拿前面提到的埃文的例子来说，他如果贷款买了那辆价值22 000美元的新车，一个月后再想把它卖掉，只能拿到18 000美元，比他买车时少了4 000美元。换言之，他要为用车一个月付出4 000美元的代价。这个例子告诉我们，消费者买新车的时候不能太冲动，一定要三思而后行。

3. 无负债策略

有些消费者规避了上面所说的债务问题，方法是把买车（或其他开销）的金额控制在自己能全款支付的范围以内。这种策略迫使他们在年轻的时候买辆便宜的二手车，因为他们只能买得起这种车。这种策略除了让他们免于负债，而且因为可以把月复一月的还款（至少是其中的一部分）变成储蓄，使他们可以存下更多的钱。这样，等过了一段时间，说不定他们下次就有足够的现金买辆新车。如果知道以后可以有更多的钱花，年轻的时候省吃俭用也不是特别困难。

4. 有限债务策略

无负债策略有许多不那么极端，但依然有效的变通方式。有的消费者也许会用现金买辆二手车，然后刷信用卡支付其他支出，但总是把开销控制在能够清偿信用卡账单费用的范围以内。这样，他们也能避免债务的积累。或者，有的消费者借钱买车，但是在短期内就把贷款还清。短期（比如说一年期）贷款的月供要比四年期的车贷高得多，这就限制了他们能够承担的车价。但这种限制未必是坏事，因为这避免了他们浪费太多的钱在买车上。

一旦决定了花多少钱买车，你接下就可以来考虑其他决策了，现讨论如下所示。

9.3.2 选车

选车的时候，要考虑以下因素。

1. 个人偏好

选一辆你喜欢的车。你是想要一辆容易停车又省油的小型车，还是一辆能够装下所有孩子和他们的运动装备的面包车？价目表上总有足够多的车型，你可以挑选喜欢的大小和排量。

2. 价格

在大致确定了汽车的价位之后，你还要再比较初步选定的几款车的价格。价格在可接受范围之内，能满足你的需要和偏好的车型可能有好几款。说不定其中就有一款在经销商这里正好积压，价格可以特别优惠。

3. 车况

买二手车的时候，一定要检查车况。先检查外部，看看有没有掉漆？有没有生锈？车轮是不是都还好？有没有单边磨损？（这意味着车轮需要重新校准。）再检查里面，看座椅有没有磨损？电器是不是都好用？再掀起发动机罩看看，有没有泄漏的迹象？如果你对它还是不放心，可以调阅维修和保养记录。看看这辆车是不是一直得到良好的保养和维护，润滑油是不是定期得到更换。

这些初步检查可以帮你了解车况，但不能取代专业机械师的工作。花点钱请个机械师来对汽车进行评估是值得的，这样做可以防止你买到一辆开回家就需要大修的破车。

联邦贸易委员会的《二手车交易规则》要求在每辆供出售的二手车上都要附带一份《买方须知》（有的州则要求是它们自定的类似文件）。《买方须知》中必须告诉你这辆车是"凭车交易"还是有质保的；如果是有质保的，经销商要承担多大比例的修理费用。如果《买方须知》中说这辆车有质保，经销商必须给你一份书面保证，注明本车质保范围。有时候《买方须知》中表示这辆车是"凭车交易"，但经销商口头承诺替你把车修好，不满意可以退货。不要相信口头承诺；一定要坚持经销商把它写入《买方须知》。

4. 保险

有些车的保险费特别高，因为它们发生事故后特别难修理，价格特别贵，或者容易被偷。所以，在买车前要先做保险评估。特别要注意，如果买车需要贷款，就一定得有保险。如果你的保险失效了，放贷人有权替你为车办理保险，而费用由你承担。这叫强制保险，通常比你自己买的保险要贵。

5. 转卖价格

有的车转卖价格比其他车更高。比如说，本田阿库拉的转卖价格一般会比现代高。虽然你很难预测一辆车未来的转卖价格，你可以参考多年前交易的汽车现在的转卖价格。这类信息很容易在网上查询。你可以把未来的转卖价格作为现行车价的一部分。

6. 修理费

有的车修理费远远高出一般水平。要了解修车费用的水平，可以查询《消费者报告》杂志，它上面有各种车型的常规修理价格。

7. 融资利率

如果你想在汽车经销商处融资买车，最好比较不同经销商报的融资利率。有的经销商可能把车价定得很低，但设很高的车贷利率。而另一些经销商可能报很低的车贷利率，但把车价定得很高。向经销商贷款时，要当心它赚息差。经销商只是帮你代办贷款，但是不告诉你放贷人的实际利率，而是报给你加成后的利率。比如说，经销商帮你安排的贷款利率是10%，但它向你收12%。如果你直接向金融机构融资，可以在网上对金融机构提供的利率进行比价。

有时候，你在决定要买的车之前就想知道自己能借多少钱。你可以在车贷网站输入自己的财务信息，评估可贷金额的上限。

8. 审核车贷协议

有的汽车经销商允许购车人开支票付首付，填写一张车贷申请，就能把车开回家了。如果申请被拒绝，购车人可能还得再申请一个利率更高的贷款。到了这一步，购车人已经没有多少选择余地，只能接受放贷人提出的不利条件。

案例 9-5

史蒂芬尼·斯普拉特已经工作了一年，攒够了买新车的首付款。她根据下面的条件决定买哪辆车。

- 价格：史蒂芬尼最喜欢的汽车价格为 35 000 ～ 45 000 美元，但她不想借这么多钱。她还打算不久后买套住房（也需要贷款），所以想控制贷款额。

　　第二，史蒂芬尼检查了她现有的资产，以确定首付额。她可以把现在开的车卖 1 000 美元；她已经积累了 4 000 美元的存款，但不想动用；她还有些股票，当时大概值 3 000 美元，但她也不想卖。所以，她打算用卖旧车得到的 1 000 美元付首付。

　　史蒂芬尼打算最多借 17 000 美元买车，所以她考虑价位在 16 000 ～ 20 000 美元的车。她找到了八款车，但不喜欢其中的三款，所以还在考虑中的只有五款车了。接下来，她在网上搜索了关于这五款车的更多价格信息。

- 转卖价格、修理费和保险：史蒂芬尼还在网上查询了这五款车的转卖价格、修理费和保费率。她发现有些经销商为了吸引顾客，把融资利率压得非常低，但把车价定得很高，以对冲利息损失。她要回避这类经销商，所以她计划在一个购车融资网站办理车贷。

　　通过互联网，史蒂芬尼找到了她需要的信息，如表 9-3 所示。A 款车两年后的转卖价格比较低；D 款车维修和保养费比较高；A 款车和 C 款车的保险费率较高。所以，她排除了 A，C 和 D 款车。现在，她准备在 B 款车和 E 款车中选一个。

表 9-3　史蒂芬尼·斯普拉特对汽车的分析

车型	两年后的转卖价格 （与初始价格的比例）	维修和保养费	保险费
A	低	中等	高
B	中等	低	低
C	中等	中等	高
D	中等	高	中等
E	中等	低	中等

9.3.3　讨价还价

在买车的时候，你会碰到可以讲价的经销商和对所有顾客报一口价的经销商。所有可以讲价的经销商给汽车的标价都比它们可以接受的成交价要高。比如说，经销商一开始报的价格可能是制造商建议零售价（MSRP），这个价格也被称为标签价格。有些经销商的策略是想让你觉得自己通过讨价还价赚了大便宜。如果有顾客天真到按全价付款，经销商可就赚大发了。

销售人员都受过专门训练，他们给你降价 5% ～ 20%，却表现得好像是把车白送给你的一样。在讲价的过程中，他们会说需要请示销售经理。他们对可以和你成交的价格心知肚明，却装模作样地向销售经理苦苦哀求。在讲价的过程中，经销商可能会向你提供"免费的"镀膜、DVD 系统、皮质座椅，或其他附加功能。经销商故意把这些附加功能的价格定得很高，让你感觉好像自己赚了大便宜。

如果你想买辆新车，但是在经销商的展厅里没有找到想要的车型，可以要求预订。展厅里的样车可能有许多你不需要的附加功能，所以价格偏高。但也有的时候，经销商想处理掉现有的库存，好给新车型腾位子。碰到这种情况，你也许反而能谈出个好价格。

1. 电话谈判

在买新车的时候，通过电话谈判可能更有利。在确定了你想要的车型后，给经销商打电话，说明你想要的汽车和功能；告诉他你还会给其他本地经销商打电话，好选择报价最低的那一家。你还可以强调，你给每家经销商只会打一次电话。

有的经销商手头可能没有你想要的车型，所以你还要比较其他特性。比如说，有一家经销商的报价可能比第二低的那家低 200 美元，但它的车没有你想要的颜色。尽管如此，这里介绍的步骤可以把你的谈判过程尽可能简化。

2. 置换策略

如果你以置换的方式买车，有的经销商可能会以略高的价格回收你的旧车，同时对新车收高价。比如说，它们可能以比正常价格高 500 美元的价格回收你的旧车，但卖给你的新车比不置换的价格也要高出 500 美元以上。所以，在提到你有旧车需要置换以前，就和对方把新车的价格谈妥。

如果你在一家典型的经销商买车，许多销售人员都会向你表示祝贺，就好像你买彩票中了大奖。这也是他们销售策略的一部分，让你以为自己真的占了什么便宜。

3. 不还价的经销商

有的汽车经销商在广告中宣称它们卖车不还价。向它们买车不但没那么紧张，而且省时。它们给每款车都定好了价，所以你也不需要准备讨价还价。但这些经销商中有些也是可以讲价的。所以，在买车以前，要确保这里报的价格不比别的地方贵。

4. 信息的价值

有些经销商专宰对想买的汽车价格了解不够充分的顾客。所以，如果不想被宰，有一个办法是充分调查研究。货比三家，确保你知道想要的汽车的常规售价。你也可以查阅《消费者报告》，也可以从一些网站获得相关信息，它们会根据车型和你要的功能一一给出对应的报价。比价的事情，完全可以靠电脑和智能手机搞定。比如说，你可能搞得到经销商的发票价格，也就是经销商向制造商买车的价格。经销商报给你的价格和发票价格之间的差额，就是经销商的加成。要注意制造商通常会给经销商一定的返利（被称为返点），但经销商不会把这种事告诉顾客。经销商的报价可能只比发票价格高 200 美元，但如果它还能收到制造商给的 800 美元返利，实际加成额就是 1 000 美元。

5. 在线买车

你还可以上网直接向汽车制造商，或者 Autobytel，Carpoint 之类的汽车中介买车。汽车中介把你的报价请求发给特定的汽车经销商，然后对方回复报价给中介，中介再加上自己的加成报价给顾客。换言之，它就扮演了你和经销商之间的中间人。如果顾客接受了这个价格，购车服务中介会通知其中一个经销商发货。

在网上买新车并没有买机票或买书那么便捷。汽车不像书籍那么标准化，它有许多选装项目，所以在线沟通的过程非常复杂。在经销商那里，顾客可以看到不同车型的实际差异。而在网站上识别出这种差异则没那么容易。而且，经销商可以猜测你想提的问题，以及安排试驾。让在线服务兑现它的交货承诺也更加困难。比如说，在线汽车销售也许可以给你一个低价，但交货期就难以保证了。你也没办法强迫对方执行，因为你只能通过电子邮件或语音通信和对方联系。相反，你只要到对方的经营场所表达自己的不满，就可以给当地汽车经销商施加更多压力。

你也可能在 eBay 买二手车。但是，在网上买二手车也面临买新车时同样的限制。因为在线买车还有那么多限制，许多顾客还是宁愿去经销商处购买。

案例 9-6

史蒂芬尼·斯普拉特决定在网上买她的车。她在好几个网站上看到了自己想要的两款车（前例中的 B 款车和 E 款车）的介绍。她认真阅读了每款车的信息，包括哪款车的性价比更高，选装项目、现有的颜色，以及交货期等。她相信虽然 B 款车更便宜，但它贬值的速度比 E 款车更快。另外，E 款车恰好有她想要的选装项目和颜色，含税价 18 000 美元。但首先，她要搞清楚每月的融资成本，还要决定到底是买还是租。

9.3.4 融资决策

如果你决定买辆新车，而且需要融资，你一定要测算一下月供的金额。评估了你常规的月度现金收支后，你就知道自己有没有能力偿还车贷的月供了。这个评估一定要在买车之前就做，这样你就知道自己能承受什么样的价格了。你每月花在月供上的钱越多，能用来储蓄或投资的钱就越少。

✍ 案例 9-7

史蒂芬尼·斯普拉特想比较一下自己贷款 15 000 美元和 17 000 美元应付的月供。当然，她也要看看自己到底应该贷三年、四年，还是五年。她首付出得越多，需要的贷款越少。她还打算保留一部分存款，以保持必要的流动性，而且以后买房的时候也要靠它交首付。

史蒂芬尼访问了一个汽车融资网站，提交了自己准备借款的大致金额。马上，网站就返回了可享受的利率，以及两种贷款金额不同期限对应的月供，如表 9-4 所示。7.6% 的利率是史蒂芬尼现在贷款的固定利率。拟贷款金额在每列的开头，后面几行是不同还款期限对应的月供金额。

请注意，史蒂芬尼贷款的期限越长，每期还款额就越少。如果她贷款 17 000 美元，三年期的月供是 530 美元；四年期的月供是 412 美元；五年期是 341 美元。如果她把贷款额减少到 15 000 美元，期限同样是四年，月供就比贷 17 000 美元时要少。

表 9-4 史蒂芬尼·斯普拉特可能的还款方案（利率 7.6%）

	贷款额	
贷款期限	$15 000	$17 000
36 个月（三年）	$467	$530
48 个月（四年）	363	412
60 个月（五年）	301	341

史蒂芬尼最终选择贷 17 000 美元，期限为四年，月供为 412 美元。她之所以选择四年期，是因为三年期的月供超出了她愿意承受的限额。因为汽车的价格是 18 000 美元，她准备用卖旧车的收入来支付这 1 000 美元的首付。

有些汽车经销商提供最长达到七年的融资。贷款期限这么长的好处是，在贷款金额一定的情况下，月供会低一点。但是，它的缺点在于等你慢慢地把贷款还清了，这辆车已经基本不值钱了。即使你在买来后几年就把这辆车卖掉，卖车的钱很可能还不如你欠的贷款余额多。相反，如果你在短时间内把车贷还清，在买下一辆车之前都不再需要为月供的事头痛了。

9.4 购买还是租赁的决策

如果不想买车，就可以租一辆。租车的一个优点是你不需要支付一笔高额的首付。此外，租期满了以后，你只需要把车还给车商，不需要为找下家担心。还有，你可以一直开较新的车。

租车也有缺点。因为车不是你的，所以即使车有价值，也不能算你的投资。租赁期间的保养成本，以及任何损坏的维修也都要由你自己承担。注意，如果租期满了你就再换一辆租，你会一直付租金，而没有自己的车。一直租车要比买一辆车更贵。有的经销商除了月租金，还会收取其他费用。比如说，你行驶的里程数超过了租约的规定，要收费；你要提前终止租约，要收费；你还必须购买额外的汽车保险。像这样的费用往往是隐藏在租约中的。成千上万的顾客后来发起诉讼，说他们在租车的时候并没有被充分告知要支付的费用情况。如果你真想租车的话，一定要认真阅读，搞懂租约的全部条款。

案例 9-8

史蒂芬尼·斯普拉特现在想试试能不能租一辆自己选的车，而不是花 18 000 美元把它买下来。如果她买车，现在只需要投入 1 000 美元首付，其余的 17 000 美元申请车贷。以后，每月支付 412 美元，连续支付四年。她觉得四年后这辆车还能值 10 000 美元。而买车需要投入的 1 000 美元未来四年的利息也没了。如果她把这笔钱存入银行，每年税后还有 4% 左右的利息。

还有一个方案，就是她以每月 300 美元的代价租这辆车四年。租车要先缴纳 800 美元的保证金，期满后可以归还，但是不计利息的。而且，租赁期满，汽车也不再为她所有。

史蒂芬尼对租车和买车的成本比较如图 9-2 所示。根据史蒂芬尼的测算，购车的总成本是 10 936 美元，而租车则是 14 528 美元。她决定还是买车。

购车成本	
	成本
1. 首付	$1 000
2. 首付 1 000 美元的利息损失：	
年收入 = 首付 × 年利率	
=$1 000 × 0.04	
=$40	
四年的利息损失 =$40 × 4	
=$160	$160
3. 月供合计：	
月供合计 = 月供 × 还款月数	
=$412 × 48	
=$19776	$19 776
合计	$20 936
减去：四年后出售汽车可能获得的收入	10 000
总成本	$10 936
租车四年成本	
	成本
1. 缴纳 800 美元保证金的利息损失：（虽然满期后保证金可退还）	
年收入 = 保证金 × 年利率	
=$800 × 0.04	
=$32	
四年的保证金利息损失 =$32 × 4	
=$128	$128
2. 月供合计：	
月供合计 = 月供 × 还款月数	
=$300 × 48	
=$14 400	$14 400
总成本	$14 528

图 9-2　史蒂芬尼对购车和租车的成本比较

买车还是租车的决策在很大程度上取决于租约期满后汽车的市场价值。如果上例中四年后这辆车的市值是 6 000 美元而不是 10 000 美元，购车的总成本还要增加 4 000 美元。在图 9-6 中用 6 000 代替 10 000 再计算一遍，购车的总成本就要比租车的总成本高了。这样，租车就比购车合算了。还要记住，经销商会给租车设置额外的费用，比如行驶里程超过预订的最大限度的费用。要把所有这些费用算到租赁成本中。

9.5　助学贷款

对于许多学生来说，最大的个人贷款是助学贷款，它是用来支付本科生和研究生部分学费的融资。大约 70% 的学生毕业时还欠着助学贷款，平均 28 400 美元。有两种助学贷款：美国政府提供的联邦贷款，以及金融机构提供的商业贷款。对于大多数学生来说，联邦贷款要比商业贷款好，因为利率低，而且是固定的。另外，许多联邦贷款是贴息的，意思是在你读书期间由联邦政府支付贷款利息。联邦贷款包括帕金斯贷学金，它是贴息的，给有融资需要的学生；贴息直接贷款，给有融资需要的学生；不贴息直接贷款，对所有人开放。但是，这些贷款的金额有限，许多学生发现他们还需要申请其他贷款。

你可以借的商业贷款金额比联邦贷款金额更高，但也更贵。商业贷款不但利率更高，而且从你在校期间就开始计息。另外，这些贷款经常是浮动利率的，所以你的月供在市场利率上升的过程中也会增长。不同放贷人提供的商业贷款条件各不相同，所以要多方对比。大多数放贷人要求本科生贷款时要有担保人。

即使你最后没有从大学毕业，助学贷款也是要还的，否则会损害你的信用记录。2 500 美元以内的利息可以用来扣税，但高收入者不享受这种待遇。在特殊情况下，毕业后担任教师或从事特定公职可以免除部分甚至全部助学贷款。

如果你觉得自己无力偿还贷学金，比如失业了，你可以向放贷人要求递延偿还，意思是把还贷款时间向后推。在递延期间，商业贷款照常计算，联邦贷款也不贴息。它们都会计入本金，所以长期递延还款会大幅度增加你最终要偿还的金额。在你办理助学贷款时，你也要注意，与其他贷款不同，除了极少数情况下，个人破产也不能免除助学贷款。所以，除非你符合这几项特例之一，否则拖欠的助学贷款本息一分钱也不能少。

助学贷款方案可能相当复杂，毕竟它有那么多不同品种。在申请时，要认真研究可行的选择。你可以向学校的融资援助办公室咨询，也可以访问一些美国政府网站。

9.6　住房净值贷款

个人贷款中最常见的类型是**住房净值贷款**（home equity loan），它以自有住房的净值为抵押借款，住房就成为贷款的担保物。借款用途不限，不管是用来旅游、付学费还是治病。

住房净值（equity of a home）是住房的市值减去欠款。如果住房的价值是 100 000 美元，业主还有按揭贷款余额 60 000 美元，它的净值就是 40 000 美元。

净值贷款有两种形式。简单的净值贷款是把你借的钱一次性付给你，按固定的利率计息。另一种方法是住房净值信用额度（HELOC），放贷人授予你一个信用额度，允许你在一段时间（比如说 10 年）内随意提取。也就是说，HELOC 允许你借款的上限。有的信贷方案要求你每次贷款不能低于一定限额（比如 300 美元），或者保持一个最低贷款余额。有时在 HELOC 刚刚授予的时候，你必须取一次款把它激活。HELOC 贷款的利率通常是浮动的，只针对你借用的金额计息。它一般要求你每月只需偿还贷款的利息，在规定的到期日再把本金还清。你也可以提前把本金还清，然后可取用的额度就恢复了。

不管是哪种住房净值贷款，都会在利息以外产生额外费用。这些费用可能包括放贷人评估房屋市值的评估费、不管是否通过贷款都不会退还的申请费、占信贷限额 2% ～ 3% 以上的前端费用，以及包括律师费和所有权调查之类的后端费用。此外，有的 HELOC 方案收取年费，或者在取款时收取手续费。

9.6.1　住房净值贷款的信贷限额

金融机构提供相当于住房净值 80%（有时甚至更多）的贷款。

金融机构测算你的住房净值以住房的市值减去按揭贷款余额（住房未还清欠款）。当房产市值上涨时，它们比市值不变时愿意提供的额度更高。

如果你的住房净值贷款违约，放贷人可以没收你的住房，用销售收入的一部分还清按揭贷款，剩下来的偿还你的净值贷款余额。如果房产价格下跌，你的净值也会减少。所以，放贷人不愿意按房产的全额向你发放净值贷款。

案例 9-9

假设你四年前买了一套价值 100 000 美元的住房。当时支付了 20 000 美元的首付，按揭贷款 80 000 美元。在过去的四年里，你累计偿还了 10 000 美元的本金。所以，你对这套住房的投资达到 30 000 美元，包括 20 000 美元的首付。假设房产的市值没有变化，而放贷人愿意按住房净值的 70% 向你提供净值贷款。在这个案例中，净值的市值和你投入的净值相等。

$$最大信贷额度 = 住房净值市值 \times 0.70$$
$$= \$30\ 000 \times 0.70$$
$$= \$21\ 000$$

案例 9-10

根据前例中的信息，但假设你的住房市值由当初购买时的 100 000 美元上涨到 120 000 美元。因为你偿还了 80 000 美元按揭贷款中的 10 000 美元，所以你的按揭贷款余额还剩 70 000 美元。住房净值的市值是：

$$住房净值市值 = 住房市值 - 按揭贷款余额$$
$$= \$120\ 000\text{-}\$70\ 000$$
$$= \$50\ 000$$

住房净值的市值是 50 000 美元，而你向这套住房投入的资本是 30 000 美元。所以，从你购买住房以来，它的价值增长就是二者的差额 20 000 美元。基于住房净值得出的信贷额度就是：

$$最大信贷额度 = 住房净值市值 \times 0.70$$
$$= \$50\ 000 \times 0.70$$
$$= \$35\ 000$$

经济环境对信贷额度的影响

经济景气的时候，工作机会也多，消费者收入就高，他们对住房的需求也高。随着需求上升，房价也上涨。房价上涨而房贷余额不变，房产净值也增加。

但是，经济不景气的时候，工作机会减少，消费者收入减少，他们对住房的需求也减少了。房产的价格随需求疲软而下跌。房价下跌而房贷余额不变，房产净值也减少。在许多情况下，房价可能会跌到按揭贷款余额以下，这意味着这套房产根本没有净值了。所以，它也不能给贷款提供担保，这种情况下的业主根本不能申请住房净值贷款。

9.6.2　利率

住房净值信用额度的浮动利率通常与某个定期（比如说每六个月）调整的利率指数挂钩。贷款合同中会注明利率的确定方式。比如说，它可能设置为某个区域内金融机构的平均存款利率加 3%。由于房产是贷款的担保物，放贷人面临的风险比无担保的信用贷款要低，所以利率也会低一点。

☞ 案例 9-11

你通过 HELOC 借了 10 000 美元，一年内支付了 1 000 美元的利息。假设你能把这项支出从应纳税所得额中扣除，而你的边际税率是 25%，你可以节约的税负是：

$$当年住房净值贷款扣税 = 住房净值贷款利息 × 边际税率$$
$$= \$1\,000 × 0.25$$
$$= \$250$$

可减税利息

100 000 美元以下的住房净值贷款利息是可以扣税的。所以，借款人可以用住房净值贷款代替其他贷款和信用卡欠款。

可见，借用住房净值贷款不但利率较低，而且可以享受税收优惠。

9.7　发薪日贷款

发薪日贷款是一笔发工资前救急用的短期高利贷。办理贷款时，你给放贷人开一张包括贷款本息的支票，并在上面注明你发工资的日子。你把这张支票给放贷人的同时，对方向你支付现金或把钱转入你的支票账户。然后，放贷人会持有这张支票，直到规定的日子去兑现，但那时你的支票账户里应该已经有足额资金了。

☞ 案例 9-12

假设你急需 400 美元，但在下周发工资以前不会有任何进项。你给发薪日贷款公司一张注明一周后支付的支票。要注意的是，这些提供发薪日贷款的公司收取的利率很高。它们可能要求你偿还 440 美元，包括 400 美元的本金和 40 美元的利息和 / 或费用。你要比贷款时多还 40 美元，相当于贷款额的 10%。发薪日贷款的融资成本如下所示：

$$融资成本 = 10\% × （全年天数 ÷ 实际贷款天数）$$
$$= 10\% × （365 ÷ 7）$$
$$= 521\%$$

你没有看错，发薪日贷款的融资成本就是那么高。

虽然各州都有法规限制最高利率，但发薪日贷款公司以手续费的名义收取一部分利息，以规避管制。有的州认为所谓的手续费实际上还是利息，所以禁止发薪日贷款公司经营。但是，这些公司可以在允许它们合法经营的州注册，然后通过互联网把业务延伸到其他的州。

9.7.1　避免发薪日贷款的原因

出于以下原因，你最好不要借发薪日贷款。首先，你透支了自己还没拿到手的工资，可能就没有足够的现金用于日常开支了。所以，你到时候又需要透支再下次的工资，形成恶性循环。

其次，如你所见，发薪日贷款的融资成本骇人听闻。如果能用其他利率比较正常（比如10%）的方式搞到这区区400美元贷款，你才需要付多少利息！

$$7 天的利息 = 10\% \times (7 \div 365)$$
$$= 0.192\%$$

需要支付的利息 $=400 \times 0.192\% = 0.76$（美元）。所以，如果你的贷款年利率是10%，七天的利息不到1美元。这比发薪日贷款公司收取的利息可要低太多了。发薪日贷款公司之所以能收取高得离谱的利息，主要是因为有些急需用钱的人信用记录不好，很难从其他渠道筹集资金。当然，也有另一些人是因为他们没有意识到这种贷款的融资成本如此之高。

2014年，消费者金融保护局开展的一项研究表明，80%以上的发薪日贷款在两周以内就被续借。研究还表明，大多数发薪日贷款的借款人因为续借的次数太多，最后欠的费用比最初的借款金额都高。

9.7.2　发薪日贷款的其他事项

最简单的解决方案是先别急着去借钱，想办法挨到有钱为止。但如果非借不可，也可以选择其他不那么贵的融资方法。比如说，你可以向家人或朋友先借一周，或者先靠刷信用卡应付一段时间。虽然我们不主张靠信用卡融资过日子，但它至少比发薪日贷款要合算得多。假设你用信用卡支付了这400美元，而信用卡的年化利率是18%（月利率1.5%）。在这个案例中，你的融资成本就是6（$400 \times 1.5\%$）美元，这可比发薪日贷款便宜多了。更何况，在这个案例中，信用卡贷款的期限比发薪日贷款足足多了三周。

9.8　怎样把个人贷款纳入你的理财规划

下面是你在理财规划中要考虑的关键个人贷款决策：

- 你最多能借多少个人贷款？
- 如果你借了个人贷款，要不要提前还清？

通过恰当的决策，你可以防止债台高筑。图9-3提供了史蒂芬尼·斯普拉特把个人贷款决策纳入她的理财规划的例子。图中展示了史蒂芬尼怎样审核她的常规月度现金流出，以确定她能否偿还贷款月供。

个人融资的目标

1. 控制融资金额和期限，确保我能按时还款。
2. 不管是什么个人贷款，我都要尽可能提前清偿。

分析

月度现金流入	$2 500
－常规月度支出	1 400
－汽车贷款月供	412
＝可支配资金	$688

决策

1. 关于还款能力的决策

购买新车的贷款需要我每月偿还412美元，这使我在支付了每月常规开支后还剩688美元。这还在我的承受能力以内。我将不再为任何理由办理个人贷款。

2. 关于提前还贷的决策

汽车贷款的利率是7.6%，我期待自己的股票收益率还不止这么一点儿。等我攒到更多的钱，会认真考虑要不要用存款和投资把贷款提前还清。

图9-3　个人贷款管理怎样纳入史蒂芬尼·斯普拉特的理财规划

讨论题

1. 如果史蒂芬尼是一个带着两个孩子的单身妈妈，她的个人贷款决策会有什么不一样？

2. 如果史蒂芬尼现在已经35岁，年龄会对她的个人贷款决策产生怎样的影响？50岁呢？

小结

1. 个人贷款

在申请个人贷款的时候，你要提供自己的个人资产负债表和现金流量表，以便放贷人评估你的还款能力。贷款合同上规定贷款金额、利率、还款计划、期限，以及担保物。

2. 个人贷款利率

个人贷款通常收取的利率是年化百分率（APR）。APR衡量每年贷款利息和其他成本占贷款金额的百分比。单利衡量利息占贷款金额的百分比。用追加利息法计算月供金额时，把贷款利息额与本金相加，除以还款次数。

3. 融资购车

你买车的时候可能需要融资。为了减少每月还款，你可以多付首付，但这样做会损害你的流动性，或者延长还款期限。

4. 买车还是租车

判断到底应该贷款买车还是租赁汽车，应该分别测算这两种做法的总成本。购车的总成本包括首付、因首付损失的利息收入，以及每月的还款额。租车的总成本包括因缴纳保证金损失的利息收入和每月租金。

5. 助学贷款

助学贷款包括联邦政府和金融机构提供的助学贷款，完整的助学贷款方案中可能二者兼而有之。

6. 住房净值贷款

住房净值贷款或住房信用额度通常比其他个人贷款的条件更优惠。它的利率较低，因为有房产支持贷款。此外，偿还住房净值贷款的利息还可以在一定额度内扣税。

7. 发薪日贷款

发薪日贷款是一笔发工资前救急用的短期高利贷。发薪日贷款的利率通常很高，所以尽量用其他借款方式代替发薪日贷款。

8. 怎样把个人贷款纳入你的理财规划

个人贷款让你可以在资金不足的情况下获得资产。它们在实现买房购车这样的财务目标时，发挥了重要作用。

复习题

1. **个人贷款来源** 列举一些可能的个人贷款来源。如果你向家人或朋友贷款，要采取哪些预防措施？

2. **个人贷款步骤** 办理个人贷款时要经历哪些步骤？

3. **贷款分期** 贷款分期是什么意思？贷款的月供代表什么？

4. **贷款申请步骤** 在申请贷款时借款人必须向放贷人提供什么信息？这些信息对放贷人有什么用？

5. **贷款合同** 贷款合同中包含哪些内容？贷款金额是怎么定的？

6. **担保** 解释担保如何发挥作用。所有的贷款都有担保吗？担保和利率之间有什么关系？

7. **贷款期限** 贷款期限对每月还款额有什么影响？选择贷款期限时要考虑哪些因素？

8. **发薪日贷款** 说明同样是10%的利率，用于发薪日贷款和银行个人贷款时有什么不同？

9. **担保贷款** 如果你为一项贷款提供担保，你要承担什么责任？如果你不能承担责任，会导致哪些后果？

10. **APR** 用年化百分率衡量的目的是什么？利率相同的放贷人有可能发布不同的APR吗？

11. **单利** 什么是单利？计算单利率需要哪些信息？还款计划书中包含哪些信息？

12. **追加利息法** 采用追加利息法时，怎样计算每月还款额？

13. **单利与追加利息对比** 为什么用单利法算出来的月供要比追加利息法低？

14. **购车** 罗列购车的步骤。要考虑哪些财务因素？简要讨论之。

15. **网上购车** 为什么在网上买一辆新车不如在经销商那里买更有效率？

16. **汽车销售技巧** 简述汽车销售人员在讲价

时常用的技巧。在和"不还价"的经销商打交道时要注意什么问题？

17. **融资** 融资购车的第一步是什么？除了利率，对每月还款额影响最大的另外两个因素是什么？

18. **租车** 租车的优点和缺点各有哪些？如果有人要租车，你有什么建议吗？

19. **助学贷款** 谁发放助学贷款？助学贷款有哪些特点？

20. **住房净值** 什么是住房净值？简述住房净值贷款如何发挥作用。

21. **信用额度** 讨论金融机构根据净值设置信用额度的两种方式。如果你的住房净值贷款违约了，会发生什么事？

22. **住房净值贷款** 两种类型的住房净值贷款分别是怎么计算利率的？为什么与其他方式相比，放贷人更倾向于住房净值贷款？

23. **住房净值贷款** 放贷人如何利用住房净值

贷款扣税？怎么计算能省多少钱？

24. **经济环境对住房净值信用额度的影响** 为什么经济不景气会减少你的住房净值信用额度？为什么经济景气会增加你的住房净值信用额度？

25. **点对点借款** 什么是点对点借款？点对点借款有哪些优势？

26. **提前还款罚款** 提前还款罚款对你提前偿还贷款的决策有何影响？

27. **新车** 与二手车相比，购买新车有哪些优点与缺点？

28. **《买方须知》** 《买方须知》应包含哪些信息？

29. **助学贷款递延** 说明你在什么情况下会申请助学借款递延。这样做会有什么缺点？

30. **发薪日贷款** 什么是发薪日贷款？为什么尽量不要通过发薪日贷款融资？

31. **发薪日贷款的替代** 有哪些方式可以替代发薪日贷款？

理财规划练习题

1. **启动费** 杰克需要借1 000美元一年。南方银行提供的贷款利率为9%；阳光海岸银行提供贷款的利率为7%，收50美元的贷款启动费；第一国民提供贷款的利率为6%，收25美元的贷款启动费。计算一下杰克在各家银行贷款的息费总额。他应该选择哪个银行的贷款？

2. **分期还款** 贝丝刚刚按8%的利率借了四年期的5 000美元贷款。完成下表中前五个月的还款计划书。

还款编号	初始余额	还款额	当期利息	当期本金	新余额
1	$5 000.00	$122	$33.33	$88.67	$4 911.33
2	a	122	32.74	b	4 822.07
3	4 822.07	c	d	89.85	4 732.22
4	4 732.22	122	e	90.45	f
5	4 641.77	122	30.95	g	h

3. **追加利息贷款** 如果贝丝贷款的其他条件不变，但是使用的是追加利息贷款，她的还款额会有什么不一样？为什么会出现这种差别？

4. **贷款月供** 特蕾西借了8 000美元，利率11%，六年期的追加利息贷款。她的月供是多少钱？

5. **贷款利息** 莎伦在考虑买车。在付了首付以后，她要贷款15 500美元。她有三个期限可选择：四年期贷款月供371.17美元；五年期贷款月供306.99美元；六年期贷款月供264.26美元。莎伦拒绝了四年期贷款，因为它超出了预算。如果她选五年期贷款，总共要支付多少利息？六年期贷款呢？如果她只考虑少付利息，应该选择哪个期限？

6. **贷款利息** 根据上题，如果莎伦能够承担四年期贷款的月供，能够比五年期贷款少付多少利息？

7. **融资费** 比尔想用45 000美元买一辆新车。他没有存款，所以需要全额融资。因为没有首付，所以贷款利率是13%，期限为六年。他的月供为903.33美元。比尔的每月现金净流入是583美元。比尔还有一张额度为10 000美元，利率为18%的信用卡。如果比尔把所有净现金流都用来支付车贷月供，余款用信用卡补足，他每月要用信用卡补贴多少钱？他的信用卡产生融资费后，头两个月要付多少融资费？（假设他没有其他信用卡支出。）

8. **信用额度** 玛丽和玛蒂想申请一个住房净值信用额度。他们五年前以12 500美元的价格买下住房，现在值156 000美元。当时，他们付了25 000美元首付，贷款100 000美元；现在还欠贷款72 000美元。银行以投资时房产净值的70%作为信用额度。他们能够获得多少信用额度呢？

9. **信用额度** 如上题，如果银行以市场价格为基础计算房产净值，他们又能获得多少信用额度呢？

10. **税收减扣** 约翰和谢丽尔刚刚借了30 000美元的住房净值贷款。贷款全年利率6.75%，他们于5月1日将贷款提出。约翰和谢丽尔的所得税率是28%。到当年12月31日为止，他们可以省下多少税？

11. **税收减扣** 尼尔的边际税率是15%。如果他第一年支付了1 400美元的住房净值贷款利息，他可以省下多少税？

12. **道德困境** 弗里兹和海尔格在当地一家制造业公司工作。从他们五年前结婚开始，他们就经常加班，包括周日和假日。弗里兹和海尔格已经习惯于根据他们的加班收入过日子。最近，他们的公司损失了两个重要合同，所以取消了加班。于是，弗里兹和海尔格就发现他们支付账单有困难了。几个月前，他们开始向当地一家发薪日贷款公司借钱，才能及时支付账单。第一周，他们只借了一点点钱支付几张到期账单。但是第二周，为了偿还上周的本息，他们能用于支付账单的钱就更少了，不得不借更多的发薪日贷款。为了偿还第二周的贷款，他们剩下来的钱就更少了。这样的恶性循环反复出现，直到他们无力再借新贷，因为要偿还的本息已经超过了他们的工资。现在，弗里兹和海尔格的汽车已经被收回了，住房也被取消了赎回权，他们已经在申请个人破产。

（1）发薪日贷款公司每周都向弗里兹和海尔格发放贷款的做法是否道德？
（2）弗里兹和海尔格本来可以采取哪些措施防止财务崩溃？

理财心理：你的车贷

1. 人们倾向于花过多的钱买车，因为很容易获得贷款。有的学生买车时主要考虑的是有没有能力偿还月供，而不是他们需要什么样的车。说说你对融资买车是什么态度。

2. 有的消费者可能会考虑（通过贷款）买辆新车，然后刷信用卡进行其他的消费，每期偿还最低还款额。你怎么看待这个策略。

系列案例：辛普森一家

假设辛普森一家已经还清了信用卡欠款，也积攒了5 000美元用于买新车的首付。（他们从一年前开始，每月还为孩子们上大学存了300美元。）莎伦的新车价值25 000美元，加5%的销售税。她把自己的旧车折价1 000美元，再支付5 000美元首付。辛普森一家打算每月最多拿出500美元偿还莎伦的车贷月供。当前的车贷利率是7%。他们希望尽量缩短贷款期限，但最高只能承担 500 美元的月供。

1. 就贷款期限向辛普森一家提建议。找一个网上贷款计算器，输入相关信息，分别查询三年（36 个月）、四年（48 个月）和五年（60 个月）的贷款月供。把结果输入下表。

贷款利率	三年（36 个月）期 7%	四年（48 个月）期 7%	五年（60 个月）期 7%
月供			
融资付款合计			
包含首付和折价在内的付款合计			

2. 这三个不同期限的贷款各有什么优缺点？

3. 根据你从网上查询来的融资付款信息，根据辛普森一家的需要，给他们推荐一个最合适的期限。

第 10 章　购房融资

引导案例

　　两年前，布莱恩·门克在单位附近买了一套还款无压力的小房子。他的同事蒂姆·雷明顿也买了一套房子。蒂姆把他的大部分工资都用于还贷和与住房相关的开支，但他相信这是一笔划算的投资。

　　因为按揭贷款的月供比较低，布莱恩从第二年就开始存钱了。而蒂姆不但没法存钱，而且利率上浮时，月供也水涨船高。由于市场对住房的需求变得疲软，房价自他购房以后一直在缩水，蒂姆突然意识到自己已经无力供房。他无奈地将房子出售，价格比购买时还低了20 000 美元；而且，他还付给中介 16 000 美元。最终，蒂姆卖房的收入比他当初买房子花的钱少了 36 000 美元。

　　又过了一年，经济复苏了，房价也随之上涨。布莱恩的房子已经比他当初购买时贵了12 000 美元。但经济景气对蒂姆来说已经没意义，因为他现在没有房子了。

　　这就是有和没有理财规划的差别。布莱恩的策略更加保守，能够承受经济环境和市场的短期萧条。相反，蒂姆没有考虑到他的按揭贷款月供有可能增加，也错误地以为房价不会下跌。

　　购买你的第一套住房是一项重要的个人理财决策，因为这本身是一次漫长而昂贵的投资。你关于花多少钱，借多少钱的决策会在接下来的许多年里影响你的现金流。本章介绍购房的基础知识，帮助你购买人生的第一套房。

本章学习目标

- 介绍决定你购房承受能力的因素
- 说明怎样选择住房
- 说明怎样开展对住房的评估
- 介绍购房的交易成本
- 介绍固定利率按揭贷款的特点
- 介绍浮动利率按揭贷款的特点
- 比较购房和租房的成本
- 介绍几种特殊的按揭贷款
- 说明加按揭的决策
- 说明怎样把按揭贷款纳入你的理财规划

10.1　你有多大承受能力

在开始看房以前，你要先根据自己的财务状况，确定你能买多贵的房子。这样做可以省下不少时间，因为你可以直接无视所有超出你购买能力的房子。

大多数人买房时先付一笔相当于总价 10% ~ 20% 的首付，其余部分办理住房按揭贷款。按揭贷款多半是你这辈子最大的一笔贷款了。在接下来的还贷期，你每个月都要支付按揭贷款的月供。按揭贷款的条件各不相同。你要考虑是办理固定利率贷款还是浮动利率贷款，以及贷款期限是多长。传统的按揭贷款是固定利率的，贷款期限是 30 年。放贷人根据你的财务状况和信用记录，确定可以借给你多少钱。

理财规划师建议，住房总价不应超过家庭全年总收入的 2.5 倍；月还款额不能超过月收入的 28%。他们还建议，家庭每月偿债额（包括按揭贷款月供）不应超过总收入的 40%。但是，这些一般性的规范并不适用于所有人，还要考虑业主的其他财务信息和支出习惯。

10.1.1　首付承受能力

你能承受的首付金额上限，取决于你愿意兑现后用于首付款和交易成本的所有资产的市值。此外，还要多少保留一点现金，以应对预料之外的账单。

10.1.2　按揭月供承受能力

你能承受多少月供？看看自己的现金流量表，算算能从净现金流中拿出多少还债。买房以后，房租就不用再付了，这笔钱可以用来偿还一部分月供。但值得注意的是，有了房子就要承担其他一些支出（比如说物业税、屋主保险费、维修费等）。制订购房计划的时候，不能把自己的现金流入榨得一干二净。而且，你的月供越多，你能用于储蓄或投资的钱就越少。

从其他人的错误中汲取教训

🌀 **理财心理**

有些购房人在测算自己的最大承受能力时，恨不得把能省下来的每分钱都算进去。但竭尽全力之后，如果再有什么意料之外的开支，他们就真的拿不出钱来了。

事实上，还有的购房人会购买比原先计划的更贵的房子。这是因为当他们开始看房时，找到了一套令他们心动但价格超出预算的房子。为了说服自己挤出更多的钱购买下这套住房，他们会给自己找到很多理由：

- 房子虽然比预想的贵，但不需要支付额外的首付，只不过多贷点款而已；
- 为了支付更多的月供，可以再去找份兼职；
- 房子还是贵一点好，因为如果以后房价上涨，更贵的房子涨幅更大。

这些理由其实都有问题。首先，购房人也许确实可以贷更多款，但这意味着更多的债务，而且每月要还的钱也更多。其次，为了买更贵的房子不得不去做兼职，会降低这套房子带来的幸福感。最后，房价有可能会涨，但也有可能会跌。如果房价真的下跌了，更贵的房子很可能亏得更厉害。

和其他许多购买决策一样，买房也会带来冲动消费的满足感，而还款带来的痛苦短期内还不那么明显。所以，购房人可以找到许多理由，支持他们购买实际上承受不起的房子。等到他们为偿还月供叫苦连天的时候，才知道有钱难买后悔药。一般来说，购房人想把刚买到的住房再卖出去也不那么容易。即使他们卖得出去，交易成本也相当可观。所以，购房人要认真评估自己的承受能力，然后严格以此为限去看房。

案例 10-1

史蒂芬尼·斯普拉特意外地获得一笔奖金，还升职了。在评估了自己的财务状况以后，她决定不久后就准备买房。她有 15 000 美元流动资产可以用于首付和交易成本。她还评估了自己的现金流。因为有了自己的住房就不再需要付公寓的租金，她可以把这 900 美元用于月供和屋主保险。她开始看售价为 90 000 ～ 110 000 美元的住房。一旦她找到了心仪的房子，就可以测算需要的首付、交易成本和按揭月供。

在你考虑自己的承受能力时，要结合经济形势和工作的稳定性。如果经济形势恶化，你的工作会不会受影响？你的按揭贷款要背很长时间，所以你要看看贷款还清以前自己是不是一直能赚到这么多钱还贷。虽然即使被裁员，你还能再找一份工作，但新的工作可能工资没有这么高了。所以，在确定月供承受能力的时候，你对自己未来的收入最好采用保守一点的估算。要确保即使经济恶化，也不会影响到你的还款。

10.2　选房

买房可能是你进行的金额最大的一项投资，所以在决策时务必慎重。你要认真考虑多个因素。对目标区域的在售房产进行评估，以掌握其价格范围与特点。一旦你确定了一个合理的价位，就可以选择一套你认为最满意的。然后，对比购买这套房产的成本与租房的成本。这样，你就能比较自有住房的额外成本与利益。

除了购买住宅，也可以购买公寓房。公寓房的业主除了拥有自己的套间，还与其他业主共有周边的土地、公共区域（比如停车场）和设施（比如游泳池）。公寓房的利益与住宅不太一样。住宅是互相分离的，而公寓房则连成一体，所以私人空间更少。公寓房的支出是全体业主共同承担的，而住宅的业主各自支付自己的费用。尽管如此，不管是购买住宅还是公寓房，选房和融资要考虑的因素其实差不多。所以，在下文中我们尽量使用"住房"一词，兼指住宅和公寓房。

10.2.1　依靠房产中介

在你选房，决定是否购房，以及确定买哪套住房的时候，可以多听取房产中介的建议。当然，你不能完全依赖房产中介，因为他们的利益和你不完全一致：只有你通过他们购房时，他们才能赚到佣金。你要听取他们的想法，但根据自己的需要和偏好做出决策。一个好的房产中介会询问你的偏好，然后推荐合适的住房。

10.2.2　使用网上房产交易服务

房产买卖越来越多地利用网上提供的服务。许多网站允许卖房人把自己住房的详细信息输入一个数据库，供潜在的买家查询。这些网站有时仅限于所在的城市。开发网站的房产中介公司可以提供完成交易的后续服务，而且网上服务的佣金比传统的房产中介要低。

还有一些网站只能让卖方把住房信息输入数据库，而不提供其他与房产相关的服务。买卖双方只能在没有中介提供协助的情况下，自己完成交易。这种服务的好处是收费比全能型房产中介公司低。有的网上服务实际上隶属于传统的全能型房产中介公司。

10.2.3　选房标准

下面列出了选房时最重要的一些参考要素：

- **房价与预算的关系**。不要超出预算！不要买一套自己负担不起的住房。虽然你最喜欢的住房要有昂贵的新款家电和一个大大的花园，但它不值得你从此沦为房奴。

如果你的信用水平不高，在买房前一定要三思而后行。即使你能办理按揭贷款，最好还是先把拉低你信用评分的债务还清。等你还清了债务，又攒够了一大笔首付的钱，再考虑买房的事。

- **位置**。重点关注对你来说比较方便的区域的住房，这样你可以最大程度减少上下班或者办事的交通时间。住房位置好，可以让你每周在路上省下十几个小时，以及相应的油钱。
- **保养**。一些由知名建筑公司建造的住房维护成本比其他的住房低。另外，新房的维护成本比老房子低。如果住房有很大的庭院，需要的维护成本也比较高。

公寓楼的住户们分享公共区间，比如游泳池或网球场。通常，住户每月支付一笔固定的费用用于公共区间的维护和保养。此外，如果公寓楼的主体建筑需要维护，比如更换屋顶防水层或其他重大修理，就需要住户另外掏钱。

- **学区**。如果你有孩子，当地所属的学区也非常重要。即使你没有孩子，好的学区也能让你的房子升值不少。
- **保险**。你有了住户以后，就要投保屋主险，保障住房可能遭受的抢劫或损坏。不同的住户保险成本各不相同。住房越贵，所在区域风险越高（比如泄洪区），保费越高。因为保险公司可能经常要承担受损房屋的修理费用。
- **税费**。住房要征税，以支付当地的各项服务费用，比如当地的教育和停车。不同地区的税负差别很大。每年的物业税经常在住房市值的1%～2%。也就是说，价值100 000美元的住房每年的税收为1 000～2 000美元。如果你是按分项减扣申报的个人所得税，物业税也是可以扣税的。所以在缴纳联邦所得税时，别忘了把它扣掉。
- **业主协会**。有些住房加入了业主协会。协会给入会的住房制订规则，集体雇用安保人员，维护和保养区域内的公共区间，相关费用由业主承担。有的业主协会每月收取的费用相当高，在买房的时候需要注意。
- **转售价格**。住房的转售价格很大程度上取决于所处的位置。处于同一区域，特点相似的大多数住房大致也处于同一价位。虽然同一区块的住房价格走势一般保持一致，但不同的住房价格仍然会有一定落差。比如说，同一区块其他条件都差不多的住房，其中一套在学校的步行范围以内，另一套则离得比较远，前者就比后者值钱。

你很难准确预测一套住房的转售价格，但你能评估同一区块类似住房现在的转售价格。在许多网站上都能查询到房价信息。但是要注意，房价前几年持续上涨，并不能保证未来也会继续。

记住，如果你像大多数人一样，通过房产中介把房子卖掉，你要支付相当于卖价6%的中介费。所以，如果你把房子转卖了100 000美元，就要支付差不多6 000美元的中介费，实际收入只有94 000美元。买方则不需要付佣金。

- **个人偏好**。除了上面所说的一般性标准，每个人还有自己的个人偏好，比如居室的数目、厨房的大小，以及庭院的大小，等等。

10.3　住房估价

你可以用前面提到的标准筛选一遍了解到的房源，选出其中最符合要求的三四套，再慢慢分析其各自的优缺点。在选房过程中，你也会发现有些住房完全符合你其他方面的要求，就是价格超出了预算，那也不予以考虑。

10.3.1　市场分析

你可以进行一次市场分析，根据该区域其他条件类似住房的价格，评估目标住房的合理价位。目标住房的市场价格等于该区域同类住房每平方英尺⊖的均价，乘以目标住房的面积。房产中介或评估师也会帮你做同样的事。

案例 10-2

史蒂芬尼·斯普拉特找到了一处她有意购买的住宅。她查到附近有三套住房不久前刚刚成交，面积和房龄都和她看好的住房差不多。这三套住房的成交价见表 10-1 第二列。

表 10-1　对拟购住房的市场分析

住房面积（平方英尺）	价格（美元）	平方英尺单价（美元）
1 300	120 000	120 000 ÷ 1 300 = 92
1 200	104 100	104 100 ÷ 1 200 = 87
1 100	94 000	94 000 ÷ 1 100 = 85

她知道同地区的住房价格差异和面积相关。她把每套住房的价格除以面积，得到它们每平方英尺单价，见第三列。由此可见，这三套住房的平均单价是 88 美元 / 平方英尺。因为史蒂芬尼想买的住房面积是 1 300 平方英尺，所以她算出来这套住房的市值是：

$$每平方英尺均价 = （\$92+\$87+\$85）÷ 3 = \$88$$

$$住房市值 = 每平方英尺均价 × 平方英尺面积$$

$$= \$88 × 1\ 300$$

$$= \$114\ 400$$

她测算出的住房价格是 114 400 美元。虽然她也会考虑其他因素，这个初步分析让她对住房的价值有了基本的认识。比如说，房产中介告诉她原来的业主早就搬走了，所以想尽快出手。史蒂芬尼觉得她有机会用 108 000 美元把它买下来。但在和卖方讲价之前，她需要先计算一下购买这套住房会产生的成本。

10.3.2　经济对住房价格的影响

经济状况影响对住房的估价。当经济状况改善时，人们对自己的收入保持稳定和增长更有信心，所以也更愿意购房。随着对住房的需求增加，房价也会上涨。每平方英尺的住房均价上涨，所以市场分析显示的住房总价也提高了。相反，当经济状况恶化时，人们更担心自己的收入会（因为裁员）中断，或逐渐缩水。他们会更不愿意购房，对住房需求的下降导致房价下跌。每平方英尺的住房均价下跌，市场分析显示的住房总价也下降了。

经济对房价的影响如图 10-1 所示。起初，在经济景气时收入水平提高，鼓励一些租房者购房。另外，经济景气让人们对自己的就业保障更有信心，相信自己有能力承担未来较长时

⊖　1 平方英尺 =0.092 903 平方米。

间的还贷。同时，经济景气期间人们也更容易获得融资，因为金融机构也相信借款人会有足够的收入还贷，所以更愿意发放按揭贷款。强大的购房意愿导致购房需求超过了可供出售的房产数量。而业主因为对自己偿还贷款有信心，反而不愿意在有利的大环境中出售住房。即使有的业主愿意出售自己的住房，也会索取较高的价格，而且往往能够成功。

经济萧条的时候，就会出现相反的效应。起初，在经济萧条时收入水平降低，导致人们在花钱的时候更加保守。在这种情况下租房者不会考虑购房，因为经济疲软时裁员是家常便饭。因为饭碗不稳，他们也没有信心承受长期的还款压力。金融机构也不太愿意发放按揭贷款，因为它们担心借款人可能赚不到足够的收入来还贷。有的业主不得不出售自己的住房，因为他们的收入减少了，甚至是失业了。

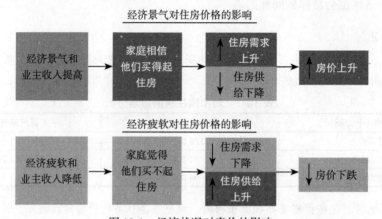

图 10-1　经济状况对房价的影响

10.3.3　金融危机对住房价格的影响

2003 ～ 2006 年，经济状况良好，开发商又新建了许多住房。按揭贷款放贷人积极地为这些住房寻找买家，不仅仅是因为他们可以从发放的贷款中收取利息，而且可以在按揭贷款的申请过程中收费。有些按揭贷款放贷人发放了次级贷款，也就是向没有充足收入支付首付和月供的借款人发放按揭贷款。放贷人愿意发放这样的贷款是因为他们可以从中征收更高的利率以及前端收费以补偿高风险。按规定，如果借款人违约了，放贷人还可以没收房产。放贷人对房价继续上涨，至少是不会下跌持乐观态度。因为有了房产作为贷款的担保物，他们也不担心借款人违约。于是，他们愿意冒险发放次级贷款。

1. 次贷违约

2006 年利率上调，浮动利率按揭贷款的利率也随之上升，有的购房人就无力偿还月供了。许多次贷借款人因为无力承担而违约，事实上他们中很大一部分根本就不符合按揭贷款的条件。有些按揭贷款向私人保险公司投保了违约险，但保险公司也因为没有足够的理赔资金而违约。到 2009 年 1 月，大约有 10% 的业主在拖欠月供或者已经断供。所有逾期次级贷款中有 25% 已经拖欠 30 天以上。这些按揭贷款来自许多金融机构，现在它们都面临巨大损失甚至有破产之虞。

2. 对房价的影响

这种状况导致了 2008 ～ 2009 年的金融危机。许多业主因为无力继续承担自己的住房贷款，不得不试图卖房。同时，还有许多业主因为断供，房产被放贷人没收了。这些放贷人也竭尽全力想把没收来的房产出售套现。于是，住房的供给变得很多，而需求却很少。业主出售住房的唯一希望就在于降低房价以吸引潜在的购房者。这些状况导致住房价格暴跌，有些地方的贬值幅度高达 50%。

虽然房价下跌，但对潜在购房者仍然没有吸引力。因为经济萧条，许多有能力购房的人担心房价会进一步下跌，或者自己也可能失业。不动产市场的冷淡打击了房屋开发，减少了许多对相关行业的需求，比如木材、空调、防水毡，以及园艺。于是，在这些行业工作的许多人也丢了饭碗，进一步恶化了经济。

3. 危机的解决

为了刺激住房和按揭贷款市场，《住房和经济复苏法案》于 2008 年 7 月通过，让一些业主免于丧失抵押品赎回权。有的金融机构主动参与一项计划，与面临丧失抵押品赎回权的业主合作，对按揭贷款进行再融资，使业主有能力继续履行还贷义务。虽然这样做对金融机构来说成本很高，但总好过没收已经不值钱的房产再把它强行套现。

有的时候，一些金融机构接受"卖断"安排——出售住房的回报虽然少于拖欠的按揭贷款余额，但卖方也不必再偿还差额。这样，贷款方就回收不了当初提供的所有贷款的余额。尽管如此，有些放贷人还是愿意接受这样的"卖断"安排，因为不这样做就只能取消赎回权，由放贷人自己没收住房再出售。按后一种做法，放贷人承受的损失会比"卖断"安排更大。美国政府也采取了一系列措施，帮助那些因大量按揭贷款违约而遭受巨额损失的金融机构。

4. 危机的教训

即使政府出手帮助金融机构和业主脱困，2008 年和 2009 年的住房市场仍然十分疲软。许多在 2007 年房价巅峰时刻购房的业主始终未能解套。教训是深刻的。首先，金融危机证明给不合格的按揭贷款申请人发放贷款最终会损害按揭市场本身。其次，它揭示了保有住房的风险，即在某些情况下不动产的价格会大幅度贬值。再次，它展示了经济状况对住房需求和价格的巨大影响。最后，它表明住房状况对经济的巨大影响，因为建造新住房关联到许许多多就业岗位。

5. 修改按揭贷款申请程序

政府实施了 2010 年《金融改革法案》（也被称为《多德－弗兰克华尔街改革和消费者保护法》）以稳定按揭贷款市场。该法案有一个条款规定发放按揭贷款的金融机构在批准按揭贷款申请前，要核实申请人的收入、工作状况和信用记录。该条款的目的在于要申请人在获取按揭贷款前提供资质证明。

2014 年，消费金融保护局（CFPB）发布了强化 2010 年法案的新细则。新细则规定了一个新的按揭贷款类别，称之为合格按揭贷款，它的设计比许多金融危机前实施的贷款更加安全和便于理解。要发放合格按揭贷款，放贷人必须评估借款人的还款能力，确保其每月总的债务收入比率（包括在申请的按揭贷款）不超过 43%。合格按揭贷款不能有高风险的特点，比如还息不还本（金融危机前这样的贷款很常见）。这些细则也限制了放贷人对合格按揭贷款的收费。另外，这些细则对拖欠还款的借款人提供了更多保护。放贷人也更愿意发放符合合格按揭贷款条件的贷款，因为它们在借款人无法还款时可以获得一定的法律保护。

10.3.4 企业活动和分区法的影响

住房的价格也取决于对该地区或地块住房的需求，而这种需求因企业活动和分区法而异。

1. 附近企业活动

如果有一家大企业入驻，许多雇员会在这附近买房安家。于是，这一带的住房需求就会提高，房价也随之上涨。相反，如果一家大企业关闭了它的机构，原来的雇员业主就会卖掉自己的住房，导致房价下跌。因为在需求不变的情况下，突然出现的大量住房抛售，业主只能降价以吸引有购买意向的人。

2. 分区规划

土地被划分为工业用地或居民用地。当某一地块的用途改变时，对它的需要也受到影响。如果与住房相邻的地块被划分为工业用地，人们对它就没那么看好。所以，位于这些地区的住房需求会下降，导致房价也下跌。

分区规划也会受到学区调整的影响。当某一地块所属的学区发生改变，本地居民要把子女送往不同的对口公立学校就读时，房价会受到很大影响。离学校越近，房价越高；离学校越远，房价越低。

10.3.5 集思广益

如果根据你自己的评估结果，某处房产的价格被低估了，在出手之前最好找人再做一次评估。如果你在委托房产中介帮你找房，中介也会对那套住房进行评估，然后向你建议一个价格。但是，值得注意的是，虽然中介在房产评估方面很有经验，但有些中介倾向于对卖方有利的评估结果。也就是说，他们可能会高估住房的价格，说服潜在的买方这个价格是划算的。这样，中介能够推动交易的完成，保证自己得到佣金。虽然许多房产中介是诚实的，他们所做的评估也是客观的，但你还是有必要独立进行评估，并慎重对待中介的评估结果。

10.3.6 议价

当你完成了对某套住房的评估并且决定购买时，你需要在报价之后与卖方讨价还价。许多待售房产的标价都在卖方的心理价位之上。所以就像进行其他投资一样，你要尽量少花冤枉钱。

你可以参考房产中介建议的报价。大多数卖方可以接受还价。一旦你确定了自己的出价，可以制作一份合同形式的意向书，让卖方确认。房产中介会把合同带给卖方，并在你们讨价还价的过程中扮演中间人的角色。

卖方可能会接受你的出价，或者拒绝，或者还价。如果标价是100 000美元，而你的出价是90 000美元，卖方可能会拒绝你的出价但是把价格还到96 000美元。然后就由你来决定了。你可以接受，或者拒绝对方的还价，或者继续还价，比如改报94 000美元。讨价还价的过程会进行许多个回合，直至其中一方接受对方的建议，或者放弃谈判。合同中不仅仅包含价格，还有其他买方要求的条件，比如说卖方要对房屋进行一次全面维修，或者买方要在某个日期以前入住。

出价经常会参考房屋的实际情况。买房之前一定要先验房，哪怕是新建住宅。检查员会清查住房的管道、电气线路、制冷和采暖系统，以及屋顶、墙体和住宅的其他方面。对白蚁和其他害虫的检测也是需要的。如果检验查出来一些严重的问题，你可能需要撤回合同，重新报一个更低的价格，以补偿必要的维修费用。放贷人在放款前也会要求你提供一份检验证书。

10.4 购房的交易成本

一旦你开始讨价还价，就应该开始向一家金融机构申请按揭贷款。其实，这个过程可能在你确定之前就应该开始了，这样才能确保在决定购买后有融资保障。申请贷款需要你对自己的财务状况进行总结，包括你的收入、资产和债务。你需要提供收入证明，比如说最近的工资支票存根或银行对账单。放贷人也会核查你的财务状况，主要是联系你的单位，了解你的雇用情况和最近的工资。

除了申请按揭贷款，你还要做好计划，支付购房的各项交易成本，主要包括首付和履约费用。

10.4.1　首付

你购房的时候，要用自己的钱付首付，剩余的部分可以融资。你的首付代表你对住房净值的投资。

传统的按揭贷款，放贷人一般要求买方支付房屋售价 10% ～ 20% 的首付款。放贷人希望你用自己的钱支付一部分房价，因为住房本身就是贷款的担保。贷款机构要承担你可能违约的风险。如果你真的无力偿还按揭贷款的月供，放贷人可以取得房产的所有权，并把它卖掉以偿还你的欠款。

但是，如果以后住房的价格下跌了，放贷人可能就拿不回自己当初借出的所有资金。你的首付款就是充当房价下跌的一个缓冲。放贷人可以用低于当初购买时的价格出售房产，仍然收回所有的按揭贷款金额。

如果是政府担保的贷款，由传统的放贷人发放贷款，但政府对违约行为提供保险。政府担保的贷款要求的首付比例，甚至是利率都比传统按揭贷款更低。政府担保贷款通常是由联邦住宅管理局（FHA）或退伍军人管理局（VA）提供担保。要满足联邦保险按揭贷款的条件，借款人必须满足担保人提出的各项要求。FHA 贷款主要扶持中低收入者获取按揭贷款。而 VA 贷款针对的是退伍军人。FHA 和 VA 贷款的借款人如果想卖房，贷款可以办理转按揭。

FHA 可以担保首付比例最低为房价 3.5% 的按揭贷款。它也可以担保借款人 FICO 信用评分低于 580 的贷款，但这时会要求比较高的首付比例。没有 FHA 的担保，借款人的 FICO 评分至少要达到 620，还要参考他的其他条件和贷款金额。即使有 FHA 为低 FICO 评分的借款人的贷款提供担保，最终是否批准贷款还是由放贷人决定的。

如果你办理了 FHA 或 VA 贷款，需要开立一个第三方存管账户。你的月供中还会包含一笔额外的屋主保险费和物业税。按揭放贷人收到你的月供后，会把这些额外的费用转入第三方存管账户，每年支付一次你的屋主保险费和物业税。

个人按揭贷款保险

如果你的首付款少于购房价格的 20%，你很可能必须购买个人按揭贷款保险（PMI）。PMI 为借款人（业主）断供提供保险。如果首付比例低于 20%，FHA 担保贷款总是要求办理 PMI。PMI 让按揭贷款成本增加不少。它的成本一般在贷款总额的 0.5% ～ 1%，贷款额为 100 000 美元时相当于 500 ～ 1 000 美元。FHA 经常调整它担保贷款的 PMI 费率，所以在申请 FHA 担保贷款时要查询最新的费率。最新的 FHA 费率是贷款额的 0.85%，再加上 1.75% 的手续费。所以，一个人要办理 10 000 美元的贷款，实际上还要支付 1 750 美元的手续费，也就是 101 750 美元；之后每年还要支付 750 美元（每月 71 美元）的保险费。业主的 PMI 成本目前还是可以扣税的，如果以后国会批准相关法规延期，未来还能继续。

如果你的贷款余额减少到最初贷款额的 80% 以下（相当于支付了 20% 的首付款），就不用再购买 PMI 了。有些 FHA 担保的贷款，在整个还款期间都需要购买 PMI。如果你购房后房价大幅度上涨，你可以根据新的评估价格要求提前终止 PMI。如果你以更低的利率再次融资，也可以缩短需要 PMI 的时间。

在你考虑购房的时候，而计划支付的首付款比例又低于 20%，就应该把 PMI 考虑在内。

为了提高首付比例，你可能需要搁置度假方案或降低其他非必要开支。

有的情况下，发放贷款的金融机构自己会承担个人按揭贷款保险的费用，而不是让业主办理。它可能会略微调高利率，以补偿保费。所以，一家金融机构在承担 PMI 的条件下可能把利率设为 5%，而如果业主自己投保，它可能会稍微降低一点利率。

10.4.2　结算费用

借款人在申请按揭贷款的过程中要支付各种各样的费用。这些费用被统称为结算费用。下面列举了最重要的一些费用项目。根据 CFPB 的最新规定，100 000 美元以上的贷款，如果相关费用超过贷款额的 3%，就不能作为合格按揭贷款。

1. 贷款申请费

在申请按揭贷款的时候，你可能要向放贷人支付一笔申请费，金额一般在 100～500 美元之间。

2. 返点

放贷人有时会收取一笔被称为"折扣点"或"返点"的费用，然后就会适当降低利率。你支付的返点越多，贷款利率越低。返点以贷款总额的百分比来表示，一般介于 1%～2%。如果你贷款 100 000 美元，要支付 2 个返点，在贷款批准的时候就要支付 2 000（2%×100 000）美元的返点。返点是可以扣税的，所以在计算应纳所得税的时候不要把它忘了。并不是所有放贷人都收取返点，所以在申请贷款时要货比三家，看看有没有哪家金融机构不收返点，但也给这么低的利率。

3. 贷款初始费

放贷人还要收贷款初始费，一般相当于贷款额的 1%。如果你的贷款额是 100 000 美元，缴纳 1% 的初始费就是 1 000（1%×100 000）美元。许多放贷人允许借款人自己在几种费用组合中进行选择，所以如果你愿意选择稍高一点的利率，也可以少付一点贷款初始费。有的放贷人不收贷款初始费，而是定比较高的贷款利率。

4. 评估费

评估是为了测算住房的市场价格，以保护金融机构的利益。如果你不能及时偿还月供，金融机构可以把这套房子卖了补偿当初发放的贷款。评估费一般在 200～500 美元。

5. 所有权核实与保险

二手房交易（而不是直接向开发商购买新房）往往涉及多项关于所有权核实和保险的交易费用。放贷人会开展所有权核实，确保交易的住房或财产属于卖方所有。所有权保险防范卖方以外的其他人出示证据，表明自己才是财产的合法所有者。它也可以防范在所有权核实的时候，没有发现被交易的住房还牵涉其他的债务。

结算费用和首付款都要在过户的时候支付。但结算费用可以计入贷款。在过户的过程中，住房的所有权转移给买方，卖方得到全额房款，买方取得对房屋的控制权。

案例 10-3

还记得吗，史蒂芬尼·斯普拉特考虑对一套住宅出价 108 000 美元。她想知道交易费用是多少。她想支付 8 000 美元首付，借 100 000 美元。她向约克金融机构询问按揭贷款事宜。她被告知，如果申请 100 000 美元按揭贷款，约克会收取的费用如下：

- 1 个返点；
- 初始费 1%；
- 评估费 300 美元；

- 申请费 200 美元；
- 所有权核实与保险费 400 美元；
- 其他费用 200 美元。

约克在报价中也表示，它可以承担个人按揭贷款保险的费用。

根据上面的信息，史蒂芬尼要支付的结算费用包括：

返点	贷款额 1%	$1 000
初始费	贷款额 1%	1 000
评估费		300
申请费		200
所有权核实与保险费		400
其他费用		200
合计		$3 100

史蒂芬尼买房时需要支付首付款 8 000 美元和结算费用 3 100 美元。

10.5 固定利率按揭贷款

固定利率，指在整个按揭贷款偿还期，利率都是固定的。如果业主觉得利率可能会上升，他们就倾向于固定利率贷款，以免还贷金额受到利率上调的影响。虽然按揭贷款的类型很多，但传统的 30 年期固定利率贷款还是很受欢迎。这种 30 年期固定利率贷款的利率通常与贷款发放时其他长期利率（比如 30 年期国债利率）挂钩。你可以在网上查到当前大致的按揭贷款利率，但实际上每家金融机构的利率各不相同。如果你在按揭贷款还清以前就把住房卖了，可以用卖房收入的一部分先把贷款还清。或者，条件允许的话，你可以让下家办理转按揭手续，接替你履行贷款合同。

10.5.1 还款计划书

你要按分期计划偿还固定利率按揭贷款的月供。这个计划中规定的你要支付的金额，取决于贷款金额、固定利率和还款期限。

月供的构成

每月的还款额都包括一部分贷款本金和当期的利息。

👉 **案例 10-4**

史蒂芬尼·斯普拉特想到网上查询一下自己的每月还款额。一个网站要求她输入 30 年期按揭贷款的拟贷款金额和预期的利率。她输入 100 000 美元的贷款额和 5% 的利率。网站随即向她返回了一份债务分期偿还表，如表 10-2 所示。这张表展示了她每月还款中本金和利息的构成。请注意，开始的时候还款主要都是支付利息，偿还本金的比例很少。比如说，第二个月，用于偿还本金的只有 121 美元，用于支付利息的高达 416 美元。因为开始的时候，欠款余额还很多，每月产生的利息也很多。而随着时间的推移，用于偿还本金的比例逐渐增大。请注意，到第 360 个月（也就是 30 年期贷款的最后一个月），534 美元用于偿还本金，3 美元支付利息。

同样要注意的是，过了 100 个月之后，她的余额是 87 086 美元。这意味着过了八年多的时间，史蒂芬尼花在自己住房净值上的钱不到 13 000 美元，或者说只占贷款的 13% 都不到。过了 200 个月之后（接近贷款期限的 2/3），她的贷款余额还有差不多 66 000 美元，说明她只还了 100 000 美元贷款中的 34 000 美元，刚刚过总额的 1/3。

表 10-2　30 年期（360 个月）5% 固定利率按揭贷款 100 000 美元的还款计划书（单位：美元）

月数	月供	本金	利息	余额
1	537	120	417	99 880
2	537	121	416	99 343
10 ⋮	537	125	412	98 755
25 ⋮	537	133	404	96 841
49 ⋮	537	147	390	93 483
100 ⋮	537	173	364	87 086
200 ⋮	537	263	275	65 822
360	537	534	3	0

注：金额精确到美元。

史蒂芬尼每年的还款中用于偿还本金的部分如图 10-2 所示。第一年，她才偿还 1 475 美元，而这年还款中剩余的 4 967 美元都被用来支付利息。这个结果让她大吃一惊，所以她重新审视了自己的贷款状况，看看有没有办法加速净值的积累。

（单位：美元）

年	当年偿还本金	当年支付利息
1	1 475	4 967
2	1 551	4 890
3	1 631	4 812
4	1 713	4 728
6	1 894	4 548
8	2 092	4 350
10	2 312	4 131
12	2 555	3 888
15	2 966	3 191
17	3 278	3 164
20	3 807	2 635
22	4 207	2 235
24	4 629	1 793
26	5 136	1 286
28	5 675	767
30	6 271	171

图 10-2　30 年期 100 000 美元贷款每年偿付本金和利息对比

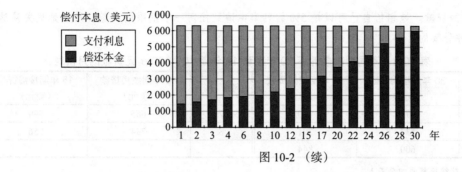

图 10-2 （续）

10.5.2　贷款额对月供的影响

在利率和期限一定的情况下，贷款额越大，每月还款额越多。表 10-3 展示了利率为 5% 的 30 年期贷款，不同贷款金额对应的月供。请注意贷款额增长时月供的变化。比如说，贷款额为 80 000 美元时，月供为 429 美元；而贷款额为 120 000 美元时，月供为 644 美元。

表 10-3　不同贷款金额对应的月供（利率 5% 的 30 年期固定利率贷款）　　　（单位：美元）

贷款额	月供	贷款额	月供
60 000	322	140 000	751
80 000	429	160 000	859
100 000	537	180 000	966
120 000	644		

10.5.3　利率对月供的影响

因为你买房融资的金额实在巨大，所以你要尽最大努力寻求利率最低的贷款。按揭贷款的利率越低，每月还款额越小。即使利率有一点微小的变动（比如说 0.5%），都会让你的月供有明显增加。

10.5.4　贷款期限对月供的影响

贷款期限表明你要花多长时间还清按揭贷款。到那时，你才完全拥有自己的住房。15 年期的按揭贷款正逐渐取代 30 年期贷款。15 年期贷款的优势就在于它比 30 年期贷款时间少了整整一半。15 年期贷款的月供要多一些，但支付的利息总额会少得多，而且住房资本净值积累的速度要快得多。因为资本积累的速度快了，所以需要支付个人按揭贷款保险费的次数也少了。

30 年期按揭贷款的优势在于，当贷款金额一定时，月供比 15 年期的低，每月的还款压力更小，你也能保持更多流动性。

10.5.5　测算月供

在贷款总额和期限确定的情况下，你可以在网上查询要支付的月供。

案例 10-5

史蒂芬尼·斯普拉特想查询 100 000 美元固定利率贷款在几个不同利率条件下 15 年期和 30 年期对应的月供，如表 10-4 所示。在利率为 5% 的时候，30 年期贷款的月供是 537 美元；而在利率为 6% 的时候，30 年期贷款的月供是 600 美元，每月增加 63 美元。接下来，史蒂芬尼测算了 15 年期的贷款。她相信自己可以按 5% 的利率申请到任何一个期限的贷款，所以她更关注这个利率下两种贷款的月供。

表 10-4 不同利率条件下 30 年期和 15 年期 100 000 美元贷款的月供对比

利率（%）	30 年期按揭贷款 （美元）	15 年期按揭贷款 （美元）	利率（%）	30 年期按揭贷款 （美元）	15 年期按揭贷款 （美元）
4	477	740	7	665	899
5	537	791	8	734	956
6	600	844			

注：还款额按整元四舍五入。

虽然 15 年期贷款的月供更高，但差距并没有史蒂芬尼预想的那么大。在利率为 5% 的情况下，15 年期贷款的月供是 791 美元，比 30 年期的 537 美元多了 254 美元。这是 15 年期贷款的明显劣势。

它的优势在于史蒂芬尼可以更快还清贷款，这意味着它把住房转化成自己资本净值的速度更快。为了更好地认识这一优势，她上网对两种贷款每年的本金余额进行了比较，如表 10-5 所示。请注意，六年之后，她的 30 年期贷款还欠 89 935 美元，而 15 年期贷款只欠 68 661 美元。在这个时点上，30 年期贷款会让她的债务比 15 年期贷款多 21 274 美元。10 年之后，30 年期贷款会让她的债务比 15 年期贷款多近 40 000 美元。而 15 年后，她的 30 年期贷款还有约 68 000 美元欠款，而 15 年期贷款已经还清了。

表 10-5 30 年期和 15 年期按揭贷款年度余额对比（贷款额 100 000 美元，5% 利率）（单位：美元）

第__年末	30 年期贷款余额	15 年期贷款余额	第__年末	30 年期贷款余额	15 年期贷款余额
1	98 525	95 406	9	83 654	49 103
2	96 974	90 577	10	81 342	41 905
3	95 343	85 500	11	78 912	34 385
4	93 630	80 166	12	76 357	26 385
5	91 829	74 577	13	73 673	18 025
6	89 935	68 661	14	70 850	9 237
7	87 945	62 464	15	67 884	0
8	85 853	55 950			

注：余额按整元四舍五入。

网上还展示了如果她一直是正常还款，最终她要支付的金额。

（单位：美元）

	30 年期按揭贷款	15 年期按揭贷款
支付本金总额	100 000	100 000
支付利息总额	93 256	42 343
还款总额	193 256	142 343

史蒂芬尼如果选择 30 年期贷款，会比 15 年期贷款多付约 51 000 美元。30 年期贷款的还款总额比 15 年期多了很多。

权衡了 15 年期贷款的各项优势和每月多付 254 美元的劣势，史蒂芬尼还是倾向于 15 年期的按揭贷款。如果她一直住在这套房子里，15 年后就无债一身轻了。即使她不到 15 年就决定把房子卖了，她的欠款也还了不少。选择 15 年期贷款，她会有更多的资本净值投资（因为她偿还的本金更多），她的净值增加的幅度会更大。

10.6　浮动利率按揭贷款

除了固定利率按揭贷款，还有**浮动利率按揭贷款**（adjustable-rate mortgage，ARM），其利率随市场利率波动而变动。ARM 有时也被称为可变利率按揭贷款，在选择房贷时是一个不可忽视的选项。与固定利率按揭贷款一样，ARM 也分 15 年期和 30 年期。ARM 的许多特性必须在按揭贷款合同中说明。

浮动利率按揭贷款的优点是当市场利率下降时，你支付的贷款利率也随之下降。这会减轻你的还款负担，使你有更多资金可以用于储蓄或投资。它的缺点是当市场利率上升时，你支付的贷款利率也会随之上升。这反而增加了你的还款负担，减少了你可用于储蓄或投资的资金。事实上，有的业主在利率提高前甚至被迫违约断供，因为他们无力再承担提高了的月供。

10.6.1　初始利率

许多 ARM 第一年的利率是相对较低的。对于业主来说，第一年的利率对他是比较有利的，因为低利率使他需要支付的月供较少。但是要认识到，这个优惠利率只是临时的，因为这种按揭贷款的利率是浮动的。根据 CFPB 的新规则，放贷人一般要以贷款合同允许的最高利率条件下产生的月供金额来确定借款人的还贷能力。

10.6.2　利率指数

初始利率在一段时间（比如一年）后，要根据某个特定的利率指数进行调整。贷款利率关联的利率指数必须写入贷款合同。许多 ARM 使用与金融机构平均贷款成本绑定的比例。比如说，ARM 的利率可能是基准利率加 3 个百分点。所以，如果某年的基准利率是 4%，ARM 的利率就是 7%（4%+3%）。如果下次贷款利率调整的时候，利率指数上升到 5%，新的贷款利率就是 8%（5%+3%）。

10.6.3　利率调整的频率

按揭贷款合同中也会规定多长时间调整一次利率。有的 ARM 规定利率每年调整一次。所以，按揭贷款利率根据特定的利率指数设定后，会维持 12 个月不变。这意味着接下来的 12 个月还款额不会变化。12 个月期满后，按揭贷款利率会再次根据当时的利率指数调整一次，然后再维持 12 个月。

有的 ARM 调整得没那么频繁，比如隔三年或五年才调整。还有一些 30 年期的贷款只在第五年年末调整一次，接下来的 25 年就一直按调整后的利率计算。在 ARM 利率调整产有，CFPB 要求放贷人给予借款人充分的通知，以便借款人有机会选择条件更好的贷款进行再融资。

其他 ARM 提供以下选项：
- 前三年利率固定不变，三年后变成每年调整的 ARM；
- 前五年利率固定不变，五年后变成每年调整的 ARM；
- 前五年利率是浮动的，第五年按当时的利率调整后，接下来的 25 年就不再变化。

有那么多种不同的方案，你可以选择最适合自己的。比如说，如果你觉得未来利率会持续下降，你会倾向于每年调整的 ARM。如果你的预测是对的，你的贷款利率会随市场利率浮动利率按揭贷款的时候，不能忽视另一种相反的情况，也就是说如果利率大幅度上升，你的月供会发生什么变化。一定要保证在利率提高的情况下，你也有充分的还贷能力。

10.6.4　浮动利率限制

浮动利率按揭贷款合同也是有限制的，也就是说利率的波动幅度是有上下限的。比如说，一个 ARM 的限制是 2%，那么它每年的调整只能在当前水平上提高 2%。假设市场利率比上年提高了 3%。如果没有限制，按揭贷款的浮动利率也会上调 3%；但如果它有 2% 的限制，当前就只能上调 2%。波动限制非常有用，因为在市场利率大幅度上升期间，它限制了贷款月还款额的增加。

按揭利率除了每年的波动幅度限制，还有贷款利率本身的上限，规定了这笔贷款可以收取的最高利率水平。这种总的上浮限制一般是 5%。如果一笔 ARM 的初始利率是 7%，而浮动限制是 5%，则整个贷款期允许的最高利率就是 12%。

10.6.5　选择固定利率还是浮动利率

你在购房的时候到底是选择固定利率的还是浮动利率的贷款，这取决于你对未来利率走势的判断。ARM 最大的优势在于它的利率要低于固定利率贷款。但是，如果利率是上升的，你选择 ARM 反而要还更多的钱。

☞ **案例 10-6**

史蒂芬尼·斯普拉特已经决定选择 15 年期的固定利率按揭贷款，利率为 5%。如果不是这样，她就会选择一款初始利率为 4% 的浮动利率按揭贷款，利率根据一个反映平均银行资金成本的指数加 3% 调整。

史蒂芬尼注意到，金融专家预测近期利率将会上调。她不希望自己的贷款利率和月还款额有不确定性存在。虽然第一年 ARM 的月供比较低，如果利率真的上调了，未来的月供反而会更高。所以，史蒂芬尼决定选择固定利率按揭贷款，而不是 ARM。

10.7　购房还是租房的决定

在考虑购买（然后拥有）住房的时候，要比较购房和租房的成本。在讨论到底应该购房还是租房的时候，不同的人列出的二者各自的优缺点各不相同，因为人们的偏好本身就是主观的。有的人看重住房的私有性，而另一些人觉得租房更具灵活性，想搬家的时候既轻松又没有负担。但是自己拥有住房还是租住的财务评估还是可以客观进行的。先进行财务评估，然后再考虑个人偏好。

10.7.1　评估租房和购房的总成本

租房的主要成本是每月的租金。另外，还要加上租房押金的机会成本。如果你不需要支付押金，这笔钱就可以用于投资。租房还可能有一项成本，就是购买租户险。

购房的主要成本是首付和月供。首付有机会成本，因为如果它不被来购房还可以开展投资以获取利息。在房产交易的时候还会产生结算费用，虽然有一部分费用是可以扣税的。拥有住房也会产生额外成本，比如维护和修理。每年还要根据房价的一定比例缴纳物业税。屋主保险也是以房价为基础的，一年一交。

☞ **案例 10-7**

史蒂芬尼·斯普拉特找到了满意的住房，也联系了贷款。在做出最终的决定前，她还想比较一下购买这套住房和继续住在公寓的成本。虽然她更希望有自己的住房，但她想知道拥有住房比租住公寓要贵多少。如果她把这套房子买下来，她准备至少要在里面住三年。所以，她想比较未来三年拥有住房和租房的成本。首先，史蒂芬尼计算了租房的成本：

- **租金成本**。她估计的租金成本在表 10-6 的最上面。她现在的租金是每月 600 美元，所以每年是 7 200（600×12）美元。她觉得三年内租金不会上涨，所以未来三年的租金之和就是 7 200×3 = 21 600 美元。（如果她觉得租金会上涨，就把差额加到租金里面再计算。）
- **租户保险成本**。现在她没有办理租户保险，因为现在租的房子不值钱。
- **押金的机会成本**。她现在向物业管理部分交了 1 000 美元的押金。虽然她在退租的时候可以取回这笔押金，但还是会有机会成本产生。她觉得如果用这笔钱投资，每年可以获得 2% 的收益（税后），也就是每年 20（1 000×0.02）美元的利息。三年的机会成本是年收益的三倍，也就是 60 美元。
- **租房总成本**。史蒂芬尼计算租房的总成本是每年 7 220 美元，三年合计 21 660 美元，如表 10-6 所示。
- 史蒂芬尼把买房的所有费用相加，减去节省的税负和得到的资本净值，算出购房的总成本：
- **月供**。购房最大的成本是月供，她在网上查到应该是每月 791 美元，或每年 9 492 美元（不含物业税和屋主保险）。
- **首付**。史蒂芬尼买这套房子要支付 8 000 美元的首付。
- **首付的机会成本**。如果史蒂芬尼不买房，她会把这 8 000 美元用来投资，税后收益是 2%。所以，每年的机会成本是 160（8 000×0.02）美元。
- **物业税**。史蒂芬尼根据现在的房主去年支付的物业税，假设每年的物业税是 1 500 美元。所以，三年的物业税合计 4 500（1 500×3）美元。
- **屋主保险（含个人按揭贷款保险）**。这套住房的保险费估计每年要 600 美元，三年就是 1 800（600×3）美元。
- **结算费用**。购房的结算费用（交易费用）不能忽略，虽然这些费用只在第一年因贷款而产生。根据前面的分析，结算费用大概是 3 100 美元。
- **维修成本**。史蒂芬尼估计每年的维护成本大概是 1 000 美元。
- **公用事业**。如果买下这套住房，她要支付水电费和有线电视费。在租房的时候，她也要支付这些费用，所以在分析的时候不必考虑这些费用。
- **节税**。史蒂芬尼还要考虑住房给她节省所得税。她估计未来她的边际税率是 25%。因为房贷利息是可以扣税的，所以她能节省的税额应该是投入的应纳税所得额的 25%。每年的贷款利息都在变动，所以节省的税额也随之变动。只要贷款金额、期限和利率确定，她可以通过还款计划书确定前三年支付的利息。她算出来前三年支付的利息大概是 14 700 美元。

表 10-6　比较三年内租房和购房的总成本　　　　　（单位：美元）

租房成本	每年金额	三年总金额
租金（每月 600 美元）	7 200	21 600
租户保险费	0	0
押金的机会成本	20	60
租房总成本	7 260	21 660
购房成本		
月供（每月 791 美元）	9 492	28 476
首付	8 000	8 000（仅第一年）
首付的机会成本	160	480

（单位：美元）（续）

购房成本		
物业税	1 500	4 500
屋主保险	600	1 800
结算费用	3 100	3 100（仅第一年）
维修成本	1 000	1 000
不计节税的总成本		49 356
节税总额		325
净值投资		23 000
三年购房总成本		26 031

请注意，物业税可以扣税，所以史蒂芬尼可以省税。如果每年的物业税是 1 500 美元，她三年内总共有 4 500 美元可以扣税。如果她准备支付贷款返点作为结算费用的一部分，而返点也是可以扣税的，那么也可以享受 1000 美元的一次性扣税金额。

未来三年，购房给她带来的所得税减扣项目包括：

（美元）

	减扣额
利息	14 700
物业税	4 500
返点	1 000
合计	20 200

但是，要记住可减扣项目金额不多的纳税人可以选择标准减扣，详见第 4 章。史蒂芬尼认为如果她不采用分项减扣，每年可以享受 6 300 美元的标准减扣额。如果她不买房的话，就会采用标准减扣，三年合计为 18 900 美元。因为买房的缘故，她的可减扣项目超出了预期的标准减扣额 1 300（20 200−18 900）美元，所以买房给她额外节省了税负。结合史蒂芬尼的边际税率，额外的减扣额给她节省的税负是：

$$省税金额 = 额外减扣额 \times 边际税率$$
$$= \$1\,300 \times 0.25$$
$$= \$325$$

- **净值投资价值。**拥有住房的另一项优点是史蒂芬尼在里面有净值投资。她的首付是 8 000 美元，未来三年支付的按揭贷款月供中有 15 000 美元是用于偿还本金的。如果未来三年的住房市值提高，这项净值投资的价值还会增长。如果史蒂芬尼假设房价不变，她的净值投资是 23 000（8 000+15 000）美元。

- **购房总成本。**计算购房的总成本要把所有的开支相加，再减去节省的税负。如表 10-6 所示，史蒂芬尼估计未来三年她的购房总成本是 26 031 美元。

未来三年，购房的总成本比租房要高约 4 371 美元。史蒂芬尼觉得这个成本不高，因为她能住在自己的房子里，而不是租住公寓。她相信未来住房的价格会上涨。如果住房价格每年上涨 2%，她在房子里的资本净值在三年内的增幅就会超过 6 000 美元。

既然史蒂芬尼已经决定买房，也能负担得起，她就和卖方谈判，最后说服对方以 108 000 美元的价格成交。

10.8 特殊类型的按揭贷款

有些情况下，买方不符合传统固定利率按揭贷款或浮动利率贷款的条件。于是，一些特殊类型的按揭贷款就应运而生，以促成这类交易。

10.8.1 渐进付款按揭贷款

渐进付款按揭贷款（graduated payment mortgage）在头几年的月供比较低，以后隔五年左右提高一次月供的金额。这类贷款主要针对收入会逐渐提高的人。随着他们收入的增加，月供的金额也会增加。如果对自己的收入增长没有信心，就不适合这种贷款模式。

10.8.2 气球式按揭贷款

气球式按揭贷款（balloon payment mortgage）开始设的月供金额比较低，在一个特定的期限（比如五年）后，要求一次性还清所有剩余欠款（被称为气球供）。气球贷有时是住房的卖方向买方提供的，尤其是开始时买方既负担不起正常的月供，也不符合传统按揭贷款的条件。在这种情况下，卖方先提供为期五年的按揭贷款。他希望买方的收入会增加，在五年内满足向金融机构申请传统按揭贷款的条件。这样，买方就有足够的资金支付给卖方的气球供。根据 CFPB 的新规则，气球贷一般不能作为合格按揭贷款，除非放贷人符合"小额授信人"的条件（住房的卖方可能符合条件），并满足其他一些要求。

10.8.3 无本金按揭贷款

无本金按揭贷款是浮动利率按揭贷款，但它允许购房人在最初的若干年只支付贷款利息。这类贷款在金融危机之前一度非常流行，因为房价一路上涨。有的购房人热衷此道，因为头几年不用还本金，所以更容易承担贷款。但是，等到开始偿还本金以后，月供的金额大幅度增加。有的月供增加了 30% 还多，导致很多业主无力承担。根据 CFPB 的新规则，无本金按揭贷款不能作为合格按揭贷款，所以现在已经非常少见了。

10.9 按揭贷款再融资

按揭贷款再融资（mortgage refinancing）指借一笔利率更低的按揭贷款，用它提前清偿之前的按揭贷款。你可以在市场利率下降（按揭贷款利率也随之下降）的时候通过再融资换一个按揭贷款。再融资的一个缺点是你还要再付一次结算费用。尽管如此，再融资还是划算的。因为新利率省下来的月供（即使考虑到省税的因素）可能比新贷款的结算费用多。在当前的按揭贷款利率明显低于你办理的贷款利率时，再融资的作用最明显。另外，如果你还打算在这套房子里住很多年，就要继续慢慢还贷款，也有必要利用再融资。如果你的贷款是FHA 担保的，你可能有机会参加 FHA "简化再融资"方案，这对于许多借款人来说是一个更便捷和优惠的再融资机会。

10.9.1 利率修正

当利率下降时，有的放贷人也主动给现有的固定利率按揭贷款提供一次"利率修正"。他们会收取一笔一次性的费用，是 500 ～ 1 000 美元，然后把固定利率按揭贷款的利率按照当前的市场利率水平进行重置。利率降低使借款人受益，也就不必再找一个新的放贷人申请再融资，相应的一系列麻烦和费用也可以省下来了。有的放贷人之所以愿意进行"利率修正"，是因为他们知道如果不给你降低利率的机会，你多半会另起炉灶，向其他人再申请一次利率更低的贷款，然后自己现在发放的贷款就会被还清了。这样，现在的按揭放贷人不但收不到高利率的贷款月供，而且会遭遇顾客的流失。通过利率修正，你可以和现在申请贷款的人享受差不多的利率，而放贷人虽然损失了一点利差，但他们不但保住了顾客，而且还能在利率修正的过程中收取一笔一次性的费用。

10.9.2　再融资分析

为了确定是否有必要进行再融资，你可以比较新利率条件下每月的利息支出和再融资成本。只要节省下来的利息超过了再融资的结算费用，再融资就是划算的。

再融资的好处（利息支出的减少）每年都能享受，而弊端（结算费用）只在再融资的时候出现一次。所以，如果业主打算长期保有住房，再融资一般都是利大于弊的。因为从此以后，直到贷款还清，因利息支出的减少每年都能节省一些资金。

案例 10-8

史蒂芬尼·斯普拉特决定，如果以后利率下降，她就再融资。如果一年后利率降到4%，史蒂芬尼通过再融资可以使她的15年期按揭贷款的每月还款额减少51美元。史蒂芬尼想算算在她保有这套住房的这段时间内，她从每月利息支出中总共能省下多少钱。

每月少付51美元，一年就是612（51×12）美元。但因为贷款利息是可以扣税的，少付612美元的利息就意味着应纳税所得额增加612美元。因为她以后的边际税率会是25%，她的税率会增加：

$$每年税负增加 = 每年增加的应纳税所得额 \times 边际税率$$
$$= \$612 \times 0.25$$
$$= \$153$$

通过再融资，利率降低每年给她带来的收益是：

$$\$612 - \$153 = \$459$$

再融资的弊端在于史蒂芬尼还要再支付一次购房时付过的结算费用（3 100美元）。在对再融资的成本收益进行比较的时候，她先计算能省多少税。因为返点是可以扣税的，她先计算能扣多少税：

$$返点省税 = 返点成本 \times 边际税率$$
$$= \$1000 \times 0.25$$
$$= \$250$$
$$税后结算费用 = 结算费用 - 省税金额$$
$$= \$3\ 100 - \$250$$
$$= \$2\ 850$$

因为再融资产生的税后结算费用是2 850美元，超过了史蒂芬尼保有这套住房两年节约的利息支出（918美元）。史蒂芬尼现在知道，即使明年按揭贷款利率能下降1%，也没有必要进行再融资。如果她在这里住的时间更长一些，她会重新考虑这个决定。她再融资之后在这套房子里住的时间越长，低利率会给她带来的好处越多，再融资就越划算。

10.10　怎样把按揭贷款纳入你的理财规划

下列关于按揭贷款的关键决策是你必须纳入理财规划的：

- 你能承担多少按揭贷款？
- 你应该选择多长期限？

- 你应该选择固定利率贷款还是浮动利率贷款?

通过深思熟虑,你可以避免积累过多债务。图 10-3 展示了史蒂芬尼·斯普拉特怎样把按揭贷款决策纳入她的理财规划。

按揭贷款融资的目标

1. 把按揭贷款限制在一个可以承受的额度内。
2. 在可以承受每月还款额的基础上,选择一个尽量短的贷款期限。
3. 在固定利率和浮动利率贷款之中选择一个利息支出较少的类型。

分析

	15 年期按揭贷款(利率 5%)	30 年期按揭贷款(利率 5%)
月供	$791	$537
利息支出总额	$42 343	$93 256
优点	与 30 年期相比清偿贷款的期限减少一半;少付很多利息	每月还款额较少
月供和房租之间的差额	$791-$600=$191	$537-$600=-$63

决策

1. 关于按揭贷款承受能力的决策

　　15 年期 100 000 美元按揭贷款的月供是 791 美元。我每月的房租是 600 美元,每月差额是每 191 美元。因为我每月的现金流入(工资收入)比每月的常规支出(包括车贷月供),以及买衣服的钱合起来多大约 600 美元,所以这个差额我还是可以承受的。如果我买房了,就没法再按计划储蓄,但我的资产净值在增加。

2. 关于贷款期限的决策

　　我倾向于 15 年期的贷款,因为这样每年还掉的本金多一点。

3. 关于贷款类型的决策

　　我倾向于固定利率按揭贷款,因为这样我能确保月供不会增加。我担心未来利率可能会上升,所以担心浮动利率贷款的利息支出会增加。

图 10-3　按揭贷款融资在史蒂芬尼·斯普拉特的理财规划中的应用

讨论题

1. 如果史蒂芬尼是一个带着两个孩子的单身妈妈,她的按揭贷款决策会有什么不一样?

2. 如果史蒂芬尼现在已经 35 岁,年龄会对她的按揭贷款决策产生怎样的影响? 50 岁呢?

小结

1. 房价承受能力

在考虑购房的时候,你要评估自己的财务状况,以确定你能买多贵的房子。要知道你能花多少钱买房,首先要考虑自己能拿出多少首付款,然后根据收入判断每月能承受多少钱的月供。

2. 选房

在选房的时候,可以使用的几项关键指标是价格、位置的便利性、学区和潜在的转售价格。

3. 住房估价

你可以用市场分析的方法对房价进行评

估，也就是以这一带最近成交的住房的平均每平方英尺单价作为你对目标住房的定价标准。

4. 交易成本

购房的交易成本包括首付和结算费用。结算费用中最主要的部分是返点和初始费。

5. 固定利率按揭贷款

固定利率按揭贷款的利率在整个贷款期限内是不变的。因为最初几年月供中的大部分资金用于支付每月产生的利息，所以只能偿还很少一部分本金。现在，越来越多的人倾向于15年期的贷款，而不是传统的30年期贷款。期限短了意味着每月还款额更高，但最初几年偿还的本金也多了。

6. 浮动利率按揭贷款

浮动利率按揭贷款（ARM）把它的利率和某个利率指数挂钩，所以按揭贷款利率会随指数变动而变动。认为未来利率会下降的业主更愿意选择ARM。

7. 购房与租房对比

在决定购房之前，你可以比较一段时间内自己拥有住房和租房的总成本，以确定哪个选择有利于强化你的财务状况。计算拥有住房的总成本，就是把与住房相关的支出相加，再减去拥有住房可以节省下来的税负，以及期末时预期的房产净值。

8. 特殊类型的按揭贷款

如果买方不符合传统按揭贷款的条件，他们可能会转向特殊类型的按揭贷款，比如说渐进付款按揭贷款、气球按揭贷款和无本金按揭贷款。

9. 按揭贷款再融资

当新发放的按揭贷款利率下降时，你可能会考虑对自己现有的按揭贷款进行再融资。但是再融资的时候，你还要再付一次结算费用。所以，只有收益（把预计可以节省的利息累加）超过结算费用时，再融资才是划算的。

10. 怎样把按揭贷款纳入你的理财规划

按揭贷款让你可以拥有自己的住房，所以对你完成自己的理财规划来说这是必要的。

复习题

1. **购房步骤**　你想买房时要做的第一件事是什么？这件事为什么很重要？怎么样让房产中介帮你的忙？

2. **购房**　在购房前你必须考虑哪两个方面的财务问题？为什么？

3. **承受能力**　要确定你能承受多少钱的首付和月供时，你要考虑什么问题？

4. **选择标准**　列举你在选房时要考虑的因素。

5. **选择标准**　房价、位置的便利性和维修怎样影响你的购房决策？

6. **学区的影响**　为什么你想买的住房所属的学区声誉很重要？

7. **屋主保险和税费**　为什么不同住房的保险费和税费会不一样？

8. **住房转售价格**　影响住房转售价格最主要的因素是什么？你怎样预测一套住房的转售价格？卖房时谁支付中介的佣金？

9. **市场分析**　当你从考虑的3～4套住房中选出最满意的一套时，接下来该做什么？你是否应该接受卖方的标价？说明你该怎样对住房进行市场分析。

10. **对住房的需求**　为什么住房的价值取决于对住房的需求？哪些因素影响对住房的需求？

11. **贷款方案**　放贷人怎样保护他们在住房贷款中的利益？说明两种政府担保的贷款方案。

12. **结算费用**　什么是结算费用？列举并简要说明你申请按揭贷款时可能面临的不同结算费用。

13. **固定利率按揭贷款**　说明固定利率按揭贷款的特点。为什么有的业主更喜欢固定利率按揭贷款而不是浮动利率按揭贷款？

14. **还款计划书**　什么是还款计划书？每期的月供代表什么？

15. **月供**　列举影响每月还款额的三个因素，说明它们各自对月供有什么影响。

16. **浮动利率按揭贷款**　讨论浮动利率按揭贷

款的特点。影响你选择固定利率或是浮动
利率按揭贷款的因素是什么？

17. **租房成本**　租房成本有哪些？

18. **购房成本**　说明购房有哪些成本。购房可
以减少所得税支出吗？

19. **特殊按揭贷款**　说明渐进付款和气球按揭
贷款的特点。

20. **按揭贷款再融资**　什么是按揭贷款再融
资？再融资有什么缺点？

21. **经济萧条对住房价格的影响**　说明经济萧
条怎样影响住房价格。

22. **经济繁荣对住房价格的影响**　说明经济繁
荣怎样影响住房价格。

23. **个人按揭贷款保险**　什么是个人按揭贷款
保险？它怎样影响你的按揭贷款成本？

24. **购房者风险**　购买住房会面临哪些风险？

25. **合格按揭贷款**　什么是合格按揭贷款？

26. **验房**　什么是验房？为什么在买房之前一
定要验房？

27. **FHA 贷款**　什么是 FHA 贷款？FHA 和
VA 怎样帮助低收入者购房？

28. **第三方存管账户**　什么是第三方存管账户？
第三方存管账户怎样保护放贷人的利益？

29. **气球按揭贷款**　什么是气球式按揭贷款？
什么情况下需要这种按揭贷款？

理财规划练习题

1. **月供**　多萝茜和马特准备买他们的第一套住房。他们现在每月的现金流入是 4 900 美元，现金
流出是 3 650 美元，其中包括 650 美元的房租。他们想把收入的 10% 储蓄起来，另外把 200 美
元存入支票账户以防万一。根据这些条件，他们每月能承担多少月供？

2. **购房出价**　丹尼斯和肯尼想购买一套报价 135 000 美元，面积为 1 800 平方英尺的住房。他们
调查了好几套面积相似的住房，得到以下信息：
   - 一套 2 400 平方英尺的住房售价 168 000 美元；
   - 一套 1 500 平方英尺的住房售价 106 500 美元；
   - 一套 1 100 平方英尺的住房售价 79 000 美元。
   他们应该对自己想买的住房出什么价？

3. **结算费用**　拉里和劳拉找到了心仪的住房，出价 125 000 美元，卖方也接受了。他们支付了
10% 的首付。他们的银行收取了贷款额 1% 的初始费和 1.5% 的返点。其他费用包括 25 美元贷
款申请费，250 美元的评估费，以及 350 美元的所有权核实和保险费。在交易结算的时候，拉
里和劳拉要准备多少现金？

4. **支付利息总额**　罗伊德和琼计划买的住房需要 75 000 美元的按揭贷款。如果选择 30 年期的按
揭贷款，月供为 498.97 美元；而 15 年期贷款的月供是 674.12 美元。这两种不同期限的贷款，
支付的利息差额是多少？

5. **省税**　你这个月的按揭贷款月供是 700 美元，其中 600 美元用于支付利息，100 美元偿还本金。
你的边际税率是 25%。当年你可以少付多少所得税？

6. **年度租房成本**　特蕾莎每个月的房租是 650 美元，不计公用事业费。她入住时，还从利率为
3% 的储蓄账户中提取了 700 美元支付押金。她每年还要支付 60 美元的租户保险。特蕾莎的年
度租房总成本是多少？

7. **公寓房成本**　马特找到一处对他来说非常方便的公寓房。为了把它买下来，他需要从存款中提
取 5 000 美元支付首付，还要支付 2 500 美元的结算费用。他的月供加物业费、保险费总共是
520 美元。公寓所属的业主协会每年收取 400 美元的维修费。如果他的 5 000 美元存款现在的
利率是 5%，问马特购买公寓房第一年的总成本是多少？

8. **省税**　如上题，马特为自己新买的公寓房第一年支付了 4 330 美元的月供。他的物业税是 600 美元，屋主保险费是 460 美元。如果巴特的边际税率是 25%，他这一年能少付多少所得税？

9. **再融资**　道格和林恩三年前买的住房，月供是 601.69 美元。最近利率下调了，如果他们再融资，可以把月供减少到 491.31 美元。如果他们再融资，每年可以节省多少钱？他们的边际税率是 15%。（提示：把省税情况的变化考虑在内。）

10. **再融资**　如上题，如果他们再融资的成本是 3 860 美元，道格和林恩还要在这里住多久，省下来的钱才能弥补再融资的成本？（回答此题时忽略任何存款利息。）

11. **积攒首付**　保罗想买自己的住房。他现在租房住，租金是父母支付的。保罗的父母已经表示，不会替他付月供。保罗没有储蓄，但他每个月可以存 400 美元。他想买的住房价值 100 000 美元，而且房产中介告诉他要付 20% 的首付。如果保罗的存款收益是 4%，他要多长时间才能攒够首付的钱？

12. **月供承受能力**　如上题，保罗以后相当长的一段时间内每月可以存 400 美元（可以用来支付月供）。在支付了 20 000 美元的首付之后，保罗用利率为 5%，期限为 30 年的按揭贷款支付剩余房款。他每个月要还多少钱？他能承担得起吗？

13. **个人按揭贷款保险**　贾斯汀最近办理了 131 500 美元的 FHA 按揭贷款。如果他要支付 1.5% 的初始费，他的贷款总额要增加多少？加上他要支付的 PMI 初始费，贷款总额是多少？贾斯汀在贷款期间需要一直支付 PMI 吗？

14. **道德困境**　米娅想买一套住房，也知道自己买得起，但她的收入略低于偿还贷款月供的要求。她是一个服务员，收入有相当一部分来自小费，所以她可以夸大自己的收入。她在申请按揭贷款时是否应当虚报自己的预期收入？

理财心理：为自己买房

1. 购房人在实际买房的时候常常超出原先的预算。这是因为他们在看房的时候，经常会去看那些标价超出预算但其他各方面条件都令他们满意的住房。如果你准备买房，说说你会怎么做。你会像这个问题中描述的这样吗，还是会表现得更加克制？

2. 阅读一篇关于心理因素如何影响购房决策的文章。你可以上网搜索关键词"心理"和"购房"来检索相关文章。阅读后总结文章主要观点。

系列案例：辛普森一家

　　辛普森一家买房的时候，他们办理了一个利率为 8.6% 的 30 年期贷款。他们的月供（不含物业税和保险）大约是 700 美元。今天，他们有机会再办理一个利率为 5% 的 30 年期贷款。戴夫和莎伦想知道，再融资之后，他们的月供可以少付多少。考虑税收变化因素，他们再融资的成本是 2 400 美元。辛普森一家的边际税率是 25%。

1. 如果辛普森一家重新办理 90 000 美元的利率为 5% 的 30 年期贷款，请上网查询或使用财务计算器计算他们应付的月供（不含物业税和保险费）。

按揭贷款（美元）	90 000
利率（%）	5
年限	30
月供（美元）	

2. 辛普森一家知道他们至少在 3 年内不会搬家。对比再融资的成本和收益，向辛普森一家做出是否有必要再融资的建议。

当前月供金额	
新月供金额	
每月节约金额	
每年节约金额	
边际税率	
所得税增加金额	
每年税后节约金额	
再融资后居住年限	
节约金额合计	

3. 为什么关于再融资你会提出这样的建议？

第三部分系列案例

布莱德·布鲁克斯接受了你的建议，把每月智能手机的费用减少了 250 美元，享乐开支减少了 200 美元。他还继续住在月租 1 000 美元的公寓房。但是，现在布莱德想改善自己的汽车和住房条件了。他想买一辆 35 000 美元的 SUV，而他两年前买的车（已经开了 57 000 英里）还有 10 000 美元的贷款没有还清。已经有人愿意付 15 000 美元现金向他购买。这样，他不但能还清 10 000 美元的贷款，而且多出来的 5 000 美元正好付 SUV 的首付。剩下来的 30 000 美元车款可以申请利率为 8% 的 4 年期贷款。

布莱德还想把他住的公寓买下来。他知道买房可以享受税收优惠，为此他已经迫不及待了。他可以先付 10% 的首付；房价总值 90 000 美元。他可以办理一个利率为 5% 的 30 年期按揭贷款。交易时总共要支付 3 100 美元的结算费用。他的公寓房每年要付 1 800 美元的物业税，业主协会（POA）的费用是每月 70 美元。另外，如果他把房子买下来，每年还要多付 240 美元的保险费。

根据你在第一单元制作的布莱德的现金流量表，再结合他准备放弃的智能手机和享乐方面的支出，重新填制他的现金流量表。根据新的现金流量表，说说你觉得布莱德在未来的 4 年里，是否有能力在购买 SUV 的同时，实现还清信用卡欠款并增加储蓄的目标。

个人现金流量表

现金流入	本月
现金流入合计	
现金流出	
现金流出合计	
净现金流	

第四部分
PART 4

保护你的财富

本部分各章围绕保险展开，告诉你怎样保护你自己和你的资产免遭损害和风险。第 11 章介绍与汽车和屋主保险有关的决策。第 12 章讨论与健康和残疾保险有关的问题。第 13 章分析了人寿保险的条款。

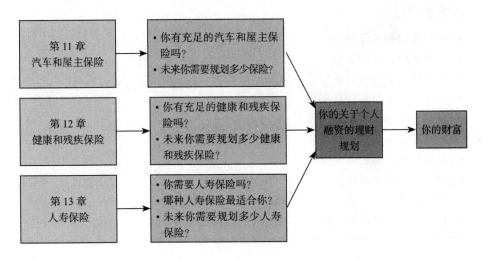

第 11 章　汽车和屋主保险

引导案例

马特不久前发生了一起严重的交通事故，导致他那辆使用了八年的轿车损坏严重。当他的保险公司让马特评估一下维修成本，他把破车拖到一家声誉卓著的汽车修理厂。对方的全套修理报价高达 5 250 美元。

只要保险公司买单，马特愿意承担 250 美元的免赔额。因为他这款车在状况良好时的账面价值不过 3 240 美元，保险公司把他的车列为"全损"，表示只能按账面价值给予报销。所以，马特要么把车修好，但除了保险公司的报销，自己还要贴 2 000 美元；要么干脆把它报废，再去买辆新车。

理解你的保险需求很重要。这样，你才知道为了对抗风险、挽回损失，需要办理什么样的保险，该保多少钱。

本章学习目标

- 介绍保险和风险管理
- 说明保险公司的职能
- 介绍汽车保险的背景知识
- 分析影响车险保费的因素
- 介绍交通事故发生后你该怎么应对
- 介绍屋主保险的主要条款
- 介绍屋主保险的财务保障
- 介绍租户保险的使用
- 介绍伞护式个人责任保险的使用
- 探讨怎样把保险纳入你的理财规划

11.1　保险和风险管理

财产保险确保任何针对你汽车和住房的威胁都得到保障，保护你的个人资产免受责任牵连。在保险中，术语"责任"的意思是你可能因为对其他个人或他们的财产造成损害，所以需要向他们赔偿。医疗保险可以确保你的大多数医疗费用可以报销，所以也能使你的资产免受责任牵连。人寿保险可以在你死后，给你的抚养对象、其他人或慈善机构提供经济支持。

保险的首要功能是维持你现有的财富水平，当意外发生时保护你免遭可能的经济损失和责任牵连。它可以在你因事故或疾病无法工作时，让你继续获得收入，或防止其他人拿走属于你的资产。

只要买了车险，即使还没有得到赔付，你也能从中受益。因为你知道即使发生了碰撞，保险也能挽回损失，所以你可以安心驾驶。保险并不便宜，但它牢牢锁住了你的财富，因此物有所值。然而，你也不想在保险上浪费钱。所以，你要认真识别面临的潜在风险，然后购买必要的保险防范可能发生的损失。

在保险中，术语"风险"的意思是面临可能导致经济损失的事件（或灾害）。风险管理表示关于是否需要以及怎样应对风险的决策。**风险管理**（risk management）的第一步就是识别你面临的风险。接下来你要决定是否需要防范这些风险。做出决定之后，你可以选择规避风险、减少风险，和针对风险投保。如果你决定投保，你还可以选择保险金额和保单条款。

11.1.1 规避风险

想想那些可能使你遭受经济损失的行为。如果财产被损坏，它的所有人就会面临经济损失。如果你本来一无所有，自然可以避免财产损坏的风险。然而，你肯定不会为了彻底逃避风险而散尽家财。如果你租了一辆车，在发生事故后你还是会面临经济损失和赔偿责任。还有些风险与财产无关。比如说，你生病或残疾了，也会面临经济损失。

11.1.2 降低风险

管理风险的方法之一是减少面临的经济损失。比如说，你可以买一套小房子，而不是大房子；你也可以买辆便宜的车，这样遭受的财产损失也就以财产价值为限。如果你想降低火灾造成房屋损失的风险，可以安装火警系统或烟雾探测器。如果你想减少疾病或残疾的可能性，可以定期体检。

但是，这些方法都不能让你完全免于经济损失。如果你开车，要担心的不仅仅是自己的汽车可能遭受损坏，还要想到如果你要承担事故责任，还得赔偿对其他汽车的损害，还有它们的司机受到的伤害。所以，哪怕你自己的车根本不值钱，你的经济损失也可能会很大。

11.1.3 接受风险

管理风险的第三种选择是接受风险，不再试图限制面临的经济损失。如果风险事件发生的概率很低，而且事件导致的经济损失很小，这种态度也许是可取的。比如说，你住在一个人少车稀的小镇，平时也不怎么开车，就不太会发生事故。如果事件导致的经济损失有限，你也很有可能接受风险。比如说，如果你开的车又老又破，就可能愿意接受它遭受损坏的财务风险。然而，你还是要面对责任，情节严重时可能会让你变成穷光蛋。

接受风险背后的心理因素

🌐 **理财心理**

许多人选择接受风险而不是购买保险，是因为他们无法从购买的保险中获得满足。在他们付钱的时候，他们觉得没有得到回报。买保险和买一般的商品或服务不一样，它不会马上带来好处。事实上，有的人可能觉得只有在不幸事件发生后，保险发挥了作用，他们才能从保险中受益。否则，在他们看来保险就是浪费钱。其实，他们应该设想一下相反的情况，也就是事情发生了，但保险没买。在许多情况下，人们并不是在深思熟虑之后选择接受风险，仅仅是因为不想花这个钱，就搁置了要不要买保险的决策。或者，他们会想当然地认为自己会注意回避一切有风险的事情，所以就用不着保险。

然而，人们对不幸事件的发生并没有完全的掌控。再小心的司机也可能发生车祸；再谨慎的业主面对天灾也无可奈何；追求健康饮食的人也会重病缠身。这些不幸事件，只要碰上一次，就会让人倾家荡产。

11.1.4 用保险应对风险

最终的解决方案是用保险应对风险。如果你无法规避某种特定的风险，无法降低风险，也不想因为这种风险遭受经济损失，那就考虑保险吧。

办理保险的决策是基于成本与收益衡量。获得保险的成本是每年都要支付的保险费；收益则是在可保事件发生后本来应该损失掉的资产或收入。于是，保险使你现有的净值得到保护，从而提高了未来净值增加的可能性。没有保险，只要经历一次导致大修或赔偿的事故，你就可能倾家荡产。

你不可能对所有风险投保，因为有的风险几乎不可能发生，或者保费贵得要死。你可以通过风险管理决定投保哪些风险。如果某个事件发生的可能性很大，而它可能导致的经济损失也很大，就有必要考虑保险。你可以选择接受那些经济损失有限的风险。在本章和接下来的两章，我们会学习车险、屋主保险、健康险、重疾险和寿险的关键条款。有了这些知识，你可以制订自己的风险管理计划。

你的风险管理决策也受到你的风险偏好影响。比如说，你和你的邻居可能经济状况差不多，面临的各种风险也相似。但是，你买的保险可能比他多，因为相比之下你更在意面临的经济损失。虽然要支付保险费，但你不必再担心天灾会给你带来损失。

11.1.5 经济对风险保障决策的影响

你投保哪些险种的决策可能会受到经济状况的影响。在经济形势较好，收入较高的时候，人们倾向于买保险或增加保额。当经济不景气的时候，人们往往减少保险好把钱省下来买别的东西。但是，要考虑一下在经济萧条的时候减少对自身保障可能遇到的危险。你没有其他路子搞到钱去应付意外支出，更何况你未来的收入还不稳定。买保险不能随心所欲，不是说有钱就多买一点，没钱就少买一点。一定程度的保障是必要的，就像人要吃饭住宿一样。保险帮你应对特定事件产生的巨额支出（比如交通事故或健康问题）。这种事情一旦发生，如果没有买过保险，你就会面临严重的财务问题。

11.2 保险公司的职能

保险公司提供保护你免遭经济损失的保单，并以此向被保险人收取保险费。

因为可能造成你的经济损失的风险类别很多，所以应对这些风险的险种也很多。表 11-1 展示了常见的风险事件，以及应对这些事件的相应险别。对于个人来说，最常见的保险形式莫过于财产和灾害险、寿险和健康保险。财产和灾害险主要保护财产安全，所以主要包括车险及屋主保险。有的保险公司专营特定类别的保险，而有的则向人们提供多种保险。即使提供的是同一类保险，每家公司的保单条款也是有差异的。

有些保险公司是纯粹做保险的，但其他保险公司可能与其他金融机构有关联，比如商业银行、储蓄机构或证券公司等。有的金融机构在它们的网点设立了保险中心，方便顾客来办理其他金融业务的时候顺带处理保险事务。

表 11-1　可能导致经济损失的常见事件

事件	经济损失	防范
你发生车祸，造成汽车损坏	修车	车险
你发生车祸，造成车内乘客受伤	医疗费和赔偿责任	车险
你发生车祸，造成对方车内人员受伤	医疗费和赔偿责任	车险
你的住房被火焚毁	住房维修	屋主保险
你的邻居在你家里受伤	医疗费和赔偿责任	屋主保险
你生病了，需要治疗	医疗费	健康险
你病情加重，需要长期治疗	医疗费	长期护理险
你残疾了	收入丧失	残疾险
你死了，但有家庭成员靠你抚养	收入丧失	寿险

保险公司业务

每当保险公司向你出售保单时，它都有义务履行保单中规定的义务。比如说，如果你的汽车有保险，保险公司有义务防止你因交通事故而遭受经济损失。如果事故发生了，保险公司要（按合同中的规定）支付款项，赔偿给司机和乘客，以及承担事故造成的财产损坏。

一般来说，保险公司的收入来自保费，以及对没有支付的保险金进行投资产生的收益。它们的主要成本在应对保单持有人的理赔时产生，但绝大多数保单持有人在保险期间是不需要索赔的。保险公司理赔时，支付的保险金一般比那位保单持有人每年缴纳的保费多。比如说，假设一位保单持有人每年的车险保费是 1 000 美元，结果他出险后保险公司要支付20 000 美元，用于责任赔偿和汽车修理。理赔的金额是年缴保费的 20 倍。换言之，20 个车险的保费才能产生足够的收益承担一次理赔的成本。

你买保险的时候，依赖保险公司在未来的一段时间内提供充分的保障。然而，如果保险公司经营不善，它可能会承受重大损失，以致无力赔付你的索赔。此外，你还会损失已经缴纳的保险费。所以，选择一家财务健康的保险公司非常重要。有好几家公司给保险公司评级，包括 A.M. Best、Demotech Inc.、穆迪、标准普尔等。评级表示该保险公司的财务状况是否良好，并且是否有能力应对未来的任何索赔。

1. 保险公司索赔和保险费之间的关系

因为保险公司主要依靠收到的保费来应对索赔，它们根据索赔发生的概率和索赔金额的大小作为保单定价。对于不太可能发生而且造成的破坏也很小的事件，保险费也比较低；对于很容易发生而且破坏也很大的事件，保险费也比较高。

2. 保险业务受理人

保险公司依靠保险业务**受理人**（underwriters）计算特定保单的风险，以决定推出什么样的保单，定多少钱的保费。保险业务受理人知道他们的保险公司获取的收入一定要超过开支才能获利，所以他们参考预期的支出制定保险费率。

3. 面向单位的团体保险

保险公司经常面向单位推出团体保险，这样职工就能以较低的费率投保，尤其是医疗保险和残疾险。问问你的单位，看看能否通过它获得你想要的保障。大多数情况下，通过单位的保险方案获得相同保障支付的保费比自己投保更低。

4. 保险代理人和经纪人的职能

和保险公司联系时，你多半会和保险代理人或经纪人打交道。**保险代理人**（insurance agents）代表一家或多家保险公司，根据客户的需要向他们推荐合适的保单。**独家保险代理人**（captive or exclusive insurance agents）只能为一家保险公司服务，而**独立保险代理人**（independent insurance agents）（也被称为保险经纪人）同时能代表多家不同的保险公司。他们因为和多家保险公司有联系，所以能很快得到多家保险公司的保单报价。除了帮助顾客办理各种保险，保险代理人还会提供理财规划服务，比如养老保险规划和遗产规划。有的保险代理人还能作为共同基金或其他金融产品的经纪人。

最好的保险公司提供快速全面的理赔服务。想了解保险公司的服务信息，可以咨询商业改善局、《消费者报告》杂志，以及保险代理人。

11.3　车险

车险承保的是对汽车造成的损害以及交通事故相关的支出。这样，它保护了你最重要的财产之一（汽车），并限制了你承担的潜在责任（交通事故造成的支出）。只要你自己有车或开车，就需要车险。你可以在财产和灾害保险公司办理为期一年或六个月的保险。在交通事故或其他事件（比如树倒下来砸到了车）发生后，如果你要对他人遭受的伤害负法律责任，如果你或车上的乘客因伤接受了治疗，如果你的汽车损坏了，你的保单会按规定的保险金额让你得到赔付。

在过去的几年里，花在车险上的钱基本保持稳定，如图 11-1 所示。导致车险保费规模稳定的一个原因是保险欺诈，也就是人们向保险公司提出虚假的索赔以获得赔偿。常用的欺诈手段包括谎报事故、受伤、偷窃或纵火以非法取得赔款。兰德民事司法研究所的研究认为，有 1/3 在交通事故中受伤的人夸大了他们的伤势，仅此一项就导致保险公司多支出了 130 亿～180 亿美元保险金。

许多超额的保险索赔出于律师的贪婪。个人伤害案件的律师像猎犬一样到处寻找交通事故的当事人，他们怂恿事故的受害者夸大受到的损害，以

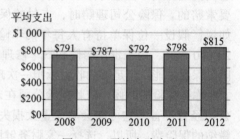

图 11-1　平均车险支出

资料来源：Insurance Information Institute.

便发起诉讼。他们的动力来自胜诉后可以分到的赔偿金额的 1/3 以上。法庭以"痛苦"之名裁定的赔款和律师费使得保险费居高不下。有的州实施了**"无过错保险方案"**（no-fault insurance programs），不再追究到底是哪个司机应该对事故负责。这样做的初衷是避免双方司机在无休止的庭审中互相指责、靡费钱财。即使在施行"无过错法"的各州，无过错条款也不尽相同。一般来说，在这些州开业的保险公司（以保险金额为限）向各自的保单持有人进行赔付，项目涵盖人身伤害、医疗费用、被保险人无法工作导致的收入损失，以及丧葬费用等直接成本。但是，它们对事故造成的间接损失，比如精神损害或痛苦不负赔偿责任。

有些"无过错"州的保险公司也成为欺诈的对象，尤其是纽约、新泽西。比如说，有的医务人员知道保险公司会买单，就向在事故中受伤的人狮子大开口。根据保险调查委员会的说法，2007～2011 年，在纽约的每五起医疗索赔中，至少有一起存在部分欺诈。于是，纽

约市发布了新的法规以规范无过错保险。

11.3.1　车险保单条款

保单（insurance policy）是保险公司和保单持有人之间的合同。**车险保单**（auto insurance policy）中规定了保险公司向特定个人和车辆提供的保障范围（包括保险金额）。合同明确被保险车辆应由保单持有人及承保的家庭成员驾驶。在你开车时，要携带必要的保险信息，比如保单号码和在保险公司的联系人。事故发生后，双方要交换保险信息并填写警方报告。

每一份车险保单都详细列明保障内容。在阅读本书的时候，你可以取出自己的保单对照，以便更好地理解你获得的保障。

11.3.2　保障 A：责任保障

责任保障包括两个主要部分：①人身伤害责任；②财产损坏责任。**人身伤害责任保险**（bodily injury liability coverage）保护你（或保单中列明的家庭成员）对他人造成伤害的责任。如果你和你的家庭成员在车主同意的情况下驾驶他的汽车导致别人受伤，也受到保护。人身伤害支出包括医疗费用和事故导致的误工费。该保障的目的在于当你引发事故，并且被对方司机诉讼时保护你。

考虑到美国诉讼中动辄出现的大额赔偿，充分的责任保障很重要。保险公司为保护你的利益而在诉讼中产生法律费用并不包含在保单的责任金额之内。比如说，有人起诉你，而且判决给他的赔偿低于保险金额，则全部赔款由保单承担，不管保险公司支付了多少法律费用。如果法庭判决的赔款超过了保单责任，差额要你自己补足，所以会造成其他财产的损失。最低限度——你的人身伤害保障额度要达到个人 50 000 美元，全体 100 000 美元。我们建议的额度是个人 100 000 美元，全体 300 000 ～ 400 000 美元。

财产损坏责任（property damage liability coverage）保障在你驾车损坏了他人的财产时保护你免遭损失。比如说，损坏对方的汽车、围墙、灯柱，或建筑。请注意，财产损坏责任保障并不保护你自己的车或其他财产。一般建议财产损坏责任保障的额度为 40 000 ～ 50 000 美元。

赔偿限额

车险保单上会明确规定对事故造成的个人人身伤害、全体人身伤害，以及财产损坏的货币赔偿限额。赔偿限额通常表达为一组用斜杠分开的三个数字，分别对应三个责任限额。比如说，限额为 100/300/50 表示保障额度为事故中个人受伤最多赔 100 000 美元，所有人总和最多赔 300 000 美元，汽车和其他财产损坏最多赔 50 000 美元。如果事故中有人受伤，导致了 80 000 美元的责任赔偿，保单可以全部承担；但如果有人受伤导致了 120 000 美元的责任赔偿，保单只能承担 100 000 美元。如果有四个人在事故中受伤，总额达到 400 000 美元，保单只能承担其中的 300 000 美元。

几乎所有的州都有**经济责任法规**（financial responsibility laws）要求开车的人购买最低限度的责任保险。而不强制要求责任保险的州可能会要求你证明自己能承担事故后果。州政府知道，如果一个没有买保险的司机引发了交通事故，他会竭尽所能地逃避对事故受害者的赔偿责任。这些重要的州立法规强制要求的保险金额很低，在许多事故中其实并不足以承担赔偿责任。

经济责任法规分两种。第一种要求司机在为汽车注册登记的时候就出示车险凭证，否则就不能上牌。这类法规不一定有用，因为有的司机先办理了保险，但在上牌以后就把它取消了。第二种则要求司机证明自己在事故发生时有车险保护。如果他们被抓到没有车险，就会被吊销驾照。尽管如此，没有买保险的司机还是逃避了自己对事故受害者的经济责任。

每个州对责任限额的要求各不相同，一般都规定对事故中遭受人身伤害的个人不低于10 000 美元，所有人总和不低于 30 000 美元，以及对汽车造成的财产损失不低于 10 000 美元。表 11-2 展示了各州规定的最低保险金额。看看你所在的州规定的最低额度。因为有些司机买的保险根本就不够赔的，所以你要给自己充分的保障。万一不幸撞上那些用本州最低限额敷衍了事的家伙，哪怕对方是全责，你也只能自认倒霉。

表 11-2   最低车险责任限额

州	责任限额	州	责任限额	州	责任限额
亚拉巴马	25/50/25	肯塔基	25/50/10	北达科他	25/50/25
阿拉斯加	50100/25	路易斯安那	15/30/25	俄亥俄	25/50/25
亚利桑那	15/30/10	缅因	50100/25	俄克拉何马	25/50/25
阿肯色	25/50/25	马里兰	30/60/15	俄勒冈	25/50/20
加利福尼亚	15/30/05	马萨诸塞	20/40/05	宾夕法尼亚	15/30/05
科罗拉多	25/50/15	密歇根	20/40/10	罗得岛	25/50/25
康涅狄格	20/40/10	明尼苏达	30/60/10	南卡罗来纳	25/50/25
特拉华	15/30/05	密西西比	25/50/25	南达科他	25/50/25
哥伦比亚特区	25/50/10	密苏里	25/50/10	田纳西	25/50/15
佛罗里达	10/20/10	蒙大拿	25/50/10	得克萨斯	35/60/25
佐治亚	25/50/25	内布拉斯加	25/50/25	犹他	25/65/15
夏威夷	20/40/10	内华达	15/30/10	佛蒙特	25/50/10
爱达荷	25/50/15	新罕布什尔	25/50/25	弗吉尼亚	25/50/20
伊利诺伊	20/40/15	新泽西	15/30/05	华盛顿	25/50/10
印第安纳	25/50/10	新墨西哥	25/50/10	西弗吉尼亚	20/40/10
艾奥瓦	20/40/15	纽约	25/50/10	威斯康星	25/50/10
堪萨斯	25/50/10	北卡罗来纳	30/60/25	怀俄明	25/50/20

资料来源：Insurance Information Institute.

11.3.3   保障 B：医疗费用保障

医疗费用保障（medical payments coverage）保的是你或车上其他乘客在事故发生后的医疗费用，如果你在事故中有过错。医疗费用保障仅适用于你投保的那辆车。如果你开的是其他人的车，车主要对车上乘客的医疗保障负责。如果你乘坐的是由没有买过保险的司机开的车，你也可以给自己办理医疗保险。

有的理财顾问可能会建议，如果你有一个完善的健康保险规划，那么只需要最低限度的汽车医疗费用保障就够了。但是，你的健康保险保障对象仅限于你的家庭成员。如果有其他人在乘坐你的汽车时发生事故受到伤害，还是要靠车险提供的医疗费用保障。这种保障可能还包含了丧葬费。

如果对方司机被认定对事故负责，医疗费用就应由对方的保险承担。但是，如果对方的保险金额不足，你的保险也能起到补缺的作用。有的州要求司机办理最低限度的医疗费用保障，比如说每人 1 000 美元。但是，保险专家会建议你多买一点，比如每人 10 000 美元。

11.3.4　保障 C：无保险和保险不足驾驶人保障

无保险驾驶人保障（uninsured motorist coverage）保的是未买保险的对方司机在事故中导致你遭受人身伤害。考虑到有那么多司机不买保险，这个保障还是很必要的。

这项保障也针对你在肇事者逃逸的事故中受伤，或者应该由对方负责，但他的保险公司已经破产的情况。这项保障适用于你受到人身伤害，但是无过错的情况；而保障 A 则适用于你应对他人的人身伤害承担责任。就像保障 A 一样，它也同样规定了责任限额，比如个人100 000 美元，全体 300 000 美元。限额越高，保费越高。你最少的保障也应达到每次事故40 000 美元。有的理财规划师甚至建议每次事故保障 300 000 美元。

你也可以办理**保险不足驾驶人保障**（underinsured motorist coverage），以保障你被保险金额太低的司机伤害。假设你在事故中受伤，而对方司机的保额不足。如果你受到的伤害被裁定为 40 000 美元，而对方司机的保障限额只有 30 000 美元，你的保险公司就会弥补这10 000 美元的差额。

11.3.5　保障 D：碰撞和综合车损保障

碰撞和综合车损保障针对你汽车遭受的损坏。**碰撞险**（collision）针对在你有过错的事故中汽车损坏的成本。**综合车损保障**（comprehensive coverage）则针对洪水、偷窃、火灾、冰雹、爆炸、暴动、破坏或其他事件对你汽车造成的损坏。

碰撞和综合车损保障是可选的。但是，汽车贷款的放贷人可能要求借款人的保险必须覆盖任何针对汽车的损坏，以保护放贷人的利益，防止借款人在汽车发生事故后断供。因为作为担保物的汽车在事故中可能严重损毁，变得毫无价值。超过 70% 的被保险人会购买碰撞和综合车损保障。

碰撞和综合车损保障对新车特别有用，因为它坏了你肯定会去修。如果是旧车就意义不大，因为只要不影响使用，一些磕磕碰碰你会随它去。要注意的是，它的保障限额以汽车的现金价值为限。比如说，如果你的汽车在事故前还值 2 000 美元，事故后只值 1 200 美元，你的保险公司最多赔付 800 美元。保险公司不愿意破费去修复本来就不值多少钱的旧车。

即使在你认为自己无过错的事故中，碰撞险也是有用的。如果对方司机认为过错在你，你和你的保险公司可能需要和他对簿公堂。与此同时，你可以依据碰撞险的保障把车先修好。如果你方最终赢了官司，对方的保险公司会赔偿你的汽车修理费用。

碰撞险责任仅限于汽车本身，不涵盖车内其他东西的损坏。比如说，如果事故发生时你车上放了一台新的电脑，这台电脑的损坏不在综合保障的范围之内。

免赔额

免赔额（deductible）指在保险公司的保障生效之前，损坏中应当由你自己承担的金额。比如说，250 美元的免赔额意味着事故造成的损坏中，最初的 250 美元要你自己出。超过免赔额的部分，才由保险公司承担。免赔额一般在 250 ～ 1 000 美元。

11.3.6　其他条款

你还可以选择标准保单中没有的保障项目。比方说，在你自己的汽车送修期间，保险可以代付租车代步的费用。你还可以选择加保非事故原因抛锚的拖车费用。这些额外的条款会使保费略有增加。

你还可以在保单中增加一个条款，使保障同样适用于你租的车。如果你的保单中没有这样的条款，租车公司通常会要求你购买碰损险、责任保险、医疗费用险，甚至还有车上物品盗窃险。如果你的保单中没有包含租车险，也可以使用某些信用卡支付租金，就能自动承保碰撞和综合车损险。

车险保单上也有除外责任条款。比如说，保障不适用于你对汽车的故意损坏；你未经车主允许就驾驶他人汽车，以及你驾驶自己名下没有投保的车辆。它里面还有事故发生后应对步骤说明。

11.3.7   车险条款小结

上面介绍过的最主要的保障在标准化保单里面都有。它们在表 11-3 中进行了总结。请注意，表 11-3 把潜在的经济损失分为：①事故造成，与你的车相关；②事故造成，与对方车或其他财产相关；③非事故造成，与你的车相关。

表 11-3   汽车保险条款总结

事故造成，与你的车相关的经济损失	车险条款
你有过错，对你车上乘客的责任	人身伤害责任
你无过错，但对方司机未保险或保险不足时，对你车上乘客的责任	无保险和保险不足驾驶人
你汽车的损坏	碰撞
对你车上司机和乘客的伤势进行治疗	医疗
事故造成，与对方车或其他财产相关的经济损失	
对方车内乘客责任	人身伤害责任
对方车辆损坏责任	财产损坏责任
其他财产损坏责任	财产损坏责任
非事故造成，与你的车相关的经济损失	
偷窃、火灾、破坏或其他非事故事件对你的车造成的损坏	综合保障

总之，责任保障是最贵的，平均占保费总额的 60% 左右。注意要列明人身伤害保障的限额。碰撞和综合车损保障的成本一般占保费总额的 30% 左右，但要视车况而定。对于新车来说，这部分成本的比例要比旧车高。

11.4   车险保费

影响你保险费的主要因素是你出险的可能性以及保险公司可能赔付的成本。如前所述，你保单责任限额越高，免赔额越低，则保险费也越高。但是，还有其他因素也会影响你的保费。

11.4.1   你的汽车的特点

你驾驶的汽车类型和保险金额影响你支付的保费。有些汽车一年的保费只要 1 000 美元左右，而另一些汽车则高达 3 500 美元。巨大的差额使人们有必要在买车前先了解保费报价。

1. 车价

潜在的经济损失越大，保费也越贵。新车的碰撞和综合车损保险保费比较高。此外，在车龄相同的情况下，越贵的车保费越高。全新奔驰的保费当然比全新福特嘉年华要高。想了解更多信息，可以上网查查车险最贵和最便宜的车。许多网站都能提供相关信息。

2. 你汽车的维修记录

对于相同的损坏，有些车型需要的维修工作量更大。比如说，给一辆丰田换个车门可能比其他车更方便，所以维修费就低。如果一辆车修起来既简单又便宜，它的保费也就低。

11.4.2　你自己的表现

一些与你自己相关的因素也会影响保费。

1. 你的年龄

保险公司经常根据个人情况设定保费，其中年龄就是最重要的因素之一。年轻的司机更容易发生事故，所以他们支付的保费也更高。16～25 岁的司机尤其被认为是马路杀手。保险公司因为受理他们的索赔而大出血，自然也要靠他们的保费补偿损失。性别也是一个重要的因素，因为男性司机比女性司机更容易闯祸。基于以上原因，十几岁的男司机支付的保费是最高的。

2. 你的里程

你车开得越多，发生事故的可能性越大。所以，如果你老是开车，保费也高。许多保险公司把司机分成两个或多个里程组。比如说，如果你每年开车不到 10 000 英里，就属于低里程组，保费也低。

3. 你的驾驶记录

如果你的驾驶记录很漂亮，包括一年以上没有事故和罚单，保费就会比其他司机低一些。没有人故意让自己的驾驶记录很差，但有的司机不清楚如果自己的驾驶记录不好会多付多少保费。因为大多数保险公司不愿意给经常发生事故的司机承保，这些司机可没有货比三家的资格。只要有保险公司愿意承保，他们就求之不得了。司机一旦被贴上高风险的标签，他们就要连续几年安全驾驶才能证明自己已经改过自新。在此之前，他们就得多付保费。

4. 你在哪里

大城市的保费更高，因为那些地方发生事故的可能性更大。同一年份，不同州的保费也不一样，如图 11-2 所示。人口密度大，大城市密集的州，比如康涅狄格、新泽西和纽约的保费比较高；人口密度小，多为穷乡僻壤的州，比如艾奥瓦、堪萨斯、缅因和怀俄明的保费就比较低。即使在同一州内，保费支出也不一样。比如说，洛杉矶的保费就比加利福尼亚的其他地方都贵。

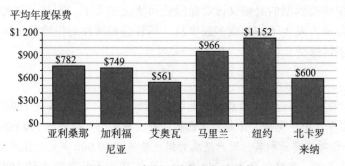

图 11-2　各州平均年度保费比较

资料来源：*Car insurance Guidebook*, 2012.

5. 你的驾驶培训

保险公司认为，司机培训课程可以改善司机的表现，从而减少未来事故的发生。所以，它们鼓励司机参加培训课程。如果你参加过司机培训课程，就可以少付保费。

6. 你的学习成绩

保险公司认为，好学生也会是好司机。因此，学习成绩好，保费也降低。

7. 你的信用记录

保险公司发现，信用记录不好的人发起的保险索赔更多。所以，保险公司会审查你的保险记录。如果你的记录不好，信用评分很低，就要多交保费。少数州禁止保险公司以申请人的信用记录作为保费定价依据，但这在大多数州是普遍做法。

11.4.3 你的保险公司

影响你车险保费的最后一个因素是你选择的保险公司。规模最大的五家保险公司制定的保险费比全国平均水平高出一半多。

不同保险公司的车险保费差距很大，所以你要货比三家。你可以在网上查询保险公司的报价，有的网站甚至可以在线买保险。

如果你对保障的内容有疑问，想询问保险销售员，可以直接给保险公司打电话。先对比网上的报价，然后你就知道该给哪家保险公司打电话，以了解更多信息。或者，你也可以给一个独立保险经纪人打电话，让他在几家保险公司中帮你选一个。

在比价的时候，还要注意结合你需要的保单类型。比如说，一家保险公司与它的竞争对手相比，人身伤害责任保障比较高的保单保费可能比较低，但车损保障比较高的保单保费反而更贵。所以，选保险公司的时候不能单纯听取朋友或家人的建议。如果他们的保单侧重点与你需要的不一样，另一家保险公司的条件可能会更优惠。此外，保险公司经常会调整保费，所以一家保险公司的保费可能在某一时期特别低，但同样的保单过一段时间就贵了。

续保时比价

保单生效 60 天后，除非你在申请时提供了虚假信息，或者你的驾照被吊销，或者你不缴纳保险，否则保险公司不能取消你的保单。然而，如果你在上一个保单期限内行驶记录很不好，保险公司可以在保单到期后拒绝续保。比如说，如果你曾因醉酒驾驶导致交通事故，它多半不会再给你续保。联邦法规也允许保险公司因被保险人信用评分下降而拒绝续保，虽然有几个州的地方法规禁止保险公司这样做。

如果保险公司愿意给你续保，即使你的行驶记录很好，它仍有可能提高你的保费。如果你对现在的保险公司感到不满，或者你觉得保费太高，都可以在保单到期后换一家保险公司。所以，在保单快要到期的时候又该对保险公司货比三家了。不过，你的行驶记录会一直伴随着你。如果你最近发生了一起或多起事故，不管是和现在的保险公司续保，还是改换门庭，都免不了要多付保费。

🖐 案例 11-1

史蒂芬尼·斯普拉特给她的车险续保。她在考虑两份保单。保单 A 是 100/300/50，也就是说它的责任限额是在事故中致使他人受到人身伤害，每次事故个人最高赔 100 000 美元，全体最高赔 300 000 美元，给对方车辆和其他财产造成的损失最多赔 50 000 美元。保单有碰撞和综合车损保障，免赔额 200 美元。年度保费为 1 240 美元。保单 B 的责任限额是 60/100/20，年度保费是800 美元。史蒂芬尼倾向于保单 A，因为保单 B 让她自己承担了更多的责任风险。虽然保单 B 便宜一些，不值得为省这么一点钱去降低责任保障，让自己承担额外的风险。

史蒂芬尼的保险代理人告诉她，如果她把免赔额从 200 美元提高到 400 美元，保费就能减少到 1 100 美元，比原先少了整整 140 美元。她决定提高免赔额，以减少明年的保费。史蒂芬尼选择的保单如图 11-3 所示。

被保险人：史蒂芬尼·斯普拉特	驾照号码：	ZZ QQZZ
保单号码：WW77-QG22-999	到期金额：	$1 100
生效日：　4 月 6 日起一年整	（家庭）汽车使用人：	一人驾驶，25 岁
车型：　本田思域	使用方式：	每年少于 10 000 英里
到期日：　4 月 6 日		

保障	
责任	
人身伤害（$100 000/$300 000）	
财产损坏（$50 000）	
责任总额	$480
医疗费用和误工损失	$170
未保险 / 保险不足驾驶人（$100 000/$300 000）	$210
碰撞（免赔额 $400）	$270
综合车损（免赔额 $400）	$86
紧急道路救援	$4
合计	**$1 220**
保费折扣	
制动防抱死	$30
过去七年无事故	$90
折扣合计	$120
到期金额	**$1 100**

图 11-3　史蒂芬尼·斯普拉特的车险保单

11.5　发生事故了怎么办

　　如果你发生了交通事故，要马上联系警察。然后，向对方司机询问必要的信息，包括他们的保险信息。你也可以向目击者索要他们的联系方式（包括车牌号码），以免他们在警察到来前离开。确保你能证实对方司机所说的一切，因为有的司机知道自己有过错而且没有买保险，可能想给你一个假名字，然后在警察到来前离开。你还要给所有能证明你无过错的证据拍照，并且要在记忆还比较清晰的时候把事故发生的全过程详细记录下来。警察离开前，记得向他要一份警方报告的副本。

　　马上向你的保险公司发起索赔。你的保险公司会调阅警方报告，还可能会联系目击者。它也会检查你的保单是否仍在有效期内，以及分析车辆维修和医疗费用是否符合保单条款的承保条件。保单上对汽车修理可能会有明确的要求，比如在修理前至少要进行两次定损。保险公司可能会派一个保险调查员来调查事故详情，以决定到底赔付你多少钱。

　　如果你有相关支出，比如汽车修理或治疗的费用，把这个信息和发票一起寄给保险公司。保险公司会给你报销符合保单赔付条件的那部分费用。它可能全额报销，也可能报销一部分。或者，它也有可能宣布你的全部或部分费用不在保险范围之内。

　　如果你的保险公司认为是对方司机的过错，它会要求对方保险公司给予补偿。如果对方没有买保险，而你有无保险或保险不足驾驶人保障，保险公司也会给你赔付。如果保险公司拒绝了你的索赔，而你认为是对方司机的过错，你可以直接向对方司机或他的保险公司发起索赔。如果某位事故中的受害人认为自己一方支付的保险金额不足以补偿他受到的伤害，也可以这么做。

11.6 屋主保险条款

屋主保险为与住房所有权相关的财产损坏、偷窃，或个人责任提供保险。它不但保护了对许多人来说最有价值的财产，而且限制了他们与住房相关的潜在责任（支出）。屋主保险的保费通常是按年缴纳的，也可能会包含在房贷月供里。

从水灾到偷窃的许多事件都会造成与住房相关的经济损失，但保险公司理赔的半数以上金额都是因为火灾、雷击、大风、冰雹和洪水。

根据保障的范围大小，屋主保险被设计为六套方案。你选择了自己喜欢的方案后，还可以根据自己的需要为保单增补附加条款。图 11-4 中汇总了八套方案。其中，HO-1、HO-2、HO-3、HO-5，以及 HO-8 方案针对的是自有住房。数字越大，保障越全，要缴纳的保费越高。HO-4 和 HO-6 这两套方案专门为租户和公寓房业主提供保险。HO-7 为活动房屋提供保险。

HO-1	保障火灾、雷击、爆炸、冰雹、暴动、车辆、飞行器、烟熏、抢劫、偷窃、故意破坏，以及玻璃破碎造成的损坏。
HO-2	在 HO-1 保障范围的基础上，加保天空坠物、冰雪重压、建筑物倒塌、室内漏水、电涌、水暖管爆裂、水管冻裂、采暖与空调系统，以及家用电器烧坏造成的损坏。
HO-3	除屋主保险保单中明确规定的除外责任外，保护所有事件对住房和任何附属建筑的损坏。本保险的除外责任包括地震、水灾、白蚁、战争和核事故。如有需要，可以另行加保水灾和地震险。本保单也承保 HO-2 中列举的事件对个人财产的损坏。
HO-4	租户保险：保护因偷窃、火灾、抢劫和烟熏对个人财产的损坏。
HO-5	除该屋主保险保单中明确规定的除外责任外，保护住房和任何附属建筑，以及个人财产。本保单对住房的保障范围与 HO-3 相似，但增加了对于个人财产的保障。
HO-6	公寓房业主保险：保护因偷窃、火灾、抢劫和烟熏对个人财产的损坏。（请根据具体保单内容确定哪些为可保事件。）
HO-7	针对活动房屋和旅居挂车。
HO-8	保障范围同 HO-1，但保额基于维修费或现金价值，而非重置成本。

图 11-4 屋主保险保单保障的主要风险类别

屋主保险保单一般提供财产损坏保障和个人责任保护。如图 11-4 所示，虽然每份屋主保险保单的具体保障条款会略有不同，但大多数保单的保障范围如下所示。

11.6.1 财产损坏

屋主保险保障对住房的损坏。保单的具体条款说明了保障的范围。现金价值保单根据损坏财产的价值赔付，并扣除其折旧（损耗）。重置成本保单根据你替换损坏财产的实际成本赔付。重置成本保单其实更划算，因为替换损坏财产的实际成本通常比财产的评估价值要高。比如说，假设一套住房彻底毁坏，而毁坏前的价值是 90 000 美元。现金价值保单的保险金额就是 90 000 美元，尽管重建（重置）这套住房需要花 100 000 美元甚至更多。相反，重置成本保单按它的重置成本投保，所以会以屋主保单规定的保险金额为限，赔付重建所需的全部成本。保单通常会规定一个免赔额，即你需要自己承担的损失额度。

最低限额

许多保险公司要求你的屋主保险的保单金额至少达到完全重置成本的 80%。向你提供按揭贷款的金融机构则要求你办理至少能保障贷款金额的屋主保险。大多数情况下，你自己想要的保险金额会比放贷人要求的高。你应该有充足的保险，需要保障的不仅仅是贷款余额，更要囊括属于你自己的东西，包括住房净值和所有其他个人财产。

11.6.2　附属建筑

在屋主险保单中也会明确规定独立建筑，比如车库、棚屋、游泳池是否承保，以及最高承保金额。树木和灌木的损失通常也会另外规定一个最高承保金额。免赔额也适用于这些附属建筑的损失。

11.6.3　个人财产

保单通常也保障家具、电脑或服装之类的个人财产，并规定其上限。比如说，一份保单可能规定所有家具和衣服之类的个人财产最多承保 40 000 美元。标准的屋主保险保单会把个人财产的保额限制在住房保额的一半以下。免赔额也适用于个人财产。

家庭财产清单包括所有可以向保险公司索赔的个人财产的详细信息。你要给所有个人财产列清单，并估计它们的市场价值。为了提供证据，你还可以把屋里所有的东西用录像机拍下来。把清单和录像放在住房以外的一个安全的地方，这样即使你的住房完全被毁了，也能拿到它们。

1. 个人财产重置成本保障

许多屋主的保单是按现金价值给个人财产承保。比如说，如果一套家庭娱乐系统三年前价值 2 500 美元，使用寿命五年，现在已经消耗了 3/5 的价值。根据它贬值的情况，保险公司会赔付你 1 000 美元的现金价值。然而，如果这套家庭娱乐系统在火灾中损毁，你需要花 3 000 美元才能重置。

就像住房可以按重置成本而不是现金价值投保一样，个人财产也可以。这个条款会使你的保费略有增加，但如果你的个人财产重置成本很高，这样还是划算的。

2. 个人移动财产保险

有的个人财产价值很高，但不能完全靠屋主保险承保。你可能需要一份个人移动财产保险，作为屋主保险的附加险别，专门承保你的贵重物品。比如说，如果你家里有非常昂贵的电脑系统或珠宝，可能就需要购买这种附加保险来保护这种特别资产。你还可以采用不定项个人移动财产保险，保护你的所有个人财产。

3. 家庭办公室条款

许多标准屋主保险单不承保属于家庭办公室的财产，比如个人电脑。你可以要求加列一个家庭办公室条款，但要多付一些保险费。或者，你可以为家庭办公室单买一份保险。

11.6.4　责任

如果有意外事件在你家或你的其他房产内发生，导致你被人起诉，也属于可保责任。一般来说，如果有别人在你的房产内受伤，你是要承担责任的。比如说，如果有个邻居从你家的楼梯上摔下来，然后起诉了你，你的保单就可以提供保障。你承担的责任与住房价值无关。即使你的房子很小，不值多少钱，你仍然需要责任保障。有的保险公司提供最低金额 100 000 美元的责任保障。然而，一般建议投保较高的保障额度，比如 300 000 美元。保障的内容包括在你的房产中受伤引发诉讼，从而产生的法庭费用和判决的罚款。

11.6.5 其他条款

一份保单中还可以增加许多条款，以保障各种各样的情况。比如说，如果有火灾或类似的事件使你暂时无法回家居住，你就要支付住宿费。"用途丧失"条款就规定了你的保单是否承保这些费用，以及金额上限。

11.7 屋主保险保费

屋主保险的保费最近几年一直在上涨。本节介绍影响保费的因素，以及你怎样减少保费支出。

11.7.1 影响屋主保险保费的因素

你和保险公司发起索赔的可能性，以及保险公司的理赔成本决定你的屋主保险保费。你支付的屋主保险保费主要取决于以下因素。

- **承保住房的价值**。保费反映承保住房的价值，所以房价越高保费越高。
- **免赔额**。免赔额越高，屋主保险的保障额度就少了，所以保费也就更低。
- **位置**。有的地方，天气状况使房屋更容易遭受损坏，所以保费也更高。比如说，墨西哥湾沿岸的住房被飓风损坏的可能性远大于深入内陆 40 英里的住房。所以沿岸住房的保费率就高出很多。与之相似，容易发生龙卷风的地区住房的保费也比较高。图11-5 揭示了各州平均保费的差别。请注意，沿海各州（佛罗里达、得克萨斯）更容易遭受飓风袭击，还有更容易发生龙卷风的州（俄克拉何马）保费都比其他地方高。

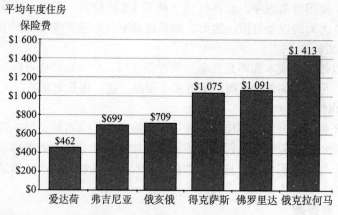

图 11-5　各州平均住房保险费比较

资料来源：Insurance Information Institute.

- **保障范围**。如果你想给位于加利福尼亚的住房加保地震险，就要多付保费；如果你想保的是水灾，就要再单买一份保险。
- **折扣**。如果你想让保险费打折，有很多方法，比如在家里装一套烟雾探测系统，一次性支付全年保费，或者从一家保险公司打包购买各种保险（比如车险、健康险和寿险）。

11.7.2 减少你的屋主保险费

如果想减少你的屋主保险费，可以考虑采用以下方法。

1. 提高免赔额

如果你愿意提高免赔额，就能减少保费。比如说，如果你把免赔额从 100 美元提高到 1 000 美元，保费可能可以减少 20% 以上。

2. 加强防护

如果你主动加强住房的防护，保费也会下降。比如说，你可以安装防风盖以抵御坏天气，或安装防盗系统以避免盗窃。

3. 一站式购买保险

有的保险公司给办理一种以上保险的客户优惠的费率。

4. 续保

如果你总在一家保险公司续保，有可能得到优惠的费率。

5. 货比三家

就像车险一样，不同保险公司的屋主保险保费也不一样，经常关注相关信息有助于你获取更优惠的保费。

📌 案例 11-2

史蒂芬尼·斯普拉特在审阅她的屋主险保单（见图 11-6）她想确定保险到期后，要不要换一家保险公司。她可能会考虑增加免赔额，以减少保费支出。在她的屋主险保单快到期的时候，她计划让给她办理车险的保险公司报个价，因为这家公司也有提供这项业务。她希望因为自己在同一家保险公司办理两种保险，就能享受一定的折扣。

保障和限额	
房屋	$110 000
个人财产（免赔额 1 000 美元）	$25 000
个人责任	$100 000
对他人财产的损害	$500
他人的医疗费用（每人）	$1 000
折扣	$25（安装房屋报警装置）
保费总额	$600

图 11-6　史蒂芬尼·斯普拉特的屋主险保单

11.7.3　发起索赔

如果你的财产损坏了，要尽快联系保险公司。保险公司会派出一个保险调查员来定损。把你的家庭财产清单交给调查员。她的估价包括住房的修复成本和对财产损坏的赔偿。保险公司很可能就给你开一张支票，让你自己想办法修理。你可以考虑另外找人为修复估个价，确保保险公司赔付的金额够用。如果保险公司的估价太低，你还可以提请复议。

11.8　租户保险

租户保险承保你租住的房屋、公寓或房间内的东西。它并不承保建筑本身，因为这个保险只保租户，不保业主。它保障诸如家具、电视、电脑设备和音响设备之类的个人财产，防范天气原因造成的损坏或个人财产失窃。它还包括出租屋维修期间的住宿费，以及有朋友或邻居在出租屋内受伤的责任。

个人财产市场价值比较高的租户需要投保租户险。即使没有什么个人财产的租户，也需要这个租户保险的责任保障。

租户保险保单条款

租户保险的保单规定了对你个人财产保障的最大限额。它也可能规定珠宝之类特定物品的最大保额。保费取决于你需要的保障额度。你的租户保险也承保他人在你的出租房内受伤的责任。比如说，如果你的宠物在庭院里咬伤了邻居，你的租户保险在一定限额以内可以保障你的责任。因为租户保险内容各异，所以办理前一定要认真阅读，确保其保障范围符合你的需要。

11.9 伞护式个人责任保险

除了车险和屋主保险，你还可以办理一种伞护式个人责任保险，以保障其他个人责任。

这类保单提供的是另外的保险，而不能替代其他保险。事实上，除非你表明自己已经办理了必要的保险，否则根本就不能申请这类保险。如果除了汽车和住房，你还有其他的个人财产需要责任保障，伞护式保险就有了用武之地。购买保额为 100 万美元的伞护式责任保险一年，可能只需要 200 美元。

11.10 怎样把保险纳入你的理财规划

下列关于汽车和屋主保险的关键决策是你必须纳入理财规划的：

- 你有没有足够的保险保护你的财富？
- 你打算未来办理多少保险？

图 11-7 展示了史蒂芬尼·斯普拉特怎样把汽车和屋主保险决策纳入她的理财规划。

汽车和屋主保险规划的目标

1. 为我的汽车和住房办理充足的保险。
2. 考虑未来是否有必要增加汽车和住房保险的额度。

分析

保险类别	保护	状态
汽车	保护我的一项主要财产，限制我的潜在责任	已经投保，但我在考虑提高责任保障
屋主	保护我最贵重的财产，限制我的潜在责任	买房以后，刚刚办理了屋主保险

决策

1. 关于我现有的保障是否充分的决策

　　我想把汽车保险的保障提高到 100/300/40。虽然这样要花的钱更多，但这是值得的。我也会考虑提高免赔额，这样就能减少保费。

　　我现在的屋主保险是充分的，但保单期后我想把保险转到车险的那家保险公司。因为在同一家保险公司办理两项以上的保险，就可以享受保费折扣。我要编制一份家庭财产清单。我也会考虑提高住房保险的免赔额，以便减少保费。

2. 关于未来保险的决策

　　如果我买一辆更贵的车，我会需要更多的保险。但是，我近期没有换车的打算。

　　如果我买一套更贵的住房，或者我现在的住房大幅度升值，我会提高屋主保险的额度。

图 11-7　汽车和屋主保险在史蒂芬尼·斯普拉特的理财规划中的应用

1. 如果史蒂芬尼是一个带着两个孩子的单身妈妈，她的汽车和屋主保险决策会有什么不一样？

2. 如果史蒂芬尼现在已经 35 岁，年龄会对她的汽车和屋主保险决策产生怎样的影响？50 岁呢？

1. 风险管理

术语风险的意思是面临可能导致经济损失的事件（或灾难）。你的风险管理决策决定是否需要防范风险，以及怎样防范。你可以选择规避风险、减少风险、接受风险，或通过保险转嫁风险。有的风险十分危险，难以规避，更不能轻易接受。对于这类风险，就需要保险。一旦你决定办理某项保险，你必须决定买多少保险和在哪里买保险。

2. 保险公司的职能

保险公司提供保险，保护你免遭巨额经济损失。财产和灾害险对财产提供保障，所以包括汽车保险和住房保险。有的保险公司专业承保一类保险，而有的保险公司向个人提供各类保险。

3. 汽车保险

汽车保险保障对你汽车造成的损坏以及与交通事故相关的支出，包括责任保障、医疗费用保障、无保险和保险不足驾驶人保障，以及碰撞和综合车损保障。

4. 汽车保险保费

你的汽车价格越高，免赔额越低，你的保费越高。此外，司机的某些个人特点，比如年轻、行驶距离长、居住地人口密度，以及信用记录不良都会导致保费增加。

5. 发生事故怎么办

如果你发生了一起交通事故，马上报警，了解对方司机的保险信息。索取一份警方报告，然后尽快向保险公司索赔。

6. 屋主保险

屋主保险提供财产损坏保障以及个人责任保护。保单会规定财产保障是基于现金价值还是重置成本，以及其他附属建筑是否承保。

7. 屋主保险保费

屋主保险的保费取决于住房价值、免赔额，以及住房损坏的可能性。一般来说，住房价格越高，免赔额越低，住房保险费越高。

8. 租户保险

租户保险承保你租住的房屋、公寓或房间内的财物。它保护个人财产免因天气原因损坏或因偷窃丢失。

9. 伞护式个人责任保险

除了车险和屋主保险，你还可以投保伞护式个人责任保险作为个人责任保障的补充。如果你需要保护的个人财产不仅仅是汽车和房产，就用得着伞护式保险了。

10. 怎样把保险纳入你的理财规划

对于许多人来说，住房和汽车是他们的理财规划中最重要的购买项目。你需要用保险保护这些财产，使之免受重大损失。这样，你才能放心地完成你的理财规划，最终实现财务目标。

1. **保险目的** 保险的目的是什么？术语"责任"是什么意思？保险对人们有什么好处？

2. **风险管理** 什么是风险？什么是风险管理？

怎样把保险纳入风险管理？

3. **保险公司理赔** 向你出售保单的保险公司有什么责任？保险公司的理赔和保单持有人支

付的保费之间有什么关系？

4. **保险业务受理人**　保险业务受理人的职责是什么？保险代理人的职责是什么？说明两种不同类型的保险代理人。

5. **责任限额**　说明车险保单中责任限额的两个组成部分。

6. **保单限额**　保单限额 25/50/25 是什么意思？你觉得所在州规定的最低保单限额适用于所有司机吗？说明原因。

7. **经济责任法规**　说明大部分州施行的两种经济责任法规。这些法规一直都是有效的吗？

8. **医疗费用保障**　车险保单的医疗费用保障有什么用？为什么即使你有充分的健康保险方案，仍然需要医疗费用保障？

9. **车险保障**　说明碰撞和综合车损保险的内容。大多数州都要求强制投保这个险种吗？什么人最需要这个保障？

10. **车险保费**　罗列并简要说明影响车险保费的因素。

11. **无过错保险**　无过错保险是什么意思？无过错保险是怎么运作的？它有什么缺点？

12. **交通事故**　如果你发生了交通事故，接下来要采取哪些步骤？

13. **屋主保险**　什么是屋主保险？保费是怎么付的？

14. **屋主保险的类型**　罗列并简要说明针对住房保障的四种屋主保险的类型。

15. **现金价值保险**　什么是"现金价值"屋主保险？什么是"重置成本"屋主保险？

16. **个人财产保险**　个人财产是屋主保险的常规保障项目之一吗？如果是的话，对个人财产的保障有什么限制？什么是家庭财产清单？

17. **个人移动财产保险**　什么是个人移动财产？定项和不定项移动财产有什么区别？

18. **屋主保险保费**　罗列并简要说明影响屋主保险保费的主要因素。

19. **减少屋主保险保费**　你能采取哪些行动来减少屋主保险保费？

20. **发起索赔**　说明你要发起屋主保险索赔应采取的步骤。

21. **租户保险**　租户保险和屋主保险有什么不同？什么人要考虑购买租户保险？请简要介绍租户保险的主要条款。

22. **伞护式保险**　伞护式个人责任保险的目的是什么？什么人需要它？

23. **保险公司的财务能力**　你怎样判断一家保险公司的财务能力？对于作为普通消费者的你来说，为什么它很重要？

24. **风险防范**　列举几种你认为可以减少风险，控制可能发生损失的方法。

25. **风险心理**　为什么有些人宁愿接受风险也不愿购买保险？这种态度有什么问题？

26. **地理位置和保险成本**　为什么你所在的地理位置会影响屋主保险的成本？它又为什么会影响你的车险成本？

27. **信用记录和保险**　你的信用记录对保险成本有什么影响？

28. **家庭财产清单**　为什么要在住房以外保存一份详尽的家庭财物清单？

29. **保单保障**　为什么你要认真阅读你的屋主保险单承保的风险？一般的屋主保险单都会承保的常见风险有哪些？

30. **道德困境**　你在一所当地社区大学讲授个人理财课。你任教的州要求在汽车换牌的时候提供责任保险证明。

　　在讨论这个话题的时候，有几个学生承认他们只是在换牌前办理一个责任保险，换牌后马上就会退保。他们这样做，是因为他们州政府没有一个跟踪监督系统，限制他们在车牌发放后取消责任保险。这些学生因为当地一家工厂倒闭而失业，所以他们说自己无力购买保险，但又离不开汽车。

（1）请讨论，你是否觉得这些学生的做法不道德。

（2）这些学生的行为对班上其他按规定给车辆投保的同学有什么潜在影响？

理财心理：你的车险

1. 消费者在买车险的时候通常最关心价格。买车险的时候付的钱越少，他们感受到的痛苦越少。

但是，这个策略可能事与愿违，因为他们获得的保障和支付的保费正相关。说说你购买车险时是怎么做的。你会对保障限额提出要求吗，还是按最低标准购买？

2. 阅读一篇关于心理因素如何影响车险购买的文章。你可以上网搜索关键词"心理"和"车险购买"来检索相关文章。阅读后总结文章主要观点。

系列案例：辛普森一家

作为财务回顾的下一个步骤，辛普森一家在评估他们对汽车和住房的保险需要。他们找出了第 2 章的家庭现金流量表中保险方面的开销。

他们现在给两辆车都买了保险。两份保单各有 1 000 美元的免赔额，责任限额都是100/200/20（个人在事故中受伤最多赔 100 000 美元，所有人总共不超过 200 000 美元，给对方的汽车或其他财产赔偿不超过 20 000 美元）。戴夫和莎伦生活在一个实施"无过错"法规的州。

他们的屋主保险按住房的市价投保，免赔额 10 000 美元。他们的保单不包括水灾。虽然那里时常发大水，但他们的房屋从来没有被淹过，所以戴夫和莎伦并不担心这个问题。

1. 就车险问题给辛普森一家提建议。他们的保险充分，还是过度了？他们怎样才能减少保费？

2. 看看辛普森一家的屋主保险，他们的保险充分，还是过度了？他们应该增加免赔额吗？

第 12 章 健康和残疾保险

引导案例

　　鲁比在外出的时候突然感到胸痛，于是马上住进了最近的医院，然后被要求留院观察。一周后，她收到了医院寄来的 15 000 美元账单。虽然她有医疗保险，但还要自己出 5 000 多美元。如果她没有买保险，这 15 000 美元全都要她自己承担。

　　健康保险可能非常昂贵。你选择的健康保险保单决定了你要承担多少医疗费用。所以，恰当的保险决策可以保护你的资产净值。

本章学习目标

- 介绍健康保险的背景知识
- 比较几种商业医保方案
- 介绍医保方案的内容
- 介绍政府医保方案
- 介绍联邦医保法规
- 介绍长期护理保险
- 说明残疾险的利益
- 说明怎样把健康和残疾保险纳入理财规划

12.1 健康保险的背景知识

　　健康保险（health insurance）（也叫医疗保险，简称医保）保障的是保单持有人的医疗保健开支。它限制了你的责任，确保你能接受必要的治疗。与车险或屋主险相比，医保的选择更丰富。医保既有商业保险公司提供的，也有政府提供的。有的保险公司专营医保，有的保险公司同时经营其他保险。

　　美国最大的医保机构是蓝十字蓝盾医保组织（简称"双蓝"）。它为许多单位提供集体医保方案，也和许多医生和医院签约，规定了它承保的服务类型，以及每项服务的收费。在"双蓝"投保的个人在接受医疗服务时就按约定的金额获得保障。

　　根据医疗机构和保险公司之间的合同，医疗机构可能要根据收费金额、日费率、患病率等因素给账单打折，从而使费用构成变得相当复杂。所以，医疗机构不得不雇用账务和报销方面的专业人士，按规定的记账流程核算提交给保险公司的索赔，以确保收费无误。医院和诊所还要雇用编码员分析病患的账户，给各项支出归类编码后才能发放账单，因为编码的结果会影响收费金额。

保单持有人需要支付保险公司和医疗机构约定的患者自付部分费用。比如说，保单规定的自付段为 500 美元，保险公司与医院约定的住院治疗费用为 5 000 美元，不管实际治疗成本是多少，最终保险公司要承担 4 500 美元，保单持有人承担 500 美元。即使医院的治疗开支超过 5 000 美元，它也不能再向保险公司和患者多收一分钱。如果没有医疗保险，巨额医疗开支很快就能让人倾家荡产。所以，医疗保险是理财规划中非常重要的一环。

医保成本

近年来，由于健康保险越来越贵，因而变得广受关注。老年人需要的健康保健服务更多，而近年来人口的平均年龄不断提高。因为老年人需要更多的健康保健服务，所以提供医疗保健服务的成本也在增加。人们的寿命越来越长，一定程度上和医疗水平提高有关，因此，他们需要医疗关怀的时间也延长了。

目前，美国大约有 1/5 的在职工没有医保。这个比例还在提高，因为许多在职工无力继续承担保费。由于不再享受常规的预防性保健服务，他们中的许多人更容易罹患重大疾病。如果他们接受了急诊服务却付不起费用，相关成本只能由其他人分摊。分摊成本的方法就是提高医疗服务的价格，从而提高了保险成本，进而让更多的在职工放弃医保。

医保行业的改良依赖技术的进步。技术进步使我们得以救死扶伤、延年益寿，但这些创新的成本不菲。一个最新的例子是乳房 X 射线数码摄影术，提供了更清晰的乳房 X 射线摄影图像；层析 X 射线照相组合，展示了三维的乳房摄影图像；改良的化疗药物，可以更有效的应对多种癌症。

虽然健康保险很贵，但却十分必要。你的健康保险决策不是要不要办理，而是选择哪种医保方案，或保额是多少。理解了可供选择的医保方案，你可以选择既不超出预算，又能提供充分保障的保险。

联邦法规允许你在离职后 18 个月内继续参加原单位的医保。所以职工在跳槽后仍然可以续保，哪怕已经查出有病也没关系。不过，在你还是职工的时候单位可能会补贴很大一部分保费，离职后就只能自己全额承担了。此外，现在的医保允许你把参保作为一种防范重大疾病的手段。越来越多的医保方案允许被保险人接受预防性治疗服务。健康保险最新的进展将在本章结束的时候介绍。

12.2　商业健康保险

商业健康保险（private health insurance）指的是可以从商业保险公司购买，为医疗保健费用提供保障的保险。你可以自己直接向商业医保公司购买，也可以通过单位办理。大部分单位向员工提供参加医疗保险方案的机会，将它作为一项福利。一般保费由单位和员工共同分担。员工那部分支出从工资中扣除，剩下的部分由单位补贴。有的单位承担保费的大头，以吸引和保留人才。单位通常只向一家保险公司购买员工的医保。

由单位集体办理的医疗保险一般比较便宜。想了解更多关于医保保费的信息，可以访问 http://www.insweb.com 和 http://www.insure.com。

12.2.1　商业健康保险的保障类型

最常见的商业健康保险方案可以分成服务费用方案（也被称为报销方案）和管理式医疗方案（健康维护组织和定点医疗机构）。这两种方案都承担一般的医疗成本，包括门诊、住院、门诊手术、急诊和其他门诊服务，包括理疗和化验等。但是，不同的保险方案之间有很大差别。为了选择最适合你的方案，你需要理解它们之间的差别。

1. 服务费用方案

服务费用方案（fee for service plan）（也被称为报销方案）报销个人接受医疗服务提供者（医院或医生）提供的医疗服务产生的全部或部分医疗费用。被保险人可以自由选择就医对象。许多服务费用方案中都会规定自付条款，因此保险公司只承担一定比例的费用。比如说，保单规定保险公司承担80%，而你要自付20%。直到你自己支付的金额达到规定自付段，后续的医疗费用保险公司就要全额支付了。

服务费用方案的好处是你可以自由选择由谁来提供医疗服务。如果这对你来说很重要，最好选择一个服务费用方案。虽然报销方案比管理式医疗方案更具灵活性，但它们的保费也更贵。一般来说，虽然保险公司会报销大部分费用，但你自己还是要承担一定的免赔额。

2. 管理式医疗方案

管理式医疗方案（managed health care plans）要求个人只能接受方案中指定的医生或医院提供的医疗服务。如果你接受的不是指定的医疗服务，就需要付费。

管理式医疗方案的收费比报销方案要低，但它们对被保险人可选择的医疗服务提供者的限制更严格。管理式医疗方案又可以分成健康维护组织和定点医疗机构。

3. 健康维护组织

每个**健康维护组织**（health maintenance organization, HMO）都会和选出来的医疗服务提供者（医院和医生）签订协议，为HMO会员提供服务。这些签约的医疗服务提供者每月会收到一笔预付的补偿金，也被称为"人头费"，因为付款的标准是成为HMO会员的人数。虽然人头费的金额是预定的，但实际的医疗支出要看对服务的需求情况。比如说，如果参加某个特定HMO的患者很少看病，医院花在他们身上的医疗成本也会很少。但是，如果另一个HMO的患者都是药罐子，医院为照顾他们就要花很多钱。因为不管接待多少患者，医院从HMO获得的补偿金都是固定的，所以来看病的会员越少，医院的利润越高。

成为HMO会员的患者一般要先选一位"主治医生"。他们生病后要先让主治医生诊疗，然后由主治医生转给其他专家或医疗机构。HMO的理念是，主治医生可以减少患者不必要的专家门诊，从而降低整体医疗费用。比如说，有的患者生病了，以为自己得的是心脏病，于是就去看了心内科，结果发现不过是普通的感冒。先去看过主治医生，就能在最大程度上避免这种病急乱投医的现象。

HMO的一个优点是它们的医疗成本很低。因为HMO主张早发现、早治疗，所以可以把保费控制在较低水平。患者每次去找HMO签约的医生诊治或开药方，费用也比较低（比如10美元）。一般来说，HMO也会承担一部分处方费用。

HMO的一个缺点是被保险人只能在签约的主治医生和专家中进行选择。所以，他们不能选未经HMO批准的医生。HMO会员支付的保费很低，代价就是缺乏灵活性。

4. 定点医疗机构

定点医疗机构（preferred provider organization, PPO）方案是服务费用保单和HMO保单的结合。PPO允许被保险人在选择医疗机构的同时报销大部分费用。PPO也有主治医生，但与 HMO 相比，有更多精通不同领域和专科的医生可供选择。参加 PPO 的保费和医疗费用也比 HMO 要高。比如说，参加 PPO 的患者要承担账单费用的 20%，而 HMO 会员看同样的病只可能需要 15 美元的挂号费。PPO 也会有指定医疗机构的名单，但患者也可以选择去不在名单内的机构看病。只不过，在"外面"看病的话，自己支付的部分要多一点。

医疗机构和 PPO 之间常见的支付协议是收费折扣协议，允许 PPO 只支付正常收费的一定比例。比如说，如果 PPO 和医疗机构之间的协议规定折扣为 30%，医疗机构的正常收费是 1 000 美元，则 PPO 只需要支付 700 美元。根据这个协议，医疗机构比相同服务正常情况下的收费少了 300 美元。而这 700 美元也是患者和 PPO 支付给医疗机构的总和，分配比例由患者和 PPO 之间的合同规定。

PPO 和医疗机构之间的另一种协议是**日费率协议**（per diem rate arrangement），规定患者住院的每一天医疗机构都能收到一笔特定的金额。如果 PPO 协议中的日费率是 650 美元，而医院收的住院费是 1 000 美元 / 天，就只需要支付 650 美元。其中，患者承担的比例由患者和 PPO 之间的合同规定。

患者和 PPO 之间的合同一般规定 PPO 支付 80%，患者支付 20%。如果应付总额为 700 美元，则 PPO 应支付 700 美元的 80%，即 560 美元；而患者支付 700 美元的 20%，即 140 美元。由患者支付的金额经常被称为自付额。每次看病以后，患者都会收到一份来自 PPO 的《利益说明表》（explanation of benefits, EOB），列明总医疗费用、应支付费用，以及患者自付费用。你要及时核对医疗机构给我的账单和 EOB，确保二者金额匹配。

12.2.2 商业医疗保险保费

单位可能会给员工提供家庭保障。家庭保障的保费是比较高的。没有小孩的夫妻应比较两人各自办理保险的保费和购买家庭保险的保费。有小孩或即将有小孩的个人或夫妻最好办理家庭保险。

失业者、独立职业者，或者单位不提供集体医疗保险方案的人可以直接参加保险公司的管理式或其他类型的医保。但是，个人直接买保险的保费会比参加雇主补贴的保险方案要贵。

你可以在网上查询保险报价，并完成申请手续。有的网站提供不同保险公司发布的医疗保险报价。报价中也包括免赔额信息、自付比例，以及挂号费等。如果你想获取关于特定保险的更多信息，可以链接到保险公司的网站。当你在网上提交了申请，原来的保费报价就会根据你提供的个人信息，比如病史和个人健康状况，而发生变化。

12.2.3 对商业健康保险方案进行比较

表 12-1 对商业健康保险方案进行了比较。表 12-1 展示了个人为在选择医生的灵活性和保费价格高低之间的权衡。

表 12-1　对商业健康保险方案进行比较

商业健康保险方案类型	保费	医生选择权
报销方案	高	随意选择医生和专家
管理方案：HMO	相对较低	由主治医生把病人转诊给专家
管理方案：PPO	低，但通常比 HMO 高	PPO 可以选择的医生范围比 HMO 大

HMO 和 PPO 都印发小册子，上面有供你参考的比较信息。图 12-1 列举了你在选择医保时要提的问题。如果你在小册子里找不到这些问题的答案，就找个能回答问题的公司代表。

```
关于你的成本
1. 每月保费是多少?
2. 免赔额是多少?
3. 自负比例是多少?
4. 保障限额是多少?
5. 每年自付段是多少?
关于医生 / 医疗机构的问题
1. 这个方案里有多少医生?
2. 是哪些医生?
3. 哪些医生还愿意接受新患者?
4. 一般门诊要提前多少天预约?
5. 这些医生在哪里坐诊?
6. 这些医生提供什么医疗服务?
7. 方案中包含哪些医院 / 实验室 / 诊所?
一般性问题
1. 只有通过主治医生转诊才能看专家门诊吗?
2. 如果患者超出给定范围就医, 可以报销多少?(比如在外出时看急诊。)
3. 如果门诊医生不在方案之内, 能不能享受优惠?
```

图 12-1 选择 HMO 或 PPO 时要提的问题

案例 12-1

史蒂芬尼·斯普拉特现在的单位允许她选择参加 HMO 或者没有就医限制的服务费用方案。她正在考虑自己该选择哪种医保方案。报销方案的保费比 HMO 每月贵 100 美元;她也可以把 HMO 转换成 PPO, 但每月保费要贵 75 美元。这款 PPO 比 HMO 好在每个专科都有更多的医生可供选择。眼下史蒂芬尼还不需要看专家门诊。她最后还是决定继续办理 HMO, 因为服务费用方案和 PPO 的好处对她来说意义不大, 就没有必要多付额外的保费了。

12.3 医疗保险方案的内容

医疗保险方案(保单)包括以下内容。

12.3.1 被保险人身份信息

医疗保险合同中会说明被保险人的身份, 比如是个人还是家庭。

12.3.2 地域

有的美国保险公司提供的医疗保险仅限于国内, 有些还适用于外国。一般来说, 全面的医疗保险仅限于受益人的常住地区。在此之外, 除了急诊, 其他服务项目会减少甚至取消。

12.3.3 取消和续保的选择权

你的医疗保险合同中应该规定保险公司有没有随时取消合同的权利, 或者只要保单持有人及时缴纳保费, 就必须续保。此外, 它还应规定, 在达到一定年龄以前, 你是否有一直续保的权利。如果你要续保, 但身体健康状况不如上次投保的时候, 保险公司是可以调高保费的。

12.3.4　其他保障

医疗保险保单可以保障多种医疗需要。保单中会规定它保障的内容与相应的限额。下面是医保合同中常见的医疗项目。

1. 康复

医保可能提供康复服务，包括物理治疗疗程和咨询。许多保单规定物理治疗、职业治疗和语言障碍治疗的次数。当医生认定保单持有人已经痊愈，或者保单持有人治疗的次数已经达到上限时，保险公司将不再为后续的康复服务付费。

2. 心理健康

有的保单在一定程度上承保心理健康。它们可以部分报销与心理疾病治疗相关的费用。它们也会规定承保心理治疗的最长期限或生命周期费用。

3. 怀孕

医疗保险可能保障与怀孕直接相关的费用，有的甚至补偿生产前最后几周的产假误工费。

4. 牙医保险

医保保单可能会提供牙医保险，支付牙医服务的全部或部分费用，包括年检、畸齿矫正和口腔手术。

5. 视力保险

有的医保保单提供视力保险，支付配镜、眼科和验光服务的全部或部分费用，包括年检、眼镜、隐形眼镜和矫正手术。

12.3.5　不可报销医疗费用的决定因素

对于一项医疗服务来说，保单规定了账单中的哪些费用要你自己承担。自付金额取决于免赔额、自付率、止损条款、保障限额，以及保险利益分摊。现详述如下：

1. 免赔额

免赔额规定在达到保单中规定的限额以前，医疗费用由被保险人自己承担。如果某个医疗保险的免赔额是 500 美元，账单金额为 475 美元，所有费用都得由你自己承担。如果账单金额是 900 美元，你要支付前面的 500 美元，保单会偿付后面的 400 美元。医保的免赔额和车险差不多，都减少了保险公司的潜在责任。所以，如果免赔额比较高，相同保障内容的保单保费就比较低。

2. 自付率

自付条款规定了医疗费用由被保险人支付的比例。比如说，1 000 美元的账单费用，自付率为 20%，你自己就要出 200 美元（1 000 美元的 20%）。

3. 止损条款

止损条款规定一项或多项医疗服务必须由你自己承担的费用上限。

4. 保障限额

许多保单都规定了保险公司为某项特定的医疗服务提供的保障限额。这些限额可能针对住院费用、手术、门诊服务和护理服务。所以，如果保单持有人选择了收费高于保单保障限额的服务，差额只能由他们自己承担。即使特定疾病或伤势的医疗费用本身不设上限，这些针对性的限额依然是有效的。这样的保单设计旨在限制保单持有人滥用保险服务。比如说，许多保单都有针对门诊物理治疗、职业治疗和语言障碍治疗的保障限额。

5. 保险利益分摊

如果保单中有共同保险分摊条款，就意味着该保险要承担的责任份额取决于你持有的其他同类保险的利益。如果你有多张保单保障相同的责任，其总额度必然过剩。但这个条款使你的报销总额不会超过支出金额。这个条款也许对你有利，因为可保利益由多张保单分摊，也许会减少你的保费和自付比例。

12.3.6　商业保险方案不承保的费用

即使参加了商业医疗保险方案，有些医疗费用还是无法得到保障。对于这些不能保险的医疗费用，你在预算中要有所准备。

灵活支出账户（flexible spending account）是雇主建立的一个账户，可以用员工的税前收入支付他们的医疗费用。你每月存入灵活支出账户的资金不需要缴纳联邦、州和地方的所得税或 FICA 税。如果你有无法报销的医疗费用或牙医费用，就可以从这个账户中提款来支付。通过使用这个账户，你用来支付这些医疗费用的钱可以不用缴纳所得税。

一项最新的规定允许最多把账户中的 500 美元未使用的资金使用额度转移到下一年度，而不减少下一年度的存款限额。这项新政可能会促进对这个账户的使用。由于这个原因，有些人会在账户中保留一个最低额度。如果合理安排预算，你可能通过设立灵活支出账户享受税收减免的好处，同时确保你有足够的资金支付这一年度医疗账单中的自付金额。

12.4　政府医疗保险方案

政府出资的健康保险方案是医疗保险和医疗补助计划。

12.4.1　医疗保险

还记得吗，第 4 章中介绍过，医疗保险方案为 65 岁以上、符合社会保障条件，或残疾的个人提供健康保险。医疗保险也会在人生病的时候替你向医疗服务提供者支付费用。医疗保险包括好几个板块。板块 A 是医院保险，用于向医院或护理机构支付与住院治疗（包括手术）有关的费用，以及金额有限的家庭监护费用。符合社保条件者无须再为板块 A 的保障支付额外的保费，因为他们（或他们的配偶）在工作时已经足额缴纳了医保税。

板块 B 表示可选的医疗保险，承保一些板块 A 保障以外的费用，比如门诊病人的医院护理、物理治疗，以及某些家庭监护服务。要享受板块 B 的保障，就要按月缴纳相应的保险费。

医疗保险的板块 C 表示板块 A 和板块 B 的组合，由医疗保险认可的商业保险公司提供。在许多情况下，板块 C 的方案对你可用的医生和医院都有限制。

板块 D 对处方药提供保障。根据涉及的具体药物、每种药物的金额上限，以及免赔额不同，不同保险方案中的板块 D 内容也不尽相同。要符合板块 D 的要求，首先要办理板块 A和板块 B。

1. 补充性医疗保险

有些人希望获得比医疗保险更全面的保障，**补充性医疗保险**（medigap insurance）就是由商业保险公司提供的，承保普通医疗保险不承保的医疗费用。补充性医疗保险有许多种。在大多数州，有 11 种标准格式的保单，被称为补充性医疗保险方案。这些保险方案的保费和保险利益各不相同。方案 A 是最基础的，保障范围包括医疗保险中不承保的医院费用。其他方案在方案 A 的基础上提供更多保障，主要差异在于承保的医疗费用的金额。保险公可以任意选择它们认为合适的方案提供给民众，但因为这些保单的保障更全面，所以保费更贵。

2. 医保处方法案

《2003 年医疗保险处方药改进和现代化法案》给予老年人和残疾人更多的保障。现在，医疗保险承保了一些原来不承保的处方药。这些药品对许多疾病颇有疗效，从而使被保险人不再需要其他一些昂贵的医疗服务。

该法案允许老年人购买各种包含处方药保障的保险。这些保障由商业保险公司提供，可以是独立的险种，也可以作为管理式医保方案的一部分。保险和免赔额根据成本随时调整。

标准的保障比例是，扣除 250 美元免赔额后，当年前 2 000 美元处方开支的 75%。所以，个人需要自己承担的所有成本是最早产生的 250 美元医疗费用，以及接下来的 2 000 美元处方费用中的 25%，扣除已经由保险支付的金额。只有老年人在当年支出超过 3 600 美元以后，才能享受附加保障。低收入的老年人无须缴纳保费，也不计免赔额。

该法案也允许个人开立健康储蓄账户，账户存款免税，但只能用于支付医疗费用。**健康储蓄账户**（health savings account）存款来自税前资金，与美国政府为鼓励储蓄而设立的某些大学教育存款账户和养老金账户性质差不多。但它的区别在于其设计初衷是确保个人为自己当年的医疗开支保留足够的存款。因为这笔钱是免税的，所以人们愿意开立这样的账户并以减轻税负。如果人们当年在账户中的存款没有花完，还可以继续留在账户里供明年使用。另外，在它被当作医疗费用支出以前，账户里的资金是计息的。

企业也可以为员工开立健康储蓄账户并往里面存钱（最多 4 500 美元）。享受这一待遇的人必须在 65 岁以下，并且办理过一个有较高免赔额的健康保险。具体的免赔额度要求是个人不低于 1 300 美元，家庭 2 600 美元。

12.4.2 医疗补助计划

医疗补助计划（medicaid）项目为低收入者和需要政府救助的人提供健康保险。它的目的是为老年人、盲人、残疾人和有未成年儿童的家庭提供健康保险。参加者必须符合一些联邦政府规定的条件，但该项目是一个州一个州逐步推广的。符合医疗保险条件的人如果还在接受政府救助，就也适用医疗补助计划。这样，他们在医疗方面就能享受更多的好处。

12.5 医疗保险法规

联邦法规确保人们可以持续享受医疗保险，无论他们有没有工作。最重要的是以下几个法案。

12.5.1 《统一综合预算协调法案》

作为 1986 年的《统一综合预算协调法案》（COBRA）的成果之一，你可以在离职后 18 个月之内继续参加原单位提供的医疗保险。该法案适用于私人企业和州政府机构，但不适用于联邦政府机构。如果你退休了，COBRA 允许你继续参加原来的医疗保险（最长 18 个月），直到你符合政府医疗保险条件为止。然而，如前所述，通常你要自己承担所有保险费用，因为你的前雇主没有义务替你分担。

12.5.2 《健康保险转移和责任法案》

1996 年的《健康保险转移和责任法案》（HIPAA）确保职工可以在工作调动后继续获得

医疗保险。尤其是，该法案禁止保险公司因申请人的健康状况、病情和病史、之前的医保索赔或残疾而拒绝承保。该法案对身体有病的职工来说尤其重要。比如说，一位有慢性病的妇女原先在堪萨斯的一家公司工作，现在她想搬到达拉斯再重新找份工作。在有 HIPAA 以前，她在得克萨斯可能没法办法医疗保险，因为保险公司知道她的病情意味着源源不断的保险索赔。但是，根据 HIPAA，保险公司不能因为她现有的病情拒绝给她提供医疗保险。

要获得 HIPAA 的保护，你的医疗保险不能间断。这个条款防止人们只在他们生病或者觉得自己需要治疗的时候才参加医疗保险。

HIPAA 也树立了一系列保护健康信息的国家标准。电脑和自动化的广泛应用导致更多的医保欺诈和对医保参加者隐私的威胁。所以，美国卫生与公共服务部颁布了《隐私规则》作为 HIPAA 的一部分，以保护这些信息。《隐私规则》适用于医疗保险机构、医疗信息中心，以及把健康信息录入为电子数据的医疗服务提供者。这一规则保护所有被上述机构保存或传递的可以溯及个人的健康信息。这些信息被称为"受保护的健康信息"（PHI）。PHI 包括所有过去、现在和将来的生理和心理健康状况，个人接受的医疗情况，以及相关费用情况。《隐私规则》的目的在于对个人受保护的健康信息可能被滥用或向他人发布的情况做出说明和限制。

12.5.3 《平价医疗法案》

《患者保护与平价医疗法案》（PPACA）也被称为《平价医疗法案》，于 2010 年通过。该法要求美国公民购买医疗保险，以此保护自己的健康，防范重大疾病。在该法案通过的时候，大约有 5 000 万美国人没有医疗保险。

PPACA 包含了广泛的医疗问题。它允许医疗保险板块 B 和其他一些方案的保障对象免费接受预防性医疗服务，比如每年体检，拍胸片，进行高胆固醇、糖尿病和几种癌症的筛查。但是，许多人不知道自己享受的预防性医疗服务，也没能充分利用这项福利。该法还允许注册了板块 D 的人享受更多的药品折扣。

该法允许不能参加单位提供的医保方案的青年继续享受父母的医疗保险，直到 26 岁。它要求保险公司收到的机构集体医疗保险的保费中至少有 85% 的金额应用于医疗服务和医疗条件改善。其目的在于限制保险公司把保费用于给高管发工资或做广告的比例。如果保险公司达不到这些目标，它们会被要求向消费者退款。医疗服务提供者在向保险公司收取医疗费用前必须达到规定的标准。这些标准的目的在于防范愈演愈烈的医疗欺诈。许多公司参与欺诈，为非必要的医疗服务索取报销，甚至捏造服务以骗取报销。2009 年，反欺诈的努力就为医疗保险信托基金追回损失 25 亿美元。该法为医疗服务提供者投入新的资源，并实施新的审查程序，以推动打击欺诈的努力，减少医疗保险和医疗补助计划中的浪费。

从 2014 年开始，医保公司再也不能因申请人现有的疾病、残疾或其他健康问题拒绝申请人投保。

26 个州向法庭起诉 PPACA 违宪，这个案子最终到了美国最高法院。这些州认为许多现在没有办理医疗保险的健康人可能会逃避购买医疗保险。虽然根据 PPACA，州政府可以对他们课以罚款，但罚款金额少于保费。人们可以起诉强制购买医疗保险违反宪法权利。2012 年 6 月，最高法院以 5∶4 裁决 PPACA 符合宪法。

PPACA 的实施依然充满了政治争议。有的政客推出一个替代方案，主张医疗保险不是强制的，但所有购买医疗保险的纳税人可以获得大额所得税抵扣。这个方案可以激励所有人办理医疗保险，而不至于引起违宪争议。

12.6　长期护理保险

许多失能老人和病人每天吃饭穿衣都需要有人照顾，还有的人离不开 24 小时的护理。根据"美国人长期护理安全"组织的数据，美国超过 20% 的 50 岁以上人士需要长期护理服务。此外，半数以上美国人一生中有某几段时间会需要长期护理服务。然而，长期护理服务价格不菲。仅仅是提供最基础的吃饭穿衣的护理，每周的费用就轻易突破了 1 000 美元。如果找专职的护士，护理成本还会更高。如果要入住疗养院，一个单人间平均每年的成本高达77 000 美元。

政府医疗方案的帮助非常有限。医疗保险不提供长期护理。虽然医疗补助计划承担少数符合条件者一部分这方面的费用，但终归保障有限。

长期护理保险保障个人因长期健康问题需要日常生活料理而产生的费用。许多商业保险公司提供这样的保险，保障范围覆盖在疗养院、养护中心和居家护理。然而，由于长期护理的费用高昂，长期护理保险的保费也不便宜，动辄 3 000 美元以上。

12.6.1　长期护理保险条款

和其他保单一样，你也可以为自己量身定制一份长期护理保单。下面介绍一些常见的条款。

1. 给付条件

保单中规定保单持有人可以要求的给付的用途。比如说，一份保单可能规定长期护理仅限于医疗护理服务，而另一份更灵活的保单可能也允许吃饭穿衣之类的其他护理。

2. 服务类型

长期护理保险保单中规定医疗护理服务的类型。保单中如果包括入住疗养院和养护中心，保费就比只允许入住疗养院的贵。如果有人想办理更灵活的，包含居家护理的长期医疗护理保险，保费还要再上一层楼。

3. 保障金额

保单中也会规定每天的最大保障金额。保障金额越高，你要支付的保费越高；每天获得的保障越少，要缴纳的保费也低。但是，每日保障金额太低的保单也许不足以支付实际产生的成本。在这种情况下，你自己就要承担一部分费用。

保单中可能会有自付条款要求保单持有人自己承担一定比例的护理费用。比如说，保单持有人可以选择一款保单，规定保险公司支付护理费用的 80%，他自己支付剩余的 20%。因为保险公司要支付的费用低了，保费也比较低。

4. 观察期

保单会规定一段时间作为观察（或等待）期，在此期间保单持有人还不享有长期护理的成本保障。观察期通常为 60～90 天。在观察期结束以前，保单持有人得自己承担相关费用。如果在到期前就需要护理服务，长期护理保险对这段时间是不负责的。

5. 最长给付期限

你可以选择在需要长期护理期间全程获取保险给付，哪怕它的时间长达 30 年甚至更长。如果你选择在有限的时间内获取保险给付，你要支付的保费会减少。比如说，你的长期护理保险可以只保障三年。

6. 延续保障

保单中可能包括一个"保费豁免"条款，允许你在开始接受长期护理服务后停止缴纳保费。还有一种减额缴清条款，允许你在保单生效若干年后，以减少保障额度为代价，停止支付保费。一般来说，选择这些给未来提供额外利益的条款，都意味着现在要多缴保费。

7. 通胀调整

有的保单允许保障额度随通货膨胀而增加。所以，最大保额每年随通胀指数而增长。显然，有这样的条款肯定要你多付保费了。

8. 止损条款

保障慢性疾病的保险也可能会规定一个止损条款，限定了保单持有人医疗支出的上限。回顾一下前面那个保单持有人承担 20% 费用的例子。如果他累积的医疗支出达到 600 000 美元，保单持有人自己就要出 120 000 美元（600 000 美元的 20%）。然而，如果他当初选择了限额为 30 000 美元的止损条款，那他就只需要支付这 30 000 美元。止损金额越低，保费越高。

12.6.2　影响长期护理保险保费的因素

保险公司在计收长期护理保险的保费时，主要考虑发生索赔的可能性，以及索赔可能的金额。

1. 保单条款

由于前面介绍的长期护理保险的条款影响索赔的可能性与金额，因而它们都会影响保费。除了条款，下面提到的保单持有人的特征也会影响长期护理保险的保费。

2. 年龄

老年人更有可能需要长期护理保险，所以他们的保费更高，尤其是对 60 岁以上的人来说。

3. 身体状况

身患慢性疾病的人更有可能发起长期护理的索赔，所以他们支付的保费也更高。

12.6.3　降低你的长期护理保险成本

在比较不同保险公司提供的长期护理保险时，要记住保单中包含的关于综合保障的条款越多，保费越贵。你想省钱，就选一个内容灵活，但包含了所有对你来说最重要的条款的保单。比如说，如果你可以容忍一个很长的观察期，就能减少保费；如果你觉得对你来说延续保障和通胀调整没什么意思，就选一个不包含这些条款的保单。

保险公司提供的长期护理保险保单保费各不相同，所以你要多了解一下行情，然后货比三家。网上报价就是个不错的选择。还有，看看保险公司制定的保费是怎么变化的，因为这对未来的价格是个启示。

12.6.4　确定保险金额

决定你是否需要长期护理保险，主要考虑家庭成员的身体状况。如果有慢性病史，你就多半会需要它。此外，也要考虑你的财务状况。如果你能承担高昂的保费，那就不妨买一个。60 岁以下，目前又没有得重病的人办理长期护理保险的费用还不算太高。

12.7　残疾保险

残疾收入保险（disability income insurance）在保单持有人不幸致残后向他们提供收入。一个人在某一年突然残疾的可能性很小，40 岁以下的人不到 4%，50 岁以下的人不到 8%。

但是，这个比例到 60 岁时就达到 15%，而且随年龄增长而提高。所以，对于靠自己劳动收入过日子的人来说，年龄大了还真的会需要残疾保险。但是，年轻人也应该考虑残疾保险，因为可以免除后顾之忧，而且保费还低。残疾保险的作用在于确保你即使丧失劳动能力，依然可以养家糊口。

残疾保险最重要的一个特征就是对残疾的定义。只有你符合保单规定的残疾标准，才能得到保险给付。对残疾最宽松（容易满足）的定义是"胜任当前工作"：只要你无法继续胜任当前的工作，保险公司就开始发放给付。更严格的残疾定义是"胜任任何工作"：只有当你无法从事任何适合你的学历和经验的工作时，才开始给付。因为这类保单的保障范围更严格，所以它们的保费也比"胜任当前工作"的保单低。有的保单在最初的一段时间（比如说两年）按"胜任当前工作"标准提供保障，但过了这个过渡期，它们就改为"胜任任何工作"的标准。按照社会保障总署的标准，"残疾"意味着你处于残疾状态至少 5 个月，而且还将持续至少 12 个月或可能导致死亡。

12.7.1　残疾收入保险的途径

下面介绍几种常见的残疾收入保险的途径。

1. 个人残疾保险

你可以购买个人残疾保险，而且商定自己认为合适的保障限额。保费因你的工作而异。比如说，在钢铁厂上班的工人面临的风险就比在办公楼上班的大。

2. 雇主残疾保险

有一半左右的大中型企业通过保险公司提供自愿的残疾保险方案。许多公司的员工要么参加免费的保险，要么自费加入。集体项目的保费一般比较低。典型的雇主残疾保险的保障水平差不多是员工工资的 60%。不同保单的残疾给付期限差别很大。

3. 社会保障保险

如果你残疾了，就有可能会收到来自社会保障总署的保险金。这份收入的大小取决于你过去向社会保障做出的贡献。要领取社保给付的条件很苛刻，这意味着即使你觉得自己残疾了也未必能拿到它的钱。此外，社保给的钱可能不够维持现有的生活水平。所以，你还需要自己办理残疾保险作为补充。

4. 工伤保险

如果你在工作场所致残，你也许会从所在的州收到一些工伤补偿。收入的多少要看你现在的工资水平。残疾收入保险和你因工伤获得的任何补偿并不冲突。

12.7.2　残疾保险条款

不同保险公司推出的残疾保险内容差别很大，现介绍如下。

1. 保障金额

残疾保险合同规定了你残疾后给付的金额。保障金额可能表达为一个具体的最高给付金额，也可能是残疾前收入的一个百分比。你的保障越高，要支付的残疾保险费也越高。

你需要充足的保障，这样在残疾后才能维持原有的生活水平，并养育子女。所以，你可以根据自己养家糊口所需的可支配（税后）收入决定保险金额。

☞ **案例 12-2**

史蒂芬尼·斯普拉特的单位给她办了残疾保险，但她觉得还不够。她想知道自己还需要多少保障才能满足日常的开销。一般来说，她每月的开销是 2 100 美元左右。其中 100 美元是用于补贴工作的，包括着装和通勤费用。因为史蒂芬尼残疾后就不用再去上班了，所以这些费用就可以省下了。这样，她的日常开销扣除工作相关费用就是每月 2 000 美元，如图 12-2 的 A 栏所示。这就是她需要的残疾保障。

第二步是确定她已经有了多少残疾保障。为稳妥起见，她假设自己不能享受社会保障，因为她的残疾类别可能不符合保障条件。她的单位提供的残疾保单保障金额为每月 800 美元。她假设未来可能导致自己残疾的原因与工作无关，所以也不适用工伤补偿。

最后一步是比较她需要的保障额度（见图 12-2 的 A 栏）和她从其他渠道已经获得的残疾保障。在本案例中，差额是：$2 000 - $800 = $1 200。如果她要买补充的残疾保险，她需要的保障额度是每月 1 200 美元。因为她现在的年薪是 38 000 美元，额外保障大概相当于它工资的 32%（$1 200 ÷ $3 800 = 0.32）。她以后能得到的残疾收入一般来说是不需要缴纳联邦税的。残疾收入需要缴纳州所得税，但史蒂芬尼所在的州不设这个税种，所以她不需要纳税。

A 栏：需要的保障总额	
常规月度支出	$2 100
− 工作相关支出	−100
= 扣除工作相关支出后的常规月度支出	$2 000
B 栏：你期待得到的保障	
单位的残疾保险	$800
社会保障	$0
工伤补偿	$0
合计	$800
需要的商业残疾保险金额	$1 200

图 12-2　确定史蒂芬尼·斯普拉特需要多少残疾保险

史蒂芬尼决定通过单位购买补充的 1 200 美元残疾保障。每月 10 美元的保费对她来说没有压力。

2. 观察期

从你的保险得到批准到正式生效，可能得经历一段观察期。观察期一般为一个月。

3. 等待期

残疾保险中应该规定有没有等待期（比如三个月或六个月），期满后你才可以开始领取给付。在等待期，你还得自己解决生活问题。比如说，如果你今天致残，而保单规定了三个月的等待期，所以只有你的残疾延续的时间超过三个月，才能得到给付。设置等待期的原因之一是防止某些人仅仅因为脖子痛或背痛而"残疾"几天或几周，就和保险公司索取给付。没有等待期或等待期很短的残疾保险，保费会更贵些。

4. 残疾给付期限

残疾给付可能只持续几年，也可能一直发放到保单持有人身故。保单提供残疾收入的时间越长，你为残疾保险支付的费用越多。

5. 不可取消条款

不可取消条款赋予你每年以相同保费续保，可享受的给付金额不变的权利。作为代价，你现在要支付较高的保费，以后就不会再增加了。

6. 可续保条款

可续保条款赋予你按相同给付金额续保的权利。但是，如果保险公司全面上调了相同保单持有人的保费，你也在劫难逃。

12.7.3　残疾保险决策

你可以向保险公司询问残疾保险的费率，也可以找单位的福利部门打听能否办理这项保险。

12.8　怎样把健康和残疾保险纳入你的理财规划

下列关于健康和残疾保险的关键决策是你必须纳入理财规划的：

- 你有没有足够的保险保护你的财富？
- 你打算未来办理多少钱的保险？

图12-3展示了史蒂芬尼·斯普拉特怎样把健康和残疾保险决策纳入她的理财规划。

健康和残疾保险规划的目标

1. 确保我为可能遭受的健康问题和残疾办理了充分的保险。
2. 考虑未来是否有必要增加健康和残疾保险的额度。

分析

保险类别	保护	状态
健康	保护我的资产和财富	我的单位有一个不错的健康保险
残疾	在残疾情况下保护我的收入	我的单位提供了一些残疾保障，但我还要自己补充一些

决策

1. 关于我现有的健康和残疾保障是否充分的决策

　　我现在完全依赖单位提供的HMO。现在这个保险方案提供了充分的保障，保费也算合理。因为我现在只有20多岁，身体也挺好，暂时可以不考虑长期护理保险。

　　我现在有单位提供的800美元的残疾保险保障。我还想再买一份每月保障额度为1 200美元的保险作为补充，把保障总额提升到2 000美元，就能满足日常开销了。追加的残疾保险每月保费只要10美元。即使我残疾，这样的保险也足够了。

2. 关于未来健康和残疾保险的决策

　　如果我想获得在专业医生选择上更高的灵活性，可能以后会转换到一个PPO。未来我也会考虑长期护理保险。如果以后收入和支出增加了，我的残疾保险也要相应增加。

图12-3　健康和残疾保险在史蒂芬尼·斯普拉特的理财规划中的应用

讨论题

1. 如果史蒂芬尼是一个带着两个孩子的单身妈妈，她的健康和残疾保险决策会有什么不一样？

2. 如果史蒂芬尼现在已经35岁，年龄会对她的健康和残疾保险决策产生怎样的影响？50岁呢？

小结

1. 医疗保险方案

医疗保险承保保单持有人发生的医疗费用。医保方案可以分成报销方案和管理式方案。报销方案在医疗服务提供者的选择上更具灵活性，但它要保持持有人先自己垫付费用，然后再申请报销。管理方案包括健康维护组织（HMO）和定点医疗机构（PPO）两种，只要求保单持有人支付医疗费用中不承保的部分，避免了报销的过程。HMO要求看病时先找主治医生，如有必要再由他转诊给其他专科医生；PPO在医疗服务提供者的选择上更为灵活，但保费也更高。

2. 商业医保方案的类型

商业医疗保险方案一般分为服务费用方案（也被称为报销方案）和管理式医疗方案（包括健康维护组织和定点医疗机构）。服务费用方案报销个人接受医疗服务提供者（医院或医生）提供的医疗服务产生的全部或部分医疗费用。个人看病时可以自由选择私人诊所或专家。他们直接付钱给医疗服务提供者，然后就所接受的医疗服务和处方申请报销。管理式医疗方案（包括健康维护组织和定点医疗机构）允许个人接受签约的特定医生或医院的医疗服务，只需要支付医疗费用中不承保的部分。这类方案的保费比服务费用方案低，但对个人可以选择的医疗服务提供者（医生和医院）的限制更多。

3. 医疗保险方案的内容

医疗保险方案（保单）规定了被保险人、提供保障的地域范围（仅限于美国或包括美国以外的国家），保单是否豁免已经存在的伤病，是否允许取消合同，对康复、心理健康和怀孕的保障，是否允许保单续期，以及你医疗账单金额的构成项目。决定这个金额的项目包括免赔额、自付率、止损条款、保障限额，以及保险利益分摊。

4. 政府医疗保险方案

政府也有医疗保险方案。医疗保险方案为65岁以上、符合社会保障条件，或残疾的个人提供健康保险。医疗补助方案向低收入者提供医疗保险。

5. 医疗保险法规

1986年的《统一综合预算协调法案》（COBRA）允许你在离职后18个月之内继续参加原单位提供的医疗保险。1996年的《健康保险转移和责任法案》（HIPAA）确保你可以在工作调动后继续获得医疗保险。该法案对身体有慢性病的职工来说尤其重要。2010年的《患者保护与平价医疗法案》（PPACA）允许你在某些情况下免费接受预防性医疗服务，比如每年体检，拍胸片，进行高胆固醇、糖尿病和几种癌症的筛查。

6. 长期护理保险

长期护理保险承保与慢性病相关的费用，包括在疗养院、养护中心和居家的护理。长期护理保险的保费非常昂贵，但接受一个较长的观察期可以使它降低一点。

7. 残疾保险

如果你致残，残疾保险可以向你提供收入。它可以在一定程度上取代工作带来的收入。

8. 怎样把健康和残疾保险纳入你的理财规划

医疗费用可能十分惊人，甚至可以毁掉你实现理财规划的努力。所以，你需要保险保护自己，然后才能继续实现你的财务目标。

复习题

1. **医疗保险** 医疗保险有什么好处？为什么近来医疗保险受到社会普遍关注？

2. **商业医疗保险** 什么是商业医疗保险？简要介绍几种商业医疗保险的保障方式。

3. **医疗保险提供者** 谁提供医疗保险？是工作单位吗？

4. **服务费用与管理式医疗方案** 对比分析商业医保中的服务费用方案与管理式医疗方案。

5. **HMO** 说明HMO是怎么运作的。这种医保方式的优缺点各有哪些？

6. **HMO与PPO** 在考虑到底是选择HMO还是PPO的时候，你会提哪些问题？

7. **PPO** 什么是定点医疗机构？它是怎么运作的？

8. **PPO收费** 对比分析PPO的收费折扣协议和日费率协议。

9. **持续医疗保障** 简述保护个人在雇用状态改变后可以继续享受医疗保障的两个联邦法规。

10. **灵活支出账户** 什么是灵活支出账户？为什么有的人在这个账户中保持一个最低存款额？

11. **医疗保险** 什么是政府的医疗保险？介绍它的板块A和板块B。

12. **医保处方法案** 简述医保处方法案的条款。

13. **补充性医疗保险** 什么是补充性医疗保险？

14. **医疗补助方案** 什么是医疗补助方案？什么样的人才符合医疗补助方案的要求？

15. **长期护理保险** 长期护理保险的目的是什

么？哪些因素影响它的保费？购买长期护理保险时要考虑哪些因素？

16. **医疗保险**　工作单位可能会提供哪几种类型的医疗保险？

17. **残疾收入保险**　残疾收入保险的目的是什么？为什么年轻人也要考虑购买残疾保险？

18. **残疾保险来源**　简要介绍残疾收入保险的几个来源。

19. **残疾保险条款**　简要介绍残疾收入保险的几个常见条款。

20. **平价医疗法案**　简述《平价医疗法案》的几个重要特点。

21. **健康储蓄账户**　什么是健康储蓄账户？它与灵活收入账户相比有什么优势？

22. **视力保险**　典型的视力保险提供哪些保障？为什么有的人会购买单独的视力保险？

23. **高免赔额保险方案**　什么是高免赔额保险方案？这类方案与 HSA 有什么关联？

24. **现有状况**　PPACA 怎样改变了保险公司对待现有状况不佳者的做法？

25. **医疗保险和财富**　医疗保险和残疾保险与你的财富有什么关系？

理财规划练习题

1. **PPO 费用**　PPO 有收费折扣安排。玛丽亚在医院的医疗费用总额为 20 000 美元，规定支付给医疗的比例是 70%，而玛丽亚与 PPO 的自付率是 20%。玛丽亚自己要付多少钱？

2. **止损条款**　皮特的医疗保险合同规定他要支付某种慢性病 30% 的相关治疗费用，保单中还有 35 000 美元的止损条款。如果皮特的总费用是 70 000 美元，他自己要承担多少？

3. **残疾保险**　克里斯蒂娜每月常规支出总额为 1 800 美元，其中 50 美元左右与工作有关。她的单位提供每月 500 美元的残疾保障。克里斯蒂娜自己还要买多少残疾保险？

4. **COBRA**　苏珊不久前刚刚从一家当地公司辞职，暂时还没有找到新的工作。她知道根据 COBRA，她还可以保留原来单位的医疗保险。如果她以前自己每月付 100 美元，单位补贴 350 美元的医疗保险费，她现在需要付多少钱？

5. **道德困境**　维拉是一位 85 岁的寡妇，当年从一家大公司退休。她的老东家不久前把给退休员工的医疗保险改成 HMO。维拉的膝盖有问题，要求转诊到一位整形外科医师。在做了 X 射线检查后，她的主治医生说她的膝盖问题其实不是很严重，还达不到要换假关节的程度，随后给她开了一张止痛药的处方。过了几周，维拉读到一篇报道，说她所在的 HMO 的医生因为出色的成本控制获得表彰。

（1）评价 HMO 因为控制成本对医生进行表彰的做法是否道德。

（2）维拉还有其他选择吗？

理财心理：你的医疗保险

1. 消费者在购买医疗或残疾保险时，总想尽可能地少花钱。然而，这个策略可能事与愿违，因为他们付出的代价与获得的保障成正比。你在购买医疗保险的时候是怎么样的？你是对具体的保障提出要求，还是直奔最便宜的保单？

2. 阅读一篇关于心理因素如何影响医疗保险购买的文章。你可以上网搜索关键词"心理"和"医疗保险购买"来检索相关文章。阅读后总结文章主要观点。

系列案例：辛普森一家

戴夫和莎伦·辛普森在评估他们办理的医疗和残疾收入保险。

辛普森一家的医疗保险是由一个健康维护组织提供的。最近，戴夫和莎伦听说了定点医疗机构的事，也在考虑是否应该转到一个PPO。听说PPO比HMO更贵之后，戴夫和莎伦就犹豫了，但还没有最终决定。戴夫和莎伦对他们现在HMO方案中安排的主治医生以及所有专科医生都非常认可。

戴夫和莎伦目前没有残疾收入保险，因为他们觉得自己不至于会残疾。根据第2章的资料，戴夫和莎伦每月的支出为3 400美元左右，而且都和工作无关。他们上个月的净现金流是600美元左右，但他们想把这笔钱存起来。戴夫的单位提供200美元的残疾收入保障。

辛普森一家不久前还听说了长期护理保险，不知道自己是不是需要购买这种保险。

1. 就医疗问题给辛普森一家提建议。你认为他们是否应该从现在的HMO转到一个PPO？为什么？
2. 你认为辛普森一家应该购买残疾保险吗？为什么？
3. 辛普森一家应该购买长期护理保险吗？为什么？

第 13 章 人寿保险

引导案例

　　玛丽亚辞职回家照顾她的宝宝。她离职后没多久，她的丈夫迪亚哥就在一次车祸中身亡。直到这时，玛丽亚才意识到 40 万美元的保险单对她来说有多重要。他们的第一个孩子出生后不久，一个当保险代理人的邻居上门了。他让夫妻俩认识到，因为迪亚哥是家里唯一的顶梁柱，所以他需要一份高额的保险，万一不幸身故可以给家人提供收入。这份保险要足够支持一家人的开销，直到孩子们上学，而玛丽亚重新找到工作。

　　没有人寿保险，一旦家里的劳动力死亡，有的家庭就再也不会有工作收入了。人寿保险可以为家庭成员提供经济保障。

本章学习目标

- 介绍人寿保险的背景知识
- 介绍几种现有的人寿保险
- 分析影响人寿保险需要的因素
- 介绍人寿保险保单的内容
- 讨论怎样选择人寿保险公司
- 说明怎样把人寿保险纳入理财规划

13.1　人寿保险的背景知识

　　人寿保险在保单持有人死亡后向特定的受益人给付保险金。这样，你可以在死后向特定的受益人提供经济支持。100 000 美元的保险意味着如果你死了，保单上的受益人可以得到100 000 美元。受益人收到的保险金无须纳税。

　　人寿保险由人寿保险公司提供，它们可以是独立企业或者是金融集团的子公司。许多提供银行和经纪服务的金融机构也会有一个提供人寿保险的子公司。你要定期（比如说每季度）缴纳人寿保险的保费。

13.1.1　人寿保险的职能

　　在决定要不要购买人寿保险或买多少人寿保险之前，你要考虑自己的财务目标。与人寿保险相关的最主要的财务目标莫过于向你的被抚养人提供经济支持。如果当家的人身故，人寿保险就对保护这个家庭的经济地位至关重要。它向这个家庭提供丧葬费用或医疗保险不承保的医疗开支。人寿保险也能在没有人赚钱养家的情况下，维持这个家庭未来的生活水平。此外，它可以帮助被抚养人偿还积累的债务。如果你是家里的经济来源，其他人靠你的收入过日子，你就需要人寿保险。

如果没有其他人靠你的收入生活，人寿保险就没那么必要了。比如说，你和配偶都有全职工作，而且配偶没有你的收入也能过得很好，人寿保险的重要性就不大了。如果你还是单身，自己吃饱全家不饿，就用不着买人寿保险了。

然而，许多没人要抚养的人依旧想给自己的继承人留下一笔钱。比如说，你可能想资助外甥读大学。如果你在外甥进大学之前就死了，人寿保险单就可以完成你未了的心愿。或者，你可能想赡养父母，如果是这样，你就把父母作为人寿保单上的受益人。你还可以办理一份人寿保险，把你最喜欢的慈善机构作为受益人。

每隔一段时间，都要重新思考一下当初的人寿保险决定。即使你决定现在不买人寿保险，以后可能会需要。如果你已经有一份人寿保险，未来也可能需要增加保额，以及增加或变更受益人。

13.1.2 人寿保险背后的心理因素

💬 **理财心理**

心理因素可能打消人们购买人寿保险的想法。人们更关注开心的事情，比如婚礼或度假，而不是死亡。这是自然而然的。所以，人们不想思考自己的死亡，因而总想拖延购买人寿保险的决策。此外，一旦决定购买人寿保险，就要定期缴纳保费，却不能马上得到什么利益或满足作为回报。人们宁愿把钱花在能够马上提供回报的产品或服务上。这种心理现象可以解释为什么全美国1/3的家庭没有任何人寿保险。事实上，美国还有一半的家庭承认他们的人寿保险金额是不足的。

为了克服这些障碍，家长们要想想如果自己死了，孩子们该怎么办。如果他们能正确面对死亡的可能性，并且购买了人寿保险，就会发现自己的付出确实得到了即时的回报：他们可以确保自己死后，子女能获得足够的经济支持。

虽然购买人寿保险的决策不像买衣服或股票那样让人兴奋，但它可能带来更多的回报。你要做的第一步就是先投入点时间，阅读这一章关于人寿保险的内容，然后决定是否考虑购买人寿保险，以保护你的挚爱在未来能丰衣足食。

13.1.3 人寿保险公司的职能

许多保险公司都能向你提供人寿保险。它们会向你介绍多种不同的人寿保险，帮助你确定哪种人寿保险最符合你的需要。它们也会帮你确定需要的保障金额。许多人买了人寿保险之后还能再活40年或更久，但还要指望人寿保险公司在他们死后提供保险利益。所以，这家保险公司保持良好的财务状况对保单持有人很重要。这样它才能一直存在并且在多年以后保单持有人死亡后，履行自己的合同义务。

13.1.4 申请人寿保险

要申请人寿保险，你要填写一份详细的申请表，包括你的病史和生活水平等信息，以确定你的资格和保费。如果你患有糖尿病或心脏病之类的慢性疾病，或者抽烟，保费就会更高。你可能会试图掩盖一些信息以少缴保费。作为保险申请程序的一部分，你多半要进行一次体检。通过体检和来自医疗信息局（一家保险公司共享的医疗信息中心）的信息，保险公司多半能查出你申请表中的不实信息。

即使你的申请侥幸过关，你的保险利益也可能被取消。保单是你和保险公司之间的一份法律合同，所以你一定要诚信。没有必要为了节省一点点保费，让人寿保险搞得你每天提心吊胆。

13.2 人寿保险的类型

虽然需要人寿保险的原因很明确，但可供选择的保单类型很多。其中最普遍的是定期寿险、终身寿险和两全寿险。

13.2.1 定期寿险

定期寿险是在一段时间内提供保障的人寿保险，这段时间的长度一般是 5 ～ 20 年。定期寿险没有现金价值，这表明保单不能被作为一项投资看待。它仅用于在被保险人死亡后向受益人提供保障。如果保单期限结束被保险人依然活着，保单在满期后失效，不再有任何价值。

我们举一个年轻的单身妈妈带三个孩子的例子。她打算给孩子们提供经济支持，直至她们大学毕业。虽然她的收入足够达成目标，她还想为自己的意外身故做好准备。她打算购买20 年期的保险。如果她在这段时间内身故，她的孩子就能得到保单中规定的给付。如果满期后她还活着，保险就失效了。即使有这样的限制，保单仍然能够实现它的目的，让她放心，因为她知道这段时间内孩子们可以得到足够的经济支持。等保险到期，孩子们已经可以自力更生了。

1. 定期寿险保费

保险公司可能要求保费每月、每季、每半年或每年一缴。如果不能按期支付保费，保单持有人可以有一段宽限期。如果宽限期满保费还是没有缴纳，保单就终结了。

2. 定期寿险保费的决定因素

定期寿险的年度保费会因各种原因而大相径庭。第一，保单期限越长，保险公司需要提供保障的期限越长，年度保费越高。

第二，保单持有人年龄越大，保费越高。年龄越大的人在特定期限内身故的可能性越大。图 13-1 给出了一个年度保费报价的例子（基于没有特殊病情的保单持有人）。不同保险公司的保费会有所差异，但大体的情况还是和这里描述的一样。请注意图 13-1 中 45 岁时的保费比 25 岁时的两倍还多。此外，60 岁时的保费比 45 岁时的四倍还多。

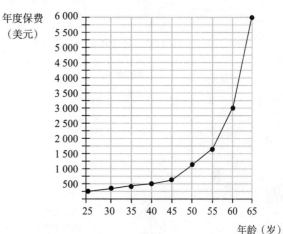

图 13-1 年度保险与年龄的关系（保额为 500 000 美元的不抽烟男性）

第三，保险金额（死亡后的保险利益）越高，保费越高。图 13-2 展示了两个不同保险金额对应的年度保费。请注意，500 000 美元保单的年度保费是 100 000 美元保单的两倍多。

第四，相同年龄条件下，男性的保费比女性要高。因为女性的预期寿命比男性长，所以相同年龄的男性比女性在保险期内死亡的可能性更大。图 13-3 展示了各个保险金额条件下男性和女性的年度保费报价的差异。一般来说，男性保费的报价比女性要高 10% ～ 25%。

第五，抽烟的人保费要比不抽烟的人高得多。图 13-4 展示了各个保险金额条件下抽烟者和不抽烟者的年度保费的差异。不管保险金额是多少，抽烟者的保费至少是不抽烟者的两倍。无论是什么年龄和性别的申请人，这个规律都是适用的。

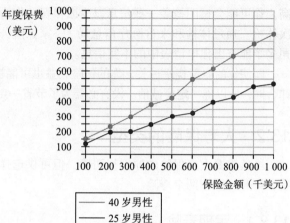

图 13-2　保险金额不同对保费的影响

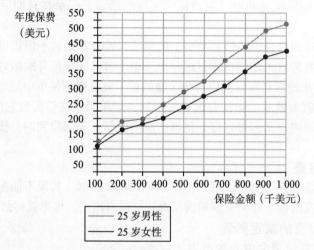

图 13-3　男性和女性年度保费的差异（25 岁不抽烟的男性和女性）

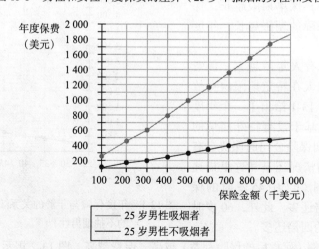

图 13-4　吸烟者和不吸烟者年度保费的差异（25 岁男性）

第六，家庭有病史的保单持有人的年度保费可能会更高。比如说，如果申请人的近亲在60 岁以前有人得糖尿病、心脏病或肾病，对他的年度保费报价可能会翻番。

定期寿险保费的金额取决于保险期内身故的可能性以及保险期限的长短。身故的可能性受到健康状况、年龄和性别的影响。同一个人办理不同保险公司的保险保费也会不一样。

3. 用因特网对定期寿险保费进行比价

有的寿险公司在它们的网站上提供定期寿险报价。你要先输入出生日期、所在州、保险金额、保险期限等信息，再回答一些关于健康方面的一般性问题。只要再过一分钟，就能收到报价。如果想知道保险金额与保费之间的变动关系，还可以试试调整保险金额。

你可以访问保险专业网站，或雅虎财经专栏，在搜索栏输入关键词"保险报价"，马上就能找到许多保险公司的报价。首先，它们会要求你提供前面讲过的一些信息，然后就会给你许多保险公司的定期寿险报价。你可以从中选择符合自己需要的保险公司，点击它的链接，你可以直接办理业务，或者得到一位保险公司业务代表的姓名电话。这类网站最大的价值在于它们可以帮你获得保险公司的报价，同时又不至于遭受推销轰炸。接下来，在筛选出备选保险公司之后，还可以和它的保险代理人进行一次面谈，然后再做决定。当然，对你选择的保险公司的财务健康状况也要有所了解。

4. 减额定期寿险

有一种常见定期寿险叫**减额定期寿险**（decreasing-term insurance），它的特点是受益人的保险利益会逐渐减少，但保费在保险期间是固定的。这种保险也受到许多家庭的欢迎，因为在刚开始保险的时候，被保家庭很需要保障，而它恰好提供了比较高的保险金额。随着时间的推移，这个家庭的储蓄逐渐积累，按揭贷款减少了，投资增加了，对寿险利益的需要也减少了。减额定期寿险有几种形式，有不同的保险期限和保额减少的速率。影响减额定期寿险保费的因素，与影响普通定期寿险的因素没什么不同。

5. 按揭寿险

按揭寿险（mortgage life insurance）在保单持有人身故后替他清偿按揭贷款。购买这种保险是为了确保这个家庭在主要赚钱的人死后不至于游离失所。按揭寿险是减额寿险的一种特殊形式。事实上，购买这种保险可以达到和减额寿险一样的目的，而且可能花钱还少一些。

6. 集体定期寿险

集体定期寿险（group term insurance）是向有着共同关系的一群人，比如同一个单位的职工，提供的定期寿险。集体定期寿险的保费通常比个人购买要便宜，因为它能享受团购折扣。有的公司把它作为一项福利，在办理集体定期寿险时，直接替员工缴纳保费。

13.2.2　终身寿险

终身寿险（whole life insurance）只要还能收到保费，就一直提供保险；保单持有人相当于把它作为一项储蓄。这样，它不仅仅在保单持有人身故后向受益人提供保险利益，而且提供了一种有现金价值的储蓄形式。因此，终身寿险有时也被称为现金价值寿险。

通常，保单的现金价值会被列入一张计划书。你的终身寿险保费金额是固定的，有两个用途：人寿保险和储蓄。保费的一部分支付保单的保险功能，所以你身故后受益人可以得到保险金给付。保费的剩余部分被用来投资，从而成为一种储蓄的形式，形成现金价值。如果你从中提取现金，累积的现金价值超过保费的部分是要纳税的。

你可以利用现金价值以一次性减额缴清的方式更改保单。新保单的身故保障金额取决于原保单中累积的现金价值。

1. 终身寿险保费

许多保单允许保费月缴、季缴或年缴。在缴费期限，每期的保费金额是固定的。在头几年，保费的一部分被用于准备可能支付给受益人的保险金，其余的被保险公司作为一种储蓄进行投资。如果保单持有人比较年轻，保单中作为储蓄的比重就会大一些，因为作为死亡准备金的部分可以相对少一点。过了一些年，保单中用于死亡准备金的比重增加，因为死亡的可能性增加了。由于保费金额是固定的，到最后几年就不足以支付必要的死亡准备金了。所以，保单现金价值中的一部分就被用于弥补保费的不足。

如果你不再支付终身寿险的保费，保险公司（会在你同意的情况下）会提取你的现金价值支付保费。

2. 终身寿险保费的决定因素

不同终身寿险保单的保费差别很大。由于终身寿险也提供死亡保障，所以年度保费的影响因素和定期寿险的情况相似。其中，特别重要的影响因素有性别、是否抽烟、是否超过60岁，以及保额高低。

3. 终身寿险形式

终身寿险有许多不同形式，所以你可以根据自己的需要安排保费支出。其中有一种叫**限期缴清保单**（limited payment policy），允许你在一段时间内支付所有保费，而保障延续终身。比如说，你可以在退休前把保费缴清，但退休后继续享受保障。如果你现在45岁，计划65岁退休，也就是说你需要支付20年的保费。这样，你每期要支付的保费会比终身缴费时多，但你的现金价值在缴费期间能迅速增长。到缴费期结束时，你的保单账户金额就足以支付未来的保费。

另外，终身寿险的设计可以是在保单生效后的最初几年向受益人提供较高的死亡保障。比如说，它可以规定前10年的保险金是300 000美元，而后10年只有100 000美元。这类保单特别适合有小孩的保单持有人。在孩子们还小，无法照顾自己的时候，保单能提供较高的保障。

4. 与定期寿险相比

终身寿险的保费远高于定期寿险。终身寿险与定期寿险相比，最大的优越性在于它不但提供可能的死亡保障，而且是一种长期储蓄。但是请注意，你也可以一边用较低的保费购买定期寿险，一边把省下来的钱存起来，按自己的意愿进行投资。

有的人喜欢终身寿险，因为这样做强迫他们把钱存起来。然而，它作为储蓄手段的效率是很低的。如果想追求保值增值，还不如养成强制储蓄的习惯，在银行账户中设置自动存款或投资。

到底是选择定期寿险还是终身寿险，取决于你的特定需要。如果你只是想用人寿保险为受益人提供死亡保障，定期寿险其实更适合。

如果你活到了定期寿险的保险期满，再办理一份新的定期寿险就要缴纳更高的年度保费。但是，终身寿险的基础保费是不会变的。尽管如此，要想满足人寿保险的需要，定期寿险通常是更便宜的选择。

案例 13-1

史蒂芬尼·斯普拉特和她的两个小外甥女关系很亲密。因为她们的家庭发生了变故，所以虽然史蒂芬尼现在的重点是积累自己的财富，但她仍然希望自己以后能资助她们上大学。她想买保额为100 000美元的人寿保险，以两个外甥女为受益人。她可以办理20年期的定期寿险，每年投入 120 美元，或者每年投入 500 美元办理终身寿险。

终身寿险的保费更高，但保单能积累现金价值。如果她每年花 120 美元办理定期寿险，她还可以把剩下来的钱自己投资。如果她选择和终身寿险差不多的投资渠道，她的资产增值速度可能会更快一些。终身寿险保单现金价值的投资回报率是很低的，因为有一部分保费要作为管理费用。所以，史蒂芬尼最终决定还是购买定期寿险。

13.2.3 两全保险

两全保险（universal life insurance）在一定的期限内为保单持有人提供保障，同时实现存款的积累。它是定期寿险和储蓄方案的组合。因为它允许保单持有人实现储蓄，所以也被归入有现金价值的人寿保险。

两全保险允许"定期附约"，所以你可以临时提高一段时间内的保障水平。比如说，如果你在未来五年需要额外的 100 000 美元保险金额，就可以购买相应金额的"定期附约"。

两全保险允许保单持有人改变保费金额。保费中用于死亡保障的部分是不变的，但如果保单持有人缴纳的金额超出这一金额，多余的部分就被用于投资，为保单持有人产生利息。

与终身寿险完全由保险公司决定怎么投资不同，虽然两全保险的投资仍然由保险公司实施，但保单持有人有几种不同投资策略可供选择。如果保单持有人不付保费，用于定期保险的那部分费用和管理费用都会从他们的储蓄方案中扣除。

万能寿险

两全保险中有一种被称为**万能寿险**（variable life insurance），它允许保单持有人把保费中扣除定期寿险的部分进行组合投资，就像共同基金一样。万能寿险与终身寿险的区别在于它允许保单持有人自己进行投资决策。

万能寿险的一大优势在于它给保单持有人提供了保费支付和现金价值投资方面的灵活性。但是，万能寿险的管理费用不低。如果你单纯购买定期寿险，把余款按自己的意愿进行其他形式的投资，也能达到相同的效果，还不需要支付万能寿险的高额管理费。

因为万能寿险的保单持有人可以选择把他们的储蓄计划投资于股市，所以在行情好的时候现金价值会大幅度上升。20 世纪 90 年代末，股票市场的牛市导致万能寿险一片红火。但是，2000 ～ 2002 年期间股市低迷，万能寿险的现金价值也大幅跳水。

13.3 确定保险金额

一旦你选定了最适合自己需要的险种，接下来就该确定保险金额了。确定自己到底需要多少人寿保险金，你可以采用收入法或预算法，现介绍如下。

13.3.1 收入法

收入法（income method）是以你的收入为基础确定你需要多少人寿保险的方法。这个方法一般把人寿保险金额设定为你年度收入的若干倍，比如年收入的 10 倍。比如说，如果你的年收入是 40 000 美元，收入法就认为你需要 400 000 美元的人寿保险。这个方法很容易使用。它的缺点是没有考虑你的年龄和家庭情况（包括你的家庭日常开支）。所以，不管有没有孩子的家庭，它的结论都一样。事实上，有孩子的家庭明显需要更多的保障，因为它们的支出更多。

👉 **案例 13-2**

特伦特一家每年赚 50 000 美元, 卡琳一家的年收入也是这么多。这两家人找了同一户卖保险的邻居进行咨询, 得到的答复是他们需要 10 倍年收入的保额。但是, 他们两家的经济状况完全不同。特伦特夫妇才三十多岁, 有两个很小的孩子。达伦·特伦特是家中唯一赚钱的人, 瑞塔·特伦特打算当几年全职主妇。他们还想要更多的孩子。他们有很多信用卡债务, 两辆车的贷款都没还清, 还有住房按揭贷款。50 000 美元的收入刚够应付日常开支, 几乎没有存款。他们在孩子身上超支了, 而且还打算继续这么做。他们想让孩子上私立大学, 还想以后换更大的房子。

卡琳夫妇没有孩子。他们都已经五十好几了, 平时做点兼职。他们有很多储蓄和充足的养老金, 所以现在就可以退休。他们的房贷已经还清了, 也没有其他债务。

他们的经济状况截然不同, 给他们的保障也应该有所不同。特伦特一家需要年收入更多倍的保障, 而卡琳一家则不需要这么多。有的保险代理人建议特伦特一家买 20 倍的年收入保险, 所以他们的保险金能达到 20 × \$50 000 = \$1 000 000。卡琳一家的倍数可以低得多, 比如 6 倍就够了。所以他们的保险金就是 6 × \$50 000 = \$300 000。

在上面这个案例中, 两个家庭的保险金额不同是因为被保险人身故后需要的资金不一样。但是, 这样的调整是有争议的, 提供的保障未必为最佳。所以, 即使它允许根据经济状况进行一定的调整, 收入法仍然有它的局限性。

13.3.2 预算法

还有一种方法是**预算法** (budget method)(也被称为**需要法** (needs method)), 通过分析你当前的经济状况和未来的支出, 计算你未来的家庭预算, 并以此为基础确定对保险的需要。用这种方法确定保险金额比收入法稍微麻烦一点。人寿保险最主要的目的是确保在当家人身故后, 这个家庭在经济上还能继续维持, 而不是找到一个替代性收入来源。预算法估算未来需要的资金量, 以确保保险金额是充足的。在确定经济需要时要考虑以下一些主要因素。

- **年度生活成本**。你需要足够的保险, 让家人在没有你的收入时也能丰衣足食。如果你们已经有孩子了, 未来的家庭支出也会增加。如果孩子还小, 他们在很长一段时间内都需要外来的经济支持。
- **特别未来支出**。如果你想资助子女上大学, 你在寿险保额中要加上这项费用。
- **债务**。如果你的家庭还有债务靠你偿还, 你要确保人寿保险金能还清积欠的信用卡债务和按揭贷款。
- **配偶的职业培训**。如果你的配偶缺乏足够的职业技能, 你需要更多的人寿保险金让他（她）接受职业培训。
- **现有储蓄**。如果你已经攒了不少钱, 你的家人可以提取利息或红利支付一部分日常开支。你们的家庭储蓄越多, 你需要的人寿保险金额越少。

👉 **案例 13-3**

你想购买一份人寿保险, 好在你不幸身故后的 20 年内, 配偶和两个孩子每年可以得到至少 30 000 美元的税前收入, 以支付生活开支 (不包括按揭贷款月供)。你现有的存款刚够支付丧葬费, 也没有预计未来会有什么非正常支出。

为了确定你的保险需要, 你现在必须估算承担未来家庭支出所需的保险金额。你可以使用第 3 章介绍过的货币时间价值理论, 算算现在需要多少钱才能在未来 20 年中每年提供 30 000 美元的年金。

　　首先，假设你的配偶可以用保险金进行投资，年化收益率至少达到 6%。其次，测算在利率为 6% 的条件下，连续 20 年，每年提供 30 000 美元的年金现值是多少钱（可以使用附录 C 中的表 C-4）：

$$需要的保险金 = 年金金额 \times PVIFA\,(i=6\%,\ n=20)$$
$$= \$30\,000 \times 11.47$$
$$= \$344\,100$$

　　根据关于你家庭的以下附加信息，你还可以对保险金额进行调整：

- **其他特别未来支出**。你还想让保险金额多 50 000 美元，好让两个孩子有钱读大学。虽然未来大学费用会上涨，但提前准备好的钱也会产生利息，所以到时候金额应该够了。
- **职业培训**。你还想再加 20 000 美元的保险金，好让配偶在你身故后能接受必要的职业培训。
- **债务**。你的按揭贷款余额还有 60 000 美元，没有信用卡欠款或其他债务。你还想增加人寿保险金，好在身故后可以清偿按揭贷款。所以，你还要再加 60 000 美元的保额。

　　把上述金额相加，你总共需要 474 100 美元的人寿保险。你可以把这个金额取个整数，要求保险公司按 475 000 美元或 500 000 美元给你报价。

1. 通过因特网确定你的保险金额

　　有的保险公司网站可以帮你计算受益人的需要，以便你确定必要的保险金额。它们要求你提供一些基本信息，比如你的债务总额、你希望身故后的家庭收入，以及收入持续的年限，甚至可能包括你想留给家庭成员的教育金。

2. 对需要测算的限制

　　使用预算法决定保险需要时，要记住你需要的金额还有许多不确定性。下面都是导致你低估所需保险金额的常见原因：

- 家庭成员中有人罹患重大疾病或残疾。
- 家庭的收入水平没有像预期的那样提高，甚至因为裁员而降低。在 2008 ～ 2009 年的金融危机中，许多人失业或者被迫减少了工作时间。雪上加霜的是，他们的投资也贬值了。于是，他们的收入就低于预期了。所以，在估算预期收入时，要把经济萧条考虑在内。
- 通货膨胀可能导致你低估某些需要的成本。比如说，你把住房纳入未来的需要，并且按现在的房价给它定价 120 000 美元。但是，10 ～ 20 年后，房价可能翻番了。如果你的保险金额中只为住房预留了 120 000 美元，那就买不起你希望的那种住房了。
- 你现在购买的保险可能要到许多年后才发挥作用。因为在你买保险到身故之间的这段时间内，你家又有了新的储蓄，到时候对保险金额的需要就没那么多了。但是，每年债务都在增加的家庭，就需要更多的保险金。一个家庭要关注自己负债水平的变化，以便更准确地估算所需的保险金额。

　　在你确定未来需要的时候，要认识到有些需要的价格在特定条件下会提高，所以要把这方面的不确定性考虑在内。比如说，在估算对住房和大学的需要时，要把房价和学费可能上涨的情况考虑在内。

　　高估未来的需要意味着你的保险利益会超出实际需要。低估未来的需要意味着你的保险不能满足实际需要，因此你的保险金不足以维持家庭的生活水平。所以，在考虑不确定性的问题时，宁滥勿缺。

3. 区分需要和梦想

在估算你的需要之前，先要区分什么是需要和什么是梦想。比方说，有对新婚夫妻现在还一无所有，但梦想当家的那个人能拿高薪，存很多钱。这样，他们可以在 55 岁时退休，在风景如画的山间小镇有一套大大的别墅。为了实现这个梦想，他们需要在 55 岁退休时攒大约 300 万美元。但是，如果当家的那个人不幸身故，夫妻俩的生活和憧憬都会发生天翻地覆的变化。如果两人不能一起生活，在风景如画的山间小镇有一套大别墅的梦想就不复存在。所以，要把人寿保险保障的生活需要和对未来的梦想区别开来。

为了指导一个家庭确认他们的需要，请遵循以下逻辑。首先，如果当家人不幸身故，确定为了这个家庭的生存和正常生活水平的维持有哪些必要条件要满足。这项工作可以帮你搞清楚需要的人寿保险金最低是多少。

其次，这个家庭可能会考虑在基本的保障之上再增加一些东西，比如子女上大学的费用。有一个显而易见的权衡：当家人死后需要的金额越高，人寿保险金就越多，人寿保险费也就越高。现在支付的人寿保险费越多，能用在其他地方的钱就越少。

一般来说，家庭在确定寿险需要的时候总要有所妥协。当家人可能希望家人的生活会比现在更好。但是，人们一般不会把人寿保险作为家庭中幸存者突然致富的手段。最理想的情况是，人寿保险仅仅是取代原先当家人的作用，继续为家庭成员的生活和人生目标的追求提供经济保障。

13.4 人寿保险保单的内容

一份寿险保单包括以下内容。

13.4.1 受益人

保单持有人身故后，指定的**受益人**（beneficiary）获得保险利益。在你指定保单的受益人时，要注意以下几个要点：首先，你可以规定多个受益人，并制定身故后利益的分配方案。你也可以指定一个有条件的受益人，规定他在主要受益人先你身故的情况下才能获得保险利益。你可以随时更换受益人，但在此之前，保险合同会照旧执行。如果你指定了受益人而不是把保险金纳入遗产，保险金会直接支付给受益人，而无须经历遗嘱认证，也避免了相关费用。

13.4.2 宽限期

保险单会规定一个宽限期，允许保费在到期后延迟缴纳。通常的宽限期是 30 天。

13.4.3 生存利益

有的终身寿险保单允许**生存利益**（living benefits）（也被称为**提前身故利益**（accelerated death benefits）），这使保单持有人在特殊条件下可以收到一部分身故利益，这些条件可能包括得绝症或对被保险人的长期护理。

13.4.4 不丧失价值条款

终身寿险的一个重要条款是**不丧失价值条款**（nonforfeiture clause），它允许你在终止保单时取得累积的现金价值。你可以选择领取现金，或者用这些钱以趸缴方式购买一个定期寿险。新保单的保障的大小取决于现金价值的高低。

13.4.5 贷款

你的保单现金价值积累到一定程度以后，你可以用这些钱贷款。这种贷款的利率一般比个人贷款利率要低，而且利息也会存回保单的现金价值中。

13.4.6 不可争日期

保单上会规定一个所有条款不再存有异议的日期。在这个日期以前，保险公司如果发现保单持有人提供的信息有误，是可以取消保单的。

13.4.7 续保选择权

续保选择权（renewability option）允许你在定期寿险的保险期满后重新续期（直至保单规定的年龄上限）。由于你的年龄增长，下一期的保费会比之前有所提高。此外，你健康状况的变化也可能引起保费的变动。续保选择权的优势在于你有续保的资格。如果没有这个权利，万一你的身体健康状况恶化，就有可能无法再续保。许多定期寿险都规定了续保选择权，也不再另行收费。你要确保自己选择的所有定期寿险中一定要有这个条款。

13.4.8 转换选择权

转换选择权（conversion option）允许你把定期寿险转换成终身寿险，让保障在你的有生之年一直延续。有转换选择权的保单会规定一个可转换期。在转换的时候，保费会增加，但以后就不会再变化了。

13.4.9 结算选择权

结算选择权（settlement options）指受益人在被保险人死后可以领取保险利益的方式。虽然可能存在一些本书没有讨论的特殊情况，但一般来说保险金是不纳税的。你购买人寿保险时，可以选择对受益人来说最合适的结算方式。到底哪种结算方式是合适的，取决于受益人的需要和其他特点。下面介绍了一些常见的结算方式。

1. 一次性领取

一次性领取（lump-sum settlement）指在被保险人死后，受益人一次性取得所有保险金。如果保险金额是 250 000 美元，受益人一次性就能得到 250 000 美元。这种结算方式适用于受益人有良好的自我约束，能够合理地动用这笔钱。但是，在大多数情况下，其他结算方式可能更为恰当。

2. 定期发放

保单持有人可以选择**定期发放**（installment payments settlement），这意味着受益人在若干年内可以源源不断地取得等额发放的给付。比如说，300 000 万美元的保险金如果不想一次性支付给受益人，可以在保单中规定，从保单持有人身故开始，受益人连续 10 年每年领取等额给付。通过分期发放，这种结算方式可以防止受益人一下子就把所有保险金都折腾光了。

3. 存本付息

保单持有人也可以选择**存本付息**（interest payments settlement）的方式，意思是受益人应得的保险金继续由保险公司托管一段时间。这笔钱在发放以前，它的利息按期支付给受益人。就像定期发放方式一样，这种方式也可以防止受益人毫无节制地乱花钱。

13.5　选择人寿保险公司

人寿保险公司各不相同。所以，在你选择人寿保险公司的时候需要货比三家。挑选的时候可以参考以下标准。

13.5.1　保单符合你的要求

虽然所有人寿保险公司都提供几个不同版本的定期寿险和终身寿险保单，但你要确保这家公司提供的保单中有一版符合你自己的要求。比如说，你可能想要一份可以定期发放保险金的 10 年期保单。

13.5.2　保费相对较低

在选择人寿保险的时候成本是一个重要的参考因素。在比较了多家保险公司的保费之后，选择相对来说比较便宜的那份。

13.5.3　公司财务稳健

如前所述，保单持有人期待寿险公司在他们死后保险公司依然存在，然后才能真正开展服务。如果保险公司都破产了，谁还能指望它们到时候支付保险金。这些公司的保单持有人白白支付了多年的寿险保费，却得不到应有的回报。所以，你在买保险之前要评估人寿保险公司的财务状况。

有的人认为专营人寿保险的公司比较安全，因为它们不会面对难以预测的医疗保险义务或责任保险索赔。比如说，你在一家兼营责任保险的小保险公司购买了人寿保险。它的一个客户发起诉讼，最后法庭判处向原告赔偿 5 000 万美元。结果，这家公司无力理赔，只好破产。当然，它以后也不可能再支付任何人寿保险金了。专营人寿保险的公司不会有这样的风险。未来必须支付的人寿保险金比可能发生的责任或医疗索赔更容易预测。

大多数人没有能力评判保险公司财务状况的好坏，他们依靠 A. M. Best、穆迪、标准普尔这类评级公司做出的评价。网站 http://www.insure.com 免费提供了许多保险公司的评级。买保险时只应找评级高的。

13.5.4　服务

确保保险公司向你提供你期待的服务。比如说，你可能希望保险公司提供方便的在线服务。如果你想当面讨论保单内容的修改，你可能应该选一家在住址不远处就有网点的保险公司。你可能希望和保险公司派来的代理人有共同语言。有的保险代理人在完成专业培训后取得了资格证书，比如注册寿险承保人（CLU）。但是要注意一点，虽然你的保单一直会属于某家保险公司，保险代理人可能明天就跳槽。你的保单不会跟着他走。

13.5.5　兼办其他保险

有的人寿保险公司提供所有的保险，包括责任保险和医疗保险。你可能想找一家保险公司可以同时提供这些其他类型的保险，当然前提是它符合上面提到的各项要求。在同一家保险公司办理多种保险不但更方便，而且保险费还可能打折。

13.6 怎样把人寿保险纳入你的理财规划

下列关于人寿保险的关键决策是你必须纳入理财规划的:

● 你需要人寿保险吗?

● 哪种人寿保险最适合你?

● 你计划未来办理多少钱的保险?

图 13-5 展示了史蒂芬尼·斯普拉特怎样把人寿保险决策纳入她的理财规划。

人寿保险规划的目标

1. 决定我是否需要购买人寿保险。

2. 如果需要,决定购买哪种人寿保险。

3. 考虑未来是否有必要增加人寿保险的保额。

分析

保险类别	利益	状态
定期寿险	向受益人提供保险利益	暂时不需要,因为还没有结婚,也没有孩子
终身寿险	向受益人提供保险利益,并且保单积累现金价值	暂时不需要
两全保险	向受益人提供保险利益,并且保单积累现金价值	暂时不需要

决策

1. 关于我是否需要人寿保险和险种选择的决策

　　我打算给两个外甥女购买定期寿险,万一我身故后可以供她们上大学。保险金额很少,每年保费不过 120 美元,相当于每月 10 美元。买这个人寿保险仅仅是为了保险,不需要现金价值。所以,定期寿险就很合适,用不着买终身寿险或两全保险。

2. 关于未来保险金额的决策

　　未来等我建立了自己的家庭,就会需要人寿保险的保障了。我希望万一身故,有足够的钱抚养我的孩子们长大,如有可能也解决他们读大学的费用。所以,如果我有一个孩子,就买一份 300 000 美元、20 年期的定期寿险。

图 13-5　人寿保险在史蒂芬尼·斯普拉特的理财规划中的应用

讨论题

1. 如果史蒂芬尼是一个带着两个孩子的单身妈妈,她的人寿保险决策会有什么不一样?

2. 如果史蒂芬尼现在已经 35 岁,年龄会对她的人寿保险决策产生怎样的影响? 50 岁呢?

小结

1. 人寿保险的职能

你需要人寿保险为抚养人提供经济支持。如果一个家庭的当家人身故,它可以保护这个家庭的经济状况。

2. 人寿保险的类型

人寿保险在保单持有人身故的情况下向受益人给付。定期寿险仅限于在保单持有人死后支付保险金,而终身寿险和两全保险还会把保费的一部分作为现金价值累积起来。正因为终身寿险和两全保险的一部分保费要投入储蓄计划和支付管理费，所以它们的保费要比终身寿险高得多。

3. 需要的人寿保险金额

你需要的人寿保险金额可以用收入法衡量，相当于用保险金取代你死后中断了的收入。还有一种更精确的衡量方法是预算法，它把诸如未来家庭的年度生活费用和现有债务之类的因素都考虑在内。

4. 人寿保险的保费成本

人寿保险的保费成本取决于保险金额、保单是否有现金价值，以及年龄和健康状况等个人因素。

5. 人寿保险条款

人寿保险的条款规定了保单持有人的权利和受益人领取保险金的方式。

6. 选择保险公司

在选择人寿保险公司的时候，可以考虑它是否提供你可能需要的其他保险，是否提供你想要的保险条款，并且在相同条件下保费也不算太高。最后，它的财务状况要十分稳健（可以长期经营）。

7. 怎样把人寿保险纳入你的理财规划

养家糊口本来就是你理财规划的一个部分。人寿保险可以在你死后继续为你的家人提供经济支持。所以，人寿保险可以帮助你实现理财规划。

复习题

1. **人寿保险目的** 人寿保险的目的是什么？你觉得是不是每个人都需要人寿保险？请说明原因。
2. **定期寿险** 什么是定期寿险？哪些因素决定定期寿险的保费？什么是减额定期寿险？
3. **按揭寿险** 什么是按揭寿险？按揭寿险划算吗？为什么？
4. **定期寿险选择** 简要说明定期寿险中有哪些内容可供选择。
5. **终身寿险** 什么是终身寿险？它能提供哪项定期寿险不能提供的利益？
6. **贷款条款** 解释终身寿险的不丧失价值条款和贷款条款。
7. **终身寿险保费** 为什么终身寿险的保费比定期寿险高？在购买定期寿险的同时怎样做才能达到与终身寿险相同的效果？
8. **两全保险** 什么是两全保险？它和定期寿险或终身寿险有什么不同？
9. **万能寿险** 什么是万能寿险？它有哪些优点和缺点？个人怎样免缴万能寿险的高昂保费？
10. **收入法** 说明怎样通过收入法确定需要的保险金额。这种方法有什么缺点？
11. **需要的人寿保险** 说明为什么对人寿保险的需要不能建立在家庭对未来的梦想的基础上。
12. **预算法** 说明怎样通过预算法确定需要的保险金额。在进行这项计算时要考虑哪些因素？
13. **影响保费的因素** 罗列并简要分析影响个人寿险保费的因素。
14. **因特网怎样推动保费报价** 解释因特网怎样推动人寿保险的购买。为什么许多客户喜欢这种方法？
15. **结算选择权** 什么是结算选择权？你会选择哪一种结算方式？
16. **一次性领取** 什么是一次性领取？哪种受益人在这种结算方式中受益最多？
17. **分期发放** 什么是分期发放？在什么情况下被保险人会选择这种结算方式？
18. **存本付息** 什么是存本付息？它和分期发放有什么不同？
19. **受益人** 什么是受益人？为什么你要定期审核保单的受益人？
20. **心理因素和人寿保险** 为什么有些人明知他们需要人寿保险，却迟迟不做决断？
21. **集体定期寿险** 什么是集体定期寿险？集体定期寿险有哪些优点？

22. **估算寿险需要的限制** 哪些因素使估算寿险需要变得非常困难？

23. **生存利益** 什么是生存利益？什么情况下保单持有人会启用它？

24. **转换选择权** 什么是转换选择权？这种选择权的好处是什么？

25. **保险公司的财务状况** 为什么你需要评估提供人寿保险的保险公司的财务状况？

理财规划练习题

1. **收入法** 南希是个带着两个十几岁孩子的寡妇。南希的月收入是3 000美元，税收占收入的30%。根据收入法，南希认为她需要购买的人寿保险金额应该是可支配收入的八倍左右。南希应该购买多少人寿保险？

2. **购买补充保险** 南希的单位给她买了相当于年总收入两倍的人寿保险。根据上题信息，她还需要购买多少补充保险？

3. **需要的保险金额** 皮特已婚，还有两个孩子。他想确保万一自己身故，家人能得到充足的人寿保险金。皮特的老婆是个家庭主妇，但是在大学修读非全日制的法律学位，总共需要约40 000美元以完成学业。因为孩子都还只有十几岁，皮特认为保险金只需要为家庭提供未来10年的收入保障。他还计算了家庭支出，每年大约是35 000美元。按揭贷款余额还有30 000美元。孩子出生后不久，皮特就为他们建立了大学教育基金，现在里面已经有足够他们上大学的资金了。假设皮特的妻子可以按8%的收益率将保险金投资，皮特需要买多少钱的保险？

4. **需要的保险金额** 马蒂和玛丽都有工作，按各自的收入共同承担家庭开支。其中，马蒂承担75%，而玛丽承担25%。眼下，他们每年的家庭开支是30 000美元。他们有三个孩子，最小的只有12岁。所以，他们想保证维持现有生活水平至少八年。他们觉得保险金的投资回报可以达到6%。除了支付日常开支，他们还想给每个孩子准备25 000美元上大学用。如果马蒂不幸身故，玛丽会回到学校接受非全日制的护士培训，培训费20 000美元。他们的住房按揭贷款还有55 000美元。他们应该给马蒂买多少钱的人寿保险呢？

5. **需要的保险金额** 根据上题信息，他们又应该给玛丽买多少钱的人寿保险呢？

6. **保险购买决策** 巴特是个大学生。因为他打算毕业后马上找工作，所以他觉得自己需要250 000美元的保险留给未来的妻子和孩子（他现在既没有结婚也没有孩子）。巴特在因特网上找到一个人寿保险报价，每年支付200美元的保费。作为一个大学生，这可不是一笔小数目。所以，他打算借钱支付保费。请就购买人寿保险的时机向巴特提出建议。

7. **道德困境** 史蒂夫大学毕业后不久，就办理了一份终身寿险，保额为10 000美元，到65岁时累积的现金价值相当于现在年收入的两倍。过了两年，史蒂夫结婚后，他又买了一份相同的保险。在他工作期间，每年支付280美元保费。他一直记得，当年保险代理人告诉他，每份保单的现金价值都相当于他年收入的两倍。

   史蒂夫在快到65岁的时候，从保管箱里把两份保单翻了出来，好汇总各项收入，规划退休方案。当他打开保单时，惊讶地发现第一份保单的现金价值只有17 000美元，而第二份只有15 000美元。两份保单的金额合起来只有他现在年收入的1/3，远少于当年保险代理人说的数字。

   （1）保险代理人当年没有向史蒂夫提示通货膨胀对保单价值可能造成的影响，这样做是否不道德？

   （2）就以第一份保单为例，史蒂夫如果把每年缴纳的280美元保费投资于共同基金，假设每年的回报率是8%，连续投资30年，他的收益会不会更高？

理财心理：你的人寿保险

1. 人们倾向于推迟购买人寿保险的决策。他们可能会辩解说现在还承担不起。他们不想牺牲其他的任何支出，好把钱省下来支付保费。你在购买人寿保险的时候是怎么想的？如果你还没有人寿保险，为什么？

2. 阅读一篇关于心理因素如何影响人寿保险购买的文章。你可以上网搜索关键词"心理"和"人寿保险购买"来检索相关文章。阅读后总结文章主要观点。

系列案例：辛普森一家

　　辛普森一家还有一项保险的需要：人寿保险。他们决定购买定期寿险。他们想给戴夫买保险，因为他才是家里主要赚钱的人。辛普森一家不知道该买多少钱的保险，但他们的目标是保障未来15年的日常开支。

　　还记得吗，戴夫的税后工资大概是40 000美元。所以他要求保险金未来15年每年向家人提供40 000美元。到这段时期结束时，孩子们都应该已经大学毕业了。戴夫还想再给莎伦增加330 000美元的保险金，好让她安度晚年。因为他们俩并没有为养老存多少钱。

1. 请计算能够连续15年，每年给辛普森一家提供40 000美元的保险利益的现值是多少。假设保险金的投资收益率是3%。

年金（美元）	40 000
年限（年）	15
年利率（%）	3
现值（美元）	

2. 在连续15年，每年提供40 000美元保险利益的基础上，再加上330 000美元保险金额，总共需要多少保险金额？

3. 根据上题算出的保险金额，结合戴夫现在的年龄（30岁），上网查询辛普森一家每年要缴纳多少保费。（可以上 http://www.insure.com 或在雅虎财经搜索"保险报价"。）

4. 戴夫·辛普森是个偶尔吸烟者。因为他不经常吸烟，所以他想在投保时隐瞒这个情况。你对此有何建议？

布莱德告诉你他想重新办理自己的车险。特别是，他想在保单中增加几项保障，比如未保险驾驶人保障与租车保障。布莱德现在30岁。他的驾驶记录中包括好几张超速罚单和两起交通事故（其中一起是他引发的）。他知道增加保障会提高保险的成本。所以，他想换一家更便宜的保险公司。

布莱德说他对现在就职的技术公司提供的HMO保险方案还是满意的。但是，他说他不喜欢每次想看专科门诊之前非得得到主治医生的批准。他告诉你他们公司也有PPO，但他对此知之甚少，所以没有选它。

布莱德在考虑到底是买定期寿险还是终身寿险。他喜欢终身寿险，因为他觉得保单中提到的贷款功能可以在他需要流动性的时候带给他更多的选择。

1. 根据布莱德对车险的决策，试对下列事项做出评论：

（1）他打算给车险增加新的保障项目；

（2）与车险新增的保障项目相关的成本；

（3）调换到一家廉价保险公司可能导致的任何不良后果；

（4）在调换保险公司前要考虑的任何其他因素。

2. 告诉布莱德PPO能给他带来哪些好处。如果他真想转换到一家PPO，布莱德需要知道哪些负面因素？回答问题时，请结合前面各单元提供的布莱德的现金流状况。

3. 关于布莱德的人寿保险决策，试对下列事项做出评论：

（1）他对人寿保险的需要。

（2）如果你觉得他需要人寿保险，终身寿险是他的最佳选择吗？

（3）他想利用终身寿险保单的贷款功能，把它作为维持流动性的手段。

P
第五部分
PART 5

个 人 投 资

本部分各章介绍各种投资的方式，怎样评估投资，以及怎样选择投资方式。第 14 章介绍投资的背景知识；第 15 章说明怎样挑选股票；第 16 章关注债券投资；第 17 章共同基金分析了证券投资组合相对单一股票或债券投资的优劣；最后，第 18 章强调了分散投资的重要性。关于是否投资，投资多少，以及怎样投资的决策会影响你的现金流和财富。

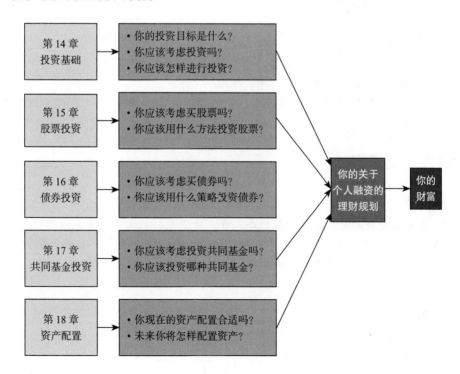

第 14 章 投资基础	• 你的投资目标是什么？ • 你应该考虑投资吗？ • 你应该怎样进行投资？
第 15 章 股票投资	• 你应该考虑买股票吗？ • 你应该用什么方法投资股票？
第 16 章 债券投资	• 你应该考虑买债券吗？ • 你应该用什么策略投资债券？
第 17 章 共同基金投资	• 你应该考虑投资共同基金吗？ • 你应该投资哪种共同基金？
第 18 章 资产配置	• 你现在的资产配置合适吗？ • 未来你将怎样配置资产？

你的关于个人融资的理财规划 → 你的财富

第14章 投资基础

引导案例

安妮塔是个有耐心的投资者。2002 年，她投资 3 000 美元购买了一些知名公司的股票。到 2016 年，她的原始投资已经升值到 10 000 美元。

同一时间，丽莎也投资 3 000 美元购买 Zyko 公司的股票，因为该公司宣称它开发的新技术将改变世界。丽莎希望她的投资回报能超过购买老牌公司的股票。然而，Zyko 公司的技术失败了。2016 年，Zyko 公司破产，丽莎的股票也成了废纸。

这些案例说明相同的投资方式会带来完全不同的结果。就如同你在本章中要学到的，投资方式有许多种，它们的风险和回报各不相同。你对投资的分析能力有助于提高你的投资回报和资产净值。

本章学习目标

- 介绍个人投资者可以采用的常见投资方式
- 说明怎样衡量投资回报
- 指出投资风险
- 说明投资回报和风险的权衡
- 分析投资时应规避的常见错误
- 探讨怎样把个人投资纳入你的理财规划

14.1　投资方式

🧠 理财心理

在开始投资以前，先看看你的个人资产负债表。如果你还有未清偿的贷款，应该先把它还清再考虑任何投资。有的人有一种强烈的心理冲动，要在欠着贷款的同时开展投资。然而，就像下面这个例子中所说的那样，这种行为可能让你欲速则不达。

👉 案例 14-1

杰瑞德刚刚如愿以偿地收到 10 000 美元的奖金。他现在还有 10 000 美元的汽车贷款，利率是 8%。如果他用这笔钱把贷款还清，他就再也不用付月供了。然而，杰瑞德希望用它赚更多的钱，而不是还清贷款。他想用这 10 000 美元进行一次高风险的投资，如果成功的话明年就能大幅升值，否则就会变得一文不值。在接下来的几个月，局势变得非常不利，他的投资最终打了水漂。结果，杰瑞德不但血本无归，而且还要继续归还 10 000 美元的欠款。杰瑞德似乎只是一个投资失败的受害者，但真相是他的投资完全是一场赌博：他选择无视投资可能失败的信息，因为他相信运气在他那一边。

在许多案例中，资金的最佳利用方式是在开展投资前先把债务还清，尤其是当这些贷款的利率和预期的投资回报率一样高，甚至更高时。假设没有需要偿还的债务，你可以考虑可行的投资方案。你要优先保证充分的流动性。为了满足流动性需要，你可以把钱存入金融机构或者投资定期存单之类的货币市场证券。因为这些投资方式的主要功能是提供流动性，它们的回报率相对来说比较低。如果你在满足了流动性需要之后还有余钱，还有多种投资方式可以考虑。

14.1.1　货币市场证券

还记得第 6 章介绍过的几种货币市场证券吧，包括定期存单、货币市场存款账户，以及货币市场基金等。大多数货币市场证券提供利息收入。即使你的流动性需要已经得到满足，你也可以投资于这些证券以控制风险。但是，你也可以考虑一些一般来说收益率更高、风险也更大的证券。

14.1.2　股票

就像第 2 章中介绍过的，股票是代表企业部分产权的金融工具。传统上，股票以证券的形式发行，投资者会得到一张代表他拥有份额的证券。但是今天，股票往往以记账的方式发行，投资者只会收到一条声明，表明他们拥有某家特定公司的多少股份。股票投资者成为公司的股东。企业发行股票以筹资，用于扩大经营规模。投资者投资股票是因为他们相信这样做的回报比其他投资方式更高。因为股票是一种很普遍的个人投资方式，这在第 15 章中会详细展开。

1. 普通股和优先股

股票可以分成普通股和优先股。**普通股**（common stock）是一种企业为筹资发行的金融工具，代表对企业的部分所有权。持有普通股的个人通常在企业进行整体出售等关键决策的时候拥有投票权。他们选举出董事会，由他们负责确保企业的管理层为股东利益服务。**优先股**（preferred stock）也是一种企业为筹资发行的金融工具，在分红时给予股东（先于普通股股东的）优先权。公司发行普通股的次数多于优先股。优先股的价格不像普通股那样起伏不定，所以增值的潜力也有限。因此，追求高收益的投资者通常投资普通股。

2. 股票的一级市场和二级市场

股票可以在一级市场和二级市场进行交易。**一级市场**（primary market）是新发行股票交易的市场。公司可以通过在一级市场发行股票筹集资金。公司第一次向公众发行股票被称为**首次公开发行**（initial public offering，IPO）。**二级市场**（secondary market）允许投资者随时出售持有的股票，从而实现已经上市证券的交易。这些股票被希望投资这些股票的其他投资者购买。这样，即使公司不再发行新的股份，投资者也能通过在二级市场购买股票取得公司的股份。一个正常的交易日，任何大公司都有数以百万计的股票在二级市场上交易。这些股票的价格每天都随供需的变化而波动。

3. 投资者的类型

股票投资者可以分为机构投资者和个人投资者。**机构投资者**（institutional investors）指金融机构雇用的专业人士，他们的责任就是为客户进行资金管理。他们努力选择可以提供合理投资回报的股票或其他证券。负责做出投资决策的金融机构雇员被称为**投资经理**（portfolio managers），因为他们管理证券（包括股票）投资组合。金融市场中的一大半交易是由机构投资者实施的。

个人投资者（individual investors）通常把他们工作收入的一部分拿来投资。就像机构投资者一样，他们也投资股票以期获得一个合理的回报。这样，他们的钱就会逐渐增加，到了需要的时候就有更多钱可用。个人投资者的人数在 2008 ~ 2009 年金融危机以前有了大幅增长，随后就减少了。大体上，65% 的美国人在 2007 年持有股票，而这个比例到 2013 年只剩下 52%。

许多个人投资者持有股票的时间超过一年，但有许多被称为“**当日交易者**”（day traders）的个人投资者当天买入股票后，在当天就卖出。他们希望利用证券价格的小幅波动赚钱。在许多情况下，他们的投资周期只有几分钟。许多当日交易者把他们的投资视为一项事业，就靠投资收益作为他们的主要收入来源。这种投资方式风险非常高，因为即使是经营最好的公司股价也经常下跌。对于大多数投资者来说，当日交易并不是个好方法。

除了获得股息，如果股价在卖出时上涨了，股东也能赚到一笔。公司的市值是已经发行的股票份数乘以股价。每股的价格等于公司市值除以已发行股票的份数。所以，如果公司的市值是 6 亿美元，发行了 1 000 万股价，每股的价值就是：

$$每股价值 = 公司市值 \div 发行股数$$
$$= \$600\,000\,000 \div 10\,000\,000$$
$$= \$60$$

股票的市场价格取决于愿意购买该股票的投资者人数（对股票的需求）和持有但是想卖出该股票的投资者人数（对可售股票的供给）。股票的价格没有上限。对股票的需求和对可售股票的供给受到该公司经营业绩的影响，主要通过盈利和其他指标来衡量。当企业经营状况良好时，投资者更想要它的股票；此外，持有它股票的投资者却不愿意出售。这导致对这只股票需求的增加和可供出售的股票数量减少，于是股价就上涨了。

相反，当公司经营得不好时（盈利减少或为负），它的市值就会下跌。对它股票的需求也会下跌。此外，一些持有该股票的投资者决定抛售手头的股份，从而增加可售股票的供给，导致股价下跌。公司经营的业绩的好坏取决于管理的好坏。

当投资者投资于一家管理良好的企业时，他们可以获益。因为通常公司的盈利会增长，股价也一样。在这些条件下，投资者会产生资本利得，也就是买卖差价。相反，管理得不好的公司盈利会低于预期，导致股价下跌。

14.1.3 债券

第 2 章中介绍过，债券是政府或企业发行的长期债务证券。国债是财政部发行，由政府担保的债券。企业债则是由企业发行的债券。

14.1.4 共同基金

第 2 章中介绍过，共同基金向个人出售份额，用筹集到的资金进行组合投资，包括债券和股票。它们由专业的投资经理管理。对于资金有限但希望实现分散投资的投资者来说，它们是很有吸引力的。由于股票型基金通常会投资许多不同的股票，它使仅有 500 美元的投资者也能实现充分的分散投资。可供选择的共同基金也是数以千计。

可交易指数

想实现分散投资的股票投资者还有一个选择，那就是**可交易指数**（public traded stock indexes），这种证券的价格波动与反映特定股票价格构成的股票指数保持一致。这些指数也被称为交易型开放式指数基金（ETF），因为它们也可以像个股一样在股票交易所交易。

许多研究表明，即使是精明的投资者（比如金融机构那些拿高薪的投资经理），操作业绩也常常比不上各种股票指数的平均水平。所以，对指数进行投资，个人投资者至少可以保证业绩能达到该指数的水平。

最主要的可交易指数之一是追踪标准普尔 500 综合指数的标准普尔预托证券，俗称"蜘蛛"。标准普尔 500 蜘蛛基金是以标准普尔 500 指数为样本的一个股票篮子，在纽约证券交易所交易。还有盯住其他股票指数的指数基金。你可以通过经纪人购买蜘蛛基金，就像购买股票一样。如果投资者期待标准普尔 500 代表的美国股票走势强劲，他们购买标准普尔蜘蛛基金就能实现财富增长。蜘蛛基金给投资者带来收益的方式不仅仅是股价升值，还有以新增份额的形式发放红利。蜘蛛基金发放红股时不收取交易费用。

投资者可以投资代表特定板块或特定市场的指数。有许多指数代表某个特定板块，比如因特网、能源、技术和金融板块等。因为指数代表的是多只股票，所以指数投资也能实现一定程度上的分散投资。

14.1.5　不动产

不动产投资的方式之一是购买住房。住房的价格会变化，主要是反映供需特点。当你所在的地区对住房的需求增加时，房价上涨。住房的收益是很难计量的，因为你还要算上融资、房产中介佣金和它对税负的影响。但简单地说来是这样的：对于投资住房的特定金额，你的收益取决于在你拥有期间它的价格变动，以及最初购房时缴纳的首付款。如果你购房时的首付款很少，收益率就高。因为房价也可能会下跌，所以你的投资也有亏损的可能。如果你急着把它卖出去，你可能要降价以吸引潜在购房者，你的投资回报也就会减少。

你还可以用购买出租房和土地的方式投资不动产。土地的价格也取决于供求。由于美国沿海人口密集区的未开发土地很少，因而沿岸的土地价格就很贵。

14.2　投资收益

当人们开展投资时，他们通过收益高低衡量投资的成败。下面介绍各种投资产生收益的方式。

14.2.1　股票投资收益

股票可以通过分红和股价上涨的方式创造收益。有的公司每季度把利润以红利的形式发放给投资者，而不是把它们投入企业经营。它们努力保持每次分红的金额大体相等，但偶尔也会给人一点惊喜。它们难得减少红利，除非遭遇经营困难，无力照常发放。每年支付的红利一般相当于股票价格的 1%～3%。

公司之所以会把利润作为红利发放，而不是把它用于再投资以实现增长，可能与它面临的发展机会有关。一般来说，高分红的公司往往是那些老牌企业，没有什么发展前景。相反，不怎么分红的都是有更多发展机会的新兴企业。有良好发展前景的公司的股票被称为"**成长型股票**"（growth stocks）。对这些新兴企业进行投资有可能获得惊人的收益，因为它们的潜力还没有完全释放。与此同时，对这些企业的投资也面临很高的不确定性，因为与成熟企业相比，新企业失败或业绩滑坡的可能性更大。

公司发放的红利越多，它的股票价格上升的潜力越小。一家企业把很大一部分利润以红利的形式发放给投资者，也会限制它的发展潜力和升值潜力（以及股价）。定期以红利形式向投资者提供收益的股票也被称为"**收益型股票**"（income stocks）。

14.2.2　债券投资收益

债券以票息支付和债券升值的形式为投资者创造收益。它们定期支付利息（票息），所以每年创造的利息收入是固定的。所以，如果投资者想要每年的投资获得稳定的收益，债券就是很好的选择。

债券的价格过一段时间可能会上涨，所以如果投资者出售它们的价格超过购买时的价格，也能让投资者享受资本利得。但是，债券的价格也可能下跌，从而让投资者遭受资本损失。即使是国债，有的时候也会贬值。关于债券将在第 16 章详细介绍。

14.2.3　共同基金投资收益

共同基金投资组合中的票息和红利也会转化为投资人的收益。由于共同基金代表一个证券投资组合，它的价值反映这些证券的价值变化。所以，投资人购买共同基金份额时的价格也在不断变化。共同基金可以带给投资人资本利得，因为投资人出售共同基金份额时的价格可能高于当初购买时的价格。然而，共同基金份额的价格也可能下跌，从而导致资本损失。关于共同基金将在第 17 章详细介绍。

14.2.4　不动产投资收益

可供出租的不动产（例如办公楼和公寓房）产生收益的主要方式是租金。此外，如果业主出售物业时的价格高于购买时的价格，还有资本利得。或者，如果他们出售物业时的价格比购买时的低，还会遭受资本损失。

土地的价格变动反映不动产的开发状况。许多人可能会购买土地作为一项投资，希望他们可以在未来以更高的价格把它卖出去。

14.2.5　衡量你的投资收益

不产生定期收入（比如红利或票息）的投资，收益（R）可以表达为从购买时（$t-1$ 时间）到出售时（t 时间）价格（P）变动的百分比：

$$R = \frac{P_t - P_{t-1}}{P_{t-1}}$$

比如说，你花了 1 000 美元投资，一年后把它卖了 1 100 美元，你的收益就是：

$$R = \frac{\$1100 - \$1000}{\$1000}$$
$$= 0.1 \text{ 或 } 10\%$$

1. 加上红利或票息

如果在这段时间内你还有红利或票息收入,你的收益还会更高一些。如果是短期,比如一年或一年以下,计算包含红利或利息的证券收益率可以用调整后的公式。把红利或票息的金额加到分子中即可。股票投资的收益就等于你收到的所有红利或票息以及这段时期投资价值的变动额。对于支付红利的股票,收益是:

$$R = \frac{(P_t - P_{t-1}) + D}{P_{t-1}}$$

式中,R 表示收益率;P_{t-1} 是投资时的股票价格;P_t 是投资期结束时的股票价格;D 表示投资期间获得的红利。

案例 14-2

一年前你购买了 100 股 Wax 公司的股票,每股价格 50 美元。在这一年里,公司业绩喜人,所以发放了每股 1 美元的红利。一年后,你以每股 58 美元的价格把股票卖了。你的投资收益是:

$$R = \frac{(P_t - P_{t-1}) + D}{P_{t-1}}$$

$$= \frac{(\$58 - \$50) + 1}{\$50}$$

$$= 0.18 \text{ 或 } 18\%$$

2. 收益的不同税率

在计税时,利息或债券的票息收入被视为一般收入。另外,在购买后一年及一年内出售的投资对象产生的资本利得也要按一般收入税率纳税。而对持有一年以上才出售的投资对象产生的资本利得征收的是资本利得税。由于对短期和长期资本利得征收的税率不同,有的投资者持有投资对象超过一年就能获得更多的税后收益。

案例 14-3

如案例 14-2,你购买了 100 股 Wax 公司的股票,366 天(一年加一天)以后才把它们出售。因为你持有这些股票超过一年,你的资本利得就从短期变成了长期(大多数纳税人现在对应的税率是 15%)。假设你现在的边际税率(适用于任何额外的一般收入)是 35%。在案例 14-2 的情况下,征税时适用短期资本利得,如表 14-1 第二列所示;而适用长期资本利得的纳税如表 14-1 第三列所示。对红利征税的情况如下所示:

$$\text{分红纳税} = \text{红利金额} \times \text{红利税率}$$
$$= \$100 \times 0.15$$
$$= \$15$$

针对资本利得的纳税取决于它属于长期还是短期。短期资本利得的税负是:

$$\text{短期资本利得纳税} = \text{短期资本利得金额} \times \text{边际所得税率}$$
$$= \$800 \times 0.35$$
$$= \$280$$

长期资本利得的税负是:

$$\text{长期资本利得纳税} = \text{长期资本利得金额} \times \text{长期资本利得税率}$$
$$= \$800 \times 0.15$$
$$= \$120$$

长期资本利得的税负比短期资本利得少 160 美元。所以，只要多持有股票一天，你的税后收入就增加了 160 美元。未来会有一些措施增加某些纳税人的长期资本利得的税率，但即使如此，它还是会低于针对短期资本利得的税率。所以，即便以后税率变化了，这个按长期和短期纳税的案例仍然很有意义，因为税率还是会影响你到底持有投资对象多长时间。

表 14-1　比较短期和长期资本利得的税负效果 （单位：美元）

	持股一年	持股一年以上
红利	100	100
短期资本利得	800	0
长期资本利得	0	800
总收入	900	900
红利税（15%）	15	15
短期资本利得税（35%）	280	0
长期资本利得税（15%）	0	120
税负总额	295	135
税后收入	605	765

14.2.6　收益怎样影响你的财富

如果投资带给你收入，这些收入中被你储蓄起来的任何部分都会增加你资产的价值。比如说，如果你这个月收到持有的债券产生的 100 美元票息，然后把这笔钱存入你的储蓄账户，你的资产就增加了 100 美元。如果你的投资增加而负债不变，你的财富就在增加。

你到底能积累多少财富一定程度上取决于你的投资决策。根据你对投资收益率的预期，你可以估测财富增长的金额。

👉 **案例 14-4**

史蒂芬尼·斯普拉特想在今年年底投资 4 000 美元。如果她的投资每年增值 6%,10 年后投资将变成 7 163 美元。如果她每年的投资收益率为 10%，这笔投资的价值 10 年后会变成 10 375 美元。收益率越高，投资的终值系数越高，到时候累积的金额越大。

如果你能保持每年都向股市投资，这些年度投资的终值就可以用年金来计算。

👉 **案例 14-5**

史蒂芬尼·斯普拉特相信自己可以连续 10 年每年年末都在股市投资 4 000 美元。如果她期待投资每年增值 10%，她可以使用 10 年期利率为 10% 的年金终值系数，即 15.937（参见附录 C 表 C-3）。根据她每年的投资额 4 000 美元和年金终值系数（$FVIFA$），她可以积累：

$$股票投资年金终值 = 每年投资 \times FVIFA_{i,n}$$
$$= \$4\,000 \times 15.937$$
$$= \$63\,748$$

如果史蒂芬尼投资每年增值 5%，$FVIFA$ 就是 12.578，10 年后她的投资价值就是：

$$股票投资年金终值 = 每年投资 \times FVIFA_{i,n}$$
$$= \$4\,000 \times 12.578$$
$$= \$50\,312$$

请注意，史蒂芬尼的财富对投资的收益率非常敏感。与投资每年增值 5% 相比，增值 10% 使她多积累了 13 436 美元。

14.3 投资风险

投资的风险来自收益的不确定性。股票投资的收益无法确定，是因为它未来的分红没有保障，未来（你出售股票时）的价格也不确定。你从债券中获得的收益无法确定，是因为它未来的票息支付没有保障，未来（你出售债券时）的价格也不确定。你投资股票型共同基金的收益也无法确定，同样是因为它未来的分红没有保障，以及未来你想出售共同基金时它持有的股票的价格是不确定的。你投资不动产的收益还是无法确定，因为你准备出售时它的价值无法确定。第 15 章、第 16 章、第 17 章分别讨论了与股票、债券和共同基金相关的风险。

14.3.1 风险说明

💮 **理财心理**

如果投资者在赌场赌博，他们知道自己可能会输钱，因为不管在哪里下注都有不确定性。他们下注的时候可以押在偏门，即获胜机会很少的选项。如果押对了，就大赚一笔。但如果没押对，钱就打水漂了。在赌博中大发横财会带给他们一种特殊的满足感，哪怕赢钱的可能性非常之小。

有些类型的投资和赌博很相似，在最理想的条件下可以获得高回报，但如果条件不那么理想，结果就会很糟糕。就像赌博一样，这类投资也令许多投资者趋之若鹜，因为一夜暴富的前景很能打动人。但是，许多投资者在追逐投资潜在的高回报时，却无视它蕴含的风险。

👉 **案例 14-6**

你有 5 000 美元，准备用来进行为期一年的投资。你想用它投资一家生产智能手机的企业。在以下理想的情况下，你希望这项投资能获得 15% 的回报：

- 公司总裁保持身体健康；
- 关键员工不跳槽；
- 明年公司能开发一款受到消费者追捧的新机型。

这三项理想条件都有不确定性，因为没有什么能保证这些理想条件一定出现。如果公司总裁生病了，公司会群龙无首，导致经营混乱；如果公司的关键员工决定跳槽，公司运转就会出问题；如果公司开发的机型不能吸引消费者，公司销售额就会很低，业绩会很差。

总之，这些理想条件中有任何一项不能满足，公司的业绩会比你预想中的差很多，投资回报也会远远低于预期。所以，这些条件本身的不确定性导致你对公司投资回报的不确定性。事实上，有些不利条件可能会让企业经营状况变得一塌糊涂。在这种情况下，你的投资收益可能会是负的，所以一年后你拥有的钱通常还不如开始的时候多，甚至整个投资有去无回。影响你投资收益的那些条件面临的不确定性越多，你的投资收益达不到预期的风险越大。虽然不可能预测所有条件的变化，但至少要知道有哪些不利条件一旦出现会给投资造成损失。

14.3.2 经济环境不确定性导致的风险

导致投资收益具有不确定性的关键原因之一是经济环境的不确定性对投资业绩的影响。投资的终值取决于投资者的需求。当经济环境良好的时候，投资者的收入水平高，企业的利润水平高，对大多数投资都有旺盛的需求；当经济萧条的时候，投资者的收入水平低，企业的利润水平低，对大多数投资的需求疲软。然而，未来的经济环境是不确定的，所以很难预测对各种投资的需求，以及这些投资的终值。

要领会投资价值对经济的敏感性，可以用 2005～2009 年这段时间来说明，因为这一时期包含两个极端的经济阶段。2005～2007 年，经济非常繁荣。有些金融机构想从火爆的住房市场获利，就向因为收入不足或信用记录不佳，本来是不合格的申请人发放按揭贷款。由于经济十分繁荣，金融机构以为这些申请人有能力获得足够的收入来偿还贷款。新建住房规模也大幅度扩大，创造出新的就业岗位，进一步刺激经济增长。对房地产的旺盛需求导致房价上涨，也给房地产投资带来高收益。经济持续强势运行，而且因为消费者把他们的高收入用于购买商品和服务，给企业带来了高额的销售与利润。因此，企业的价值提高，带动了它们的股价上涨。股票的投资者也因此获益匪浅。

可是好景不长，2008～2009 年，经济变得十分萧条。许多实际条件不合格但也被发放了按揭贷款的人无力再偿还月供。业主无力继续供房的情况引发了金融危机。当时，住房出售的供给暴增而求购者寥寥，迫使业主降价抛售以吸引购买者，从而导致房价崩盘。有的地方房价比 2007 年跌掉一半多。所以，2006 年或 2007 年购房的大多数业主蒙受了巨大损失。

许多在 2007 年购买了住房或办公楼，又在 2009 年把它们抛售的不动产投资者损失惨重。这次金融危机不仅仅影响了房地产市场，也涉及许多其他投资领域。由于住房市场上有大量房产待售，对新建住房的需求消失。随着住房开发骤然停止，从事住房开发行业大量建筑工作的人们也失业了。人们失业以后就不再有收入，他们的支出也大幅缩水。于是，依靠高消费才能保持繁荣的企业也经历了销售和利润的跳水。

许多公司在 2008～2009 年的金融危机中破产，包括环城百货和雷曼兄弟。购买这些公司股票的投资者血本无归。即使是一些长期保持业绩良好的企业也在劫难逃。许多知名公司的股票或债券价格在短短几个月到一年的时间内跌幅达到 10% 以上的不稀奇。在危机期间，许多知名企业的股票价格跌幅一度超过 40%。

小公司的股票和债券风险更高，因为它们的业绩水平常常会经历大起大落。有些公司的表现则更为稳健，业绩不会下滑得太厉害。尽管如此，有的投资者追求的是高增长，所以他们对风险的承受能力更强。在你选择投资对象以前，一定要先对风险进行评估。

14.3.3 衡量投资风险

投资者衡量投资的风险，以确定未来收益的不确定程度。衡量投资风险的两个最常用方法是收益的范围和标准差。这些方法适用于持续公开报价的投资对象，现说明如下。

1. 收益范围

通过汇总某项特定投资一段时间内的每月收益，你可以确定它的**收益范围**（range of returns），从最小（通常是负值）到最大收益。比较两个投资项目去年的收益，一个从 0.2% 到 1.4%，另一个从 −3.0% 到 4.3%。前一个的风险比较小，因为它的收益范围很小，所以比较稳定。收益范围大的投资风险更高，因为它们的价格遭受大幅贬值的可能性更大。

2. 收益标准差

另一种风险衡量的方法是股票每月收益的**标准差**（standard deviation），它衡量的是股票持续收益的发散性程度。标准差很大表示不同时期收益偏离中值的幅度很大。收益的发散性越强，在特定时期股价明显偏离中值的机会越大。所以，标准差很大的投资在一段时期内更容易产生大起大落。投资收益面临更多的不确定性，因此被认为更有风险。

虽然这两种方法不同，但它们都给按稳定性给股票的风险打分。也就是说，一个高风险的股票通常有较大的收益范围和较高的收益标准差。

3. 风险的主观衡量

收益范围和标准差在使用中有局限性，因为这些衡量方法未必能准确地预测未来。比如说，以往收益一直很稳定的投资可能因为经济形势恶化大幅贬值。由于这种局限性，对某些投资风险的衡量往往比较主观。比如说，某种债券的风险可以根据发行企业的偿债能力进行主观评估。这个评估可能包括测算公司未来的月度营业收入，以确定它有没有足够的资金偿付利息和其他费用。投资者可能依靠专家对特定的投资进行风险评估。债券评级机构给各种债券评分，第 16 章会详细说明。

14.4　收益风险权衡

每位个人投资者都喜欢高收益无风险的投资。然而，这样的投资并不存在。投资者必须对投资的潜在收益和风险进行权衡。如果你想要一个能产生高收益的投资，就必须承受它那较高的不确定性（风险）等级。

案例 14-7

史蒂芬尼·斯普拉特有 1 000 美元可以投资三个月，她可以选择三个月期定期存单和股票。银行存单可以保证这三个月产生 2% 的收益。另外，她觉得这只股票在三个月内可以升值 5%。然而，因为未来的股价是不确定的，他投资这只股票的收效也是不确定的。实际收益可能低于 5%，甚至是负的。最后，史蒂芬尼还是决定投资定期存单，而不是股票。

上面的例子说明如何在无风险的投资和风险投资之间进行权衡。不同风险等级的资产之间也要权衡，下面将逐一介绍。

14.4.1　股票的收益—风险权衡

有的公司比其他公司更有希望达到良好的业绩水平。但为了实现这一目标，它们要冒更多的风险。也就是说，它们要用更少的资金追逐缥缈的机会。如果这家公司的策略成功了，它的投资者可以获取丰厚的回报。然而，如果公司的策略失败了，他们就要损失惨重甚至血本无归了。

一般来说，小公司快速成长的潜力更大，所以它们的股票上涨空间也更大。但它们的股票风险更大，因为许多小公司根本没有机会充分发挥其潜力。已经发展壮大的成熟企业继续成长的潜力有限，但它们经营更稳健，风险也低。

另一个股票投资的好机会是首次公开发行（IPO）。你也许听说过在上市当天新股的收益就经常超过 20%。然而，这种投资也有不小的风险。个人投资者很少有机会以发行价购买到 IPO 的新股。打新股的先手一般都被机构投资者（比如财大气粗的共同基金或保险公司）瓜分。绝大多数个人投资者只能吃到机构投资者的残羹冷炙（而且还得有剩下的）。等到个人投资者有机会购买新发行的股票时，股价早就被炒高了。所以，个人投资者往往是在股价最高处接盘，然后在接下来的几个月就被套牢了。以高朋公司为例，它旗下的网站是餐厅和其他商户折扣券发放的最大渠道，于2011年以20美元一股的价格上市。IPO当天股价最高达到31美元，但从此再没有达到过这个价位。到2015年年初，它的股价已经不足10美元。事实上，许多IPO企业的业绩并不怎么样。平均下来，新股的长期收益还达不到其他股票的整体水平。许多参与IPO的企业（比如宠物网）上市没几年就倒闭了，让投资者血本无归。

14.4.2　债券的收益—风险权衡

你可能会投资企业发行的债券以获得高额票息。这类投资的风险在于，如果企业的财务状况恶化，它可能没钱兑现应付的票息。如果你购买一家知名的、成功的大企业发行的债券，它违约的可能性微乎其微。如果这家公司正在生死线上挣扎，它违约的可能性就很大了。如果公司对它的债务违约，你的收益就很少。在2008～2009年金融危机期间，许多公司违约。

高风险债券的票息也比较高。所以，你要自己衡量潜在的收益和风险。如果你愿意承受高风险，就可以考虑投资困难企业发行的债券。反过来，如果你不喜欢风险，就应该买成功的知名企业发行的债券，但这样就别对收益报太高期望。

14.4.3　共同基金的收益—风险权衡

当你投资股票型共同基金时，你的收益来自基金分红以及它持有股票的增值。股票型共同基金的风险在于股价随时可能下跌。因为共同基金的主要资产就是各种股票，所以单一股票对整体的影响是有限的。但是，如果经济衰退，大多数股票的表现都不会好。正如小公司的股票比大公司的股票风险要高，主要投资小公司股票的共同基金也比主要投资大公司股票的共同基金风险更高。但是，有的投资者还是倾向于前者，因为他们对这些股票的高收益有更多的期待。

如果你投资的是债券型基金，主要风险就是它持有的债券可能违约。因为债券型共同基金的资产中有多种债券，个别债券违约给共同基金造成的副作用是有限的。然而，当经济环境恶化时，许多发行了债券的公司遭遇财务问题，以致无法偿还票息。有些债券型共同基金面临的风险不大，因为它们只投资信誉良好的企业发行的债券。有些则面临巨大风险，因为他们为获得高票息而投资于弱小企业发行的债券。为获取高收益而选择高风险债券型共同基金的投资者必须对它的风险有心理准备。

14.4.4　不动产投资的收益—风险权衡

当你投资不动产时，你的风险取决于特定的投资对象。如果你购买的是出租屋，万一找不到租户或者租户违约，你就无法获得定期获得预期的收入。另外，也存在物业价值下跌的风险。风险的高低视不动产的类型而定。如果你买的是一栋满租的办公楼，风险就比较低，虽然楼价仍然可能下跌。相反，如果你在新墨西哥买了一大片土地，还指望在下面勘探出石油，那风险就不是一般的高了。

14.4.5　投资方式比较

作为一个谨慎的投资者，你必须选择符合个人目标的投资方式。如果你想在短期内获取无风险的固定收益，你应该考虑投资定期存单。这种投资方式的缺点是收益率很低。如果你想在较长时间内获取稳定收益，你可以考虑国债或投资国债的共同基金。在另一个极端，如果你想要高尽量高的收益，你可以考虑投资土地或小公司的股票。

许多投资者的策略介于二者之间。他们想要的收益比定期存单或国债要高一些，但也要控制风险。不存在什么理想的投资方式，因为该怎么选择取决于你愿意承受多少风险，以及当时的财务状况。

为了更好地说明，考虑表 14-2 里列举的情况与可能的解决方案。一般来说，如果你知道自己不急于在短期内出售这些投资，就更能承受一定的风险。即使投资品的价值下跌，你还能保持一定的灵活性，可以耐心持有直至其价格回升。相反，只能短期持有投资品的个人一定要奉行安全至上的原则。因为风险投资品的价格不断剧烈震荡，如果你知道自己过不了多久就要出售套现，再进行这些投资就很危险了。说不定你会被迫在价格的低点忍痛割肉。想追求高收益的投资者一定要承受得起伴随这些投资的高风险。

表 14-2　不同情况下的投资决策

情况	决策
你有 1 000 美元可以投资，但这笔钱下个月就要用来支付账单	你需要流动性。你只能考虑货币市场证券
你有 3 000 美元可以投资，但一年后要用这笔钱交学费	你应该考虑安全的货币市场证券，比如一年期有保险的定期存单
你有 5 000 美元可以投资，大概在三年后要用它买房	考虑三年期有保险的定期存单，或者经营稳健的公司发行的低风险股票
你有 10 000 美元可以投资，但是还没有为 20 年后的退休生活预备养老金	考虑购买一个分散投资的股票型共同基金
你有 5 000 美元可以投资。你觉得明年会被现在的单位裁员	你应该恰当地把钱投资于货币市场证券，万一失业后可以随时取用

通过进行多种投资，你可以找到恰当的风险水平。你可以把投资分散在许多不同的股票中，从而减少任何特定投资可能造成的损失。如果你把投资平均的分为五份，其中一项非常失败，损失也是有限的。

即使你通过广泛的投资组合分散了风险，你依然会受到经济环境的冲击，因为当经济衰退时所有投资的价值都会下跌。出于这个原因，你要考虑分散投资的对象不能具有相同的经济敏感性。分散投资的策略对投资者非常重要，在第 18 章中会有更详细的说明。

14.5　从投资错误中学习

许多个人投资者从他们自己或别人的错误中学习。看看下面的投资错误，避免走他们的老路。

14.5.1　把决策建立在不切实际的目标上

一个最常见的错误就是让不现实的目标主宰你的投资决策。这些目标会迫使你冒更多不必要的风险，而且造成重大损失。

案例 14-8

劳拉·陈有 4 000 美元，这是她明年的学费。她想投资利率为 6% 的一年期定期存单，明年能得到 240 美元的利息。但是，她希望能在投资中赚到更多的钱，好买一辆二手车。于是她决定投资一只去年升值 50% 的小公司的股票。如果这只股票今年还能升值 50%，她的投资收益就会达到 2 000 美元，足够买辆二手车了。不幸的是，这一年这只股票贬值 30%，所以到年底时她的投资价值只剩 2 800 美元，净亏 1 200 美元。她不但没钱买车，连学费都交不起了。她当初并不觉得自己的投资是一次赌博，因为那钱毕竟是买了一家公司的股票。然而，投资一个小公司的股票和赌博其实没什么两样，尤其是她并没有多少信息支持自己的决策，除了这只股票去年是一匹黑马。

14.5.2　借钱投资

另一个常见错误是用本来可以还贷的钱去投资。通过投资可以获取高收益的可能性引诱人们去承担过度的风险。

☞ **案例 14-9**

查尔斯·克兰肖不久前贷了 5 000 美元交今年的学费。他的父母给了他 5 000 美元让他把贷款还了。查尔斯没有用它还贷，而是把父母给的这 5 000 美元投资了一只股票。他希望这 5 000 美元能带给他丰厚的回报，这样他就可以在年底把股票卖掉，用赚到的钱还清贷款，剩下来的用于明年暑假去欧洲旅游。所以，这一年他就要支付贷款的利息。他买的股票最后跌掉 90%，到年底割肉只剩下 500 美元。这下，他既没钱还贷，也没钱度假了。

14.5.3　用风险弥补损失

另一个常见的错误是冒更大的风险去弥补损失。这可能导致更严重的损失，甚至把人推向破产的深渊。

☞ **案例 14-10**

莎拉·巴尔内斯去年投资的混合型共同基金亏了 10%。她需要这笔钱在冬季到来之前给家里添置一个新的壁炉。于是，她想弥补自己的损失，把钱转入一个高风险的共同基金。如果经济形势有利，这个基金可以带来更多回报；但经济形势不利的话，它会亏得一塌糊涂。由于经济疲软，她在这项投资上最终亏了 20%。这下，她买新壁炉的希望更渺茫了。

有的时候，出于对未来股价不切实际的高估，许多投资者哄抬股票价格。媒体的推波助澜更是鼓励了投资者的非理性行为。这种行为产生了所谓的"投机泡沫"，意思是一旦价格被推高到一定程度，泡沫会破裂，股票价格会跌回到它应该在的水平。有的时候所有股票都表现不佳的原因之一是投机泡沫破裂。虽然未来有些时候股票和其他投资能带来不可思议的高收益，但你在投资决策的时候头脑一定要冷静。一项有巨大升值潜力的投资同样可能面临大幅贬值。如果你无法承受可能的损失，就不要进行那项投资。

14.6　怎样把投资纳入你的理财规划

下列关于投资的关键决策是你必须纳入理财规划的：
- 你的投资目标是什么？
- 在当前的预算条件下，你应该投资吗？
- 根据你对风险的承受能力，你应该怎样投资？

图 14-1 展示了史蒂芬尼·斯普拉特怎样把投资决策纳入她的理财规划。

投资规划的目标

1. 决定我的投资目标。
2. 决定是否要开展投资。
3. 决定为实现投资目标而采用的投资方式。

分析

每月现金流入	$2 500
− 每月常规开支	1 488
− 车贷月供	412
= 可用资金	$600

投资方式分析

投资方式	评估
定期存单和其他货币市场证券	许多货币市场证券的流动性和安全性都很好，但它们的收益都太低
股票	收益性可能会很好，但就我可以投入的那点资金来说，风险很大
债券	有的债券风险很低，但它们的潜在收益比股票低
不动产	我的住房可能会增值。其他不动产投资的收益很高但往往有很大风险
股票型共同基金	可以提供高收益，而且比投资单一股票的风险要低分散，但在股票市场疲软的时候还是会遭受损失
债券型共同基金	比投资单一债券的风险分散，但在债券市场疲软的时候还是会遭受损失

决策

　　我的首要投资目标是让所有投资资金保持充分的流动性，以备不时之需。但是，我也希望这些钱在花出去以前能给我带来一些收益。

　　在支付了日常开支（不包括娱乐）之后，我每月还剩 600 美元。我现在还不适合开展长期投资，因为这些钱还要用于娱乐，剩下来的也要存入货币市场基金这样的流动性账户里。我需要增加流动性，因为以后时常会有住房维修的支出。除了维持流动性，我还想尽快把车贷还清。等这个贷款还清了，我再考虑需不需要进行风险更高的投资，以获取更高的收益。我的工资以后也会提高，到那时就更有余力投资了。

　　当我开始长期投资时，我会考虑股票型共同基金和债券型共同基金，而不是个别的股票或债券。我可以定期开展小额共同基金投资，以享受分散投资的好处。因为我已经有自己的住房了，所以不会再考虑投资不动产。

图 14-1　投资在史蒂芬尼·斯普拉特的理财规划中的应用

讨论题

1. 如果史蒂芬尼是一个带着两个孩子的单身妈妈，她的投资决策会有什么不一样？

2. 如果史蒂芬尼现在已经 35 岁，年龄会对她的投资决策产生怎样的影响？ 50 岁呢？

小结

1. 常见投资方式

　　常见投资方式包括货币市场证券、股票、债券、共同基金和不动产。每种投资方式向投资者提供回报的方法都很独特。

2. 投资收益衡量

　　投资的收益取决于投资产生的收入以及投资对象在投资期的资本利得。有的股票以红利形式定期产生收入，而债券以票息的形式定期产生收入。

3. 投资风险

不同投资方式的风险大相径庭。一般来说，货币市场证券的风险很低，许多股票和不动产的风险则很高。但是，同一种投资方式内部风险也不尽相同。有的货币市场证券的风险就比其他的要高，股票也一样。投资者衡量投资风险以判断未来收益的不确定程度。两个常用的投资风险衡量方法是收益范围和收益标准差。如果一项投资的收益范围和收益标准差很大，它未来可能的收益就更难以预测。这意味着未来收益面临更多风险或不确定性。

4. 收益—风险权衡

投资者在投资时会权衡收益和风险。当他们选择具有较高收益潜力的投资时，也要承受较高的风险。否则，他们可以选择低风险的投资，但收益也相对较低。如何选择取决于投资者愿意承受风险的意愿，这又受到他财务状况的影响。有些投资者的财务状况决定了他们不能承受太多风险，所以只能选择低风险或无风险的投资。

5. 常见的投资错误

你可以从他人的投资错误中汲取教训。尤其是，不要为不切实际的目标投资；不要把本该用于还贷的资金拿来投资；不要试图用高风险投资挽回最近的损失。要认识到，有些投资的风险来自投机泡沫。

6. 怎样把投资纳入你的理财规划

个人投资让你可以积累更多的财富，从而在未来实现各种支出和养老目标，所以它有助于你进行理财规划。

复习题

1. **投资优先** 你应该优先投资什么？这种投资方式有什么缺点？

2. **股票** 什么是股票？股票对公司有什么作用？为什么投资者会投资股票？

3. **二级市场** 区分一级市场和二级市场。为什么在二级市场上股价每天都会波动？

4. **投资者类型** 区分和描述两种类型的投资者。什么是当日交易者？

5. **股票收益** 股东怎样从股票投资中获益？一家公司的市值是怎么衡量的？什么决定股票的价格？

6. **红利** 一般哪种类型的公司会发放红利？什么是成长型股票？什么是收益型股票？

7. **红利** 什么是红利？所有公司都发吗？

8. **优先股** 说明普通股和优先股之间的差别。

9. **债券** 什么是债券？债券怎样给投资者带来收益？

10. **共同基金** 共同基金是怎么运作的？谁负责管理共同基金？共同基金怎么分红？共同基金的投资者会遭受资本损失吗？

11. **不动产投资** 在哪些区域土地价格比较高？不动产投资有哪些收益？

12. **股票分红** 计算股票分红收益的公式是什么？说明公式中的每个因子。你怎么计算收益金额？

13. **资本利得税** 长期和短期资本利得的税率有什么不同？

14. **股票投资** 股票投资怎样增加你的财富？你怎样计算一定金额的股票投资在一段时间内的价值？如果是连续的几个周期呢？

15. **投资风险** 定义投资的风险。哪种类型的公司风险比较大？

16. **风险衡量** 为什么投资者要衡量风险？说明两种常见的风险衡量方法。

17. **收益—风险权衡** 什么是收益—风险权衡？哪种股票对投资者最有吸引力？个人投资者在开展这种投资前还要考虑哪些因素？

18. **投资风险比较** 分析债券、共同基金和不动产的收益—风险权衡。

19. **分散投资** 你怎样通过分散投资限制风险？

20. **投资错误** 说明个人常犯的投资错误。

21. **经济环境和投资** 分析经济环境怎样影响特定的投资。

22. **投资和流动性** 投资和流动性有什么关

联？举几个流动性投资的例子。

23. **交易型开放式指数基金** 什么是交易型开放式指数基金？它和共同基金有什么不同？

24. **成长型股票和收益型股票** 什么是成长型股票？什么是收益型股票？为什么投资者可能喜欢其中某一种？

25. **IPO** 什么是 IPO？购买新股有哪些风险？

26. **投资和个人理财目标** 投资和你的个人理财目标有什么关联？

27. **个人风险承受能力** 你的个人风险承受能力怎样影响你的投资决策？

28. **不动产投资风险** 投资不动产有哪些风险？

理财规划练习题

1. **股票收益** 乔尔以每股 20 美元的价格购买了 100 股股票。这一年中，他收到了 150 美元的分红。他最近以每股 32 美元的价格把股票都卖了。乔尔股票投资的收益率是多少？

2. **收益金额** 如上题，乔尔的收益金额是多少？

3. **资本利得税** 如上题，乔尔的边际税率是 25%。如果他持有这些股票不满一年，他要为这次投资的资本利得缴纳多少所得税？

4. **资本利得税** 如上题，如果他持有股票的时间超过一年，假设售价不变，他可以少缴多少税？

5. **股票收益** 艾玛一年前以每股 53 美元的价格购买了一只股票。她没有收到过分红，今天以每股 38 美元的价格把它卖出了。艾玛的股票投资收益率是多少？

6. **投资价值** 塔米打算在股票市场投资 3 500 美元。她相信自己每年可以获得 12% 的收益。如果她能达到这一目标，10 年后她的投资市值是多少？

7. **投资价值** 道恩决定接下来五年每年年底在股市投资 2 000 美元。她相信自己每年可以获得 9% 的收益率。五年后她的投资市值是多少？

8. **投资价值** 鲍勃以每股 40 美元的价格购买了一只刚刚上市的新兴社交媒体公司的股票。这只股票在因特网上被大肆炒作。但是接下来的三年，股价每年下跌 15%。三年后这家公司的股价是多少？

9. **投资价值** 弗洛伊德想把祖父留给他的 15 000 美元遗产用来投资。这笔钱他五年后要用来支付他的博士学费。如果他每年的收益率是 9%，五年后他会有多少钱？如果收益率是 10% 呢？12% 呢？

10. **投资价值** 莫里斯要投资 1 500 美元买一只股票。他觉得自己可以达到 12% 的收益率。如果一切顺利，他五年后会有多少钱？10 年呢？20 年呢？

11. **资本利得税** 托马斯以每股 23 美元的价格购买了 A 股票 400 股，过了一年多以每股 20 美元的价格把它们卖了。他还以每股 40 美元的价格购买了 B 股票 500 股，过了一年多以每股 53 美元的价格把它们卖了。两只股票是同一年卖出的。如果他的边际税率是 25%，他这一年的资本利得税是多少？

12. **资本损失** 查尔斯最近把 500 股 A 股票卖了 12 000 美元，他的另外 600 股 A 股只卖了 6 000 美元。他当初是以每股 20 美元的价格买入的 A 股票。假设这些股票持有时间都超过了一年，他在这项投资中的损失是多少？

13. **不动产收益** 詹娜以 28 000 美元购买了一块 5 英亩⊖的土地，两年后又以 41 000 美元的价格卖出。她的投资收益是多少？

14. **道德困境** 卡洛和瑞塔的女儿刚刚过她的 16 岁生日。她的父母知道他们为女儿的大学教育攒的钱只够一半。女儿两年后就要上大学了，他们为怎样才能在这么短的时间内存下足够多的钱而忧心忡忡。

⊖ 1 英亩 = 4 046.86 平方米。

卡洛经常和同事山姆一起吃午饭。正说到在资助女儿的教育上陷入窘境，山姆告诉卡洛他听从堂兄雷欧的建议进行了一项投资，因为雷欧当初投资时一年内让资金翻番。山姆还向卡洛保证，说这项投资没什么风险。卡洛让山姆再问问雷欧，还有没有什么路子能让她女儿的教育储蓄在两年内翻倍，而且没有风险。

第二天午饭时，山姆把雷欧推荐的一只股票告诉卡洛。这是一家新兴的小型企业，雷欧相信它的股价在24个月内会翻倍，而且基本没风险。卡洛马上把给女儿上大学准备的钱都买了那个公司的股票。六个月后，卡洛收到那家公司寄来的一封信，宣布企业将停业关门。在给经纪人打电话后，卡洛得知这只股票已经一文不值。

（1）对雷欧向亲戚和朋友保证他推荐的投资高收益无风险，你是怎么看的？

（2）在他急于给女儿筹集大学教育资金的时候，卡尔忘记了哪条投资原则？

理财心理：你的投资

1. 有的投资者更喜欢用自己的钱豪赌，而不是老老实实地还清贷款。所以，不管他们要偿还的贷款利率是多少，他们都会把钱投入股市。描述一下你的投资行为。你会把可以用来还贷的资金拿去投资吗？如果会，为什么？你认为这样的策略有风险吗？

2. 阅读一篇关于心理因素如何影响股票投资的文章。你可以上网搜索关键词"心理"和"股票投资"来检索相关文章。阅读后总结文章主要观点。

系列案例：辛普森一家

还记得吗，辛普森一家有一个为孩子们的大学教育每月存300美元（每年3 600美元）的储蓄目标。他们想估算一下如果把这些钱用来投资股票，它会怎么增值。戴夫和莎伦以前从来没有买过股票。

辛普森一家猜测在正常情况下，股票每年能增长5%左右。但是，他们也知道这种收益存在不确定性。他们相信如果未来股市疲软，每年可能只有2%的增长；但如果股市强劲，年收益可能达到9%。

1. 填制下面的工作表，看看未来12年投资股票的收益。

未来12年的资产积累

	正常股市行情	疲软股市行情	强劲股市行情
每年投资金额（美元）	3 600	3 600	3 600
年度回报率（%）	5	2	9
FVIFA（n=12年）			
12年后的投资价值（美元）			

2. 向辛普森一家说明，为什么用以后给孩子上大学准备的钱投资时，在银行定期存单和股票之间要有所权衡。

3. 给辛普森一家提建议为了储蓄给孩子的大学教育资金，到底应该把钱投资于银行定期存单还是股票，或者把二者相结合。

4. 辛普森一家听说买新股的收益非常高，所以他们考虑投资一个刚上市的高科技公司的新股。就他们的这个想法给提些建议。

引导案例

琳恩有 500 股股票,是她当初以 40 美元一股的价格买的。股价持续上涨,几个月后已经达到了 48 美元一股。琳恩想把它们卖掉,落袋为安。她给经纪人打电话,给她的股票设置了 50 美元的卖出价。如果能按这个价格把股票都卖掉,她的投资至少能赚 25% 的收益,含佣金收入达到 5 000 美元。

可惜没过几天,股价就跌到 40 多美元,然后持续震荡下行。琳恩没有卖出,因为她坚信股价只是一时受挫。最终,当股价跌到 30 美元时,她给经纪人打电话把股票都卖了。琳恩的这项投资最后让她亏了 5 000 美元。

在投资股票时,你的投资决策取决于你对风险的承受能力、投资知识,以及经验。不管你选哪只股票,都应该遵循明确的股票投资策略。本章将详细探讨这一投资策略。

本章学习目标

- 介绍证券交易所的职能
- 介绍怎样解读股票报价
- 说明怎样实施股票的买入和卖出
- 说明怎样分析个股
- 说明怎样把股票投资纳入你的理财规划

15.1 证券交易所

现在,你已经理解了怎样评估股票的价值与为股票定价,接下来就可以开始股票投资了。证券交易所是让投资者买卖股票的地方。它们创造了二级市场交易的环境,以便投资者卖出此前买入的股票。一个有组织的证券交易所提供交易的场所。一只股票必须在证券交易所上市,这意味着它必须满足交易所的各项要求。比如说,为了让股票上市,公司必须达到一定规模,发行的股票数量也要超过最低限额。这些规定保证了股票流通市场的活跃度。

15.1.1 纽约证券交易所

美国最大的有组织交易所是纽约证券交易所(NYSE,简称纽交所),交易的股票数量约为 2 800 只。2007 年，纽交所和泛欧证券交易所（代表多家欧洲的交易所）合并，组建纽约泛欧证交所，成为世界上第一家全球性证券交易所。2013 年，纽约泛欧证券交易所被洲际交易所收购。现在，纽交所和泛欧证券交易所都是洲际交易所的子公司。纽交所交易员开展的股票交易，无论是自营的还是代理的，都已经实现了全面的自动化。

1. 场内交易人和做市商

传统上，有的交易员（被称为**场内交易人**（floor traders））根据其他投资人（比如像你这样的个人投资者）的指令执行交易。当场内交易人执行其他投资人发出的交易指令时，他们赚取买卖差价作为佣金。比如说，交易人按投资者的指令要以 20.12 美元每股的价格买入某只股票，而卖方每股只收到 20 美元。每股的买卖差价 0.12 美元就归场内交易人所有。在这个例子中，1 000 股的交易成本是买卖差价 120 美元。有的交易者，以前叫**专家**（specialists），但现在一般被称为指定做市商（DMM），就一只或多只股票接受客户的任何交易要求，创造出一种新的市场形式。也就是说，只要投资者想买，他们就卖；只要投资者想卖，他们就买。

今天，NYSE 每天的交易量一般都超过 10 亿股，所以大多数交易都是电子化的，而不是人工完成的。NYSE 只有大约 15% 的交易还是用前面说的方式，在交易所的大厅里完成。场内交易人和指定做市商仍然存在，但数量和重要性已经大不如前。2007 年还有大约 3 000 名场内交易人，到 2014 年已经只剩几百人。但是，在市场严重失衡的情况下，场内交易人和指定做市商在维持稳定和有序交易上还是能发挥一定作用的。

2. 在 NYSE 进行的一次典型交易

要买入在 NYSE 上市的股票，你可以告诉经纪公司你想买的股票名称和数量。如果这笔交易恰好是像前面所说的那样被安排在交易大厅里进行的，指令就会被发送给一名场内交易人或做市商，由他帮你去落实交易、讨价还价。交易完成后，场内交易人向经纪公司确认交易成功，经纪公司再告诉你委托完成。

但是，更有可能的是经纪公司会询问你愿意支付的价格，然后把你购买股票的指令做电子化处理。同时，其他想卖出股票的投资者也把他们的电子化指令发送给 NYSE，包括他们愿意接受的卖价。电脑把买卖指令进行配对，然后把成交结果通知给经纪公司。

15.1.2　其他证券交易所

纽约证券交易所市场有限责任公司（NYSE MKT LLC）也设立在纽约，主要面向小型企业的股票和交易型开放式指数基金。这些股票的交易没有 NYSE 上市的股票活跃。NYSE MKT LLC 最初叫美国证券交易所（AMEX），2008 年被纽约泛欧证交所收购。在美国其他大城市里，还有几家其他的地方性证券交易所。这些地方性证券交易所的上市要求没那么严格，所以能给当地比较知名的小型企业提供上市机会。在 NYSE MKT LLC 和其他地方证券交易所上市的股票交易方式和 NYSE 差不多。

15.1.3　场外市场

场外（over-the-counter，OTC）**市场**是一个允许投资者买卖证券的电子通信网络。它不像有组织的证交所那样有实体存在。交易由做市商通过电脑网络完成。做市商在场外市场执行交易，并收取买卖差价作为佣金。所有场外市场上的交易都是通过电脑网络完成的，即使交易双方远隔千山万水，只要可以在办公室用电脑上网就毫无阻隔。

在 OTC 上市的要求一般没有 NYSE 那么严格。大约有 3 000 只股票在 OTC 上市。最大的 OTC 市场是美国全国证券交易商协会自动报价表，它有一人更广为人知的名字：纳斯达克（NASDAQ）。纳斯达克为符合它规模和交易量要求的场外交易股票持续提供最新的市场价格信息。2008 年，纳斯达克收购了 OMX（旗下有八家欧洲证券交易所），组建 NASDAQ-OMX 集团。

15.1.4　电子通信系统

电子通信系统（electronic communications networks，ECN）是匹配股票买卖的电脑系统。比如说，ECN 收到投资者想按特定价格买入某只股票的指令，然后把它和另一投资者想按该价格卖出同一股票的指令进行匹配。匹配过程不需要人的介入。现在纳斯达克上 60% 的交易是通过 ECN 完成的。ECN 使交易者绕开了做市商，从而逃避了他们收取的交易成本（买卖差价）。

ECN 也被用于执行部分 NYSE 和 NYSE MKT LLC 的交易。它们可以随时匹配指令，所以在晚上交易所休市后作用尤为突出。

在许多在线经纪公司，如果在证交所休市后才收到交易指令（被称为收盘后交易），公司会把该指令发给 ECN，在那里完成交易。然而，有的股票晚上的交易量非常小，尤其是那些小公司的股票，所以不能保证指令一定能执行。投资者如果想卖出一个非常冷门的股票，很可能找不到买家。但是，随着更多的投资者得知他们在晚上也能开展交易，交易量也逐渐增加，进一步扩大了 ECN 的影响。

15.2　股票报价

如果你想投资股票，就要学会获取和解读股票报价。幸运的是，成交比较活跃的股票报价都是现成的。最新的价格可以从网上获得。此外，你也可以向股票经纪人询问，或者在新闻媒体查询。最常用的报价信息来源是金融报纸（比如《华尔街日报》）、许多当地报纸的财经版、财经新闻电视网（比如 CNBC）以及财经网站。

股票报价提供了上一个交易日或近期每只股票的价格信息。表 15-1 以 Zugle 公司的股价为例说明股票报价。股票的名称在第三列，它左边（第一、二列）是股票的最高价（HI）和最低价（LO）。波动剧烈的股票价格振荡幅度也比较大。有的投资者就把这个振幅作为衡量公司风险大小的简单工具。

表 15-1　每日股票报价样例

52 周							
高	低	股票（分红）	股息率	市盈率	成交量（100 股）	收盘价	涨跌
62.10	49.40	Zugle（$1.00）	2.00%	14	9 000	50.00	+0.27

该股票每年支付的红利（如有）信息列在股票名称的右边。股息率（年度红利占股价的百分比）在第四列。它表示如果你今天购买并持有股票，而公司的红利政策保持不变，你单单从红利中能获得的收益是多少。

第五列是市盈率（PE），是股价与公司每股盈利之比。喜欢价值投资的投资者非常关注这个指标。

其他信息是对上一个交易日股票交易情况的总结。第六列展示成交量（以 100 股为一个交易单位）。某些成交活跃的股票，一天的成交量都超过 100 万股；而冷门的小股票一天的成交量可能不足 20 000 股。

第七列显示股票的收盘价，它是当天股市收市时该股票的价格。最后一列则是股价的涨跌，即与前一个交易日的收盘价相比的差额。投资者根据这一列，确定股票价格怎样逐日变化。

再看看表 15-1 中 Zugle 公司的股票报价。它的股价上一年度介于每股 49.4 ～ 62.1 美元。它每年的分红为每股 1 美元（每季度 0.25 美元）。这个年度分红表达为股息率 2.0%，意思是投资者按这个报价买入股票后，如果明年公司照常分红，可以获得 2.0% 的收益。市盈率 14，意思是当前 Zugle 公司的股价是每股盈利的 14 倍。它当天的成交量为 900 000 股。在股市收市时，它的价格为每股 50 美元。股价涨跌显示，与前一交易日相比，每股股价上涨了 0.27 美元。

15.3　股票买卖

要进行股票交易，你首先要选择一家经纪公司，然后委托下单。接下来我们将讨论这些功能。

15.3.1　挑选经纪公司

在挑选经纪公司时，要考虑以下特点。

1. 分析师推荐

一个提供全面服务的经纪公司会为你提供投资顾问。你也可以了解到经纪公司雇用的股票分析师对股票的评级。

然而，经纪人和分析师的推荐是有局限性的。有的经纪公司会建议你频繁买卖，而不是长期持有你的投资组合。因为每进行一次交易，你都要付一笔佣金。此外，频繁交易导致你的持股时间不会超过一年，所以交易产生的资本利得只能按一般收入缴纳联邦所得税（除非是养老金账户资金进行的股票交易）。如果你正常收入的边际税率超过 15%（针对绝大多数纳税人的最高长期资本利得税的税率），你会因为持有股票时间不足一年而面临更高的税率。许多研究显示，经纪人和分析师的推荐不见得比股市平均水平好到哪里去。有的投资顾问在证券分析和评估方面经验十分有限。即使是那些号称资深的家伙，也未必能让你的业绩出类拔萃。

经纪人和分析师往往对股票过于乐观。他们总是报喜不报忧，以免得罪那些未来可能与自己所属的投资公司开展业务合作的企业。

面对日甚一日的批评，有的分析师近来更愿意发布关于某些股票的卖出意见。然而，分析师对大部分股票持乐观态度依然是大势所趋，从而导致利益冲突。比如说，有的分析师持有他们推荐的股票，所以创造对这些股票的需求以推高股价符合他们自身的利益。现在，分析师已经不得再持有他们自己推荐的股票。

2. 经纪人的个人技能

经纪公司的每个经纪人都有各自的技能和个性。你对某个公司的评价很大程度上受到向你提供服务的经纪人的影响。你可以在因特网上查询每个经纪人的信息。

3. 佣金

你可以选择折扣经纪公司或全面服务的经纪公司。**折扣经纪公司**（discount brokerage firm）只执行你的交易指令，不给予投资建议。**全面服务的经纪公司**（full-service brokerage firm）不但执行你的交易指令，而且提供投资建议。全面服务的经纪公司的服务收费也比折扣经纪公司要高。比如说，一家全面服务的经纪公司每次交易的佣金可能达到 100 美元，而同样的交易，折扣经纪公司只收取 8 ～ 30 美元。

15.3.2　下单

每次你因为要买入或卖出股票而下单时，一定要明确：

- 股票名称；
- 买入还是卖出；
- 股数；
- 市价委托或限价委托。

1. 股票名称

你要知道这只股票的代码。股票代码是在交易时用于表示某只股票的一个缩写。比如说，微软的代码是 MSFT，耐克的代码是 NKE。代码比公司完整的名称更短、更简洁，所以在名称差不多的公司中更容易辨认。

2. 买入还是卖出

经纪公司执行买入和卖出的指令。所以，在下单时一定要明确你到底是想买入还是卖出某个证券。一旦你下单了，而该委托被执行，你就要对做出的指令负责。

3. 股数

股票一般以 100 股的倍数进行交易，称为整手交易。委托买入或卖出的数量不足 100 股被称为零股交易。

4. 市价委托或限价委托

你可以按市价委托买卖股票，即你的委托要求按市场价格执行交易。市价委托的优势在于你可以确保委托很快就会落实。它的缺点在于就在你下单前的一刻股价可能发生巨大变化，导致你的实际成本远超预期。

案例 15-1

你想买 100 股趋势股份，它的收盘价是 40 美元。你估计今天早市开盘后你会用大约 40 美元的价格买入，合计约 4 000 美元，不计佣金。然而，你的委托是按 43 美元的单价执行的，这意味着你实际要支付 4 300 美元。对你来说不幸的是，今天上午恰好有许多投资者都看好趋势股份，导致对它的需求大幅增加。强劲的需求和有限的供给在你的经纪人找到一个趋势股份的卖家之前，就把它的价格推到了 43 美元。

或者，你可以采用限价委托的方式买卖股票，即只有当价格在你规定的范围之内时才能成交。限价委托规定一个买入股票的最高价格，有效期为一天或在撤销前一直有效（如果始终无法成交，一般在六个月后会自动撤销）。你的限价委托会规定你是否愿意接受委托数量的一部分（但一般还是满 100 股的整手交易），或者明确要么按委托数量成交，要么不交易。

案例 15-2

继续使用前面案例中的信息，你发了一个趋势股份的限价委托，最高买入价为 41 美元，当天有效。当天早市该股票以 43 美元开盘时，你的委托不会被执行，因为市价高于你的限价。当天晚些时候，当股份跌到 41 美元时，你的委托就被执行了。

用限价委托买入股票的一个缺点是你可能会和想要的股票失之交臂。如果趋势股份当天以 43 美元开盘后一路高歌猛进，你的委托就根本不会被执行。

限价委托也能用于卖出股票。在这种情况下，限价规定的是股票卖出的最低价格。

案例 15-3

你有 100 股金纳股份的股票，现在的价格是每股 18 美元。你想按每股 20 美元的价格把它卖掉。你没空看盘，所以你可以在股价不低于 20 美元的时候把它卖掉。于是，你就以最低价 20 美元挂出 100 股金纳股份，撤单前长期有效。过了几个月，金纳股份涨到每股 20 美元。很快，你就收到经纪公司的通知，告诉你交易已经完成。

5. 止损委托

止损委托（stop order）是一种特殊形式的限价委托，它规定股票价格在达到一个特定水平时执行交易。买入止损委托（buy stop order）要求经纪公司在股价上涨到一个特定价位时为投资者买入该股票。而**卖出止损委托**（sell stop order）则要求经纪公司在股价下跌到一个特定价位时为投资者卖出该股票。

15.3.3　在线下单

想买卖股票的人越来越多的利用网上中介服务。在网上下单的好处之一是每笔交易收取的佣金非常低，在一定限额内不论交易金额，只要 8 美元或 20 美元。它的第二个好处是方便。除了接受委托，在线经纪提供实时股票报价和财经信息。要在一家在线经纪服务机构开户，只要访问它的网站，然后按指示操作即可开户。然后，你给这家在线经纪寄一张支票。等这张支票被清算后，你的钱就被转到了账户里，可以开始投资了。一般来说，你要在账户里保持一个最低余额，比如 500 美元或 1 000 美元。

第 5 章中讲过，许多在线经纪公司都参与货币市场基金交易。你平时可以把多余的保证金买成货币市场基金，需要交易之前再兑现。所以，在你购买证券之前，你的资金还是可以产生一点利息的。一旦你下单，在线经纪公司会用你购买货币市场基金的钱落实你的交易指令。它甚至会给你空白支票，让你可以用货币市场账户的余额消费。

由于许多投资者转向在线经纪，传统经纪公司（比如美林证券）现在也提供在线服务。你用电脑下单花不了一分钟，委托的执行也是瞬间完成。

15.3.4　杠杆交易

有的投资者在买股票时选择**杠杆交易**（on margin），意思是买股票的一部分资金是向经纪公司借的。杠杆交易使你可以以小搏大。

美联储把杠杆比例限制在 50%，所以投资金额最多有一半可以是从经纪公司借来的。比如说，你要买 2 000 美元的股票，你和经纪公司各出 1 000 美元。如果你融资购买的投资品价值下跌了，你会收到经纪公司追加保证金的通知，意思是你要增加账户里的保证金余额，使之满足最低水平的要求。

当你通过加杠杆的方式购买股票时，因为你用借来的资金扩大了交易的规模，所以投资收益也被放大了。然而，如果股票价格下跌，你的损失也会被放大。比如说，如果你没有融资，单单用自己的 1 000 美元投资，你最多损失 1 000 美元。但如果你自己投资 1 000 美元，还配资 1 000 美元，最多损失就达到 2 000 美元。不管你的投资业绩怎么样，借来的钱总是要还的。

理财心理

有的投资者通过杠杆交易获得颇丰。然而，他们往往把利润又投入股市。过去的成功让他们自以为是，投资风险更大的项目。最后，有些投资者因为冒了太多的风险，输得一无所有。

15.3.5 卖空股票

卖空股票（short selling）（或称"**空头**"（shorting））指投资者卖出他们实际上没有的股票。投资者认为股票价格虚高的时候，就会卖空它。在卖空的过程中，他们先通过经纪公司向另一个投资者借入股票，最后还要把股票还给经纪公司。他们的目标是在股价较高的时候把它卖掉。然后，他们等股价下跌了再买入相同数量的股票，还给当初借给他们这些股票的经纪公司。和别的投资者一样，空头也试图贱买（以低价买入股票）贵卖（以市价卖出股票）。和一般投资过程唯一的区别在于他们先卖出股票（在他们拥有股票之前），然后再把它买回来。

和其他股票投资一样，卖空的风险在于收益的不确定性，因为影响未来股价的条件是不确定的。认为股价会下跌的投资者可能会出错。如果他们在卖空股票后价格反而上涨了，他们就要花更多的钱才能把股票买回来。于是，这笔投资就亏损了。

15.4 分析股票

股票的价格基于对该股票的需求和该股票出售的供给。对股票的需求取决于愿意买入该股票的投资者数量。股票出售的供给取决于持有该股票并愿意卖出的投资者数量。

估价的过程包括找出一家你认为未来能够经营良好的公司，确定它现在的股价是被高估了、低估了还是恰好。如果你认为它的价格被低估了，就买入它的股票，未来就能获得良好的投资回报。但是，你能买入股票意味着其他投资者愿意卖出。所以说，虽然你觉得这只股票价格被低估了，别人显然觉得它被高估了。这种认识上的差别导致股票交易规模居高不下。在评估股价的时候，投资者可能会采用技术分析或基本面分析。**技术分析**（technical analysis）指基于其历史价格模式评估股价。比如说，当一只股票的价格连续三个交易日上涨，你就会买入，因为你期待这种价格走势表明了它未来的价格动向。同样，如果股价连续几天下跌，你会决定卖出股票，因为你相信这个趋势将持续。

基本面分析（fundamental analysis）指基于对营收或利润等基本面特征的研究评估股票价值。开展基本面分析的方法很多，下面会逐一介绍。

15.4.1 分析公司的财务状况

即使在同一个行业，有的公司也会有出类拔萃的表现，它的经理层在企业融资、产品营销和员工管理方面做出了更恰当的决策。通过对公司进行分析，你可以判断它未来的业绩。上市公司都要发布包含标准化财务信息的年报。特别是，报告中包含一封信，对公司近期的业绩进行总结，以及展望未来。报告中也包含各种财务报表，衡量企业的财务状况。之前我们教过怎样解读你的个人财务报表以确定你的财务健康状况，现在你可以用相同的方法解读企业的财务报表。大多数公司的年报可以从它们的网站下载。潜在的投资者通常比较关注资产负债表和利润表。

1. 资产负债表

公司的**资产负债表**（balance sheet）说明在某个特定的时间点上，它的资金来源以及它怎样进行投资。资产负债表分成两部分：①资产；②负债和股东权益。这两部分总额必须相等。

公司资产表明它怎样对资金进行投资以及它拥有什么。资产经常被分为短期资产和长期资产。短期资产包括现金、公司购买的证券、应收账款（之前销售产生的欠款），以及库存（生产产品的原材料和尚未销售的产品）。长期资产（有时也叫固定资产）包括机器和公司购买的建筑。

负债和股东权益表明公司的资金是怎样获取来的。负债代表对放贷人或供应商的欠款，也被分为短期和长期。股东权益是公司的净值。它代表投资者对公司的投资。

2. 利润表

公司的**利润表**（income statement）衡量一段时间内它的营业收入、支出和利润。投资者通过它确定公司在一段时间内创造了多少收入（利润）或产生了多少费用。年报可能包括该年度及下属的四个季度的利润表。

利润表从公司当年创造的营业收入开始，然后扣除销货成本（包括生产消耗的原材料成本）以计算毛利。经营费用（比如工资）要从毛利中扣除以确定息税前利润（也叫营业利润）。最后，扣除利息支出和税收，以确定税后利润（也叫净利润）。

企业的财务状况对它的价值和（上市公司）股价的影响在图 15-1 中进行了总结。如果公司的销售和利润强劲，投资者相信公司未来的业绩会很好，就愿意投资公司的股票。由于公司前景看好，只有少数投资者愿意卖出它的股票。于是，对股票的需求就远大于股票出售的供给，股票的卖出价就上涨了。

如果公司的销售和利润疲软，就会出现相反的情况。投资者担心公司未来的业绩不佳，甚至可能破产。他们不再愿意对公司股票进行投资，因为如果公司倒闭股票就变得一文不值。由于只有少数投资者愿意接盘，却有许多投资者因为公司业绩太差想抛售持有的股票，股票的卖出价也就下跌了。换言之，投资者只有接受很低的股价才能说服别的投资者接受他们的股票。

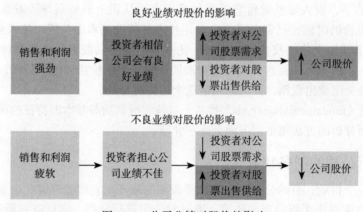

图 15-1　公司业绩对股价的影响

3. 财务欺诈

21 世纪初，包括安然和世界通信公司在内的几家大公司先后发生的丑闻，引起了人们对企业会计行为的关注。导致丑闻的问题之一是公司高管和持有股票的投资者之间的利益冲突。评价公司高管常用的方法是根据公司的价值（用股价衡量）在一段时间内的变动情况。这些经理可能会收到公司股票作为报酬的一部分。所以，如果公司价值增加，经理们可以在高位卖出他们持有的股份，从而获得很高的报酬。

于是，经理们试图通过会计方法多报公司收入或少报支出，使公司报告的利润比实际的高。投资者依靠这些报告的利润判断股票价值，当他们以为公司利润增加时就会买入股票。

他们的行为进一步推高了股价。然而最终，投资者意识到公司的财务报表是不正确的，股价也一泻千里。许多投资者，因为相信公司的财务报表，结果损失了他们投资的大部分甚至全部资金。虽然丑闻发生后，出台了新的法规以限制对会计手段的滥用，并对会计准则予以完善，许多公司的经理依然有动力，想让他们的公司看上去的盈利比实际上的更多。

15.4.2　分析经济环境

一家公司未来的收入和利润受到对它产品需求的影响，而需求又受到经济和产业环境的影响。经济环境分析包含对影响公司股价的任何经济因素的评估，包括经济增长、国际经济冲击、利率以及通货膨胀。下面将逐个讨论这些经济因素。

1. 经济增长

在美国，**经济增长**（economic growth）指一段时间内美国经济的增长，通常用美国的产值来衡量，即**国内生产总值**（gross domestic product，GDP），美国生产的所有产品和服务的市场价值总和。产品和服务的生产水平与对产品和服务的总需求密切相关。当消费者有更多的钱可用时，就会产生对产品和服务的额外需求。提供产品和服务的公司就有更多的销售（收入）和利润，它们的股价就会上涨。

当经济疲软时，对产品和服务的总需求下降。公司的销售和利润水平下降，它们的股价也跟着下跌。

在 2008 ～ 2009 年金融危机期间，经济非常萧条。房价跳水，许多公司破产，其他公司因为销售大幅下挫不得不裁员。许多人下岗或减少了工作时间，所以收入也减少了。公司遭遇对它们产品和服务需求的下跌、盈利下跌，以及资产价值（股价）下跌。

由于经济增长对股价有潜在的影响，投资者也会关注美国政府的**财政政策**（fiscal policy），即政府对个人和企业征税的方式，以及它花钱的方式。当企业税率上升时，公司的税后利润减少，能分给股东的钱就少了。当个人税率上升时，个人能花的钱就少了，消费的商品也少了。结果，对产品和服务的需求下降，导致企业利润减少。

2. 国际经济的冲击

在评估一个国家的经济状况时，很重要的一点是分析国际环境对该国经济环境的影响。在美国销售的有些商品是在诸如中国之类的其他国家生产的。中国企业是电器、服装、儿童玩具和许多在美国销售的商品的主要生产商。美国经济景气时，美国消费者购买更多的产品，包括来自中国的产品。所以，中国的企业就会雇用更多员工以增加产量，满足美国消费者的需求。由于在中国有更多的人被雇用，中国工人的收入增加，使他们的开支也能增加。所以，景气的美国经济也拉动了中国经济。这也同样适用于其他为美国消费者生产商品的国家。

外国消费者购买美国生产的商品，所以它们的经济也会影响美国经济。比如说，中国消费者购买一些美国生产的商品，所以中国经济景气对美国也有好处。欧洲消费者也经常购买美国生产的商品，所以他们的经济与美国经济联系紧密。

正如一个国家的经济景气会影响另一个国家的经济，经济疲软也同样产生影响，只不过是负面的。如果一国经济萧条，消费者支出减少，意味着他们对产品的需求减少。所以，这些国家的企业可能会让部分员工下岗，因为它们不再需要生产那么多产品，导致这些国家的收入减少。2008 ～ 2009 年美国金融危机期间，美国经济的萧条对许多国家的经济形势造成负面影响。2014 年，许多欧洲国家遭遇经济萧条，这对向欧洲出口许多产品的美国企业产生了负面影响。

3. 利率

利率会影响经济增长，从而对股价产生间接影响。一般来说，低利率对股票有利，因为企业可以较低的利率获得融资。利率较低时，企业更愿意扩张，从而对经济产生刺激。利率较低时，投资者也会把更多的钱投入股市，因为在货币市场证券中赚到的利息太少了。资金向股市大搬家提升了对股票的需求，对股价产生了向上的推力。

低利率也让许多消费者有能力购买汽车或住房。汽车制造商和住房建筑商获得更多利润，它们的股票价格就会上涨。金融出版物在讨论利率时经常会提到联邦储备委员会（美联储），因为美联储运用**货币政策**（monetary policy），通过调节注入金融系统的资金供给影响利率。当美联储影响利率时，它影响消费者的融资购买，从而影响经济增长。

4. 通货膨胀

影响股票价格的还有**通货膨胀**（inflation），即一段时间内产品和服务价格水平的全面提高。衡量通货膨胀最常用的指标之一是**消费者价格指数**（consumer price index，CPI），其代表食品、日用品、房租和汽油等消费品的价格。衡量通货膨胀的另一个常用指标是**生产者价格指数**（producer price index，PPI），其代表煤炭、木材和金属等生产中常用物资的价格。通货膨胀会导致企业购买的原材料或设备的价格上涨。

图 15-2 中罗列了一些提供通货膨胀和其他经济信息的出版物。这些出版物提供的内容包括通胀历史数据、经济增长、利率和其他经济指数。

出版物来源

- **联储公报提供经济数据**，包括利率、失业率、通胀率和货币供给。
- **联储地方银行出版物**，提供全国和地方经济信息。
- **当前商业调查**，提供各种经济活动指标的数据，包括国民收入、生产水平和就业水平等。

网上来源

- **彭博社**（http://www.bloomgerg.com），提供关于利率、其他经济环境的报告，以及各种经济指标的新闻发布。
- **联储会议信息**也可以在线查询 http://www.federalreserve.gov。
- **联储地方银行出版物**也可以在线查询 http://www.frbsf.org。
- **联储系统**（http://www.federalreserve.gov），提供详细的经济数据。
- **圣露易斯联储地方**（http://www.stlouisfed.org），提供关于美国经济的最新信息。
- **当前商业调查**也有在线版 http://www.bea.gov。
- **雅虎财经**，提供经济信息和新闻。

图 15-2　经济信息来源

15.4.3　产业环境

一家公司的股价对产业环境也很敏感。对某个产业的产品和服务的整体需求会发生变化。比如说，20 世纪 90 年代，因特网的流行带动了对电脑、光盘、打印机和因特网指南的需求。这些产品的生产商开始从中获益。然而，随着其他公司注意到这方面需求的增长，也会进入这些行业。竞争是经常影响销售、利润的另一个产业因素，从而影响一家公司的股价。因特网使许多产业的竞争加剧，因为它帮助一些企业降低营销成本、投送产品。

产业指标

许多财经网站提供关于特定产业的信息。关于产业表现的另一个指标是产业股价指数，衡量一段时间内该产业的公司市值变动情况。关于特定产业的主要股价指数反映了投资者对该产业前景的期待。

15.4.4　整合你的分析

通过对企业本身、经济和产业的分析，你可以评估一家企业未来的业绩表现。这个过程可以帮你决定要不要买入该公司的股票。图 15-3 总结了经济、产业和企业自身情况对公司股价的潜在影响。

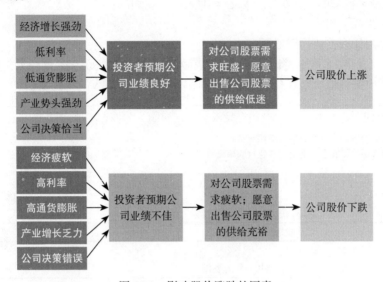

图 15-3　影响股价涨跌的因素

15.4.5　股票分析的局限性

许多投资者热衷于股票分析，尤其是当他们的分析结果似乎昭示着有利可图的投资决策时。然而，股票分析也有下面的一些局限性。

1. 对未来情况预期的困难

虽然你可以搞清楚哪些公司对经济或产业状况最敏感或最不敏感，但预期未来的经济和产业状况非常困难。你也许能正确判断出某只股票对产业状况非常敏感，又因为未来形势对该产业有利而买入这只股票。然而，这个产业可能会因为意料之外的原因遭受打击，比如自然灾害、工人罢工、天气状况或其他原因。在这种情况下，你选择的股票就会因为对产业状况的高度敏感性而表现得不尽如人意。

2. 利好因素已经体现在股票价格中

分析股票时，一个明确的目标就是要找出那些具有利好因素，能够在未来产生高额利润和推高股价的公司。然而，具有利好因素的公司对投资者有吸引力，因而对这些股票的旺盛需求在你打算买入之前就让股价变得很昂贵。比如说，一家预期未来会有良好业绩的公司的股票很可能在过去几周内一直受到追捧，股价也居高不下。所以，如果你因为期待它未来会有高利润而打算现在买入它的股票，就必须支付高价。即使公司未来的利润达到预期水平，你从这只股票中获得的收益未必能超过市场平均水平，因为这些利好因素早已经体现在你为买入股票而支付的高价中了。

这个例子给我们的教训是要在股价充分反映股票的利好因素之前就买入。然而，这要求你比其他投资者更早一步预见到对公司的利好因素，所以你才有机会在股价飙升之前买入。

虽然比其他投资者更早看出利好因素是有可能的，但你的评估带有不确定性。如果你猜错了，投资的收益就会很差。如果能认识到你自身的局限性，你就会限制在高风险股票上的投资金额，以免预测有误。

15.5 怎样把股票投资纳入你的理财规划

下列关于股票投资的关键决策是你必须纳入理财规划的：
- 你应该买股票吗？
- 你应该用什么方法投资股票？

第一项决策在第 14 章中讨论过，而第二项关于怎样开展股票交易的决策是本章介绍的。图 15-4 展示了史蒂芬尼·斯普拉特怎样把这项决策纳入她的理财规划。

股票投资的目标

1. 确定用更多的钱投资普通股是否能让我获利。
2. 如果我考虑要投资股票，确定怎样执行股票交易。

分析

经纪公司类型	
全面服务型	指导选股；更高的交易佣金
折扣型	无选股指导；低交易佣金

买入股票的委托方式	
市价委托	按市场价格执行买入委托
限价委托	只有当价格等于或低于我的规定时，买入交易才被执行
买入止损委托	如果价格上涨到我规定的价格时，执行买入委托

是否配资	
全资交易	投资花的都是自己的钱。我的收益就等于股票本身的收益
杠杆交易	可以以小搏大（所需的一部分资金是借来的）。我的收益超过股票本身的收益。如果我配资购买股票，我的收益（无论盈亏）都会被放大，从而使投资风险扩大

决策

　　未来我投资股票的时候，我会选择折扣经纪公司而不是全面服务的经纪公司，因为我宁愿自己做出投资决策，而且这样可以少付一点交易佣金。我只用限价委托买入股票，这样我可以按自己愿意支付的价格买到股票。我只用自有资金买股票，因为这样做的风险小得多。杠杆交易放大了股票投资的回报（不管是盈是亏），使我面临的风险超出了愿意承受的限度。

图 15-4 股票投资在史蒂芬尼·斯普拉特的理财规划中的应用

讨论题

1. 如果史蒂芬尼是一个带着两个孩子的单身妈妈，她的股票投资决策会有什么不一样？

2. 如果史蒂芬尼现在已经 35 岁，年龄会对她的股票投资决策产生怎样的影响？50 岁呢？

小结

1. 证券交易所

股票在证券交易所上市，也只能在那里买卖。你通过经纪公司发布委托，由它把委托发送到股票上市的交易所。委托由电脑自动执行或由交易所的交易员执行。有的委托是通过电子通信系统（ECN）执行的，这套电脑系统也能自动实现股票买卖的匹配。

2. 股票报价

在财经类报纸和网上都能找到股票的报价。在决定要不要买股票的时候，应该认真考虑它的报价。

3. 股票交易

要买卖时，你可以联系一家经纪公司。你可以使用在线经纪公司，与传统的全面服务的经纪公司相比，它们既方便又便宜。在收到你的委托后，经纪公司会把你的委托发送到证券交易所去执行。

4. 分析股票

对公司的分析包括审阅它的年报和财务报表（比如资产负债表和利润表），以及其他财务报告。这项分析中包含对公司盈利性的评估。

经济分析包括评估股票价格怎样受到经济环境的影响。在影响股票价格的经济因素中，最受关注的是经济增长、利率和通货膨胀。一般来说，经济增长、良好的国际环境、降息和低通胀对股票有利。

产业分析包括评估产业状况对股价的影响。两个关系比较密切的产业指标是产业内的消费者偏好和产业内竞争。如果消费者偏好转向某公司，而竞争又不那么激烈，对股票价格就有利。

5. 怎样把股票投资纳入你的理财规划

一般来说，股票在长期会产生较高的投资收益。所以，它们让你可以积累财富，用于满足未来的支出意愿，从而实现理财规划。然而，它们需要加以管理以限制风险。

复习题

1. **证券交易所** 什么是证券交易所？它们怎样实现股票交易？
2. **NYSE** 描述纽约证券交易所（NYSE）典型的股票交易程序。什么是场内交易人？什么是指定做市商？还有哪些证交所采用与NYSE类似的方法进行股票交易？
3. **ECN** 什么是电子通信系统（ECN）？它是怎么用的？
4. **经纪公司** 证券市场是怎么产生的？经纪怎样推动这一进程？试对两种经纪服务进行比较。
5. **在线经纪服务** 采用在线经纪服务有哪些优势？描述投资者怎样创建和使用在线经纪账户。
6. **下单** 当你想下单买入或卖出股票时，要提供哪些信息？什么是股票代码？为什么它很重要？
7. **整手与零股** 在股票交易中，术语整手与零股分别是什么意思？
8. **委托方式** 解释市价委托、限价委托和止损委托的差别。
9. **杠杆买入** 什么是加杠杆买入股票？如果加杠杆买入的股票价格下跌，会有什么后果？加杠杆买股票对投资者和经纪公司有什么好处？
10. **年报** 为什么需要分析一家公司？什么是年报？它包含哪些分析中需要的信息？
11. **财务报表** 罗列资产负债表和利润表中提供的对投资者分析有用的公司特点。
12. **误导性信息** 为什么公司高级管理层可能想使用误导性的收入和支出估算？管理层怎样夸大报告的公司利润？
13. **经济分析** 在开展股票的经济分析时，最受关注的经济因素有哪些？
14. **经济增长** 说明经济增长是怎样衡量的。经济增长怎样影响股价？常用的经济增长指标有哪些？政府的财政政策怎样影响经济增长？
15. **利率** 利率怎样影响经济增长？为什么利率对有些股票的价格影响更大？哪个联邦机构影响利率？
16. **通货膨胀** 什么是通货膨胀？它是怎么衡量的？通货膨胀怎样影响股价？
17. **产业分析** 为什么对股票的产业分析很重要？列举一些企业和产业的信息来源。
18. **卖空** 什么是卖空？什么情况下采用这一策略？

19. **对投资的全球影响**　别国经济怎样对美国企业及其股价产生影响？

20. **OTC**　什么是OTC？做市商的职责是什么？

21. **选择经纪公司**　在你选择经纪公司的时候，要考虑哪些因素？

22. **股价**　什么决定股票价格？投资者怎样利用这些信息做出买卖决策？

23. **技术分析和基本面分析**　什么是技术分析？什么是基本面分析？

24. **股票分析的局限性**　股票分析有哪些局限性？

25. **股票投资和你的理财规划**　为什么年轻人应该把股票作为他们投资组合的一部分？

26. **道德困境**　11月下旬，一家上市的制造业公司的高管正在审核公司第四季度预估的财务成果。根据预估的销售额，公司将达不到当年的盈利目标。这会导致公司经理无法获得年终奖。经理们讨论怎样才能把销售额提上去，达到发放年终奖的要求。最终他们决定，向全体客户发出通知，告诉他们如果愿意在四季度结束前，提前接受明年一季度的订单货物，公司愿意承担运费。公司的财务主管和首席财务官审核了这个方案，认为它符合一般公认的会计准则（GAAP）的规范。

该方案导致公司销售额和净收入大幅度增长，但运输成本也上升了不少。这些财务增长满足了向管理层和经理人员发放年终奖的要求，也令股价明显上涨。

（1）公司管理层提出的刺激销售和利润，以满足年终奖发放条件的方案是否道德？

（2）讨论这个激励方案未来对企业和股东可能产生的任何负面影响。

理财心理：股票杠杆交易

1. 有的投资者天真地以为他们买的股票一定会涨。他们相信自己可以通过杠杆（配资）交易获取高收益，却忽视了这样做可能导致的巨大损失。你怎么看待配资交易？这种投资策略有什么风险？

2. 阅读一篇关于心理因素如何影响杠杆交易的文章。你可以上网搜索关键词"心理"和"杠杆交易"来检索相关文章。阅读后总结文章主要观点。

系列案例：辛普森一家

还记得吗，辛普森一家有一个目标是为子女未来的大学教育投资。为了更好地开展投资，他们阅读分析师和经纪公司的推荐文章。戴夫和莎伦想买几只被多位分析师重点推荐的股票。在买入股票之前，他们请你发表一下意见。

1. 就辛普森一家该不该买分析师重点推荐的股票发表意见。

2. 有的网站发布前一天表现最佳的公司。辛普森一家该买这些股票吗？试说明。

第 16 章 债 券 投 资

引导案例

尼尔想投资债券，因为他知道债券可以定期产生利息，成为稳定的收入来源。他知道自己可以购买美国财政部发行的国债。但是，这些债券的收益只有 5%，尼尔对此并不满足。他的经纪公司建议他投资垃圾债券，也就是那些由财务状况不佳的企业发行的债券。尼尔注意到有些债券的收益高达 10%，是国债的两倍。他也注意到，过去五年的经济很繁荣，这些债券给投资者丰厚回报——远远超过美国国债。他决定购买一家公司发行的年息 11% 的垃圾债券。第二年，美国经济衰退，这家公司无力偿还债务。它申请破产了，尼尔的债券也变得一文不值。虽然许多其他公司在美国经济萧条的时候业绩也不好，但它们的财务状况至少能让它们还本付息。这次经历让尼尔认识到投资高风险债券可能产生的不利后果。

就像其他投资一样，债券也有其独特性。和股票相似，它们的收益和风险也因发行者和经济环境变化而异。了解不同类型的债券和各种投资策略，可以帮助你完善自己的投资组合，强化你的财富。

本章学习目标

- 介绍债券的背景知识
- 介绍不同债券类型
- 介绍影响债券投资收益的因素
- 分析怎样给债券估值
- 讨论为什么有的债券有风险
- 说明常见的投资策略
- 探讨怎样把债券投资纳入你的理财规划

16.1 债券的背景知识

还记得吧，投资者通常把一部分资金投资于**债券**（bond），也就是政府机构或企业发行的长期债务证券。债券的收益通常比银行存款要高。此外，它们一般提供固定的利息（被称为票息）作为每年的额外收入。债券的**面值**（par value）是它票面显示的价格，或者在债券到期日返还给投资者的金额。

大多数债券的期限为 10 ～ 30 年，但有的债券期限更长。投资者用现金（信用）向发行者购买债券。作为回报，发行者有义务支付利息（或票息）并在到期时支付面值。一张面值为 1 000 美元，票息率为 6% 的债券每年要付给投资者 60（0.06 × 1 000）美元。票息一般每半年支付一次（在本例中，每六个月支付 30 美元）。

有的债券以低于面值的价格出售。在这种情况下，投资者只能持有债券直至到期，才能获得购买价格和面值之间的差价作为收益。这是票息以外的另一种债券收益方式。

如果你希望投资能定期带来稳定收入，你应该选择投资债券而不是股票。在第 18 章会讲到，许多投资者在股票和债券中进行分散投资以达到理想的收益和风险的平衡。

16.1.1 债券特性

一种特定类型的发行者发售的债券可以具有多种特征，比如提前赎回特征，或可转换特征。

1. 提前赎回特征

债券的**提前赎回特征**（call feature）允许发行者在到期前向投资者回购债券。这个特征对发行者有利，因为它允许发行者提前回收票息率高于一般利率的债券。

只有当有提前赎回特征的债券的利率略高于无提前赎回特征的同类债券时，投资者才会愿意购买它。这个溢价补偿了投资者可能遭遇债券被提前回购的可能性。

案例 16-1

五年前，塞普拉克公司发行了票息率为 9% 的 15 年期可赎回债券。此后，利率一路走低。现在，塞普拉克公司可以发行票息率为 7% 的新债券了。它决定以向投资者回购的方式回收现有债券，同时发行票息率为 7% 的新债券。通过赎回旧的债券，塞普拉克公司减少了它的融资成本。

2. 可转换特征

可转换债券（convertible bond）允许投资者把债券转换成预定数量的发行者的股票，如果该股票的价格达到一个特定价位。这个特征使债券投资者可以在发行者股价上升的时候获益。因为可转换性是一个投资者很喜欢的特征，所以可转换债券一般比不可转换债券的收益要低。相反，如果股价一直没有达到特定的引发价格，可转换债券向投资者提供的收益就低于无可转换特征的其他债券。然而，如果股票价格达到了引发价格，投资者就能把手头的债券转换为发行者的股票，获得的收益就会超过不可转换债券能达到的水平。

16.1.2 债券的到期收益率

债券的**到期收益率**（yield to maturity）是持有该债券到期的年化收益率。假设债券的定价为 1 000 美元，面值为 1 000 美元，期限为 20 年，票息率 10%。该债券的到期收益率为 10%，和它的票息率相同，因为买入债券的价格和它的面值相等。

在另一个例子中，如果债券的价格低于它的面额，它的持有到期收益率就会超过 10% 的票息率。该债券也会产生资本利得收入，因为它的买入价低于到期后可以回收的本金。相反，如果债券价格超过面额，它的持有到期收益率就会低于 10% 的票息率。因为投资者当初为获得债券而支付的金额超出了债券到期后能收回的资金。

16.1.3 二级市场的债券交易

投资者可以在债券到期前在二级市场把他们的债券卖给其他投资者。债券价格随利率变动和其他因素而变化。有的债券在纽交所这样的证券交易所交易；其他的则在场外市场交易。许多投资者在二级市场卖出他们的债券，以便筹资支付到期费用或投资于其他更有吸引力的证券。经纪公司接受投资者的买卖委托，帮助投资者执行债券交易。

16.2 债券类型

债券可以根据发行者的类别分为：
- 国债；
- 市政债券；
- 联邦机构债券；
- 企业债券。

16.2.1 国债

国债（treasury bond）是美国财政部代表联邦政府发行的长期债务证券。由于它的支付得到联邦政府的担保，因而国债没有发行者违约的风险。国债的利息要缴纳联邦所得税，但不缴纳州和地方税。因为它们在二级市场很好卖，所以国债的流动性很强。

16.2.2 市政债券

市政债券（municipal bond）是州或地方政府机构发行的长期债务证券。这些机构向某些市政工程收费，或动用税收还债。由于州或地方政府机构有可能在票息支付上违约，市政债券不是完全没有违约风险的。比如说，近年来，好几个地方政府，包括斯托克顿市（加利福尼亚）、哈里斯堡（宾夕法尼亚）和底特律（密歇根），都因无力支付债券票息而违约。有的时候，一部分票息是可以保险的，但投资者还是要承担一部分损失。尽管如此，大部分市政债券的违约风险很低。为了吸引投资者，当地政府在发行相对风险较高的市政债券时，提供的收益率会比低风险市政债券高一点。

市政债券的利息免缴联邦所得税，这对边际税率较高的投资者尤为有利。如果投资者居住在发行市政债券的地方，它的利息连州和地方的税也可以免了。市政债券比同期发行的国债票息率更低。但是，市政债券反馈给投资者的税后收益可能反而更高。

案例 16-2

麦克·里弗斯住在佛罗里达，该州不缴纳州所得税。但他的联邦所得税边际税率是 35%，也就是说他要为当年的任何额外收入支付 35% 的税。麦克投资 100 000 美元的国债，票息率 4%，以及 100 000 美元的市政债券，票息率 3%。他每年从这两种债券中取得的收入如下表所示。

	国债	市政债券
税前利息收入	$4 000（0.04×$100 000）	$3 000（0.03×$100 000）
联邦税收	$1 400（0.35×$4 000）	0
税后利息收入	$2 600	$3 000

请注意，虽然麦克从国债中收到了更多的利息，但他必须把 35% 的收入缴纳给联邦政府。所以，他只能保留收入的 65%，也就是 2 600 美元。相反，他从市政债券中得到的 3 000 美元利息收入不用纳税。因此，虽然市政债券的票息率是 3% 而国债是 4%，但麦克每年从市政债券中还能多得 400 美元的税后收入。

16.2.3　联邦机构债券

联邦机构债券（federal agency bond）是联邦政府机构或政府赞助企业（GSE）发行或担保的债券。比如说，政府国民抵押协会（也叫吉利美，或缩写为 GNMA）为联邦住宅管理局（FHA）和退伍军人管理局（VA）发行的抵押贷款担保证券提供担保。联邦住房贷款抵押公司（被称为房地美）是一家发行债券，用它的收入发放传统抵押贷款的 GSE。另一家经常发行债券的 GSE 是联邦国民抵押协会（房利美）。

像吉利美那样的政府机构发放的债券和国债一样纳税。它的利息要缴纳联邦所得税但是免缴州和地方税。像房利美和房地美那样的政府赞助企业发行的债券则要缴纳联邦、州和地方税。

因为吉利美是一个政府机构，所以它的证券由美国政府提供全额担保。而 GSE 虽然得到政府赞助，却属于股东。所以，有的投资者担心它们的债券可能比其他机构的风险更大。在 2008 年金融危机期间，房利美和房地美损失惨重，因为它们投资的许多所谓次级贷款无法偿还。2008 年 9 月，美国政府托管了房利美和房地美，从而彻底消除了这些机构发行的债券可能违约的担忧。

16.2.4　企业债券

企业债券（corporate bond）是大企业发行的长期债务证券。企业债务的偿还是没有政府担保的，所以企业债券有违约风险。在一个极端，像可口可乐或 IBM 这样的企业发行的债券违约风险微乎其微，因为多年来这些企业强大的盈利能力有目共睹。在另一个极端，不那么稳定的小企业发行的债券面临的违约风险就高得多。这些债券被称为**高收益债券**（high-yield bond）或**垃圾债券**（junk bond）。许多投资者愿意投资垃圾债券，因为它们的收益率比较高。然而，它们比其他债券违约的可能性更大，尤其是在经济不景气的时候。

企业债券报价

企业债券报价刊载在《华尔街日报》之类的金融报纸上，以及形形色色的财务网站上。报价中通常包括以下信息：

- 票息率；
- 期限；
- 当前收益；
- 成交额；
- 收盘价；
- 涨跌幅。

为了展示报价信息如何使用，请看表 16-1 中披露的 Zugle 公司债券报价。该债券每年支付 5% 的票息率，表示每 1 000 美元面值支付 50 美元。这些债券的到期日为 2018 年 12 月 1 日。这些债券上一个交易日最后的成交价是 100.00 美元，也就是按面值成交。收益率（5%）表示现在按最后成交价买入债券的人持有到期的收益率。该债券的成交额为 4 000 000 美元。

表 16-1　公司债券报价的例子

公司	票息率（%）	到期日	成交价（美元）	收益率（%）	成交额（千美元）
Zugle Co.	5.00	2018.12.1	100.00	5.00	4 000

16.3　债券投资收益

如果你买入债券并持有到期，就能获得买入债券时的持有到期收益。但是，之前讲过，许多投资者在债券到期前就在二级市场把它卖了。因为债券的价格会波动，所以你投资债券的收益就取决于你卖它时的价格。

16.3.1 利率变动对债券收益的影响

你持有债券期间的利率波动严重影响你投资债券的收益。为了更好地说明，假设你按面值买入票息率为 6% 的债券。一年后，你打算把它卖掉。这时，新的按面值出售的债券提供的票息率为 8%。因为投资者可以购买新的票息为 8% 的债券，他们不会再考虑你的债券，除非你愿意低于面值出售。换言之，你必须在价格上打折以补偿他们因为票息较低受到的损失。

如果第二年的利率不是上涨而是下跌了，你就会看到相反的效应。你可以用超过面值的溢价出售债券，因为你的债券票息率高于新发行债券的票息率。所以，利率变动和债券价格的关系非常密切。如果你持有债券期间的利率下跌了，你就能从债券投资中获得更多的收益。

16.3.2 债券投资的税务

在确定债券投资的收益时，你需要考虑税收的影响。你从债券中获得的利息收入要按一般收入的标准缴纳联邦所得税（除了前面介绍过的免税债券）。在二级市场上以高于当初买入时的价格把它卖出去，会产生资本利得。资本利得（或损失）是你卖出债券的价格和当初买入价之间的差价。回忆一下第 4 章中讲过，从持有时间少于等于一年的资产中获得的资本利得属于短期资本利得，要按一般收入纳税。从持有时间超过一年的资产中获得的资本利得则缴纳长期资本利得税。

👉 **案例 16-3**

你花 9 700 美元买了 10 张刚发行的债券。这些债券的总面值是 10 000 美元，为期 10 年。债券的票息率是 8%，或每年 800（0.08×10 000）美元，每 6 个月支付一次票息，所以每次 400 美元。表 16-2 展示了四种不同情况下你的收益。请注意，债券投资的税负因债券价格变化和持有时间长短而不同。

表 16-2　债券投资的税负前景

情况	税收
八个月后，你以 9 800 美元的价格出售债券	买入债券六个月后，你收到一次 400 美元的票息，按正常税率缴纳所得税。你还得到 100 美元的短期资本利得，也按正常税率缴纳所得税
两年后你以 10 200 美元的价格出售债券	第一年和第二年，你各收到 800 美元的票息，按正常税率缴纳所得税。第二年你还得到 500 美元的长期资本利得，所以那一年你还要缴纳长期资本利得税
两年后你以 9 500 美元的价格出售债券	第一年和第二年，你各收到 800 美元的票息，按正常税率缴纳所得税。第二年你还遭受 200 美元的长期资本损失
你持有债券到期	在债券到期之前的 10 年，你每年都能收到票息，按正常税率缴纳所得税。10 美元年期满，你还收到债券本金 10 000 美元，其中包含 300 美元的长期资本利得，所以当年还要缴纳长期资本利得税

16.4 债券估价

在投资债券之前，你可以用货币时间价值分析来确定它的价值。确定债券价值的方法是计算投资者未来获得的现金流的现值，包括定期的票息支付和到期的本金。计算债券的现值可以把它未来的现金流（票息支付和本金支付）贴现。贴现率可以用你期待的投资收益率。

所以，债券的价值包含未来息票支付和本金支付的现值。如果你按用这种方法算出来的价格买入债券并持有到期，你就能获得期待的投资收益。

任何债券的市值都取决于投资者期待的收益率，而后者又受到当时其他投资品的利率影响。如果债券投资者像下面案例中的维克多一样期待获得 8% 的收益率，债券就会按他推导出来的价值在市场里定价。然而，如果债券市场的参与者对收益率的要求有所不同，债券的市价也会不一样。比如说，如果大多数投资者希望债券的收益率是 9%，债券的市场价格就会低于维克多推导出来的价格（请自己以 9% 的预期收益率进行一次验证推导）。

案例 16-4

维克多想购买一种还有七年才到期的债券，面值是 1 000 美元，票息率 6%（我们假设票息每年年底支付一次）。因为他知道自己购买其他债券每年能赚 8%，所以只有他的收益率达到 8% 他才愿意购买这种债券。

给债券定价的第一步是确定票息支付、本金支付和预期收益率：

- 未来的现金流：

票息支付（C）$=0.06 \times \$1\,000 = \$60$

本金支付（$Prin$）$= \$1\,000$

- 贴现率：

预期收益率 $=8\%$

第二步是利用附录 C 中的现值表，结合这些信息，对债券未来的现金流进行贴现：

$$债券价值 = 票息支付现值 + 本金现值$$
$$= [C \times (PVIFA, 8\%, 7yrs)] + [Prin \times (PVIF, 8\%, 7yrs)]$$
$$= [\$60 \times 5.206\,4] + [\$1\,000 \times 0.583\,5]$$
$$= \$312.38 + \$583.50$$
$$= \$895.88$$

请注意，使用附录中的表格会产生轻微的误差，因为这些数字都是四舍五入的。

如果用财务计算器计算债券的价值，终值是 1 000 美元，因为债券持有人在到期后能得到的就是这么多。

根据这个分析，维克多愿意出 895.88 美元购买这个债券，这样才能得到年化 8% 的收益率。如果他能以更低的价格买到债券，他的收益就会超过 8%；但如果价格超过 895.88 美元，他的收益就达不到 8%，他也不会再考虑这种债券了。

16.5 债券投资的风险

债券投资者面临使债券无法提供预期收益的风险。主要的风险来源是违约风险、赎回风险和利率风险。

16.5.1 违约风险

如果债券的发行者（地方政府或企业）支付违约，投资人就无法收到他们应得的全部票息，甚至是本金。投资者只有在债券收益率超过其他债券，足以弥补这一风险的情况下才会投资于高风险的债券。投资者要求的用来补偿违约风险的额外收益被称为**风险溢价**（risk premium)。国债没有风险溢价，因为它没有**违约风险**（default risk）。这意味着风险越高的债券，给投资者的回报越高。

许多投资者故意投资高风险债券，因为这些债券的收益很高。他们对国债等低风险债券不屑一顾，因为它们的收益比较低。当这些高风险债券能正常还本付息时，他们很享受这种投资带来的赌博式的刺激。然而，如果这些债券违约，投资者将损失部分甚至全部的投资。

1. 采用风险评级衡量违约风险

投资者可以采用（穆迪或标准普尔等机构提供的）风险等级评估企业债券的风险。评级反映的是发行者未来偿还债务的可能性。等级划分如表 16-3 所示。投资者可以权衡低等级债券潜在的高收益和高违约风险，选择符合自身风险承受等级的企业债券。风险等级越低（越差），债券的风险溢价越高。在经济不景气的时候普遍评级较低，因为在这样的经济环境下高风险债券更有可能违约。在经济萧条的时候，有的投资者转而投资国债，因为他们担心其他类型的债券太容易违约。

表 16-3　债券评级

风险等级	标准普尔	穆迪	风险等级	标准普尔	穆迪
最优级（最低风险）	AAA	Aaa	低级	B	B
优等	AA	Aa	劣级	CCC	Caa
良好	A	A	极差级	CC	Ca
一般	BBB	Baa	最低级	DDD	C
中等偏下	BB	Ba			

2. 金融危机和违约风险

2008 ~ 2009 年金融危机期间，许多公司出现了财务问题，无法近期偿付债券。购买这些债券的投资者损失了他们的大部分甚至全部投资。当投资者最初购买这些债券时，他们还以为这些债券是挺好的投资项目，因为它们的收益率比国债高。然而，这些投资者没有预料到会发生金融危机。

金融危机期间，有的投资者声称评级机构给高风险债券过高的等级，误导了投资者。有许多例子表明，评级并不能真实地反映违约风险。评级系统的一个问题是，评级机构的钱是发行证券的公司给的。因为评级低的债券要支付高利率才能吸引投资者，发行者希望它们的债券能获得较高的评级。如果评级机构定的等级低了，债券发行公司下次就会去找另一家机构做这项业务。危机后实施的新法规试图解决这个问题。2014 年，证券交易委员会发布了新规则以防范现有评级机构的利益冲突。根据新规则，评级机构采用的方法必须更加透明，企业的评级部门必须严格独立于销售和营销部门。如果评级机构有分析师跳槽去他们评过级的公司，所有他们对该公司证券做过的评级都要推倒重来。

案例 16-5

史蒂芬尼·斯普拉特在看金融报刊上登载的 10 年期债券今天的收益情况，见第二列：

债券类别	债券收益率（%）	债券收益率包含的风险溢价（%）
国债	5.0	0.0
AAA 级企业债券	5.5	0.5
A 级企业债券	5.8	0.8
BB 级企业债券	6.8	1.8
CCC 级企业债券	7.5	2.5

根据这些债券的收益，她推算出这几种债券的风险溢价，见第三列。因为国债是无风险的，所以它没有风险溢价。然而，其他债券都有风险溢价，就是它们的年化收益超过国债收益的部分。虽然其他债券的收益比国债高，因而很吸引人，但他们有可能违约，让投资者血本无归。

史蒂芬尼觉得她倾向于国债或 AAA 级债券，因为她觉得其他债券的风险溢价不足以弥补风险。但是，她现在还买不起任何一种债券。

16.5.2　赎回风险

具有提前赎回特征的债券有**赎回风险**（call risk），也叫提前**偿付风险**（prepayment risk），即债券被提前赎回的风险。如果可赎回债券的发行者在特定条件下选择赎回这些债券，持有债券的投资者必须把债券回卖给发行者。

案例 16-6

两年前，克里斯蒂娜·拉美拉斯购买了持有到期收益为 7% 的 10 年期的债券。她打算持有这些债券到期。不久前，利率下调，发行者赎回了债券。克里斯蒂娜可以用这些钱去买别的债券，但因为利率下调，新债券的持有到期收益都降低了。克里斯蒂娜可以从新债券中获得的收益好像都会少于原先那种 10 年期的债券。

16.5.3　利率风险

所有债券都有**利率风险**（interest rate risk），也就是债券价格会随利率提高而下跌的风险。债券的价值是它未来预期现金流的现值。大多数债券的票息是固定的。如果利率提高，投资者会要求收益更高的债券。于是，计算现值时的贴现率也要提高，债券的市价就会降低。

案例 16-7

三个月前，罗伯·休斯花 10 000 美元买了面值为 10 000 美元，票息率为 5% 的 20 年期债券。从那以后，利率就下跌了。新的面值为 10 000 美元 20 年期国债价格还是 10 000 美元，票息率为 7%。所以，如果罗伯买的是后发行的债券，而不是三个月前发行的债券，他就可以多赚两个百分点的票息。

他决定把现有的国债卖了，用这些钱买新发行的债券。他很快发现二级市场上没有人愿意用他当初支付的价钱买他的债券。这些投资者拒绝他的债券的理由和他自己的一样：他们更愿意赚新债券 7% 的票息，而不是他现有债券 5% 的票息。要想把这些债券卖出去，唯一的方法是降低价格以补偿（相对新债券而言）较低的票息。

债券期限对其利率风险的影响

距到期时间比较长的债券比快要到期的债券对利率变动更敏感。为了知道原因，可以假设有两种债券，面值都是 1 000 美元，票息率 7%。但是，一种距到期还有 20 年，而另一种只剩一年。如果市场利率突然从 7% 下跌到 5%，你会想要哪种债券？还有 20 年才到期的债券会变得非常抢手，因为你在接下来的 20 年里一直可以享受 7% 的票息率带来的收益。相反，一年后就到期的债券只剩明年一年可以给你带来 7% 的收益。虽然利率下跌会让两种债券的市价都有所上涨，但距到期时间较长的债券涨幅会更大。

现在，假设利率不是下跌而是从原来的 7% 上涨到 9%。你又会考虑哪种债券？两种债券的票息率都只有 7%，比主流利率要低。但一年后就到期的债券很快就可以解套，到时你就可以把兑现的钱按当时的利率（假设那里利率还维持在高位）再投资。相反，还剩 20 年的债券会把你套牢。虽然在新利率条件下两种债券都不受欢迎，剩余期限更长的债券更讨人嫌。所以，它在二级市场的价格下跌幅度会比快到期的债券更大。

16.6 债券投资策略

大部分债券投资策略选择一组多元化的债券组合，而不是单一债券。多元化减少了单一发行者可能的违约造成的风险。如果你的钱不够投资多元化债券组合，你可以考虑投资一个低门槛（比如 1 000 美元）的债券型共同基金。关于债券型共同基金的其他信息见第 17 章。不管你是关注个别债券还是债券型共同基金，下面总结的债券投资策略都是适用的。

16.6.1 利率策略

采用**利率策略**（interest rate strategy），你根据利率预期选择债券。如果你预期利率要下跌，就应该重仓投资到期时间久的债券，因为它们在利率下跌时涨幅大。相反，如果你预期利率要上升，就应该把资金转入快要到期的债券，以减少利率上升造成的不利影响。

采用利率策略的投资者如果对未来的利率走向做出了错误的判断，就会损失惨重。此外，这个策略要求根据对利率的预期频繁交易以调整仓位。在这个策略的指导下，有的投资者根据他们对利率调整的预期，动不动就把现有的债券清空，然后换成另一组不同期限的债券。频繁的交易造成交易费用（主要是支付给经纪公司的佣金）。此外，频繁的债券买卖可能产生许多短期资本利得，要按照一般联邦所得税率纳税。对于大多数投资者来说，这个税率比长期资本利得的税率要高。

16.6.2 被动策略

采用**被动策略**（passive strategy），你构建一个多元化的债券投资组合，然后长期持有。这个投资组合的目的就是单纯地获取定期的票息收入。被动策略尤其适合只想要稳定的利息收入，不愿支付频繁交易带来的成本的投资者。

被动策略不一定非得选择低收益的非常安全的债券；它可以构建一个风险层次多元化的债券组合。多元化的目的是减少单一债券发行者违约的伤害。为了减少利率风险的伤害，组合中的债券可以覆盖较长跨度的到期时间。

这个策略的一个缺陷是它并非基于对利率的预期积累资本。采用被动策略的投资人更注重贴合债券市场的整体波动，而不是试图战胜债券市场。

16.6.3 期限匹配策略

期限匹配策略（maturity matching strategy）指按照未来开销发生的时间选择债券的期限。比如说，8 岁孩子的家长可以考虑投资一个 10 年期债券，这样在孩子要付大学学费的时候正好可以收回本金。又比如说，他们可以在自己退休前构建一个债券的投资组合，这样退休后债券的票息支付正好可以作为养老金的年金，支付日常开支。匹配策略是很保守的，它只想应对未来的开销，而不要求超过债券市场的平均收益。

16.7 怎样把债券投资纳入你的理财规划

下列关于债券的关键决策是你必须纳入理财规划的：

- 你应该买债券吗?
- 你应该用什么策略投资债券?

图 16-1 展示了史蒂芬尼·斯普拉特怎样把债券决策纳入她的理财规划。史蒂芬尼首先考虑保持充分的流动性和偿还有的贷款。她现在还不打算买债券,但等到她的财务状况有所改善时,也会考虑债券。

债券投资的目标

1. 确定债券投资是否能让我获利。

2. 如果我决定要投资债券,确定要采用什么样的投资策略。

分析

债券投资策略	意见
利率策略	我不会预测利率走势(即使是专家在预测利率的时候也常犯错误),所以这个策略是靠不住的。这个策略也会把我的纳税申报变得很复杂
被动策略	在许多情况下可能适合我,而且它的低交易成本很有吸引力
期限匹配策略	不适合我的情况,因为我不打算用票息支付冲抵未来的开销

决策

1. 关于是否进行债券投资的决策

　　我现在还没钱买债券,但未来等我的财务状况改善时,会考虑购买债券。债券可以产生相当不错的收益,而且有些债券是没有违约风险的。我觉得国债和 AAA 级债券更适合我。

2. 关于债券投资策略的决策

　　我不想用票息支付冲抵未来的预期开销。我在决定投资哪种债券的时候可能会考虑金融专家关于利率走势的预测,但我不会再按照利率变动趋势买卖债券赚取差价。我在债券投资时多半会采用被动策略,买到债券以后就长期持有。

图 16-1　史蒂芬尼·斯普拉特的理财规划中的债券

讨论题

1. 如果史蒂芬尼是带着两个孩子的单身妈妈,她的债券投资决策会有什么不一样?

2. 如果史蒂芬尼现在已经 35 岁,年龄会对她的债券投资决策产生怎样的影响? 50 岁呢?

小结

1. 债券背景知识

发行债券的目的是获取长期资金贷款。发行者有义务支付利息(或票息)以及在到期时支付面值。如果你想从投资中获得定期收入,就应该考虑投资债券而不是股票。

2. 债券类型

常规的债券发行者包括美国财政部、地方政府、联邦政府机构和政府资助企业(GSE),以及企业。

3. 债券收益

债券持有到期收益是投资者持有债券至到期日可获得的年化收益。这个收益包括利息(票息)以及债券买入价和面值之间的差额。

4. 债券估值

债券的价值取决于它带给投资者的未来现金流的现值。未来的现金流包括定期票息支付和到期后偿还的本金。折现时采用的贴现率应取决于投资者期待的收益率。

5. 债券风险

债券面临违约风险，即发行者拒绝还本付息的风险。有的债券还有提前赎回风险，即发行者在到期前赎回债券的风险。债券还有利率风险，即利率上涨导致债券价格下跌的风险。

6. 债券投资策略

一种常用的债券投资策略是利率策略，即根据对未来利率的预期选择债券。另一种策略是被动策略，即构建一个多元化的债券投资组合并长期持有。第三种是期限匹配策略，投资者按照未来需要资金的日子选择债券。

7. 怎样把债券投资纳入你的理财规划

债券投资可以产生定期收入，所以能够帮你实现未来的支出或储蓄。这样，债券投资可以让你实现理财规划。

复习题

1. **债券特性**　什么是债券？什么是债券的面值？什么是票息？一般多少时间支付一次？什么时候你会考虑投资债券？

2. **提前赎回特征**　什么是债券的提前赎回特征？提前赎回特征对购买债券的投资者的利益有什么影响？

3. **可转换债券**　什么是可转换债券？债券的可转换特征对它的收益有什么影响？

4. **持有到期收益**　什么是债券的持有到期收益？债券的买入价对它的持有到期收益有什么影响？

5. **二级市场**　讨论怎样才能在二级市场上出售债券。

6. **国债**　什么是国债？讨论它的主要特性。

7. **市政债券**　什么是市政债券？为什么要发行市政债券？所有的市政债券都没有违约风险吗？哪些特性使市政债券更受高收入投资者欢迎？

8. **联邦机构债券**　什么是联邦机构债券？请对三种最常见的联邦机构债券进行对比分析。

9. **企业债券**　什么是企业债券？企业债券有违约风险吗？什么是垃圾债券？为什么有投资者会购买垃圾债券？

10. **企业债券报价**　列举企业债券报价中提供的信息。

11. **债券收益**　如果投资者在债券到期前把它在二级市场出售，什么决定债券的收益？利率变动如何影响债券的整体收益？

12. **税收效应**　讨论税收效应对债券收益的影响。

13. **违约风险**　讨论与债券相关的违约风险。投资者怎样利用风险评级？风险评级和风险溢价之间有什么关系？经济环境怎样影响违约风险？

14. **提前赎回风险**　有提前赎回特征的债券给投资者带来什么样的风险？

15. **利率风险**　什么是利率风险？利率上升对债券价格有什么影响？

16. **利率风险**　债券的期限对利率风险有何影响？投资者应该怎样利用利率变动的预期？

17. **利率策略**　说明怎样在债券投资中运用利率策略。采用这一策略有哪些潜在的问题？

18. **被动策略**　债券投资的被动策略如何运用？这一策略最大的缺点是什么？

19. **期限匹配**　解释债券投资中的期限匹配策略。试举例说明。为什么说期限匹配策略是很保守的？

20. **债券价值**　怎样确定债券的价值？计算需要哪些信息？

21. **经济萧条对债券价格的影响**　说明为什么高风险债券的价格在经济萧条的时候下跌。

22. **债券价格对经济环境的敏感性**　为什么有些债券的价格对经济环境的敏感性更强？

23. **联邦机构债券和税收**　联邦机构债券提供了什么样的税收激励？

24. **GSE 债券**　什么是 GSE 债券？GSE 债券的利息收入在税务上怎么处理？

25. **垃圾债券**　什么是垃圾债券？为什么投资者会买垃圾债券？

26. **债券价值** 说明债券估价的流程。

27. **评级机构的利益冲突** 为什么债券评级机构在给新发行债券评级时可能出现利益冲突？这种利益冲突可能导致什么样的结果？立法者试图怎样解决这个问题？

28. **债券和理财规划** 债券在投资组合中有什么好处？

理财规划练习题

1. **债券支付** 伯尼买了 20 张面值为 1 000 美元的债券，票息率为 9%，每半年支付一次。伯尼第一次能收到多少钱的利息？

2. **年利** 保罗有 10 000 美元，他想用这些钱买债券。可以购买票息率 7% 的国债，或票息率 5.5% 的市政债券。保罗所在的州没有州所得税，他的边际税率是 25%。如果考虑纳税因素，哪种债券能让保罗收到更多的年利息？

3. **纳税** 邦妮花 9 500 美元买了面值为 10 000 美元，票息率 9%，每年付息一次的企业债券。11 个月后，邦妮第一次收到利息，随后就以 9 700 美元的价格把债券卖了。如果邦妮的联邦所得税边际税率是 35%，她总共要缴纳多少与债券相关的所得税？

4. **纳税** 凯蒂花 9 400 美元购买面值为 10 000 美元，票息率 6.5% 的吉利美债券。过了两年，在收到当年支付的票息之后，凯蒂把债券卖了 9 700 美元。如果她的边际税率是 25%，她总共要缴纳多少所得税？

5. **债券收益** 蒂莫西有机会购买一张面值 1 000 美元，票息率 7%，期限 5 年的市政债券。债券每年支付一次利息。如果蒂莫西要求收益率为 8%，她应该为这张债券花多少钱？

6. **债券估值** 米娅想投资面值 20 000 美元，票息率 4.5%，期限 10 年的国债。米娅要求 6% 的收益率。假设利息每年支付一次，她应该付多少钱买债券？

7. **债券估值** 艾玛想买面值 10 000 美元的债券。这种债券的年度票息率为 8%，期限 6 年。债券定价 9 550 美元。如果艾玛要求 10% 的收益率，她应该买这些债券吗？

8. **债券估值** 马克的国债面值 30 000 美元，票息率 6%，期限 15 年。马克想把这些国债卖掉，而当前新债券的票息率为 8%。马克应该给这些债券定什么价？

9. **债券估值** 如上题，如果马克的国债票息率为 9%，而新债券的票息率还是 8%。在这种情况下，马克应该给这些债券定什么价？

10. **风险溢价** 桑迪有 5 000 美元，可以选择购买票息率 7% 的国债和票息率 9.2% 的 BB 级企业债券。这种 BB 级企业债券的风险溢价是多少？

11. **道德困境** 约翰是一个比较保守的投资者。他刚刚继承了一大笔遗产，希望给它找个收益不错，又不用担心会蚀本的投资。他的经纪人向他推荐了国内最大的汽车企业，联合通用的 20 年期债券。他的经纪人向他保证，这些债券由公司资产为担保，利率也都写进合同。经纪人解释说，虽然所有投资都有风险，但约翰买这些债券会损失本金的可能性微乎其微。

约翰买了这种债券，并且在接下来的两年内享受了稳定的利息支付。但是在第三年，联合通用宣布了公司历史上最大的亏损。虽然公司离破产还很遥远，但债券评级机构把它的债券级别下调到垃圾级。约翰对他的债券价格下跌感到非常害怕，因为他还想把大部分债券卖掉给自己买住房。当他把自己的不满告诉经纪人时，经纪人指出约翰还能准时收到公司支付的利息，而且只要他持有这些债券到期，就不会遭受损失。经纪人强调，在他们最初会面的时候，约翰关注的是本金安全和利息支付，而目前为止这项投资还能满足这两个要求。

（1）经纪人没有告诉约翰购买债券的其他风险。这样做道德吗？为什么？

（2）如果约翰预见到自己 3～5 年后就要购买住房，他的债券投资会有所不同吗？

理财心理：购买高风险债券

1. 投资者认为高风险债券的收益比低风险债券收益高。在这些债券正常还本付息的时候，他们觉得投资高风险债券像赌博一样刺激。然而，投资者必须意识到，高风险债券违约的可能性比安全债券要大。说说你是怎么看待购买高风险债券的。

2. 阅读一篇关于心理因素如何影响边缘债券购买的文章。你可以上网搜索关键词"心理"和"购买高风险债券"来检索相关文章。阅读后总结文章主要观点。

系列案例：辛普森一家

　　辛普森一家在考虑把债券投资作为孩子们的大学教育储蓄的手段。他们得知有的债券将在现在开始的 12 ～ 16 年到期，恰好能在他们需要支付大学费用的时候派上用场。戴夫和莎伦注意到有些评级很高的市政债券票息率为 2%，而有些评级很高的企业债券票息率为 4%。这两种债券辛普森一家都可以按面值购买。

　　他们从企业债券获得的收入要按 25% 的边际税率纳税。而市政债券提供的收入可以免缴联邦所得税。戴夫和莎伦想听听你的意见，债券是不是可靠的投资；如果是的话，应该买哪种债券。

1. 辛普森一家该不该把一部分为孩子大学教育进行的储蓄买成债券？为什么？

2. 如果辛普森一家应该买债券，结合他们的投资目的，应该选择什么时候到期的债券？

3. 如果辛普森一家要买债券，他们应该买企业债券还是市政债券？根据债券的面值为 1 000 美元，而辛普森一家的边际税率是 25%，分析他们的税后收益来论证你的观点。

税后收益率计算

企业债券收益	
边际税率	
税后收益率	
年度税后利息（美元）	

4. 辛普森一家得知许多公司债券因为财务报表有疑问而被降级。但是，辛普森一家并不太担心这个问题，因为他们想买的公司债券评级很高。请结合他们的财务目标，说明公司债券降级可能对辛普森一家造成的影响。

第 17 章　共同基金投资

引导案例

　　9 月下旬，罗伯以每股 25 美元的价格买入 200 股共同基金。到 12 月，他的共同基金价格只有每股 23.50 美元，但他不是特别失望，毕竟这是一项长期投资。

　　让罗伯惊讶的是，他 12 月收到了基金的分红。虽然这项投资的净值比当初购买的时候少了 300 美元，共同基金按每股 3.95 美元给他分红。罗伯总共得到 790 美元的应报税收入。罗伯当初在申购的时候并不知道，他选择的基金在过去几年购买的股票积累了大量的资本利得。在享受了五年的高增长之后，基金经理卖出了一部分股票以锁定利润。罗伯作为一个当前的股东，也收到了他应得的那份。直到这时，罗伯才知道大多数共同基金会在年底前把它们的利润分红，这也是法律规定的。关于共同基金和它们对税收的影响，罗伯还有许多东西要学。

　　本章说明怎样通过投资股票型共同基金和债券型共同基金以分散你的投资组合。对共同基金的了解有助于你做出恰当的投资决策，扩大你的财富。

本章学习目标

- 介绍共同基金的背景知识
- 介绍股票型和债券型共同基金的类型
- 说明共同基金的风险—收益权衡
- 讨论怎样选择共同基金
- 介绍共同基金的报价
- 说明怎样对共同基金进行分散投资
- 探讨怎样把共同基金投资纳入你的理财规划

17.1　共同基金的背景

　　共同基金可以按照它们投资的证券类别分成许多种。股票型共同基金向个人发售股份，然后用筹集的资金投资股票。债券型共同基金向个人发售股份，然后用筹集的资金投资债券。共同基金聘请投资经理，由他们决定购买哪些证券。所以，购买共同基金的个人投资者就不需要自己决定选择哪些股票了。共同基金的投资门槛一般在 500 ～ 3 000 美元，视基金自身的规定。许多共同基金都隶属于其他类型的金融机构。

共同基金很受投资者欢迎。在美国，共同基金的资产规模达到 15 万亿美元。其中，股票型共同基金占约 52%，债券型共同基金占约 22%。近年来，共同基金每年的现金净流入（购买共同基金股份的金额减去赎回额）超过了 1 500 亿美元。

17.1.1 投资共同基金的动机

投资共同基金的动机之一是哪怕你的初始投资金额很少，也可以实现分散化投资。如果你有 1 000 美元可以投资，你（和其他投资者一起）可以通过共同基金构建一个包括上百种股票的投资组合。但如果你想用这 1 000 美元直接买股票，你可能连一种股票的 100 股都买不到。

投资共同基金的第二个动机是利用投资经理的专业能力。你的投资反映的是经验丰富的专业人士在充分调查研究基础上做出的决策。

投资共同基金的第三个动机是它们可以实现特定的投资目标。比如说，有些共同基金的设计初衷是满足投资者对投资对象增值的要求；而另一些共同基金则被设计为向投资者提供定期收入。

17.1.2 资产净值

任何一个共同基金的价值都可以用它的**资产净值**（net asset value，NAV）来表示。这个指标的意思是共同基金购买的证券的市场价值减去它的负债。比如说，假设某共同基金持有 100 只不同的股票，其中包括 10 000 股当前股价为 60 美元的耐克股票。这个共同基金今天持有的耐克股票价值为 600 000（60×10 000）美元。用同样的方法可以算出它持有的另外 99 只股票的价值，然后，把所有股票的价值相加。接下来，减去应付给基金经理的费用等负债，就得到资产净值。

资产净值一般要除以售出的基金份额，所以表达为每股基金包含的资产净值。所有共同基金每天都要计算它的资产的市场价值。基金获得的利息或股息都要计入它资产的市场价值，而基金产生的任何支出（比如邮寄、营销费用和投资经理的薪酬）和发放给股东（投资者）的分红则要扣除。随着共同基金投资组合的价值增加或减少，基金净值也同步变动。

17.1.3 开放式和封闭式基金

共同基金还可以分成开放式基金和封闭式基金。

1. 开放式基金

开放式基金（open-end mutual fund）直接把份额卖给投资者，然后在投资者想要卖出的时候把它们赎回。基金通常由大型金融集团下属的投资公司管理。美洲银行、花旗集团、富国银行和其他许多金融机构都成立了投资子公司，管理共同基金。许多投资公司都运作由多只独立开放式基金组成的基金家族，或基金群。比如说，富达、普信和先锋集团都管理着多只不同的开放式基金，每只基金都有各自的投资目标。通过提供差异化的共同基金，这些投资公司满足了具有不同投资偏好的投资者。

假设一只股票型开放式基金今天因为新投资者申购份额收到 1 000 万美元。另外，有些以前买过基金的投资者决定把手头的份额卖给基金公司，导致 600 万美元的赎回。在这个案例中，这只股票型共同基金产生了 400 万美元的新资金净流入，接下来投资经理就可以用这些钱投资了。

有的时候，赎回的金额可能会超过申购份额的金额。共同基金经理通常会在投资组合中保留一小部分现金或容易变现的证券，以便在赎回超过申购份额的时候保持充足的流动性。如果还不够，他们只能卖掉投资组合中的一些股票，以套现足够的资金应对赎回。

2. 封闭式基金

封闭式基金（closed-end fund）在成立之初向投资者发行份额，但它们不会赎回份额。与开放式基金不同，封闭式基金的份额是在证券交易所买卖的。所以，基金不会因为投资者的需求而发行新份额，也不允许投资者赎回持有的份额。份额的市场价格取决于对份额的需求和已发行份额的供给。和股票的定价差不多，封闭式基金的每股价格和它的每股资产净值可以不同。封闭式基金的每股价格有的时候可以包含一定的**溢价**（premium）（超过净值），而其他时候包含一定的**折扣**（discount）（低于净值）。

17.1.4 含佣和免佣基金

开放式共同基金可以收佣金，也可以不收佣金。**免佣开放式基金**（no-load mutual fund）直接卖给投资者，不收取任何费用。**含佣开放式基金**（load mutual fund）在买入时收取一笔费用（佣金）。在大多数情况下，这笔钱会支付给为购买含佣基金的投资者执行交易的证券经纪人或其他金融服务顾问。因为免佣基金不向经纪人付费，经纪人一般也不会向投资者推荐这些基金。

投资者应该认识到佣金对投资业绩的影响。有时候，就是佣金造成了共同基金业绩的差异。

案例 17-1

你有 5 000 美元要投资一只股票型共同基金。你可以选择投资一只免佣基金，只要把投资款直接打给基金公司就可以了；也可以选择购买一只经纪人推荐的收取 4% 佣金的共同基金。这两只基金的每股净值都是 20 美元，投资组合也非常相似。你期待到年底时它们的每股净值都能达到 22 美元，相当于在当前净值（每股 20 美元）条件下产生 10% 的收益（假设当年没有分红或资本利得分派）。你打算在一年内把它卖掉。如果净值变动和你的预期一致，你从每只基金获得的收益如图 17-1 所示。

请注意，你可以从免佣基金赚 10% 的收益，而含佣基金只能赚 5.6%。虽然含佣基金的投资组合收益也达到 10%，但你的收益因为佣金的缘故缩水了。根据这个分析，你决定购买免佣基金。

免佣基金	
投资共同基金 5 000 美元	$5 000
减：佣金（费用）	−$0
实际投资金额	$5 000
	÷ $20
$5 000 ÷ $20 = 250 股	250 股
第一年年末：以每股 22 美元赎回	× $22
回收金额 = 250 股 × $22 = $5 500	$5 500
收益率 = （$5 500−$5 000）÷ $5 000 = 10%	10%
含佣基金	
投资共同基金 5 000 美元	$5 000
减：佣金（费用）	−$200
96% 实际投资金额 4 800 美元	$4 800
实际购买 240 股份额	÷ 20
$4 800 ÷ $20 = 240 股	240 股
第一年年末：以每股 22 美元赎回	× $22
回收金额 = 240 股 × $22 = $5 280	$5 280
收益率 = （$5 280 − $5 000）÷ $5 000 = 5.6%	5.6%

图 17-1 免佣基金和含佣基金的收益比较

关于共同基金的研究表明，即使不考虑购买时的佣金，免佣基金的业绩至少和含佣基金的平均水平不相上下。如果再加上购买时支付的佣金，免佣基金的平均业绩就超过了含佣基金。

那为什么有的投资者还会买含佣基金呢？他们可能觉得特定的含佣基金即使算上购买费

用，仍会比免佣基金产生更高的收益。有的投资者购买含佣基金是因为他们不知道还有免佣基金存在，或者不知道去哪里购买它们。要投资免佣基金，其实只要在线提交一份申请就可以了。

17.1.5　费用比率

本章在前面讲过，共同基金会产生费用，包括管理、法务和行政费用以及投资经理的薪酬。有些投资基金的费用比其他的基金更高。这些费用都是由基金投资者来承担的，因为基金的净值（投资者在赎回份额时收到的金额）要为发生的费用买单。投资者有必要了解他们投资的共同基金的年度费用。特别是他们应关注基金的**费用比率**（expense ratio），即年度费用除以份额数与基金每股净值之比。1% 的费用比率的意思是股东每年承担的费用相当于基金价值的 1%。在投资组合业绩一定的情况下，费用比率越高，收益率越低。费用高的共同基金只有在收益率足以抵消额外费用的情况下才物有所值。

一般来说，共同基金的费用比率在 1.5% 左右。每只共同基金的实际费用比率可以在许多金融报刊和财经网站上查询。

1. 公告的费用比率项目

许多共同基金把它们的费用比率披露为三大类：管理费、奖金和"其他"。管理费是在管理共同基金投资组合过程中产生的费用，通常占费用比率的大头。它包括对各种证券进行研究的成本以及支付给管理共同基金投资组合的员工的薪酬。有的共同基金收取奖金，作为经纪人替客户投资共同基金的奖励。共同基金在名义上可能是"无佣"的，但实际上会给经纪人一定的回报。有的共同基金和经纪人之间有这样的安排，好让他们吸引更多的投资者。所以，与没有奖金的共同基金相比，投资者向收取奖金的共同基金缴纳的费用比率更高。奖金有可能高达资产的 1%。费用比率的第三类（"其他"费用）包括邮寄和客服之类的企业开支。

有的共同基金不把支付给经纪人的佣金计入它们公告的费用比率。对某些共同基金来说，这部分费用可能占到 0.5% 甚至更多。所以，把佣金从费用比率中单列出去可能具有误导性，让共同基金少报了它们向股东收取的费用。在立法者明确规定共同基金的报告事项标准化以前，投资者只能自己去把握每家共同基金报告的事项之间的差异。

2. 费用比率与业绩之间的关系

研究显示，费用相对较低的共同基金比投资目标相似的其他基金业绩更好。这项研究表明，收费较高的共同基金可能是在忽悠你。

17.2　共同基金的种类

投资者有许多共同基金可供选择，包括股票型共同基金和债券型共同基金。每一类别又包括许多不同种类可以满足不同个人投资者各自的偏好。

17.2.1　股票型共同基金的种类

股票型开放式基金通常按照它们的投资目的进行分类。如果你想投资股票型共同基金，首先要决定自己想投资的是哪种基金。下面介绍了几种最常见的投资目的。

1. 成长型基金

成长型基金（growth fund）关注成长潜力超过平均水平的股票。

2. 资本增值型基金

资本增值型基金（capital appreciation fund）关注预期成长速度非常快的股票。这些公司分红很少或根本不分红，把所有利润都用来再投资以加速扩张。

3. 小盘基金

小盘基金（small capitalization（small-cap）fund）关注规模较小的公司。小盘基金和资本增值型基金范围有所重合，因为小公司才有较大的成长空间。

4. 中盘基金

中盘基金（midsize capitalization（mid-cap）fund）关注规模中等的企业。这些公司比小企业更完善，但成长潜力也要小一点。

5. 收益型基金

收益型基金（equity income fund）关注红利发放水平较高的公司。这些公司的成长较为缓慢，因为它们把相当一部分利润用于分红而不是为扩张而进行再投资。这些公司一般没什么潜力，但风险也小。

6. 平衡型基金

平衡型基金（balance growth and income fund）囊括了成长股和高分红股。这种基金定期分红，但基金净值的增长前景比收益型基金要好。

7. 板块基金

板块基金（sector fund）关注特定行业或板块的股票，比如技术股。相信某个板块前景看好的投资者可以购买板块基金。板块基金让投资者可以在一个特定的板块内部用少量资金构建一个分散的股票投资组合。

板块基金的一个范例是**技术基金**（technology fund），也就是关注高科技企业的基金。这些企业大部分还很年轻。它们的潜在收益很高，但面临的风险也很大，因为它们的业绩不够稳定。

8. 指数基金

指数基金（index fund）是试图追踪现有股票指数变动趋势的共同基金。购买指数基金份额的投资者获得的收益应该和他们直接投资指数差不多。比如说，先锋集团提供的一只共同基金包含的股票结构和标准普尔 500 指数相似。它也许没有囊括构成该指数的所有股票，但波动轨迹已经和指数八九不离十。

还有的指数基金追踪范围更广泛的指数，比如威尔希尔 5000 这种能代表整个股票市场的指数。另外，还有追踪小盘股指数的小盘股市场指数基金，以及追踪外国股票市场的基金，比如欧洲指数和太平洋指数。想对某个特定国家进行投资，又不想产生与外国证券交易所相关的额外费用的投资者，就可以投资这些盯住外国的基金。

指数基金日趋流行，因为它们的业绩和其他基金不相上下。它们比普通共同基金的费用低，因为它们不需要积极的管理。指数基金没有股票研究的费用，因为它只需要追踪指数即可。因此，指数基金的交易费用非常低，这又有助于提高业绩。有的指数基金费用比率在 0.2%～0.3%，这已经远远低于其他共同基金的水平。

除了费用比率很低，指数基金还有一个好处。许多研究表明，那些由投资经理精心管理的投资组合业绩经常不如现有股票指数的业绩。所以，投资者买指数基金的收益可能比主动型基金的更好。在所有投资共同基金的家庭中，有接近 1/3 的家庭至少持有一只指数型基金。

但是要注意，有的指数型基金的费用比率也达到 1.25% 或者更高，虽然它们实际的投资组合管理费很低。所以要选择那些费用比率低的指数基金。

👉 **案例 17-2**

你在考虑是投资一只关注成长股的免佣共同基金还是指数型共同基金。如果不考虑共同基金的费用，你预期成长型基金的年度收益率为 9%，而指数基金为 8%。但成长型基金的费用比率为 1.5%，而指数基金只有区区 0.2%。根据你对它们各自投资组合的收益预期，你的收益率：

(%)

	成长基金	指数基金
基金投资组合收益（不计费用）	9.0	8.0
费用比率	1.5	0.2
你的年度收益率	7.5	7.8

比较显示，虽然投资组合的收益略低，但指数基金比另一种基金带给你的收益更多。根据这个分析，你应该投资指数基金。

9. 国际股票基金

国际股票基金（international stock fund）关注在美国以外设立的公司。这些基金有的关注特定国家的公司，而另一些则关注某个地区或大洲。关注某个国家或地区的基金对那些想投资于某个国家，但倾向于让有经验的投资经理替他们打理股票的投资者特别合适。与投资组合管理相关的费用在国际共同基金中要比正常水平高一些，因为在美国监控外国公司的成本比较高。此外，买卖外国股票的交易费用也更高。尽管如此，许多国际股票基金还是努力把费用比率控制在 1.8% 以下。

有的共同基金同时投资外国公司和美国公司的股票。它们被称为"全球共同基金"，以区别于纯粹的国际共同基金。

10. 社会责任股票基金

社会责任股票基金（socially responsible stock fund）关注那些企业治理标准严格的公司，回避那些被认为激怒某些投资者的公司。比如说，一个社会责任基金可能不会投资于生产香烟、枪支或化石燃料的公司。它可能会投资太阳能企业或电动汽车生产商。

11. 混合基金

近年来，混合基金，就是投资组合中既有股票又有债券的基金，日益流行。许多投资者看好把股票的潜在成长性与债券的收益稳定性合二为一的想法。

混合基金有好几种。资产配置基金（也叫股债平衡基金）的投资组合中股票和债券的比例基本是固定的。一般来说，基金中股票占 60%，债券占 40%，基金经理只会视市场情况进行微调。另一种混合基金叫生命周期基金（也被称为年龄基准基金或目标日期退休基金），日益受到养老账户的青睐。在生命周期基金中，股票和债券的配置随投资者年龄的增长自动调整。这样，年轻人的投资组合侧重于股票，而随着投资者日益接近退休年龄，资产配置逐步转向债券，以保护退休后的收入。

12. 其他股票基金的种类

为满足投资者的偏好，新的基金类别不断涌现，这里介绍过的几种共同基金也可以进一步细分。比如说，有的成长股基金被设计为专门关注小公司，而另一些则只关注较大型的公司。看好大企业前景的投资者可以考虑投资大盘成长基金；看好小企业成长的投资者可以考虑投资小盘成长基金。

因为 2008 ~ 2009 年的金融危机，有的投资者看上了所谓的另类投资基金，它们的投资对象和策略与传统共同基金大相径庭。另类基金可能会购买非传统的投资品，比如外汇、黄金，甚至是珍稀钱币，或者采用激进的策略，比如卖空。虽然金融危机期间，在股票市场一泻千里的同时有些另类基金却逆市上行，但它们整体上属于高风险品种。如果运气不好，投资者有可能会损失惨重。

13. 交易型指数基金作为共同基金的替代品

交易型指数基金（exchange-traded fund，ETF）的设计是模拟特定的股票指数（就像指数基金一样），但它们就像封闭式基金一样在证券交易所买卖，而且股价全天都处于波动之中。现在有代表许多不同的板块指数的 ETF，比如技术板块和银行板块。所以，ETF 很受那些看好某个板块，但不知道该怎么选股的投资者的欢迎。ETF 的份额是固定的，就像封闭式基金一样。但 ETF 不采用主动管理，从而区别于大多数开放式和封闭式基金。作为股票指数投资的利器，交易型指数基金近年来广受欢迎。今天，投资于 ETF 的奖金超过 10 亿美元，各种ETF 也是层出不穷。

17.2.2 债券型共同基金的种类

投资者也可以选择满足他们投资目标的债券型基金。这里介绍几种最流行的债券型基金。

1. 国债基金

国债基金（treasury bond fund）专门投资国债。还记得吗，这些债券是联邦政府担保的，所以它们没有违约风险。

2. 吉利美基金

吉利美基金（Ginnie Mae fund）投资政府国民抵押协会发行的债券。因为它们是政府机构发行的债券，所以它们的违约风险很低。

3. 企业债券基金

企业债券基金（corporate bond fund）关注高质量企业发行的债券。所以，它们的违约风险应该是低的。

4. 高收益（垃圾）债券基金

高收益（垃圾）债券基金（high-yield（junk）bond fund）关注有可能违约的企业发行的风险比较高的债券。但是，因为有了补偿高违约风险的额外收益，这些债券基金的预期收益比企业债券基金要高。

5. 市政债券基金

市政债券基金（municipal bond fund）投资市政债券。第 16 章中讲过，这些债券的利息收入免缴联邦所得税。因此，市政债券基金对高收入（税级）的投资者很有吸引力。

6. 指数债券基金

指数债券基金（index bond fund）试图追踪特定债券指数的趋势。比如说，先锋集团提供了几种不同的债券指数基金，包括：

- 全体债券指数基金，追踪所有（广泛的）债券的指数；
- 短期债券指数基金，追踪一个代表 1 ～ 5 年期债券的指数；
- 中期债券指数基金，追踪一个代表 5 ～ 10 年期债券的指数；
- 长期债券指数基金，追踪一个代表 15 ～ 25 年期债券的指数。

7. 国际债券基金

国际债券基金（international bond fund）关注非美国企业和外国政府发行的基金。有的国际债券基金很受美国投资者欢迎，因为它们的收益比美国债券要高。它们有汇率风险——如果这种外国债券的标价货币对美元贬值，这种外国债券就会贬值，国际债券基金的业绩也会因此受到负面影响。而且，国际债券基金的费用也高于本国债券基金，因为跨国交易的成本比较高。

有的债券基金只在一个国家或地区投资。这些基金受到想对这个国家投资，但不想自己选择基金的投资者的欢迎。有的债券基金同时投资于外国债券和美国债券。它们被称为**全球债券基金**（global bond fund），以区别于只做美国以外债券的国际债券基金。

和其他债券基金一样，国际和全球债券基金也受利率变动影响。外国债券的价格受到标价货币利率的影响，就像美国债券价格受到美元利率变动影响一样。当外国债券的标价货币利率上升时，债券价格下跌。相反，当这种货币的利率下跌时，用这种货币表示的债券价格上涨。

8. 按期限分类

每种债券基金还可以进一步按照所投资债券的期限范围细分。比如说，有的国债基金被分为中期（8～12年）或长期（13～30年）。其他债券基金也可以用这种方法细分。

17.3 共同基金的收益和风险

在开始投资共同基金以前，首先根据对收益和预期及你能承受的风险（基于预期收益的不确定性程度）设立你的投资目标。

17.3.1 共同基金投资的收益

投资共同基金，你可能以三种方式获得收益：分红、资本利得分派，以及赎回份额时的资本利得。

1. 分红

共同基金收到分派的红利后，必须在当年把它再分派给投资者。共同基金一般允许投资者自己选择现金分红还是分红再投资（意思是用分红的资金购买更多的基金份额）。不管用哪种方式分红，它们都要按股票红利的标准纳税（对大多数投资者来说是15%的税率；对收入很低的投资者来说是零税率。但国际共同基金分派的有些外国公司的红利要按一般收入纳税。）

2. 资本利得分派

共同基金通过出售股票和债券实现资本利得后，必须在当年把这些资本利得分派给投资者。就像红利分派一样，共同基金一般允许投资者选择以现金或是份额（意味着用这些资本利得进行再投资购买更多的基金份额）的形式领取。长期资本利得的分派按长期资本利得税率纳税；短期资本利得则按一般收入纳税。

针对长短期资本利得的税率不同，高边际税率的投资者为了获得更好的业绩，可以选择习惯于长期持有证券的共同基金，而不是倾向于短线操作的共同基金。

☞ **案例 17-3**

你投资了一只很少换手的指数基金，所以这一年的资本利得分派非常有限，但税率比较优惠的红利收入相当可观。你也投资了一只技术股共同基金，好分享它在短线炒作过程中赚取的短期资本利得。指数基金派发了200美元的长期资本利得和800美元的分红；而技术股基金产生了100美元的长期资本利得和900美元的短期资本利得。你的一般收入边际税率为28%，而长期资本利得税率只有15%。

根据这些信息，基金分派的税收计算如表17-1所示。虽然两只基金分派的总额是相同的，但你为指数基金的分派少缴纳所得税117美元。也就是说，你从这只基金获得的税后收入要比技术股基金多117美元。

表 17-1　投资共同基金的纳税分析　　　　　　　　　　　（单位：美元）

	指数共同基金	技术股共同基金		指数共同基金	技术股共同基金
红利	800	0	短期资本利得税（28%）	0	252
短期资本利得	0	900	长期资本利得税（15%）	30	15
长期资本利得	200	100	税负总额	150	267
总收入	1 000	1 000	税后收入	850	733
红利税（15%）	120	0			

如案例 17-3 所示，高边际税率的个人可以通过投资短期资本利得分派较少的共同基金减少税负。

3. 赎回份额产生的资本利得

如果你赎回共同基金时的每股价格超过申购时的价格，那就会产生资本利得。比如说，如果你以 25 美元每股的价格申购了 200 股股票型共同基金，然后以 30 元每股的价格赎回，你的资本利得就是：

$$资本利得 = （基金赎回价格 - 申购价格）\times 份额数量$$
$$= （\$30 - \$25）\times 200$$
$$= \$1\ 000$$

如果你持有这些股份一年以上，获得的就是长期资本利得；如果你持有时间在一年以内，利润就要按一般收入缴纳所得税。

当你把基金的分派用于再投资时，确定资本利得的金额就变得更加复杂，因为每次分派都意味着你按当日的价格买入更多份额。通过分派的资金再投资获得的份额产生的资本利得金额取决于你的买入价。每一段时间股票型共同基金的收益各不相同。虽然它们都受到股市整体状况的影响，但股票型共同基金的业绩还是会因为它重仓的板块或产业的不同而不同。比如说，20 世纪 90 年代最后几年，技术股的业绩比其他股票好得多，所以那段时间关注技术股的共同基金也是水涨船高。2001 ~ 2003 年，股票市场整体表现不佳。由于技术股在 20 世纪 90 年代末涨幅巨大（很大程度上是出于投机而非实际利润增长），它们的跌幅也比非技术股更大。20 世纪 90 年代因为搭上技术股的快车而气势如虹的共同基金到这时也同样兵败如山倒。

由于股票型共同基金的收益在很大程度上取决于它重仓的板块的业绩，所以在对共同基金进行比较的时候要特别小心。两只股票型共同基金在特定时期的业绩差别很可能是因为它们选择的板块，而不是基金经理的能力。有的投资人倾向于投资最近表现得非常抢眼的股票型共同基金，因为他们觉得这表明它们的投资经理很厉害。然而，如果基金的业绩实际上是因为板块业绩出色，那根据过去的业绩评价管理团队就是错误的。

17.3.2　投资股票型共同基金的风险

虽然在特定的时期不同种类的股票型共同基金的业绩水平参差不齐，它们都受到股市整体状况的影响。股票型共同基金的业绩取决于股价的大势。股市不景气的时候，股票基金持有的股票价格都在下跌，基金净值也萎缩。这种对股票市场的敏感性经常被称为**市场风险**（market risk）。许多股票型共同基金在 2008 ~ 2009 年金融危机期间的损失超过 40%。

17.3.3 股票基金预期收益和风险的权衡

有的投资者期待股票型共同基金可以带来很高的收益，所以愿意承受共同基金投资的风险。不同类型的股票型共同基金预期收益和风险的权衡如图 17-2 所示。从保守的角度来说，如果一只股指基金代表的指数涵盖广泛股票，它的业绩就会和市场整体水平差不多。所以，它的预期收益有限，但风险也一样。成长股基金的收益潜力大于综合指数基金，但它也具有更大的风险（价格大幅下跌的可能性）。只投资同一板块内成长股的基金（比如技术股基金）潜在收益很大，但风险也同样可观。一只投资某个小国的小型企业成长股的基金，潜在的收益和风险就更大。

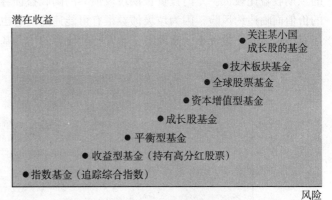

图 17-2　对预期收益和风险的权衡

17.3.4 投资债券型共同基金的风险

虽然在一段时期内不同种类的债券型共同基金业绩会有所不同，但它们都受到债券市场整体情况的影响。债券型共同基金的业绩取决于利率的整体变动。当利率上升时，债券基金持有的债券价格下跌，基金净值也下跌。这种对利率变动的敏感性被称为**利率风险**（interest rate risk）。

所有债券的价格都会跟着利率变动，但在第 16 章中讲过，长期债券的价格是最敏感的。所以，如果投资者想降低对利率变动的依赖，可以选择关注即将到期债券的债券基金。相反，如果投资者想利用利率下调的预期发财，则可以选择关注长期债券的债券基金。

许多债券基金的业绩也取决于所持基金的违约风险。把大部分资金投入高违约风险债券的债券型基金向投资者提供的潜在收益较高，但它们面临的风险也高。在经济景气的时候，那些债券的发行者可以还本付息，这些债券也能有良好的业绩。但如果经济变得萧条了，有的债券发行者就会违约，这些债券型基金给投资者的收益就会很低甚至为负。

如图 17-3 所示，债券型基金的违约风险与它的利率风险无关。有的债券基金，比如长期国债基金，没有（或几乎没有）违约风险，但利率风险很高。别的基金，比如短期高收益债券基金，利率风险很低但违约风险高。还有的债券基金，比如长期高收益债券基金，同时面临很高的违约风险和利率风险。

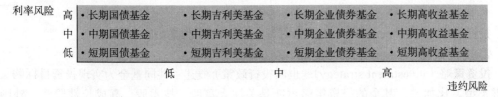

图 17-3　根据违约风险和利率风险对债券基金分类

17.3.5 债券基金预期收益和风险的权衡

不同种类的债券型共同基金预期收益和风险的权衡如图 17-4 所示。从保守的角度来说，主要持有即将到期国债的债券型共同基金没有违约风险，利率风险也十分有限。所以，它持有的基金价格对外部因素并不敏感，基金的净值也同样对这些外部因素不敏感。但是，这种基金的预期收益比较低。专门投资长期垃圾债券的高收益债券型基金有很高的收益潜力。然而，它的价值面临违约风险，因为垃圾债券很有可能违约。它也面临很高的利率风险，因为它离到期还有很长时间。投资小国高风险企业发行的债券的债券基金面临的潜在收益和风险更高。

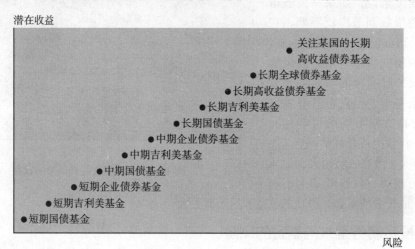

图 17-4　债券型共同基金预期收益和风险的权衡

17.4　选择共同基金

在决定你要买哪只共同基金以前，你要先确定自己的投资目标，评估自己的风险承受能力，以及确定自己需要的基金特点。

确定你到底喜欢股票型共同基金还是债券型共同基金。如果你希望自己的投资日后有大幅增值的潜力，你可以考虑资本增值型基金。如果你想定期取得收入，你可以考虑债券基金。如果你既想要收入又希望它增值，你可以考虑混合基金。还有的基金分类方法取决于它们投资的股票属于大公司（大盘）、中等规模公司（中盘），或是小公司（小盘）。

17.4.1　审核共同基金的招股说明书

不管你在考虑哪只共同基金，都要看看它的招股说明书，即提供该基金财务信息的文件，包括费用和以往业绩。你可以从基金公司的网站下载招股说明书，或者通过电话、电邮或在线向基金公司索取。招股说明书中包含大量信息，下面将会一一介绍。

1. 投资目标

投资目标（investment objective）是对基金整体目标的概括描述。

2. 投资策略

投资策略（investment strategy）（也叫投资政策）概述了共同基金为实现投资目标购买的证券类型。比如说，基金的投资策略可能是关注大盘股、技术股、高成长性股票、外国股票、国债、企业债券，或其他证券。

3. 以往业绩

招股说明书中包括基金在过去一段时间（比如过去一年、过去三年、过去五年）的收益。

业绩通常会和一个对应的股票指数（比如标准普尔 500）或基金指数进行对比，以显示基金业绩与市场大势相比的表现。虽然以往业绩可以在一定程度上展示基金经理的选股能力，但它并不能保证未来仍将持续。

4. 费用和支出

招股说明书会对下列费用和支出做详细说明：

- 为购买基金份额支付的最高收费。
- 投资者赎回基金时收取的赎回费或**后端收费**（如有）。
- 基金运作中产生的支出，包括监控基金投资组合的管理费、承担基金广告成本的发行费，以及支付给向投资者推荐基金的经纪人的营销成本。即使是被归为免佣类别的基金，仍然会有不少广告和营销费用。

招股说明书中最重要的费用数据莫过于费用比率。因为它会随基金规模调整，所以你可以借此比较不同共同基金的效率。如果你真的要购买特定金额（比如 1 000 美元）的基金，费用比率也会转化成实际对你征收的费用。有些基金的费用比率只有区区 0.1%，而另一些则高达 4%。费用比率过一段时间可能会变化，所以在投资共同基金的时候要随时注意它。

5. 风险

基金的招股说明书中一般会列明基金面临的市场风险或股市崩盘的可能性，后者会引发基金贬值。此外，基金持有的个别股票的价格也可能因为所属公司自身的原因下跌。债券基金通常会说它们面临的利率风险和违约风险。说明这些风险是为了让投资者理解，共同基金未来的业绩存在不确定性，所以共同基金的价值未来可能下跌。

6. 红利和资本利得派发

招股说明书中会说明共同基金和投资者进行分派的频率。大部分基金每季度向股东分派一次红利，每年（通常是 12 月）分派一次资本利得。招股说明书中也会规定红利和资本利得分派的方式。

7. 最低投资额和最低余额

招股说明书规定基金认可的最低投资额。此外，它可能会要求你保留一个最低余额，因为基金维持小额账户的成本很高。

8. 怎样购买和赎回份额

招股说明书指导你怎样投资基金。如果共同基金属于某个投资公司运营的基金家族，招股说明书还会告诉你怎样让投资公司把你的资金从一只基金转入家庭中的另一只基金。招股说明书也会告诉你怎样让基金公司把基金份额赎回。

17.4.2　决策

一旦你把选择对象集中到有限的几只共同基金，就可以列表比较它们的重要特点。这个过程可以帮助你选择最符合你偏好的共同基金。

案例 17-4

史蒂芬尼·斯普拉特想在一只关注技术股的共同基金投资 1 000 美元。她不想支付推荐佣金，想确保自己选的基金收取较低的费用。她罗列了一张拟购买的清单，都是关注技术股并且最低投资额只要 1 000 美元的基金。她从网上下载了每只基金的招股说明书，整理出它们的推荐佣金、费用比率，以及以往业绩。内容如下所示：

共同基金	佣金情况	费用比率	最近一年业绩
#1	免佣	1.5%	8%
#2	免佣	0.8%	7%
#3	免佣	2.0%	8%
#4	含佣 3%	1.7%	7%

史蒂芬尼马上排除了 #4，因为它不但收佣金，而且费率也高。然后，她否决了 #1 和 #3，因为它们的费率太高。她选择 #2，因为它不但是免佣基金，而且费率也比较低。在评估过程中，她并没太在意以往业绩。

史蒂芬尼还想投资 1 000 美元的债券型共同基金。她只考虑持有 AA 级债券的基金。她很在意利率风险，因为她觉得利率可能会上调。她也根据招股说明书的内容，列了一张可以接受小额投资的债券基金的清单。

债券基金	佣金情况	费用比率	到期期限
#1	含佣 4%	1.0%	6～8 年
#2	免佣	0.9%	15～20 年
#3	免佣	0.8%	5～7 年
#4	免佣	1.2%	5～7 年

史蒂芬尼排除了 #1，因为它要收佣金。她排除了 #2，因为它关注的债券到期时间太久，而这类债券型共同基金在利率上升的时候会遭受重创。她也排除了 #4，因为与 #3 相比，它的费率比较高。她决定投资 #3，因为它是一只免佣基金，费率比较低，而且持有的基金距到期时间比较短，从而减少了利率风险。她喜欢 #3 基金的另一个原因是它和自己刚才选择的股票型共同基金属于同一个基金家族。所以，她可以把资金在这两只基金之间转移。

17.5　共同基金报价

《华尔街日报》之类的金融报刊上登载开放式共同基金的报价，如表 17-2 所示。当一家投资公司推出几只不同的共同基金时，它自己的名称用粗体印刷，然后把基金列在下面。比如说，布莱泽基金（见表 17-2）是一家管理一只成长型基金和一只收益型基金的投资公司。每只基金的净值在第二列，净值变动在第三列，年初至今（YTD）的收益在第四列。比如说，布莱泽成长基金的资产净值为 32.23 美元每股；上一个交易日的净值变动是 0.15 美元；自今年年初以来，该基金的收益为 8.26%，而最近三年的收益为 22.51%。

表 17-2　共同基金报价示例

布莱泽基金	净值	净值变动	YTD 年度收益	最近 3 年收益
成长型基金	32.23	+0.15	8.26%	22.51%
收益型基金	45.10	+0.22	9.78%	26.34%

封闭式基金的报价也能在《华尔街日报》之类的金融报刊上找到，如表 17-3 所示。封闭式基金的报价列在它们上市的交易所版面。有的金融报刊会披露它们的分红、最新价格和每股价格涨跌。封闭式基金（相对价格的）的溢价或折扣情况是不公开的。以投资多只股票的封闭式基金雪蜜基金为例，它每股年度分红 2.24 美元，最新价格（上一次的成交价）每股 29.41 美元，比上一个交易日收盘时上涨了 0.17 美元。财经网站上也有共同基金和封闭式基金的报价。

表 17-3　封闭式基金报价示例

	分红	最新价	涨跌
雪蜜基金（ZUX）	2.24	29.41	+0.17

在任何时候，都会有一些类型的共同基金有更出色的表现。比如说，有的年份大盘股业绩良好，小盘股令人失望。在另一些年份，小盘股的表现却比大盘股要好。当投资者想评估共同基金的业绩时，他们用这只共同基金的收益和同类基金的平均收益水平对比。这样，投资者可以确定他们的共同基金是否得到有效管理。金融报刊和财经网站一般也会提供关于共同基金在一段时间内（比如说上个季度）业绩的信息。不同类型的共同基金平均收益差别明显。有的时候，专注一类股票（比如说技术股或小盘股）的共同基金表现得比其他共同基金更为突出，仅仅是因为它们投资的这类股票本身表现出色。因此，许多投资者经常会把资金从一种基金转入另一种基金，希望能跟上每个阶段市场上的领涨板块。然而，上个季度表现抢眼的股票未必在下个季度还能独领风骚。

有多个信息来源提供各类共同基金的平均业绩水平。比如说，理柏指数显示各类共同基金的平均收益。这些指数定期在《华尔街日报》和理柏的网站上发布。投资者可以通过理柏指数比较不同类型共同基金业绩的好坏。

17.6　在共同基金中分散投资

如果你想投资不止一种共同基金，你可能是想用几种不同类型的共同基金分散投资风险。当一只重仓大盘股的股票型共同基金半死不活时，另一只主打小盘股的股票型共同基金可能正欣欣向荣。但分散投资的好处可能是有限的，因为当整个股市都在下跌时，大多数股票型共同基金也会一起贬值。所以，仅仅在投资美国股票的股票型共同基金之间搞分散投资的话，降低风险的作用是有限的。

用多种债券型共同基金分散投资，比单一投资只持有长期债券的基金风险要小。但实际上，所有债券基金的业绩都和利率上升负相关。所以单单在债券基金之间搞分散投资并不是降低利率风险的有效方法。

更有效的分散投资策略是把股票和债券基金结合起来，就像本章中讲到的史蒂芬尼·斯普拉特那样。股票型共同基金和债券型共同基金的业绩没有明显的相关性，所以把股票和债券基金放到一起分散投资更管用。在美国股市不景气的时候，专做美国股票的股票基金也好不到哪儿去，但债券基金可能依旧表现出色。如果美国利率上升，债券基金就惨了，但股票基金丝毫不受影响。还有一个办法是投资把股票和债券都纳入投资组合的混合基金。

17.6.1　金融危机对分散投资利益的影响

在 2008 ～ 2009 年金融危机期间，在不同类型的共同基金之间进行分散投资的效果非常有限。金融股和房产股一塌糊涂，所以共同基金的投资组合中包含的金融和房产以外的股票减少了危机造成的负面影响。然而，随着危机的深化，整个经济都受到影响。因为几乎所有类型的股票表现都不好，所以大部分股票型共同基金的业绩也被拖累了。

但危机期间持有国债的共同基金一直表现良好，因为国债没有违约风险。然而，持有含违约风险债券的基金表现得很糟糕。当投资者意识到经济萧条可能导致这些债券违约时，这些债券的价格也跳水了。

17.6.2   共同基金的国际化分散投资

你也许可以通过在不同国家投资的共同基金进一步分散整体风险。国际股票型基金和它们投资的股票所在国家（或地区）的市场状况，以及这些股票的标价货币和美元之间的汇率变动挂钩。所以，国际股票型基金的收益和美国股票市场关系不大。国际债券主要受投资对象国利率的影响，所以它们和美国的利率变动关系也不大。

你的投资收益来自： 美国成长股基金	主要受到……的影响： 美国股票市场
美国企业债券基金	美国利率
欧洲股票基金	欧洲股票市场和欧元汇率
拉美股票基金	拉美股票市场和拉美货币
澳洲债券基金	澳大利亚利率和澳元汇率
加拿大债券基金	加拿大利率和加元汇率

图 17-5   影响共同基金收益的不同主要因素

想象这样一个投资策略，投资组合中共同基金见图 17-5 中的第一列，影响每支共同基金的主要因素见图 17-5 中的第二列。请注意，每支共同基金的主要影响因素都不一样，所以任何一种负面情况（比如美国市场疲软）对你共同基金投资组合的整体负面影响非常有限。出现在任何一个国家的负面情况只会影响关注那个国家的共同基金。

17.6.3   通过共同基金超市分散投资

共同基金超市（mutual fund supermarket）允许投资者在（不属于同一家庭的）多种共同基金中分散投资，并且接受一份统一涵盖所有基金的总结报告书。嘉信理财发明了第一个基金超市。

另一种获取涵盖你持有的所有基金的统一总结报告书的方法是只在同一个基金家族中挑选基金。从一个基金家族挑选基金费用低，如果选择余地足够大（比如先锋集团），你可以投资所有你喜欢的共同基金，减少间接支付的费用。

17.6.4   其他类型的基金

除了共同基金和封闭式基金，还有其他类型的基金也能汇集投资者的资金，替他们进行投资。**对冲基金**（hedge fund）向有钱人和金融机构出售份额，用收到的钱投资证券。它们对投资门槛的要求比共同基金高得多（比如 100 万美元）。虽然许多对冲基金的业绩很好，但它们通常收取的费用很高，风险也更大。它们受到的约束最少，这也纵容了一些对冲基金从事欺诈行为。

麦道夫基金丑闻

伯纳德·麦道夫曾经管理一个对冲基金，投资者包括许多机构、慈善组织和有钱人。这只基金连续多年向投资者报告高收益。然而，2008 年，麦道夫承认他编织了一个天大的谎言，事实上他的基金真实收益比他报告的要少得多。于是，许多在他的基金投资的投资者（包括慈善组织）损失惨重。这个丑闻发生后，证券交易委员会加强了对对冲基金的管理。

🌐 理财心理

回过头想想，许多投资者早就应该怀疑为什么其他投资基金已经在苦苦挣扎的时候，麦道夫的基金还能一如既往地取得傲人业绩。其实良好的业绩只存在于作假的报告中。也许投资者会轻易相信报告是真实的，仅仅因为他们得到的正好是自己想要的信息。也就是说，投资者希望相信报告的内容是真实的，因为这些信息对他们有利。

17.7　怎样把共同基金纳入你的理财规划

下列关于共同基金的关键决策是你必须纳入理财规划的：

- 你应该考虑投资共同基金吗？
- 你应该投资哪种共同基金？

史蒂芬尼·斯普拉特首先考虑保持充分的流动性和偿还现有的贷款。但是，随着她的钱越攒越多，她计划要投资共同基金。图 17-6 展示了史蒂芬尼怎样把共同基金决策纳入她的理财规划。

共同基金投资的目标	
1. 确定我能否以及怎样通过投资共同基金获利。	
2. 如果我决定要投资共同基金，确定要投资哪种共同基金。	

分析

共同基金的特点	投资意见
• 可以用细水长流的方法投资	对我有必要
• 每个基金关注特定的投资类型（成长股还是分红股，等等）	想要
• 共同基金经理决定怎么投资	想要
• 投资经过充分细分	想要
• 在需要的时候可以抽回资金	对我有必要

股票型共同基金类型	投资意见
成长型	有价值增长的潜力
资本增值型	有价值增长的很大潜力，但可能风险很高
收益型	提供分红收入，但我的目标是增值
平衡型	没有其他类型的基金增值潜力大
板块	如果什么时候我相信某个板块有发展前景，就会考虑
技术	有价值增长的很大潜力，但可能风险很高
指数	美国指数基金的风险应该比其他许多类型的基金低
国际	现在对我来说风险太大

债券型共同基金类型	投资意见
国债	低风险，低收益
吉利美	低风险，低收益
企业债券（AA 级债券）	中等风险，中等收入
高收益债券	较高风险，较高潜在收入
市政债券	税负有优惠，但我的边际税率还比较低
指数债券	低风险，低收益
国际债券	较高风险，较高潜在收入

决策

1. 关于是否投资共同基金的决策

　　共同基金允许我每次投资一小笔资金，而且我可以依赖基金经理的投资决策。我很可能把大部分剩余资金投入共同基金。

2. 关于选择共同基金的决策

　　现在，我倾向于提供较多资产增值的股票型共同基金。特别是，我看好技术股，因为许多技术股的价格过去下跌得很厉害，可能是很好的机会。但是，我对自己挑选任何技术股没有信心，宁愿相信专做这类股票的基金经理。

　　我眼下最中意的是 AA 级的债券基金，因为它们的收益足够好，而且我认为现在风险很小。我的财务状况和偏好可能会变化，所以我可能会转向其他类型的共同基金。无论如何，我选择的共同基金不但要能实现我的投资目标，而且必须是费用比率较低的免息基金。

图 17-6　史蒂芬尼·斯普拉特的理财规划中的共同基金

讨论题

1. 如果史蒂芬尼是一个带着两个孩子的单身妈妈，她的共同基金投资决策会有什么不一样？

2. 如果史蒂芬尼现在已经35岁，年龄会对她的共同基金投资决策产生怎样的影响？50岁呢？

小结

1. 共同基金背景知识

共同基金大体上可以根据它们投资的证券（股票或债券）加以区别。它们使你可以用很少的钱构建一个广泛的投资组合，而且投资者可以让投资经理替他们管理基金。

2. 共同基金的类型

常见的股票型共同基金包括成长型基金、资本增值型基金、收益型基金、板块基金和指数基金等。收益型基金的预期回报一般低于其他基金，但风险水平也低。资产增值型基金的潜在收益比其他基金高，但风险水平也高。

常见的债券型共同基金包括国债基金、吉利美基金、企业债券基金、高收益债券基金、市政债券基金、指数债券基金和国际债券基金。即将到期的国债基金潜在收益和风险都很低。高收益债券基金的潜在收益和风险都比较高（因为它持有的部分债券可能会违约）。任何投资于长期债券的基金都面临较高的利率风险。

3. 共同基金的收益－风险权衡

共同基金以红利分派和资本利得分派的形式向投资者提供收益。有的共同基金有可能实现很高的收益，因为它们投资的股票有很大的成长空间。然而，这些基金也有可能遭受重大损失，因为在经济形势疲软的时候那些股票常常发生贬值。其他投资更安全股票的共同基金获取很高收益的潜力不大，但遭受重大损失的可能性也不大。

4. 挑选共同基金

在挑选股票型共同基金时，你应该选择一只自己能够承担初始投资额，投资目标符合你的要求，并且费用比率较低的基金。每只基金的选股说明书中都提供了关于其自身特点的信息。在挑选债券型共同基金时，你也应该选择一只自己能够承担初始投资额，投资目标符合你的要求，并且费用比率较低的基金。

5. 共同基金报价

共同基金报价在《华尔街日报》等商业期刊和许多财经网站上都能找到。这些报价中包括当前价格、资产净值、费用比率和其他特点。这些报价也可以用来评估近期的业绩。

6. 在共同基金中分散投资

在共同基金中分散投资时，要记住大多数股票基金受到股市大势的影响，而大多数债券基金则受到债券市场（利率）的影响。所以，同时投资于股票基金和债券基金才能更好地分散风险。为了进一步分散风险，你还可以考虑在投资组合中加入国际股票基金和国际债券基金。

7. 怎样把共同基金投资纳入你的理财规划

共同基金让你可以分散投资，哪怕你的投资金额很少。所以，它们让你可以在开展具有潜在高收益的投资同时，通过分散投资限制风险。这样，共同基金帮助你为满足未来的支出或养老目标积累财富，有助于你实现理财规划。

复习题

1. **共同基金类别** 什么是共同基金？共同基金分成哪两大类，它们的区别又在哪里？投资者可以选择共同基金投资的证券吗？

2. **共同基金投资** 列举投资共同基金的三个理由。

3. **NAV**　什么是共同基金的资产净值（NAV）？资产净值是怎样计算和发布的？

4. **开放式基金**　什么是开放式基金？哪种类型的公司通常管理开放式基金？说明这些基金是怎样运作的。

5. **封闭式基金**　什么是封闭式基金？说明封闭式基金的功能。

6. **有佣基金**　免佣基金和有佣基金有什么区别？佣金对基金的收益有什么影响？为什么有的投资者会购买有佣基金？投资者怎样才能买到免佣基金？

7. **共同基金费用**　共同基金会产生哪些费用？怎样计算费用比率？为什么投资者要重视费用比率？

8. **费用比率**　说明构成费用比率的三个组成部分。免佣基金如何回馈经纪人？

9. **股票型共同基金类型**　列举并简要描述不同类型的股票基金。

10. **指数基金**　为什么有投资者投资指数基金？以费用为由说说为什么指数基金广受欢迎。与其他类型的共同基金相比，指数基金在税务方面有什么优势？

11. **债券型共同基金的类型**　列举并简要描述不同类型的债券基金。

12. **债券基金费用**　为什么有的美国投资者喜欢国际债券基金和全球债券基金？这些基金的投资者会面临哪些投资美国债券基金时没有的风险？讨论国际和全球债券基金有哪些独有的费用。

13. **共同基金怎样产生收益**　说明共同基金为投资者产生收益的三种方式。

14. **股票型共同基金业绩**　股票型共同基金以往的业绩能否代表它未来的业绩？什么风险对所有股票型共同基金都产生影响？说明股票基金怎样权衡预期收益和风险。

15. **债券型共同基金风险**　讨论与债券型共同基金相关的收益和风险。债券基金共同面临的是什么风险？有的共同基金还面临什么其他风险？说明债券基金怎样权衡预期收益和风险。

16. **共同基金投资**　在决定要不要购买共同基金前投资者应考虑什么问题？在挑选共同基金时要考虑它的哪些特点？试简要说明。

17. **共同基金招股说明书**　什么是招股说明书？投资者怎样才能取得？招股说明书中提供哪些信息？

18. **封闭式基金报价**　投资者应该去哪里查询封闭式基金和开放式基金的报价？开放式基金的报价中提供哪些信息？封闭式基金的报价中又提供哪些信息？

19. **理柏指数**　说明怎样使用理柏指数。

20. **分散投资**　讨论共同基金的分散投资。说说那些让分散投资更有效的策略。什么是共同基金超市？

21. **交易型指数基金**　什么是交易型指数基金？

22. **基金家族**　什么是基金家族？利用基金家族有什么好处？

23. **社会责任股票基金**　什么是社会责任股票基金？这类基金通常会回避哪些股票？

24. **混合基金**　什么是混合基金？混合基金有哪些优势？

25. **生命周期基金**　什么是生命周期基金？这种共同基金有什么优势？

26. **垃圾债券基金**　什么是垃圾债券基金？什么样的投资者会喜欢垃圾债券基金？

27. **国际债券基金**　什么是国际债券基金？这种基金有什么风险是国内债券基金所没有的？

28. **共同基金与理财规划**　在考虑要不要把共同基金纳入理财规划时，你要考虑哪些因素？

理财规划练习题

1. **申购份额**　霍普投资 9 000 美元，在每股价格 30 美元的时候购买共同基金。这只基金的佣金是 300 美元，她总共能买到多少份额？

2. **申购份额**　如上题，如果霍普投资相同金额申购相同价格的免佣基金，她总共能买到多少份额？

3. **费用比率**　马克持有的共同基金资产净值为 45 美元每股，每股费用为 1.45 美元。问马克的共同基金费用比率是多少？

4. **估算收益**　如题 1，霍普之后以每股 37 美元的价格把她的共同基金份额赎回了。她按题 1 和题 2 的条件各能获得多少收益？

5. **估算收益**　亨特投资 7 000 美元购买有佣共同基金，佣金率为 7%。在亨特买入基金时，它的每股净值是 70 美元。一年后，亨特以每股 68 美元的净值把这些份额赎回。亨特赎回这些基金的收益是多少？

6. **纳税**　丽娜购买了 200 股免佣股票型共同基金。这一年她收到 3 美元每股的红利分派，200 美元长期资本利得分派，并且在八个月后将基金赎回时得到 1 100 美元资本利得。丽娜投资这些基金的前前后后总共要缴纳多少税？假设她的边际税率为 35%。

7. **纳税**　罗尼有 600 股股票型共同基金。今年他收到 60 股基金派发的分红（每股 40 美元），以及 45 股基金派发的长期资本利得（也是每股 40 美元）。如果罗尼的边际税率是 25%，它要为这些基金分派缴纳多少税？

8. **道德困境**　过去，有的共同基金经常进行所谓的"盘后交易"，允许某些大股东以一种不对全体投资者开放的方式实现利润或规避损失。要理解这种交易是怎么进行的，你要记住共同基金的价格（净值）是以它们投资的证券的价格为基础的。共同基金的价格东部时间每天下午 4：00 整股市收市时发布。因此，共同基金的买卖必须在每天下午 4：00 之前进行。盘后交易允许某些大股东在下午 4：00 之后发布并执行共同基金的交易。所以，如果下午 5：00 有关于该基金重仓持股的公司的重磅利空消息发布，大股东可以按照之前的基金价格赎回共同基金，从而避免可能遭受的损失。

（1）讨论这种行为是否道德。

（2）如果你知道有这种行为的存在，你还会不会投资共同基金？请讨论。

理财心理：共同基金投资

1. 投资者天然会被业绩出色的共同基金和对冲基金吸引。但是，当许多其他类型的投资基金在挣扎求生，而你的基金却仍然捷报频传时，他们理应有所怀疑。出色的业绩有可能只是出现在虚假的财报中。虽然他们应当质疑，但投资者宁愿相信财报是真实的。说说你在这种情况下会怎么样。如果一只基金的业绩总是鹤立鸡群，你会不会对它有所怀疑？

2. 阅读一篇关于心理因素如何影响共同基金投资的文章。你可以上网搜索关键词"心理"和"共同基金投资"来检索相关文章。阅读后总结文章主要观点。

系列案例：辛普森一家

自上个月以来，辛普森一家一直在争论应该用什么方法投资他们为孩子大学教育准备的存款。他们之前考虑过股票和债券，现在正纠结要不要把钱投资于共同基金。他们发现这样做既能实现专家理财，又不需要支付经纪公司的一对一服务费。他们想征求你的意见，看看哪种股票适合他们的需要，以及到底应该把钱投入一只共同基金还是分别购买几只共同基金。

1. 为什么共同基金可能比股票或债券更适合辛普森一家投资？

2. 辛普森一家应该用他们的存款投资共同基金吗？为什么？

3. 根据他们的投资目标，辛普森一家应该考虑哪种类型的共同基金？

第18章 资产配置

引导案例

有一句投资者的金玉良言，"不要把鸡蛋放在一个篮子里"。不信就看看妮基和杰克·塞松夫妇的例子。塞松夫妇都在一家电子通信领域的公司工作。因为有这个优势，他们目睹了过去几年电信股票的崛起。于是，他们果断放弃了保守的定期存单，把所有储蓄提取出来购买一只电信共同基金。他们相信这是快速致富的不二法门，无视了关于用投资组合分散风险的忠告。塞松夫妇觉得，分散投资限制了潜在的收益。而且，在他们看来，他们选择的共同基金本身就已经实现了一定程度的分散投资。

两年后，他们的基金价值被腰斩了。妮基和杰克这才意识到分散投资的好处——投资组合的低风险远比孤注一掷可能获得的收益重要。

对于投资者来说，资产配置是一个重要的策略。在前面几章中，你学习了怎样通过股票、债券和共同基金投资构建你的财富。现在，你已经了解了这些投资手段，就可以确定怎样把钱分配到这些不同类型的金融资产中。资产配置的首要目标是降低你的风险，其次才是获取一份过得去的投资收益。

本章学习目标

- 说明分散投资于不同的资产怎样降低风险
- 介绍股票分散投资的策略
- 说明资产配置策略
- 分析影响你资产配置决策的因素
- 说明怎样把资产配置纳入你的理财规划

18.1 分散投资怎样降低风险

如果你知道哪段时间投资什么最赚钱，那投资决策就很简单了。你只要把所有的钱都投入那项投资就行了。在现实生活中，投资需要对风险和收益进行权衡。虽然有些投资（比如国债或银行定期存单）的收益在一段时间内是已知的，但这些投资的收益率比较低。许多投资，比如股票、几种债券、房地产等，有较高的收益率前景，但它们的未来收益是不确定的。它们这一年的收益有可能超过20%，但也有可能亏损20%甚至更多。

18.1.1　投资组合分散风险的好处

因为许多种投资的收益是不确定的，所以把你的钱广泛配置在多种不同的投资中是明智的，这样你就不会完全依赖其中的任何一种。**资产配置**（asset allocation）是把钱分配到多种金融资产（比如股票、债券和共同基金）中去的过程。资产配置的目标是把风险控制在一个可承受水平的同时，实现期待的投资收益。

构建投资组合

你可以通过投资组合降低风险，也就是分别投资于不同的资产。比如说，你的投资组合可能包括多种股票、债券和房地产。通过构建一个投资组合，你分散于多种投资而不是专注于一种投资。如果投资者把所有的钱投入一个公司的股票或债券，而这家公司破产了，他就会血本无归。因为预测什么时候某项投资会大幅度贬值是很困难的，你至少可以通过把投资扩展到多家公司的股票和债券来减少单一股票或债券带给你的风险。在投资势头不妙的时候，投资组合可以降低风险。即使其中的某项投资变得一塌糊涂，至少还有其他过得去的投资可以抵消它的负面影响。

18.1.2　确定投资组合利益

确定一个分散化投资组合的利益，你可以对比它的总收益和总投入。

👉 **案例 18-1**

你在考虑向一个包含投资项目 A 和项目 B 的投资组合投资。图 18-1 展示了投资组合利用这两只股票分散投资的效应。图 18-1 显示了投资项目 A 和项目 B 每年的收益，以及项目 A、项目 B 各占 50% 的投资组合的收益。投资组合每年的收益恰好是项目 A 和项目 B 收益的平均值。请注意，投资组合的收益范围小于任何一只股票的收益范围。还请注意，投资组合的收益比任何一只股票的收益都要稳定。因为投资组合的收益是项目 A 和项目 B 收益的平均值，它的变动趋势比任何一只股票都要平缓。更平缓的趋势表明，这个投资组合比单独投资其中任何一项的风险要小。如果你想减少风险，就应该构建这样一个分散化的投资组合。

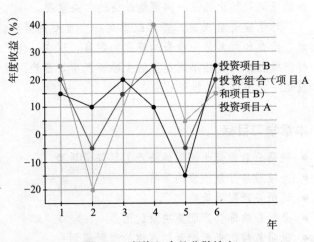

图 18-1　投资组合的分散效应

如案例 18-1 所示，分散投资最大的好处是，与单一投资相比，对你投资的负面效应减少了。在图 18-1 中，请注意第二年当投资项目 A 的收益是 −20% 时，投资组合的收益是 −5%。对投资组合的负面影响得到控制，因为当年项目 B 的收益是 10%。投资项目 A 的糟糕业绩仍然对投资组合产生影响，但已经不像单纯对它进行投资那么大了。在项目 B 的业绩下滑时（比如第五年的 −15%），它的糟糕业绩也被项目 A 当年 5% 的收益所挽救。

18.1.3　影响投资组合分散利益的因素

一个投资组合的风险通常用它的波动性来衡量，因为收益波动越大，投资组合未来收益的不确定性越大。有的投资组合在减少风险方面更胜一筹。通过识别影响投资组合风险的因素，你可以确保自己的投资组合具备这些特点。投资组合收益的波动性受到构成投资组合的各个投资项目收益的波动性，以及这些投资项目收益相似性的影响。

1. 各个投资项目的波动性

如图 18-2 所示，投资组合中各个投资项目的收益波动性越大，（假设其他条件不变）投资组合的收益波动性也越大。图 18-2a 显示投资项目 A（同图 18-1），项目 C，以及等额项目 A 和项目 C 构成的投资组合。图 18-2b 显示投资项目 A、项目 D，以及等额项目 A 和项目 D 构成的投资组合。比较一下图 18-2a 项目 C 的收益和图 18-2b 项目 D 的收益，显然项目 C 更具波动性。所以，项目 A 和项目 C 构成的投资组合的波动性大于项目 A 和项目 D 构成的投资组合。

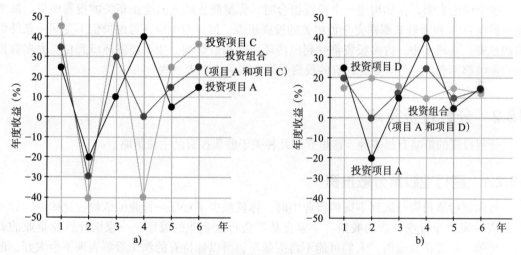

图 18-2 个别投资的波动性对投资组合分散效应的影响

2. 投资项目之间关联性的影响

在投资组合中，各项投资的收益越相似，投资组合收益的波动性越大，如图 18-3 所示。图 18-3a 显示了项目 A、项目 E 以及等额的这两项投资构成的投资组合的收益。请注意这些投资的收益模式高度相似。投资项目 A 有较好的业绩是，投资项目 E 也一样；而当项目 A 的业绩下滑时，项目 E 也下滑。于是，由等额项目 A、项目 E 构成的投资组合的收益模式和项目 A、项目 E 中的任何一个几乎完全相同。所以，这样的投资组合起不到分散投资的作用。

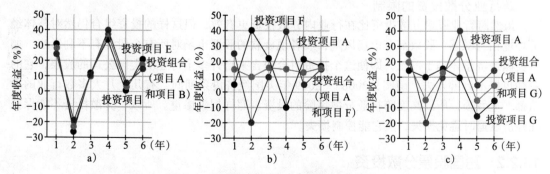

图 18-3 关联性对投资组合分散效应的影响

图 18-3b 显示了项目 A、项目 E 以及等额的这两项投资构成的投资组合的收益。请注意

这两项投资的收益模式恰好相反。当项目 A 的业绩很好时，项目 F 的业绩就差；而当项目 A 的业绩不好时，项目 F 的业绩就好。所以项目 A 和项目 F 的收益就是负相关的。于是，由等额项目 A、项目 F 构成的投资组合的收益模式非常稳定，因为两只股票的收益总是向相反的方向运动。由于收益是负相关的，投资组合的分散利益非常明显。

图 18-3c 显示了项目 A、项目 G 以及等额的这两项投资构成的投资组合的收益。请注意这两支股票的收益模式是互相独立的。也就是说，项目 A 的业绩和项目 G 的业绩没有关系。等额项目 A、项目 G 构成的投资组合的收益模式比项目 A、项目 F 投资组合（图 18-3b）的波动要大，但比项目 A、项目 E 投资组合（图 18-3a）的波动要小。所以，投资项目 A、项目 G 构成的投资组合的分散利益比投资项目高度相似的投资组合要大，但不如负相关的投资构成的投资组合。

这个讨论表明，在你构建一个投资组合时，你要防止纳入高度正相关的投资项目。虽然找到像项目 A 和项目 F 那样完全负相关的投资很难，但你至少应该考虑价值不受同一条件影响的投资。在现实中，许多投资都受到经济环境的相似影响。如果经济环境恶化，大多数投资的业绩都不会好。尽管如此，有的投资受到的影响会更大一些。

18.2　分散投资策略

分制投资的策略有很多种。这里介绍儿种关于股票投资的主流策略。

18.2.1　跨行业股票分散投资

当你把股票投资分散到不同的行业中时，你就减少了对任一行业的依赖。比如说，你可能投资一家汽车行业企业的股票、一家食品零售行业企业的股票、一家医疗行业企业的股票，等等。在经济衰退时，人们可能不再买新车，所以你持有的汽车股票表现不会太好，但人们照样需要吃东西和看病，所以你的食品和医疗股票的表现会好一些。所以，一个跨行业的股票投资组合的风险要小于只在同一行业内的股票投资组合。

如果把更多股票加入投资组合，分散利益还会更大。因为每只股票所占的比例减小了。因此，投资组合受到任一不良个股的拖累减小了。为了说明分散利益怎样在更广泛的投资组合中增强，可以想想投资最大的 500 家美国公司股票（标准普尔 500 指数）的收益。这个你可以在许多财经网站上查到。它的收益趋势肯定比一个小型的股票投资组合更加稳定。一般来说，高度分散的投资组合可以降低巨亏的风险，但是想暴富也没戏。

跨行业分散投资的限制

虽然跨行业股票分散投资比行业内分散投资更有效，但这样的投资组合仍然对整体经济环境相当敏感。股票都有市场风险，或者说疲软的股票市场对所有个股都有不利影响。如果美国经济整体陷于萧条，即使这个投资组合包含来自许多个行业的美国公司的股票，它的业绩也好不到哪儿去。确实，2008 ～ 2009 年美国经济萧条期间，有几个月大多数行业的股票都严重亏损，所以高度跨行业分散风险的投资者照样损失惨重。所以，分散投资不能保证在经济衰退时避免损失，但它能控制损失。

18.2.2　跨国股票分散投资

因为不同国家的经济形势（以及股票市场行情）各不相同，你通过跨国的股票分散投资可以降低风险。比如说，你可能想投资不同行业的各种美国股票，再搭配一点欧洲股票、亚洲股票，以及拉美股票。许多投资顾问建议你把 80% 的资金投资美国股票，剩下的 20% 投资外国股票。

投资外国企业的股票让你不再受制于美国的经济环境。虽然不同国家间的经济紧密相关。有的时候，所有国家一起陷入萧条，导致所有国家的股市都不景气。在投资外国股票时，要认识到它们往往比美国公司的股票更具波动性，它们面对的经济环境也更不稳定。所以，你应该把投资分散到不同国家的股票中去，而不是只买一个国家的股票。你还要记住，小的发展中国家的股票市场的收益可能会大起大落，所以要想降低国际投资组合的风险，最好还是盯住那些成交活跃、机制完备的发达国家的股票市场。

18.2.3　经济对全球分散利益的影响

各国经济环境在一定程度上是互相关联的。所以，国际分散投资并不能让投资者完全摆脱当地的经济衰退。比如说，2008 ～ 2009 年金融危机期间，美国股票市场的表现惨不忍睹。但是，美国以外的股票市场也很不景气，因为美国的经济衰退对其他国家也造成了影响。有的国家受到的影响更大一些。那些信用危机期间的投资组合中包含国际股票的投资者遭受的损失可能比投资组合中只有美国股票的人要少一些。但是，他们多少也受到一些损失，因为那段时间全球股票市场都是一片愁云惨淡。

18.3　资产配置策略

在投资者进行资产配置决策时，他们不应该限制对股票的选择。所有的股票都受到股市行情的影响，所以分散投资的利益是有限的。要想获得更大的分散投资利益，就要引入其他金融资产，比如债券、房地产投资信托（REIT），以及股票期权。你的投资组合规模和知识水平有助于你确定把哪些资金资产纳入投资组合。

18.3.1　把债券纳入投资组合

股票投资的收益和债券投资的收益并没有多大关系。影响股票价格的主要因素是对公司未来业绩的预期，以及股市的整体行情。债券的价格则和利率负相关，基本不受股市行情的直接影响。因此，把债券纳入你的投资组合，你可以降低对股市行情的敏感性。但是，债券投资的预期收入一般少于股票。

你在投资组合中分配给债券的资金越多，你受市场风险的影响越小，但受利率风险的影响越大。如果利率上调，你的投资组合贬值的可能性就变大，因为你持有的债券的市场价格会下跌。第 16 章中讲过，你可能通过投资到期日临近的债券以限制利率风险的影响。因为与长期债券相比，这些债券的价格受利率影响较小。

一般来说，你投资组合中配置给债券的比例越大，你的投资组合面临的整体风险越小（用收益的波动性衡量）。从长期来看，投资组合的价值会更加稳定，在任何时期发生亏损的可能性变小。快要退休的投资者一般配置比较多的债券，因为他们还指望从这里领取定期的收入。相反，30 ～ 50 岁的投资者倾向于配置更多的股票，因为他们能够为博取更多的收益而承受一定的风险。

18.3.2　把房地产纳入投资组合

许多人把房地产纳入他们的投资组合。投资房地产的方法之一是购买住房然后租出去。

但是，这样投资需要投入的资金量和精力都很可观。你必须检查租户的信用，并对物业进行维护。一个替代的方法是投资于**房地产投资信托**（real estate investment trusts，REIT），后者汇集投资者的零散资金，用于房地产投资。REIT 一般投资于办公楼或商铺之类的商业地产。

REIT 和封闭式基金相似，它们的股份也在证券交易所买卖；股价取决于（投资者）可出售的供给和投资者对股份的需求。REIT 很受个人投资者欢迎，因为购买股份的投资门槛很低。比如说，一个投资者以 30 美元每股的价格购买 100 股 REIT，总共只需 3 000（30 × 100）美元。REIT 另一个颇受欢迎的特点是它们由老练的房地产专业人士进行管理，物业的购买和维护保养都比一般人做得好。

1. REIT 的类型

REIT 可以按照投资的方式分类。**股权 REIT**（equity REIT）直接投资于物业，而**按揭 REIT**（mortgage REIT）则投资于物业开发的抵押贷款。股权 REIT 的业绩基于物业价值的变动，所以收益受到房地产大环境的影响。而按揭 REIT 的业绩基于发放贷款的利息。

2. REIT 在资产配置中的作用

大多数 REIT 的价格容易受到房地产大环境的影响。虽然这种影响在有的时候是积极的，但它毕竟让投资者面临巨大风险。比如说，在 2008 ～ 2009 年金融危机中，房地产市场遭受重创，大多数 REIT 也损失惨重。所以，投资 REIT 的个人投资者可能想进一步分散他们的投资组合。在股票和债券市场都不景气的时候，房地产有可能一枝独秀。所以，REIT 可以在股票和债券业绩不佳时充当避风港。于是，包含股票、债券和 REIT 的投资组合暴跌的可能性更小，因为这三种投资一起崩盘的情况很少出现。

18.3.3 把股票期权纳入投资组合

在进行资产配置决策的时候，你可能会考虑**股票期权**（stock option）（认股权证），即在特定条件下买入或卖出股票的权利。就像股票一样，股票期权也在证券交易所买卖。有的员工会得到股票期权作为奖励的一种形式，所以要当心这些人。

1. 认购权证

一手股票的**认购权证**（call option）提供了在某个特定截止日期按一定价格购买 100 股特定股票的权利（也叫**执行价格**（exercise price）或**行权价格**（strike price））。认购权证的好处在于你能锁定购买股票的价格，也保留了到期时放弃购买的灵活性。你购买认购权证时支付的价格被称为溢价。影响认购权证溢价的主要因素是愿意购买该股票认购权证的投资者的数量。投资者可以通过经纪公司购买认购权证，但交易的时候要支付一笔佣金。

☞ 案例 18-2

9 月 10 日，你以每股溢价 2 美元，共计 200 美元购买了一手迦玛股份的认购权证。当前的股价是 28 美元。认购权证允许你在 11 月底前的任何时间以 30 美元的执行价格购买 100 股迦玛股份。所以，无论迦玛股份怎么上涨，在 11 月底之前你都可以按 30 美元一股的价格买入。

对于每一个认购权证的买家来说，必然会有一个愿意出售权证的卖家。认购权证的卖家有义务在买家行权的时候以执行价格向买家出售规定数量的标的股票。

☞ 案例 18-3

琼·蒙大拿卖给你一手迦玛股份的认购权证。琼收到你购买认购权证的 200 美元溢价。在你行权的时候，她有义务按 30 美元一股的股价卖给你 100 股迦玛股份的股票。

你购买认购权证的得失可以通过综合考虑出售股票的收入、行权时购买股票的价格，以及购买权证的溢价来确定。

案例 18-4

之前你以每股溢价 2 美元，共计 200 美元购买了一手迦玛股份的认购权证。到 11 月底时，迦玛股份的价格已经从 28 美元涨到 35 美元。你可以行使认购股票的权利，然后以市场价格把它卖掉。你的利润是：

出售股票获得的收入（$35×100 股）	$3 500
购买迦玛股份的费用（$30×100 股）	−$3 000
购买权证的溢价（$2×100 股）	−$200
净利润	=$300

因为你当初花了 200 美元购买认购权证，而净利润是 300 美元，你的收益率可以用净利润除以投资额：

$$收益率 = 净利润 \div 投资额$$
$$= \$300 \div \$200$$
$$= 1.50 \ 或 \ 150\%$$

琼本来没有迦玛股份的股票，所以她必须以 35 美元的股价先从市场上买入股票，再以 30 美元的价格卖给你。所以，她的净利润是：

出售股票获得的收入（$30×100 股）	$3 000
购买迦玛股份的费用（$35×100 股	−$3 500
购买权证的溢价（$2×100 股）	+$200
净利润	=−$300

她的净利润是负值，说明她亏损了。请注意，你的利润就等于琼的亏损。

只是投资认购权证，而不是投资股票本身的话，你可以成倍放大收益。如果你在 9 月 10 日以 28 美元一股的价格买入迦玛股份的股票，你的利润就是 7 美元。投资认购权证的收益率（150%）可比这高得多。然而，投资认购权证的风险投资股票本身要高。

2. 认沽权证

一手股票的**认沽权证**（put option）提供了在某个特定截止日期按特定的执行价格出售 100 股特定股票的权利。你委托购买认沽权证的方式和购买认购权证的方式完全一样。认沽权证锁定了卖出股票的价格，也保留了到期时放弃出售的灵活性。如果你预期股票的价格会下跌，就可以购买认沽权证。

案例 18-5

1 月 18 日，你花 300 美元溢价买了一手边锋股份的股票，执行价格为 50 美元，有效期到 3 月底。现在股票价格是 51 美元。认沽权证允许你在 3 月底前的任何时间以 50 美元的执行价格出售 100 股边锋股份。所以，无论边锋股份怎么下跌，在 3 月底之前你都可以按 50 美元的价格卖出。

对于每一个认沽权证的买家来说，必然会有一个愿意出售权证的卖家。认沽权证的卖家有义务在买家行权的时候以执行价格向买家购买规定数量的标的股票。

3. 股票期权在资产配置中的作用

虽然股票期权已经成为追求高收益的个人投资者热衷的投资工具，但期权的风险还是非常之高，因此只能在资产配置中发挥非常有限（如果非要不可）的作用。因为资产配置通常会限制任何一种投资面临的风险，因此配置股票期权要非常谨慎。许多认股权证最终没有行权，这意味着投资者的收益是 −100%。

尽管如此，你还是可以利用股票期权降低你投资组合的风险。下面介绍最常见的两种方法。

第一种，你可以通过购买认沽权证限制持有股票的风险。

☞ 案例 18-6

一年前，你买了 100 股 Dragon.com 的股票。虽然目前为止这只股票的表现都还不错，但你估计不久之后它就要走下坡路了。它现在的股价是 40 美元，你决定花每股 3 美元的溢价，即 300 美元买一手 Dragon.com 的认沽期权，行权价设定为 38 美元。如果股价维持在 38 美元以上，你就不行权了。相反，如果股价跌到 38 美元以下，你就以 38 美元的价格行使认沽权。

在这个例子中，你购买认沽权证以锁定一个持有股票的最低出售价格，而不管实际这只股票的价格会跌到多少。这样，你就能限制这只股票的潜在损失，从而降低投资组合的风险。

你也可以出售持有股票的认购权证以降低风险。这样做也被称为**掩护性买权策略**（covered call strategy），因为你出售的认购权证有你已经持有的股票作为掩护。

☞ 案例 18-7

假设你再次担心 Dragon.com 的股价近期可能会下跌。你恰好有一个执行价格为 42 美元的认购权证，溢价 2 美元。你决定把 Dragon.com 股票的认购权证卖掉，换 200 美元的溢价。如果 Dragon.com 股票的价格涨到 42 美元以上，认购权证会被行权，你会把自己的股票卖给他以履行义务。但是，至少你在这笔交易中是赚钱的。相反，如果股票价格一直没有突破 42 美元，认购期权是不会被行权的。在这种情况下，你卖出认购期权净赚的 200 美元就可以抵消一部分股价的下跌，也能减少你投资组合的损失。

18.3.4   资产配置怎样影响风险

有的资产配置策略降低风险的能力特别强。如果想把风险控制在一个很低的限度，资产配置可能强调货币市场基金、美国国债，以及美国大型企业发行的股票。这些资产的风险很低，但收益率也不高。要追求更高的收益，资产配置中可以增加更多的房地产和发展中国家的股票。图 18-4 比较了不同资产配置策略的风险和潜在收益。

股票、房地产和低评级企业债券在 2008 年都亏损了。因此，在这些资产中进行配置的投资组合都损失惨重。实际上，即使是最保守的资产配置策略在特定的时期也会亏损。

18.3.5   既省钱又好用的资产配置方法

在一堆金融资产中配置资金时，你进行的每次投资都要支付交易费用。所以，开展广泛的投资要付出不菲的代价。你可以通过投资共同基金降低分散投资的成本。因为一个典型的股票型共同基金至少包含 50 只股票。你只要投资几只共同基金，就能实现广泛分散风险的目的。

比如说，你可以分别投资一个关注大型美国企业股票的共同基金、一个关注小型美国企

业股票的共同基金，以及一个关注外国企业股票的共同基金。你还可以同时投资一个持有的
债券类型和期限都符合你要求的债券基金。如果还想进一步扩展投资组合，还可以考虑投资
一个 REIT。有了这样的投资组合，你就不用担心个别企业、个别行业或个别国家出什么问
题，甚至利率上调也算不上什么了不得的利空情况。

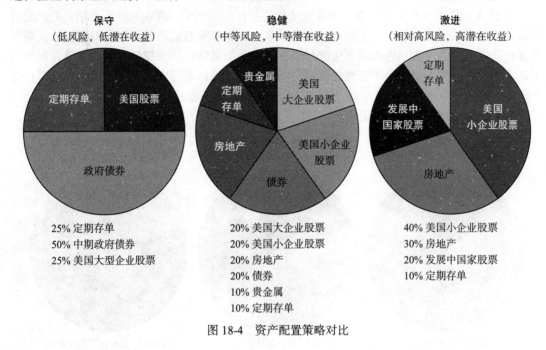

图 18-4　资产配置策略对比

18.4　你的资产配置决策

对你来说理想的资产配置也许不适合其他人，因为你们的个性和投资目标都不一样。资
产配置决策取决于若干因素，包括你在生命周期中所处的阶段和你的风险承受能力。

18.4.1　你在生命周期中所处的阶段

刚刚在职业道路上起步的投资者对资金的需求很频繁，因此他们应该投资相对安全且具
有流动性的证券，比如货币市场的投资品。如果你预计在短期内不需要动用投资的资金，你
可以考虑构建一个包括股票、债券、股票型共同
基金和债券型共同基金的投资组合。如果投资者
预计还要继续工作很多年，可以投资小公司的股
票和成长型股票基金，因为它们有成长的空间。
相反，临近退休的投资者可以把大部分资金配置
到能产生固定收入的投资中去，比如债券、主营
高分红股票的共同基金、债券型共同基金和某些
REIT。

虽然没有一个资产配置方案能适用所有人，
但图 18-5 展示了生命周期各阶段的资产配置趋
势。请注意，在早期人们往往注重股票投资，希

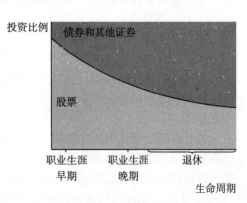

图 18-5　跨期资产配置

望能通过冒险增加自己的财富。此后，他们逐渐转向债券或稳健企业的高分红股票，以减少投资组合的风险水平。虽然这样的投资组合不能产生高收益，但它能为以后的退休生活提供定期收入。事实上，你的投资组合可能会成为退休后主要的收入来源。（第19章就会详细讨论养老方案中储蓄的作用。）

图18-6 提供了一个关于跨期资产配置变化的更详细的例子。在职业生涯早期，资产配置更多关注有成长潜力但风险水平相对较高的股票。虽然股票有贬值的可能，但它们从长期来看还是升值的可能性大。你在职业生涯早期更愿意承担风险，因为即使你买的股票在短期内下跌了，但在你被迫把它出手套现之前还有很长的时间可以等待它解套。然而，即使是在这个阶段，你还是需要保留一部分流动资产（比如货币市场证券），以备现金的不时之需，比如偿付账单、购房首付，或其他用途。

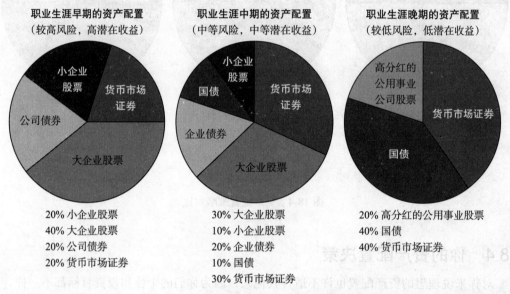

职业生涯早期的资产配置
（较高风险，高潜在收益）
20% 小企业股票
40% 大企业股票
20% 公司债券
20% 货币市场证券

职业生涯中期的资产配置
（中等风险，中等潜在收益）
30% 大企业股票
10% 小企业股票
20% 企业债券
10% 国债
30% 货币市场证券

职业生涯晚期的资产配置
（较低风险，低潜在收益）
20% 高分红的公用事业股票
40% 国债
40% 货币市场证券

图18-6 生命周期不同阶段的资产配置变化

在职业生涯中期，你可以减少自己的高风险资产，增加国债等安全性资产的比例。到你退休的时候，你可能想进一步降低股票的比例，把更多资金配置为国债。在理想的情况下，你到那时持有的证券已经可以产生足够的收入维持你以后的生活。如果到那时你还有很多股票，万一遭遇大幅度贬值，你的资产可能就没法提供足够的经济支持了。

18.4.2　你的风险承受能力

投资者的风险承受能力也不一样。如果你不想承担很多风险，你可以关注安全的投资。比如说，你可以投资短期国债。如果你能承受一般水平的风险，可以考虑追踪标准普尔500股指的股票型共同基金和大盘股共同基金。这些投资比国债的潜在收益高，但有的时候也可能会亏损。

如果你愿意承受更高的风险，追求更高收益，你可以考虑投资个股。引领技术潮流的小公司的股票潜在收益很高，但风险也很高。即使你的风险承受能力很强，仍然要注意分散投资。你可以考虑具有高收益的潜力，但投资多种股票的共同基金，以免被一只股票套牢。第17章中就讲过你可以挑选不同的成长型基金、资本增值型基金，甚至是关注不同板块的基金，像是医疗或金融板块。你还可以考虑投资企业债券的债券型共同基金。你要是想提高潜在收益（以及风险），还可以选择那些关注期限很长的高收益（垃圾）债券的债券基金。

💰 理财心理

有的投资者用一种不切实际的观念来看待投资环境，指导自己的投资行为。他们不愿意承认自己承担了巨大的风险。他们的投资在经济繁荣的时候可以产生很高的收益，但在经济萧条的时候就会一落千丈。当经济繁荣时，这些投资者兴高采烈地把利润归功于自己卓越的投资技巧。然而，当经济环境恶化时，这类投资就会变得惨不忍睹。

有的投资者就是不相信经济会衰退，对经济总是报有乐观态度。乐观是好事，但实事求是更重要。也就是说，如果他们进行了高风险的投资，就应该意识到如果经济衰退，他们会遭受重大损失。如果他们觉得自己承受不起这样的损失，就该认真考虑更安全的投资。但是，安全的投资没那么刺激，因为它们的潜在收益不会那么高。结果，有的投资者最终像赌博一样在高风险投资中一掷千金，然后在风险降临时碰得头破血流。

18.4.3　你对经济环境的预期

你对经济环境的预期也会影响你的资产配置。如果认为股市行情看好，你会把大部分资金投入股票型共同基金。相反，如果你觉得股市面临震荡，又会把大部分资金转入债券型共同基金。如果你觉得利率会下调，你会考虑把短期债券基金转化为长期债券基金。如果这些基金属于同一个家庭，这种转化是很容易进行的。

如果你看好房地产行情，你可能把一部分资金配置到 REIT 里。过了一段时间，你的预期改变了，对某些金融资产的偏好就会变得特别突出。总之，你应该根据自己的市场预期、投资目标，以及生活状况的变化，不断调整投资组合的结构。

因为准确预测经济环境几乎是不可能完成的任务，所以也很难说接下来的一段时期哪种投资是最好的。因此，完全根据你所处的生命周期阶段和对风险的承受能力决定资产配置可能才是最佳方案。等你构建好自己的分散化投资组合，还要注意在步入不同阶段或风险承受能力改变后对它加以调整。

👉 案例 18-8

史蒂芬尼·斯普拉特想制定一个长期理财规划，以便把资金配置到不同的金融资产中去。特别是，她想设置未来 10 年在股票、债券和 REIT 投资中进行资金分配的大致目标。因为她不久前才踏入职场，估计还可以再干 30 年，所以她觉得现在还没有必要把一大半资金分配给债券。她知道债券一般比股票安全，但打算以后再考虑债券型和股票型共同基金。她知道股票的风险更高，但在这个阶段承担一点风险问题也不大。她打算考虑一些收益型共同基金、成长股基金，以及国际共同基金。

再过五年，等到史蒂芬尼积累了更多的资金，她打算多投资一些股票和股票型共同基金。她觉得只有在美国的房地产市场全面回暖之后，她才会投资一点 REIT。

等到快退休的时候，她会采用更加保守的投资方法，降低风险（同时也降低收益）。

18.5　怎样把资产配置纳入你的理财规划

下列关于资产配置的关键决策是你必须纳入理财规划的：

- 你现在的资产配置合适吗？
- 未来你怎样进行资产配置？

图 18-7 展示了史蒂芬尼·斯普拉特怎样把资产配置决策纳入她的理财规划。史蒂芬尼首先考虑保持充分的流动性和偿还现有的贷款。但是，随着她积攒了更多的资金，远远超出这些需要，她会把钱配置到不同的投资中去。

资产配置的目标		
1. 确保我当前的资产配置是合理的。		
2. 为以后有钱的时候制订一个资产配置方案。		
分析		
投资	投资资产市值（美元）	投资资金比例配置
普通股	3 000	$3 000 ÷ $5 000=60%
股票型共同基金	1 000	$1 000 ÷ $5 000=20%
债券型共同基金	1 000	$1 000 ÷ $5 000=20%
合计	5 000	
决策		
1. 关于当前资产配置合理性的决策		
我现在的资产配置中股票的比例太大。我一共只有 5 000 美元投资，应该把钱全都投入共同基金以分散投资。我应该把这些股票卖掉，然后用这笔钱购买一只股票型共同基金。我已经买了一只专做技术股的共同基金，所以出售股票的钱就应该换一只不同领域的基金，才能达到分散风险的效果。		
2. 关于未来资产配置的决策		
如果按上面所说的那样处理资产配置，我就有 4 000 美元的股票型共同基金和 1 000 美元的债券型共同基金了。这样就等于投资余额的 80% 是股票型共同基金，20% 是债券型共同基金。股票型共同基金的潜在收益比债券型共同基金要高。在接下来的几年中，我会把多余的钱继续投入股票和债券基金，保持 80/20 的比例。		

图 18-7 史蒂芬尼·斯普拉特的理财规划中的资产配置

讨论题

1. 如果史蒂芬尼是带着两个孩子的单身妈妈，她的资产配置决策会有什么不一样？

2. 如果史蒂芬尼现在已经 35 岁，年龄会对她的资产配置决策产生怎样的影响？50 岁呢？

小结

1. 风险的分散效应

资产配置通过分散投资减少你的投资风险。一般来说，分散投资的资产波动性越小，彼此间的相关性越低，对投资组合越是有利。

2. 股票分散投资策略

普通股分散投资策略包括跨行业和跨国分散投资。你应该考虑这两种分散投资，以控制外部力量对你投资的股票价值产生的影响。

3. 资产配置策略

你的资产配置决策不应局限于股票。因

为债券收益主要受利率变动影响，而不是股市行情，它们和股票收益不是高度正相关的。所以，债券可以减少投资组合的风险。房地产投资信托（REIT）主要受房地产行情影响，也可以纳入投资组合。股票期权也可以用于分散投资，但它们的风险很高。

4. 影响资产配置的因素

你进行资产配置决策的时候要考虑你所处生命周期阶段、你的风险承受能力，以及你对经济前景的预期。如果你还年轻，你可能更愿意投资有风险的证券以积累财富。如果你已经快要退休，你应该把更多的钱用于能持续产生稳定收入的投资（红利和利息支付）。如果你很愿意承受风险，你可以投资高风险的股票和债券。你的资产配置也受到对未来经济环境预期的影响。这些条件会影响股票、债券、REIT的预期业绩，所以也决定了你怎样在这些金融资产中分配资金的决策。

5.怎样把资产配置纳入你的理财规划

资产配置决定了你怎样开展分散投资。你可能要依赖投资一点一滴的构建你的财富，而且最终你可能得靠这些财富维持未来的开销。所以，你的资产配置决策有助于你实现理财规划。

复习题

1. **分散投资** 为什么你持有的金融资产类别要多元化？资产配置怎样让你实现分散投资？

2. **投资组合** 什么是投资组合？分散化的投资组合怎样降低风险？

3. **投资组合风险** 哪些因素影响投资组合的风险？请说明。

4. **分散投资策略** 分析两种股票投资组合的战略。

5. **投资组合风险** 把你的一部分资产配置成债券会怎样降低你的投资组合风险？

6. **REIT** 什么是REIT？它们是怎么分类的？REIT的哪些特点比较有吸引力？REIT怎样有助于分散投资组合的风险？

7. **股票期权** 什么是股票期权？为什么投资者需要理解股票期权的理解？

8. **资产配置成本** 为什么资产配置可能会很贵？你怎样才能降低这样做的成本？

9. **长期风险承受能力** 说明一下，从现在开始到你退休时，你对投资的风险承受能力可能会发生什么样的变化，为什么。

10. **认购权证** 什么是认购权证？它是怎么运作的？

11. **认购权证盈利** 怎样计算认购权证交易的盈亏？

12. **认沽权证** 什么是认沽权证？它是怎么运作的？

13. **资产配置中的股票期权** 试评价"在资产配置中使用股票期权有正确的方法，也有错误的方法"。

14. **资产配置决策** 讨论你在生命周期中所处的阶段在资产配置中发挥什么作用。

15. **风险承受** 你的风险承受能力对资产配置有什么影响？

16. **经济环境** 你对经济环境的预期对你的资产配置有什么影响？这个策略在应用中有什么问题？

17. **全球性衰退对分散投资策略的影响** 为什么全球性衰退会限制国际分散投资的利益？

18. **美国经济对其他国家的影响** 说明为什么美国的经济环境会影响其他国家的经济。

19. **投资关联度** 什么是投资之间的关联度？关联度怎样影响投资组合的风险？

20. **认沽权证和风险防范** 假设11个月前你以50美元一股的价格购买了XYZ公司的股票。现在股价已经涨到72美元一股，但是你还想过一个月再出售，好享受长期资本利得的优惠税率。说明在这种情况下，你可以怎样利用认沽权证保护你的利益，防止股价在出售前下跌。

21. **掩护性买权策略** 什么是掩护性买权策略？

22. **共同基金和资产配置** 说明共同基金怎样帮助你实现低成本资产配置。

23. **实践中的相关系数** 乔安娜想在她的投资组合中增加一种新资产。她考虑的两种资产与现有投资组合的相关系数分别是+0.65和−0.12，哪种资产更有利？为什么？

理财规划练习题

1. **股票期权收益** 玛丽安娜花300美元买了一手某股票的认购权证。该权证让她可以在3月1日前以 27 美元一股的价格购买对应的股票。2 月 15 日，该股票价格上涨到 32 美元一股，玛丽安娜当即行权。玛丽安娜从这次交易中获得的收益是多少？

2. **股票期权收益** 克里斯花 200 美元买了一手某股票的认购权证。该权证让她可以在 5 月 1 日前以 30 美元一股的价格购买对应的股票。5 月 1 日，该股票价格只有 28 美元一股，克里斯从这次交易中获得的收益（亏损）是多少？

3. **股票期权收益** 特丽莎花 250 美元买了一手某股票的认购权证。该权证让她可以在 12 月 31 日前以 40 美元一股的价格购买对应的股票。12 月 15 日，该股票价格上涨到 60 美元一股，特丽莎当即行权。特丽莎从这次交易中获得的收益是多少？

4. **掩护性买权策略** 卡洛斯以每股 21 美元的价格购买了 100 股阿尔法公司的股票。他最近以 1.5 美元一股的价格出售了该股票的认购权证，执行价格为 40 美元。该股票此后价格上涨到 42 美元一股。如果买家行权，从卡洛斯从这只股票中能赚多少钱？

5. **道德困境** 麦克觉得是时候让自己的钱生钱了。他已经积累了一笔数目可观的储备金，存在当地银行的储蓄账户，但区区 3% 的收益无法满足他的目标。在进行了一番调研之后，他提取了这笔钱，买了 500 股某大型蓝筹制造企业和 600 股某知名零售企业的股票。从一开始，麦克的经纪人就劝说他仅有两支股票不足以充分的分散风险。终于，经纪人说服麦克把这两只股票卖了，换成其他公司的股票。

两年后，麦克已经持有 14 家公司的股票，觉得自己的投资组合风险足够分散。他的侄子艾德不久前刚从商学院毕业，看了麦克的投资组合，评论说："你的投资不够分散，这些股票中有 10 只都属于技术股。"麦克告诉艾德，自己是按照经纪人的推荐，为了分散投资组合才把原来的股票卖了，购买成新的股票。艾德告诉麦克，为他服务的那家经纪公司就是专做技术股的。麦克很失望，因为他以为自己得到的建议是帮助他有效分散投资风险的。毕竟，麦克完完全全听从了经纪人的建议，而为什么他的经纪人会给客户出这样的馊主意呢？

（1）麦克的经纪人建议他出售原有的股票，然后构建了一个高度重仓技术股的投资组合。试对此做出道德评价，包括你觉得经纪人这样做的原因何在。

（2）除了购买一大堆不同公司的个股，麦克还能采用什么方法分散他的风险？

理财心理：共同基金投资

1. 投资者天然会被业绩出色的共同基金和对冲基金吸引。但是，当许多其他类型的投资基金在挣扎求生，而你的基金却仍然捷报频传时，他们理应有所怀疑。出色的业绩有可能只是出现在虚假的财报中。虽然他们应当质疑，但投资者宁愿相信财报是真实的。说说你在这种情况下会怎么样。如果一只基金的业绩总是鹤立鸡群，你会不会对它有所怀疑？

2. 阅读一篇关于心理因素如何影响资产配置的文章。你可以上网搜索关键词"心理"和"资产配置"来检索相关文章。阅读后总结文章主要观点。

系列案例：辛普森一家

辛普森一家还在论证他们孩子大学教育储蓄的投资方法。他们的结论是共同基金要比个别股票或债券更适合他们的需要。他们现在考虑的是一只生物技术基金，投资对象是多家生物技术公司的股票。他们听说生物技术股票有的时候会大涨特涨。他们并不担心有的生物技术股票业绩可能会滑坡，因为他们关注的生物技术共同基金包含了许多生物技术股票，已经充分分散了风险。

1. 请就辛普森一家打算把给孩子接受大学教育的钱全部投资到一只生物技术共同基金的决定，谈谈你的想法。

2. 辛普森一家已经意识到分散风险的重要性。所以，他们决定把现有的钱投入一只生物技术共同基金，再把以后积累的钱投入另外三只生物技术共同基金。这样，即使其中一只共同基金业绩不好，还他们还可以期待另外几只生物技术共同基金有良好的业绩。辛普森一家这样投资能起到分散风险的作用吗？

3. 戴夫的一个好朋友告诉他说，自己工作的公司即将推出一款能颠覆整个行业的新产品。戴夫对这家公司的股票飙升抱有很大的期望。他已经做好准备要购买朋友公司的股票。请就此对戴夫提出建议。

第五部分系列案例

布莱德收看了一个有线电视的财经新闻频道，阅读了许多商业期刊的文章，还听一个同事向他吹嘘自己的投资组合怎样在六个月内价值翻倍。现在，他终于相信自己未来要发财得靠股市。他同事购买的"风临股份"就属于技术股，所以布莱德把他的投资组合也押在三只投机性很强的技术股上。他相信这三只股票既能保证最大增长潜力，又能充分分散投资风险。

虽然他也听说过买债券是分散风险的好办法，他觉得债券太无聊，收益又低。布莱德读过一篇关于怎样通过加杠杆的当日交易（买入并持有股票不足一天）提高收益的文章，也对你的意见很感兴趣。布莱德承认自己对投资几乎一无所知，也没空去研究，但一个经纪人一直在给他传递"小道消息"。他相信这样就够了。

布莱德听说过有的公司会发布虚假的财务报表，但他觉得即使公司对它们的财务状况说谎，对股价没有什么影响。布莱德想听听你对他的方案有什么想法。

1. 请对布莱德方案的每个部分发表评论
（1）靠三只技术股分散风险；
（2）不想把债券纳入投资组合的观点；
（3）当日交易；
（4）杠杆交易；
（5）信息来源（"小道消息"）。

2. 考虑到布莱德既缺乏关于投资的知识，可用于学习或研究的时间又很有限，如果他还是看好技术板块的收益潜力，什么才是最好的选择？

3. 哪些因素会影响布莱德的资产配置？基于这些因素，哪个投资组合的样本更适合他？

4. 关于问题3，你的答案会不会因为布莱德的年龄不同而不同？如果布莱德
（1）45岁；
（2）60岁。

5. 告诉布莱德为什么虚假财务报表的情况比他想象的严重得多，以及为什么虚假财务报表会对股价产生负面影响。

6. 就你的研究准备一份书面或口头的报告，交给布莱德。

P 第六部分
PART 6

养老和遗产规划

本部分各章介绍怎样通过有效的理财规划，保护你点滴积累的财富。第19章介绍怎样有效规划你的退休生活，以维持你的财富和舒适的生活。第20章介绍你怎样把尽可能多的遗产传承给你的继承人。

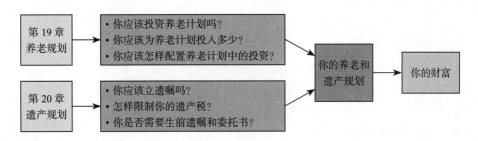

第 19 章　养 老 规 划

引导案例

　　帕特里克·奥图尔，离异，曾经想在 57 岁的时候退休。但是当他到 57 岁时，才发现自己还要再过五年才能领取社保；他的按揭贷款还要继续偿还 25 年；而且离婚后他的养老金账户里只有 225 000 美元。虽然现在的工作让他很不开心，但他还需要在那里多干几年，好为退休后的生活多存点钱。

　　三年后，帕特里克对按揭贷款进行了再融资，把剩余还款期限缩短到 15 年。此外，他的退休资产已经积累到 315 000 美元。帕特里克还要再工作两年才能领取提前退休社保。到那时，他可以部分领取提前退休养老金，而如果要领取全额养老金，还得再干到 66 岁。

　　如果你刚刚工作就开始为养老计划打基础，就能避免帕特里克那样的尴尬局面。即使你所在的单位有现成的养老计划，你退休的时间和退休后的生活品质很大程度上取决于你自己的决定。要为美好的退休生活奠定经济基础，你需要细致的规划和精心的准备。本章会向你介绍如何充分利用你可用的工具。

本章学习目标

- 介绍社会保障的作用
- 说明养老金固定利益计划和固定缴纳计划的区别
- 提示你在养老计划中的关键决策
- 介绍单位提供的养老计划
- 介绍针对自由职业者的养老计划
- 介绍个人养老金账户的类型
- 说明怎样利用年金安排养老
- 展示怎样测算未来养老金账户储蓄
- 说明怎样把养老计划纳入理财规划

19.1　社会保障

　　第 4 章中介绍过，社会保障是一项联邦规划，把你工作期间缴纳的税款在退休（基于年龄和其他条件）后发放给你。它保障你在退休后能获得一定的收入，所以是养老计划的重要组成部分。然而，对于大多数人来说，仅凭社保提供的收入还不足以维持原有的生活方式。因此，为了确保退休后的舒适生活，还需要补充的养老计划。在讨论其他养老计划的方法前，我们先介绍社会保障的功能。

19.1.1　满足社保要求

为了享受社保利益，你需要先通过工薪所得税为社会保障积累 40 点贡献分。如果你每季度的收入不少于 1 220 美元，每年就可以获得 4 点贡献分。除了退休后可以领取收入，在第 12 章中讨论过如果你残疾了，或者家里赚钱的人身故，你也能享受社保利益。如果符合社保条件的人（是家庭主要经济来源）身故，幸存者可以享受以下利益：

- 配偶的一次性抚恤金；
- 如果配偶年龄在 60 岁以上或有不满 16 岁的子女，每月可以领取保障金；
- 如果子女年龄不满 18 岁，或者是 19 岁以下的全日制在校中学生，每月可以领取保障金。

19.1.2　退休利益

你退休后从社会保障领取的收入金额取决于你缴费的年限及工作时的收入水平。社保相当于职工工作期间平均工资的 40% 左右。但是，因为进行了统筹，这个比例对低收入者会更高一些，而对高收入者偏低一些。

你最早可以在 62 岁开始领取退休利益，但能得到的金额比你完全退休后再领取要低。虽然作为一般规则，你不管是提前退休还是正常退休领取的社会保障利益总额是一样的。正常退休金开始发放年龄为 65 岁（1938 年以前出生者）到 67 岁（1960 年及以后出生者），这取决于你的出生年份（法定退休年龄随出生时间逐渐推迟）。如果你可以等到 70 岁以后再领取退休金，每月收入的金额还能更高一些。

在领取社会保障的同时你还能获取其他收入。但如果你还没有达到正常退休年龄，而你的职业收入又超过了规定的限额（2015 年为 15 720 美元），你的社保利益就会被减扣。等你到了法定正常退休年龄，不管你是否继续工作赚钱，该付的养老金一分钱也不会少。此外，根据你的工作收入和其他退休收入，你的一部分社保利益还可能要缴税。

19.1.3　对未来退休利益的担忧

有人担心未来的退休人员是否还能享受社会保障方案。现在的退休人员活的时间延长了，这意味着方案平均要向退休人员支付更长时间的收入。此外，未来会有更多的人退休，而支撑这一体系的在职人员数量则会减少。因此，由于现在这个方案的前途难以预测，许多人在他们的养老规划中减少了对社会保障的依赖。

即使社会保障体系能够延续，你也不会满足于它提供的那一点收入。许多人在自己积累退休资产，要么利用单位资助的养老计划，要么建立自己的养老金账户。

19.2　养老金固定利益计划和固定缴纳计划

单位资助的养老计划的设计初衷是帮助你为养老储蓄。每次发薪后，你和 / 或单位都向养老金账户里存一点钱。大多数这类账户里的钱是可以按你的要求（在该计划指定的范围内）进行投资的。投入该养老金账户的资金在提取之前是暂不纳税的。如果你要在 59 岁半之前从这个账户里提款，就要缴纳 10% 的提前支取惩罚税。退休后再提取的款项就按正常收入纳税了。

单位资助的养老计划又可以分为固定利益计划和固定缴纳计划。

19.2.1 固定利益计划

固定利益计划（defined-benefit plan）根据你的工资和工龄等条件，在退休后给你提供固定金额的收入。所有资金投入都由单位承担，不同单位的计算公式各不相同。指引中也规定了账户资金**让渡**（vest）给员工的进度，意思是他们逐步拥有部分为自己缴存的退休金的所有权。比如说，一家公司可能允许两年后让渡给你 20%，意思是单位在养老金账户中给你缴存的金额中有 20% 在你离职后依然可以保留。你在这家单位工作的时间越长，这个比例越大。根据有些养老计划指引，六年你就应该得到完全的让渡（可以保留 100% 的养老金账户）。一旦你得到完全让渡，每年缴存在账户中的钱就都归你所有。这些让渡规则鼓励员工为一家公司多服务几年。固定利益计划一个最大的优点是不需要员工参与利益的积累。这对那些不愿意从工资中拿出钱来存养老金的职工特别有利。所以，它其实确保了人们必须为养老进行储蓄。

19.2.2 固定缴纳计划

固定缴纳计划（defined-contribution plan）规定了你和 / 或单位向你的养老金账户里存钱的规则。最终你能享受多少利益取决于账户存款的业绩。你可以决定这笔钱怎么进行投资，也能在以后提现。

由于固定缴纳计划具有较大的灵活性，所以它们很受欢迎。在过去的 20 年里，许多单位纷纷从固定利益计划转向固定缴纳计划。这就增加了职工的责任，要求他们自己决定存多少钱以及在退休前这笔钱该怎么进行投资。所以，你就更需要了解固定缴纳计划的潜在收益，以及测算根据这个计划能够积累多少退休金。

1. 缴纳决策

🌐 **理财心理**

有些参与固定缴纳计划的人犯了一个大错误，那就是拖了太久才开始养老储蓄。他们在年轻的时候不担心养老金的问题，因为他们觉得以后再存也来得及。在这种想法的支持下，他们成了月光族。等到年龄大起来，他们不得不弥补以往养老投资的亏空，但这样做又严重减少了他们可开销的用度。对于那些缺乏储蓄自律的人来说，可以推迟养老储蓄的灵活性其实是固定缴纳计划的一个缺点。

2. 固定缴纳计划的利益

固定缴纳计划给你提供了很多利益。任何单位投入的资金就像是工资以外的收入。另外，设立一个养老账户可以鼓励你在每次拿到工资前直接把一部分收入以自动储蓄的方式投入账户中。

在固定缴纳计划中投资也能享受税收优惠。养老金账户允许你递延缴纳来自单位发放收入的所得税，因为投入养老金账户的资金在提取之前是暂不纳税的。如果你每年向养老金账户缴纳 5 000 美元，就可以每年减少 5 000 美元的应纳税所得额，这样可以省下很多税金。如果你的边际税率是 25%，你每年就可以少缴 1 250（25%×5 000）美元的所得税。

还要注意，养老金账户中的投资在你退休后提取之前也是不纳税的。这种税收优惠非常有价值，因为它向你提供了更多可供投资和积累的资金。此外，等你真正需要为这些投资纳税的时候（你从养老金账户中提取款项的时候），你可能因为应税收入的减少而承担较低的边际税率。

3. 养老金账户中的投资资金

大多数单位资助的固定缴纳计划在怎样对你的养老基金进行投资方面有一定的灵活性。你可以在许多种股票型共同基金、债券型共同基金，甚至是货币市场基金中挑选。最终累积的金额就取决于你养老金账户投资的业绩。

19.3　你的养老计划决策

你养老计划的关键性决策包括选择养老计划、确定缴纳多少钱，以及资金配置。多个网站提供了很有用的计算器，帮你进行决策，比如 MSN.com 上的"养老计划计算器"和 http://www.marketwatch.com 上的"养老规划大师"。使用这些计算器有助于你理解养老计划中涉及的权衡，以便你做出最符合自身需要的养老计划决策。下面将逐一讨论你的养老计划决策。

19.3.1　你应该选择哪种养老计划

每个单位资助的养老计划提供的利益各不相同。有些单位资助的养老计划允许你开展更多的投资。如果你所在的单位有这么一个养老计划，它无疑是你的首选，因为你的单位也要向里面投钱。

19.3.2　投入多少钱

最重要的养老计划决策之一是每期投入多少钱，因为这个决策会影响你退休后有多少钱可以花。然而，许多人在他们年轻的时候没有向养老金账户中投入多少，所以他们没能充分利用好养老金账户的节税功能。不想存退休金的原因之一是回报看上去遥遥无期。当你 25 岁的时候，退休还早得很，你可能更想马上就把钱花掉，及时行乐。这种做法的问题就在于，如果你不早点开始为退休做准备，等到退休临近的时候就痛苦了。

考虑到测算退休后需要多少收入很困难，一个保险的方法是认识到社保并不足以为退休后的生活提供足够的资金，所以要在可持续的基础上向养老计划中投入尽可能多的钱，尤其是在你的单位还要按你投入的金额给你配套的情况下。另一种方法是，估算一下自己需要多少钱应付日常开销，以及保持必要的流动性，然后把剩下来的钱全部投入养老金账户。

随着你的工资增长，养老投入也要相应增加。如果你想把所有应付必要开支以后剩下来的钱都花光，那就把养老金投入也列为必要开支吧。只要关注你养老金账户资金的积累，储蓄就变得很简单，因为你会看到你养老金账户余额的不断增长。

19.3.3　怎样对养老金进行投资

在养老金固定缴纳计划内调整投资配置时，你不需要担心税务问题。不管这些钱是怎么赚来的，所有的钱都会在你从养老金账户中提取出来的时候按一般所得税率征税。大多数理财顾问会建议分散投资，比如把大部分资金投资于一个或多个股票型共同基金，然后把剩下来的投资一只或多只债券型共同基金。

　　你在进行养老计划投资决策时，要把距离退休的年限考虑在内，如图 19-1 所示。如果你离退休还早，可以考虑购买那些投资高成长潜力股票的共同基金（比如资本增值基金、技术股基金，还可以加上一点国际股票基金或债券基金）。如果你已经快要退休，你可以考虑国债基金和关注大公司高分红股票的股票型共同基金。有的投资（比如说专做短期国债或银行定期存单的货币市场基金）风险很低，但潜在收益也很差。大部分养老计划提供了广泛的投资项目可供选择，以适应不同的风险承受能力。

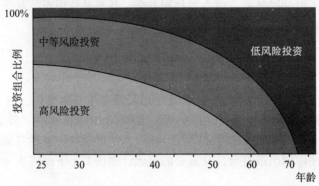

	普通高风险投资	普通中等风险投资	普通低风险投资
股票型共同基金	成长股基金 资本增值型基金 小盘基金 国际股票基金 板块股票基金	高分红股票基金 标准普尔 500 指数基金	
债券型共同基金	垃圾债券基金 国际债券基金	中等利率企业债券基金	国债基金 高利率企业债券基金
混合型共同基金		股债平衡基金	
货币市场基金			国债货币市场基金 经营商业单据和定期存单的货币市场基金

图 19-1　养老金账户投资组合的典型结构

　　如果你现在还年轻，离退休还早，你在投资中可以承受更多的风险。但是等你快要退休了，投资就应该更加保守一些。

　　你到退休时想存多少钱，部分取决于你需要多少退休收入才能过上好日子。有许多种方法可以确定你应该为养老存多少钱。需要纳入考虑的重要变量包括：你现有的资产和负债水平、退休时还有没有人要抚养或赡养、你的个人需要、对退休时物价的预期，以及退休后的预期寿命。你还要考虑退休后想做些什么事。如果你想到处去旅游，那你需要的收入差不多和工作的时候一样多。有许多网上计算器，只要你输入关键变量，就能帮你进行测算。

　　在有些人的养老金账户中，高风险投资的仓位太重，因为他们觉得投资能够赚大钱很刺激。然而，这些投资可能会带来惨重损失。于是，有的投资者把他们的养老金押宝在高风险投资上，结果很可能遭受自己根本承担不起的损失。在 2008 ～ 2009 年金融危机期间，许多投资贬值幅度超过 50%。有的投资者可能以为不管他们的投资现在怎么贬值，等到他们退休的时候总会升值的。然而，许多高风险投资最后就打了水漂，让投资者血本无归。结果，有的退休人员账户里就没剩下多少钱，根本不够他们退休后的开支，让他们不得不再辛苦几年。

19.4 单位提供的养老计划

接下来我们会深入介绍一些主流的单位提供的养老金固定缴纳计划。

19.4.1 401（k）计划

401（k）计划（401（k）plan）是公司为员工建立的养老金固定缴纳计划。根据联邦的指引，2015 年员工的最大缴费金额是 18 000 美元，但 50 岁以及上的员工还能再增加 6 000 美元。你在工作后一年就可以开始缴费。你缴纳的金额在计税前就从工资中扣除。不管你在这个单位工作多长时间，你在 401（k）计划中的缴费都归你所有。

单位为 401（k）计划中的资金提供各种投资选择。比如说，你可能可以投资一只或多只共同基金。这些共同基金未必属于同一基金家族，所以你可以选择不同投资公司经营的共同基金。

有的公司还提供账户管理服务，为你提供投资顾问，并根据你的风险承受能力进行账户配置。每个公司的方案各不相同，所以如何配置你的账户资金取决于管理这个 401（k）计划的公司。管理方会收顾问费，一般每年按账户金额的 0.2% ～ 0.8% 收取，有时可能会更高。公司必须公布所有开支情况、计划中现有投资的历史业绩、投资目标以及策略。总之，要求公开的内容和共同基金差不多。

1. 单位配套缴纳

有的 401（k）计划规定所有的金额都由职工自己出，单位没有配套缴纳；有的则要求单位给职工的缴纳提供配套。如果是 1:1 配套，单位在限额内要按员工缴纳的金额配套。所以打个比方，如果员工每月缴纳 400 美元，单位再额外补贴 400 美元到员工的养老金账户。或者单位按员工缴纳金额的一定比例配套，比如说员工缴纳 400 美元，单位按 50% 配套，就是补贴 200 美元。单位配套的金额（如有）对职工退休时积累的储蓄金额有重大影响。提供 401（k）计划的单位中，有 80% 以上对员工缴纳的金额提供全额或一定比例的配套。

2. 账户提取金额的税收

如果你在 59 岁半以前就从你的 401（k）计划中提款，你要缴纳相当于提取金额 10% 的罚款。提取的金额也要按一般收入的所得税率纳税。但是，如果你已经退休并且年龄超过 59 岁半，你多半已经没有其他应纳税收入了，所以面临的边际税率也很低。因此，401（k）计划不但让你推迟很多年缴纳所得税，而且即使在提取的时候，你面临的税率也可能会降低。

19.4.2 罗斯 401（k）计划

从 2006 年开始，人们可以选择**罗斯 401（k）**（Roth 401（k））计划代替传统的 401（k）养老账户。罗斯 401（k）计划适用于提供部分配套资金的养老方案。存入罗斯 401（k）计划的收入按账户持有人的边际税率纳税。罗斯 401（k）计划的好处是提取资金的时候不用再纳税了。而传统的 401（k）计划是在提取的时候纳税的。总之，罗斯 401（k）计划允许持有人规避账户产生的利息和资本利得所得税。罗斯 401（k）计划没有收入水平的限制。

到底是应该选择罗斯 401（k）计划还是传统账户取决于你现在的边际税率和对提取养老金时边际税率的预期。如果你现在的边际税率很低，选择罗斯 401（k）计划对你有利，因为你现在需要缴纳的所得税很少而未来提取时就不需要再纳税了。但是，还是有人倾向于传统的 401（k）计划，因为他们马上就能享受税收优惠，可以增加眼下的可支配收入。他们可能不太在意罗斯 401（k）计划在他们退休时能提供的税收优惠，即使这个优惠在金额上可能超过传统 401（k）计划现在提供的税收优惠。

19.4.3 403（b）计划

教育机构和慈善组织之类的非营利机构提供一种与 401（k）计划类似的 **403（b）计划**（403（b）plan），也允许你在递延纳税的基础上用一部分收入构建投资组合。你能缴纳的最大金额取决于你的工资与工龄，上限为 18 000 美元。

403（b）计划允许你选择投资对象。如果你在 59 岁半以前从账户中提款，要缴纳罚款。如果你在退休后再提款，就按一般收入纳税。

19.4.4 简化职工养老金计划

简化职工养老金（simplified employee pension，SEP）计划通常由企业所有者为自己和员工设立。员工不能缴费，但企业可以按员工年收入的 25% 缴费，2015 年的上限是 53 000 美元。SEP 给企业很大的灵活性，可以自选决定缴纳多少钱。企业可以按照你的要求在一家投资公司、储蓄机构或经纪公司为你开立 SEP 账户。如果这个账户是在投资公司开立的，你可以把钱投资于该公司设立的各个投资基金；如果这个账户是在储蓄机构开立的，你可以把钱存入它发行的定期存单；如果这个账户是在经纪公司开立的，你可以自己选择投资个股或共同基金。如果不想缴纳罚款，提款必须在 59 岁半以后进行，并且按一般收入纳税。

19.4.5 SIMPLE

雇员储蓄激励对等缴费退休（saving incentive match plan for employee，SIMPLE）针对雇用人数在 100 人以下的小企业。SIMPLE 计划可以在投资公司、储蓄机构或经纪公司设立。2015 年，职工可以缴纳最多 12 500 美元（50 岁以上职工可以再增加 3 000 美元）。就像前面介绍过的各种养老金计划一样，账户缴纳的金额在提取以前暂不纳税。所以，SIMPLE 账户是一种递延纳税的有效手段。此外，单位也可以按一定比例给员工的缴费配套。

19.4.6 利润分享

有的公司提供**利润分享**（profit sharing），即单位按一定的公式把利润分配给员工的养老金账户。单位每年最多缴纳员工工资的 25%，2015 年的上限是 53 000 美元。

19.4.7 员工持股计划

在**员工持股计划**（employee stock ownership plan，ESOP）中，雇主把自己的一部分股权转入员工的养老金账户。这个方案的缺点是它只涉及一只股票；如果这只股票的业绩不好，你的养老金账户就没法在退休后向你提供足够的收入。第 18 章中讲过，分散投资的共同基金更不容易出现价值波动，因为它持有许多不同的股票，不太会同时暴跌。ESOP 一般比投资分散化共同基金的养老金计划风险要大。

19.4.8 离职后对养老金计划的管理

当你离开一家单位以后，如果你在那里的养老金账户中余额达到 5 000 美元，还可以继续保留这个账户。另一个办法是免税把资产转入新单位的养老金账户，只要你的新单位允许（在大多数单位是可以的）。但是，有的单位对外面转来的养老金方案收取很高的年度管理费。

你也可以通过创建一个**转交 IRA**（rollover IRA）的方法，免税把你的资产从公司的养老金计划中转入一个个人养老金账户（IRA）。想创建一个转交 IRA，你只需要填写一份申请表就行了。受理对象可以是管理共同基金的投资公司，或者经纪公司。只要把你的养老金账户转入转交 IRA，就可以避免从账户中提取现金，从而免缴罚款并继续递延纳税。

19.5　自由职业者的养老金计划

自由职业者可以选用好几种适用于一般职工的养老金计划。其中被使用最多的两种是简化职工养老金（SEP）计划和单人 401（k）计划。

19.5.1　基奥计划

针对自由职业者的第一个养老金计划是**基奥计划**（Keogh plan），以最早主张对其立法的国会议员命名。基奥计划现在实际上很少使用，因为它的规则太复杂，所以很难真正实施。尽管如此，少数高收入的自由职业者还在用它。和其他养老金账户一样，缴纳的金额在退休后提取时才需要纳税。

19.5.2　简化职工养老金计划

简化职工养老金计划也适用于自由职业者。如果你是自由职业者，你最多可以缴纳年净收入的 25%，2015 年的上限是 53 000 美元。你可以自己选择一家投资公司、储蓄机构或经纪公司设立 SEP 账户。另一个办法是创建一个**单人 401（k）计划**（one-participant 401（k）plan），它的规则和缴纳限额都和一般职工的 401（k）计划相同。

19.6　个人养老金账户

你也应该考虑开立一个个人养老金账户。IRA 有两种，传统个人养老金账户和罗斯个人养老金账户。

19.6.1　传统个人养老金账户

传统个人养老金账户（traditional IRA）与任何单位为你设立的养老金账户无关，就是让你为退休存钱的。2015 年，你每年可以向 IRA 存入 5 500 美元（夫妻合计 11 000 美元）。存款上限会定期根据通货膨胀进行调整。50 岁以上个人每年还可以多存 1 000 美元。年收入不足 61 000 美元的个人，以及夫妻共同收入不足 98 000 美元的家庭存入 IRA 的金额可以享受全额税收减扣。但是，如果你已经参加了单位资助的养老金计划，或者你的总收入超过了这些限额，可以利用缴纳 IRA 减扣税负的金额就要相应减少。低收入者还能通过缴纳传统 IRA 获得抵税额，意思是存入 IRA 的金额可以抵消一部分应缴纳的所得税。但是，即使对符合条件的人，最多也只能抵消 1 000 美元的所得税。你可以在第二年的报税截止日（通常是 4 月 15 日）之前把钱存入 IRA，从而享受前一年的税收抵扣。

把钱存入 IRA 以后，你的投资选择取决于养老金计划的承担者。比如说，如果你把养老金计划开立在先锋共同基金，你就可以用自己的账户购买 60 多种共同基金。只要过了 59 岁半，你从 IRA 提款就没有罚款了。在提款的时候，你要按一般收入的税率为投资收入缴纳所得税。如果在 59 岁半以前提款，你不但要按一般收入纳税，还要缴纳提款金额 10% 的罚款。

19.6.2　罗斯 IRA

罗斯 IRA（Roth IRA）允许收入低于一定限额的个人每年投资 5 500 美元（夫妻合计

11 000 美元）。50 岁以上个人每年还可以多存一点钱，限额和传统 IRA 一样。59 岁半以后，你就可以从罗斯 IRA 提款了。投资罗斯 IRA 的资金在缴款的时候纳税。但是，只要你提款时超过 59 岁半，并且罗斯 IRA 设立时间满五年，提款时就不用再纳税了。它的这些税务特点与传统 IRA 不一样，后者不是在存钱的时候纳税（只要收入没有超过限额），而是在提款的时候纳税。你可以同时投资罗斯 IRA 和传统 IRA，但 IRA 存款总额有限。比如说，如果你是单身，今年存入罗斯 IRA 的金额已经达到上限，就不能再向传统 IRA 账户存钱了。如果你在罗斯 IRA 的存款比上限少 1 000 美元，就还能向传统 IRA 存 1 000 美元。只要总额不超限，你可以自由分配在这两种 IRA 的存款比例。

收入超过规定限额的个人不适用于罗斯 IRA。2015 年，夫妻共同申报的已婚纳税人，年度调整后总收入为 183 000 ～ 193 000 美元的，可存入罗斯 IRA 金额递减；调整后总收入超过 193 000 美元的，取消罗斯 IRA 存款资格。单身纳税人，年度调整后总收入为 116 000 ～ 131 000 美元的，可存入罗斯 IRA 金额递减；调整后总收入超过 131 000 美元的，取消罗斯 IRA 存款资格。

19.6.3　对罗斯 IRA 和传统 IRA 的比较

为了说明罗斯 IRA 和传统 IRA 的差别，我们看看对两种 IRA 分别投资 4000 美元的效果。

1. 传统 IRA 相对于罗斯 IRA 的优势

你投入传统 IRA 的收入在从账户中提取之前是不用纳税的。相反，你在存入罗斯 IRA 的时候是要缴税的。比如说，你存入 4 000 美元，边际税率是 25%，你就要为存入罗斯 IRA 的收入缴纳 1 000（4 000×25%）美元的所得税。如果你是把这些收入存入传统 IRA，眼下就不需要缴税。

2. 罗斯 IRA 相对于传统 IRA 的优势

假设你每年都有资金投入，并且有合理的投资收益，IRA 的资金是会增值的。假设在 IRA 投资了若干年之后你退休了，并从里面提取了 10 000 美元。如果你是从罗斯 IRA 中提取 10 000 美元，你不需要缴纳任何所得税。相反，如果你是从传统 IRA 中提取 10 000 美元，就需要根据你的边际税率，按提取的金额纳税。如果你当时的边际税率是 25%，你就要纳税 2 500（10 000×25%）美元的所得税。所以，这就比你从罗斯 IRA 中提款多缴 2 500 美元的税。投资收益的积累在罗斯 IRA 中是免税的，而在传统 IRA 中是要纳税的。

3. 影响你选择的因素

所以，哪个 IRA 更好呢？答案取决于很多因素，包括你存款和提款时的边际所得税率。如果你现在的边际税率很高，而预期需要从 IRA 提款时的边际税率会很低，传统 IRA 就对你有利。因为你现在的存款是不纳税的，你在工作期间承担高税率时，享受到了税收优惠。如果你退休后从 IRA 提款的时候基本没有其他收入，从 IRA 提款面临的税率也会很低。

一个相反的观点是如果你在单位资助和个人养老金账户中都积累了相当可观的金额，你退休后每年就可以从账户中提取很大一笔钱，所以你很可能会面临较高的边际税率。在这种情况下，现在就纳税并且向罗斯 IRA 存款，比以后再纳税对你更为有利。

19.7　年金

在实施养老计划时，你应该考虑投资年金。**年金**（annuity）是一份规定在一段时间内或终身定期支付固定金额的金融合同。年金投资的最小金额一般是 5 000 美元。对年金投资是没有所得税优惠的。所以如果你在年金中投资 5 000 美元，你的应纳税所得额也不会减少 5 000 美元。但是，年金的投资收益是递延纳税的，所以年金产生的利润在向投资者支付前是不纳税的。虽然你的投资可以递延纳税也算不错，但好处还是不如使用养老金账户可以减扣所得税。所以，年金不能完全取代养老计划。

19.7.1　固定年金和可变年金

年金可以分成固定和可变的两类。**固定年金**（fixed annuity）向你的投资提供固定的收益，所以你知道未来某个时间你会收到多少钱。**可变年金**（variable annuity）允许你在若干个子账户（特定的股票和债券投资组合）中配置投资，所以收益取决于这些投资的业绩。但是，可变年金不能保证你以后获得固定的收益。你能收到多少钱取决于你当初选择了什么样的投资。你可能会定期改变资产配置；你可以一次性提取投资款；你也可能分期提取。

可变年金通常提供的是死亡利益，所以你死后，你的继承人可以获得账户余额和你对年金的初始投资额之中较大的那个金额。在大多数情况下，你的投资金额是会增加的，所以保证你的继承人可以获得初始投资金额并没有太大意义。更重要的是，向你出售年金的公司会因为这项死亡利益而向你收费，而它的要价总是远大于实际提供的利益。

19.7.2　年金费用

年金最大的缺点就是销售和管理它的金融机构（通常是保险公司）收取的高额费用。这些费用包括一年一收的管理费（类似共同基金的管理费），以及对前八年发生的任何提款收取的**解约费**（surrender charge）。解约费的目的是防止提款。有的年金允许你换成另一种年金，但你要这么做的时候一般也要付解约费。如果你刚购买年金就要提款，解约费是最贵的；时间越长，解约费越低。此外，还有一种"保险费"，实际上主要是卖给你年金的销售人员的佣金。这些佣金一般相当于你投资额的 5.75% ～ 8.25%。有的保险公司因为他们的代理人不顾及顾客的实际需要，不择手段的向他们推销年金而受到指责。因为代理人根据他们的销售额拿佣金，所以他们可能不会完整地披露年金的缺陷。

有的金融机构现在提供不收取佣金且只收较低管理费的免佣年金。比如说，先锋集团的可变年金计划每年的总费用只有投资额的 0.58% ～ 0.86%，这可比大多数共同基金的收费低得多。

19.8　测算你未来的养老金储蓄

在你考虑为养老准备多少钱，以及怎样对养老基金进行投资时，你肯定想知道你的决策对未来的养老金储蓄额会产生什么样的影响。

第 3 章中讲过如何利用附录 C 中的（表 C-1），终值系数（FVIF）表计算现在投资的终值。你需要以下信息：

- 投资金额；
- 你期待投资产生的年度收益；
- 投资结束的时间。

☞ 案例 19-1

你打算今年投资 5 000 美元，这笔钱会在账户里 40 年，直到你退休为止。你相信你的投资每年能获得 6% 的收益。根据这些信息，你期待 40 年后投资的价值是：

$$40 年后的价值 = 投资额 \times FVIF\ (i=6\%,\ n=40\ )$$
$$= \$5\ 000 \times 10.285$$
$$= \$51\ 425$$

如果使用财务计算器计算，你的结果可能会略有不同。不管怎么样，要注意的是 5 000 美元的投资在 40 年后会增长到 50 000 美元以上。

测算一组年金投资的终值

如果你打算为了养老每年都存一笔固定的钱，你可以很容易确定到退休时这笔存款的价值。年金的终值可以通过附录 C 中的（表 C-3），年金终值系数（*FVIFA*）表计算。你需要以下信息：

- 每年支付（投资）的金额；
- 你期待投资产生的年度收益；
- 投资结束的时间。

1. 年金规模与养老金储蓄之间的关系

想想你每年的存款金额对退休时养老金存款的金额有什么影响。如图 19-2 所示，你每年年底存 1 000 美元，假设年度收益率为 6%，持续 40 年，你到退休时就可以积累到 154 760 美元。

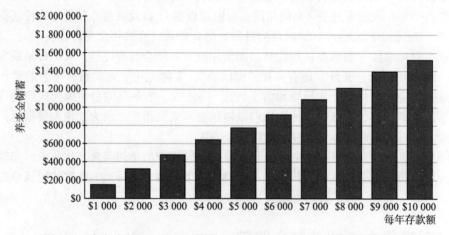

图 19-2   每年存款额和养老金储蓄之间的关系（40 年，6% 年度收益率）

👉 **案例 19-2**

史蒂芬尼·斯普拉特在考虑她是不是该为退休开始存钱了。虽然她还要过 40 年才会退休，她想确保退休后有足够的收入维持舒适的生活。她决定每年投入 3 600 美元（每月 300 美元）到她单位资助的养老计划中。她的单位每年也会配套 1 400 美元的补贴。所以，她的养老金账户每年可以入账 5 000 美元。这样的话，史蒂芬尼可以花的钱就少了，而且一直到 40 年后她退休为止都没有机会动用这笔钱了。但是，她每年的投入有助于减少现在的税负，因为她投入养老金账户的那部分收入暂时不缴纳所得税，直到退休后提款为止。

史蒂芬尼想知道按每年投入 5 000 美元计，40 年后她会有多少钱。她期待自己的投资收益率达到 8%。她可以使用年金终值表（见附录 C）测算 40 年后年金的价值。她对退休时存款的测算如下：

$$养老金账户存款 = 年投入额 \times FVIFA（i=8\%，n=40）$$
$$= \$5\,000 \times 259.06$$
$$= \$1\,295\,300$$

如果使用财务计算器计算，因为四舍五入的原因，你的结果可能会略有不同。

史蒂芬尼意识到她可能高估了投资的收益率，所以她又按 5% 的收益率重新算了一遍：

$$养老金账户存款 = 年投入额 \times FVIFA（i=5\%，n=40）$$
$$= \$5\,000 \times 120.797$$
$$= \$603\,985$$

即使按更保守的收益水平来测算，史蒂芬尼到退休时能积累的资金还是会超过 600 000 美元。

2. 储蓄年限与养老金储蓄之间的关系

你到退休时能积累的金额还取决于你在养老金账户里投资的持续时间。如图 19-3 所示，你投资储蓄的时间越长，你退休时积累的价值越多。如果你想在 65 岁时退休，而你从 35 岁那年开始储蓄（到退休前可以连续储蓄 30 年），每年投入 5 000 美元，到退休时你大概会有 395 000 美元（假设投资的年化收益为 6%）。然而，如果你从 25 岁就开始每年投入 5 000 美元（到退休前可以连续储蓄 40 年），到退休时你就大概会有 774 000 美元。

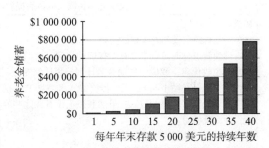

图 19-3　你为养老进行储蓄的年限与退休时养老金储蓄之间的关系（假设年投资 5 000 美元，6% 年化收益率）

3. 年化收益率与养老金储蓄之间的关系

你退休时会有多少钱也取决于你每年存款的收益率，如图 19-4 所示。在收益率为 10% 的情况下，累积的养老金储蓄金额比 6% 的收益率的要多大约 140 万美元。然而，想获取更多的收益，就要冒更大的风险。

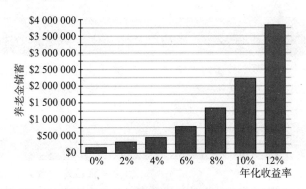

图 19-4　你储蓄的年化收益率与退休时养老金储蓄之间的关系（假设年投资 5 000 美元，持续 40 年）

19.9　怎样把养老计划纳入你的理财规划

下列关于养老计划的关键决策是你必须纳入理财规划的：

- 你是否需要投资养老计划？
- 你应该投资多少钱到养老计划中？
- 你应该怎样配置养老计划中的投资？

图 19-5 展示了史蒂芬尼·斯普拉特怎样把养老计划决策纳入她的理财规划。

养老计划的目标

1. 确保退休后这样良好的经济状况。
2. 减轻现在的税负。

分析

养老计划类型	利益
单位资助的养老计划	我计划每年把收入中的 3 600 美元（递延纳税）投入我的养老金计划。此外，我的单位也会提供配套补贴 1 400 美元
传统 IRA 或罗斯 IRA	我可以把每年收入的一部分（递延纳税）投入传统 IRA。或者，我也可以投入罗斯 IRA；这样的话，这些钱只能是税后的，但在退休后提款的时候就不用再纳税了
年金	我可以把钱投入年金作为对其他养老计划的补充。这样做在税收方面唯一的好处是年金投资赚到钱在退休后提取之前是不纳税的

决策

1. 关于是否应启动养老计划的决策

即使我退休时可以享受社会保障的福利，它们也并不足以提供我需要的足够的经济支持。考虑到养老计划提供的可观税收优惠，我应该启动养老计划。我计划充分利用单位资助的养老计划。我打算每年投入 3 600 美元，然后单位也会配套补贴 1 400 美元。传统 IRA 和罗斯 IRA 的利益也很可观。但是，代价是我接下来的很多年将无法动用投资到养老金账户里的收入。虽然我以前没有在这些养老金账户中存过钱，但我会马上开始这么做。眼下，年金对我没什么吸引力。

2. 关于向养老计划投入多少钱的决策

我应该尽其所能向单位资助的养老计划和个人养老账户投资。这方面的投入会减少我可用于储蓄和投资的金额，但税收方面的优惠让养老金的投入物有所值。我会确保留下足够的收入支付每月的开支，并保持充足的流动性。除此之外，我会尽量增加对养老金账户的投入。

3. 关于养老金账户资产配置的决策

我打算把为养老储备的钱投资于股票和债券型共同基金。我会把 70% ～ 80% 的资金投资于不同类型的股票型共同基金，剩下的投资一个经营多种企业债券的债券型共同基金。

图 19-5 养老计划在史蒂芬尼·斯普拉特的理财规划中的应用

讨论题

1. 如果史蒂芬尼是一个带着两个孩子的单身妈妈，她的养老计划决策会有什么不一样？

2. 如果史蒂芬尼现在已经 35 岁，年龄会对她的养老计划决策产生怎样的影响？50 岁呢？

小结

1. 社会保障的作用

社会保障向符合条件的退休人员提供经济资助。但是，它提供的收入一般不足以让人过舒适的生活。所以，人们还需要养老计划提供退休后额外的收入来源。

2. 固定收入计划和固定缴纳计划

单位资助的养老计划通常可以分为固定收入和固定缴纳两大类。固定收入计划在员工退休后提供固定的收入，其金额取决于他们的工资、工具等因素。固定缴纳计划规定向指定养老金账户存款的上限。员工可以自己决定存多少钱、怎么存等。

3. 养老计划决策

养老计划的两个关键决策是存多少钱以及这些钱怎么投资。如果单位愿意提供一定的配套补助，你自己就要尽可能多缴纳以充分利用配套的好处。此外，你也应该在允许的额度内尽可能多缴纳一些，哪怕这会影响你在其他方面的投资。大多数理财顾问建议你把钱投资几个不同特点的股票型共同基金，剩下来的买一个分散投资的债券型共同基金。具体的配置取决于你愿意承担的风险。

4. 单位提供的养老计划

单位提供的养老计划包括401（k）计划、403（b）计划、简化职工养老金（SEP）、SIMPLE、利润分享，以及ESOP。这些计划的好处差不多，都是鼓励你为养老多存点钱，还可以递延缴纳所得税，区别在于不同计划的适用条件以及其他特点。

除了这些养老计划，有的公司从2006年开始提供罗斯401（k）计划。罗斯401（k）计划的优点是在退休后提款的时候不用纳税，但缴纳这个计划的收入是要纳税的。在选择到底是传统401（k）计划还是罗斯401（k）计划时，必须比较是传统401（k）计划递延纳税的好处多，还是罗斯401（k）计划在提款时免税的好处多。

5. 自由职业者的养老计划

自由职业者可以采用SEP计划，他们最多可以投入净收入的25%，2015年的上限是53 000美元。或者，他们也可以采用单人401（k）计划，其规则和限额都与适用职工的401（k）计划相同。高收入的自由职业者还可以选择采用基奥计划。

6. 个人养老金账户

除了单位资助的养老金账户，人们也可以为自己设立个人养老金账户（IRA），比如传统IRA或罗斯IRA。

7. 年金

年金是一份规定在一段时间内或终身定期支付固定金额的金融合同。年金的投资产生的收益可以递延纳税，所以年金产生的任何利润都不需要马上纳税，直到它向投资者发放为止。但是，这样做节省的利益不如养老金账户能直接对缴存的收入发生作用。

8. 养老金账户储蓄

要想知道你对养老金账户的投资未来能积累多少储蓄，可以根据每年投入的金额、你期待的年化收益率，以及到退休为止你持续投入的年限等信息测算。未来的储蓄金额就是年金的终值。

9. 怎样把养老计划纳入你的理财规划

在你工作的时候，就应该为养老留下一笔钱。这样，你退休后就有更多的钱可以花，也有更多闲暇去活动。及早开始养老计划对你退休时的财富有重要影响。

复习题

1. **社会保障** 怎样把社会保障纳入养老计划？什么样的人符合社会保障福利的发放条件？什么时候可以开始享受？

2. **退休利益** 社会保障的退休利益是怎么计算的？列举影响发放金额的若干因素。

3. **社会保障的忧虑** 讨论对社会保障未来的一些忧虑。

4. **单位资助的养老计划** 说明一般单位资助的养老计划是怎么运作的。

5. **固定利益计划** 什么是固定利益计划？什么是让渡？什么叫充分让渡？

6. **固定缴纳计划** 什么是固定缴纳计划？为什么大多数单位转向这类计划？列举固定缴纳计划对职工的好处。

7. **养老计划决策** 简要讨论个人必须做出的关键养老计划决策。

8. **401（k）和403（b）计划** 讨论401（k）计划的一般特点。什么是403（b）计划？

9. **SEP和SIMPLE计划** 比较简化职工养老金（SEP）和雇员储蓄激励对等缴费退休计划（SIMPLE）。

10. **ESOP** 讨论利润分享和员工持股计划（ESOP）。

11. **养老金账户** 讨论个人在离职时对养老金账户有哪些选择？

12. **自由职业者的养老计划** 简要说明两种主

要的自由职业者的养老计划。

13. **IRA** 比较传统 IRA 和罗斯 IRA。讨论它们各自的优点。哪些因素影响你对 IRA 的选择？

14. **年金** 什么是年金？固定年金和可变年金有什么区别？年金最大的缺点是什么？

15. **养老金账户** 与其他可以用来养老的投资相比，养老金账户有什么好处？说明一种有效的养老计划策略。

16. **养老资金预测** 在测算养老投资的终值时，哪些因素会影响退休时的资金金额？试说明。

17. **养老资金预测** 在测算一组年金投资的终值时，哪些因素会影响退休时的资金金额？

18. **养老金账户的税收利益** 说明与在养老金账户以外开展投资相比，在养老金账户中投资有什么税收方面的利益。

19. **养老计划** 养老计划最大的优势是什么？

20. **养老计划和年龄** 为什么要趁你年轻的时候尽早开始养老计划？

21. **社会保障和退休年龄** 你的退休年龄怎样对你退休后领取的社会保障产生影响？

22. **单位配套补贴** 什么是单位配套补贴？为什么要充分利用单位的配套补贴？

23. **投资方向** 在考虑你固定缴纳养老计划中的资金如何投资时，要考虑哪些因素？

24. **利润分享** 什么是利润分享计划？对它的投入有哪些限制？

理财规划练习题

1. **养老金筹集** 巴里刚刚满足单位资助养老计划的条件。他现在 35 岁，打算 65 岁时退休。巴里算出来他每年可以投入 3 600 美元，单位也会配套相同的金额。如果巴里的投资每年收益率达到 8%，他到退休时会有多少钱？

2. **养老金筹集** 如题 1，如果巴里 25 岁就开始他的养老计划，他到退休时会有多少钱？

3. **养老金筹集** 如题 1，如果巴里的投资每年收益率达到 10%，35 岁开始，他到退休时会有多少钱？

4. **养老金筹集** 假设收益率为 8%，巴里每年再追加投入 1 000 美元，单位也给予配套补贴，35 岁开始，他到退休时会有多少钱？

5. **养老金筹集** 如果玛丽亚每年向退休账户投入 7 000 美元，账户年化收益率为 6%，10 年后她会有多少钱？这些钱中利息占多少？

6. **养老计划决策** 托马斯每年赚 45 000 美元，在下面几种情况下，他应该考虑什么样的养老计划？
   （1）他在一家大型私企工作。
   （2）他在一所大学工作。
   （3）他拥有一家小型企业，雇了一些员工。

7. **养老计划** 蒂莉想每年投资 2 500 美元的税前收入到一个养老金账户，或者在养老金账户以外投资股票。蒂莉倾向于在养老金账户以外购买股票，因为这样做有更大的灵活性，潜在收益也很高。蒂莉打算 30 年后退休。如果她把钱投入养老金账户，她的年化收益率是 7%。如果她投资股票，每年可以赚 9%。蒂莉的边际税率是 25%。
   （1）如果蒂莉把所有的钱投入养老金账户，退休后再把钱全都取出来，她的税后收入是多少？
   （2）如果蒂莉把所有的钱投资于股票，她到退休后市值能达到多少钱？（提示：记住这些钱在投资前要先纳税。）
   （3）假设资本利得税率是 15%，股票投资的税后价值是多少？
   （4）蒂莉应该投资股票还是把钱投入养老金账户？

8. **养老金账户提款**　临时需要用钱，特洛伊和丽莉决定从他们的传统 IRA 中提取 8 000 美元。他们都 40 岁，边际税率是 25%。这样提款要缴纳多少税？

9. **IRA**　丽莎和马克 22 岁结婚。此后一直到 30 岁，他们每年向他们的传统 IRA 中存入 4 000 美元。30 岁时，他们买了一套房，开始建立家庭。虽然接下来他们继续向单位资助的养老金计划中投资，但没继续向 IRA 存款。如果他们的年化收益率为 8%，他们到 60 岁时 IRA 中能有多少钱？他们投资了多少钱？

10. **IRA**　瑞基和莎伦 22 岁结婚，组建了家庭，买了房子。到 30 岁时，他们开始每年向传统 IRA 存款 4 000 美元。他们一直这样存钱直到 60 岁。如果他们的年化收益率为 8%，他们到 60 岁时 IRA 中能有多少钱？他们投资了多少钱？

11. **节税**　劳埃德和他的夫人琼在工作时没有养老计划，但他们每年向传统 IRA 存款 4 000 美元。他们的边际税率是 25%。他们这样每年可以少纳多少税？

12. **单位配套**　埃兹拉的单位为投入养老计划的员工工资提供 4% 以内的 1:1 配套补贴。他每年的工资是 100 000 美元，每年投入 4%，收益率为 8%，20 年后可以积累多少钱？

13. **利润分享**　塞德里克的工作单位有一个利润分享养老金系统。假设塞德里克去年赚了 133 000 美元，他的单位最多能向他的养老金账户投入多少钱？

14. **道德困境**　南希和艾尔 20 岁出头刚结婚的时候就开始做养老计划。到他们 40 多岁时，两个孩子都在上大学，他们觉得再想存钱就很困难，又担心存款达不到养老的目标。南希富裕的叔叔查理让她放心，说："你是我最喜欢的侄女，又对我那么好，我会把遗产都留给你的。"南希和艾尔于是开始尽心竭力地讨好查理叔叔，让他的晚年开心。

考虑到可以继承遗产，南希和艾尔觉得自己的退休生活不会有问题了。10 年后，查理叔叔去世了。宣读遗嘱后，南希惊讶地发现查理叔叔给她和四个堂兄弟遗嘱是一样的，五个人这才知道查理叔叔居然把自己总价值 200 万美元的所有遗产，都捐给一个流浪猫之家。

（1）讨论查理叔叔的做法是否道德。

（2）南希和艾尔的经历，给你制订养老计划什么教训？

理财心理：你的养老

1. 有的人发现，为养老存钱最方便的办法就是要求单位直接把一部分收入打入他们的养老金账户。说说你的养老投资策略。你现在有没有向养老账户存款？如果有，你是不是采用了固定缴纳计划？

2. 阅读一篇关于心理因素如何影响养老投资的文章。你可以上网搜索关键词"心理"和"养老投资"来检索相关文章。阅读后总结文章主要观点。

系列案例：辛普森一家

辛普森一家理财规划的下一项任务就是养老储蓄。戴夫的单位提供 401(k) 计划，但他目前为止还没有参加。现在他正在很认真地考虑是否要参加。他的单位允许他每年从工资中投资 7 000 美元，最多给他配套 3 000 美元，总额为 10 000 美元。

养老基金会投资于一个或几个共同基金。戴夫猜测养老基金的投资最多每年收益 7%。

1. 如果戴夫和他的单位每年投入 10 000 美元，这笔钱 30 年后他和莎伦退休时能积累到多少钱？

年金终值

投入	$10 000
年限	30
年化收益率	
终值	

2. 假设戴夫的边际税率是25%，如果他今年向养老金账户投入7 000美元，今年可以少缴多少联邦所得税？

3. 辛普森一家的边际税率不变。假设戴夫向养老金账户投入7 000美元，所以他缴纳的税也相应减少了。明年戴夫的现金流会减少多少？（解题时可参考第2题的答案。）

4. 如果戴夫向他的养老金账户投入7 000美元，他的现金流会相应有所减少。辛普森一家怎样才能承受这笔支出？请就抵消现金流减少的方法向他们提一些建议。

第 20 章　遗 产 规 划

引导案例

杰森·维亚从小就有志于慈善事业。他大学毕业后，因为工作原因不能抽出很多时间参加慈善活动。但是，他承诺要把一大部分财产捐给自己最喜欢的慈善机构。杰森的生活很简朴，积累了许多财产。他想把自己的大部分遗产捐给几个慈善机构，它们的主要工作是改善穷人的健康状况，以及改善孤儿的生活条件。

虽然关于怎样分配他那笔丰厚的遗产，杰森制订了许多很好的计划，但他一直没有立遗嘱。一个月前，杰森意外去世。他唯一还在世的家庭成员是一个兄弟，但他和杰森很疏远，已经多年不曾联系。尽管如此，按照杰森所在州的法律，他的兄弟继承了所有的遗产。杰森辛勤一生攒下来的巨额财富，最终却没有一分钱流入他钟爱的慈善机构。

遗产规划很重要，因为它确保了你的遗产能按照你的意愿进行分配。此外，恰当地分配可以让你的遗产免于纳税，这样你的全部遗产才能如愿分配给你的家人或其他受益人。

本章学习目标

- 说明遗嘱的用途
- 介绍遗产税
- 说明信托、馈赠和捐赠的用途
- 介绍遗产规划的其他内容
- 说明怎样把遗产规划纳入你的理财规划

20.1　遗嘱的用途

遗产包括逝者清偿债务后遗留的全部财产。在一个人死后，他的财产会根据其意愿进行分配。**遗产规划**（estate planning）是你在临死前对财富进行安排的行为。遗产规划中最重要的任务之一是立遗嘱。**遗嘱**（will）是关于如何在你死后分配遗产的合法要求。它也能起到保护未成年子女利益的作用。

20.1.1　遗嘱的必要性

遗嘱对确保你的遗产按你的意愿分配非常重要。只要你死后还有财产需要分配，就应当考虑立遗嘱。在遗嘱中，你可以规定领取遗产的人，其被称为你的**受益人**（beneficiary）（或

继承人（heir））。如果你是**无遗嘱**（intestate）死亡，法庭会指派一个人（称为管理人），根据你所在州的法律对你的遗产进行分配。在这种情况下，有的家庭成员可能分到的比你期待的多，而有些人则分到的少于你的期待。你可能会认为你没有多少财产，所以不必立遗嘱。但你可能有些个人财产想留给特定的朋友或亲戚，比如收集的棒球卡或珠宝什么的。有了遗嘱，你就能确保他们能得到这些东西。此外，遗嘱可以防止你的亲戚在你死后因为看上了同一件财产而发生争执。引入管理人也会导致遗产处置时产生额外的成本。

而且，如果你的配偶已经去世，就要由管理人来决定谁将负责照料你的孩子，而这个人未必是你认可的。比如说，你可能想让自己最好的朋友担当你孩子的监护人，因为你们在育儿方面的观念比较相似，但管理人可能会选择你的姐姐，而她对抚养孩子的想法与你完全不同。

20.1.2　订立有效的遗嘱

要订立有效的遗嘱，你至少年龄要达标，通常是年满 18 或 21 岁，这取决于你所在的州。你还要心智健全，并且没有受到他人的影响（威胁）。如果对你立遗嘱时的状态存疑，或者怀疑你可能在遗嘱中被迫指定了一个或多个受益人，潜在的继承人就很可能质疑它的有效性。有的州要求遗嘱必须打印，但有的州接受手写的遗嘱。生效的遗嘱必须写明日期，并签名。签名要在 2 ～ 3 个无利害关系的证人的监督下进行。

在订立遗嘱的时候你要知道许多法律规定，而且这些法规在各个州可能不一样，也有可能被修改。所以，即使你在本章中学习了关于订立遗嘱的一些基本原则，如果在拟稿时能与专攻这一领域的律师进行深入探讨，也会非常有帮助。

20.1.3　遗嘱的类型

简单遗嘱（simple will）规定所有的遗产都留给死者的配偶。对于许多夫妻来说，这样就够了。如果遗产价值数百万美元甚至更多，简单遗嘱就不合适了，尤其是如果配偶的身家也很丰厚。因为如果遗产超过 543 万美元（2015 年标准），遗产税率就很高了。所以，如果一个妻子死了，把她的 400 万美元遗产都留给丈夫，再加上他自有的 300 万美元财产，这个丈夫的财产就达 700 万美元，要缴纳不菲的遗产税。对于遗产规模庞大的情况，更合适的遗嘱类型是**传统婚内分配遗嘱**（traditional marital share will），把一半遗产留给配偶，另一半留给子女或建立一个信托（将在后面讨论）。这类遗嘱有利于遗产税最小化。

20.1.4　遗嘱的关键内容

图 20-1 提供了一份遗嘱的样本。下面将讨论一份遗嘱的关键内容。

1. 遗产分配

遗嘱中详细规定了遗产怎样在受益人之间进行分配。因为你不一定知道自己的遗产到底有多少，你可以用百分比来划分遗产。比如说，你可以规定两个人各得到遗产的 50%。或者，你可以规定给一个人多少钱，剩下的都归另一个人。

2. 执行人

在遗嘱中，你可以指定一个**执行人**（executor）（或者叫**个人代表**（personal representative））来具体实施你关于财产分配的要求。执行人的工作包括收回所有属于遗产的债权，用遗产偿还所有拖欠的债务，出售一部分遗产（比如住房），然后把所得按遗嘱的规定进行分配。执行人必须通知所有对遗产有利益或潜在利益的人。大多数人会选择一个家庭成员、朋友、生意伙伴、信托公司职员，或律师作为执行人。你要选一个能按照你在遗嘱中的规定，尽心尽力帮你分配资产的人担任执行人。这个人要有能力处理好所有事务，而且要能有条不紊地在短时间内把事情做完。

执行人必须是美国公民，不能是未成年人或罪犯；还有，某些州规定，这个人必须和订立遗嘱的人住在同一个州。执行人有权从遗产中提取报酬，但有的执行人会放弃报酬。

3. 监护人

如果你是一个家长，就要指定一个监护人，由他来照料你的孩子并管理留给他们的遗产。你要确保被选为监护人的那个人愿意承担这份责任。你在遗嘱中可以分配一笔钱给监护人，以便其履职。

4. 签名

你要在遗嘱上签名以使其生效，并防止其他人伪造遗嘱。

5. 遗书

你也有可能想准备一份遗书。你可以在里面规定葬礼的安排，或说明你把一些关键的财务文件（比如抵押和保险合同）放在什么地方。

詹姆斯 T. 史密斯的遗嘱

我，詹姆斯 T. 史密斯，居住在科罗拉多州丹佛市，特立遗嘱如下。

第一条
我的妻子是凯伦 A. 史密斯，我有一个女儿谢丽尔 D. 史密斯。

第二条 债务和税费的支付
我指定由执行人支付我的葬礼费用、我的医疗费用、管理费及我的债务。

第三条 遗产分配
我规定遗产由我的妻子凯伦 A. 史密斯继承。如果她在我之前去世，我的财产将由托管人按第四条规定进行管理。

第四条 子女的信托
第一款 目的。本信托设立的目的是抚养我的女儿谢丽尔 D. 史密斯，及其他子女。
第二款 资金的使用。托管人应按需使用信托的收益与本金照料我的子女（们）。当年龄最小的子女年满25岁时，本信托的资产应平均分配给所有子女。
第三款 无幸存者。如果我的子女无人能活到25岁，信托资产应当全部变现，所得资金的100%都应捐给圣迭戈人道协会。
第四款 托管人指定。我任命我的兄弟爱德华 J. 史密斯为托管人。如果他无法或不愿履行职责，我任命我的妹妹，玛丽亚 S. 史密斯为托管人。

第五条 执行人
我任命我的妻子，凯伦 A. 史密斯为执行人。如果她无法或不愿履行职责，我任命我的兄弟爱德华 J. 史密斯为执行人。

第六条 监护人
如果我的配偶在我之前去世，我任命我的兄弟爱德华 J. 史密斯为子女的监护人。如果他无法或不愿履行职责，我任命我的妹妹，玛丽亚 S. 史密斯为监护人。

第七条 执行人的权力
我的执行人有权获取收益、对收益进行再投资、偿还欠款、纳税及变现资产。

第八条 托管人的权力
我的托管人有权获取信托产生的收益、对信托收益进行再投资、出售信托资产，并使用所得投资于其他资产。
作为声明事项的证据，本人特签署并宣布此文件为本人遗嘱。

詹姆斯 T. 史密斯	日期
上述人士在我们的见证下签字，且当时神志清醒。	
见证人签名	见证人住址
肯尼斯·塔甘	科罗拉多州丹佛市柠檬大街44241号，80208
芭芭拉·拉塞尔	科罗拉多州丹佛市考特尼大街101号，80208

图 20-1 遗嘱样本

20.1.5 修改遗嘱

如果你搬到另一个州，而当地的有关规定与原来的遗嘱冲突，你就需要修改遗嘱。如果你在立遗嘱后结婚或离婚，也会有修改的需要。

如果遗嘱的主要内容都要修改，你还不如立一份新的遗嘱。新遗嘱必须声明前一份遗嘱作废，这样就不会有几份内容冲突的遗嘱并存。如果你只是想对遗嘱内容做小的调整，可以给它增加一份附录，列明对现有遗嘱内容调整的地方。

20.1.6 遗嘱认证

认证（probate）是一个在人死后，确保他们的财产按其意愿分配，子女的监护得以按其意愿落实的法律程序。认证过程的目的是让法庭宣布遗嘱生效，并确保财产有序分配。要启动认证程序，执行人应当把必要的表格寄交当地遗嘱认证法庭，提供一份遗嘱副本、死者的资产和债务清单、偿还债务、出售需要变现的资产等。执行人通常会专门为此开立一个银行账户，用于偿还死者的债务和存放资产变现的资金。如果执行人没空或因其他原因不能履行职责，可以聘请一位律师来完成。大多数州有适用于小额遗产的简化版认证程序，但每个州的规定各不相同。

20.2 遗产税

遗产在分配给受益人以前，可能要先缴纳遗产税。如果一个人死时所有财产都是与配偶共有的，配偶就成为遗产的单独所有人。在这种情况下，遗产是不纳税的。如果没有还在世的配偶，遗产要分给子女或其他受益人，就要缴纳遗产税。遗产税在认证程序对遗产的估值完成以后再核定。你应该以自己的净值为基础测算遗产税，然后才能着手使死后的税负最小化。

20.2.1 确定遗产税

遗产的价值等于所有资产的价值减去现有的债务（包括抵押贷款）及丧葬和管理费。死者自己的人寿保险金给付也要纳入遗产，所以也要缴纳遗产税。

遗产中有一部分是可以免缴联邦遗产税的。2015 年，遗产中有 543 万美元可以免税分配给子女或其他受益人。超过这个免征额的部分，就要缴纳最高 40% 的联邦遗产税。这个免征额和税率以后都可能会调整。本章后面还会介绍几种规避高额遗产税的方法。

20.2.2 其他相关税收

有的州规定要对遗产征收继承税或州消费税，虽然这些税种在有的州已经逐步取消。为了规避这些州一级的税，纳税州的居民有时会在退休后移居其他不纳税的州。

20.2.3 对你的遗产估值以测算潜在的遗产税

因为你某天可能要缴纳的遗产税取决于你遗产的价值，所以你要定期计算遗产的价值。许多人需要进行遗产规划以确保可以把尽可能多的财富传承给他们的受益人。一旦你的净值超过了免征额，你就要对遗产精打细算，以减少应纳税额。

20.3 信托、馈赠和捐赠

遗产规划通常采用三种形式规避遗产税：信托、馈赠和捐赠。为了完成相应的文书工作，你可能要找个律师帮忙。

20.3.1　信托

信托（trust）是一份正式的法律文件，规定一个人（称为**授予者**（grantor））将资产转交给另一人（称为**托管人**（trustee）），由后者替指定的受益人管理资产。授予者必须找一个有能力管理好转交资产的托管人。有好几种类型的投资公司可以受雇担任托管人。

1. 生前信托

生前信托（living trust）是在你活着的时候把资产的管理权委托给托管人。你要任命一个托管人，让他管理你的资产（包括对闲置资金的投资安排以及怎样花钱的决策）。

2. 可撤销生前信托

根据**可撤销生前信托**（revocable living trust），你可以随时解除或撤销信托协议，因为你依然是资产的法定拥有者。比如说，你可以在决定自己管理资产的时候把生前信托撤销。或者，你也可以撤销生前信托好调换托管人。在这种情况下，你要再建立一个新的信托，任命一个新的托管人。

采用可撤销生前信托，你可以免除认证程序。你仍然是资产的合法拥有人，但正因如此，你就无法规避遗产税了。这些资产仍然被视为你遗产的一部分。

3. 不可撤销生前信托

不可撤销生前信托（irrevocable living trust）是不能更改的生前信托。这类信托是一个独立实体。它可以向你提供收入，但信托的资产已经不再属于你。这些资产也不被视为遗产的一部分，所以在你死后是不需要缴纳遗产税的。

4. 标准家庭信托

标准家庭信托（standard family trust）（也被称为**信用庇护信托**（credit-shelter trust））是一种为家里的子女设立的信托。标准家庭信托只是形式多样的**遗嘱信托**（testamentary trust）中的一种，即由遗嘱创建的信托。它是一种广受欢迎的信托，因为它像不可撤销生前信托那样可以用来规避遗产税，但它又不是一种生前信托。可以看看下面这个案例。

👉 **案例 20-1**

史蒂芬尼·斯普拉特父母的遗产价值超过了可以免税让子女继承的限额。所以，他们有一部分遗产就要缴纳高昂的遗产税。为了规避遗产税，他们对自己的理财规划做出如下修改：首先，他们对财产进行了分割，于是他们就成为各自财产的所有人。这样，斯普拉特先生和斯普拉特夫人各自拥有的财产总值都低于子女免税继承的限额。其次，斯普拉特先生在遗嘱中规定，如果他先死，他的资产会用于为子女建立一个标准家庭信托。

该信托将由托管人管理，在斯普拉特夫人活着的时候向她提供收入，最终将向她的子女提供收入。信托的资产法律上并不属于斯普拉特夫人所有。等她的子女达到信托文件规定的年龄，这些资产会分给他们。所以，斯普拉特夫人法律上拥有的财产价值低于遗产税的免征额。等到她死后，她的财产可以免税让子女继承。信托文件也可以用同样的方法规定，如果斯普拉特夫人先去世，就用她的资产创建标准家庭信托。

20.3.2　馈赠

从遗产规划的角度看，馈赠是一个人免税把资金赠予另一个人。2015年，法律允许每年馈赠的金额是 14 000 美元。因为通货膨胀，允许馈赠的金额会逐步提高。

如果你的目标是最终把所有遗产都转交给子女，但又不想付遗产税，就可以通过每年给子女每人14 000美元的方式缩小遗产的规模。接受者不需要把馈赠作为收入申报，所以它们不需要纳税。如果你已婚，你和配偶可以给每个子女28 000美元（每人14 000美元）。这样，一对夫妻如果有三个孩子，一年就可以用馈赠的方式给子女84 000（28 000×3）美元。五年内，这对夫妻总共可以给三个孩子共计420 000（84 000×5）美元，无论父母还是子女都无须缴纳一分钱的税款。这种馈赠对于遗产价值超过免征额的人来说尤其重要。频繁地馈赠可以帮助家长把他们死后的遗产拉到免征额以下。

20.3.3   向慈善机构捐赠

许多人想把一部分遗产留给慈善机构。捐给慈善机构的遗产都是不纳税的。设想有一笔超过现有免征额200 000美元的遗产。如果这笔遗产都传给家人或其他什么人，这200 000美元是要缴纳遗产税的。但如果这200 000美元捐给了慈善机构，这笔遗产就不需要再纳税了。许多人打算把遗产捐给慈善组织与税务无关，但认识到这样做在税收上的利益还是很重要的。

20.4   关于遗产规划的其他问题

除了遗嘱和信托，遗产规划还涉及其他的关键决策，包括生前遗嘱和委托书。

20.4.1   生前遗嘱

生前遗嘱（living will）是一份简单的法律文件，规定如果他们发生了脑死亡或完全失能时，希望得到的对待方式。比如说，许多人都订了生前遗嘱，要求如果他们患了绝症，不要使用生命维持系统。在这种情况下，生前遗嘱也具有特殊的财务意义，因为使用生命维持系统的昂贵费用最终要由遗产来支付。这样，那些不想靠生命维持系统苟延残喘的人确保了他们的遗产被用于自己希望的地方。

20.4.2   委托书

委托书（power of attorney）是一份法律文件，授权某人在你不能决策的时候代替你做特定的决策。比如说，你可能会在生病的时候委托一个家人或密友替你做出投资或购房决策。你应该授权自己信得过的人按你的意愿行事。

治疗委托书是一份法律文件，授权某人替你做医疗方面的决策。治疗委托书确保你委托的人有权在你失能的情况下就你的治疗方案做出决策。虽然生前遗嘱中会规定许多情况下你的选择，但它未必能面面俱到。治疗委托书意味着必要的决定会由某个知道你想法的人做出，而不是任由医疗机构摆弄。

20.4.3   遗产规划文件保管

关键性文件，比如你的遗嘱、生前遗嘱和委托书应该保存在一个安全、可以取得的地方。你应该告诉你任命的执行人和委托书中的被授权人这些文件放在什么地方，这样它们在用得着的时候就能被人找到。

列表中的这些都是你要集中收藏重要文件：

- 遗产规划信息，比如遗嘱、生前遗嘱和委托书；
- 人寿保险单和其他保险单；
- 养老账户信息；

- 房产证和按揭贷款信息；
- 其他房地产凭证；
- 个人财产凭证，比如汽车和珠宝；
- 个人贷款凭证；
- 信用卡债务信息；
- 企业所有权凭证；
- 个人法律文件；
- 最新的个人所得税申报单；
- 银行账户信息；
- 投资信息。

20.5 怎样把遗产规划纳入你的理财规划

下列关于遗产规划的关键决策是你必须纳入理财规划的：

- 你是否需要订立一份遗嘱？
- 你是否需要创建一个信托？
- 你是否需要订一份生前遗嘱，或向某人授权保管你的委托书？

图 20-2 展示了史蒂芬尼·斯普拉特怎样把遗产规划决策纳入她的理财规划。

遗产规划的目标

1. 订立一份遗嘱。
2. 如果我的遗产达到纳税标准，制订一个信托或馈赠计划。
3. 决定我是否需要订立一份生前遗嘱或签署一份委托书。

分析

遗产规划和相关问题

问题	状态
谁是遗产可能的继承人？	我的姐姐和父母
我的遗产要纳税吗？	现在只有小额遗产，无须纳税
我需要委托书吗？	需要。如果我失能了，希望有人替我决策
我需要生前遗嘱吗？	需要。我不想靠生命维持系统维持生命

决策

1. 关于遗嘱的决策

   我要订立一份遗嘱，规定捐 5 000 美元给慈善机构。我计划把父母作为继承人，如果他们还活着。否则，我会指定我姐姐作为继承人。我会任命姐姐作为执行人。

2. 关于信托和馈赠的决策

   我的遗产还远远达不到遗产税的免征额，所以暂时还不用考虑避税的问题。所以，现在也不需要考虑创建信托或馈赠的问题。

3. 关于委托书和治疗委托书的决策

   我会委托我妈妈在必要的时候替我做出决策。我要请一个律师，花一两个小时就把这些文件和遗嘱做好。

图 20-2 遗产规划在史蒂芬尼·斯普拉特的理财规划中的应用

讨论题

1. 如果史蒂芬尼是一个带着两个孩子的单身妈妈，她的遗产规划决策会有什么不一样？

2. 如果史蒂芬尼现在已经 35 岁，年龄会对她的遗产规划决策产生怎样的影响？50 岁呢？

小结

1. 遗嘱的目的

遗嘱的目的是确保在你死后，生前的意愿能够得到实施。它让你可以分配遗产，为子女挑选监护人，以及一位能落实遗嘱的执行人。

2. 遗产税

超过免征额的遗产要缴纳遗产税。免征额会定期调整，2015 年是 543 万美元。

3. 遗产规划

遗产规划包括对信托、馈赠和向慈善机构捐赠。通过创建信托，大额遗产也可以规避遗产税，传递给受益人。馈赠指每年可以免税给予的机会，它们使父母可以每年向子女传递一部分财富。通过每年的馈赠，父母可以减少他们死亡时的财富，从而规避这部分的遗产税。

把遗产捐赠给慈善机构是不用缴纳遗产税的。

4. 生前遗嘱和委托书

为了防止你万一不幸失能，无法再就自己的治疗和财务方面进行决策，你可以考虑现在订立一份生前遗嘱和委托书。生前遗嘱是一份法律文件，允许你规定对治疗的要求，比如不愿使用生命维持系统。委托书也是一份法律文件，允许你授权他人在你失能的情况下替你做出特定的决策。

5. 怎样把遗产规划纳入你的理财规划

遗产规划也是理财规划的一部分，因为它帮助你为家人或爱人提供经济支持做好准备。你可以通过这种方法确保你积累的财富顺利、直接地传递给你希望得到它们的人手中。

复习题

1. **遗产规划** 什么是遗产？什么是遗产规划？遗产规划的主要目标是什么？

2. **遗嘱** 什么是遗嘱？为什么遗嘱很重要？如果一个人死时没有遗嘱会发生什么情况？

3. **有效遗嘱** 遗嘱生效要满足哪些条件？

4. **遗嘱类型** 介绍两种主要的遗嘱类型。

5. **遗嘱内容** 罗列并简要讨论遗嘱的关键内容。

6. **遗嘱修改** 什么情况下你要修改遗嘱？怎样才能修改遗嘱？

7. **认证** 什么是认证？描述认证过程。

8. **遗产税** 讨论遗产税。什么情况下要缴纳或不缴纳遗产税？联邦遗产税的最高税率是多少？针对遗产还能征收什么税？

9. **评估遗产税** 为什么要定期计算你遗产的价值？

10. **遗产规划** 除了遗嘱，遗产规划还包括哪些内容？

11. **信托** 什么是信托？生前信托和遗嘱信托有什么区别？

12. **可撤销生前信托** 什么是可撤销生前信托？你怎样利用可撤销生前信托处置你的遗产？可撤销生前信托对遗产税有什么影响？

13. **不可撤销生前信托** 什么是不可撤销生前信托？

14. **标准家庭信托** 什么是标准家庭信托？试举例说明。

15. **遗产规划** 怎样把馈赠纳入遗产规划？

16. **捐赠** 向慈善组织捐赠对遗产规划有什么好处？

17. **生前遗嘱** 什么是生前遗嘱？它对遗产规划有什么意义？

18. **委托书** 什么是委托书？

19. **治疗委托书** 什么是治疗委托书？为什么你已经有了生前遗嘱，还会需要它？

20. **遗产规划文件** 你应该怎样保管遗产规划文件？

21. **受益人** 什么是受益人？为什么在你的遗嘱中要明确给予每个受益人的遗产？

22. **执行人** 什么是执行人？为什么在你的遗嘱中任命执行人很重要？

23. **遗产税** 吉尔 2015 年从爷爷那里继承了 700 万美元的遗产。这些遗产中有多少是要缴纳遗产税的？

24. **馈赠** 你怎样才能通过每年的馈赠减少继承人的税负？

25. **遗产规划需要** 丽莎有价值 321 万美元的遗产和三个孩子，她准备死后把遗产都留给他们。既然她的遗产价值低于 543 万美元的门槛，可以免征遗产税，那还有没有必要立一份遗嘱？

26. **道德困境** 19 世纪时，有人走遍全国推销包治百病的灵丹妙药。到了 21 世纪，这些兜售"十全大补丸"的家伙被职业的遗产规划演讲者取代。在这些演讲的结尾，他们承诺只要花几百美元，就告诉你一些遗产规划的窍门，让你不用再付钱请律师或税务师。

   其中有那么一个团体，鼓吹一个叫慈善遗留信托（CRT）的方式。他们告诉你只要按他们提供的样本填写一张表格，就能建立一个这种信托。有了这个 CRT 以后，你生前向它捐款可以避税，死后再把这个 CRT 转交给一个由你子女管理的家庭基金会。这样你就能让资产规避遗产税和认证。演讲者声称这是一种把资产转交给子女的廉价方法。他们在演讲中关于 CRT 的说法是对的。

   关于 CRT，他们在演讲中没有提到的是，家庭基金会只能把钱捐给社会认可的慈善机构。换言之，你的子女拥有这些遗产，却不能动用它。这种方法适用于少数人，但对大多数人来说，这是不能接受的。

   （1）讨论这些演讲者讲话留一手的行为是否道德。记住，这些人说的是真的，但没有揭示全部真相。

   （2）如果这些讲座是现代版的"十全大补丸"，那么你应该找谁帮你制定遗产规划？

理财心理：你的遗嘱

1. 有的人迟迟不肯立遗嘱，因为他们不想考虑自己死后的财务规划。此外，他们也没有想好该怎么分配遗产。他们可能相信现在就进行遗产规划为时尚早，因为他们的遗产分配方案以后肯定会变化。你怎么看待遗产规划？你觉得现在进行遗产规划是不是太早？

2. 阅读一篇关于心理因素如何影响遗产规划的文章。你可以上网搜索关键词"心理"和"遗产规划"来检索相关文章。阅读后总结文章主要观点。

系列案例：辛普森一家

戴夫和莎伦想确保如果他们不幸遇难，家人还能受到良好的照顾。他们最近购买了定期寿险，还想确保这些钱能得到有效配置，在长期内向他们的孩子提供最佳服务。尤其是，他们有了明确的目标。首先，他们想确保一部分保险金被留下来作为孩子们的教育专款。其次，他们想确保保险金在若干年内逐年支付，这样孩子们就不至于很快把钱都花光了。

1. 辛普森一家怎样进行遗产规划才能实现他们的财务目标？请给他们提出建议。

2. 辛普森一家的遗产规划目标中，忽略了哪些非常重要的事项？

3. 戴夫不久前遇到一位遗产规划师，还没有询问戴夫的具体情况就表示能为他制定一个完善的遗产规划。戴夫在与这个遗产规划师见面前应该做些什么事？

第六部分系列案例

布莱德告诉你他重新修改了自己的养老计划。他给自己树立了一个更激进的目标，要在20年后退休，而不是原来的30年后退休。他的目标是到退休时存500 000美元。他没有利用单位资助的养老计划，而单位每个月可以补贴300美元的养老储蓄。如果加上单位配套的补助，布莱德每年为养老投入的储蓄是可以达到7 200美元的。

布莱德也承认了他如果发生意外，要为两个侄子提供大学教育基金的计划。他还没有立遗嘱，也不知道是否需要立一个。

1. 关于布莱德修改后的养老计划：

（1）如果他每月投资300美元，收益率8%，30年后会有多少钱？现在暂不考虑单位的配套补助。

年金终值

每年投入	
年限	30
年化收益率	8%
终值	

（2）如果年化收益率为8%，他想在20年内实现500 000美元的目标，每月要存入多少钱？30年呢？

积累金额	$500 000
年限	20
年化收益率	8%
年储蓄额	
月储蓄额	

积累金额	$500 000
年限	30
年化收益率	8%
年储蓄额	
月储蓄额	

（3）提前10年退休对布莱德现在的生活水准有什么影响？

（4）如果布莱德利用单位的配套补贴，对他的养老储蓄有什么影响（假设收益率8%）？

年金终值

每年投入额	
年限	20
年化收益率	8%
终值	

年金终值

每年投入额	
年限	30
年化收益率	8%
终值	

（5）布莱德要为养老存钱的话，还有哪些选择？请给出它们各自的优点和缺点。

2. 如果布莱德真的想供侄子上大学，怎样通过遗嘱实现自己的目标？他还能通过什么方法确保侄子的大学教育费用？

3. 如果布莱德现在已经40岁，你对问题1和问题2的建议会有什么不一样吗？

4. 就你的研究准备一份书面或口头的报告，交给布莱德。

第七部分
PART 7

理财规划的综合

本部分对理财规划的关键内容进行一个总结。它也通过凸显关于某方面的决策如何影响到其他方面，展示了理财规划各部分之间的相互关系。

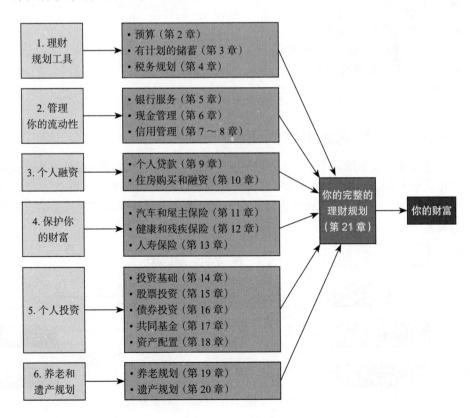

第21章 整合理财规划的内容

引导案例

在之前的各章，你完成了对理财规划各方面内容的学习。现在，是时候把所有的信息汇集起来了。你的第一步，就是了解自己的财务状况。你可以运用理财规划工具编制你的个人资产负债表，整理现金流量表，明确你的财务目标，还有写下你关心的问题。接下来，你分析理财规划的各个部分——流动性、个人融资、保险、投资，以及养老和遗产规划，然后制订一个行动计划以实现每个目标。

就像我们在全书中一直强调的，理财规划的每个部分都会影响你创造财富和实现财务目标的能力。你已经学习了与理财规划各方面内容相关的基础知识。本章将帮助你把这些知识整合成一个统一的理财规划。

本章学习目标

- 回顾理财规划的内容
- 展示怎样整合理财规划的内容
- 提供一个理财规划的案例

21.1 对理财规划内容的回顾

进行理财规划的一个关键是要认识到你理财规划中的各项内容是怎么互相关联的。本书各单元分别围绕理财规划的六项主要内容展开，如图 21-1 所示。你针对每项内容做出的决策都会影响你的现金流和你的财富。接下来，我们对这六项内容进行总结，并揭示它们之间的关系。

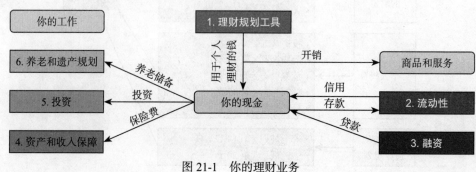

图 21-1　你的理财业务

21.1.1　预算

还记得吗，预算让你可以预测每个月底还能剩下多少钱，这样你就能确定有多少钱可以用来投资。最重要的是，预算让你知道现金流出会不会超过现金流入，这样你就能预测这个月有没有赤字。你的支出决策会影响预算，进而影响到理财规划的其他所有方面。认真制定预算可以防止超支，从而有助于你实现财务目标。

预算权衡

你花得越多，你可以用于保持流动性、开展投资或养老储蓄的钱就越少。所以，你的预算决策是关于现在花钱还是为未来分配资金的权衡。你的预算应尽量保证每个月都有净现金流可用于储蓄或养老。你给未来分配的资金越多，你从复利中获取的利益越多，所以你未来能花的钱越多。

💭 **理财心理**

妨碍有效理财规划最常见的问题就是过度消费。虽然本书一直在讨论这个问题，在这里还是要强调一遍，因为它影响理财规划的每个方面。你已经学过，理财规划的决策包括分配多少用于流动性（第二部分）、保险（第四部分）、投资（第五部分），以及养老规划（第六部分）。人们面临把钱花掉还是分配到这些用途的选择。许多人花得太多，以致这些用途无钱可用。有些人如果在花钱的时候稍微注意一点，只要事先做点计划或者等到促销的时候去购买，就能省下收入的 10% 甚至更多，然后就有钱用于这些用途了。

过度消费背后隐藏的心理因素是对尽兴的执着。最常见的一种过度消费的情况是购买一辆自己根本负担不起的汽车。这导致大额融资支付，压缩了可用于购买其他东西的金额。许多不久前刚买了车的人都有预算上的问题，说每月 500 美元的月供榨干了他们的收入，所以没有钱储备流动性、买保险、进行投资或养老规划。然而，他们当初拒绝接受现实。如果他们买的是一辆更实惠的车，就有钱做这些事了。他们贷款购买新车的决定让他们背上沉重的包袱，使他们无力兼顾理财规划的其他方面。如果他们买了一辆便宜点的车，他们每月至少能拿出 200 美元用于理财规划的其他用途。

许多消费者的决策程序是先决定开支，如果他们还有钱剩下，再把资金分配给个人理财。用这种方式，他们什么也剩不下来，因为他们总会有很多花钱的理由让自己尽兴，而把钱用于理财规划在短期内是没有什么好处的。

为了避免自己陷入这样的困境，你可以从每月的收入中先拿出一笔钱（比如 200 美元）用于理财规划，比如保持流动性或投入养老计划。如果你遵循这个预算规则，它就会限制你每月在其他方面的支出。使用这种方法，你就不会过度消费。比如说，如果你被迫每月预存 200 美元，就不会考虑贷款购买一辆月供 500 美元的新车。根据你的预算，你会买一辆自己买得起的车。最终，这个策略会帮助你建立自己的财富，于是你在未来就有更多的钱可以花。

21.1.2　管理流动性

通过确保你有足够的流动性资产可以用来弥补亏空，你可以为预见到的未来某个月的现金短缺做好准备。流动性较强的资产包括支票账户、储蓄账户、货币市场存款账户和货币市场基金。你在这些资产中保留的资金越多，你可以用来弥补现金短缺的流动性越强。即使你没有足够的流动资产，你也可以通过短期融资（比如使用信用卡）应对现金不足。如果你保持足够的流动性，就不用在每次需要的时候都去借钱了。这样，你就能避免出现严重的财务问题，所以更有可能实现自己的财务目标。

流动性权衡

因为流动性资产的收益比较低，你只能放弃获取高收益的机会。许多支票账户不计息，而其他流动性资产的利率都比较低。但是，如果你为了获得高收益，把所有钱都投资去买股票和债券，你的流动性就会不足。因此，你要以流动性资产的形式保留足以满足流动性需求的资金，然后用其他资产去获取高收益。

21.1.3　个人融资

个人融资让你可以在手头现金不足的情况下买东西。所以，融资可以增加你的资产，尤其是在购买汽车或住房之类的大件时特别有用。

个人融资权衡

抵押贷款或住房净值贷款这样的个人融资还有一个好处，就是它的利息是可以扣税的。

融资的缺点是它可能会导致预算问题。当你借钱买车或买房，甚至是偿还信用卡余额时，你影响了未来的预算，因为贷款月供意味着你每个月能剩下的现金减少了。虽然贷款让你可以现在购买，但偿还贷款会限制你以后许多个月的消费和储蓄。所以，过度融资会妨碍你实现理财目标。此外，过度融资还会让你无法及时偿还债务，从而损害你的信用评级，甚至让你破产。

如果你选择较长的贷款期限，每月还款就轻松一点。但是还款期限越长，欠款的时间越久，你要支付的利息也越多。

你可能会考虑在贷款到期前就把它清偿，这样就不会再有更多的利息支出了，尤其是在利率较高的时候。但你不能把所有流动性资金都用来还债，因为你还是需要一定的流动性。如果投资的预期税后收益率低于贷款的利率，那有钱的话更应该去还债而不是投资。

21.1.4　保护你的资产和收入

你可以通过购买保险保护你的资产和收入（以及你的财富）。在第 11 章和第 12 章中讲过，财产和意外保险保障你的资产（比如你的汽车和住房），医疗保险承担你的医疗费用，残疾保险在你残疾的情况下提供财务支持。人寿保险（第 13 章）在你死后为你的家人和其他受益人提供财务支持。所以，保险在你遭受意外事件后，保护你的收入和财富不受损失。

保险权衡

用来买保险的钱就不能用在别的地方了，像购买流动性资产、还贷以及投资。然而，你在投资前要优先办理保险。你要给自己的汽车和住房投保，也要为家人的经济保障投保人寿保险。

21.1.5　管理投资

在投资时，记住你的主要选择是股票、债券和共同基金。如果你希望通过投资取得定期收入，你可能会考虑投资分红的股票。大型知名企业的股票往往支付较高的红利，因为这些企业不会像小型企业那样快速成长，也有能力把一部分利润作为红利发放。债券也能提供定期收入。如果你不需要定期收入，你可以考虑投资不分红的股票。这些公司往往成长迅速，所以股价有大幅度增长的潜力。

投资权衡

投资决策是很刺激的，因为它们有可能带来暴利。然而，每次你用自己的钱投资，就放弃了这些钱的其他用途，比如购买更具流动性的资产，偿还信用卡债务，购买保险，或投入养老计划。只有在其他个人理财需求都得到满足以后，你才应该进行投资。

如果你想把所有资金投入小公司的股票获取高收益，你会丧失一定的流动性，因为这些公司的股份波动很厉害，如果价格太低你是不会愿意割肉的。但如果你已经有了充分的流动性资产，比如支票和储蓄账户存款，就不需要通过变现股票来取得额外的流动性了。

通过投资大型知名企业的股票，你的流动性可能会加强，因为你会经常收到分红，而且需要用钱的时候可以把这些股票卖掉。增强流动性的另一个方法是投资国债或高评级的公司债券，因为这些债券也提供定期收入，在急需用钱的时候也很容易出手。

通过投资小公司的股票，你有机会获得很高的收益。然而，这些投资的风险也很大，因为与大型知名企业的股票相比，这些股票有时会暴跌。如果你又想投资小公司的股票，又担心个股的风险，可以投资关注小公司股票的共同基金。不过，在行情低迷的时候，这些基金也在劫难逃，但损失会比全部购买个别企业股票时小。

21.1.6　养老规划

养老规划可以保障你退休后有足够的钱维持舒适的生活水平。第 19 章中讨论过，有好几种不同的计划可选，而且退休储蓄还有税收的优惠。

养老金账户权衡

你现在向养老金账户投入的钱越多，你退休后的钱越多。然而，你得保证自己拿得出那么多钱。在你确定养老计划的金额之前，你得有足够的资金保持充分的流动性，并且偿还月供。

在决定到底是把钱用于现在的投资还是投入养老金账户时，要考虑你的目标。如果你想在近期把投资的收益用于学费或其他用途，你就不能把钱投入养老金账户。进入养老金账户的钱是没有流动性的。提前从这个账户中支取金额是要缴纳罚款的。唯一的例外是罗斯 IRA，它允许你在缴费五年后把钱取出来而不需要支付罚款。如果你的目标是为养老存钱，你就应该把钱投入养老金账户。虽然这样你就没法再动用这些钱，但这些钱在退休后从养老金账户中提取出来以前是不纳税的。递延纳税的好处是很多的。更何况，有的单位对你投入养老金账户还有配套补助。

21.1.7　保管你的财务文件

为了日后监控你的理财规划，你应该把所有与财务相关的文件放在一个地方，比如家里的保险箱，或银行保管箱。最关键的财务文件如图 21-2 所示。

21.2　各部分内容的整合

到目前为止，你已经掌握了完成理财规划所有内容的基础知识。但是，以后，你的财务状况会变化，财务目标也会改变。你需要定期修改你的理财规划，以适应自己的财务目标。下面这个关于史蒂芬尼·斯

流动性
- 银行存单
- 银行账户余额对账单
- 其他持有的货币市场证券

融资
- 信用卡账号
- 信用卡余额对账单
- 个人贷款（比如汽车贷款）协议
- 按揭贷款协议

保险
- 保单
- 家财险承保的家庭财产清单

投资
- 股票凭证
- 债券
- 显示股票市值的账户余额对账单
- 显示债券市值的账户余额对账单
- 显示共同基金市值的账户余额对账单

养老和遗产规划
- 养老计划合同
- 养老计划余额对账单
- 遗嘱
- 信托协议

图 21-2　理财规划需要的文件

普拉特的案例展示了一个人的财务状况变化，是怎样使得一份理财规划需要修改，以及怎样整合理财规划的各方面的内容。

案例 21-1

在第 1 章中，史蒂芬尼·斯普拉特确立了几个目标：

- 买一辆新车；
- 买套住房；
- 进行投资，实现财富的增长；
- 在 20 ~ 40 年后她退休时，积累一笔巨额储蓄。

史蒂芬尼今年买了新车和住房，也有一些不大的投资。在退休时积累一笔巨额储蓄的道路上，她正在稳扎稳打地前进着。

在第 2 章中，史蒂芬尼原来的资产负债表非常简单。她的资产价值大约为是 9 000 美元，仅有的负债是 2 000 美元的信用卡欠款。所以，她当时的净值大约是 7 000 美元。从她第 2 章编制资产负债表以来，她的资产、负债和净值都已经发生了巨大的变化。

史蒂芬尼现在的个人资产负债表与当时的资产负债表的对比如表 21-1 所示，注意她的个人资产负债表有以下变化：

表 21-1 更新史蒂芬尼·斯普拉特的资产负债表

资产	原始个人资产负债表（见第 2 章）	现在	负债和净值	原始个人资产负债表（见第 2 章）	现在
流动资产			**流动负债**		
现金	$500	$200	信用卡欠款余额	$2 000	$0
支票账户存款	3 500	200	流动负债总计	$2 000	$0
储蓄存款	0	2 600	**长期负债**		
流动资产总计	$4 000	$3 000	汽车贷款	$0	$17 000
家庭资产			按揭贷款	0	100 000
住房	$0	$10 800	长期负债总计	$0	$117 000
汽车	1 000	15 000	总负债	$2 000	$117 000
家具	1 000	1 000	净值	$7 000	$13 000
家庭资产总计	$2 000	$124 000			
投资资产					
股票	$3 000	$3 200			
共同基金		2 000			
养老金账户投资		800			
投资资产总计	$3 000	$6 000			
总资产	$9 000	$130 000			

（1）在第 9 章中，史蒂芬尼用 18 000 美元买了一辆新车。虽然这辆车还很新，但新车一开出经销商的停车场就会有明显的贬值。史蒂芬尼估计这辆次新车的市价大概是 15 000 美元。

（2）在第 10 章中，史蒂芬尼花 108 000 美元购买了一套住房，并且估计房价还是 108 000 美元。

（3）史蒂芬尼还有一些股票（第 2 章中讲过），也投资了共同基金（第 18 章中讲过）。假设她的股票现在的价值是 3 200 美元，而她的共同基金现在值 2 000 美元。

（4）第 19 章提到，史蒂芬尼最近开始投资养老金账户了。假设她的养老金账户余额现在是800 美元。

总之，史蒂芬尼的资产从第 2 章的 9 000 美元增加到现在的 130 000 美元。史蒂芬尼增加资产的主要方式靠的是贷款（融资）。因此，她资产的快速增长也引起了长期负债的增长。

史蒂芬尼负债的主要变化如下：

（1）在第 9 章，史蒂芬尼购买了一辆新车，办理了贷款。车贷金额是 17 000 美元。

（2）在第 10 章，史蒂芬尼购买了住房，办理了按揭贷款，现在的余额还有 100 000 美元。

（3）第 2 章史蒂芬尼有 2 000 美元的信用卡欠款，假设她现在已经还清了。

表 21-1 显示史蒂芬尼现在的负债是 117 000 美元，所以她的净值是：

$$净值 = 总资产 - 总负债$$
$$= \$130\,000 - \$117\,000$$
$$= \$13\,000$$

从年初开始，她的净值增长主要来自单位发的一次奖金，她用这笔钱支付了购房的首付。现在她欠了车贷和按揭贷款，她不得不把很大一部分收入用来偿还贷款月供，想再存点钱就不容易了。

预算

史蒂芬尼眼下的现金流量表如表 21-2 所示。与第 2 章相比，她现金流入的最大变化是由于工资收入的增加，她的可支配收入提高了。她现在每月的现金流入是 3 000 美元。

表 21-2　更新史蒂芬尼·斯普拉特的每月现金流量表

	原始现金流量表	最新现金流量表	现金流量表变化
现金流入			
可支配（税后）收入	$2 500	$3 000	+$500
存款利息	0	0	无变化
股利	0	0	无变化
现金流入合计	$2 500	$3 000	+$500
现金流出			
房租	$600	$0	−$600
网费	50	50	无变化
水电费	60	80	+20
手机费	60	60	无变化
食品	300	300	无变化
医疗和残疾保险支出	130	140	+10
服装	100	100	无变化
车险和保养	200	100	−100
享乐	600	400	−200
车贷月供	0	412	+412
房贷月供（含物业税和保险费）	0	966	+966
人寿保险支出	0	10	+10
养老计划投入	0	300	+300
现金流出合计	$2 100	$2 918	+$818
净现金流	$400	$82	−$318

史蒂芬尼的现金流出产生了以下变化：

（1）因为买了房，史蒂芬尼不再需要支付房租。

（2）假设因为买了房，她现在的水电费是每月 80 美元，比租住公寓时每月多了 20 美元。

（3）假设因为她买了新车，史蒂芬尼每月可以省下大约 100 美元的汽车保养费，因为头两年的保养费都由汽车经销商承担。

（4）假设因为她买了房，史蒂芬尼待在家里的时间多了，相应的享乐费用就减少了。总之，假设她现在每月的享乐费用是 400 美元左右（与第 2 章时相比减少了 200 美元）。

（5）因为买了新车，史蒂芬尼现在每月要还 412 美元的车贷月供（详见第 9 章）。

（6）因为买了房，史蒂芬尼现在每月要还 791 美元的按揭贷款月供（详见第 10 章）。再加上分摊的物业税和房产保险费，她在住房上的开销每月大概是 966 美元。

（7）史蒂芬尼才刚开始支付每月 10 美元的残疾保险（详见第 12 章）和 10 美元的人寿保险（详见第 13 章）。

（8）史蒂芬尼最近开始每月向养老金账户投入 300 美元，（详见第 19 章）。

1. 预算困境

虽然与开始（第 2 章）时相比，史蒂芬尼每月的现金流入多了 500 美元，她现在的现金流出比当初却多了 800 美元。因此，她每月的净现金流从 400 美元减少到 0 了。这意味着虽然她的工资（以及现金流入）增长了，她也只能勉强维持收支平衡。

2. 预算决策

史蒂芬尼回顾了她的个人现金流量表，确认钱是怎么花掉的。有几项现在的现金流出是用来增加资产（她的养老金账户）或减少负债（比如贷款）的。即使她没有净现金流投入股票或共同基金，她的净值也会逐渐增长，因为她每月都在偿还住房和汽车贷款，以及充实自己的养老金账户。

而且，现在她每年可以从 IRS 收到一笔退税，因为她的按揭贷款利息是可以扣税的。总之，她对自己现在的现金流量情况还算满意。如果某个月她没有足够的现金应付开销，她会动用她在货币市场账户里的资金，或减少每月养老金账户的投入以套现。

3. 长期预算策略

史蒂芬尼的预算中有些项目是她收到的账单决定的，比如与汽车和住房相关的。预算中的其他项目则是由理财规划中的其他方面决定的：

- 她分配给流动性资产的资金（如有）取决于她的流动性管理计划；
- 她用来偿还贷款的资金取决于她的个人融资计划；
- 她支付的保险费取决于她的保险计划；
- 她用来投资的资金取决于她的投资计划；
- 她分配给养老金账户的资金取决于她的养老规划。

流动性管理

每隔两周，史蒂芬尼的工资都会直接存入她的支票账户。她所有的账单费用和其他表 21-2 中罗列的现金流出也都通过支票账户在线支付。她每月还用它支付信用卡账单。如表 21-2 所示，她估计支付了账单和享乐的开销之后，每个月底还能剩下大约 82 美元。

史蒂芬尼想确保自己有充足的流动性。她支付账单最便利的资金来源莫过于支票账户，因为她的工资都存到这里来了。她知道自己每个月支付账单还是绰绰有余的。如果她还有其他短期债务（比如信用卡债务），她会使用自己的净现金流来支付。她有一点货币市场基金（MMF），每月还可以开立有限次数的支票，以应付意外的开销（比如住房维修费用）。

1. 流动性困境

史蒂芬尼必须决定是否要改变自己的流动性状况。她在考虑这些选择：

史蒂芬尼是否改变流动性的选择	优点	缺点
通过把 MMF 转入共同基金以减少流动性	资产收益率可能会提高	可用于应对意外开销的流动性资金会减少
通过把共同基金转入 MMF 以增加流动性	可用于应对意外开销的流动性资金会增加	资产收益率可能会降低

2. 流动性决策

史蒂芬尼决定要保留足够资金以满足流动性需要。如果突然产生的意外支出金额超出了她的 MMF，她还可以出售自己持有的股票和共同基金。她决定维持现在的流动性水平。

3. 流动性管理的长期策略

史蒂芬尼关于流动性管理的计划是继续使用支票账户支付账单，用货币市场基金应对意外开销。她不想再增加对 MMF 的投入，因为利率太低。因此，如果到月底她手头还有余款，会用到其他地方。每次她需要从 MMF 提现，事后只要有余钱可以投资，都会补全账户金额的不足。

个人融资

史蒂芬尼还有 17 000 美元的汽车贷款和 100 000 美元的按揭贷款没还。她不再需要其他贷款了。按揭贷款的利息是可以扣税的，但车贷的利息不能扣税。

1. 融资困境

史蒂芬尼想在积攒了足够的资金后还清汽车贷款。她有以下几个提前清偿车贷的选择：

史蒂芬尼提前偿还车贷方法	优点	缺点
提取 MMF	可以减少甚至终结车贷月供	不再有流动性
提取养老金账户资金	可以减少甚至终结车贷月供	要支付罚款，而且不再有养老储蓄
出售股票	可以减少甚至终结车贷月供	放弃股票潜在的高收益
出售共同基金	可以减少甚至终结车贷月供	放弃共同基金潜在的高收益

2. 融资决策

史蒂芬尼需要保持流动性，所以她排除了第一个选项。她也排除了第二个选项，因为她不想因为提前提取养老金而被罚款，而且她觉得这些钱应该存下来养老用。

另外两种选择更值得考虑。史蒂芬尼的车贷年利率是 7.6%。一旦史蒂芬尼的车贷余额减少到和她持有的股票与共同基金市值差不多的时候（也许还要过 2 ~ 3 年），她会考虑是否提前清偿车贷：

- 如果她觉得投资的税后收益率不到 7.6%，她会把它们卖掉然后用这笔钱还清车贷。这样，她就相当于用这笔钱获取了 7.6% 的收益率，因为她还清了利率为 7.6% 的债务。
- 如果她觉得投资的税后收益率超过 7.6%，她会维持现状。因为投资的收益高于车贷的成本，所以没必要用这笔钱还清车贷。

3. 融资的长期策略

一旦史蒂芬尼还清了车贷，她每月就能多出 412 美元（车贷月供的金额）用于投资。她还剩下一个按揭贷款，总共要还 15 年。如果她在这个房子里住 15 年，她到时就能把贷款还清了。在这个案例中，15 年后她就无债一身轻了。但她有可能过几年就换一套更贵的住房，到时候可能会再办理一个 15 年期的按揭贷款。她并不担心自己有按揭贷款，因为她对房价上涨充满信心。

保护和维护财富

史蒂芬尼已经办理了汽车、住房、医疗、残疾和人寿保险。

1. 保险困境

史蒂芬尼认识到她需要办理汽车、住房和医疗保险。此外，她希望在残疾的情况下维持现有的收入。她还想在未来给她的两个外甥女提供一些金融支持。

2. 保险决策

史蒂芬尼不久前决定购买残疾保险，以免自己万一残疾就没了收入。她还决定了购买人寿保险，好在她不幸身故的情况下供两个外甥女上大学。她对现在单位提供的医疗保险十分满意。

3. 保险的长期策略

史蒂芬尼要维持一个较高的保险水平，以防范住房或汽车引起的责任事故。如果她以后还想要孩子，她还要购买更多的保险为子女的未来提供保障。她会经常审核自己的保单，寻求降低保费的机会。

投资管理

史蒂芬尼眼下投资了价值 3 200 美元的股票和价值 2 000 美元的共同基金。

1. 投资困境

如果史蒂芬尼买的这只股票以后表现不好，她投资的价值（以及她的净值）都会大打折扣。她期待股市火爆，但不希望把所有的投资都押在这一只股票上。

她考虑以下选择：

史蒂芬尼改变投资的选择	优点	缺点
卖出股票，收入投资债券	低风险	预期收益低于股票
卖出股票，收入投资 MMF	低风险，提供流动性	预期收益低于股票
卖出股票，收入投资	低风险	预期收益低于股票

2. 投资决策

这三种可能性的风险都比股票低。但如果史蒂芬尼觉得股票行情看好，她倾向于股票型共同基金。她目前还不指望自己的投资提供定期收入，更关心投资未来能够升值。她打算按当前市值 3 200 美元把股票卖掉，然后把钱投入股票型共同基金，以实现分散投资。

3. 长期投资策略

一旦史蒂芬尼还清汽车贷款，她每月就有额外的 412 美元现金流入可以投资股票型共同基金或其他东西。

养老规划

史蒂芬尼最近开始向养老金账户里存钱了。这样做是有好处的，因为她存入这个账户的钱在退休后提款之前，都不需要纳税。此外，如果她每月持续向里面存款并选择恰当的投资，账户资金是会增值的。

1. 养老投入困境

最近，史蒂芬尼开始每月向养老金账户投入 300 美元，她的单位也会给予一定比例的配套补贴。她也可以创建一个个人养老金账户（IRA），每年最多投入 5 500 美元。但是，她在退休前是不能动用里面的资金的。

她有以下选择可供考虑：

史蒂芬尼关于养老金账户的选择	优点	缺点
不把钱存入养老金账户	可以把这笔钱用在其他地方	放弃税收优惠和单位的配套补贴，没有养老的储备
每月存入 300 美元	可享受配套补贴的好处，以及税收优惠	这 300 美元可以用到其他地方
每月存入 300 美元再创建一个 IRA	增加税收优惠	这些钱可以用到其他地方

2. 养老金投入决策

史蒂芬尼想知道如果她每月多存 100 美元（每年 1 200 美元），40 年后（从现在起到退休的时间）她能多得多少钱。如果她在 IRA 中存款，她预计年收益率为 6%。她可以用附录 C 中的年金终值系数表确定这笔额外投入的终值。利率为 6%，40 年期的年金终值系数是 154.758，所以她每年投入 1 200 美元就能积累到：

$$退休时的额外储蓄 = 额外投资金额 \times FVIFA_{i,n}$$
$$= \$1\,200 \times 154.758$$
$$= \$185\,710$$

史蒂芬尼愿意在个人养老账户中每月投入 100 美元，因为她期待到退休时她能多存 185 710 美元。她也知道多存钱还可以享受税收优惠。

然而，史蒂芬尼要想多投入这 100 美元，就得减少每月享乐的开支。事实上，她知道眼下要想减少享乐的开支有困难。所以，她打算等车贷还清，再考虑个人养老账户的投入。

3. 养老投入的长期策略

史蒂芬尼想在近期内尽最大努力对养老账户进行投资，以便充分享受税收优惠。她每月能投入养老账户的资金上限取决于她的收入。随着她收入的增加，以后她会逐步增加对养老金的投入，直至上限。

21.3 理财规划

史蒂芬尼·斯普拉特的理财规划如图 21-3 所示。它体现了（本章前文所述的）最新的理财决策。她的预算决策决定了她怎样使用自己的现金流。请注意，她因为考虑到理财规划其他方面的需要，已经调整了自己的预算计划。

看完史蒂芬尼·斯普拉特的理财规划，不难看出她创建自己净值（财富）的方法无非减少负债或增加投资：

- 当她偿还车贷月供时，她减少了车贷欠款；
- 当她偿还按揭贷款月供时，她减少了按揭贷款欠款；
- 只要她因为涨工资或其他原因取得了额外的现金流入，就会增加对共同基金的投资；
- 她每月的投入增加了养老金账户的资产。

史蒂芬尼的资产也可能会因其他原因而增长。她的住房、共同基金，以及养老金账户的任何投资以后都可能会升值。总之，史蒂芬尼的理财规划可以为她提供充足的财富，让她以后能过上好日子。

预算计划

我 3 000 美元的税后工资会直接存入我的支票账户。我会用这个账户支付所有账单和其他开销。我的全部开销（包括享乐在内）大概是每月 2 918 美元左右。这样我只能剩下 82 美元了。我还会收到大约 3 000 美元的退税。我每年交的税会超过我的纳税义务，是因为我的按揭贷款利息可以减扣所得税。

我每月多余的钱首先要用来应对可能出现的意外支出。其次，它要用来充实我的货币市场基金以维持流动性，金额要保持在 2 600 美元左右。如果它达到了上限水平，我会把每月净现金流用来投资共同基金。

流动性管理计划

因为我的工资是直接存入支票账户的，所以各项支出可以很方便地扣款。我的备用流动性来源是货币市场基金，它现在的规模是 2 600 美元；我会保持这个账户余额水平以确保流动性。如果我需要的金额超过这个账户的余额，我可以动用净现金流。此外，我还可以卖掉持有的共同基金，或者先刷信用卡垫付一下，等下期工资到账优先还清信用卡账单。

融资计划

我已经有两个月供在还了，每月 412 美元的车贷和每月 996 美元的房贷（加物业税和保险费）。如果可能的话，我想提前把车贷还清。它的利率是 7.6%，而且利息不能扣税。因为我一直在偿还月供，所以车贷的余额也是不断减少的。

我可能会把我持有的共同基金份额卖掉，用这个钱去还清车贷。到底要不要这么做，取决于到时候我觉得共同基金的收益率会不会超过车贷的成本。

等我把车贷还清，我每月的现金流出会减少 412 美元。这样，我就会有更多现金流可以用于投资和增加对养老金账户的投入了。

保险计划

我有车险，承保我的汽车，限制我的事故责任；我有屋主保险，承保住房的全部市值；我有单位提供的医疗保险；我办理了残疾保险，在残疾的情况下可以获得经济支持；我有人寿保险，以两个外甥女作为受益人。

投资计划

我手头有一只个股，已经打算卖掉了，然后用这笔钱投资一只股票型共同基金。这样做能分散我的投资，降低风险。

养老和遗产规划

我打算每月多拿 100 美元投入个人养老金账户，这样到退休时我的养老金就能增加 185 710 美元。但是，我暂时还凑不出这 100 美元的养老储备。等我以后的收入增加了，我会把更多的收入投入养老金账户，直至允许的上限。我还要订立一份遗嘱，确保我积累的财富按照自己的意愿分配。

图 21-3　史蒂芬尼·斯普拉特的理财规划

小结

1. 理财规划内容

理财规划包括预算（第一部分）、流动性管理计划（第二部分）、融资计划（第三部分）、保险计划（第四部分）、投资计划（第五部分），以及养老和遗产规划（第六部分）。预算决定你怎样花钱与投资。流动性管理计划的目的是确保你有钱应付意外的支出。融资计划用于大额购买时的融资，相关的决策受到利率高低与还款期限长短的影响。关于保护财产和收入的计划包括买什么保险和买多少保险的决策。你的投资计划决定你分配多少钱进行投资，以及如何在各种类型的投资之间分配资金。你的养老和遗产规划决定你定期向养老金账户投资多少钱，以及怎样把遗产分配给继承人。

2. 相关内容的整合

理财规划的内容相互关联，因此能够加以整合。预算计划取决于理财规划的其他方面。计划中任何一方面可用的资金量取决于用多少钱提供流动性、支付贷款（融资）、投资、买保险，或者投入养老金账户。你在任何一方面用的钱多了，用于其他方面的钱就会不足。所以理财规划的一个关键就是明确哪个方面要优先照顾，因为关于每个方面的决策都是互相影响的。

3. 理财规划案例

史蒂芬尼·斯普拉特的理财规划案例展示了怎样把理财规划分解为六个方面。该案例同样展示了这六个方面之间的关联性，所以关于任何一方面的决策都要考虑其他方面的情况。随着时间的过去和财务状况的变化，你需要回顾和更新你的理财规划。

复习题

1. **整合理财规划**　为什么要整合理财规划的各个方面？

2. **预算的作用**　怎样把预算纳入你的理财规划？你的理财规划怎样受到开支的影响？什么是预算的权衡？

3. **流动性管理的作用**　讨论怎样把流动性管理纳入你的理财规划。什么是流动性权衡？

4. **个人融资**　说明利用个人融资实现财务目标的优点和缺点。什么是个人融资的权衡？

5. **投资管理**　怎样把投资管理纳入你的理财规划？什么是投资权衡？

6. **维持和保护财富**　讨论有哪些方法可以维持和保护你的财富？什么是保险权衡？

7. **时间对规划的影响**　时间怎样影响你的理财规划？

8. **财务状况的变化**　你认为你的财务状况发生改变对你的预算有什么影响？

9. **财务决策**　你有 7 000 美元的车贷余额，利率 11%。对你最好的姑姑留给你 10 000 美元遗产。你可以把这笔钱投入你银行的货币市场账户，也可以用它还车贷，或者投资共同基金。在进行决策时，你要考虑哪些因素？

10. **财务决策**　在上题中，你决定还清车贷，再用剩下的钱投资。现在，你不用再付每月 350 美元的月供了。就怎么处理这笔额外资金提几个可行的建议。

11. **投资决策**　你做完预算后还有一些剩余资金可以投资。你想在一只股票、国债和股票型共同基金之间做出选择。选择每一种投资时，分别应考虑它的哪些特点？

12. **保险的作用**　购买汽车保险和屋主保险怎样帮助你保护和维持财富？

13. **保险的作用**　购买充分的医疗保险和残疾保险怎样帮助你保护和维持财富？

14. **人寿保险**　人寿保险怎样保护你的财富？谁需要人寿保险？

15. **开销对理财规划的影响**　说明过度开销怎样妨碍你的理财规划。

16. **设立目标**　说明为什么理财规划要设立非常明确的目标。

17. **记录开支和制定预算**　为什么需要连续记录几个月的开支？这样做和你制定预算有什么关系？

18. **保留记录**　为什么要把财务记录保存在一个安全的地方？列举需要妥善保存的几种重要单据。

理财心理：你的理财规划

1. 你有没有足够的资金用于理财规划的各个方面，比如储蓄、保险、投资和养老？说明你现在怎样调整开销，以便把更多的收入用于理财规划。

2. 你的理财规划应当包括流动性管理、融资、保险、投资和养老等方面的计划。哪方面的计划最让你关注？哪项计划对你来说最难实现？试说明。

系列案例：辛普森一家

在你的帮助下，戴夫和莎伦制定了他们的理财规划。他们的关键理财规划决策如下：

- **预算**　他们想修订预算，好开始进行储蓄。通过减少在娱乐上的开支，他们省出了给莎伦买新车的首付款和孩子们的大学教育基金。

- **流动性** 他们在支票账户保留了足够的资金应付意外支出。
- **融资** 他们还清了信用卡积累的欠款，避免了昂贵的利息。他们为莎伦的新车办理了四年期的贷款。此外，他们对按揭贷款办理了再融资，获得了更优惠的利率，大幅度降低了房贷的月供。
- **财富保护** 他们决定增加汽车保险，减少屋主保险的免赔额，购买残疾保险。他们也为戴夫购买了一份人寿保险。他们决定戴夫每年至少向他的养老金账户投入 3 000 美元，因为这样他的单位会给予最大额度的配套补贴。他们立了一份遗嘱，指定一位托管人处理遗产，确保孩子们有钱上大学，而且他们会定期收到小额抚养费（以免他们在短期内把遗产花光）。
- **投资** 他们决定暂时不买个股，以规避风险。他们决定把准备给孩子读大学的钱投资共同基金。他们不会只买一只共同基金或一类共同基金，而是把投资分散到多种不同的共同基金里。

现在戴夫和莎伦制定好了他们的理财规划，接下来的预算、流动性管理、融资、投资、保险和养老金事宜都可以按计划实施了。

1. 说明辛普森一家的预算怎样影响他们其他的理财规划决策。
2. 辛普森一家的流动性管理和投资决策之间有什么关联？
3. 辛普森一家的融资和投资决策是怎么关联起来的？
4. 说明辛普森一家的养老规划决策和投资决策之间有什么关联。

理财知识课后测试

下面的测试有助于你确定自己对个人理财知识的掌握情况。它的题目都来自教材的内容，让你了解自己做出恰当理财规划决策的能力。

完成测试后，请根据后面所附的答案给自己打分。

1. （　　）规定了你怎样进行财务决策。

   A. 个人理财规划　　　　　　　　　　　　B. 个人预算

   C. 个人财务目标　　　　　　　　　　　　D. 以上皆非

2. 在制定预算的时候，个人现金流量表非常有用，它描述了一个人的（　　）和（　　）。

   A. 现金流入；现金流出　　　　　　　　　B. 资产；开销

   C. 资产；负债　　　　　　　　　　　　　D. 以上皆非

3. 货币时间价值的含义是你今天收到的 1 美元，价值（　　）明天收到的 1 美元。

   A. 高于　　　　　　　B. 等于　　　　　　　C. 低于　　　　　　　D. 以上皆非

4. 下面哪种情况对你要缴纳的税额没有影响？（　　）

   A. 购买一套需要按揭贷款的住房　　　　　B. 把一部分工资存入养老金账户

   C. 从事一份兼职好多赚点钱　　　　　　　D. 上述行为都会影响应纳税额

5. （　　）不属于存款机构。

   A. 信用社　　　　　B. 储蓄机构　　　　　C. 商业银行　　　　　D. 证券公司

6. 持有短期资金的个人不应该投资（　　）。

   A. 定期存单　　　　B. NOW 账户　　　　C. 公司债券　　　　D. 支票账户

7. 允许消费者在一定额度内借款的信用卡是一种（　　）的例子。

   A. 分期信用　　　　B. 担保信用　　　　C. 不分期信用　　　　D. 循环开放信用

8. 在申请信用卡的时候，你不会被询问关于（　　）的信息。

   A. 你的现金流入和流出　　　　　　　　　B. 你的资本

   C. 你的信用记录　　　　　　　　　　　　D. 你的犯罪记录

9. 在申请贷款的时候，借款人通常需要提供关于他们（　　）的信息。

   A. 个人资产负债表　　　　　　　　　　　B. 资产

   C. 个人现金流量表　　　　　　　　　　　D. 上述所有

10. 住房的成本（　　），保险（　　）。

    A. 更高；更贵　　　B. 更高；更便宜　　　C. 更低；更贵　　　D. 以上皆非

11. （　　）保障承保与你的财产损失相关的任何责任。

    A. 人身伤害责任　　　B. 财产损坏责任　　　C. 医疗费用　　　D. 以上皆非

12.（　　）不属于个人医疗保险计划。

　　A. 管理式医疗方案　　B. 报销方案　　　　　　C. 医疗保险　　　　D. 健康维护组织

13. 下列机构中哪个不会向你出售保险？（　　　　）

　　A. 提供银行和经纪服务的金融机构　　　　　　B. 金融集团的分支机构

　　C. 独立公司　　　　　　　　　　　　　　　　D. 上述所有机构都可能出售人寿保险

14. 一家公司发行股票的目的是（　　　　）。

　　A. 分配它的所有权　　　　　　　　　　　　　B. 为经营筹集资金

　　C. 支付固定利息　　　　　　　　　　　　　　D. 以上皆非

15. 一般来说，当利率（　　）时，股票业绩（　　　　）。

　　A. 较高；较好　　　　B. 较低；较好　　　　　C. 较低；较差　　　D. 以上皆非

16. 债券的典型期限是（　　　　）。

　　A.10～30年　　　　　B. 5～10年　　　　　　C. 2～5年　　　　　D. 1～2年

17.（　　）共同基金直接向投资者出售份额，在投资者想卖出的时候再赎回。

　　A. 折扣　　　　　　　B. 溢价　　　　　　　　C. 开放式　　　　　D. 封闭式

18. 股票投资组合面临（　　　　）风险，或股市行情低迷导致的业绩不佳风险。

　　A. 市场　　　　　　　B. 利率　　　　　　　　C. 商业　　　　　　D. 杠杆

19. 推迟退休的个人从社保项目中获得的年收入（　　　　）正常水平。

　　A. 等于　　　　　　　B. 低于　　　　　　　　C. 高于　　　　　　D. 以上皆非

20.（　　）是一项规定人死后遗产如何分配的法律文件。

　　A. 最后指示　　　　　B. 资产分配书　　　　　C. 遗嘱　　　　　　D. 以上皆非

答案：

1	2	3	4	5	6	7	8	9	10
A	A	A	D	D	C	D	D	D	A
11	12	13	14	15	16	17	18	19	20
B	C	D	B	B	A	C	A	C	C

A.1 确定你的职业路线

对你来说什么样的职业路线是最好的呢？在决定你的职业路线时，不妨考虑一下这里说的几个因素。接下来，评估一下后面各节中给出的信息来源，帮助你做出选择。

A.1.1 可能影响你职业路线的因素

也许确定你职业路线的第一步就是考虑你的兴趣，然后找出符合你兴趣的那些职业。大多数人会有几个可能的职业兴趣，所以就比较难做出决定。但是，你可以参考下列因素筛选你的职业列表。

1. 对教育和技能的要求

有的工作看上去挺有趣，但它们对教育和培训的要求比你计划的要高。比如说，要想成为一名医生，需要的培训内容太广泛，需要的时间也太长。此外，它的门槛也很高。了解一下你看好的各种职业对教育和技能的要求，在你罗列的可能从事职业列表中，重点关注那些你已经或者愿意为之取得必要的背景、教育和技能的职业。

2. 就业机会

人们可能会找到自己愿意发展的职业道路，而且觉得他们可以胜任，但发现这些道路提供的岗位数量有限而申请者人数众多。比如说，许多人想当时装设计师或豪华餐厅的主厨。千军万马过独木桥真不是什么太好的选择。

3. 待遇

大多数人在考虑工作岗位时会把待遇作为一个重要因素。有的职业发展轨迹可能很有意思，但待遇不高。在许多网站上都能找到各种工作岗位的待遇信息。

A.1.2 有助于你选择职业路线的信息来源

如果你想罗列一堆职业，再从中挑选最佳职业路线，不妨考虑考虑下面的信息来源。

1. 职业介绍书籍

许多书籍会介绍职业，并描述从事每个职业必需的技能。有的书里只有个大概，而有的书则比较深入。在初步了解各种可能的职业时，比较简略的书就可以了。接下来，开始筛选以后，你可以找一本关于你选择的领域的书，比如医药、工程、社会工作等。

2. 课程

你的大学课程是相关职业的重要信息来源。会计课程帮助你理解会计师的工作；护理课程让你知道护士都干些什么；而社会学则帮助你明白社会工作者的任务。即使那些范围更广泛的课程，比如管理学课程，也适用于许多不同类型的工作，包括会计师、护士和社会工作者。如果你喜欢基础管理学课程，你可能会喜欢一份管理人员、生产过程，或服务管理的工作。

3. 岗位经历

实习向你提供了近距离观察某个特定类型的岗位，以及学习人们日常工作方法的机会。这样的经历非常有用，因为许多岗位和你想象中的很不一样。

4. 接触

如果对某项工作的描述让你感兴趣，找一个干这行的人。找机会拜访他一下，然后询问一些关于这个岗位的具体问题。

5. 因特网

许多关于职业的信息可以从因特网上查询。许多求职网站都提供丰富的岗位介绍，以及正在招聘的岗位机会。但是，要注意你感兴趣的那些岗位的求职者规模。如果你看好的岗位（假设你能够胜任）招聘的人数相对符合条件的应聘人数来说还比较宽松，找到工作就会容易许多。

到了一定的阶段，你必须缩小选择范围，把更多的时间花在自己最想要的岗位上。即使在缩小范围以后，因特网还是很管用的。

6. 个性测试

你在工作申请前可以先进行一次个性测试，根据结果看看什么样的工作适合你。这类测试有的很贵，其中还包含了面试，比单纯用问卷答题更能检测出适合你个性的工作。网上也有这样的测试，但免费测试的结果肯定没有付费测试那么详尽的分析。

A.2 获取你需要的技能

一旦你确定了自己的就业方向，下一步就是确定你需要接受的教育和培训。

A.2.1 培训

在线查询培训课程信息时要注意。许多你在网上找到的信息都是提供培训服务的公司发布的，他们的目的就是推销自己的课程。因此，要认真评价这些培训是不是真能帮助你获得想要的工作。举个极端的例子，有的公司提供模特或表演培训。人们都知道有些模特或演员出身的明星很富裕，但上几堂培训课程远不足以让你在这个领域取得重大成就。在交钱之前，了解一下这家公司培养的人才是不是被市场认可很重要。

有些公司的培训是可以认证的，这使它们比别家更有优势。但是，证书并不总能保证培训是有价值的，或者一定能找到工作。有的时候，就业机会相对受过培训的人数就是僧多粥少。还有的时候，光有培训还不能保证你能胜任特定的岗位。

A.2.2 教育

高校以教育的形式提供培训。职业导向型专业的学位，比如会计或商业，为你从事该领域的业务奠定了基础。另外，文科学位让你面对比较广泛的选择余地，可以从事诸如营销、新闻、教育或出版等行业。

大学的声誉是非常重要的，要想找到一份好工作，有的大学与其他的相比简直鹤立鸡群。有的岗位直接要求你必须出自某家名校。因此，一定要知道你想去的大学是不是名声卓著。因为大学的评价机构也很多，所以如果你打算找某种特定的工作，还要搞清楚哪个评价体系比较靠谱。

大学定下来以后，还要充分了解你想去就读的学院或专业。多大比例的学生毕业后通过了标准化职业资格（比如会计或法律领域的）考试？最近的毕业生有没有在你想从事的领域找到工作？你想就学的院系可能会给你答案。

A.2.3　实习

实习为你从事毕业后想做的工作提供了一些体验的机会。许多大型知名企业和小型企业都提供实习机会。你在校期间就有机会获得实习资格。有的公司会支付实习津贴，但有的实习是无偿的。另外，有的高校给实习计学分。

即使实习既没有报酬也没有学分，它仍然可能很有价值。实习为你提供了未来可能从事的事业的经历，你可以把它写在简历里。如果你实习的单位以后有职务空缺，你在那里实习的经历就让你比其他应聘者更有优势。实习也可能让你对特定的职业路线有了特殊的认识，坚定了你毕业后走这条路的决心。当然，它也有可能让你认识到这并非你理想的职业道路，即使是这样的结果对你来说依然价值非凡，因为它有助于你选择一个更合适的职业。

你可以在公司网站上获得实习招聘信息。另外，你的学院也可能有实习计划。

A.3　关于教育和职业的决策

许多人在人生的某个阶段会面临的一个普遍困境——继续深造还是开始全职工作。继续深造的一个显而易见的缺点是你必须放弃收入，还要承担额外的教育开支。你可能已经负债累累，但为了完成学业还要雪上加霜。也许，你正期待着全职工作能让你从现有的债务中摆脱出来，开始人生的财富积累阶段。

这个决策要求你对获取学位的成本和收益进行比较。成本包括你的学费，以及如果不深造直接工作可能获得的收入。但是，有一个学位你的职业选择面就会变得更广，因为许多工作都有较高的学位要求。因此，深造的利益包括更好的就业机会，入职后更高的工资，未来更多的提升空间，以及更有意思的职业。此外，如果上全日制大学，你会更快实现你的教育目标。

A.3.1　经济怎样影响你的决定

就业岗位数量与消费者对产品和服务的需求之间有非常密切的联系。当消费者对产品和服务的需求很旺盛时，企业雇用更多的员工，扩大生产以满足旺盛的需求。他们也会让更多员工加班加点。这些情况给人们带来更多收入，让他们能购买更多产品和服务，又创造了更多的岗位。

相反，当经济疲软时，企业用不着这么多员工就能完成生产目标或给消费者提供服务。因此，他们取消了一些岗位，导致裁员。它们也不太会设立新的工作岗位，使人们想找一份合意的工作更加困难。此外，扩大裁员导致一些人的收入减少，限制了他们能支出的金额。由于他们的开支减少，消费者对产品和服务的需求更加萎缩，进一步加剧了裁员。

由于经济衰退期间存在这些效应，所以任何岗位招聘都会有更多的人申请，使你想得到满意的工作变得更加困难。在这些情况下，公司会提高对岗位招聘的技能或教育要求，因为它们对求职者更加挑剔。

继续教育深造的策略尤其适合于经济衰退时期。虽然工作岗位在经济不景气的时候是稀缺的，但教育依然如故。比如说，假设你刚刚从一家社区学院毕业，计划找一份全职工作，同时在业余时间上一个四年制大学。你可能还指望单位能帮你承担一部分学费。但是，如果就业岗位稀缺，你也找不到满意的工作，还不如上全日制大学，再做一份兼职。

A.3.2　深造和就业的比较分析

　　总之，对职业规划的改变会产生两方面的影响：①继续接受全日制教育期间收入减少（甚至为零）；②更快地取得本科学历。你可以用这种方法对改变职业规划的成本和收益进行分析。首先，假设你坚持原先的规划，随便找一份全职工作，预测未来若干年的年度现金流入和流出情况（参见图 A-1 的表 A）。由于这个例子假设你只有社区学院专科学历，未来你至少还要再花六年时间才能通过业余学习拿到本科学历。

　　现在，假设你调整了原先的规划，决定接下来的两年接受全日制教育，再预测一下未来若干年的年度现金流入和流出情况。在这两年里，你的现金流入可能为零，还要用自己的现金流出来支付全日制的学费（参见图 A-1 的表 B）。然而，从第三年开始，你的预期收入就会比原先那个直接工作的规划中的预期要高了，因为你用两年时间就拿到了学位。总之，修改后的规划会让你在头两年承受严重的预算亏空，但以后的现金流就会大为改观。所以，从第三年以后的现金流盈余足以抵消前两年产生的亏空。具体需要多少年才能完全弥补预算亏空取决于你的实际情况。

表 A　原定职业规划：现在开始从事全职工作，未来六年用业余时间完成大学教育

假设：
- 你已经取得专科学历
- 你假设全职工作每两年加薪 1 000 美元
- 你还预测你的工资在第七年拿到学士学位以后会有一个飞跃，此后每年加薪 1 000 美元
- 业余教育的学费是每年 2 000 美元，直至拿到学位
- 你预期拿到学士学位以后的工资达到 35 000 美元，每年加薪 1 000 美元

（单位：美元）

年份	工作产生的年度现金流入	教育产生的年度现金流出	年度净现金流入
1	24 000	2 000	22 000
2	24 000	2 000	22 000
3	25 000	2 000	23 000
4	25 000	2 000	23 000
5	26 000	2 000	24 000
6	26 000	2 000	24 000
7	35 000	0	35 000
8	36 000	0	36 000

表 B　修改后的职业规划：因为经济萧条，现在接受全日制教育

假设：
- 你已经取得专科学历
- 你预期两年内能拿到学士学位
- 全日制教育的学费为每年 6 000 美元，直至拿到学位
- 你预期拿到学士学位以后的工资达到 35 000 美元，每年加薪 1 000 美元

（单位：美元）

年份	工作产生的年度现金流入	教育产生的年度现金流出	年度净现金流入
1	0	6 000	−6 000
2	0	6 000	−6 000
3	35 000	0	35 000
4	36 000	0	36 000
5	37 000	0	37 000
6	38 000	0	38 000
7	39 000	0	39 000
8	40 000	0	40 000

图 A-1　经济萧条情况下原订职业规划与修改后的职业规划比较

1. 案例分析

图 A-1 展示了你应当怎样开展分析。表 A 显示了按原订职业规划从事全职工作，用业余时间完成大学教育，接下来六年每年支付 2 000 美元学费情况下的现金流预期。表 B 显示了你修改后的职业规划接受两年全日制教育，并承担这两年全部学费情况下的现金流预期。

一旦你完成了这两个规划的现金流，你可以在图 A-2 中对它们进行比较。请注意，这里展示的是八年累积的现金流量情况，其中数据都为一年的现金流量。但是，到第八年，修改规划中的累计现金流量已经超过了原先的规划。也就是说，因为取得了学历，从第三年开始赚取的高收入让你在接下来的六年中积累了更多的净现金流入，弥补了前两年的损失。

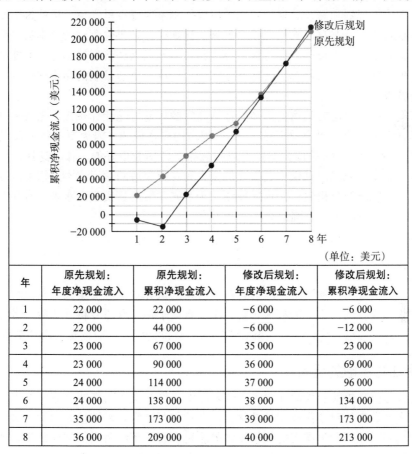

（单位：美元）

年	原先规划： 年度净现金流入	原先规划： 累积净现金流入	修改后规划： 年度净现金流入	修改后规划： 累积净现金流入
1	22 000	22 000	−6 000	−6 000
2	22 000	44 000	−6 000	−12 000
3	23 000	67 000	35 000	23 000
4	23 000	90 000	36 000	69 000
5	24 000	114 000	37 000	96 000
6	24 000	138 000	38 000	134 000
7	35 000	173 000	39 000	173 000
8	36 000	209 000	40 000	213 000

图 A-2　原先规划与修改后规划的净现金流对比

2. 完善分析使之适合你的情况

虽然这里只分析了八年的情况，但你可能还应该考虑得更长远一些。在这个案例中，根据修改后的规划，你在两年后会找到一份要求本科学历的工作，而在原先的计划中你需要六年。于是，修改后的职业规划可能会加速你未来的职业发展，因为你提前四年就拿到了本科的学历。总之，只看八年很可能低估了修改后规划（你提前获得本科学历）的潜在利益，因为八年之后你还要继续沿着职业道路前进。所以，如果你在职业道路上能把握先机，在接下来的岁月里，你的现金流都将一路领先。

你的学费可能是通过贷款得来的，但这在个案例中没有把利息考虑在内，因为它不会从根本上改变这两个规划对比的结果。在进行这个决策时，还要考虑一些其他的因素。修改后的规划还有可能提供分析中没有提到的其他好处。你在第三年找到的这份工作不但收入更高，而且可能带给你更多的满足感。而且，在第三年找到这份工作以后你还可以继续深造，但这回你要读的就是硕士，而不是本科了。

在有的情况下，分析的结果可能是你现在应该找一份全职工作而不是上全日制大学。比如说，你实际需要离开学校一段时间，继续读下去收效不大。这时，修改后的方案就不是最佳选择。或者，如果你已经满足了从事心仪的工作所需的全部资质，继续在学校混几年也不过是浪费时间。在这样的特殊情况下，如果你坚持原先的规划尽早开始全职工作，从长远看比继续读书更有"钱"途。

这个关于原先规划和修改后规划的比较假设你刚刚取得专科学历。虽然这个案例只是一种情况，你也可以把它和自己的情况结合起来。比如说，如果你刚刚读完本科，毕业时恰逢经济萧条，也可以有多种选择。你可以去找工作，但是因为经济形势不好，可能很难找到一份自己喜欢的工作。你可以修改自己的职业规划，先读一个全日制的硕士学位，在校园里避开这个就业低谷。

这个权衡和前面讨论的案例差不多。你修改后的规划可能让你在接下来的 1 ～ 2 年里没有现金流入（因为不能马上开始工作），却有较高的现金流出（因为要支付全日制教育的学费）。但是，毕业以后，你凭硕士学位可以找到比本科毕业更好的工作。这样，你可以赚到更多的收入，日积月累足以补偿推迟就业的损失和在校深造的学习成本。你可以在决策时借鉴同样的分析。在进行分析时，一定要使用关于不同学历的真实收入水平。有些专业的硕士毕业生的收入未必就比本科生赚得多。

A.4　择校

择校属于你个人的财务决策，因为它对你将来的财务状况意义重大。它也会影响你的生活质量。如果你现在就读于一所社区学院，本节有助于你在取得专科学历后，考虑选择高校的关键因素。如果你已经在读本科，你在考虑去哪里读研究生的时候也会用到本节的知识。

A.4.1　择校时考虑的因素

在确定去哪所高校就读以前你要考虑许多因素。你可以在因特网上查到许多关于各所高校的信息。大多数高校对自我宣传从不保留，因此你可以掌握足够信息以后再做出决定。此外，有的网站提供关于大学排名的数据和评价意见，有助于你对它们加以比较。择校时最重要的因素包括：

- 入学条件；
- 学费；
- 学术专业；
- 声誉；
- 便利性。

1. 入学条件
高校一般公布它们的入学条件。第一轮筛选的时候就应该浏览一遍各家的入学条件，然后你就能把主要的精力放在那些你觉得自己符合入学条件的学校上。

2. 学费
学费占教育成本的大头。私立大学的平均学费是每年 31 000 美元左右，但不同学校的实际收费差异很大。公立大学的平均学费是每年 9 000 美元左右。也就是说，上公立大学可以让学生平均每年节约 22 000 美元。如果学生就读的公立大学不在自己居住的州，他们通常还要多付一大笔钱。公立大学收取的这笔溢价大概是每年 14 000 美元。所以，跨州读公立大学的学生基本享受不到公立大学在学费上的优惠。而专科学院的平均学杂费成本大概是 3 300 美元。

别忘了有的高校发奖学金，所以如果你觉得某所高校除了收费贵点其他方面都很理想，你可以看看自己是否符合它的奖学金要求。有的学校还给支付学费有困难的学生提供助学金。政府也有给学生的助学金项目。

3. 学术专业

每所大学都有它擅长的学术专业。即使你不确定自己要去哪个专业，至少你要知道自己兴趣在哪个方面，比如说是文科、理科还是商科。你要搞清楚自己打算申请的学校有没有你感兴趣的专业门类。

4. 声誉

就读大学的声誉对你毕业以后找工作影响重大。但是，要记住学校声誉对你就业的影响是要看专业的。如果一所学校以护理专业闻名，而你恰好要从事护理工作，找工作时就如虎添翼。但是，如果你在不相干的领域求职，学校的声誉就发挥不了什么作用。

5. 便利性

许多学生选择高校时主要考虑便利性。比如说，他们可能选择一所当地高校，这样就能住在家里，或者即使去外地读书，他们也会选择一所附近的高校，这样周末还可以回家。有的学生过度关注便利性，并没有考虑那些对他们就业息息相关的因素。比如说，他们可能会选择（离家 100 英里的）大学甲而不是（离家 200 英里的）大学乙，仅仅是因为后者离家更近些，比较方便。但是，如果大学甲没有他们感兴趣的专业，他们就只能选择一个自己其实不喜欢的专业。本来如果他们愿意忍受那么一点点不方便，其实是可以到大学乙就读他们喜欢的专业的。

A.4.2　走读还是住校

如果你想利用工作之余上大学，出于必要的便利性考虑，你的工作会限制对学校的选择。但是，如果你愿意考虑去外地读书，你就可以在最终拿定主意前对所有学校的优劣进行比较。

1. 开展现金流量分析

创建一张类似图 A-1 的电子表格，把利用工作之余走读和去外地上全日制大学这两种方案的预期现金流入和流出罗列出来。走读最大的好处是你可以从现在的工作中获取收入，生活成本也比去外地读书要便宜。

然而，如果你去外地脱产读书，拿学位需要的时间更短，所以可以更早开展对高端职业的追求。当然，如果你觉得半工半读耽误了你的学业，也可以选择不工作的走读。不管是哪种情况，去外地读书在财务上很可能还是合算的。在下列情况下，建议去外地读书。

- 即使两所学校都有你想读的专业，外地学校的费用可能更低。比如说，外地的大学是州立的，而本地可以走读的大学是私立的。那么到外地上州立大学的学费会低很多，可以省下不少钱。
- 外地的大学有你想读的专业，而本地可以走读的大学没有这个专业。好的专业在你毕业后可以让你获得更高的收入。在对从这两所大学毕业后的收入进行评估时，你就能在分析中看出它们的差别。即使专业的差异不会对收入有太大影响，理想的专业至少能让你从工作中获得更多乐趣。

- 即使两所大学都有你想读的专业，如果外地大学的声誉比本地可以走读的那所大学更好，毕业后找工作会更容易。你在评估收入时可以给从名校毕业多算一些收入（现金流入）。

即使你决定要去外地读书，在对不同学校进行比较时仍然可以做这样的分析。在不同学校上学时的生活费用天差地别。另外，不同学校的专业和辅修课程差别也很大，这会对你未来的职业产生影响。在评估你选每个专业未来可以获得多少收入时，可以根据不同大学同一专业水平的高低设定不同收入。

2. 考虑非货币因素

除了评估现金流入和现金流出，还有其他一些可能影响你决定的因素要加以考虑。比如说，它们的教学方式（在线还是课堂）有没有差别？选自己中意的课程是不是方便？教室会不会太大以致影响学习效果？哪所学校的生活条件更好一些？另一所学校让令你分心的东西会不会少一些，所以你的学习效果会更好？要对这些林林总总的特点进行评估，你可以从学院的指南中获取信息。

🧠 理财心理

学生应考虑的最重要的非货币因素之一是他们是否已经足够成熟，到外地读书时能否自律。有的学生如果住在家里走读，可以少参加一点聚会。他们到外地读书时，面对层出不穷的社交活动的诱惑，可能会迷失自我。而另一些学生却对宿舍生活如鱼得水，他们会培养出社交的能力，在学术问题上找到志同道合的其他同学。

如果分析之后你对某几所学校依然念念不忘，就去实地参观一下。你会发现自己眼中的校园和大学城与学院指南中所说的并不完全一样。所以，在做出决定前去校园眼见为实非常重要。

A.5　选专业

你在大学里选择的专业对未来的职业、生活方式，以及收入水平有重大影响。因此，这个决策一定要慎重。你在这一行可能要干上 40 多年，所以花点时间选好你的专业，对未来的工作也是很重要的。

对于有些人来说，选专业不是什么难事，因为他们的职业规划要求学习特定的课程。比如说，如果你想当会计师，你的专业就得是会计学；如果你想当护士，你就得选护理专业。但是，许多学生还没有决定未来从事什么职业，所以选择专业的时候就很纠结。

🧠 理财心理

有的学生选择某个专业是因为他们的朋友选了这个专业，或者是因为上课的时间对他们有利，或者是因为这些课程容易得高分，或者是因为这个专业有出国交流的机会。也就是说，他们的决策是出于学习最为便利，或工作最轻松，或最有趣。虽然这些决策可能让人得一时之快，但如果它们不能给学生提供未来求职时需要的充分知识和技能，会令人后悔终身。有的专业简单易学，但在就业市场上没有出路。最理想的情况是，你挑选的专业既是你感兴趣的，又能给你必要的技能，帮你在理想的职业道路上找到一份不错的工作。在专业的选择上多花点时间，也是磨刀不误砍柴工。

虽然挑选最佳专业没有固定的公式，有些一般性的指导意见可能是有用的。首先，明确你喜欢和讨厌的学科领域。下面就是学科领域的例子：

- 理科（比如化学或生物）；
- 社会科学（比如社会学或人类学）；
- 商科（比如营销学或管理学）；
- 医疗（比如护理或营养科学）；
- 艺术（比如美术或音乐）。

这样，你可以先把不感兴趣的专业排除掉。对于剩下的学科领域，你可以深入了解关于特定专业的详细信息。在选择你的专业之前可能要做这些事情：

- 阅读专业课程目录；
- 研究不同的职业道路；
- 参加识别兴趣的测验；
- 进行专业间的比较分析；
- 考虑你到底想就业还是继续深造。

接下来的各节讨论这些方法怎样帮助你做出决策。

A.5.1　阅读课程目录

阅读你可能会考虑的专业的课程目录。你在任何高校的宣传册中都能找到课程描述。要注意这些描述可能非常简单。但是，如果你在网上搜索这些课程的教学大纲，就能找到任课教师发布的更多信息。课程的教学大纲可能规定了要求完成的任务或作业，这也有助于你判断这门课程是否符合你的兴趣。

A.5.2　研究可能的职业道路

你可以在网上找到许多关于某个专业的详细信息，甚至可以看看这些专业学生分享的博客。这些网站中有的就会提到这个专业对口的就业方向与岗位。

浏览相关信息要有所取舍

在你阅读这些关于职业前景的信息时，要看看信息的来源。有的信息可能带有一定的误导性。比如说，假设你想知道一个政治科学专业的学生毕业之后可以从事哪方面的工作以及工资水平，有的网站会提供政治科学专业毕业生的工资信息。但是，许多该专业的学生随后会再读一个法律专业。如果网上显示的这个学生的职务和工资水平没有错，但实际上他还拿了一个法律专业，这个结果就有误导性了。许多岗位其实只对法律专业开放，只有政治科学专业的学生根本不可能染指。相同的情况也适用于历史专业、英语专业，以及其他本科专业，所以这些专业的学生毕业后几乎都要再读一个学术或专业的研究生。

🌐 **理财心理**

再讲一个例子，假设你想读戏剧专业。你听说许多知名演员都是戏剧专业毕业的。但是，这并不意味着戏剧专业毕业的所有人都能达到这样的成就和收入。你可能还听说许多知名作家是学新闻专业的。同样的道理，不是所有拿新闻学位的人都能达到这样的成就和收入。要知道，许多历史、政治科学和新闻专业的毕业生求职时并不要求专业对口，因为这些方向的岗位数远少于毕业生人数。也许这不能阻碍你继续追求自己的理想职业，但至少你决定选这个专业前要充分了解这个行当就业的艰难。

A.5.3　根据自测结果的推荐

有些网站提供一些小测试,根据结果推荐你适合就读的专业。在你做出决定前,应该测试一下自己适合哪些专业。

A.5.4　对专业进行比较分析

等你把选择范围限定到几个可能的专业时,你可以对这些专业进行一个比较分析,就像之前对大学进行比较那样。如果这些可能的专业属于同一个学院,那么你读任何一个专业的学杂费都是一样的。图 A-3 比较了就读 X 专业(上表)和 Y 专业(下表)的现金流,你也可以用你考虑的专业对应的数据把它们替换进去。

图 A-3 的例子假设 X 专业的就业前景较好,所以毕业后它的起薪(现金流入)高,之后每年预期的加薪幅度也比较高。Y 专业的就业前景很有限,所以起薪就低。此外,以后的提升机会也少,所以每年预期的工资增幅也比较低。

假设:
- 你已经有一个专科学位
- 如果你开始学习 X 专业或 Y 专业,可以在两年内读完本科,开始全职工作
- 在完成学业前,全日制教育的学费是每年 8 000 美元

就读 X 专业未来六年的现金流预期

(单位:美元)

年	工作产生的年度现金流入	教育产生的年度现金流出	年度净现金流入 = 现金流入 − 流出	累积净现金流
1	0	8 000	−8 000	−8 000
2	0	8 000	−8 000	−16 000
3	36 000	0	36 000	20 000
4	38 000	0	38 000	58 000
5	41 000	0	41 000	99 000
6	46 000	0	46 000	145 000

就读 Y 专业未来六年的现金流预期

(单位:美元)

年	工作产生的年度现金流入	教育产生的年度现金流出	年度净现金流入 = 现金流入 − 流出	累积净现金流
1	0	8 000	−8 000	−8 000
2	0	8 000	−8 000	−16 000
3	25 000	0	25 000	9 000
4	26 000	0	26 000	35 000
5	27 000	0	27 000	62 000
6	28 000	0	28 000	90 000

图 A-3　两个不同专业的净现金流比较

1. 对两种选择的比较

等你完成了表格填制,就可以对结果进行比较。图中测算了未来六年(两年读书,四年工作)的现金流,但你自己可以测算任意时间长短。你可以把六年的结果加总,见表格右下角的数值。图 A-3 显示就读 X 专业明显有更好的“钱”景。六年后,如果选择 X 专业,你的累积现金流达到 145 000 美元;而如果选择 Y 专业,只有 90 000 美元。如果延长分析的时间,选择 X 专业的经济利益还会更明显。

2. 结合非货币因素

这个分析中还没有包括应当考虑的非货币因素。有些人觉得非货币因素（比如对 Y 专业的个人爱好）在选择 Y 专业的决定中发挥的作用更大，哪怕他们知道这对就业非常不利。而另一些人觉得哪怕他们对就读 Y 专业更有兴趣，但他们也找不到自己想从事的工作。所以，还不如选择 X 专业，因为这样至少能保证以后的工作专业对口。另一些人对 X 和 Y 专业的兴趣是相同的，肯定会选择 X 专业，因为它的就业机会更好。此外，它以后提供的现金流更多，让他们不必勒紧裤腰带过日子。

3. 调整分析，如果一个专业的学习时间更长

在比较两个专业的现金流情况时，有可能其中一个专业的需要的学习时间比较长（比如多一年）。这对结果影响很大，因为这意味着选择这个专业，你要推迟一年开始工作。这在图 A-3 中可以表现出来。在这种情况下，你要在第三年加上学杂费，而因为你第三年还不能工作，所以直到第四年才会有现金流入。

A.5.5　继续学习

硕士或博士学位给你更多的知识和技能，让你可以胜任更好的工作。但是，求取这些学位也不是无成本的，所以你要和潜在的收益相权衡。

1. 成本

取得研究生学位的成本不低，所以想读之前要三思。因为不同的项目成本差异很大，所以你可以找一个既能满足自己需要，又比较便宜的项目。要综合考虑学杂费、食宿，以及求学的机会成本。如果你参与的是一个全日制项目，你的机会成本是这段时间如果工作可以赚到的工资。另外，你还不得不放弃一些社交活动。

1. 收益

人们经常读一个硕士或博士学位以提高自己的竞争力。许多工作的岗位要求超过文学学士或理学学士。如果你想提高自己的竞争力，就要确定什么样的学位能让你与众不同。比如说，工程师经常会去读一个工商管理硕士（MBA）而不是工程学硕士，因为读 MBA 能给他们更多的管理技能。这样，学位让他们有能力管理项目和人员。

如果你想读硕或读博，确定你选择的大学能让你的竞争力脱颖而出。有的项目享有全国甚至全球的声誉，而其他的只被当地人认可。

🌐 理财心理

有时候，学生一直到毕业以后才发现只有本科学历在就业市场上是不够的，所以他们接下来还想再拿个某方面的硕士学位。尤其是好学生，更会有这种想法。他们觉得学生的生活很开心，不介意继续读下去。这样的决策让他们感到满足，因为他们愿意继续大学时代的校园生活。然而，这个决策可能会有后遗症，除非它有助于学生在拿到学位后能在相关领域找到一份好工作。总之，读学位只不过让他们拖延了那个关于职业发展方向的重要决策。

如果你的本科专业对找工作帮助不大，在确定还想读相同领域的硕士专业之前一定要认真评估。很有可能这个领域在硕士甚至博士层面的职位都非常少。更何况，拥有这个学位的求职者之间的竞争可能非常激烈，因为他们和你当初一样，也是在读完了本科找不到工作才被迫深造的。这导致了这个领域出现一种非常尴尬的情况，有太多高文凭低能力的人追求可怜巴巴的几个岗位。

除了在原来的领域继续深造，还有一个办法是换个领域去读个更被人才市场认可的第二学历。有的本科学历比研究生更吃香。你还可以参照图 A-1 的方式，对两种继续教育的现金流情况进行分析，看看哪种更可行。在做现金流分析的同时，你也可以引入非货币因素对它加以完善。

A.6　申请人的评价标准

在你求职的时候，你有可能要和许多其他求职者开展竞争。如果能提前了解用人单位的要求，你就有可能在竞争者中脱颖而出。掌握用人单位评价求职者的标准，可以让你知道自己是否符合岗位的要求。

A.6.1　你的求职信

求职信中通常要求提供你的教育背景，比如你毕业的学校以及就读的主修和辅修专业。它也要求你提供以往的就业经历。求职信的用途是确定候选人有足够的知识和经验，能够胜任岗位要求。

A.6.2　你的简历

你的简历中应该提供你的教育背景和工作经历。公司会收到大量求职简历，所以它简洁地呈现出你的技能，有助于你在申请人中脱颖而出。如果已经具备了这份工作要求的技能和培训，制作一份简历不是什么难事。大多数求职网站上都有关于完善简历的内容。你也可以直接把简历发往求职网站。

虽然许多网站上都有简历指南，但要记住没有哪种简历格式适用于所有场合。在给自己制作简历的时候，你的排版要能清晰地展示自己的特长。比如说，如果你以前有过四次不同的工作经历，但只有最近的一次与现在申请，并且想长期从事的职业有关，你应该以较大篇幅描述最近的这份工作。如果你的工作经历集中于一个很小的领域，而且你准备一直从事这个行当，你可以考虑深入描述你的工作经历。这样，当你在其他地方谋求相同的职业时，用人单位就会发现你的技能与其他工作经历广泛的求职者的不同之处。

A.6.3　使用社交媒体

社交媒体运用因特网技术实现交互。你可以使用领英（LinkedIn）之类的社交媒体作为求职与职业发展的工具。社交媒体在许多地方都很有用。

1. 职业学习

你可以在同行分享他们的工作经历时，从他们的见解中学到很多关于你从事领域的知识。如果你对自己的职业感到无聊，也可以借此了解其他你有兴趣尝试的职业。

2. 关系

你可以和以前的同事保持联系，他们可能是你获取其他用人单位或职业相关信息的重要来源。

3. 自我推销

你可以介绍自己当前的职业，包括你的工作背景、技能、特长以及经历等。你也可以提供联系信息，以便潜在的雇主和你联系。

4. 慎重使用社交媒体

在使用社交媒体时，要记住你所做的评论和其他发布的消息都可能被你过去、现在，以及将来可能的雇主看到。你在社交媒体上发布的东西可能被现在或潜在的雇主用来对你不利，如果你：

- 泄露关于现在单位的机密；
- 发表对你单位、领导或同事的负面评价；
- 发表的内容表明你在工作中不遵守纪律。

可能你觉得有些内容是无害的，潜在的用人单位会依照自己的标准，根据申请人在社交媒体发布的内容进行筛选。用人单位可能没空对所有申请人进行全面的评估，所以，根据申请人在社交媒体发布的不恰当信息直接淘汰，是缩小候选人规模的好方法。

A.6.4 你的面试

面试环节有助于用人单位获得额外的信息，比如你怎样与他人互动，以及对特定环境做出的反应。面试会暴露出人们的种种特点，比如

- 你的时间观念；
- 你与他人合作的能力；
- 你的表达能力；
- 你把握重点的能力；
- 你的倾听技巧；
- 你认识自身不足的能力；
- 你接受命令的能力；
- 你发布命令的能力；
- 你作为领袖的能力。

关于怎样应对面试各方面的指导书籍和网站数不胜数，比如衣着、肢体语言、礼仪，甚至还有怎样回答就你在简历中承认的缺点的提问。另一个关于面试的最新信息来源是所在高校的就业指导中心，它可能经常举办关于面试技巧的讲座。

A.6.5 比较录用通知书

在你找工作的时候，最终免不了要对一份或几份录用通知书进行比较。在评价时可以参考以下标准。

1. 薪酬

薪酬很重要，尤其是你要靠自己养活的时候。薪酬决定了你在不借钱的情况下，能够达到的开支水平。它影响你要用多少长时才能还清现有债务，以及在买房买车之类的大额购买时能得到多少融资。但不要只看到起薪。有的工作起薪很低，但以后经常会加薪，所以用不了多久薪酬就很高了。而另一些工作的起薪虽然很高，但加薪和晋职的机会很少。

2. 福利

单位向员工提供非货币的福利，比如医疗服务、养老金补贴、带薪假、托儿所、健身设施，以及进修补助等。

3. 地点

你单位所在的地点决定了你从现在的住处上下班需要多长时间。每天在路上花两个小时就相当于你每天要多加两个小时的班。如果单位很偏僻，要求你必须搬家，还要考虑动迁和生活成本、学校（如果你有孩子），以及在单位所在地的生活质量。当然，还要考虑远离家人和朋友的潜在缺陷，孩子们必须转到其他学校的潜在问题，或者你在搬家前还要把住房卖掉。

A.7　改行

许多人并不知道他们喜欢什么样的职业，直到自己入错了行。有的时候，他们可以利用自己的经验转入一个新职业；而有的时候，他们只能重新接受培训。转变职业最明显的障碍是在特定领域已经投入的大量时间。此外，如果需要重新培训，转换职业的成本也是很高的。尽管如此，如果他们确实发现一个新的职业比现在的更好，就应该认真考虑换工作的问题，但前提是他们首先要对新工作的方方面面有深入的了解。

对任何职业更换的评估一定要实事求是；同样也要清楚自己到底期待什么。你真的会更满意吗？需要多少培训？接受培训期间是否需要脱产？接受培训以后，要多少时间能找到一份新的工作？新的职业工资水平与现在的相比是更高还是更低？有没有进一步发展的机会？有没有更多的职位保障？

自由职业

在人生的某个时刻，你可能会决定离开现在的工作，当个自由职业者。成千上万的人创建了自己的企业，并且过得比当初受雇于一家企业或政府机构时更加满意。但是，不是人人都适合当自由职业者。有的人在职场表现得出类拔萃，但并不擅长自己当家做主。

首先，要创建自己的企业，你需要一个有可能成功的商业计划。一般来说，这需要你提供一种比市场上现有的产品或服务更能吸引消费者的新产品或新服务。你的优势可能是以同类产品更低的价格向市场推出一种新产品，或者是你的产品质量更好。要知道，一旦你把企业推向市场，竞争者会迅速做出调整，所以获取市场占有率比你原先预期的要困难得多。企业要对它的顾客负责。如果它不能让顾客满意，它就无法生存。

A.8　结论

你可以控制自己的职业道路。如果你遵循本附录中的指导意见，你在职业或者事业道路上取得成功的可能性就会增加。但是要记住，你对职业的激情和机遇是会变化的。因此，你的职业规划不应以找到第一份工作为终点，而是要不断与时俱进，甚至可以把退休作为事业的一个新起点。

接下来的几页是你在学习个人理财各方面内容时要完成的任务。

- 评估你的信用
- 职业规划任务
- 租房
- 股市任务
- 对比购物：网上购物和逛商店

B.1 评估你的信用

如果你已经有信用卡了，回答下列关于你如何使用信用卡的问题：

（1）**信用支付**。你每月会刷卡消费多少钱？

（2）**信用卡数量**。你有许多信用卡吗？每张都是必要的吗？有了信用卡以后，你的日常开销增加了吗？

（3）**信用卡和现金**。如果你是使用现金而非刷信用卡，你还会购买现在买的大多数东西吗？刷卡购物时，有没有一种这东西不花钱的错觉？

（4）**还款**。收到信用卡对账单后，你通常会怎么做？你只偿还最低还款额吗？你会还清每月的账单吗？如果你无法还清所有账单费用，是因为你无力偿还，还是因为你想在手头保留更多现金？如果你有了积欠，你打算怎么把它还清？下个月就把它还清，还是下个月先偿还最低还款额？

（5）**信用额度**。想想你可以使用的信用卡信用额度。这个额度有没有限制你的开支？如果额度增加对你有影响吗？那么减少呢？

（6）**获取信用报告**。到联邦贸易委员会网站（http://www.ftc.gov）领取你的免费信用报告。如果你不久前刚刚领取过，只要看看原来那份就可以了，不必再申请一份。注意哪些类型的企业要求过你的信用信息。你的信用报告内容都准确吗？如果不准确，你可以给征信局写信要求他们改正，并且做出说明。

（7）**评估你的信用报告**。你对自己现在的信用评级满意吗？如果不满意，你打算采取什么样的步骤来提高你的信用评级？比如说，你接下来会减少你的债务吗？想知道更多提高信用评级的方法，请参见第 7 章。

B.2 职业规划任务

个人理财规划包括制定收支预算、流动性管理、融资购买、资产保护、投资，以及养老和遗产规划。这些行为都是围绕你的资金展开的。一个相关的任务是职业规划，它决定了你可以赚到多少钱。而且，你的职业决定了你的生活质量。大多数人有他们理想的职业（比如摇滚歌星、职业运动员、影视明星等），但没有花足够多的时间进行一个现实的职业规划。本任务让你有机会了解那些你既有可能，也有兴趣从事的职业。你的导师可能给你提供关于完成本任务更详细的要求和截止日期。

B.2.1 关于职业规划的信息

许多网站会引导你寻找适合你兴趣或技能的职业。这些网站都很大众化，并不针对特定行业。但是，一旦你确定了某个职业，你可以在因特网上搜索关于这个职业的信息。比如说，如果你对医疗有兴趣，你可以搜索关键词"医疗职业"。在医疗的相关职业领域之内，你还可以继续搜索更精确的关键词，比如"护理"或"化验"。

本任务允许你尝试多种不同职业，从中选择一个，然后获取关于这个职业的详细信息。

（1）**职业目标**。你的职业目标是什么？你可以选择一个对学历、培训和经验要求比你现有的更高的职业目标。但是，这个目标应该是你觉得自己可以实现的。也就是说，这个职业要求的文凭是你愿意去争取的。

（2）**职业描述**。怎样描述你选择的职业？要从事这项工作需要哪些条件？如果从事这项工作，你预期每年的收入是多少？

（3）**需要的技能**。要想做好你想从事的工作，需要什么类型的技能？比如说，要做好你选择的工作，你是否需要特别的技术、电脑技能、沟通技巧，或管理技能？

（4）**职业目标的理由**。说明你的职业选择。为什么你喜欢这个职业？从事这个职业要做哪些事情让你觉得有意思？说明如果你接受了必要的培训以后，哪项任务你能做得比其他人更好，并说明理由。

（5）**对职业目标的顾虑**。任何职业都可能包含一些你不想做的任务。你选的这个职业有没有什么任务是你不喜欢的？即使接受了必要的培训以后，有没有哪项任务你不如别人做得好？并说明理由。

（6）**学历背景**。你想从事的职业现在的从业人员一般都是什么学历？

（7）**需要的工作经历**。你想从事的职业一般要求从业人员有什么样的工作经历？你有没有与目标职业相关的任何工作经历？

（8）**完善你的简历**。回顾一下你现有的职业经历。制作一份简历，汇总你现有的工作经历，并且强调它与你的目标职业之间的关系。比如说，如果你的职业目标是从事管理性工作，确保你的简历强调了你管理他人的工作经历，哪怕你并没有经理的头衔。

（9）**实现目标的步骤**。在现有的教育和工作经历条件下，你还需要接受什么层次的教育才能满足目标职业的要求？你需要完成特别的课程吗？你需要某种学位吗？你需要特定的工作经历吗？如果需要，你应当先从事什么工作才能补全对工作经历的要求？并说明理由。

（10）**关于理想职业的结论**。既然你已经研究了理想的职业，你仍然觉得这是你理想的职业吗？还是已经改变了主意？如果你不再认为这是你理想的职业，你认为哪个职业更适合你？

B.3 租房

几乎所有人都在某段时间住在租来的地方。不管是解决短期还是长期的居住问题，对于许多个人家庭来说租户都是一个重要的选项。在本任务中，你要尝试租一次公寓房，并且和其他住房选择进行比较。

（1）在报纸、当地房产中介，或网上信息中选一个可租赁的公寓。写下你选择住在这个地方的原因。在进行选择时，你要考虑它到你单位或学校的距离；家人或朋友是不是住在附近；周边的公共交通和停车位，等等。你可能还会对周围的邻居、绿化，以及其他吸引你的特点有自己的要求。

（2）你可以从当地报纸、附近房产中介，或因特网上找到关于公寓房的详细信息。

1）确定住在这个出租公寓的每月生活成本。

每月房租 _____

公用事业费（电话、天然气、电、因特网等）_____

停车费 _____

租户保险费 _____

其他必须缴纳的费用 _____

其他可选的费用 _____

2）确定搬迁到这个出租公寓的成本。

中介费 _____

房屋押金 _____

公用设施押金 _____

保洁费 _____

其他费用 _____

搬家费（租卡车、油费等）_____

3）确定搬离原住处的成本。

保洁费 _____

地毯清洗费 _____

其他费用 _____

（3）上网，下载一张标准租房合同。阅读租房合同中规定的你的权利和责任。阅读租房合同中规定的房东的权利和责任。

你的租房合同中应该有几条重要的规定，比如：

- 如果你决定搬走，你的租房押金会怎么处理？它会退还给你还是会被房东用来支付其他成本？
- 如果你违反租房合同会怎么样？
- 有没有关于分租或转租的政策？
- 还有哪些限制性规定（关于宠物，等等）？

（4）查询你所在州关于租房的法规。有些州的法规对房东有利，而有些州则对房客有利。你怎么看待所在州的相关法规？在查询过程中，有没有哪项关于物业租赁的规定最令你感到惊讶？

（5）租赁一处公寓只是租房的一种选择。你可能觉得给自己或家庭租一套住宅是更好的选择。你租赁哪种类型的住房，最主要的影响因素有哪些？怎样对租公寓和租住宅进行比较？

大多数大学给学生提供校内宿舍。你可以上网查询大学宿舍的相关信息。对大学宿舍管理规则和标准公寓房租赁合同进行比较。它们有哪些相似之处？又有哪些区别？

B.4　股市任务

本任务让你可以增长投资决策的经验，这也是个人理财规划中一个非常关键的部分。假设你有 10 000 美元可以投资，你将学习怎样监控你的股票投资组合以及衡量你的投资业绩。你也会学到影响股票业绩的因素。

B.4.1　获取股票价格和分红信息

你可以访问雅虎财经。每只股票都有一个代码。比如说，微软的代码是 MSFT。你在搜索框中输入你要找的股票的代码，然后按搜索键。然后就能看到想找的股票的报价，以及其他财务信息。要注意，如果这只股票派发红利，上季度的分红情况也和其他财务数据列在一起。雅虎财经上报的红利反映股票每季度的分红。

B.4.2　输入股票信息

（1）你想投资的股票名称 _____

（2）股票代码 _____

（3）买入时的价格 _____ 美元每股

（4）购买的股票数量 _____ 股

（5）每季度每股分红 _____ 美元每股

你的任课教师可能会要求你在开学时提交相关信息。

B.4.3　确定你在这个学期的利润

期末前，你可以确定这个学期从投资的这只股票中获得的利润或亏损。

（6）任课教师指定日期的价格 _____ 美元每股

（7）期末前股票价值合计。计算方法为购买的股票数量（4）乘以任课教师指定日期的每股价格（6） _____ 美元每股

（8）股票红利合计。计算方法为每股分红（5）乘以股票数量（4） _____ 美元

（9）期末前股票投资折现。（7）+（8） _____

（10）投资收益率 =（投资折现（9）- 10 000）÷ 10 000 _____ %

你的任课教师可能会要求你与班里的其他同学比较投资结果。

B.4.4　将你的股票与大盘进行比较

访问雅虎财经，然后把你的股票输入报价搜索栏。衡量股市行情好坏的一个常用指标是标准普尔 500 指数。在股票的行情走势图上方选择 3 个月，你就得到了最近 3 个月股票的价格走势。然后再选择走势图上方的" S&P500"框，图中就会同时出现你的股票和标准普尔 500 指数 3 个月的走势。这样，你就可以对比你的股票业绩和大盘的整体表现。你的股票在这个学期的大多数时间走势和大盘基本保持一致吗？还是跑赢或跑输了大盘？

B.4.5　小组任务

如果把学生分成若干小组，每个组可以确定他们的平均投资收益率，然后和其他小组进行对比。

B.5 对比购物：网上购物和逛商店

今天的消费者要买东西，可以有很多选择。在线商务，或者在线购物，不断增长，是本地零售商的强有力的竞争对手。对于许多消费者来说，即使他们不在网上购物，因特网仍然是一个重要的商品信息来源。在线搜索让消费者可以比较商品的特点、价格、是否有货等情况，与逛商店相比可以节省不少时间和精力。本任务让你领略在线购物与线下购物的优缺点。

（1）选择一件你想购买的商品。打听你能获取关于这件商品的可靠的在线信息来源和本地信息来源。记住，仅仅被印刷出来或者发布在网上并不意味着信息是真实的。

（2）了解有这件商品出售的在线卖家和当地商户。一般来说，网购的一个大问题是卖家的信誉，因为这个卖家可能在任何地方，交易出了问题也很难找到他。大多数情况下，买家对于在线卖家的了解非常有限，除非它是一家知名企业。但是，当地商户也可能有信誉风险，尤其是那些新开张的小型、单一网点企业。

（3）对比在线交易和去实体店购买的成本。罗列与在线购买相关的成本，比如运输和交接、延迟到货的可能性、退货手续费、网站会员费，等等。罗列与在本地实体店购买相关的成本，比如交通（车费／油费）、时间、退货手续费、会员费、销售税，等等。

（4）比较在线购买和在实体店购买的好处。它们可能包括时间、个人接触、可以提问，等等。

（5）在线购买毫无疑问对当地政府和商家构成了冲击。准备一份关于在当地开展网购的短期和长期成本与收益的报告。

选项 1：就网购对当地税收收入或销售税的影响这一话题，采访一位当地商会代表或州政府官员。网购对当地的就业人数，或者对政府财政收入有什么影响？

选项 2：研究一个你追踪的企业（比如你上班或购物的地方）。它在电商竞争者的攻势下节节后退，还是已经积极触网以讨好消费者？

选项 3：开展一次因特网调研，研究你所在的州对网售的政策和可能流失的税收。它是否试图挽回网售造成的一部分损失？

附录C 财务表格

表 C-1　终值系数表　$FV = PV \times FVIF_{i,n}$

期数	1%	2%	3%	4%	5%	6%	7%	8%	9%	10%	11%	12%	13%	14%	15%	16%	17%	18%	19%	20%
1	1.010	1.020	1.030	1.040	1.050	1.060	1.070	1.080	1.090	1.100	1.110	1.120	1.130	1.140	1.150	1.160	1.170	1.180	1.190	1.200
2	1.020	1.040	1.061	1.082	1.102	1.124	1.145	1.166	1.188	1.210	1.232	1.254	1.277	1.300	1.322	1.346	1.369	1.392	1.416	1.440
3	1.030	1.061	1.093	1.125	1.158	1.191	1.225	1.260	1.295	1.331	1.368	1.405	1.443	1.482	1.521	1.561	1.602	1.643	1.685	1.728
4	1.041	1.082	1.126	1.170	1.216	1.262	1.311	1.360	1.412	1.464	1.518	1.574	1.630	1.689	1.749	1.811	1.874	1.939	2.005	2.074
5	1.051	1.104	1.159	1.217	1.276	1.338	1.403	1.469	1.539	1.611	1.685	1.762	1.842	1.925	2.011	2.100	2.192	2.288	2.386	2.488
6	1.062	1.126	1.194	1.265	1.340	1.419	1.501	1.587	1.677	1.772	1.870	1.974	2.082	2.195	2.313	2.436	2.565	2.700	2.840	2.986
7	1.072	1.149	1.230	1.316	1.407	1.504	1.606	1.741	1.828	1.949	2.076	2.211	2.353	2.502	2.660	2.826	3.001	3.185	3.379	3.583
8	1.083	1.172	1.267	1.369	1.477	1.594	1.718	1.851	1.993	2.144	2.305	2.476	2.658	2.853	3.059	3.278	3.511	3.759	4.021	4.300
9	1.094	1.195	1.305	1.423	1.551	1.689	1.838	1.999	2.172	2.358	2.558	2.773	3.004	3.252	3.518	3.803	4.108	4.435	4.785	5.160
10	1.105	1.219	1.344	1.480	1.629	1.791	1.967	2.159	2.367	2.594	2.839	3.106	3.395	3.707	4.046	4.411	4.807	5.234	5.695	6.192
11	1.116	1.243	1.384	1.539	1.710	1.898	2.105	2.332	2.580	2.853	3.152	3.479	3.836	4.226	4.652	5.117	5.624	6.176	6.777	7.430
12	1.127	1.268	1.426	1.601	1.796	2.012	2.252	2.518	2.813	3.138	3.498	3.896	4.334	4.818	5.350	5.936	6.580	7.288	8.064	8.916
13	1.138	1.294	1.469	1.665	1.886	2.133	2.410	2.720	3.066	3.452	3.883	4.363	4.898	5.492	6.153	6.886	7.699	8.599	9.596	10.699
14	1.149	1.319	1.513	1.732	1.980	2.261	2.579	2.937	3.342	3.797	4.310	4.887	5.535	6.261	7.076	7.987	9.007	10.147	11.420	12.839
15	1.161	1.346	1.558	1.801	2.079	2.397	2.759	3.172	3.642	4.177	4.785	5.474	6.254	7.138	8.137	9.265	10.539	11.974	13.589	15.407
16	1.173	1.373	1.605	1.873	2.183	2.540	2.952	3.426	3.970	4.595	5.311	6.130	7.067	8.137	9.358	10.748	12.330	14.129	16.171	18.488
17	1.184	1.400	1.653	1.948	2.292	2.693	3.159	3.700	4.328	5.054	5.895	6.866	7.986	9.276	10.761	12.468	14.426	16.672	19.244	22.186
18	1.196	1.428	1.702	2.026	2.407	2.854	3.380	3.996	4.717	5.560	6.543	7.690	9.024	10.575	12.375	14.462	16.879	19.673	22.900	26.623
19	1.208	1.457	1.753	2.107	2.527	3.026	3.616	4.316	5.142	6.116	7.263	8.613	10.197	12.055	14.232	16.776	19.748	23.214	27.251	31.948
20	1.220	1.486	1.806	2.191	2.653	3.207	3.870	4.661	5.604	6.727	8.062	9.646	11.523	13.743	16.366	19.461	23.105	27.393	32.429	38.337
21	1.232	1.516	1.860	2.279	2.786	3.399	4.140	5.034	6.109	7.400	8.949	10.804	13.021	15.667	18.821	22.574	27.033	32.323	38.591	46.005
22	1.245	1.546	1.916	2.370	2.925	3.603	4.430	5.436	6.658	8.140	9.933	12.100	14.713	17.861	21.644	26.186	31.629	38.141	45.923	55.205
23	1.257	1.577	1.974	2.465	3.071	3.820	4.740	5.871	7.258	8.954	11.026	13.552	16.626	20.361	24.891	30.376	37.005	45.007	54.648	66.247
24	1.270	1.608	2.033	2.563	3.225	4.049	5.072	6.341	7.911	9.850	12.239	15.178	18.788	23.212	28.625	35.236	43.296	53.108	65.031	79.496
25	1.282	1.641	2.094	2.666	3.386	4.292	5.427	6.848	8.623	10.834	13.585	17.000	21.230	26.461	32.918	40.874	50.656	62.667	77.387	95.395
30	1.348	1.811	2.427	3.243	4.322	5.743	7.612	10.062	13.267	17.449	22.892	29.960	39.115	50.949	66.210	85.849	111.061	14.367	184.672	237.373
35	1.417	2.000	2.814	3.946	5.516	7.686	10.676	14.785	20.413	28.102	38.574	52.799	72.066	98.097	133.172	180.311	243.495	327.988	440.691	590.657
40	1.489	2.208	3.262	4.801	7.040	10.285	14.974	21.724	31.408	45.258	64.999	93.049	132.776	188.876	267.856	378.715	533.846	750.353	1 051.642	1 469.740
45	1.565	2.438	3.781	5.841	8.985	13.764	21.002	31.920	48.325	72.888	109.527	163.985	244.629	363.662	538.752	795.429	1 170.425	1 716.619	2 509.583	3 657.176
50	1.645	2.691	4.384	7.106	11.467	18.419	29.456	46.900	74.354	117.386	184.559	288.996	450.711	700.197	1 083.619	1 670.669	2 566.080	3 927.189	5 988.730	9 100.191

期数	21%	22%	23%	24%	25%	26%	27%	28%	29%	30%	31%	32%	33%	34%	35%	40%	45%	50%
1	1.210	1.220	1.230	1.240	1.250	1.260	1.270	1.280	1.290	1.300	1.310	1.320	1.330	1.340	1.350	1.400	1.450	1.500
2	1.464	1.488	1.513	1.538	1.562	1.588	1.613	1.638	1.664	1.690	1.716	1.742	1.769	1.796	1.822	1.960	2.102	2.250
3	1.772	1.816	1.861	1.907	1.953	2.000	2.048	2.097	2.147	2.197	2.248	2.300	2.353	2.406	2.460	2.744	3.049	3.375
4	2.144	2.215	2.289	2.364	2.441	2.520	2.601	2.684	2.769	2.856	2.945	3.036	3.129	3.224	3.321	3.842	4.421	5.063
5	2.594	2.703	2.815	2.932	3.052	3.176	3.304	3.436	3.572	3.713	3.858	4.007	4.162	4.320	4.484	5.378	6.410	7.594
6	3.138	3.297	3.463	3.635	3.815	4.001	4.196	4.398	4.608	4.827	5.054	5.290	5.535	5.789	6.053	7.530	9.294	11.391
7	3.797	4.023	4.259	4.508	4.768	5.042	5.329	5.629	5.954	6.275	6.621	6.983	7.361	7.758	8.172	10.541	13.476	17.086
8	4.595	4.908	5.239	5.589	5.960	6.353	6.767	7.206	7.669	8.157	8.673	9.217	9.791	10.395	11.032	14.758	19.541	25.629
9	5.560	5.987	6.444	6.931	7.451	8.004	8.595	9.223	9.893	10.604	11.362	12.166	13.022	13.930	14.894	20.661	28.334	38.443
10	6.727	7.305	7.926	8.594	9.313	10.086	10.915	11.806	12.761	13.786	14.884	16.060	17.319	18.666	20.106	28.925	41.085	57.665
11	8.140	8.912	9.749	10.657	11.642	12.708	13.862	15.112	16.462	17.921	19.498	21.199	23.034	25.012	27.144	40.495	59.573	86.498
12	9.850	10.872	11.991	13.215	14.552	16.012	17.605	19.343	21.236	23.298	25.542	27.982	30.635	33.516	36.644	56.694	86.380	129.746
13	11.918	13.264	14.749	16.386	18.190	20.175	22.359	24.759	27.395	30.287	33.460	36.937	40.745	44.912	49.469	79.371	125.251	194.620
14	14.421	16.182	18.141	20.319	22.737	25.420	28.395	31.691	35.339	39.373	43.832	48.756	54.190	60.181	66.784	111.119	181.614	291.929
15	17.449	19.742	22.314	25.195	28.422	32.030	36.062	40.565	45.587	51.185	57.420	64.358	72.073	80.643	90.158	155.567	263.341	437.894
16	21.113	24.085	27.446	31.242	35.527	40.357	45.799	51.923	58.808	66.541	75.220	84.953	95.857	108.061	121.713	217.793	381.844	656.841
17	25.547	29.384	33.758	38.740	44.409	50.850	58.165	66.461	75.562	86.503	98.539	112.138	127.490	144.802	164.312	304.911	553.674	985.261
18	30.912	35.848	41.523	48.038	55.511	64.071	73.869	85.070	97.862	112.454	129.086	148.022	169.561	194.035	221.822	426.875	802.826	1 477.892
19	37.404	43.735	51.073	59.567	69.389	80.730	93.813	108.890	126.242	146.190	169.102	195.389	225.517	260.006	299.459	597.625	1 164.098	2 216.838
20	45.258	53.357	62.820	73.863	86.736	101.720	119.143	139.379	162.852	190.047	221.523	257.913	299.937	348.408	404.270	836.674	1 687.942	3 325.257
21	54.762	65.095	77.268	91.591	108.420	128.167	151.312	178.405	210.079	247.061	290.196	340.446	398.916	466.867	545.764	1 171.343	2 447.515	4 987.883
22	66.262	79.416	95.040	113.572	135.525	161.490	192.165	228.358	271.002	321.178	380.156	449.388	530.558	625.601	736.781	1 639.878	3 548.896	7 481.824
23	80.178	96.887	116.899	140.829	169.407	203.477	244.050	292.298	349.592	417.531	498.004	593.192	705.642	838.305	994.653	2 295.829	5 145.898	11 222.738
24	97.015	118.203	141.786	174.628	211.758	256.381	309.943	374.141	450.974	542.791	652.385	783.013	938.504	1 123.328	1 342.781	3 214.158	7 461.547	16 834.109
25	117.388	144.207	176.857	216.539	264.698	323.040	393.628	478.901	581.756	705.627	854.623	1 033.577	1 248.210	1 505.258	1 812.754	4 499.816	10 819.242	25 251.164
30	304.471	389.748	497.904	634.810	807.793	1 025.904	1 300.477	1 645.488	2 078.208	2 619.936	3 297.081	4 142.008	5 194.516	6 503.285	8 128.426	24 201.043	69 348.375	191 751.000
35	789.716	1 053.370	1 401.749	1 861.020	2 465.189	3 258.053	4 296.547	5 653.840	7 423.988	9 727.598	12 719.918	16 598.906	21 617.363	28 096.695	36 448.051	130 161.875	*	*
40	2 048.309	2 846.941	3 946.340	5 455.797	7 523.156	10 346.879	14 195.051	19 426.418	26 520.723	36 117.754	49 072.621	66 519.313	89 962.188	121 388.437	163 433.875	700 022.688	*	*
45	5 312.758	7 694.418	11 110.121	15 994.316	22 958.844	32 859.457	46 897.973	66 748.500	94 739.937	134 102.187	*	*	*	*	*	*	*	*
50	13 779.844	20 795.680	31 278.301	46 889.207	70 064.812	104 354.562	154 942.687	229 345.875	338 440.000	497 910.125	*	*	*	*	*	*	*	*

注：标 * 处因空间有限而省略。

表 C-2 现值系数表 $PV = FV \times PVIF_{i,n}$

期数	1%	2%	3%	4%	5%	6%	7%	8%	9%	10%	11%	12%	13%	14%	15%	16%	17%	18%	19%	20%
1	0.990	0.980	0.971	0.962	0.952	0.943	0.935	0.926	0.917	0.909	0.901	0.893	0.885	0.877	0.870	0.862	0.855	0.847	0.840	0.833
2	0.980	0.961	0.943	0.925	0.907	0.890	0.873	0.857	0.842	0.826	0.812	0.797	0.783	0.769	0.756	0.743	0.731	0.718	0.706	0.694
3	0.971	0.942	0.915	0.889	0.864	0.840	0.816	0.794	0.772	0.751	0.731	0.712	0.693	0.675	0.658	0.641	0.624	0.609	0.593	0.579
4	0.961	0.924	0.888	0.855	0.823	0.792	0.763	0.735	0.708	0.683	0.659	0.636	0.613	0.592	0.572	0.552	0.534	0.516	0.499	0.482
5	0.951	0.906	0.863	0.822	0.784	0.747	0.713	0.681	0.650	0.621	0.593	0.567	0.543	0.519	0.497	0.476	0.456	0.437	0.419	0.402
6	0.942	0.888	0.837	0.790	0.746	0.705	0.666	0.630	0.596	0.564	0.535	0.507	0.480	0.456	0.432	0.410	0.390	0.370	0.352	0.335
7	0.933	0.871	0.813	0.760	0.711	0.665	0.623	0.583	0.547	0.513	0.482	0.452	0.425	0.400	0.376	0.354	0.333	0.314	0.296	0.279
8	0.923	0.853	0.789	0.731	0.677	0.627	0.582	0.540	0.502	0.467	0.434	0.404	0.376	0.351	0.327	0.305	0.285	0.266	0.249	0.233
9	0.914	0.837	0.766	0.703	0.645	0.592	0.544	0.500	0.460	0.424	0.391	0.361	0.333	0.308	0.284	0.263	0.243	0.225	0.209	0.194
10	0.905	0.820	0.744	0.676	0.614	0.558	0.508	0.463	0.422	0.386	0.352	0.322	0.295	0.270	0.247	0.227	0.208	0.191	0.176	0.162
11	0.896	0.804	0.722	0.650	0.585	0.527	0.475	0.429	0.388	0.350	0.317	0.287	0.261	0.237	0.215	0.195	0.178	0.162	0.148	0.135
12	0.887	0.789	0.701	0.625	0.557	0.497	0.444	0.397	0.356	0.319	0.286	0.257	0.231	0.208	0.187	0.168	0.152	0.137	0.124	0.112
13	0.879	0.773	0.681	0.601	0.530	0.469	0.415	0.368	0.326	0.290	0.258	0.229	0.204	0.182	0.163	0.145	0.130	0.116	0.104	0.093
14	0.870	0.758	0.661	0.577	0.505	0.442	0.388	0.340	0.299	0.263	0.232	0.205	0.181	0.160	0.141	0.125	0.111	0.099	0.088	0.078
15	0.861	0.743	0.642	0.555	0.481	0.417	0.362	0.315	0.275	0.239	0.209	0.183	0.160	0.140	0.123	0.108	0.095	0.084	0.074	0.065
16	0.853	0.728	0.623	0.534	0.458	0.394	0.339	0.292	0.252	0.218	0.188	0.163	0.141	0.123	0.107	0.093	0.081	0.071	0.062	0.054
17	0.844	0.714	0.605	0.513	0.436	0.371	0.317	0.270	0.231	0.198	0.170	0.146	0.125	0.108	0.093	0.080	0.069	0.060	0.052	0.045
18	0.836	0.700	0.587	0.494	0.416	0.350	0.296	0.250	0.212	0.180	0.153	0.130	0.111	0.095	0.081	0.069	0.059	0.051	0.044	0.038
19	0.828	0.686	0.570	0.475	0.396	0.331	0.277	0.232	0.194	0.164	0.138	0.116	0.098	0.083	0.070	0.060	0.051	0.043	0.037	0.031
20	0.820	0.673	0.554	0.456	0.377	0.312	0.258	0.215	0.178	0.149	0.124	0.104	0.087	0.073	0.061	0.051	0.043	0.037	0.031	0.026
21	0.811	0.660	0.538	0.439	0.359	0.294	0.242	0.199	0.164	0.135	0.112	0.093	0.077	0.064	0.053	0.044	0.037	0.031	0.026	0.022
22	0.803	0.647	0.522	0.422	0.342	0.278	0.226	0.184	0.150	0.123	0.101	0.083	0.068	0.056	0.046	0.038	0.032	0.026	0.022	0.018
23	0.795	0.634	0.507	0.406	0.326	0.262	0.211	0.170	0.138	0.112	0.091	0.074	0.060	0.049	0.040	0.033	0.027	0.022	0.018	0.015
24	0.788	0.622	0.492	0.390	0.310	0.247	0.197	0.158	0.126	0.102	0.082	0.066	0.053	0.043	0.035	0.028	0.023	0.019	0.015	0.013
25	0.780	0.610	0.478	0.375	0.295	0.233	0.184	0.146	0.116	0.092	0.074	0.059	0.047	0.038	0.030	0.024	0.020	0.016	0.013	0.010
30	0.742	0.552	0.412	0.308	0.231	0.174	0.131	0.099	0.075	0.057	0.044	0.033	0.026	0.020	0.015	0.012	0.009	0.007	0.005	0.004
35	0.706	0.500	0.355	0.253	0.181	0.130	0.094	0.068	0.049	0.036	0.026	0.019	0.014	0.010	0.008	0.006	0.004	0.003	0.002	0.002
40	0.672	0.453	0.307	0.208	0.142	0.097	0.067	0.046	0.032	0.022	0.015	0.011	0.008	0.005	0.004	0.003	0.002	0.001	0.001	0.001
45	0.639	0.410	0.264	0.171	0.111	0.073	0.048	0.031	0.021	0.014	0.009	0.006	0.004	0.003	0.002	0.001	0.001	0.001	*	*
50	0.608	0.372	0.228	0.141	0.087	0.054	0.034	0.021	0.013	0.009	0.005	0.003	0.002	0.001	0.001	0.001	*	*	*	*

注：标 * 处因空间有限而省略。

期数	21%	22%	23%	24%	25%	26%	27%	28%	29%	30%	31%	32%	33%	34%	35%	40%	45%	50%
1	0.826	0.820	0.813	0.806	0.800	0.794	0.787	0.781	0.775	0.769	0.763	0.758	0.752	0.746	0.741	0.714	0.690	0.667
2	0.683	0.672	0.661	0.650	0.640	0.630	0.620	0.610	0.601	0.592	0.583	0.574	0.565	0.557	0.549	0.510	0.476	0.444
3	0.564	0.551	0.537	0.524	0.512	0.500	0.488	0.477	0.466	0.455	0.445	0.435	0.425	0.416	0.406	0.364	0.328	0.296
4	0.467	0.451	0.437	0.423	0.410	0.397	0.384	0.373	0.361	0.350	0.340	0.329	0.320	0.310	0.301	0.260	0.226	0.198
5	0.386	0.370	0.355	0.341	0.328	0.315	0.303	0.291	0.280	0.269	0.259	0.250	0.240	0.231	0.223	0.186	0.156	0.132
6	0.319	0.303	0.289	0.275	0.262	0.250	0.238	0.227	0.217	0.207	0.198	0.189	0.181	0.173	0.165	0.133	0.108	0.088
7	0.263	0.249	0.235	0.222	0.210	0.198	0.188	0.178	0.168	0.159	0.151	0.143	0.136	0.129	0.122	0.095	0.074	0.059
8	0.218	0.204	0.191	0.179	0.168	0.157	0.148	0.139	0.130	0.123	0.115	0.108	0.102	0.096	0.091	0.068	0.051	0.039
9	0.180	0.167	0.155	0.144	0.134	0.125	0.116	0.108	0.101	0.094	0.088	0.082	0.077	0.072	0.067	0.048	0.035	0.026
10	0.149	0.137	0.126	0.116	0.107	0.099	0.092	0.085	0.078	0.073	0.067	0.062	0.058	0.054	0.050	0.035	0.024	0.017
11	0.123	0.112	0.103	0.094	0.086	0.079	0.072	0.066	0.061	0.056	0.051	0.047	0.043	0.040	0.037	0.025	0.017	0.012
12	0.102	0.092	0.083	0.076	0.069	0.062	0.057	0.052	0.047	0.043	0.039	0.036	0.033	0.030	0.027	0.018	0.012	0.008
13	0.084	0.075	0.068	0.061	0.055	0.050	0.045	0.040	0.037	0.033	0.030	0.027	0.025	0.022	0.020	0.013	0.008	0.005
14	0.069	0.062	0.055	0.049	0.044	0.039	0.035	0.032	0.028	0.025	0.023	0.021	0.018	0.017	0.015	0.009	0.006	0.003
15	0.057	0.051	0.045	0.040	0.035	0.031	0.028	0.025	0.022	0.020	0.017	0.016	0.014	0.012	0.011	0.006	0.004	0.002
16	0.047	0.042	0.036	0.032	0.028	0.025	0.022	0.019	0.017	0.015	0.013	0.012	0.010	0.009	0.008	0.005	0.003	0.002
17	0.039	0.034	0.030	0.026	0.023	0.020	0.017	0.015	0.013	0.012	0.010	0.009	0.008	0.007	0.006	0.003	0.002	0.001
18	0.032	0.028	0.024	0.021	0.018	0.016	0.014	0.012	0.010	0.009	0.008	0.007	0.006	0.005	0.005	0.002	0.001	0.001
19	0.027	0.023	0.020	0.017	0.014	0.012	0.011	0.009	0.008	0.007	0.006	0.005	0.004	0.004	0.003	0.002	0.001	*
20	0.022	0.019	0.016	0.014	0.012	0.010	0.008	0.007	0.006	0.005	0.005	0.004	0.003	0.003	0.002	0.001	0.001	*
21	0.018	0.015	0.013	0.011	0.009	0.008	0.007	0.006	0.005	0.004	0.003	0.003	0.003	0.002	0.002	0.001	*	*
22	0.015	0.013	0.011	0.009	0.007	0.006	0.005	0.004	0.004	0.003	0.003	0.002	0.002	0.002	0.001	0.001	*	*
23	0.012	0.010	0.009	0.007	0.006	0.005	0.004	0.003	0.003	0.002	0.002	0.002	0.001	0.001	0.001	*	*	*
24	0.010	0.008	0.007	0.006	0.005	0.004	0.003	0.003	0.002	0.002	0.001	0.001	0.001	0.001	0.001	*	*	*
25	0.009	0.007	0.006	0.005	0.004	0.003	0.003	0.002	0.002	0.001	0.001	0.001	0.001	*	*	*	*	*
30	0.003	0.003	0.002	0.002	0.001	0.001	0.001	0.001	*	*	*	*	*	*	*	*	*	*
35	0.001	0.001	0.001	0.001	*	*	*	*	*	*	*	*	*	*	*	*	*	*
40	*	*	*	*	*	*	*	*	*	*	*	*	*	*	*	*	*	*
45	*	*	*	*	*	*	*	*	*	*	*	*	*	*	*	*	*	*
50	*	*	*	*	*	*	*	*	*	*	*	*	*	*	*	*	*	*

注：PVIF 保留三位小数。

表 C-3　年金终值系数表 $FVA = PMT \times FVIFA_{i,n}$

期数	1%	2%	3%	4%	5%	6%	7%	8%	9%	10%	11%	12%	13%	14%	15%	16%	17%	18%	19%	20%
1	1.000	1.000	1.000	1.000	1.000	1.000	1.000	1.000	1.000	1.000	1.000	1.000	1.000	1.000	1.000	1.000	1.000	1.000	1.000	1.000
2	2.010	2.020	2.030	2.040	2.050	2.060	2.070	2.080	2.090	2.100	2.110	2.120	2.130	2.140	2.150	2.160	2.170	2.180	2.190	2.200
3	3.030	3.060	3.091	3.122	3.152	3.184	3.215	3.246	3.278	3.310	3.342	3.374	3.407	3.440	3.472	3.506	3.539	3.572	3.606	3.640
4	4.060	4.122	4.184	4.246	4.310	4.375	4.440	4.506	4.573	4.641	4.710	4.779	4.850	4.921	4.993	5.066	5.141	5.215	5.291	5.368
5	5.101	5.204	5.309	5.416	5.526	5.637	5.751	5.867	5.985	6.105	6.228	6.353	6.480	6.610	6.742	6.877	7.014	7.154	7.297	7.442
6	6.152	6.308	6.468	6.633	6.802	6.975	7.153	7.336	7.523	7.716	7.913	8.115	8.323	8.535	8.754	8.977	9.207	9.442	9.683	9.930
7	7.214	7.434	7.662	7.898	8.142	8.394	8.654	8.923	9.200	9.487	9.783	10.089	10.405	10.730	11.067	11.414	11.772	12.141	12.523	12.916
8	8.286	8.583	8.892	9.214	9.549	9.897	10.260	10.637	11.028	11.436	11.859	12.300	12.757	13.233	13.727	14.240	14.773	15.327	15.902	16.499
9	9.368	9.755	10.159	10.583	11.027	11.491	11.978	12.488	13.021	13.579	14.164	14.776	15.416	16.085	16.786	17.518	18.285	19.086	19.923	20.799
10	10.462	10.950	11.464	12.006	12.578	13.181	13.816	14.487	15.193	15.937	16.722	17.549	18.420	19.337	20.304	21.321	22.393	23.521	24.709	25.959
11	11.567	12.169	12.808	13.486	14.207	14.972	15.784	16.645	17.560	18.531	19.561	20.655	21.814	23.044	24.349	25.733	27.200	28.755	30.403	32.150
12	12.682	13.412	14.192	15.026	15.917	16.870	17.888	18.977	20.141	21.384	22.713	24.133	25.650	27.271	29.001	30.850	32.824	34.931	37.180	39.580
13	13.809	14.680	15.618	16.627	17.713	18.882	20.141	21.495	22.953	24.523	26.211	28.029	29.984	32.088	34.352	36.786	39.404	42.218	45.244	48.496
14	14.947	15.974	17.086	18.292	19.598	21.015	22.550	24.215	26.019	27.975	30.095	32.392	34.882	37.581	40.504	43.672	47.102	50.818	54.841	59.196
15	16.097	17.293	18.599	20.023	21.578	23.276	25.129	27.152	29.361	31.772	34.405	37.280	40.417	43.842	47.580	51.659	56.109	60.965	66.260	72.035
16	17.258	18.639	20.157	21.824	23.657	25.672	27.888	30.324	33.003	35.949	39.190	42.753	46.671	50.980	55.717	60.925	66.648	72.938	79.850	87.442
17	18.430	20.012	21.761	23.697	25.840	28.213	30.840	33.750	36.973	40.544	44.500	48.883	53.738	59.117	65.075	71.673	78.978	87.067	96.021	105.930
18	19.614	21.412	23.414	25.645	28.132	30.905	33.999	37.450	41.301	45.599	50.396	55.749	61.724	68.393	75.836	84.140	93.404	103.739	115.265	128.116
19	20.811	22.840	25.117	27.671	30.539	33.760	37.379	41.446	46.018	51.158	56.939	63.439	70.748	78.968	88.211	98.603	110.283	123.412	138.165	154.739
20	22.019	24.297	26.870	29.778	33.066	36.785	40.995	45.762	51.159	57.274	64.202	72.052	80.946	91.024	102.443	115.379	130.031	146.626	165.417	186.687
21	23.239	25.783	28.676	31.969	35.719	39.992	44.865	50.422	56.764	64.002	72.264	81.698	92.468	104.767	118.809	134.840	153.136	174.019	197.846	225.024
22	24.471	27.299	30.536	34.248	38.505	43.392	49.005	55.456	62.872	71.402	81.213	92.502	105.489	120.434	137.630	157.414	180.169	206.342	236.436	271.028
23	25.716	28.845	32.452	36.618	41.430	46.995	53.435	60.893	69.531	79.542	91.147	104.602	120.203	138.295	159.274	183.600	211.798	244.483	282.359	326.234
24	26.973	30.421	34.426	39.082	44.501	50.815	58.176	66.764	76.789	88.496	102.173	118.154	136.829	158.656	184.166	213.976	248.803	289.490	337.007	392.480
25	28.243	32.030	36.459	41.645	47.726	54.864	63.248	73.105	84.699	98.346	114.412	133.333	155.616	181.867	212.790	249.212	292.099	342.598	402.038	471.976
30	34.784	40.567	47.575	56.084	66.438	79.057	94.459	113.282	136.305	164.491	199.018	241.330	293.192	356.778	434.738	530.306	647.423	790.932	966.698	1181.865
35	41.659	49.994	60.461	73.651	90.318	111.432	138.234	172.314	215.705	271.018	341.583	431.658	546.663	693.552	881.152	1120.699	1426.448	1816.607	2314.193	2948.294
40	48.885	60.401	75.400	95.024	120.797	154.758	199.630	259.052	337.872	442.580	581.812	767.080	1 013.667	1 341.979	1779.048	2360.724	3134.412	4163.094	5529.711	7343.715
45	56.479	71.891	92.718	121.027	159.695	212.737	285.741	386.497	525.840	718.881	986.613	1 358.208	1 874.086	2 590.464	3585.031	4965.191	6879.008	9531.258	13203.105	18280.914
50	64.461	84.577	112.794	152.664	209.341	290.325	406.516	573.756	815.051	1 163.865	1 668.723	2 399.975	3 459.344	4 994.301	7217.488	10435.449	15088.805	21812.273	31514.492	45496.094

（续）

期数	21%	22%	23%	24%	25%	26%	27%	28%	29%	30%	31%	32%	33%	34%	35%	40%	45%	50%
1	1.000	1.000	1.000	1.000	1.000	1.000	1.000	1.000	1.000	1.000	1.000	1.000	1.000	1.000	1.000	1.000	1.000	1.000
2	2.210	2.220	2.230	2.240	2.250	2.260	2.270	2.280	2.290	2.300	2.310	2.320	2.330	2.340	2.350	2.400	2.450	2.500
3	3.674	3.708	3.743	3.778	3.813	3.848	3.883	3.918	3.954	3.990	4.026	4.062	4.099	4.136	4.172	4.360	4.552	4.750
4	5.446	5.524	5.604	5.684	5.766	5.848	5.931	6.016	6.101	6.187	6.274	6.362	6.452	6.542	6.633	7.104	7.601	8.125
5	7.589	7.740	7.893	8.048	8.207	8.368	8.533	8.700	8.870	9.043	9.219	9.398	9.581	9.766	9.954	10.946	12.022	13.188
6	10.183	10.442	10.708	10.980	11.259	11.544	11.837	12.136	12.442	12.756	13.077	13.406	13.742	14.086	14.438	16.324	18.431	20.781
7	13.321	13.740	14.171	14.615	15.073	15.546	16.032	16.534	17.051	17.583	18.131	18.696	19.277	19.876	20.492	23.853	27.725	32.172
8	17.119	17.762	18.430	19.123	19.842	20.588	21.361	22.163	22.995	23.858	24.752	25.678	26.638	27.633	28.664	34.395	41.202	49.258
9	21.714	22.670	23.669	24.712	25.802	26.940	28.129	29.369	30.664	32.015	33.425	34.895	36.429	38.028	39.696	49.152	60.743	74.887
10	27.274	28.657	30.113	31.643	33.253	34.945	36.723	38.592	40.556	42.619	44.786	47.062	49.451	51.958	54.590	69.813	89.077	113.330
11	34.001	35.962	38.039	40.238	42.566	45.030	47.639	50.398	53.318	56.405	59.670	63.121	66.769	70.624	74.696	98.739	130.161	170.995
12	42.141	44.873	47.787	50.895	54.208	57.738	61.501	65.510	69.780	74.326	79.167	84.320	89.803	95.636	101.840	139.234	189.734	257.493
13	51.991	55.745	59.778	64.109	68.760	73.750	79.106	84.853	91.016	97.624	104.709	112.302	120.438	129.152	138.484	195.928	276.114	387.239
14	63.909	69.009	74.528	80.496	86.949	93.925	101.465	109.611	118.411	127.912	138.169	149.239	161.183	174.063	187.953	275.299	401.365	581.858
15	78.330	85.191	92.669	100.815	109.687	119.346	129.860	141.302	153.750	167.285	182.001	197.996	215.373	234.245	254.737	386.418	582.980	873.788
16	95.779	104.933	114.983	126.010	138.109	151.375	165.922	181.867	199.377	218.470	239.421	262.354	287.446	314.888	344.895	541.985	846.321	1 311.681
17	116.892	129.019	142.428	157.252	173.636	191.733	211.721	233.790	258.145	285.011	314.642	374.307	383.303	422.949	466.608	759.778	1 228.165	1 968.522
18	142.439	158.403	176.187	195.993	218.045	242.583	269.885	300.250	334.006	371.514	413.180	459.445	510.792	567.751	630.920	1 064.689	1 781.838	2 953.783
19	173.351	194.251	217.710	244.031	273.556	306.654	343.754	385.321	431.868	483.968	542.266	607.467	680.354	761.786	852.741	1 491.563	2 584.665	4 431.672
20	210.755	237.986	268.783	303.598	342.945	387.384	437.568	494.210	558.100	630.157	711.368	802.856	905.870	1 021.792	1 152.200	2 089.188	3 748.763	6 648.508
21	256.013	291.343	331.603	377.461	429.681	489.104	556.710	633.589	720.962	820.204	932.891	1 060.769	1 205.807	1 370.201	1 556.470	2 925.862	5 436.703	9 973.762
22	310.775	356.438	408.871	469.052	538.101	617.270	708.02	811.993	931.040	1 067.265	1 223.087	1 401.215	1 604.724	1 837.068	2 102.234	4 097.203	7 884.215	14 961.645
23	377.038	435.854	503.911	582.624	673.626	778.760	900.187	1 040.351	1 202.042	1 388.443	1 603.243	1 850.603	2 135.282	2 462.669	2 839.014	5 737.078	11 433.109	22 433.469
24	457.215	532.741	620.810	723.453	843.032	982.237	1 144.237	1 332.649	1 551.634	1 805.975	2 101.247	2 443.795	2 840.924	3 300.974	3 833.667	8 032.906	16 579.008	33 666.207
25	554.230	650.944	764.596	898.082	1 054.791	1 238.617	1 454.180	1 706.790	2 002.608	2 348.765	2 753.631	3 226.808	3 779.428	4 424.301	5 176.445	11247.062	24 040.555	50 500.316
30	1 445.111	1 767.044	2 160.459	2 640.881	3 227.172	3 941.953	4 812.891	5 873.172	7 162.785	8 729.805	10 632.543	12 940.672	15 737.945	19 124.434	23 221.258	60 500.207	154 105.313	383 500.000
35	3 755.814	4 783.520	6 090.227	7 750.094	9 856.746	12 527.160	15 909.480	20 188.742	25 596.512	32 422.090	41 028.887	51 868.563	65 504.199	82 634.625	104 134.500	325 394.688	*	*
40	9 749.141	12 936.141	17 153.691	22 728.367	30 088.621	39 791.957	52 570.707	69 376.562	91 447.375	120 389.375	*	*	*	*	*	*	*	*
45	25 294.223	34 970.230	48 300.660	66 638.937	91 831.312	126 378.937	173 692.875	238 384.312	326 686.375	447 005.062	*	*	*	*	*	*	*	*

注：标 * 处因空间有限而省略。

表 C-4 年金现值系数表 $PVA = PMT \times PVIFA_{i,n}$

期数	1%	2%	3%	4%	5%	6%	7%	8%	9%	10%	11%	12%	13%	14%	15%	16%	17%	18%	19%	20%
1	0.990	0.980	0.971	0.962	0.952	0.943	0.935	0.926	0.917	0.909	0.901	0.893	0.885	0.877	0.870	0.862	0.855	0.847	0.840	0.833
2	1.970	1.942	1.913	1.886	1.859	1.833	1.808	1.783	1.759	1.736	1.713	1.690	1.668	1.647	1.626	1.605	1.585	1.566	1.547	1.528
3	2.941	2.884	2.829	2.775	2.723	2.673	2.624	2.577	2.531	2.487	2.444	2.402	2.361	2.322	2.283	2.246	2.210	2.174	2.140	2.106
4	3.902	3.808	3.717	3.630	3.546	3.465	3.387	3.312	3.240	3.170	3.102	3.037	2.974	2.914	2.855	2.798	2.743	2.690	2.639	2.589
5	4.853	4.713	4.580	4.452	4.329	4.212	4.100	3.993	3.890	3.791	3.696	3.605	3.517	3.433	3.352	3.274	3.199	3.127	3.058	2.991
6	5.795	5.601	5.417	5.242	5.076	4.917	4.767	4.623	4.486	4.355	4.231	4.111	3.998	3.889	3.784	3.685	3.589	3.498	3.410	3.326
7	6.728	6.472	6.230	6.002	5.786	5.582	5.389	5.206	5.033	4.868	4.712	4.564	4.423	4.288	4.160	4.039	3.922	3.812	3.706	3.605
8	7.652	7.326	7.020	6.733	6.463	6.210	5.971	5.747	5.535	5.335	5.146	4.968	4.799	4.639	4.487	4.344	4.207	4.078	3.954	3.837
9	8.566	8.162	7.786	7.435	7.108	6.802	6.515	6.247	5.995	5.759	5.537	5.328	5.132	4.946	4.772	4.607	4.451	4.303	4.163	4.031
10	9.471	8.983	8.530	8.111	7.722	7.360	7.024	6.710	6.418	6.145	5.889	5.650	5.426	5.216	5.019	4.833	4.659	4.494	4.339	4.192
11	10.368	9.787	9.253	8.760	8.306	7.887	7.499	7.139	6.805	6.495	6.207	5.938	5.687	5.453	5.234	5.029	4.836	4.656	4.486	4.327
12	11.255	10.575	9.954	9.385	8.863	8.384	7.943	7.536	7.161	6.814	6.492	6.194	5.918	5.660	5.421	5.197	4.988	4.793	4.611	4.439
13	12.134	11.348	10.635	9.986	9.394	8.853	8.358	7.904	7.487	7.013	6.750	6.424	6.122	5.842	5.583	5.342	5.118	4.910	4.715	4.533
14	13.004	12.106	11.296	10.563	9.899	9.295	8.745	8.244	7.786	7.367	6.982	6.628	6.302	6.002	5.724	5.468	5.229	5.008	4.802	4.611
15	13.865	12.849	11.938	11.118	10.380	9.712	9.108	8.560	8.061	7.606	7.191	6.811	6.462	6.142	5.847	5.575	5.324	5.092	4.876	4.675
16	14.718	13.578	12.561	11.652	10.838	10.106	9.447	8.851	8.313	7.824	7.379	6.974	6.604	6.265	5.954	5.668	5.405	5.162	4.938	4.730
17	15.562	14.292	13.166	12.166	11.274	10.477	9.763	9.122	8.544	8.022	7.549	7.120	6.729	6.373	6.047	5.749	5.475	5.222	4.990	4.775
18	16.398	14.992	13.754	12.659	11.690	10.828	10.059	9.372	8.756	8.201	7.702	7.250	6.840	6.467	6.128	5.818	5.534	5.273	5.033	4.812
19	17.226	15.679	14.324	13.134	12.085	11.158	10.336	9.604	8.950	8.365	7.839	7.366	6.938	6.550	6.198	5.877	5.584	5.316	5.070	4.843
20	18.046	16.352	14.878	13.590	12.462	11.470	10.594	9.818	9.129	8.514	7.963	7.469	7.025	6.623	6.259	5.929	5.628	5.353	5.101	4.870
21	18.857	17.011	15.415	14.029	12.821	11.764	10.836	10.017	9.292	8.649	8.075	7.562	7.102	6.687	6.312	5.973	5.665	5.384	5.127	4.891
22	19.661	17.658	15.937	14.451	13.163	12.042	11.061	10.201	9.442	8.772	8.176	7.645	7.170	6.743	6.359	6.011	5.696	5.410	5.149	4.909
23	20.456	18.292	16.444	14.857	13.489	12.303	11.272	10.371	9.580	8.883	8.266	7.718	7.230	6.792	6.399	6.044	5.723	5.432	5.167	4.925
24	21.244	18.914	16.936	15.247	13.799	12.550	11.469	10.529	9.707	8.985	8.348	7.784	7.283	6.835	6.434	6.073	5.746	5.451	5.182	4.937
25	22.023	19.524	17.413	15.622	14.094	12.783	11.654	10.675	9.823	9.077	8.422	7.843	7.330	6.873	6.464	6.097	5.766	5.467	5.195	4.948
30	25.808	22.396	19.601	17.292	15.373	13.765	12.409	11.258	10.274	9.427	8.694	8.055	7.496	7.003	6.566	6.177	5.829	5.517	5.235	4.979
35	29.409	24.999	21.487	18.665	16.374	14.498	12.948	11.655	10.567	9.644	8.855	8.176	7.586	7.070	6.617	6.215	5.858	5.539	5.251	4.992
40	32.835	27.356	23.115	19.793	17.159	15.046	13.332	11.925	10.757	9.779	8.951	8.244	7.634	7.105	6.642	6.233	5.871	5.548	5.258	4.997
45	36.095	29.490	24.519	20.720	17.774	15.456	13.606	12.108	10.881	9.863	9.008	8.283	7.661	7.123	6.654	6.242	5.877	5.552	5.261	4.999
50	39.196	31.424	25.730	21.482	18.256	15.762	13.801	12.233	10.962	9.915	9.042	8.304	7.675	7.133	6.661	6.246	5.880	5.554	5.262	4.999

期数	21%	22%	23%	24%	25%	26%	27%	28%	29%	30%	31%	32%	33%	34%	35%	40%	45%	50%
1	0.826	0.820	0.813	0.806	0.800	0.794	0.787	0.781	0.775	0.769	0.763	0.758	0.752	0.746	0.741	0.714	0.690	0.667
2	1.509	1.492	1.474	1.457	1.440	1.424	1.407	1.392	1.376	1.361	1.346	1.331	1.317	1.303	1.289	1.224	1.165	1.111
3	2.074	2.042	2.011	1.981	1.952	1.923	1.896	1.868	1.842	1.816	1.791	1.766	1.742	1.719	1.696	1.589	1.493	1.407
4	2.540	2.494	2.448	2.404	2.362	2.320	2.280	2.241	2.203	2.166	2.130	2.096	2.062	2.029	1.997	1.849	1.720	1.605
5	2.926	2.864	2.803	2.745	2.689	2.635	2.583	2.532	2.483	2.436	2.390	2.345	2.302	2.260	2.220	2.035	1.876	1.737
6	3.245	3.167	3.092	3.020	2.951	2.885	2.821	2.759	2.700	2.643	2.588	2.534	2483	2.433	2.385	2.168	1.983	1.824
7	3.508	3.416	3.327	3.242	3.161	3.083	3.009	2.937	2.868	2.802	2.739	2.677	2.619	2.562	2.508	2.263	2.057	1.883
8	3.726	3.619	3.518	3.421	3.329	3.241	3.156	3.076	2.999	2.925	2.854	2.786	2.721	2.658	2.598	2.331	2.109	1.922
9	3.905	3.786	3.673	3.566	3.463	3.366	3.273	3.184	3.100	3.019	2.942	2.868	2.798	2.730	2.665	2.379	2.144	1.948
10	4.054	3.923	3.799	3.682	3.570	3.465	3.364	3.269	3.178	3.092	3.009	2.930	2.855	2.784	2.715	2.414	2.168	1.965
11	4.177	4.035	3.902	3.776	3.656	3.544	3.437	3.335	3.239	3.147	3.060	2.978	2.899	2.824	2.752	2.438	2.185	1.977
12	4.278	4.127	3.985	3.851	3.725	3.606	3.493	3.387	3.286	3.190	3.100	3.013	2.931	2.853	2.779	2.456	2.196	1.985
13	4.362	4.203	4.053	3.912	3.780	3.656	3.538	3.427	3.322	3.223	3.129	3.040	2.956	2.876	2.799	2.469	2.204	1.990
14	4.432	4.265	4.108	3.962	3.824	3.395	3.573	3.459	3.351	3.249	3.152	3.061	2.974	2.892	2.814	2.478	2.210	1.993
15	4.489	4.315	4.153	4.001	3.859	3.726	3.601	3.483	3.373	3.268	3.170	3.076	2.988	2.905	2.825	2.484	2.214	1.995
16	4.536	4.357	4.189	4.033	3.887	3.751	3.623	3.503	3.390	3.283	3.183	3.088	2.999	2.914	2.834	2.489	2.216	1.997
17	4.576	4.391	4.219	4.059	3.910	3.771	3.640	3.518	3.403	3.295	3.193	3.097	3.007	2.921	2.840	2.492	2.218	1.998
18	4.608	4.419	4.243	4.080	3.928	3.786	3.654	3.529	3.413	3.304	3.201	3.104	3.012	2.926	2.844	2.494	2.219	1.999
19	4.635	4.442	4.263	4.097	3.942	3.799	3.664	3.539	3.421	3.311	3.207	3.109	3.017	2.930	2.848	2.496	2.220	1.999
20	4.657	4.460	4.279	4.110	3.954	3.808	3.673	3.546	3.427	3.316	3.211	3.113	3.020	2.933	2.850	2.497	2.221	1.999
21	4.675	4.476	4.292	4.121	3.963	3.816	3.679	3.551	3.432	3.320	3.215	3.116	3.023	2.935	2.852	2.498	2.221	2.000
22	4.690	4.488	4.302	4.130	3.970	3.822	3.684	3.556	3.436	3.323	3.217	3.118	3.025	2.936	2.853	2.498	2.222	2.000
23	4.703	4.499	4.311	4.137	3.976	3.827	3.689	3.559	3.438	3.325	3.219	3.120	3.026	2.938	2.854	2.499	2.222	2.000
24	4.713	4.507	4.318	4.143	3.981	3.831	3.692	3.562	3.441	3.327	3.221	3.121	3.027	2.939	2.855	2.499	2.222	2.000
25	4.721	4.514	4.323	4.147	3.985	3.834	3.694	3.564	3.442	3.329	3.222	3.122	3.028	2.939	2.856	2.499	2.222	2.000
30	4.746	4.534	4.339	4.160	3.995	3.842	3.701	3.569	3.447	3.332	3.225	3.124	3.030	2.941	2.857	2.500	2.222	2.000
35	4.756	4.541	4.345	4.164	3.998	3.845	3.703	3.571	3.448	3.333	3.226	3.125	3.030	2.941	2.857	2.500	2.222	2.000
40	4.760	4.544	4.347	4.166	3.999	3.846	3.703	3.571	3.448	3.333	3.226	3.125	3.030	2.941	2.857	2.500	2.222	2.000
45	4.761	4.545	4.347	4.166	4.000	3.846	3.704	3.571	3.448	3.333	3.226	3.125	3.030	2.941	2.857	2.500	2.222	2.000
50	4.762	4.545	4.348	4.167	4.000	3.846	3.704	3.571	3.448	3.333	3.226	3.125	3.030	2.941	2.857	2.500	2.222	2.000

金融教材译丛系列

课程名称	书号	书名、作者及出版时间	定价
国际财务管理	即将出版	跨国金融管理（第2版）（贝克特）（2015年）	59
财务管理（公司理财）	978-7-111-40145-2	公司财务原理（第10版）（布雷利）（2012年）	119
财务分析	978-7-111-47254-4	财务分析：以Excel为分析工具（第6版）（梅斯）（2014年）	59
国际金融学	978-7-111-36555-6	国际金融（第12版）（艾特曼）（2012年）	79
国际金融学	即将出版	国际金融（第2版）（贝克特）（2015年）	49
国际金融学	即将出版	国际金融（皮尔比姆）（2015年）	69
国际金融学	978-7-111-34411-7	汇率与国际金融（第5版）（科普兰德）（2011年）	62
行为金融学	978-7-111-34808-5	行为金融（福布斯）（2011年）	62
行为金融学	978-7-111-39995-7	行为金融：心理、决策和市场（阿克特）（2012年）	59
商业银行经营管理学	978-7-111-43750-5	商业银行管理（第9版）（罗斯）（2013年）	85
金融中介学	978-7-111-31493-6	金融市场与金融机构基础（第4版）（法博齐）（2010年）	79
金融衍生品市场与工具	978-7-111-29040-7	衍生工具（惠利）（2009年）	79
金融衍生品市场与工具	978-7-111-48473-8	衍生工具与风险管理（第9版）（钱斯）（2014年）	89
金融学（货币银行学）	978-7-111-45547-9	货币金融学原理（第12版）（里特）（2014年）	59
金融市场学	978-7-111-26841-3	现代金融市场：价格、收益及风险分析（布莱克威尔）（2009	58
金融工程	978-7-111-29940-0	金融工程（博蒙特）（2010年）	38
金融工程	978-7-111-34616-6	期权与期货市场基本原理（第7版）（赫尔）（2011年）	65
金融工程	978-7-111-27213-7	衍生物市场基础（麦克唐纳德）（2009年）	52
金融风险管理	978-7-111-41734-7	风险管理与金融机构（第3版）（赫尔）（2013年）	69
兼并、收购与公司重组	978-7-111-35538-0	兼并、收购和公司重组（第2版）（阿扎克）（2011年）	62
固定收益证券	978-7-111-44457-2	固定收益证券（第3版）（塔克曼）（2013年）	79
创业金融	978-7-111-34619-7	创业金融（第2版）（史密斯）（2011年）	68
创业金融	978-7-111-33551-1	创业资本与创新金融（梅特里克）（2011年）	58
（证券）投资学	978-7-111-48772-2	投资学（第9版）（精要版）（博迪）（2014年）	55
（证券）投资学	即将出版	投资学基础：估值与管理（第6版）（乔丹）（2015年）	69

课程名称	书号	书名、作者及出版时间	定价
财务会计	即将出版	财务会计：概念、方法与应用（第14版）（威尔）（2015年）	95
财务会计	978-7-111-39244-6	财务会计教程（第10版）（亨格瑞）（2012年）	79
财务管理（公司理财）学习指导	978-7-111-32466-9	公司理财（第8版）习题集（汉森）（2010年）	42
财务管理（公司理财）	978-7-111-36751-2	公司理财（第9版）（罗斯）（2012年）	88
财务管理（公司理财）	978-7-111-47887-4	公司理财（精要版）（第10版）（罗斯）（2014年）	75
电子商务	978-7-111-45187-7	电子商务：管理与社会网络的视角（第7版）（特班）（2014年）	79
战略管理	978-7-111-39138-8	战略管理：概念与案例（第8版）（希尔）（2012年）	69
战略管理	978-7-111-43844-1	战略管理：获取持续的竞争优势（第4版）（巴尼）（2013年）	69
商业伦理学	978-7-111-37513-5	企业伦理学（第7版）（乔治）（2012年）	79
领导学	978-7-111-47356-5	领导学（全球版·第8版）（尤克尔）（2014年）	65
管理学	978-7-111-46255-2	管理学（诺里亚）（2014年）	69
管理学	978-7-111-41449-0	管理学：原理与实践（第8版）（罗宾斯）（2013年）	59
管理学	即将出版	管理学：原理与实践（第9版）（罗宾斯）（2015年）	59
管理技能	978-7-111-37591-3	管理技能开发（第8版）（惠顿）（2012年）	98
创业管理	即将出版	百森创业教学法：基于实践的视角（奈克）（2015年）	49
创业管理	978-7-111-40258-9	公司创新与创业（第3版）（库拉特科）（2012年）	49
项目管理	978-7-111-39774-8	项目管理：基于团队的方法（布朗）（2012年）	49
数据、模型与决策	978-7-111-49612-0	数据、模型与决策：基于电子表格的建模和案例研究方法（第5版）（希利）（2015年）	89
管理会计	978-7-111-39512-6	管理会计教程（第15版）（亨格瑞）（2012年）	88
投资银行学	978-7-111-41476-6	投资银行、对冲基金和私募股权投资（斯托厄尔）（2013年）	99
金融中介学	978-7-111-43694-2	金融市场与金融机构（第7版）（米什金）（2013年）	99
金融学（货币银行学）指导或案例	978-7-111-44311-7	货币金融学（第2版）学习指导（米什金）（2013年）	45
金融学（货币银行学）	978-7-111-34261-8	货币金融学（第9版）（米什金）（2011年）	75
金融市场学	978-7-111-26674-7	金融市场学（第10版）（罗斯）（2009年）	79
金融工程学习指导	978-7-111-30014-4	期权、期货及其他衍生产品习题集（第7版）（赫尔）（2010年）	42
金融工程	978-7-111-48437-0	期权、期货及其他衍生产品（第9版）（赫尔）（2014年）	109
（证券）投资学学习指导	978-7-111-42662-2	投资学习题集（第9版）（博迪）（2013年）	49
（证券）投资学	978-7-111-39028-2	投资学（第9版）（博迪）（2012年）	98
（证券）投资学	978-7-111-44485-5	投资学（第9版）（专业版）（博迪）（2013年）	199
中级宏观经济学	978-7-111-43155-8	宏观经济学（第5版）（布兰查德）（2013年）	75
西方经济学学习指导	978-7-111-33099-8	哈伯德《经济学》学习指南（第3版）（斯卡希尔）（2011年）	45
西方经济学学习指导	978-7-111-31352-6	经济学精要（精要版）（第4版）学习指南（拉什）（2010年）	39
西方经济学（微观）	978-7-111-32767-7	经济学（微观）（第3版）（哈伯德）（2011年）	59
西方经济学（微观）	978-7-111-42810-7	经济学（微观部分）（第2版）（斯通）（2013年）	55
西方经济学（宏观）	978-7-111-34268-4	经济学（宏观）（第3版）（哈伯德）（2011年）	49
西方经济学（宏观）	978-7-111-42849-7	经济学（宏观部分）（第2版）（斯通）（2013年）	49
西方经济学	978-7-111-28088-0	经济学：私人与公共选择（第12版）（格瓦特尼）（2009年）	78
西方经济学	978-7-111-27481-0	经济学原理（精要版）（第4版）（帕金）（2009年）	62
商务与经济统计	978-7-111-37641-5	商务与经济统计（第11版）（安德森）（2012年）	108
商务与经济统计	即将出版	商务与经济统计（第12版）（安德森）（2015年）	109
财政学	即将出版	财政学（第4版）（格鲁伯）（2015年）	79
组织行为学	978-7-111-44814-3	组织行为学精要（第12版）（罗宾斯）（2014年）	45
人力资源管理	978-7-111-40189-6	人力资源管理（亚洲版·第2版）（德斯勒）（2012年）	65
消费者行为学	978-7-111-47509-5	消费者行为学（第12版）（霍金斯）（2014年）	79
市场营销学（营销管理）	978-7-111-43017-9	市场营销学（第11版）（阿姆斯特朗、科特勒）（2013年）	75
市场营销学（营销管理）	978-7-111-43202-9	市场营销原理（亚洲版·第3版）（科特勒）（2013年）	79
服务营销学	978-7-111-48495-0	服务营销（第6版）（泽丝曼尔）（2014年）	75
供应链（物流）管理	978-7-111-45565-3	供应链物流管理（第4版）（鲍尔索克斯）（2014年）	59
管理信息系统	978-7-111-34151-2	管理信息系统（第11版）（劳顿）（2011年）	55